Violência e a história da desigualdade

Walter Scheidel

Violência e a história da desigualdade

Da Idade da Pedra ao século XXI

Tradução:
Vera Ribeiro

Revisão técnica:
Alípio Ferreira Cantisani

2ª reimpressão

ZAHAR

Para minha mãe

Tradução autorizada da primeira edição americana, publicada em 2017
por Princeton University Press, de Princeton, Estados Unidos

Grafia atualizada segundo o Acordo Ortográfico da Língua Portuguesa de 1990, que entrou em vigor no Brasil em 2009.

Título original
The Great Leveler: Violence and the History of Inequality from the Stone Age to the Twenty-First Century

Capa
Estúdio Insólito

Imagem da capa
Pieter Bruegel, *Triunfo da morte*

Preparação
Diogo Henriques

Indexação
Gabriella Russano

Revisão
Eduardo Monteiro
Jorge Moutinho

CIP-Brasil. Catalogação na fonte
Sindicato Nacional dos Editores de Livros, RJ

Scheidel, Walter, 1966-
S341v Violência e a história da desigualdade: da idade da pedra ao século XXI / Walter Scheidel; tradução Vera Ribeiro. – 1ª ed. – Rio de Janeiro: Zahar, 2020.

Tradução de: The Great Leveler: Violence and the History of Inequality from the Stone Age to the Twenty-First Century.
Apêndice
Inclui bibliografia e índice
ISBN 978-85-378-1876-3

1. Disparidades econômicas regionais – História. 2. História econômica. 3. Desenvolvimento econômico – Aspectos sociais. 4. Violência – História. 5. Igualdade – História. I. Ribeiro, Vera. II. Título.

CDD: 330.9
20-62305 CDU: 330.1

Leandra Felix da Cruz Candido – Bibliotecária – CRB-7/6135

[2022]

EDITORA SCHWARCZ S.A.
Praça Floriano, 19, sala 3001 – Cinelândia
20031-050 – Rio de Janeiro – RJ
Telefone: (21) 3993-7510
www.companhiadasletras.com.br
www.blogdacompanhia.com.br
facebook.com/editorazahar
instagram.com/editorazahar
twitter.com/editorazahar

"A divisão, assim, destrói o excesso,
Tocando a todo mundo alguma coisa."

SHAKESPEARE, *Rei Lear*

"Aboli os ricos e não encontrareis pobre algum."

De Divitiis

"Quantas vezes a divindade nos encontra remédios
piores do que os riscos."

SÊNECA, *Medeia*

Sumário

Lista de figuras e tabelas

Figuras

Tabelas

Introdução
O desafio da desigualdade

"Uma perigosa e crescente desigualdade"

Quantos bilionários são necessários para igualar o patrimônio líquido de metade da população mundial? Em 2015, as 62 pessoas mais ricas do planeta eram donas de um patrimônio líquido privado igual ao da metade mais pobre da humanidade – mais de 3,5 bilhões de pessoas. Se decidissem fazer uma excursão juntas, elas caberiam confortavelmente num ônibus grande. No ano anterior, tinham sido necessários 85 bilionários para ultrapassar esse patamar, o que talvez exigisse um ônibus de dois andares, mais espaçoso. E, não faz muito tempo, em 2010, 388 dessas pessoas tinham que juntar seus recursos para ultrapassar os bens da outra metade global, um comparecimento que requereria um pequeno comboio de veículos, um típico Boeing 777 ou um Airbus A340.[1]

Mas a desigualdade não é criada apenas pelos multibilionários. O 1% mais rico das famílias mundiais detém agora pouco mais da metade do patrimônio líquido privado global. A inclusão dos bens que algumas delas escondem em contas no exterior distorceria ainda mais a distribuição. Essas disparidades não são simplesmente causadas pelas enormes diferenças da renda média entre as economias avançadas e em desenvolvimento. Existem desequilíbrios similares dentro das sociedades. Os vinte norte-americanos mais ricos possuem, atualmente, o mesmo que a metade inferior do conjunto das famílias de seu país, e o total do grupo 1% mais rico em termos de renda equivale a aproximadamente um quinto do total nacional. A desigualdade vem aumentando em grande parte do mundo. Nas últimas décadas, a renda e a riqueza passaram a ter uma distribuição mais desigual na Europa e na América do Norte, no antigo bloco soviético e na China, na Índia e em outros lugares. E àquele que tem, mais será dado: nos Estados Unidos, o 1% mais rico dentro do grupo do 1% mais rico (os que se encontram na faixa de renda do 0,01% mais rico) elevou sua participação para quase seis vezes o que ela era na década de 1970, enquanto o décimo superior desse grupo (o 0,1% mais rico) a quadruplicou. Os demais obtiveram lucros de aproximadamente 75% – nada desprezíveis, porém bem distantes dos avanços obtidos pelas camadas mais ricas.[2]

O "1%" pode ser um apelido conveniente, que sai naturalmente da boca e que utilizo bastante neste livro, mas serve também para obscurecer o grau de concentração da riqueza num número de mãos ainda menor. Na década de 1850, Nathaniel Parker Willis cunhou a expressão "os Dez Mil de Cima" para descrever a alta sociedade de Nova York. Agora talvez precisemos de uma variação – o "Décimo-Milésimo de Cima" – para fazer justiça aos que mais contribuem para ampliar a desigualdade. E, mesmo nesse grupo rarefeito, os que estão bem no topo continuam a superar a distância de todos os demais. A maior fortuna norte-americana de hoje é igual a cerca de 1 milhão de vezes a média da renda familiar anual, um múltiplo vinte vezes maior do que era em 1982. Mesmo assim, os Estados Unidos talvez estejam perdendo para a China, que hoje se diz ser a casa de um número ainda maior de bilionários em dólar, apesar de um PIB nominal consideravelmente menor.[3]

Tudo isso tem sido recebido com crescente ansiedade. Em 2013, o presidente Barack Obama elevou o aumento da desigualdade a um "desafio definidor":

> E essa é uma perigosa e crescente desigualdade e falta de mobilidade ascendente, que tem posto em risco o acordo básico da classe média norte-americana – aquele que diz que, se a pessoa trabalhar com afinco, terá possibilidade de vencer na vida. Creio que é este o desafio definidor de nossa época: assegurar que nossa economia funcione para cada trabalhador norte-americano.

Dois anos antes, o investidor multibilionário Warren Buffett havia reclamado que ele e seus "amigos megarricos" não pagavam impostos suficientes. Esses sentimentos são amplamente compartilhados. Em menos de um ano e meio após sua publicação em 2013, um volume acadêmico de setecentas páginas sobre a desigualdade capitalista tinha vendido 1,5 milhão de exemplares e chegado ao topo da lista dos campeões de vendas entre livros de não ficção do *New York Times*. Nas primárias do Partido Democrata para a eleição presidencial de 2016, a denúncia implacável da "classe bilionária" pelo senador Bernie Sanders despertou grandes multidões e provocou milhões de pequenas doações da base popular de eleitores. Até os líderes da República Popular da China reconheceram publicamente a questão, ao endossarem um relatório sobre como "reformar o sistema de distribuição de renda". Qualquer dúvida remanescente é dissipada pelo Google – um dos grandes desigualadores que fabricam fortunas na área da baía de San Francisco, onde moro –, que nos permite acompanhar a proeminência crescente da desigualdade de renda na consciência da população (Figura I.1).[4]

Então os ricos simplesmente continuaram a enriquecer mais? Não exatamente. Apesar de toda a difamadíssima ganância da "classe bilionária", ou, em termos mais gerais, do "1%", só muito recentemente as participações superiores na renda norte-americana atingiram as alcançadas nos idos de 1929, e os bens estão hoje menos maciçamente concentrados do que naquela época. Na Inglaterra, às vésperas da Primeira Guerra Mundial, o décimo mais rico entre as famílias detinha espantosos 92% de toda a riqueza privada, ocupando o

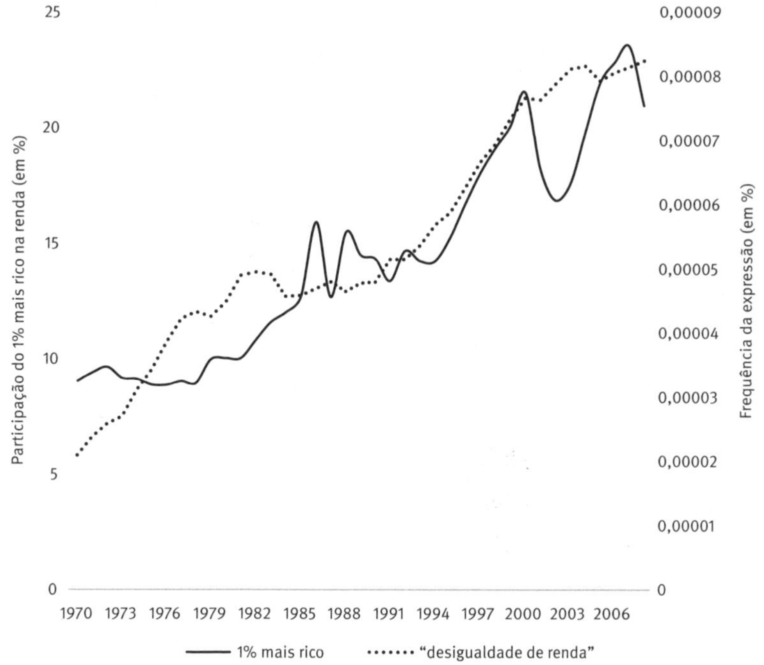

FIGURA I.1 Participação do 1% mais rico na renda nos Estados Unidos (por ano) e referências à "desigualdade de renda" (médias móveis trienais), 1970-2008

espaço de praticamente todas as outras pessoas; hoje em dia, sua participação é pouco superior a 50%. A grande desigualdade tem uma linhagem extremamente longa. Dois mil anos atrás, as maiores fortunas romanas particulares correspondiam a cerca de 1,5 milhão de vezes a renda média anual per capita no império, aproximadamente a mesma proporção entre Bill Gates e o norte-americano médio atual. Ao que saibamos, nem mesmo o grau geral de desigualdade de renda na Roma antiga era muito diferente do observado nos Estados Unidos. No entanto, na época do papa Gregório Magno, por volta de 600 d.C., as grandes propriedades haviam desaparecido e o pouco que restava da aristocracia romana dependia de donativos papais para se manter solvente. Em certas ocasiões, como naquela época, a desigualdade diminuía porque, embora muita gente empobrecesse, os ricos simplesmente tinham mais a perder. Em outros casos, os trabalhadores passavam a ficar em melhor situação, enquanto a renda sobre o capital se reduzia: a Europa Ocidental, depois da Peste Negra, quando os salários reais dobraram ou triplicaram e os trabalhadores comiam carne e bebiam cerveja nas refeições, enquanto os senhores de terras lutavam para manter as aparências, constitui um exemplo famoso.[5]

Como se desenvolveu a distribuição da renda e da riqueza ao longo do tempo, e por que se modificou tanto, em algumas ocasiões? Considerando a enorme atenção que a desigualdade tem recebido nos últimos anos, ainda sabemos muito menos a esse respeito do que seria esperado. Um *corpus* grande e sempre crescente de estudos, muitas vezes altamente técnicos, aborda a questão mais premente: por que a renda tornou-se, com frequência, cada vez mais concentrada no curso da última geração? Menos se tem escrito sobre as forças que fizeram a desigualdade diminuir, em boa parte do mundo, numa fase anterior do século XX – e muito menos sobre a distribuição dos recursos materiais no passado mais distante. Não há dúvida de que as preocupações com as defasagens crescentes de renda no mundo de hoje têm dado impulso ao estudo da desigualdade a prazo mais longo, assim como a mudança climática contemporânea tem incentivado a análise de dados históricos pertinentes. Mas ainda nos falta uma apreensão adequada do panorama geral, uma pesquisa global que abarque o espectro amplo da história observável. Uma perspectiva transcultural, comparativa e de longo prazo é essencial para nossa compreensão dos mecanismos que têm moldado a distribuição da renda e da riqueza.

Os Quatro Cavaleiros

A desigualdade material requer acesso a recursos que vão além do mínimo necessário para nos mantermos vivos. Já existiam excedentes há dezenas de milhares de anos, assim como seres humanos dispostos a dividi-los de maneira desigual. Na última Era Glacial, os caçadores-coletores dispuseram de tempo e meios para sepultar alguns indivíduos de maneira muito mais suntuosa do que outros. Mas foi a produção de alimentos – a agricultura e a criação de rebanhos – que gerou riqueza numa escala inteiramente inédita. A desigualdade crescente e persistente tornou-se uma característica definidora do Holoceno. A domesticação de plantas e animais tornou possível acumular e preservar recursos produtivos. As normas sociais evoluíram e definiram direitos sobre esses bens, inclusive a possibilidade de transmiti-los a gerações futuras. Nessas condições, a distribuição da renda e da riqueza passou a ser moldada por uma multiplicidade de experiências: a saúde, as estratégias conjugais e o sucesso reprodutor, as escolhas de consumo e investimento, as colheitas abundantes, as pragas de gafanhotos e a peste bovina determinaram a transmissão de fortunas de uma geração para outra. Somadas ao longo do tempo, as consequências da sorte e do esforço favoreceram resultados desiguais a longo prazo.

Em princípio, as instituições poderiam ter nivelado as disparidades emergentes por meio de intervenções destinadas a reequilibrar a distribuição de recursos materiais e dos frutos do trabalho, como de fato teriam feito algumas sociedades pré-modernas. Na prática, porém, a evolução social teve, comumente, o efeito inverso. A domesticação das fontes alimentares também domesticou o povo. A formação de Estados, como um modo de organização altamente competitivo, estabeleceu rígidas hierarquias de poder e força coercitiva, que distorceram o acesso à renda e à riqueza. A desigualdade política reforçou e ampliou a desigualdade econômica. Durante a maior parte do período agrário, o Estado enriqueceu a minoria à custa da maioria: os ganhos obtidos com a remuneração e os benefícios por serviços públicos nem se comparavam, com frequência, aos obtidos com a corrupção, a extorsão e a pilhagem. Como resultado, muitas sociedades pré-modernas tornaram-se tão desiguais quanto seria possível, ultrapassando os limites da apropriação do excedente por pequenas elites, em situações de baixa produção per capita e crescimento mínimo. E, quando algumas instituições mais benignas promoveram um desenvolvimento econômico mais vigoroso, sobretudo no Ocidente emergente, elas continuaram a sustentar uma desigualdade elevada. A urbanização, a comercialização, a inovação do setor financeiro, o comércio em escala cada vez mais global e, por último, a industrialização, tudo isso gerou grandes retornos para os detentores do capital. À medida que declinaram as rendas do exercício bruto do poder, sufocando uma fonte tradicional de enriquecimento da elite, direitos de propriedade e compromissos estatais mais seguros reforçaram a proteção da riqueza particular hereditária. Mesmo à medida que se foram modificando as estruturas econômicas, as normas sociais e os sistemas políticos, a desigualdade da renda e da riqueza permaneceu elevada, ou encontrou novas maneiras de crescer.

Durante milhares de anos, a civilização não se prestou a uma igualação pacífica. Numa vasta gama de sociedades e em diferentes níveis de desenvolvimento, a estabilidade favoreceu a desigualdade econômica. Isso se aplicou tanto ao Egito faraônico quanto à Inglaterra vitoriana, tanto ao Império Romano quanto aos Estados Unidos. Os choques violentos tiveram suprema importância na perturbação da ordem estabelecida, na compressão da distribuição da renda e da riqueza e na redução do abismo entre ricos e pobres. Ao longo de toda a história registrada, o nivelamento mais poderoso resultou, invariavelmente, dos choques mais poderosos. Quatro tipos diferentes de rupturas violentas nivelaram a desigualdade: as guerras com mobilização em massa, as revoluções transformadoras, as falências do Estado e as pandemias letais. Eu os chamo de Quatro Cavaleiros do Nivelamento. Tal como seus equivalentes bíblicos, eles avançaram para "tirar a paz da terra" e "matar pela espada, pela fome, por meio de pragas e dos animais selvagens da terra". Ora agindo individualmente, ora em conjunto, eles produziram resultados que, aos olhos dos contemporâneos, muitas vezes se afiguraram nada menos que apocalípticos. Centenas de milhões de pessoas pereceram em sua esteira. E, quando a poeira baixou, o abismo entre os abastados e os despossuídos havia encolhido, às vezes drasticamente.[6]

Somente alguns tipos específicos de violência forçaram sistematicamente uma redução da desigualdade. A maioria das guerras não surtiu nenhum efeito sistemático na distribuição dos recursos: embora certas formas arcaicas de conflito, que prosperavam com a conquista e a pilhagem, tendessem a enriquecer as elites vitoriosas e a empobrecer os derrotados, finais menos definidos não chegavam a ter consequências previsíveis. Para que a guerra nivelasse as disparidades de renda e riqueza, ela precisava penetrar na sociedade como um todo, mobilizar pessoas e recursos numa escala que, não raro, só era viável em Estados nacionais modernos. Isso explica por que as duas guerras mundiais figuraram entre os maiores niveladores da história. A destruição física acarretada pela guerra em escala industrial, a tributação no nível do confisco, a intervenção governamental na economia, a inflação, a perturbação dos fluxos globais de bens e de capital e outros fatores, tudo isso se combinou para acabar com a riqueza das elites e redistribuir recursos. Serviu também como um singular catalisador de poder para equalizar a mudança das políticas, dando um poderoso impulso às extensões de marcas, à sindicalização e à expansão do Estado de bem-estar social. Os choques das guerras mundiais levaram ao que é conhecido como a "Grande Compressão" – a atenuação maciça das desigualdades de renda e riqueza em todos os países desenvolvidos. Predominantemente concentrada no período de 1914 a 1945, em geral ela levou várias outras décadas para seguir plenamente o seu curso. Repercussões similarmente amplas haviam faltado às guerras anteriores com mobilização em massa. As guerras da era napoleônica ou a Guerra de Secessão norte-americana haviam produzido efeitos distributivos ambíguos, e, quanto mais recuamos no tempo, menos pertinentes são as provas. Pode-se dizer que a cultura das antigas cidades-Estado gregas, representada por Atenas e Esparta, fornece-nos os mais remotos exemplos de como a intensa mobilização militar popular e as instituições igualitárias ajudaram a cercear a desigualdade material, ainda que com um sucesso duvidoso.

As guerras mundiais geraram a segunda grande força niveladora: as revoluções transformadoras. Normalmente, os conflitos internos não reduziram a desigualdade: as revoltas de camponeses e as insurgências urbanas foram comuns na história pré-moderna, mas fracassaram, de modo geral, e a guerra civil nos países em desenvolvimento tendeu a tornar mais desigual a distribuição da renda, não menos. A reestruturação social violenta precisa ser excepcionalmente intensa para reconfigurar o acesso aos recursos materiais. À semelhança das guerras equalizadoras com mobilização em massa, esse foi sobretudo um fenômeno do século XX. Os comunistas, que expropriaram, redistribuíram e não raro coletivizaram os recursos, nivelaram a desigualdade em escala dramática. As mais transformadoras dessas revoluções foram acompanhadas por uma violência extraordinária, acabando por se equiparar às guerras mundiais, em termos de contagem de vítimas fatais e do sofrimento humano. Rupturas muito menos sangrentas, como a Revolução Francesa, promoveram o nivelamento numa escala correspondentemente menor.

A violência pode destruir completamente os Estados. O fracasso estatal ou o colapso dos sistemas foi um meio de nivelamento particularmente confiável. Durante a maior parte da história, os ricos estiveram posicionados no topo ou perto do topo da hierarquia do poder político, ou ligados aos que se encontravam nesse lugar. Além disso, os Estados forneciam certa medida de proteção – por mais modesta que fosse, pelos padrões modernos – à atividade econômica, para além do nível de subsistência. Quando os Estados se desintegravam, essas posições, ligações e proteções ficavam sob pressão ou eram totalmente perdidas. Embora todos pudessem sofrer com a desestruturação dos Estados, os ricos simplesmente tinham muito mais a perder: a renda e a riqueza da elite, decrescentes ou em colapso, comprimiam a distribuição total dos recursos. Isso aconteceu desde que passaram a existir Estados. Os mais antigos exemplos conhecidos remontam a 4 mil anos, ao fim do Império Antigo do Egito e ao Império Acadiano da Mesopotâmia. Mesmo hoje, a experiência da Somália sugere que essa força igualadora, outrora poderosa, não desapareceu por completo.

A falência do Estado leva o princípio do nivelamento por meios violentos a seus extremos lógicos: em vez de chegar à redistribuição e ao reequilíbrio através da reforma e da reestruturação das sociedades organizadas existentes, ele recomeça do zero, de um modo mais abrangente. Os três primeiros cavaleiros representam etapas diferentes, não no sentido de tenderem a aparecer em sequência – embora as maiores revoluções tenham sido desencadeadas pelas maiores guerras, o desmoronamento do Estado não costuma exigir pressões similarmente fortes –, mas em termos de intensidade. O que todos têm em comum é que dependem da violência para refazer a distribuição da renda e da riqueza, ao mesmo tempo que refazem a ordem política e social.

A violência causada pelos seres humanos tem uma concorrência de longa data. No passado, a peste, a varíola e o sarampo devastaram continentes inteiros, com mais força até do que os maiores exércitos ou os mais fervorosos revolucionários teriam esperança de fazer. Nas sociedades agrárias, a perda de parcelas consideráveis da população para os micróbios, que às vezes matavam um terço dela, ou até mais, fazia escassear a mão de obra e elevava seu preço em relação ao dos ativos fixos e outras formas de capital não humano, que em geral permaneciam intactas. Como resultado, os trabalhadores ganhavam e os proprietários de terras e os empregadores perdiam, conforme se elevavam os salários reais e caíam os rendimentos. As instituições mediavam a escala dessas mudanças: era comum as elites tentarem preservar os arranjos existentes, arbitrariamente e pela força; com frequência, porém, não conseguiam deter as forças de mercado equalizadoras.

As pandemias completam o quarteto de cavaleiros da nivelação violenta. Mas será que também houve outros mecanismos mais pacíficos de redução da desigualdade? Se pensarmos no nivelamento em larga escala, a resposta tem que ser não. Em toda a longa extensão da história, cada uma das grandes compressões da desigualdade material que podemos observar nos registros que chegaram até nós foi movida por um ou mais desses quatro niveladores. Além disso, as guerras e revoluções em massa não agiram apenas nas sociedades diretamente envolvidas nesses acontecimentos: as guerras mundiais e a exposição aos comunistas também influenciaram as condições econômicas, as expectativas sociais e a formulação de políticas entre os espectadores. Esses efeitos em cascata ampliaram ainda mais os efeitos de nivelamento enraizados em conflitos violentos, o que torna difícil distinguir os acontecimentos posteriores a 1945, em boa parte do mundo, dos choques precedentes e suas reverberações contínuas. Embora a redução da desigualdade de renda na América Latina, no início da década de 2000, possa ser a candidata mais promissora a uma equalização não violenta, essa tendência manteve um alcance relativamente modesto e sua sustentabilidade é incerta.

Outros fatores têm um histórico ambíguo. Desde a Antiguidade até os dias atuais, a reforma agrária tendeu a ser mais redutora da desigualdade quando associada à violência ou à ameaça de violência, e menos quando estas não existiram. As crises macroeconômicas têm apenas efeitos de curta duração na distribuição da renda e da riqueza. A democracia, por si só, não mitiga a desigualdade. Embora não haja dúvida de que a interação da educação com a mudança tecnológica influencia a dispersão das rendas, os retornos sobre a educação e as qualificações têm se revelado, no plano histórico, altamente sensíveis aos choques violentos. Por fim, não há provas empíricas convincentes para corroborar a ideia de que o desenvolvimento econômico moderno, por si só, reduz as desigualdades. Não há repertório de meios benignos de compressão que já tenha alcançado resultados sequer remotamente comparáveis aos produzidos pelos Quatro Cavaleiros.

Mas os choques passam. Depois da derrocada de alguns Estados, outros tomaram o seu lugar, mais cedo ou mais tarde. As contrações demográficas foram revertidas após a cessação das pestes, e pouco a pouco o novo crescimento populacional devolveu o equilíbrio do trabalho e do capital a seus níveis anteriores. As guerras mundiais foram relativamente curtas e suas sequelas foram desaparecendo com o tempo: as altas alíquotas tributárias e a densidade sindical diminuíram, a globalização aumentou, o comunismo se foi, a Guerra Fria acabou e o risco de uma Terceira Guerra Mundial reduziu-se. Tudo isso torna mais fácil compreender o recente ressurgimento da desigualdade. No momento, os violentos niveladores tradicionais encontram-se adormecidos, e é improvável que retornem no futuro próximo. Não emergiu nenhum mecanismo alternativo de igualação simbolicamente potente.

Mesmo nas economias avançadas mais progressistas, a redistribuição e a educação já não conseguem absorver inteiramente a pressão da crescente desigualdade de renda antes da dedução de impostos e das transferências. Os frutos mais acessíveis constituem um atrativo nos países em desenvolvimento, porém as restrições fiscais continuam fortes. Não parece haver um modo fácil de aprovar, regulamentar ou ensinar o caminho para uma igualdade significativamente maior. Visto por uma perspectiva histórica mundial, isto não deve constituir surpresa. Ao que saibamos, os meios que estiveram livres de grandes choques violentos e de suas repercussões mais amplas raras vezes testemunharam grandes compressões da desigualdade. Acaso o futuro será diferente?

O que este livro não é

As disparidades na distribuição da renda e da riqueza não são o único tipo de desigualdade de importância social ou histórica: também relevantes são as desigualdades enraizadas no gênero e na orientação sexual; na raça e na etnicidade; na idade, na capacidade e nas crenças religiosas; e igualmente relevantes são as desigualdades na educação, na saúde, na voz política e nas oportunidades de vida. O título deste livro, portanto, não é tão preciso quanto poderia ser. Por outro lado, um subtítulo como "os choques violentos e a história global da desigualdade da renda e da riqueza desde a Idade da Pedra até o presente e o futuro" não apenas abusaria da paciência do editor, como seria desnecessariamente excludente. Afinal, as desigualdades de poder sempre exerceram papel central na determinação do acesso aos recursos materiais: um título mais detalhado seria, ao mesmo tempo, mais exato e estreito demais.

Não me empenho em cobrir nem mesmo todos os aspectos da desigualdade econômica. Concentro o foco na distribuição dos recursos materiais *dentro* das sociedades, deixando de lado as questões da desigualdade econômica *entre* países, tema importante e muito discutido. Considero as condições dentro de sociedades específicas, sem referência explícita às muitas outras fontes de desigualdade há pouco mencionadas, fatores cuja influência na distribuição da renda e da riqueza seria difícil, se não impossível, levantar e comparar no longuíssimo prazo. Interesso-me primordialmente em responder à indagação sobre por que a desigualdade se reduziu e por identificar os mecanismos do nivelamento. Em linhas muito gerais, depois que nossa espécie abraçou a produção domesticada de alimentos e seus corolários comuns, o sedentarismo e a formação do Estado, e depois que reconheceu alguma forma de direitos hereditários de propriedade, a pressão de baixo para cima sobre a desigualdade material tornou-se, efetivamente, um dado – uma característica fundamental da existência social humana. A consideração dos aspectos mais detalhados de como essas pressões evoluíram ao longo de séculos e milênios, sobretudo das sinergias complexas entre o que rotularíamos cruamente de coerção e as forças de mercado, exigiria um estudo separado, de extensão ainda maior.[7]

Por último, discuto os choques violentos (ao lado de mecanismos alternativos) e seus efeitos na desigualdade material, mas em geral não exploro a relação inversa, a questão de saber se – e, em caso afirmativo, como – a desigualdade ajudou a gerar esses choques violentos. Há várias razões para minha relutância. Dado que os altos níveis de desigualdade foram um traço comum nas sociedades históricas, não é fácil explicar choques específicos em relação a essa condição contextual. A estabilidade interna variou muito entre sociedades contemporâneas com níveis comparáveis de desigualdade material. Algumas sociedades que passaram por rupturas violentas não eram particularmente desiguais: a China pré-revolucionária é um exemplo disso. Alguns choques foram basicamente ou inteiramente exógenos, em especial as pandemias que nivelaram a desigualdade por alterarem o equilíbrio entre capital e mão de obra. Até eventos causados pelos seres humanos, como as guerras mundiais, afetaram profundamente sociedades que não tinham um envolvimento direto nesses conflitos. Alguns estudos sobre o papel da desigualdade de renda na precipitação de guerras civis destacam a complexidade dessa relação. Nada disso deve ser tomado como uma sugestão de que a desigualdade nos recursos internos não tinha potencial para contribuir para a eclosão de guerras e revoluções, nem para um fracasso do Estado. Isso significa, simplesmente, que hoje não há nenhuma razão convincente para supormos uma ligação causal sistemática entre a desigualdade global da renda e da riqueza e a ocorrência de choques violentos. Como mostraram alguns trabalhos recentes, a análise de traços mais específicos com dimensão distributiva, como a concorrência dentro dos grupos de elite, talvez seja mais promissora para dar conta dos conflitos violentos e colapsos.

Para os objetivos deste estudo, trato os choques violentos como fenômenos distintos que agem sobre a desigualdade material. Esta abordagem destina-se a avaliar a importância desses choques como forças de nivelamento a longuíssimo prazo, a despeito de haver ou não provas suficientes para estabelecer ou negar uma ligação significativa entre esses eventos e a desigualdade anterior. Se o meu foco exclusivo numa seta causal, que vai dos choques para a desigualdade, incentivar um engajamento adicional com o inverso, tanto melhor. Talvez nunca seja viável produzirmos uma exposição plausível, que torne plenamente endógena a mudança observável na distribuição da renda e da riqueza ao longo do tempo. Ainda assim, os possíveis circuitos de realimentação entre a desigualdade e os choques violentos certamente merecem ser explorados mais a fundo. Meu estudo não pode ser mais do que um componente básico ou um pilar desse projeto maior.[8]

Como proceder?

Há muitas maneiras de medir a desigualdade. Nos capítulos seguintes, em geral uso apenas as duas medidas mais básicas: o coeficiente de Gini e as participações percentuais no total da renda ou da riqueza. O coeficiente de Gini mede a que ponto a distribuição da renda ou dos bens materiais se desvia da igualdade perfeita. Se cada membro de uma dada população receber ou detiver exatamente a mesma quantidade de recursos, o coeficiente de Gini será 0; se um membro controlar tudo e todos os demais não possuírem nada, ele se aproximará de 1. Portanto, quanto mais desigual a distribuição, mais alto o valor do Gini. Ele pode ser expresso como uma fração de 1 ou como uma percentagem; prefiro a primeira, para distingui-lo com mais clareza das participações na renda ou na riqueza, que costumam ser fornecidas como percentagens. A participação, ou parcela, nos diz que proporção da renda ou riqueza totais de uma dada população é recebida ou possuída por um dado grupo, que é definido por sua posição na distribuição global. Por exemplo, o tão citado "1%" representa as unidades – famílias, comumente – de uma dada população que gozam de rendas mais altas ou dispõem de mais ativos do que 99% das suas unidades. Os coeficientes de Gini e as participações na renda são medidas complementares, que enfatizam propriedades diferentes de uma dada distribuição: enquanto os primeiros computam o grau geral de desigualdade, estas últimas fornecem uma compreensão muito necessária da forma da distribuição.

Os dois índices podem ser usados para medir a distribuição de diferentes versões da distribuição da renda. A renda antes de tributos e transferências públicas é conhecida como renda "de mercado", a renda após as transferências é chamada de renda "bruta", e a renda líquida de todos os impostos e transferências é definida como renda "disponível". Na sequência, eu me refiro somente a renda de mercado e renda disponível. Sempre que uso a expressão *desigualdade de renda*, sem maiores especificações, refiro-me à primeira. Na maior parte dos registros históricos, a desigualdade da renda de mercado é o único tipo que se pode conhecer ou estimar. Além disso, antes da criação de vastos sistemas de redistribuição fiscal no Ocidente moderno, as diferenças na distribuição das rendas de mercado, bruta e disponível costumavam ser muito pequenas, exatamente como em diversos países em desenvolvimento de hoje. Neste livro, as participações na renda baseiam-se, invariavelmente, na distribuição da renda de mercado. Os dados contemporâneos e históricos sobre a participação na renda, em especial dos que estão bem no topo da distribuição, geralmente derivam de registros de impostos referentes à renda anterior à intervenção fiscal. Numas poucas ocasiões, também me refiro às proporções entre as participações ou entre percentis específicos da distribuição de renda, o que é uma medida alternativa do peso relativo das diferentes faixas de renda. Existem índices de desigualdade mais sofisticados, porém eles não costumam ser aplicáveis a estudos de longo prazo, que abrangem conjuntos de dados altamente diversificados.[9]

A medição da desigualdade material levanta dois tipos de problema: conceituais e empíricos. Dois grandes problemas conceituais merecem atenção aqui. Primeiro, a maioria dos índices disponíveis mede e expressa a desigualdade *relativa* com base na *parcela* do total de recursos captada por determinados segmentos da população. A desigualdade *absoluta*, em contraste, concentra-se na diferença da *quantidade* de recursos que cabem a esses segmentos. Essas duas abordagens tendem a produzir resultados muito diferentes. Considere-se uma população em que a família média do decil superior da distribuição de renda ganhe dez vezes o que percebe a família média do decil inferior – digamos, 100 mil dólares *versus* 10 mil dólares. Posteriormente, a renda nacional duplica, enquanto a distribuição de renda permanece inalterada. O coeficiente de Gini e as participações na renda continuam a ser os mesmos de antes. Por essa perspectiva, as rendas aumentam sem provocar desigualdade nesse processo. Ao mesmo tempo, entretanto, a defasagem da renda entre os decis superior e inferior duplica, passando de 90 mil para 180 mil dólares, o que assegura ganhos muito maiores para as famílias abastadas do que para as de baixa renda. O mesmo princípio se aplica à distribuição da riqueza. Na verdade, praticamente não há nenhuma situação crível em que o crescimento econômico deixe de causar um aumento da desigualdade absoluta. Assim, pode-se dizer que a medição da desigualdade relativa é mais conservadora em sua visão, uma vez que serve para desviar a atenção das defasagens persistentemente crescentes da renda e da riqueza, em favor de mudanças menores e multidirecionais na distribuição dos recursos materiais. Neste livro, sigo a convenção de priorizar as medidas-padrão de desigualdade relativa, como o coeficiente de Gini e as altas participações na renda, mas chamo atenção para as suas limitações, nos pontos apropriados.[10]

Um problema diferente vem da sensibilidade do coeficiente de Gini da distribuição de renda aos requisitos da subsistência e aos níveis de desenvolvimento econômico. Pelo menos em tese, é perfeitamente possível que uma única pessoa seja dona de toda a riqueza existente numa dada população. Entretanto, ninguém que fosse completamente desprovido de renda seria capaz de sobreviver. Isto significa que os mais altos valores viáveis do Gini quanto à renda estão fadados a ficar aquém do teto nominal de ~1 (aproximadamente 1). Em termos mais específicos, eles são limitados pelo volume de recursos que excedem os necessários para atender às exigências mínimas de subsistência. Essa limitação é particularmente poderosa nas economias de baixa renda, que foram típicas da maior parte da história humana e ainda existem em partes do mundo atual. Por exemplo, numa sociedade com um PIB equivalente a duas vezes a subsistência mínima, o coeficiente de Gini não poderia elevar-se acima de 0,5, mesmo que, de algum modo, um único indivíduo conseguisse monopolizar toda a renda excedente ao necessário a todas as outras pessoas para a mera sobrevivência. Em níveis mais altos de produção, o grau máximo de desigualdade também é limitado pelas definições mutáveis do que constitui a subsistência mínima e pela impossibilidade de populações predominantemente empobrecidas sustentarem economias avançadas. Os coeficientes nominais de Gini precisam ser ajustados em consonância com isso, para calcular o que tem sido chamado de taxa de extração – o grau em que se materializou o máximo de desigualdade teoricamente possível num dado ambiente. Este é um problema complexo, de especial destaque para qualquer comparação da desigualdade a longuíssimo prazo, mas que só muito recentemente começou a despertar atenção. Eu o abordo com mais detalhes no apêndice no final deste livro.[11]

Isso me traz à segunda categoria: os problemas relacionados com a qualidade das evidências empíricas. O coeficiente de Gini e as participações na renda dos mais ricos são, em linhas gerais, medidas congruentes da desigualdade; em geral (embora não invariavelmente), movem-se na mesma direção, ao se modificarem no correr do tempo. Ambos são sensíveis às deficiências das fontes de dados subjacentes. Os modernos coeficientes de Gini costumam derivar de pesquisas sobre domicílios, a partir das quais se extrapolam as supostas distribuições nacionais. Esse formato não é particularmente adequado para captar as rendas mais altas da distribuição. Mesmo nos países ocidentais, os Ginis nominais precisam ser ajustados para cima, a fim de levar plenamente em conta a contribuição real das rendas mais altas. Além disso, em muitos países em desenvolvimento, é comum as pesquisas terem qualidade insuficiente para respaldar estimativas nacionais confiáveis. Nesses casos, os grandes intervalos de confiança não apenas impedem a comparação entre países, como também podem dificultar o acompanhamento das mudanças ao longo do tempo. As tentativas de medir a distribuição global da riqueza enfrentam desafios ainda maiores – não só nos países em desenvolvimento, onde se considera que uma parcela considerável dos bens da elite fica escondida no exterior, mas até em meios com riqueza de dados, como os Estados Unidos. As participações na renda costumam ser calculadas a partir de registros fiscais, cuja qualidade e características variam enormemente entre os países e ao longo do tempo, além de serem vulneráveis a distorções motivadas pela sonegação fiscal. Os baixos índices de participação nos países de baixa renda e as definições politicamente orientadas do que constitui rendimento tributável introduzem complexidades adicionais. Apesar dessas dificuldades, a compilação e a divulgação on line de uma quantidade crescente de informações sobre a participação dos mais ricos na renda no World Wealth and Income Database (WWID) deram uma base mais sólida a nossa compreensão da desigualdade de renda. Além disso, redirecionaram a atenção de medidas meio opacas de um só valor, como o coeficiente de Gini, para índices mais articulados de concentração de recursos.[12]

Todos esses problemas se apequenam na comparação com os que enfrentamos ao procurar estender o estudo da desigualdade de renda e de riqueza a épocas mais remotas do passado. Os impostos regulares sobre a renda raramente antedatam o século XX. Na ausência de pesquisas domiciliares, temos de confiar em dados substitutos para calcular os coeficientes de Gini. Sobre épocas anteriores a 1800, aproximadamente, a desigualdade de renda em sociedades inteiras só pode ser estimada com a ajuda de tabelas sociais – aproximações grosseiras das rendas obtidas por diferentes partes da população, montadas por observadores contemporâneos ou inferidas, ainda que tenuemente, por estudiosos posteriores. Em termos mais compensadores, um número crescente de conjuntos de dados, que remontam à Alta Idade Média em algumas partes da Europa, lançou luz sobre a situação em determinadas cidades ou regiões. Os registros arquivísticos sobreviventes sobre a tributação da riqueza em cidades francesas e italianas, os impostos sobre os valores dos aluguéis de imóveis na Holanda e os impostos sobre a renda em Portugal permitem-nos reconstituir a distribuição subjacente de bens e, às vezes, até de renda. O mesmo fazem os primeiros registros modernos da dispersão das terras agrícolas na França e do valor de propriedades hereditárias na Inglaterra. De fato, os coeficientes de Gini podem ser proveitosamente aplicados a evidências muito mais remotas no tempo. Os padrões de posse da terra no Egito romano tardio; a variação do tamanho das casas na Grécia, na Grã-Bretanha, na Itália e na África Setentrional, na Antiguidade e no início da Idade Média, bem como no México asteca; a distribuição das parcelas da herança e dos dotes na sociedade babilônica; e até a dispersão de utensílios de pedra em Çatal Hüyük, um dos primeiros assentamentos protourbanos conhecidos no mundo, estabelecido há quase 10 mil anos, tudo isso foi analisado dessa maneira. A arqueologia nos habilitou a recuar as fronteiras do estudo da desigualdade material até o Paleolítico, na época da última Era Glacial.[13]

Também temos acesso a toda uma gama de dados substitutos que não documentam diretamente as distribuições, mas, ainda assim, são sabidamente sensíveis a mudanças no nível da desigualdade de renda. A proporção entre os rendimentos da terra e os salários é um bom exemplo. Nas sociedades predominantemente agrárias, as mudanças no preço da mão de obra em relação ao valor do tipo de capital mais importante tendiam a refletir as mudanças nos ganhos relativos que cabiam às diferentes classes: um valor de índice crescente sugere que os senhores de terras prosperavam à custa dos trabalhadores, fazendo a desigualdade crescer. O mesmo se aplica a uma medida correlata, a proporção entre o PIB médio per capita e os salários. Quanto maior a participação não laboral no PIB, mais alto o índice e mais desiguais tendiam a ser as rendas. É certo que os dois métodos têm sérias deficiências. Os rendimentos e os salários podem ser fidedignamente informados no tocante a locais particulares, mas não precisam ser representativos de populações maiores ou de países inteiros, e os palpites estimativos do PIB de qualquer sociedade pré-moderna implicam, inevitavelmente, margens de erro consideráveis. Apesar disso, tais dados substitutos são capazes, em geral, de nos dar uma ideia dos contornos das tendências da desigualdade no correr do tempo. As rendas reais representam um dado substituto mais amplamente disponível, porém um pouco menos instrutivo. Na Eurásia Ocidental, os salários reais, expressos em equivalentes em grãos, foram agora levantados num período que vai até 4 mil anos atrás. Essa perspectiva de longuíssimo prazo nos possibilita identificar casos de rendas reais incomumente elevadas dos trabalhadores, fenômeno que é plausível associarmos a uma diminuição da desigualdade. Ainda assim, as informações sobre salários reais, quando não podem ser contextualizadas no tocante aos valores do capital ou ao PIB, continuam a ser um indicador muito grosseiro e não particularmente confiável da desigualdade global da renda.[14]

Os últimos anos assistiram a avanços consideráveis no estudo dos registros fiscais pré-modernos e na reconstituição dos salários reais, das proporções aluguéis/salário e até dos níveis do PIB. Não é exagero dizer que grande parte deste livro não poderia ter sido escrita há vinte anos, ou mesmo dez. A escala, o alcance e o ritmo do progresso no estudo da desigualdade histórica da renda e da riqueza nos dão grande esperança no futuro desse campo. Não há como negar que longos trechos da história humana não admitem sequer a mais rudimentar análise quantitativa da distribuição dos recursos materiais. Mesmo nesses casos, porém, podemos ser capazes de identificar sinais de mudança ao longo do tempo. As exibições de riqueza da elite são os marcadores mais promissores – a rigor, muitas vezes os únicos – da desigualdade. Quando as evidências arqueológicas do consumo suntuário da elite, na habitação, na dieta ou nos túmulos, dão lugar a restos mais modestos, ou quando os sinais de estratificação desaparecem por completo, é razoável inferirmos certo grau de equalização. Nas sociedades tradicionais, muitas vezes os membros das elites de riqueza e poder eram os únicos a controlar renda ou bens suficientes para suportar grandes prejuízos, que são visíveis no registro material. Do mesmo modo, a variação na estatura humana e outras características fisiológicas podem ser associadas à distribuição de recursos, embora outros fatores, como a carga de patógenos, também tenham desempenhado um papel importante. Quanto mais nos afastamos dos dados que documentam a desigualdade de modo mais imediato, mais conjecturais tendem a se tornar nossas interpretações. Todavia, a história global é simplesmente impossível, a menos que nos disponhamos a alargar a interpretação. Este livro é uma tentativa de fazer exatamente isso.

Neste processo, enfrentamos um enorme gradiente de documentação, que vai de estatísticas detalhadas a respeito dos fatores subjacentes ao recente aumento da desigualdade de renda norte-americana até vagos indícios de desequilíbrios de recursos na aurora da civilização, havendo de permeio um amplo leque de conjuntos de dados diversificados. Juntar tudo isso numa narrativa analítica razoavelmente coerente apresenta-nos um desafio portentoso: em larga medida, esse é o verdadeiro desafio da desigualdade evocado no título desta introdução. Optei por estruturar cada parte do livro no que me pareceu ser a melhor maneira de abordar este problema. A parte de abertura acompanha a evolução da desigualdade, desde nossos primórdios como primatas até o começo do século XX, e, por conseguinte, organiza-se da maneira cronológica convencional (capítulos 1 a 3).

Isto se altera ao nos voltarmos para os Quatro Cavaleiros, os principais motores da nivelação violenta. Nas partes dedicadas aos dois primeiros membros desse quarteto, a guerra e a revolução, minha pesquisa começa no século XX e em seguida recua no tempo. Há uma razão simples para isto. Nivelar por meio da guerra com mobilização em massa e da revolução transformadora tem sido, primordialmente, uma característica da modernidade. A "Grande Compressão" das décadas de 1910 a 1940 não apenas produziu o que é, de longe, a melhor prova desse processo, como também a representa e, a rigor, a constitui de forma paradigmática (capítulos 4 e 5). Num segundo passo, busco antecedentes dessas rupturas violentas, retrocedendo da Guerra de Secessão norte-americana até a experiência da China, Roma e Grécia antigas, bem como recuando da Revolução Francesa às incontáveis revoltas da era pré-moderna (capítulos 6 e 8). Sigo a mesma trajetória em minha discussão da guerra civil, na última parte do capítulo 6, desde as consequências desses conflitos nos países em desenvolvimento contemporâneos até o fim da república romana. Esta abordagem me permite estabelecer modelos de nivelação violenta que têm uma base sólida nos dados modernos, antes de eu explorar se eles também podem ser aplicados ao passado mais distante.

Na parte V, referente às epidemias, emprego uma versão modificada da mesma estratégia, deslocando-me do caso mais bem documentado – a Peste Negra da Alta Idade Média (capítulo 10) – até exemplos progressivamente menos bem conhecidos, um dos quais (as Américas depois de 1492) vem a ser um pouco mais recente, ao passo que os outros situam-se em tempos mais antigos (capítulo 11). A lógica é a mesma: estabelecer os mecanismos-chave da nivelação violenta acarretada pela mortalidade epidêmica em massa, com a ajuda dos melhores dados disponíveis, antes de investigar ocorrências análogas noutros lugares. A parte IV, sobre a falência do Estado e o colapso dos sistemas, leva este princípio organizador a sua conclusão lógica. A cronologia tem pouco significado na análise de fenômenos que se confinaram sobretudo na história pré-moderna, e não se ganha nada seguindo uma determinada sequência temporal. As datas de casos particulares têm menos importância do que a natureza das evidências e o alcance da erudição moderna, ambos os quais variam consideravelmente no espaço e no tempo. Assim, começo por um par de exemplos bem atestados, antes de passar a outros que discuto com menos detalhes (capítulo 9). A parte VI, referente às alternativas à nivelação violenta, é distribuída em tópicos, em sua maior parte, à medida que vou avaliando fatores diferentes (capítulos 12 e 13), antes de me voltar para os desfechos contrafactuais (capítulo 14). A última parte, que, junto com a parte I, emoldura minha pesquisa temática, volta a um formato cronológico. Partindo do recente ressurgimento da desigualdade (capítulo 15) para as perspectivas de nivelamento no futuro próximo e num futuro mais distante (capítulo 16), ela conclui minha visão panorâmica evolutiva.

Um estudo que reúne o Japão de Hideki Tojo com a Atenas de Péricles, ou as planícies maias da Era Clássica com a Somália de hoje, talvez pareça intrigante a alguns de meus colegas historiadores, embora menos, espero, para os leitores das ciências sociais. Como eu disse, o desafio de explorar a história global da desigualdade é sério. Se quisermos identificar forças de nivelamento no registro histórico, precisaremos encontrar maneiras de reduzir a distância entre diferentes áreas de especialização, dentro e além das disciplinas acadêmicas, e de superar imensas disparidades na qualidade e na quantidade dos dados. Uma perspectiva de longo prazo pede soluções não ortodoxas.

Isso é importante?

Tudo isso levanta uma pergunta simples: se é tão difícil estudar a dinâmica da desigualdade em culturas muito diferentes e no longuíssimo prazo, por que haveríamos de tentar? Qualquer resposta a esta pergunta precisa abordar duas questões separadas, mas correlatas: a desigualdade econômica tem importância nos dias atuais? E por que sua história merece ser explorada? Harry Frankfurt, um filósofo de Princeton mais conhecido por sua disquisição anterior, intitulada *Sobre falar merda*, abre seu pequeno livro *On Inequality* discordando da avaliação de Obama citada no início desta introdução: "Nosso desafio mais fundamental não é o fato de as rendas dos norte-americanos serem largamente *desiguais*. É, antes, o fato de um número excessivo de pessoas do nosso povo ser *pobre*." A pobreza é, com certeza, um alvo móvel: uma pessoa que se afigura pobre nos Estados Unidos não precisa parecer pobre na região central da África. Por vezes, a pobreza chega até a ser definida como uma função da desigualdade – no Reino Unido, a linha de pobreza oficial é traçada a uma fração da renda mediana –, embora os padrões absolutos sejam mais comuns, como o limiar de 1,25 dólar nos preços de 2005, usado pelo Banco Mundial, ou a referência ao custo de uma cesta de produtos básicos nos Estados Unidos. Ninguém discordaria de que a pobreza, como quer que seja definida, é indesejável: o desafio está em demonstrar que a desigualdade de renda e de riqueza tem, *por si só*, efeitos negativos em nossa vida, e não na pobreza ou nas grandes fortunas com que pode estar associada.[15]

A abordagem mais dura e pragmática concentra-se no efeito da desigualdade sobre o crescimento econômico. Os economistas têm observado, repetidas vezes, que pode ser difícil avaliar essa relação e que a complexidade teórica do problema nem sempre encontrou correspondência na especificação empírica das pesquisas existentes. Mesmo assim, alguns estudos afirmam que os níveis mais altos de desigualdade realmente se associam a taxas de crescimento mais baixas. Por exemplo, constatou-se que a menor desigualdade de renda disponível leva não só a um crescimento mais acelerado, mas também a fases de crescimento mais longas. A desigualdade parece ser particularmente prejudicial ao crescimento nas economias desenvolvidas. Há até certo respaldo para a tão debatida tese de que os altos níveis de desigualdade entre as famílias norte-americanas contribuíram para a bolha de crédito que ajudou a desencadear a Grande Recessão de 2008, à medida que as famílias de renda mais baixa recorreram ao crédito prontamente disponível (produzido, em parte, pela acumulação de riqueza no topo), tomando empréstimos para manter padrões de consumo dos grupos mais abastados. Em condições mais restritivas de empréstimo, ao contrário, acredita-se que a desigualdade de riqueza é desvantajosa para os grupos de baixa renda, por bloquear seu acesso ao crédito.[16]

Entre os países desenvolvidos, a maior desigualdade está associada à menor mobilidade econômica das sucessivas gerações. Visto que a renda e a riqueza dos pais são fortes indicadores das realizações educacionais e dos rendimentos, a desigualdade tende a se perpetuar ao longo do tempo, e de maneira mais acentuada quanto maior é. As consequências desigualadoras da segregação residencial pela renda são um problema correlato. Nas áreas metropolitanas dos Estados Unidos, desde a década de 1970, o crescimento da população em áreas de alta e baixa renda, paralelamente ao encolhimento das áreas de renda média, levou a uma polarização crescente. Os bairros ricos, em particular, tornaram-se mais isolados, num fenômeno tendente a precipitar a concentração de recursos, inclusive de serviços públicos com financiamento local, o que, por sua vez, afeta as possibilidades de vida das crianças e impede a mobilidade intergeracional.[17]

Nos países em desenvolvimento, pelo menos alguns tipos de desigualdade de renda aumentam a probabilidade de conflitos internos e guerras civis. As sociedades de alta renda lutam com consequências menos extremas. Nos Estados Unidos, afirmou-se que a desigualdade atua no processo político, tornando mais fácil para os ricos exercer influência, embora, neste caso, possamos nos perguntar se é a presença de enormes fortunas, e não a desigualdade em si, que responde por esse fenômeno. Alguns estudos constatam que os altos níveis de desigualdade se correlacionam com níveis mais baixos de autodeclarada felicidade. Apenas a saúde parece não ser afetada pela distribuição de recursos como tal, em contraste com os níveis de renda: enquanto as diferenças de saúde geram desigualdade de renda, o inverso ainda está por ser comprovado.[18]

O que todos esses estudos têm em comum é o foco nas consequências práticas da desigualdade material, nas razões instrumentais pelas quais ela seria considerada um problema. Um conjunto diferente de objeções a uma distribuição distorcida dos recursos baseia-se na ética normativa e em ideias de justiça social, perspectiva que vai bem além do alcance do meu estudo, mas merecedora de maior atenção num debate que, com demasiada frequência, é dominado por preocupações econômicas. Entretanto, mesmo partindo da base mais limitada de um raciocínio puramente instrumental, não há dúvida de que, pelo menos em alguns contextos, os altos níveis de desigualdade e as disparidades crescentes de renda e riqueza são prejudiciais ao desenvolvimento social e econômico. Mas o que constitui um nível "alto", e como saber se os desequilíbrios "crescentes" são uma nova característica da sociedade contemporânea, ou apenas nos aproximam mais de condições historicamente comuns? Haverá, para usar o termo de François Bourguignon, um nível "normal" de desigualdade a que devam aspirar retornar os países que estão vivenciando uma desigualdade crescente? E se, como em muitas economias desenvolvidas, a desigualdade for maior agora do que há algumas décadas, porém menor do que cem anos atrás, o que significa isso para nossa compreensão dos determinantes da distribuição da renda e da riqueza?[19]

A desigualdade aumentou ou se manteve bastante estável durante grande parte da história escrita, e foram raras as reduções significativas. No entanto, as propostas de políticas destinadas a conter ou reverter a maré crescente da desigualdade tendem a mostrar pouca consciência ou valorização desses antecedentes históricos. Será assim que deve ser? Talvez a nossa era tenha se tornado tão fundamentalmente diferente, tão completamente desligada de suas bases agrárias e não democráticas, que a história não tenha mais nada a nos ensinar. E, de fato, não há dúvida de que muitas coisas mudaram: em geral, os grupos de baixa renda nas economias ricas têm melhor situação que a da maioria das pessoas do passado, e até os moradores mais desfavorecidos dos países menos desenvolvidos vivem mais do que viviam seus antepassados. Em muitos aspectos, a experiência de vida de quem sofre a desigualdade é muito diferente do que costumava ser.

Mas não é o desenvolvimento econômico, ou, em linhas mais gerais, o desenvolvimento humano que nos interessa aqui: interessa-nos, antes, como se distribuem os frutos da civilização, o que os faz serem distribuídos como são e o que seria preciso para mudar esses resultados. Escrevi este livro para mostrar que as forças que antes moldavam a desigualdade não se modificaram, de fato, a ponto de se tornarem irreconhecíveis. Se quisermos reequilibrar a atual distribuição de renda e riqueza em favor de uma igualdade maior, não poderemos simplesmente fechar os olhos para o que foi preciso, no passado, para atingir esse objetivo. Precisamos perguntar se algum dia a grande desigualdade foi aliviada sem grande violência, como se comparam as influências mais benignas com o poder dessa grande niveladora e se o futuro tende a ser muito diferente – ainda que possamos não gostar das respostas.

PARTE I

Breve história da desigualdade

1. O despontar da desigualdade

Nivelamento primordial

Será que a desigualdade sempre esteve conosco? Nossos parentes não humanos mais próximos no mundo atual, os grandes símios africanos – gorilas, chimpanzés e bonobos –, são animais intensamente hierárquicos. Os machos gorilas adultos dividem-se entre um pequeno grupo dominante, dotado de haréns de fêmeas, e muitos outros que não têm parceira alguma. Os de dorso prateado dominam não apenas as fêmeas de seus grupos, mas também qualquer macho que permaneça neles depois de atingir a maturidade. Os chimpanzés, especialmente os machos, mas não apenas eles, despendem enorme energia na rivalidade pela posição. As manifestações de intimidação e dominação agressiva têm como contrapartida uma ampla gama de comportamentos de submissão dos que estão nos escalões inferiores da ordem hierárquica. Em grupos de cinquenta ou cem indivíduos, a posição é uma realidade central e estressante, pois cada membro ocupa um lugar específico na hierarquia, mas está sempre em busca de maneiras de melhorá-lo. E não há como escapar: visto que os machos que deixam seu grupo para evitar os dominantes despóticos correm o risco de ser mortos por machos de outros grupos, eles tendem a ficar onde estão e a competir ou se submeter. Fazendo eco ao fenômeno da circunscrição social que foi evocado para explicar a criação de hierarquia entre os seres humanos, essa limitação poderosa serve para respaldar a desigualdade.

Seus parentes mais próximos, os bonobos, podem apresentar ao mundo uma imagem mais gentil, porém incluem, de forma similar, machos e fêmeas alfa. Consideravelmente menos violentos e adeptos da intimidação do que os chimpanzés, eles mantêm, não obstante, claras posições hierárquicas. Embora a ovulação não visível e a ausência de dominação sistemática das fêmeas pelos machos reduzam os conflitos violentos em torno das oportunidades de acasalamento, a hierarquia se manifesta na competição pelos alimentos entre os machos. Nessas espécies, a desigualdade se expressa no acesso desigual às fontes de alimentação – a aproximação mais estreita das disparidades de renda de estilo humano – e, acima de tudo, em termos do sucesso reprodutivo. A hierarquia da dominação, em cujo topo ficam os machos maiores, mais fortes e mais agressivos, que mais consomem alimentos e têm relações sexuais com mais fêmeas, é a norma padronizada.[1]

É improvável que essas características comuns só tenham evoluído depois de essas três espécies se ramificarem a partir da linhagem ancestral, processo que se iniciou há cerca de 11 milhões de anos, com o surgimento dos gorilas, e prosseguiu, 3 milhões de anos depois, com a separação entre o ancestral comum dos chimpanzés e bonobos e os primeiros precursores do que viria a evoluir como os australopitecos e, mais tarde, os seres humanos. Ainda assim, é possível que nem sempre as expressões sociais acentuadas de desigualdade tenham sido comuns entre os primatas. A hierarquia é uma função da vida grupal, e nossos parentes primatas mais distantes, que se ramificaram mais cedo, são hoje menos sociais e vivem sozinhos ou em grupos muito pequenos ou transitórios. Isto se aplica aos gibões, cujos ancestrais se separaram dos antepassados dos grandes símios há cerca de 22 milhões de anos, e aos orangotangos, primeiros dos grandes símios a passarem pela especiação, há aproximadamente 17 milhões de anos, e hoje confinados na Ásia. Inversamente, a vida social hierarquizada é típica dos gêneros africanos dessa família taxonômica, que inclui o nosso. Isto sugere que o ancestral comum mais recente de gorilas, chimpanzés, bonobos e humanos já exibia alguma versão desse traço, o que não precisaria ter acontecido com precursores mais distantes.[2]

A analogia com outras espécies de primatas pode ser um guia precário para a desigualdade entre antigos hominini e humanos. A melhor evidência substituta de que dispomos são os dados esqueléticos sobre o dimorfismo dos sexos no tocante ao tamanho: quanto os membros maduros de um sexo – no caso, os machos – são mais altos, mais pesados e mais fortes que os do outro sexo. Entre os gorilas, assim como entre os leões-marinhos, a intensa desigualdade entre machos com e sem haréns, bem como entre machos e fêmeas, é associada ao alto grau de dimorfismo favorecedor do macho no que concerne ao tamanho. A julgar pelo registro fóssil, os hominini pré-humanos – australopitecos e parantropos, que remontam a mais de 4 milhões de anos – parecem ter sido mais dimórficos do que os seres humanos. Se é sustentável a postura ortodoxa, que tem sofrido uma pressão crescente nos últimos tempos, algumas das primeiras espécies, o *Australopithecus afarensis* e o *Australopithecus anamensis*, surgidas entre 3 e 4 milhões de anos, definiam-se por uma vantagem de mais de 50% na massa corporal do macho, ao passo que espécies posteriores ocuparam uma posição intermediária entre eles e os humanos. Com o advento do *Homo erectus*, de cérebro mais volumoso, há mais de 2 milhões de anos, o dimorfismo sexual do tamanho já havia declinado para a diferença relativamente modesta que ainda observamos hoje. Visto que o grau de dimorfismo se correlacionava com a prevalência de uma competição agonística entre os machos pelas fêmeas, ou era moldado pela seleção sexual feminina, a redução das diferenças sexuais pode ser sinal de menor variância reprodutiva entre os machos. Por essa interpretação, a evolução teria atenuado a desigualdade entre os machos e entre os sexos. Ainda assim, índices mais altos de desigualdade reprodutiva entre os homens do que entre as mulheres persistiram ao lado de níveis moderados de poliginia reprodutiva.[3]

Outros desdobramentos, que podem já ter começado há 2 milhões de anos, também são tidos como havendo fomentado uma igualdade maior. As mudanças no cérebro e na fisiologia que promoveram a reprodução e a alimentação cooperativas devem ter se oposto à agressão pelos membros dominantes e abrandado as hierarquias nos grupos maiores. Inovações na aplicação da violência podem ter contribuído para esse processo. Tudo que ajudasse os subalternos a resistir aos dominadores teria cerceado os poderes destes últimos e, desse modo, diminuído a desigualdade geral. A criação de coalizões entre homens de status inferior foi um dos meios para esse fim, e outro foi o uso de armas de arremesso. As lutas a curta distância, fossem corpo a corpo ou com paus e pedras, favoreciam os homens mais fortes e mais agressivos. As armas começaram a desempenhar um papel equalizador a partir do momento em que puderam ser usadas a uma distância maior.

Há cerca de 2 milhões de anos, mudanças anatômicas nos ombros possibilitaram, pela primeira vez, que se atirassem pedras e outros objetos de maneira eficaz, uma habilidade que não estava à disposição de espécies anteriores e dos primatas não humanos de hoje. Essa adaptação não só aprimorou as aptidões da caça, como também tornou mais fácil os gamas desafiarem os alfas. A produção de lanças foi o próximo passo, seguindo-se aperfeiçoamentos como as pontas endurecidas pelo fogo e, mais tarde, as pontas de pedra. O uso controlado do fogo remonta, talvez, a 800 mil anos, e a tecnologia do tratamento com calor tem pelo menos 160 mil anos. O aparecimento de dardos ou pontas de flechas feitos de pedra, originalmente atestado há uns 70 mil anos na África do Sul, foi apenas a fase mais recente de um longo processo de desenvolvimento de armas de arremesso. Por mais primitivos que possam parecer aos observadores modernos, esses utensílios privilegiavam a habilidade, em vez de tamanho, força e agressividade, e incentivaram os primeiros ataques e emboscadas, bem como a cooperação entre indivíduos mais fracos. A evolução das aptidões cognitivas foi um complemento vital, necessário a arremessos mais precisos, aprimorou o desenho das armas e gerou uma construção mais confiável de coalizões. As habilidades plenas de linguagem, que facilitariam alianças mais complexas e reforçariam as noções de moral, talvez remontem a apenas 100 mil anos, ou a até 300 mil anos. Grande parte da cronologia dessas mudanças sociais permanece obscura: elas podem ter se estendido pela maior parte dos últimos 2 milhões de anos, ou ter se concentrado mais entre seres humanos anatomicamente modernos, a nossa própria espécie de *Homo sapiens*, que surgiu na África há pelo menos 200 mil anos.[4]

O que mais importa no contexto atual é o efeito cumulativo, a melhora na capacidade de indivíduos de status inferior confrontarem os machos alfa de maneiras que não seriam viáveis entre primatas não humanos. Quando indivíduos dominantes se inseriam em grupos cujos membros possuíam armas de arremesso e eram capazes de equilibrar sua influência formando coalizões, a dominação escancarada por meio da força bruta e da intimidação deixava de ser uma opção viável. Se esta conjectura – pois é só isso que ela pode ser – está correta, a violência e, mais especificamente, as novas estratégias para organizar e ameaçar com a ação violenta desempenharam um papel importante, talvez até crucial, no primeiro grande nivelamento da história humana. Àquela altura, a evolução biológica e social humana tinha dado origem a um equilíbrio igualitário. Os grupos ainda não eram grandes o bastante, as capacidades produtivas ainda não eram suficientemente diferenciadas e os conflitos intergrupais ainda não estavam desenvolvidos o bastante para fazer com que a submissão à minoria parecesse a opção menos ruim para a maioria. Embora as formas animalescas de dominação e hierarquia houvessem se desgastado, ainda não tinham sido substituídas por novas formas de igualdade, baseadas na domesticação, na propriedade e na guerra. Esse mundo foi praticamente perdido, mas não desapareceu por completo. Definidas pelos baixos níveis de desigualdade de recursos e por um forte espírito igualitário, as poucas populações coletoras remanescentes no mundo atual nos dão uma ideia, ainda que limitada, de como devia ser a dinâmica da igualdade no Paleolítico Médio e Superior.[5]

Poderosas limitações logísticas e infraestruturais ajudam a conter a desigualdade entre os coletores-caçadores. O estilo nômade, que não inclui animais de carga, limita severamente a acumulação de posses materiais, e o tamanho reduzido e a composição fluida e flexível dos grupos forrageiros não são conducentes a relações assimétricas estáveis, afora as disparidades básicas de poder da idade e do gênero. Além disso, o igualitarismo do forrageio depende da rejeição deliberada das tentativas de dominação. Essa atitude serve de freio crucial para a propensão humana natural a formar hierarquias: a equalização ativa é empregada para manter a igualdade de condições. Numerosos meios de impor valores igualitários foram documentados pelos antropólogos, classificados conforme a severidade. Mendigar, filar e furtar ajudam a garantir uma distribuição mais equitativa dos recursos. As sanções contra o comportamento autoritário e o autoengrandecimento vão desde a fofoca, a crítica, a ridicularização e a desobediência até o ostracismo e mesmo a violência física, incluindo o homicídio. Consequentemente, a liderança tende a ser sutil, dispersa entre múltiplos membros do grupo, e transitória; os menos assertivos têm mais chance de influenciar os outros. Essa economia moral singular foi chamada de "hierarquia invertida da dominação": atuante entre homens adultos (que comumente dominam mulheres e crianças), ela representa a neutralização contínua e preventiva da autoridade.[6]

Entre os hadzas, um grupo de algumas centenas de caçadores-coletores da Tanzânia, os membros do acampamento buscam individualmente o que comer e dão viva preferência às próprias famílias na distribuição dos alimentos obtidos. Ao mesmo tempo, compartilhar a comida fora da família é esperado e comum, sobretudo quando os recursos são fáceis de avistar por terceiros. Os hadzas podem tentar esconder o mel, por ser fácil de ocultar, mas, quando descobertos, são obrigados a dividi-lo. Filar alimentos é tolerado e muito difundido. Assim, embora os indivíduos prefiram claramente guardar mais para si e para seus parentes imediatos, as normas interferem: partilhar é comum, porque a ausência de dominação dificulta a resistência à partilha. Artigos grandes e perecíveis, como grandes animais, podem até ser divididos fora do grupo do acampamento. Guardar não é algo valorizado, na medida em que os recursos disponíveis tendem a ser consumidos sem demora e não são sequer divididos com as pessoas que porventura estejam ausentes nesse momento. Como resultado, os hadzas só têm um mínimo de pertences pessoais: para as mulheres, joias, roupas, um galho de ponta afiada para cavar e, às vezes, uma panela; para os homens, um arco e flecha, roupas e joias, talvez alguns utensílios. Muitos desses pertences não são particularmente duráveis e seus donos não se apegam fortemente a eles. Fora desses itens básicos, a propriedade não existe e o território não é defendido. A ausência ou dispersão da autoridade dificulta a tomada de decisões grupais, que dirá a imposição de seu cumprimento. Em todos esses aspectos, os hadzas são bem representativos dos grupos existentes de caçadores-coletores, em termos mais gerais.[7]

O modo de subsistência forrageiro e a economia moral igualitária combinam-se num obstáculo colossal a qualquer forma de desenvolvimento, pela simples razão de que o crescimento econômico requer algum grau de desigualdade de renda e consumo, a fim de incentivar as inovações e a produção de excedentes. Sem crescimento, praticamente não há nenhum excedente a ser apropriado e passado adiante. A economia moral impede o crescimento e a falta de crescimento impede a produção e a concentração do excedente. Isto não deve ser entendido como uma sugestão de que os forrageiros pratiquem uma forma de comunismo: o consumo não é igualado e os indivíduos diferem não apenas em termos de sua dotação física, mas também com respeito a seu acesso a redes de apoio e a recursos materiais. Como mostro na seção seguinte, a desigualdade forrageira não é inexistente, mas simplesmente muito baixa, se comparada à desigualdade de sociedades que se apoiam em outros modos de subsistência.[8]

Precisamos também admitir a possibilidade de que os caçadores-coletores contemporâneos difiram em aspectos importantes de nossos ancestrais pré-agrários. Os grupos forrageiros que ainda sobrevivem são profundamente marginalizados e ficam confinados em áreas que estão fora do alcance ou têm pouco interesse para agricultores e pastores, ambientes que se adaptam bem a um estilo de vida que evita a acumulação de recursos materiais e as reivindicações firmes de territórios. Antes da domesticação de plantas e animais para a produção de alimentos, os forrageiros estavam muito mais espalhados pelo globo e tinham acesso a recursos naturais mais abundantes. Em alguns casos, além disso, os grupos forrageiros contemporâneos podem reagir a um mundo dominante de agricultores e pastores mais hierarquizados, definindo-se em contraste com as normas externas. Os forrageiros remanescentes não são atemporais nem "fósseis vivos", e suas práticas precisam ser entendidas dentro de contextos históricos específicos.[9]

Por essa razão, as populações pré-históricas nem sempre precisam ter sido tão igualitárias quanto sugeriria a experiência dos caçadores-coletores contemporâneos. As desigualdades materiais observáveis em contextos de sepultamento datados de antes da instauração do Holoceno, que começou mais ou menos há 11.700 anos, são raras, mas existem. O exemplo mais famoso de status imerecido e desigualdade vem de Sungir, um sítio do Pleistoceno localizado 192 quilômetros ao norte de Moscou, cujos restos datam de cerca de 30 a 34 mil anos atrás, época correspondente a uma fase relativamente amena da última Era Glacial. Ele contém os restos mortais de um grupo de caçadores e forrageiros que matavam e consumiam grandes mamíferos, como bisões, cavalos, renas, antílopes e sobretudo mamutes, junto com lobos, raposas, ursos-pardos e leões-das-cavernas. Três túmulos humanos se destacam. Um deles mostra um homem adulto que foi enterrado com cerca de 3 mil contas feitas de marfim de mamute, que provavelmente tinham sido costuradas em suas roupas de pele, além de cerca de vinte pingentes e 25 anéis de marfim de mamute. Uma sepultura separada foi o lugar do repouso final de uma menina de cerca de dez anos e de um garoto de mais ou menos doze anos. A roupa dessas duas crianças fora adornada com um número ainda maior de contas de marfim, num total de cerca de 10 mil, e os artigos de sua sepultura incluíam uma vasta gama de produtos de prestígio, como lanças de presas de mamute alinhadas e vários objetos artísticos.

Um esforço gigantesco deve ter sido empenhado nesses depósitos: estudiosos modernos estimaram que levaria de quinze a 45 minutos para esculpir uma só conta, o que se traduz num total de 1,6 a 4,7 anos de trabalho de uma pessoa, esculpindo durante quarenta horas por semana. Seria preciso capturar um mínimo de 75 raposas do Ártico para extrair os trezentos caninos presos num cinto e num enfeite de cabeça no túmulo das crianças, e, considerando a dificuldade de extraí-los intactos, é bem possível que o número real tenha sido maior. Embora um período substancial de relativo sedentarismo possa ter dado aos membros desse grupo horas de folga suficientes para conseguir tudo isso, persiste a questão de saber por que eles teriam desejado fazê-lo, antes de mais nada. Essas três pessoas não parecem ter sido enterradas com roupas e objetos do dia a dia. O fato de as contas das crianças serem menores que as do homem implica que elas tinham sido fabricadas especificamente para as crianças, fosse durante sua vida, fosse, mais provavelmente, apenas para seu sepultamento. Por razões que nos são desconhecidas, esses indivíduos foram considerados especiais. Mas as duas crianças eram pequenas demais para haverem merecido esse tratamento privilegiado: talvez o devessem a laços de família com alguém que tinha mais importância que os outros. A presença de lesões possivelmente fatais no homem e no menino, e de um encurtamento do fêmur que teria deixado a menina incapacitada em vida, só faz contribuir para o mistério.[10]

Embora o esplendor das sepulturas de Sungir permaneça até hoje sem paralelos no registro do Paleolítico, outras sepulturas ricas foram encontradas mais a oeste. Em Dolní Vèstovice, na Morávia, aproximadamente na mesma época, três indivíduos foram enterrados com enfeites intricados na cabeça e deitados num chão manchado de ocra. Os exemplos posteriores são um pouco mais numerosos. A caverna de Arene Candide, na costa da Ligúria, abrigava numa profunda sepultura em fossa um adolescente suntuosamente adornado, levado ao repouso numa cama de ocra vermelha há cerca de 28 ou 29 mil anos. As centenas de conchas perfuradas e caninos de cervos encontrados ao redor de sua cabeça teriam estado presos, originalmente, a algum adorno orgânico para a cabeça. Pingentes de marfim de mamute, quatro bastões feitos da galhada de alces e uma lâmina excepcionalmente longa, feita de uma pederneira exótica, colocados em sua mão direita, completavam o conjunto. Uma jovem sepultada em Saint-Germain-de-la-Rivière há cerca de 16 mil anos usava ornamentos de conchas e dentes; estes, cerca de setenta caninos de cervo perfurados, deviam ter sido importados de um local a 320 quilômetros de distância. Há aproximadamente 10 mil anos, no começo do Holoceno, mas num contexto de forrageio, uma criança de três anos foi sepultada com 1.500 contas de conchas, no abrigo de pedra de La Madeleine, na Dordonha.[11]

É tentador interpretar esses achados como os primeiros arautos das futuras desigualdades. As provas de uma produção artesanal avançada e padronizada, o investimento de tempo em tarefas altamente repetitivas, bem como o uso de matérias-primas trazidas de lugares distantes, oferecem-nos um vislumbre de atividades econômicas mais avançadas do que as encontradas entre os caçadores-coletores contemporâneos. Sugerem também disparidades sociais que não são normalmente associadas a uma vida de forrageio: os túmulos suntuosos de crianças e adolescentes apontam para um status atribuído, talvez até herdado. A existência de relações hierárquicas é mais difícil de inferir desse material, porém é ao menos uma opção plausível. Mas não há sinal de desigualdades duradouras. Os aumentos da complexidade e da diferenciação de status parecem ter sido de natureza temporária. O igualitarismo não precisaria ser uma categoria estável: o comportamento social poderia variar, dependendo de circunstâncias mutáveis ou até de pressões sazonais recorrentes. E embora as mais remotas adaptações costeiras – berços da evolução social em que o acesso a recursos alimentares marítimos, como os moluscos, incentivou a territorialidade e uma liderança mais eficaz – possam remontar a até 100 mil anos, não existe, pelo menos até hoje, nenhuma evidência correlata de uma hierarquia emergente e de disparidades de consumo. Ao que saibamos, a desigualdade social ou econômica no Paleolítico se manteve esporádica e transitória.[12]

A grande desigualação

A desigualdade só teve início depois que a última Era Glacial chegou ao fim e as condições climáticas entraram num período de estabilidade inusitada. O Holoceno, primeiro período aquecido interglacial em mais de 100 mil anos, criou um ambiente mais favorável ao desenvolvimento econômico e social. À medida que esses aprimoramentos permitiram que os seres humanos extraíssem mais energia e aumentassem de número, também prepararam o terreno para uma distribuição cada vez mais desigual do poder e dos recursos materiais. Isso levou ao que chamo de "Grande Desigualação", uma transição para novos modos de subsistência e novas formas de organização social que desgastaram o igualitarismo do forrageio e o substituíram por hierarquias duradouras e disparidades na renda e na riqueza. Para que esses desdobramentos ocorressem, tinha que haver bens produtivos que pudessem ser defendidos de invasões e dos quais os donos pudessem extrair um excedente, de modo previsível. A produção de alimentos por meio da agricultura e da criação de animais preencheu esses dois requisitos e veio a ser o motor principal da mudança econômica, social e política.

Todavia, a domesticação de plantas e animais não era um pré-requisito indispensável. Em certas condições, os forrageiros também eram capazes de explorar de maneira análoga recursos naturais não domesticados. A territorialidade, a hierarquia e a desigualdade podiam surgir onde a pesca era viável, ou produtiva apenas em certos locais. Esse fenômeno, que é conhecido como adaptação marítima ou ribeirinha, está bem documentado no registro etnográfico. A partir de aproximadamente 500 d.C., a pressão sobre os estoques de peixe, em decorrência do crescimento populacional ao longo da costa oeste da América do Norte, do Alasca à Califórnia, encorajou as populações forrageiras a estabelecer o controle de rios ricos em salmão em locais altos. Em alguns casos, isso foi acompanhado pela mudança de moradias majoritariamente uniformes para sociedades estratificadas, nas quais havia casas grandes para famílias de chefes, clientes e escravos.[13]

Estudos de caso detalhados chamaram atenção para a estreita ligação entre a escassez de recursos e o surgimento da desigualdade. De aproximadamente 400 a 900 d.C., o sítio de Keatley Creek, na Colúmbia Britânica, Canadá, abrigou uma comunidade de algumas centenas de membros, perto do rio Fraser, que capitalizavam nas corridas locais de salmões. A julgar pelos restos arqueológicos, o consumo de salmão declinou por volta de 800 d.C. e a carne de mamíferos tomou seu lugar. Nessa época aparecem sinais de desigualdade no registro arqueológico. Grande parte das espinhas de peixe recuperadas nos poços das casas maiores veio de salmões-reis e salmões-vermelhos adultos, peixes valiosos, ricos em gordura e calorias. Artigos de prestígio, como tipos raros de pedras, foram encontrados nelas. Duas das casas menores, em contraste, só continham espinhas de peixes mais jovens e menos nutritivos. Como em muitas outras sociedades nesse nível de complexidade, a desigualdade era, a um tempo, celebrada e mitigada pela redistribuição cerimonial: poços de assar suficientemente grandes para preparar comida para agrupamentos consideráveis sugerem que os ricos e poderosos organizavam banquetes para a comunidade. Mil anos depois, rituais de *potlatch* em que os líderes competiam entre si, através de demonstrações de generosidade, eram um traço comum em todo o noroeste do Pacífico. Mudanças semelhantes ocorreram no sítio de Bridge River, na mesma área: a partir de cerca de 800 d.C., à medida que os donos de grandes construções começaram a acumular produtos de prestígio e abandonaram o preparo da comida comunitária ao ar livre, os moradores mais pobres ligaram-se a essas famílias e a desigualdade se institucionalizou.[14]

Noutras ocasiões, foi o progresso tecnológico que precipitou mudanças sociais e econômicas desigualadoras. Durante milhares de anos, os chumash, na costa californiana, onde hoje ficam os condados de Santa Barbara e Ventura, viveram como forrageiros igualitários que usavam barcos simples e colhiam bolotas de carvalho. Por volta de 500 a 700 d.C., a introdução de grandes canoas oceânicas de pranchas de madeira, capazes de levar uma dúzia de homens e de se aventurar quase cem quilômetros mar adentro, permitiu aos chumash capturar peixes maiores e se estabelecer como intermediários no comércio de conchas no litoral. Eles vendiam a pederneira obtida nas Ilhas do Canal a grupos do interior, em troca de bolotas de carvalho, frutas secas e verduras comestíveis. Isso gerou uma ordem hierárquica em que chefes polígamos controlavam as canoas e o acesso ao território, comandavam seus homens na guerra e presidiam as cerimônias ritualísticas. Em troca, recebiam de seus seguidores pagamentos sob a forma de alimentos e conchas. Em ambientes desse tipo, as sociedades forrageiras podiam atingir níveis relativamente altos de complexidade. À medida que aumentou a confiança na concentração de recursos locais, a mobilidade declinou, e a especialização ocupacional, a posse estritamente definida dos bens, a defesa do perímetro e a intensa competição entre grupos vizinhos, que comumente envolvia a escravização dos prisioneiros, fomentaram a hierarquia e a desigualdade.[15]

Entre os forrageiros, adaptações desse tipo só eram possíveis em nichos ecológicos específicos e, normalmente, não se estendiam além deles. Só a domesticação dos recursos alimentares tinha potencial para transformar a atividade econômica e as relações sociais em escala global; na ausência dela, as claras desigualdades poderiam ter permanecido confinadas a pequenos bolsões ao longo de litorais e rios, cercadas por um mundo inteiro de forrageiros mais igualitários. Mas não era para ser assim. Uma variedade de plantas comestíveis começou a ser domesticada em diferentes continentes, primeiro no sudoeste da Ásia, há cerca de 11.500 anos, depois na China e na América do Sul, há 10 mil anos, no México, há 9 mil anos, na Nova Guiné, há mais de 7 mil anos, e na Ásia Meridional, na África e na América do Norte, há cerca de 5 mil anos. A domesticação de animais, quando ocorreu, ora precedeu essas inovações, ora as acompanhou. A transição do forrageio para a exploração agrícola pode ter sido um processo prolongado, que nem sempre seguiu uma trajetória linear.[16]

Em especial, foi esse o caso da cultura natufiana e de seus sucessores do Neolítico Pré-Cerâmico no Levante, os primeiros a assistir a essa transição. A partir de cerca de 14.500 anos atrás, o clima mais quente e mais úmido permitiu que grupos forrageiros regionais aumentassem de tamanho e operassem a partir de assentamentos mais permanentes, caçando uma abundância de animais e coletando grãos de cereais silvestres em quantidades suficientes para requerer ao menos pequenas instalações de armazenagem. As provas materiais são muito limitadas, porém mostram sinais do que os principais especialistas chamaram de "hierarquia social incipiente". Arqueólogos descobriram uma construção maior, que pode ter servido a usos comunitários, e alguns pilões especiais de basalto que devem ter exigido grande esforço para ser fabricados. De acordo com uma contagem, cerca de 8% dos esqueletos recuperados do período Natufiano Antigo, de 14.500 a 12.800 anos atrás, vestiam conchas marinhas, às vezes trazidas de centenas de quilômetros de distância, e adornos feitos de ossos ou dentes. Num sítio arqueológico, três homens foram enterrados com adornos de cabeça feitos de conchas, um destes com uma franja de quatro fileiras de conchas. Apenas alguns túmulos continham utensílios de pedra e estatuetas. A presença de grandes poços de assar e lareiras talvez aponte para banquetes redistributivos do tipo realizado no noroeste norte-americano, muito tempo depois.[17]

No entanto, qualquer que tenha sido o grau de estratificação social e desigualdade desenvolvido nessas condições ambientais benignas, ele desapareceu durante um período de frio, entre 12.800 e 11.700 anos atrás, conhecido como Dryas recente, quando os forrageiros remanescentes voltaram a um estilo de vida mais nômade, à medida que os recursos locais se reduziram ou se tornaram menos previsíveis. O retorno à estabilidade climática, há cerca de 11.700 anos, coincidiu com os primeiros indícios de cultivo de lavouras silvestres, como espelta, farro, trigo e cevada. Durante o que se conhece como o Neolítico Pré-Cerâmico antigo (cerca de 11.500 a 10.500 anos atrás), os assentamentos se expandiram e os alimentos passaram a ser armazenados em casas individuais, prática que aponta para uma mudança nos conceitos de posse. O fato de terem aparecido pela primeira vez alguns materiais exóticos, como a obsidiana, talvez reflita um desejo de expressar e respaldar um status elevado. O Neolítico Pré-Cerâmico tardio (cerca de 10.500 a 8.300 anos atrás) produziu informações mais específicas. Há aproximadamente 9 mil anos, a aldeia de Cayönü, no sudeste da Turquia, abrangia zonas diferentes, cujas construções e achados diferiam em tamanho e qualidade. Estruturas maiores e mais bem construídas contêm artefatos incomuns e exóticos e tendem a se localizar em estreita proximidade de uma praça e um templo. Embora apenas uma pequena parcela dos túmulos inclua obsidiana, contas ou utensílios, três dos quatro túmulos internos de Cayönü foram encontrados em casas próximas da praça. Tudo isso pode ser visto como marcadores de uma posição de elite.[18]

Não há como duvidar de que a maior parte da desigualdade que observamos nos milênios seguintes foi possibilitada pela agricultura. Mas houve outros caminhos. Já mencionei adaptações aquáticas que permitiram o surgimento de disparidades políticas e econômicas substanciais, na ausência da domesticação dos alimentos. Em outros casos, a introdução do cavalo domesticado como meio de transporte pode ter surtido efeitos desigualadores, mesmo na ausência de produção alimentar. Nos séculos XVIII e XIX, os comanches das áreas fronteiriças do sudoeste norte-americano formaram uma cultura guerreira que dependia de cavalos de origem europeia para conduzir a guerra e ataques de longa distância. Os búfalos e outros mamíferos selvagens eram sua principal fonte de alimentação, complementada pela colheita de plantas silvestres e milho obtido através do comércio ou de saques. Esses arranjos respaldavam altos níveis de desigualdade: os meninos cativos eram empregados para cuidar dos cavalos dos ricos, e o número de cavalos possuídos dividia nitidamente as famílias de comanches entre os "ricos" (*tsaanaakatu*), os "pobres" (*tahkapu*) e os "paupérrimos" (*tubitsi tahkapu*). Em termos mais gerais, as sociedades forrageiras, horticultoras e agrícolas nem sempre se associavam sistematicamente a níveis diferentes de desigualdade: alguns grupos forrageiros podiam ser mais desiguais do que certas comunidades agrícolas. Uma pesquisa de 258 sociedades indígenas da América do Norte sugere que o tamanho do excedente, e não a domesticação em si, era o principal determinante dos níveis de desigualdade material: enquanto dois terços das sociedades que tinham pouco ou nenhum excedente não manifestavam desigualdade de recursos, quatro em cada cinco das que geravam um excedente moderado ou grande a manifestavam. Essa correlação é muito mais forte do que entre os diferentes modos de subsistência, de um lado, e a desigualdade, de outro.[19]

Um estudo colaborativo de 21 sociedades de pequena escala, em diferentes níveis de desenvolvimento – caçadores-coletores, horticultores, pastores de rebanhos e agricultores – e em diferentes partes do mundo, identificou dois determinantes cruciais da desigualdade: os direitos de posse da terra e dos rebanhos e a capacidade de transmitir riqueza de uma geração para outra. Os pesquisadores examinaram três tipos diferentes de riqueza: a corporal (sobretudo força física e sucesso reprodutivo), a relacional (exemplificada pela parceria no trabalho) e a material (produtos domésticos, terra e gado). Em sua amostra, os dotes corporais eram a categoria mais importante de riqueza entre forrageiros e horticultores, e a riqueza material era a menos importante, enquanto o inverso era verdadeiro em se tratando de pastores e agricultores. O peso relativo das diferentes classes de riqueza é um fator importante na mediação do grau geral de desigualdade. As limitações físicas da riqueza corporal eram relativamente rigorosas, sobretudo no tocante às dimensões do corpo e um pouco menos no tocante à força, aos rendimentos da caça e ao sucesso reprodutivo. A riqueza relacional, apesar de mais flexível, também tinha uma distribuição mais desigual entre agricultores e pastores, e as medidas de desigualdade em terras e rebanhos, nesses dois grupos, atingiam níveis mais altos que os da partilha de utensílios ou barcos entre forrageiros e horticultores. A combinação das diversas limitações da desigualdade aplicáveis aos diferentes tipos de riqueza com a importância relativa de tipos particulares de riqueza responde pelas diferenças observadas conforme o modo de subsistência. Os coeficientes de Gini da riqueza composta média chegavam a descer a 0,25 a 0,27 entre os caçadores-coletores e os horticultores, porém eram muito mais altos entre os pastores (0,42) e os agricultores (0,48). Em se tratando apenas da riqueza material, a divisão principal parece situar-se entre os forrageiros (0,36) e todos os demais (0,51 a 0,57).[20]

A transmissibilidade da riqueza é outra variável crucial. O grau de transmissão da riqueza entre as gerações era aproximadamente duas vezes maior entre os agricultores e pastores do que em todos os outros grupos, e as posses materiais à disposição deles eram muito mais adequadas à transmissão do que os bens dos forrageiros e horticultores. Essas diferenças sistemáticas exercem forte influência na desigualdade das chances de vida, medidas em termos da probabilidade de um filho de pais situados no decil superior da riqueza compósita terminar no mesmo decil, em comparação com a probabilidade de um filho de pais situados no decil mais pobre ascender. Definida dessa maneira, a mobilidade intergeracional costumava ser moderada: mesmo entre forrageiros e horticultores, os filhos do decil superior tinham pelo menos três vezes mais probabilidade de reproduzir essa posição do que os do decil inferior tinham probabilidade de ascender a ela. Entre os agricultores, porém, as chances eram muito maiores (cerca de onze vezes), e eram ainda maiores entre os pastores (cerca de vinte vezes). Essas discrepâncias podem ser atribuídas a dois fatores. Cerca de metade desse efeito se explica pela tecnologia, que determina a importância relativa e as características dos diferentes tipos de riqueza. As instituições que regem o modo de transmissão da riqueza respondem pela outra metade, uma vez que as normas agrícolas e pastoris favorecem a transmissão vertical aos parentes.[21]

De acordo com essa análise, a desigualdade e sua persistência no tempo foram resultado de uma combinação de três fatores: a importância relativa das diferentes classes de bens, a adequação deles para serem transmitidos a terceiros e os índices efetivos de transmissão. Assim, os grupos em que a riqueza material desempenha um papel pequeno e não se presta prontamente à transmissão, e nos quais a herança é desestimulada, estão fadados a vivenciar níveis mais baixos de desigualdade geral do que os grupos em que a riqueza material é a classe dominante dos bens, é altamente transmissível e tem possibilidade de ser legada à geração seguinte. A longo prazo, a transmissibilidade é crucial: quando a riqueza é transmitida entre gerações, os choques aleatórios ligados à saúde, à paridade e aos lucros sobre o capital e o trabalho, que são criadores de desigualdade, são mantidos e se acumulam ao longo do tempo, em vez de deixarem os resultados distributivos regredirem para a média.[22]

Em consonância com as observações feitas na já citada pesquisa de sociedades indígenas norte-americanas, os dados empíricos derivados dessa amostra de 21 sociedades de pequena escala sugerem, similarmente, que a domesticação não é uma precondição suficiente para uma desigualação significativa. A dependência de recursos naturais "protegíveis" parece ser um fator mais crucial, porque, em geral, eles podem ser legados à geração seguinte. O mesmo se aplica a investimentos como a aradura, o cultivo em socalcos e a irrigação. A possibilidade de se herdarem esses bens produtivos e seus aperfeiçoamentos fomenta a desigualdade de duas maneiras: permitindo que ela aumente com o tempo e reduzindo a variância e a mobilidade entre gerações. Uma pesquisa muito mais ampla de mais de mil sociedades em diferentes níveis de desenvolvimento confirma o papel central da transmissão. De acordo com esse conjunto global de dados, cerca de um terço das sociedades forrageiras simples tem regras sobre a herança de bens móveis, mas só uma em cada doze reconhece a transmissão de propriedades imóveis. Em contraste, quase todas as sociedades que praticam formas intensivas de agricultura são dotadas de normas que regem as duas coisas. As sociedades complexas de forrageiros e horticultores ocupam uma posição intermediária. A herança pressupõe a existência de direitos de propriedade. Só podemos conjecturar as circunstâncias de sua criação: Samuel Bowles afirmou que a agricultura favorecia direitos de propriedade que eram inviáveis para os forrageiros, porque recursos agrícolas como lavouras, construções e animais podiam facilmente ser delimitados e defendidos, mas esses pré-requisitos não eram compartilhados pelos recursos naturais dispersos de que tendiam a depender os forrageiros. As exceções, como adaptações aquáticas e culturas equestres, são perfeitamente compatíveis com essa explicação.[23]

Historicamente, às vezes a desigualdade demorava a se instalar. Çatal Hüyük, um assentamento neolítico protourbano no sudoeste da Anatólia que remonta ao oitavo milênio a.C., é um exemplo marcante. Seus vários milhares de residentes dependiam de uma mescla de agricultura de enxada e pastoreio. A terra era abundante e não havia sinais claros de estruturas governamentais ou de estratificação social. Os residentes habitavam casas familiares em que armazenavam cereais, frutas frescas e frutas secas. Um grande número de artefatos de pedra foi recuperado desse sítio. Uma pesquisa abrangente de 2.429 objetos de vinte construções e nove pátios, datados de 7400 a 6000 a.C., revelou diferenças na distribuição de tipos particulares de artefatos. Mós e moedores manuais intactos distribuíam-se de maneira muito desigual entre as moradias, embora as famílias geralmente gozassem de amplo acesso a artigos de cozinha e utensílios de pedra. Os moinhos manuais intactos foram predominantemente encontrados em construções mais complexas, porém não sabemos dizer se estas representavam famílias de condição superior ou se apenas abrigavam tarefas cooperativas relacionadas com o processamento dos alimentos. A observação de que quase todas as mós e moedores tinham sido propositadamente quebrados, muito antes de terem sofrido desgaste, talvez deponha contra a primeira dessas interpretações. Esse costume poderia até refletir uma norma de procedimento muito difundida, embora não universal, contra a transmissão intergeracional desses bens valiosos: em sociedades posteriores da Mesopotâmia, os moinhos manuais figuravam com destaque entre os bens da riqueza hereditária. É possível que medidas niveladoras fossem ativamente aplicadas para cercear os desequilíbrios de riqueza entre as famílias.[24]

Contudo, ao longo do tempo, a desigualdade converteu-se cada vez mais na norma. Dados arqueológicos da Mesopotâmia mostram fortes sinais de estratificação bem antes do estabelecimento dos primeiros Estados naquela região. Na aldeia de Tell es-Sawwan, às margens do Tigre, ao norte da moderna Bagdá, por exemplo, um muro de argila com um fosso que continha muitos projéteis de atiradeiras, todos de argila, aponta para um conflito violento há cerca de 7 mil anos, situação que seria conducente à criação de liderança e hierarquia centralizadas. Alguns dos túmulos mais ricos desse sítio são de crianças, o que reflete distinções de status baseadas na riqueza familiar e não em realizações pessoais. Em Tell Arpachiyah, perto de Mossul, local ocupado aproximadamente na mesma época, o que parece ser a residência de uma família da elite consistia num grande número de cômodos em que foram achados objetos sofisticados de cerâmica, vasos de alabastro, obsidiana e vários tipos de adornos e utensílios artesanais. Nesse povoamento, os líderes controlavam o comércio, selando os carregamentos com pequenas porções de argila em que eram gravados selos simples, antes que elas secassem – precursores primitivos da selagem complexa usada na história posterior da Mesopotâmia. É revelador que, em Yarim Tepe, um jovem cremado tenha sido sepultado não apenas com contas de obsidiana, mas também com uma punção para gravar selos, o que o destacou como filho e, quem sabe, herdeiro pretendido de uma dessas autoridades.[25]

Nessa época, entre 6000 e 4000 a.C., todos os ingredientes básicos da desigualdade estrutural já haviam se instaurado: numerosas estruturas defensivas, que evocam a competição por recursos escassos e a necessidade de liderança eficaz; prédios públicos seculares, que podem ser associados a funções governamentais; santuários domésticos e templos que falam da importância do poder ritualístico; sinais de categorias hereditárias, exemplificados por túmulos infantis suntuosos; e indícios de trocas de artesanato entre famílias da elite, em diferentes assentamentos. O desenvolvimento político, militar e econômico diferenciava a população, e as posições de destaque, o controle das trocas econômicas e a riqueza pessoal caminhavam de mãos dadas.

Em outros contextos, a liderança política veio a ser associada a altos níveis de desigualdade material. Um cemitério em Varna, à beira do mar Negro, no que é hoje a Bulgária, revelou mais de duzentas sepulturas ocupadas do quinto milênio a.C. Um dos sepultados se destaca: um homem de meia-idade que foi enterrado com nada menos de 990 objetos de ouro, com um peso total de mais de 1,5 quilo. Ele estava coberto de enfeites de ouro, que deviam ter estado presos a sua roupa original, usava pesados braceletes de ouro nos braços e segurava um cetro em forma de machado; até seu pênis fora envolto numa bainha de ouro. O túmulo desse homem responde por um terço de todos os objetos de ouro encontrados nesse sítio arqueológico e por um quarto do seu peso total. Os objetos tumulares costumam ser distribuídos de maneira muito desigual: mais de metade dos túmulos ocupados contém alguns artigos, porém menos de um em cada dez é rico em depósitos, e apenas um punhado deles contém uma vasta gama de materiais, inclusive muito ouro. O coeficiente de Gini do número de objetos por sepultura varia de 0,61 a 0,77, dependendo do período, porém seria muito maior se pudéssemos ajustar a distribuição pelo valor. Embora só possamos fazer conjecturas sobre a organização dessa sociedade, dificilmente haveria dúvida quanto a seu caráter hierárquico. É bem possível que o homem coberto de ouro e alguns de seus pares menores tenham sido chefes de grande importância.[26]

Essas descobertas apontam para uma fonte complementar de desigualdade. A combinação da extração do excedente de recursos protegíveis com a reivindicação pessoal ou familiar de propriedade desses recursos, que incluía o direito de transferi-los para os descendentes ou outros parentes, lançou as bases de uma crescente estratificação socioeconômica. Novas formas de poder político e militar contribuíram para as desigualdades resultantes de renda e riqueza e as ampliaram. Assim como a transição para a domesticação dos alimentos, a evolução de hierarquias políticas foi um processo lento e gradual e dependeu altamente das condições ecológicas, do progresso tecnológico e do crescimento demográfico. A longo prazo, a direção geral da mudança partiu dos pequenos grupos de nível familiar, formados por algumas dezenas de pessoas, que eram típicos das economias forrageiras simples, para grupos locais e coletividades cujos membros eram tipicamente contados na casa das centenas, e para chefaturas ou protoestados maiores, que controlavam milhares ou dezenas de milhares de membros. Essa nem sempre era uma progressão linear e nem todos os ambientes davam suporte a formas mais complexas de organização social. Como resultado, sociedades complexas, em nível estatal, acabavam compartilhando o planeta com bandos, tribos e chefaturas de pastores, horticultores e remanescentes da população ancestral de caçadores-coletores. Essa diversidade tem sido vital para nossa compreensão das forças propulsoras por trás do surgimento da desigualdade, permitindo-nos comparar as características de diferentes modos de subsistência e suas consequências para a acumulação, a transmissão e a concentração da riqueza, como já foi resumido.[27]

A gama documentada de variação da organização sociopolítica ao redor do mundo tem sido similarmente ampla, o que possibilita relacionar as desigualdades de poder e status com as desigualdades de riqueza. Numa perspectiva global, a agricultura tem estreita correlação com a estratificação social e política. Numa amostra de mais de mil comunidades, mais de três quartos das comunidades forrageiras simples não exibem sinais de estratificação social, em contraste com menos de um terço das que praticam formas intensivas de cultivo da terra. As hierarquias políticas são ainda mais fortemente dependentes da agricultura sedentária: as elites e a estrutura de classes são praticamente desconhecidas entre simples forrageiros, mas são atestadas na maioria das sociedades agrárias. Mais uma vez, porém, foi a escala do excedente econômico, e não o modo de subsistência como tal, que constituiu a variável crucial. Na já mencionada pesquisa de 258 sociedades indígenas norte-americanas, 86% dos grupos sem produção significativa de excedentes também não tinham sinais de desigualdade política, ao passo que a mesma proporção dos que geravam excedentes moderados ou grandes tinha desenvolvido ao menos algum grau de hierarquia política. Entre as 186 sociedades do mundo inteiro que foram documentadas com mais detalhes, conhecidas como Amostra Transcultural-

Padrão, quatro em cada cinco comunidades de caçadores-coletores não tinham líderes, ao passo que três quartos das sociedades agrícolas eram organizadas como chefaturas ou Estados.[28]

Mas nem todas as sociedades agrícolas seguiram a mesma trajetória. Uma nova pesquisa global sugere que o cultivo de cereais desempenhou um papel crucial no desenvolvimento de hierarquias sociais mais complexas. Ao contrário das raízes perenes, que ficam disponíveis continuamente, mas apodrecem depressa, as safras de grãos só são colhidas em massa em períodos específicos de colheita e se prestam ao armazenamento por prazos mais longos. Essas duas características tornaram mais fácil, para as elites, apropriar-se dos recursos alimentares excedentes e guardá-los. Os Estados surgiram pela primeira vez nas partes do mundo que tinham sido as primeiras a desenvolver a agricultura: depois de haverem domesticado as plantas – sobretudo os cereais – e os animais, os seres humanos partilharam seu destino, mais cedo ou mais tarde, e a desigualdade escalou para alturas antes inimagináveis.[29]

O 1% original

O acesso desigual à renda e à riqueza precedeu a formação do Estado e contribuiu para seu desenvolvimento. Entretanto, uma vez estabelecidas, as instituições governamentais, por sua vez, exacerbaram as desigualdades existentes e criaram novas desigualdades. Os Estados pré-modernos geraram oportunidades sem precedentes de acumulação e concentração de recursos materiais nas mãos de poucos, ao fornecerem certa dose de proteção à atividade comercial e abrirem novas fontes de ganho pessoal para os que se associavam mais de perto ao exercício do poder político. No longo prazo, a desigualdade política e material evoluiu junto com o que se chamou de "espiral ascendente de efeitos interativos, na qual cada incremento de uma variável torna mais provável o incremento correspondente de outra". Estudiosos modernos propuseram uma grande variedade de definições que visam captar as características mais essenciais do estadismo. Tomando emprestados elementos de várias delas, pode-se dizer que o Estado representa uma organização política que reivindica autoridade sobre um território e sua população e recursos, e que é dotada de um conjunto de instituições e pessoal que exercem funções governamentais, emitindo ordens e regras obrigatórias e as respaldando com a ameaça ou o exercício de medidas coercitivas legitimadas, que incluem a violência física. Não faltam teorias para explicar a emergência dos primeiros Estados. Todas as supostas forças propulsoras decorrem, de algum modo, do desenvolvimento econômico e de suas consequências sociais e demográficas: lucros que os bem-posicionados obtiveram do controle dos fluxos de comércio, a necessidade de capacitar os líderes para administrar os problemas surgidos das densidades populacionais crescentes e de relações mais complexas de produção e intercâmbio, o conflito de classes em torno do acesso aos meios de produção e as pressões criadas por conflitos militares sobre recursos escassos, que favoreceram a criação de escalões, da hierarquia e das estruturas centralizadas de comando.[30]

Pela perspectiva do estudo da desigualdade, talvez não seja de especial importância, estritamente falando, saber qual desses fatores teve maior peso; na medida em que a formação do Estado introduziu hierarquias verticalizadas e estáveis em sociedades com excedentes significativos, era fatal que aumentassem as desigualdades de poder, status e riqueza material. Ainda assim, hoje há um consenso crescente de que a violência organizada foi central nesse processo. A influente teoria da circunscrição de Robert Carneiro afirma que a interação do crescimento populacional com a guerra, em condições de delimitação territorial, explica por que famílias antes mais autônomas e igualitárias, dependentes de recursos escassos de alimentos domesticados e incapazes de sair de ambientes estressantes, dispuseram-se a se submeter a lideranças autoritárias e a suportar a desigualdade, para se tornarem mais eficazes na competição com outros grupos. As mais recentes teorias e modelos de simulação da formação do Estado enfatizam, similarmente, a importância crucial do conflito entre grupos. O papel crucial da violência também contribui muito para responder pelas características específicas da maioria dos Estados pré-modernos, notadamente a liderança despótica e o foco, com frequência exageradamente intenso, em travar guerras.[31]

Nem todos os primeiros Estados eram iguais, e entidades políticas centralizadas coexistiram com formas mais "heterárquicas" ou corporativas de organização política. Mesmo assim, os Estados autoritários centralizados comumente suplantaram na competição os rivais estruturados de outras maneiras. Eles apareceram independentemente em todo o mundo, onde quer que as precondições ecológicas o permitissem, tanto no Velho Mundo quanto nas Américas e em toda uma vasta gama de ambientes, desde as planícies aluviais do Egito e da Mesopotâmia até os planaltos andinos. Desafiando essa diversidade considerável de contextos, os mais conhecidos entre eles desenvolveram-se como entidades notavelmente parecidas. Todos assistiram à expansão de hierarquias em diferentes campos, desde a esfera política até a família e os sistemas de crenças religiosas – um processo autocatalítico mediante o qual "a própria estrutura hierárquica se realimenta de todos os fatores societários, para transformá-los mais estritamente num sistema global que respalde a estrutura de autoridade". As pressões favoráveis à estratificação crescente tiveram um enorme efeito nos valores morais, pois o resíduo do igualitarismo ancestral foi substituído pela crença nos méritos da desigualdade e pela aceitação da hierarquia como elemento integrante da ordem natural e cósmica.[32]

Em termos quantitativos, os Estados agrários revelaram-se extremamente bem-sucedidos. Embora estes números não possam ser mais do que uma conjectura controlada, podemos supor que, há 3.500 anos, quando as entidades políticas de nível estatal cobriam, talvez, não mais que 1% da superfície terrestre do planeta (excluindo a Antártida), elas já englobavam quase metade da nossa espécie. Pisamos num terreno mais sólido ao calcular que, no início da era cristã, os Estados – quase todos grandes impérios, como Roma e a China da dinastia Han – abarcavam cerca de um décimo da massa terrestre da Terra, mas dois terços a três quartos de todas as pessoas que viviam na época. Por mais duvidosos que sejam, esses números transmitem uma ideia da vantagem competitiva de determinado tipo de Estado: estruturas imperiais espalhadas por vastas extensões e mantidas unidas por poderosas elites extrativas. Mais uma vez, esse não foi o único resultado: as cidades-Estado independentes puderam florescer nos interstícios entre esses impérios, mas só raramente puderam repelir seus vizinhos muito maiores, como conseguiram fazer os antigos gregos no século V a.C. Não raro, elas eram absorvidas em entidades maiores; vez por outra, construíam seus próprios impérios, como fizeram Roma, Veneza e a Tríplice Aliança Asteca formada por Tenochtitlán, Texcoco e Tlacopan. Além disso, os impérios fracassavam de tempos em tempos, abrindo caminho para ecologias políticas mais fragmentadas. A Europa medieval é um exemplo particularmente extremo dessa transição.[33]

Mais comumente, porém, um império gerava outro, à medida que novos regimes conquistadores tornavam a consolidar redes anteriores de poder. No longuíssimo prazo, isso criou um padrão de desestruturação e restauração periódicas, desde os "ciclos dinásticos" mais e mais regulares da China até oscilações mais longas no Sudeste Asiático, na Índia, no Oriente Médio e no Levante, bem como na região central do México e na região andina. A estepe eurasiana também produziu muitos regimes imperiais que embarcaram em ataques e conquistas predatórios, instigados pela riqueza gerada pelas sociedades sedentárias do sul. Os Estados cresceram com o tempo. Antes do século VI a.C., os maiores impérios terrestres cobriam algumas centenas de milhares de quilômetros quadrados. Nos 1.700 anos seguintes, seus sucessores mais poderosos ultrapassaram esse limite, rotineiramente, por uma ordem inteira de magnitude, e, no século XIII, o domínio dos mongóis se estendeu da Europa Central até o Pacífico. E o território é apenas uma medida; se levarmos em conta o crescimento secular da densidade populacional, veremos que a expansão efetiva dos governos imperiais foi ainda mais drástica. Num grau ainda maior do que hoje, nossa espécie costumava concentrar-se na zona temperada da Eurásia, bem como em partes da América Central e do noroeste da América do Sul. Foi aí que o império prosperou: durante milhares de anos, quase toda a humanidade viveu à sombra desses gigantes, com alguns elevando-se muito acima dos comuns mortais. Foi esse o ambiente que criou o que chamo de o "1% original", composto de grupos de elite concorrentes, mas muitas vezes estreitamente entrelaçados, que faziam todo o possível para captar os rendimentos políticos e os lucros comerciais mobilizados pela construção do Estado e pela integração imperial.[34]

A formação do Estado pré-moderno separou uma pequena classe governante da massa de produtores primários. Apesar de muitas vezes internamente estratificada, essa elite transcendia e, coletivamente, controlava as comunidades individuais locais que formavam os alicerces básicos do Estado. A famosa imagem de Ernest Gellner capta com clareza ímpar essas estruturas (Figura 1.1).[35]

Alguns membros da classe dominante, como dignitários locais que haviam ascendido a cargos estatais ou honrarias correlatas, devem ter se originado ou até permanecido enraizados nessas comunidades, enquanto outros, como os conquistadores estrangeiros, devem ter se desligado o bastante para

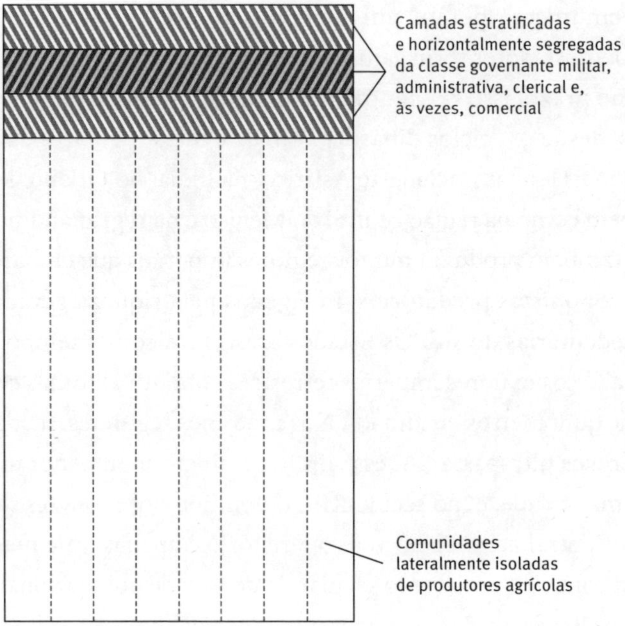

FIGURA 1.1 Forma geral da estrutura social das sociedades agrárias

formar o que era, de fato, uma sociedade separada. O governo centralizado era muito restrito, pelos padrões modernos: era comum os Estados corresponderem a pouco mais do que aquilo que Patricia Crone chamou de "cascas protetoras" para a população geral, na tentativa de mantê-la longe do alcance de contestadores internos e estrangeiros do regime estabelecido. Mas os governantes e seus agentes também forneciam proteção, no sentido do que é feito por organizações mafiosas nas sociedades modernas, capitalizando nos lucros advindos de sua preeminência no uso da violência organizada. Com frequência, eles exerciam uma grande dose de poder despótico, porque as instituições da sociedade civil eram fracas demais para cercear a ação da elite, incluindo seu poder de vida e morte e sua alocação da propriedade. Ao mesmo tempo, faltava a muitos desses Estados poder infraestrutural, a capacidade de penetrar na sociedade e implementar políticas em larga escala. As comunidades eram autogovernantes, de modo geral, e frouxamente contidas por uma autoridade dominante centralizada, relativamente pequena e com frequência distante.

Os governos eram de natureza semiprivada e dependiam da cooptação e da cooperação de diversos detentores do poder político, militar, econômico e ideológico para controlar populações subordinadas e mobilizar recursos para os governantes. Estes tendiam a empregar uma mescla de recompensas e ameaças de violência para preservar o equilíbrio entre elites concorrentes, pois, muitas vezes, o governo concentrava-se primordialmente em administrar os conflitos entre os ricos e poderosos. Os governantes, seus agentes e os grandes latifundiários, categorias entre as quais era comum haver uma interseção, travavam conflitos constantes pelo controle do excedente passível de ser desviado por meio de impostos estatais e rendas privadas. Embora o emprego de membros da elite estabelecida como autoridades estatais restringisse a autonomia dos governantes, o recurso a agentes subordinados de condição inferior criava novos aspirantes à elite, ansiosos por desviar a renda estatal e privatizar os ganhos dos cargos, a fim de se unirem aos círculos existentes da elite. Os governantes empenhavam-se em tornar o poder e o privilégio uma função contingente e revogável do serviço estatal, enquanto seus agentes buscavam benefícios privados para eles mesmos e seus descendentes; a longo prazo, esta última postura, com muita frequência, mostrou-se mais bem-sucedida. A corrupção e outras formas de predação eram comuns. Uma vez que os membros da classe dominante competiam por cargos e vantagens, a rotatividade entre indivíduos podia ser alta, mas a dominação da elite como tal tendia a ser estável, desde que as estruturas estatais fossem mantidas com êxito. As classes superiores separavam-se dos plebeus por seu estilo de vida e sua visão de mundo, que eram frequentemente de natureza marcial e definiam os líderes como os exploradores dos produtores agrícolas inferiores. O consumo ostentatório servia como um importante meio de manifestação e reforço das relações de poder.[36]

Essas condições básicas moldaram em profundidade a distribuição da renda e da riqueza. Reduzida aos aspectos essenciais, a história conheceu apenas dois modos ideais típicos de aquisição de riqueza: criar e tomar. O advento da produção do excedente, da domesticação e dos direitos hereditários de propriedade preparou o terreno para a criação e preservação de fortunas pessoais. A longo prazo, as adaptações institucionais que eram conducentes a esse processo, o progresso tecnológico e a escala e alcance crescentes da atividade econômica elevaram o teto da acumulação individual ou familiar de riqueza, com isso aumentando, pelo menos, o alcance potencial da dispersão da renda e dos bens produtivos. Em princípio, o efeito cumulativo de choques aleatórios deve ter sido suficiente para tornar algumas famílias mais ricas do que outras: as diferenças no retorno sobre o capital, como terras, rebanhos, construções e recursos investidos na concessão de empréstimos e no comércio, garantiriam isso. Quando a sorte delas mudasse, outras ocupariam seu lugar.

O que bem pode ter sido a primeira prova quantificável indicativa do aumento da desigualdade da riqueza em círculos subelitistas, que parece haver resultado do desenvolvimento econômico, vem da antiga Mesopotâmia, há vários milhares de anos. A comparação de uma amostra de parcelas de herança dos filhos varões no período Babilônico Antigo (primeira metade do segundo milênio a.C.) com os dotes documentados das filhas no período Neobabilônico (final do século VII e grande parte do século VI a.C., mais ou menos mil anos depois) revela duas diferenças notáveis. Convertidos em salários em trigo, estes últimos são cerca de duas vezes mais substanciais que as primeiras. Visto que os dois conjuntos de dados parecem referir-se à mesma camada social – residentes urbanos abastados, talvez o decil superior da população urbana, aproximadamente –, isso aponta para posses maiores em termos gerais, sobretudo considerando que esperaríamos que os filhos varões fossem mais favorecidos que as filhas. Além disso, os valores reais dos dotes também têm uma distribuição muito mais desigual. Visto que o período Neobabilônico foi uma época de desenvolvimento econômico incomumente dinâmico, talvez esse contraste se explique melhor pelo efeito desigualador do crescimento e da comercialização.[37]

Mas isso talvez seja apenas parte da história, não só neste caso, porém em termos mais gerais. É fácil avaliar como os traços definidores da formação do Estado pré-moderno que esboçamos há pouco influenciariam a atividade econômica de modos peculiares. A integração política não apenas ajudou a expandir os mercados e a reduzir ao menos alguns custos de transação e informação: as disseminadas assimetrias de poder, que comumente caracterizavam as entidades políticas pré-modernas, praticamente asseguravam condições desiguais para os vários agentes econômicos. Os direitos de propriedade frágeis, a imposição insuficiente das regras, o exercício arbitrário da justiça, a venalidade dos agentes do Estado e a importância suprema das relações pessoais e da proximidade das fontes do poder coercitivo figuravam entre os fatores propensos a distorcer os resultados, a favor dos que estavam nas camadas superiores da pirâmide do status e dos que mantinham com eles uma ligação lucrativa. Isso deve ter se aplicado em medida ainda maior às várias formas de "tomada" que estavam à disposição dos membros da classe dominante e seus associados. A participação no governo dava acesso à renda proveniente da remuneração formal, a favores dos governantes e outros superiores, à solicitação de propinas, aos desfalques e às extorsões, e, muitas vezes, também protegia da tributação e do cumprimento de outras obrigações. Os altos cargos militares podiam ser premiados com uma participação nos butins de guerra. E mais, o serviço direto prestado ao Estado não era nem mesmo um pré-requisito necessário. Os laços de parentesco, o casamento endogâmico e outras alianças com ocupantes de cargos de governo podiam gerar benefícios equiparáveis. Além disso, considerando o poder infraestrutural do Estado, muitas vezes bastante limitado, a riqueza pessoal e a influência local tornavam mais fácil proteger não apenas os próprios bens das exigências do Estado ou da comunidade, mas também os de amigos e clientes – em troca de outros benefícios. Se necessário, as cotas de impostos podiam ser cumpridas transferindo-se ônus adicionais para os desprovidos de poder.

Nessas condições, o poder político dificilmente deixaria de exercer grande influência na distribuição dos recursos materiais. Em corpos políticos menores e menos hierarquizados, como tribos ou coletividades do Grande Homem, o status dos líderes dependia, em medida considerável, de sua capacidade e disposição de partilhar seus bens com a comunidade inteira. As classes dominantes dos Estados e impérios agrários costumavam gozar de maior autonomia. A despeito de demonstrações ocasionais e bem alardeadas de generosidade, o fluxo da redistribuição tendia a ser invertido, enriquecendo ainda mais a minoria à custa da maioria. A capacidade coletiva da elite de extrair o excedente dos produtores primários determinava a proporção de recursos globais que ficava disponível para apropriação, e o equilíbrio de poder entre os governantes estatais e os vários grupos da elite decidia como esses lucros eram distribuídos entre os cofres do Estado, as contas particulares dos agentes estatais e o patrimônio da elite da riqueza latifundiária e comercial.[38]

As mesmas características dos Estados pré-modernos que canalizavam recursos para os poderosos também funcionavam como um freio potente da concentração da renda e da riqueza. A predação, o descaso pelos direitos de propriedade privada e o exercício arbitrário da autoridade não apenas ajudavam a criar fortunas, como podiam destruí-las com a mesma facilidade, num piscar de olhos. Assim como os cargos estatais, a proximidade do poder e o beneplácito dos governantes elevavam os bem-relacionados a uma enorme riqueza, as maquinações dos rivais e o desejo dos governantes de limitar a influência de seus associados, bem como de absorver seus lucros obtidos de maneira ilícita, podiam facilmente retirar-lhes sua riqueza, se não sua vida. Além dos caprichos da demografia familiar que ajudam a explicar a sobrevivência ou a dispersão de determinadas propriedades privadas, a redistribuição violenta limitava o grau em que os recursos vinham a se concentrar nos círculos da elite.

Na prática, os resultados tiveram ampla variação entre as sociedades históricas. O Egito mameluco da Idade Média ocupou um dos extremos do espectro. Uma elite conquistadora estrangeira e não hereditária reivindicou coletivamente o controle da terra, que foi distribuída entre membros da classe estatal conforme sua posição na estrutura de poder, que estava sujeita a ajustes frequentes. Isso tornava mutável e imprevisível o acesso aos recursos, porque o facciosismo violento garantia uma alta rotatividade. No outro extremo do espectro, as sociedades feudais com governantes fracos, como a China do período das Primaveras e Outonos ou a Europa medieval, permitiam que os senhores gozassem de um controle relativamente seguro de seus bens. O mesmo se aplicou à República Romana antes de suas crises terminais, quando os aristocratas, coletivamente, governaram a sociedade organizada em benefício próprio e se mostraram apropriadamente decididos a defender os direitos da propriedade privada. A maioria das sociedades pré-modernas e um bom número de países contemporâneos em desenvolvimento encaixam-se entre esses extremos típicos ideais, às vezes combinando a intervenção política violenta nas relações de propriedade privada com uma dose de respeito pela riqueza pessoal. Exploro essa relação com mais detalhes nas páginas seguintes.[39]

As rendas obtidas pelo acesso ao poder político não são exclusivas dos baixos níveis de desenvolvimento. Um estudo recente de dezenas de empresários riquíssimos de países ocidentais mostra como eles se beneficiaram das ligações políticas, exploraram brechas na regulamentação e se aproveitaram das imperfeições do mercado. Nesse aspecto, a diferença entre as economias de mercado democráticas avançadas e outros tipos de Estado é uma questão de grau. Em alguns casos, é bem possível que sejamos capazes de estimar quanto as fortunas da elite deveram à renda de outras fontes que não a atividade econômica: se estamos aptos a dizer que os aristocratas romanos dos séculos II e I a.C. eram simplesmente ricos demais para terem construído suas fortunas unicamente através da agricultura e do comércio, análises detalhadas e mais específicas devem ser viáveis sobre sociedades históricas mais recentes. A França do *Ancien Régime*, que discuto sucintamente mais adiante, nesta seção, é um mero exemplo. Em termos mais gerais, não há dúvida de que as ligações e favores políticos personalizados fizeram uma contribuição muito maior para a riqueza da elite do que fazem hoje nos países desenvolvidos. As elites rentistas da América Latina ou da África talvez se aproximem um pouco mais do que deveríamos considerar, em termos históricos globais, como estratégias tradicionais e, a rigor, "normais" de apropriação e concentração. O mesmo se dá com os "oligarcas" russos contemporâneos, que se assemelham a alguns grupos de elite pré-modernos no grau em que a criação e a preservação de suas fortunas decorreu de relações personalizadas com o poder político. Mesmo admitindo uma diversidade contextual considerável, a descrição de seus pares feita por Oleg Tinkov, o magnata russo dos cartões de crédito – "administradores temporários de seus bens; não são verdadeiros proprietários" –, se aplica em igual medida à situação precária de muitos de seus predecessores, desde a Roma e a China antigas até as monarquias europeias do início da era moderna.[40]

Piketty procurou explicar os altíssimos níveis de desigualdade da riqueza típicos da Europa dos séculos XVIII e XIX com referência à grande lacuna entre os índices de crescimento econômico e de retorno do capital ("$r > g$"). Nos modelos dinâmicos que incluem choques multiplicativos e aditivos – na taxa de retorno do capital, ligada a estratégias de investimento ou à sorte; nos parâmetros demográficos provenientes da mortalidade e da paridade; nas preferências referentes ao consumo e à poupança; ou na produtividade, quando se soma à renda externa –, essa situação tende a ampliar as disparidades iniciais de riqueza e leva a um alto grau de concentração da mesma. Ao contrário do que aconteceu na primeira metade do século XX, quando os impactos negativos no estoque de capital e em sua taxa de retorno, sob a forma da destruição causada pelas guerras, da inflação, da tributação e da expropriação, reduziram enormemente a riqueza e, mais ainda, a renda líquida da riqueza, as condições mais estáveis que haviam precedido esse período de nivelamento considerável favoreceram os detentores da riqueza. Como resultado, a renda proveniente do capital respondeu por uma parcela maior da renda total do que fez desde então.

Terá essa situação sido representativa das sociedades pré-modernas, em termos mais gerais? Considerando que sempre foi extremamente grande a defasagem entre a taxa de crescimento econômico e os retornos nominais do capital (representados pelas taxas de juros ou pela renda fixa de bens ou heranças), é plausível supor que, de modo geral, os detentores de capital tenham gozado de uma vantagem perene. Ao mesmo tempo, esperaríamos que a intensidade dos impactos no capital tivesse variado consideravelmente, dependendo da probabilidade de redistribuição violenta dos bens. Em períodos de estabilidade, o exercício arbitrário de um governo autocrático podia gerar choques potentes, em especial nas fortunas das elites, capazes de fazer essas fortunas se inflarem, mais ou menos com a mesma frequência com que as destruía. Enquanto essas intervenções meramente redistribuíam bens que já tinham sido reivindicados pela camada superior da sociedade, é bem possível que o efeito na distribuição da riqueza tenha sido neutro. Em contraste, os choques resultantes da guerra, de conquistas ou da falência do Estado geravam consequências menos previsíveis: enquanto o sucesso militar tendia a aumentar a desigualdade no lado vencedor, enriquecendo sua classe dominante, o nivelamento generalizado provinha, comumente, da desintegração das estruturas governamentais. Apresento provas históricas desses fenômenos neste capítulo e em capítulos posteriores.

A longo prazo, os níveis de desigualdade da riqueza devem ter sido moldados pela frequência com que ocorriam essas rupturas violentas mais desestabilizadoras. Na medida em que os mecanismos anteriores de distribuição de renda e acumulação de riqueza diferiam dos observados na Europa setecentista – e sobretudo oitocentista –, é possível que o fizessem com respeito à importância relativa da renda da elite que provinha de outras fontes que não o trabalho. Quanto mais as fortunas pessoais dependessem do acesso a rendas políticas, mais a renda proveniente do trabalho – ao menos se pudermos definir a corrupção, os desfalques, a extorsão, a pilhagem militar, a disputa de favores e a apropriação de bens dos rivais como formas de trabalho – seria importante, mais do que para os investidores empresariais ou rentistas de capital em sociedades mais ordeiras e pacíficas. Como argumento no restante desta seção, esse tipo de renda podia ser um grande determinante – às vezes, talvez até o principal – da situação da elite. Isto se aplicou, em particular, aos primeiros Estados arcaicos, cujas classes superiores confiavam mais nos direitos patrocinados pelo Estado a rendas em mercadorias e mão de obra do que nos retornos sobre bens privados. Essas prerrogativas introduzem ressalvas na distinção convencional entre renda do capital e renda do trabalho e, mais uma vez, sublinham a importância crucial das relações com o poder político na criação do "1%" original.[41]

Houve época em que modos bastante igualitários de posse da terra foram comuns em muitas das regiões que depois vieram a abrigar grandes impérios. Entre os sumérios do sul da Mesopotâmia, uma das primeiras civilizações conhecidas por fontes escritas que remontam a mais de 5 mil anos, grande parte das terras agrícolas era controlada pelas famílias patrilineares extensas de plebeus que as haviam trabalhado como posses comunitárias. Esse tipo de posse também foi típico da China antiga, no período da dinastia Shang e no período Zhou Ocidental, no segundo milênio a.C., numa época em que as vendas particulares de terra eram inadmissíveis, supostamente. No Vale do México, no período asteca, a maior parte da terra era controlada e cultivada pelos *calpotin*, grupos corporativos cujas posses combinavam campos familiares com terras comuns. Os primeiros, às vezes, eram periodicamente reconfigurados, para levar em conta as mudanças no tamanho das famílias. O mesmo se aplicava aos *ayllukuna* dos planaltos peruanos no período inca – grupos endogâmicos que destinavam pedaços de terra em diferentes altitudes a famílias-membros individuais e os ajustavam regularmente, para assegurar uma distribuição equitativa. Arranjos como esses impunham forte limitação à concentração e à exploração comercial da terra.

Com o tempo, entretanto, a desigualdade cresceu, conforme os donos do capital foram adquirindo terras e os líderes políticos sobrepuseram estruturas tributárias aos bens já existentes. Na época em que a documentação suméria se expandiu, no decorrer do terceiro milênio a.C., já encontramos templos que possuíam grandes áreas de terra e as exploravam com sua própria força de trabalho institucional, e vemos nobres que, de algum modo, também haviam acumulado posses maiores. A privatização de terras da linhagem era possível, desde que os outros membros do grupo concordassem com ela. A dívida servia como um instrumento potente de conversão da renda excedente em mais terras: frequentemente, as altas taxas de juros anuais, de até um terço, obrigavam os donos consuetudinários que haviam tomado empréstimos a ceder seus bens aos credores, e podiam até condená-los à servidão, caso eles se houvessem apresentado como garantia de tais empréstimos. Esse processo criou grandes propriedades e uma força de trabalho sem terras para cuidar de seu cultivo. Embora os credores pudessem derivar parte dos recursos disponíveis que emprestavam a terceiros da administração de seus próprios ativos econômicos, os rendimentos políticos também podiam desempenhar um papel importante, fornecendo-lhes os meios para adotar essa estratégia. A privatização, por sua vez, reduzia as obrigações sociais tradicionais para com clientes e defensores: quanto menos responsabilidades sociais dispendiosas fossem ligadas à propriedade privada, mais ela se tornaria atraente para os investidores. Desenvolveu-se uma variedade de status sociais para atender às necessidades de trabalhadores por parte dos detentores do capital, tais como meeiros e servos por dívida, acrescentando-se à mistura a escravidão, um tipo mais primitivo de subordinação. Processos análogos puderam ser observados 4 mil anos depois – porém num nível comparável de desenvolvimento econômico – entre os astecas, onde as dívidas rurais e o recurso a servos e escravos sem terras sustentaram a desigualdade crescente.[42]

As práticas dos governantes estatais forneceram um modelo e, muitas vezes, também os meios para a usurpação. Os reis sumérios procuravam obter terras para si e para seus aliados, e se insinuavam na operação das propriedades dos templos, a fim de obter o controle de seus bens. Os administradores dos templos entremeavam a administração dos bens institucionais com a de seus próprios bens. O suborno, a corrupção e a força já eram meios de apropriação bem estabelecidos. Os registros cuneiformes sumérios da cidade de Lagash, no século XXIV a.C., mostram que os reis e rainhas locais se apossaram das terras de templos e dos trabalhadores ligados a elas; que os aristocratas adquiriram terras executando a dívida de empréstimos com juros elevados; que as autoridades usavam de maneira abusiva os bens do Estado, como barcos e áreas de pesca, faziam cobranças excessivas por serviços básicos, como funerais e tosquia de ovelhas, retinham os salários dos trabalhadores e, *grosso modo*, enchiam os bolsos por meio da corrupção; e que os ricos roubavam peixes das lagoas dos pobres. Sejam quais forem os méritos de algumas dessas alegações, a impressão geral é a de um tipo particular de governo, que incentivava a usurpação e o enriquecimento auxiliado pelo exercício do poder, em benefício pessoal. Desde cedo, a aquisição contínua e a concentração da riqueza privada nos círculos da elite causaram preocupações a governantes que precisavam proteger os produtores primários – que se esperava que pagassem impostos e prestassem serviços ao Estado – de prestamistas predatórios e senhores de terra dominadores. De meados do terceiro milênio a meados do segundo milênio a.C., os reis da Mesopotâmia decretaram periodicamente o perdão das dívidas, na tentativa de reduzir o ritmo do avanço do capital privado. Ao que saibamos, essa estava fadada a ser uma batalha perdida.[43]

Uma ilustração eloquente dessas tensões pode ser vista no "Canto da Libertação", um mito hurrita traduzido para o hitita no século XV a.C. Nele figura o deus hurrita das condições climáticas, Tešub, que aparece no conselho da cidade de Ebla (no noroeste da Síria) disfarçado de um devedor em situação de extrema necessidade e "seco". O rei Megi havia entrado em choque com os poderosos homens insignes da cidade a propósito da libertação dos escravizados por dívidas, medida considerada exigida por ordem divina, porém contestada com sucesso por Zazalla, um orador talentoso que dominava a opinião do conselho da elite. Sob sua influência, os conselheiros oferecem presentes a Tešub, sob a forma de ouro e prata, se ele estiver endividado, óleo, se estiver seco, e combustível, se estiver com frio, mas se recusam a libertar os devedores escravizados, de acordo com os desejos de Megi:

> Mas não faremos a libertação [dos escravos]. [Não] haverá júbilo em tua alma, ó Megi.

Eles evocam a necessidade de manter escravizados os devedores, porque,

> se os libertássemos, quem nos daria o que comer? Por um lado, eles são nossos copeiros; por outro, eles nos servem (comida). São nossos cozinheiros e lavam a louça para nós.

Megi é reduzido às lágrimas pela insubordinação desses homens e renuncia a qualquer direito relativo a seus próprios escravos por dívidas. Pouco antes da interrupção do texto que chegou até nós, Tešub promete recompensas divinas, se outras dívidas forem perdoadas, e ameaça com graves punições, se não o forem.[44]

Relatos como esse revelam os limites do poder do soberano diante do privilégio e das apropriações da elite. Os reis de cidades do antigo Oriente Próximo também tinham que agir com cuidado ao expandir suas posses, na concorrência com templos locais e outros grupos influentes. Até certo ponto, a manutenção do equilíbrio e a escala relativamente modesta de muitas dessas entidades políticas funcionavam como um freio sobre o grau de intervenção desigualadora. As conquistas em larga escala, porém, alteravam drasticamente essa equação. A tomada violenta de sociedades e territórios rivais abria as portas para uma predação mais escancarada e para uma acumulação de riqueza não refreada pelas restrições locais costumeiras. A aglomeração de entidades políticas existentes em estruturas maiores criou novas camadas de hierarquia e deu aos que se achavam no topo acesso ao excedente de uma base maior de recursos, desdobramentos que dificilmente deixariam de intensificar a desigualdade geral, ao favorecerem as parcelas de renda e riqueza da camada superior.

Os efeitos desigualadores da formação do Estado por amplas conquistas são claramente visíveis no caso do reino acadiano, nos séculos XXIV a XXII a.C. Considerado o primeiro "verdadeiro" império da história, se definirmos império não apenas em termos de tamanho, mas também de heterogeneidade multiétnica, assimetria nas relações centro-periferia e tradições locais duradouras de distinção e hierarquia, ele exerceu poder sobre diversas sociedades, desde o norte da Síria até o oeste do Irã. Essa expansão sem precedentes encorajou os governantes da Acádia não apenas a assumir a categoria divina – textos sobreviventes relatam que Rimush, filho e sucessor do fundador do império, Sargão, "contava-se entre os deuses", e que seu sobrinho Naram-Sin declarou que "o povo de sua cidade pediu-lhe que fosse deus de sua cidade, Ágade … e construiu seu templo em Ágade" –, mas também a se apossarem de bens e a redistribuí-los em vasta escala. Os reis das cidades-Estado locais foram substituídos por governadores acadianos e grandes áreas de terra acabaram nas mãos dos novos governantes e de seus agentes de posição superior. Como grande parte das terras agrícolas mais produtivas pertencia a templos, ou os governantes mandavam confiscá-las, ou nomeavam parentes e altos funcionários como sacerdotes, a fim de que assumissem o controle desses recursos. Uma nova classe dirigente imperial, que transcendia as divisões internas desse vastíssimo reino, acumulou grandes patrimônios. A terra apropriada, entregue às altas autoridades, era usada para apoiá-las e para recompensar seus clientes e subordinados, alguns dos quais eram conhecidos como "os seletos". A tradição posterior expressou repugnância pelos "escribas que lotearam nossas terras agrícolas na estepe". Os beneficiários das concessões do Estado aumentaram ainda mais suas posses, adquirindo terras particulares.

Alguns registros acadianos oferecem informações detalhadas sobre o crescimento da riqueza da elite. Yetib-Mer, o mordomo do rei-deus Naram-Sin, possuía cerca de mil hectares de terra em diferentes partes do império. Mesag, um homem ilustre do fim do século XXIII a.C., controlava mais de 1.200 hectares: um terço deles lhe fora concedido para sua subsistência e ele comprou os direitos de uso do restante. Seu domínio foi loteado entre administradores menores, artesãos e outros clientes, somente alguns dos quais receberam áreas com mais de 35 hectares; na verdade, a maioria teve que se arranjar com lotes muito menores. Portanto, o acesso aos recursos materiais era nitidamente graduado na classe estatal. Aliada à capacidade de realocar bens, com pouca consideração pelos padrões estabelecidos de posse, a amalgamação de recursos produtivos criou um ambiente do tipo "o ganhador leva tudo", que beneficiou desproporcionalmente uma pequena elite poderosa. Na visão de um especialista eminente, "a elite governante da Acádia desfrutou de recursos que ultrapassaram em muito o que fora conhecido antes dela pelos poderosos da Suméria".[45]

A construção de impérios tinha potencial para influenciar a distribuição da renda e da riqueza de modos que não se relacionavam com os retornos da atividade econômica, e transformou a desigualdade material num subproduto da reestruturação subjacente das relações de poder. A unificação política em larga escala pôde aprimorar as condições gerais da atividade comercial, ao reduzir os custos de transação, estimular a demanda de produtos e serviços de alto padrão e facultar aos empresários a capitalização de redes de troca estabelecidas para fins extrativos, com isso aumentando a defasagem entre os detentores do capital e os outros. Ela instigou o crescimento urbano, sobretudo em centros metropolitanos, o que exacerbou os desequilíbrios materiais. Também protegeu das demandas e expectativas populares as elites ricas que eram aliadas das autoridades centrais, dando-lhes rédea solta na busca de ganhos pessoais. Todos esses fatores, entre outros, foram conducentes à concentração da renda e da riqueza.

Mas o imperialismo também moldou a desigualdade de modo muito mais direto. A alocação estatal de recursos materiais a membros da elite política e ao pessoal administrativo converteu a desigualdade política em desigualdade de renda e de riqueza. De forma direta e imediata, reproduziu as assimetrias de poder na esfera econômica. A natureza delegatória do governo, nos Estados pré-modernos, exigia que os governantes partilhassem os ganhos com seus agentes e apoiadores, bem como com as elites preexistentes. Nesse contexto, a concessão de direitos sobre o excedente podia ser mais importante do que os direitos formais de propriedade de bens produtivos. Isso se aplicou particularmente às sociedades em que a prestação de serviços representava um componente preponderante da renda estatal e da elite. Os arranjos de corveia no Império Inca figuraram entre os mais extensos registrados na história, mas o uso do trabalho forçado também teve larga disseminação no Egito, no Oriente Próximo, na China e na Mesoamérica, para citar apenas alguns lugares. As concessões de terras eram um meio quase universal de premiar os grandes aliados, e foram feitas pelos chefes do Havaí e pelos reis-deuses de Acádia e Cusco, pelos faraós egípcios e imperadores da dinastia Zhou, pelos reis da Europa medieval e por Carlos V, no Novo Mundo. As tentativas de tornar hereditárias essas propriedades de prebenda, nas famílias dos beneficiários iniciais, e de depois transformá-las em propriedades privadas, foram uma consequência quase inevitável. Todavia, mesmo quando bem efetuadas, essas transformações apenas perpetuaram e cimentaram a desigualdade material que se havia originado no campo político.

Além das concessões de terras e mão de obra, a participação na coleta da receita estatal foi outro caminho importante para um enriquecimento da elite baseado no poder. Esse processo é tão bem atestado que um livro longo poderia e, a rigor, deveria ser-lhe dedicado. Para citar apenas um dos exemplos menos conhecidos, no Império de Oyó, um grande Estado iorubá da África

Ocidental no começo do período moderno, pequenos reis e chefes subalternos reuniam-se em centros locais de coleta de tributos antes de convergirem para uma festa anual na capital. Os tributos, sob a forma de conchas de cauri, cabeças de gado, carne, farinha de trigo e materiais de construção, eram oferecidos ao rei por intermédio de funcionários que tinham sido nomeados para agir como patronos de grupos específicos de portadores de tributos, e que tinham direito a uma parcela dos ganhos em troca de seu empenho. Nem é preciso dizer que, com frequência, os direitos formais respondiam apenas por uma parcela modesta da renda pessoal que os agentes fiscais derivavam de seus serviços.[46]

No período Babilônico Médio, há mais de 3 mil anos, séculos de exposição a uma sucessão de regimes imperiais haviam ensinado aos habitantes da Mesopotâmia uma lição importante: a de que "o rei é aquele ao lado do qual caminha a riqueza". O que eles não podiam saber, mas dificilmente se surpreenderiam ao descobrir, é que isso seria válido por outros milhares de anos e pelo mundo afora. A predação violenta e a preferência política complementaram e ampliaram enormemente as desigualdades de renda e riqueza surgidas da produção de excedentes e da transmissão hereditária de bens. Foi a interação desses desdobramentos econômicos e políticos que gerou o "1%" original. Não tenho como aprimorar a sucinta descrição de Bruce Trigger sobre os *pipiltins* astecas, que

> usavam roupas de algodão, sandálias, artigos de plumas e adornos de jade, moravam em casas de pedra de dois andares, comiam carne de sacrifícios humanos, tomavam chocolate e bebidas fermentadas (com moderação) em público, mantinham concubinas, entravam no palácio real quando lhes aprazia, podiam comer na sala de jantar do palácio e executavam danças especiais nos rituais públicos. Não pagavam impostos.[47]

Era esta, em síntese, a face pública da desigualdade pré-moderna. Somente através de sua propensão canibalesca é que essa elite específica elevou o consumo metafórico do suor e da labuta humanos, que era típico de sua classe, a um nível inusitadamente literal. Durante grande parte da história humana, os muito ricos foram, de fato, "diferentes de você e de mim" – ou, melhor dizendo, dos nossos ancestrais mais comuns. A desigualdade material pode até haver moldado o corpo humano. Nos séculos XVIII e XIX, quando os avanços do saber médico finalmente possibilitaram aos ricos a compra de vidas e membros mais longos, as classes altas inglesas foram famosas por se elevarem muito acima das massas mirradas. A confiarmos em conjuntos de dados que tendem a ser (muito) menos que perfeitos, é possível que essas disparidades remontem a épocas muito mais antigas. Os faraós egípcios e os membros da elite miceniana da Grécia da Idade do Bronze parecem ter sido visivelmente mais altos que os plebeus. O registro esquelético de algumas sociedades densamente estratificadas mostra uma dispersão maior da altura corporal que em sociedades menos estratificadas. Por fim, e por uma perspectiva darwiniana de extrema importância, a desigualdade material traduziu-se, rotineiramente, na desigualdade reprodutiva, em escala extravagante, uma vez que as elites acumulavam haréns e procriavam às dúzias.[48]

Sem dúvida, o grau de desigualdade da renda e da riqueza nas sociedades pré-modernas não foi determinado exclusivamente pela ganância de suas elites bem relacionadas. As provas já citadas de dispersão das heranças e dos dotes em círculos de uma subelite, na antiga Babilônia, permitem-nos um vago vislumbre do que parecem ter sido disparidades crescentes em resposta ao crescimento econômico e à comercialização. No próximo capítulo e no capítulo 9, apresentarei dados arqueológicos sobre o tamanho das casas, antes, durante e depois do período de governo romano, em diferentes partes da Europa e da África Setentrional, dados que revelam uma variação considerável na desigualdade de consumo entre os plebeus urbanos. Mesmo assim, embora sem dúvida fosse possível acrescentar outros materiais, sobretudo provenientes de contextos fúnebres, é difícil, se não impossível, quanto à maior parte do período pré-moderno, reunir informações significativas sobre a distribuição de renda e riqueza na população geral.[49]

Todavia, não é primordialmente por razões pragmáticas que me concentro nos abastados. Como veremos no capítulo 3 e no apêndice, em vários casos, as tabelas sociais ou os registros censitários permitem levantar, pelo menos em linhas muito gerais, a distribuição dos recursos materiais em determinadas sociedades, desde a Antiguidade até o período colonial moderno. Quase todas as curvas de Lorenz que poderíamos traçar com base nesses palpites estimativos se assemelhariam mais a tacos de hóquei do que a inclinações crescentes, apontando para disparidades marcantes entre uma minoria seleta e uma grande maioria vivendo no nível da subsistência básica, ou não longe dele. Com poucas exceções, como os antigos gregos e os colonos que se estabeleceram na América do Norte colonial, grupos a que retornarei nos capítulos 3 e 6, as populações agrícolas que se organizavam em entidades políticas no nível do Estado geralmente careciam de uma classe média robusta, que pudesse contrabalançar a riqueza da elite. Por essa simples razão, a variação da desigualdade era mediada, em larga medida, pela parcela dos recursos controlada pelos ricos.[50]

Por fim, a introdução de grandes números de indivíduos muito pobres também aumentou a desigualdade geral. Em muitas sociedades pré-modernas, a escravização ou a deportação dos forasteiros era um meio poderoso para esse fim. O Império Neoassírio, no Crescente Fértil, foi famoso por praticar o reassentamento forçado em enorme escala, sobretudo das periferias subjugadas para o coração do império, no nordeste da Mesopotâmia. As transferências em larga escala tiveram início no reinado de Tiglat-Piléser III (745-727 a.C.), quando a expansão e a consolidação imperiais ganharam impulso. Uma pesquisa dos registros antigos relata 43 eventos, envolvendo 1.210.928 deportados, paralelamente a mais de uma centena de outras deportações sobre as quais não se conhecem registros, ou de que há apenas registros parciais. Embora os números anunciados sejam de confiabilidade duvidosa, e as afirmações sobre a erradicação de populações inteiras precisem ser tratadas com cautela – "o povo da terra dele, homens e mulheres, pequenos e grandes, sem exceção, eu o expulsei, tratei-o como a despojos" –, o efeito cumulativo dessa prática foi maciço.

Durante aproximadamente, o século seguinte, o afluxo contínuo de deportados permitiu aos reis assírios construir, povoar e abastecer diversas capitais. Os relevos em pedra que glorificam as façanhas reais transmitem a impressão de que os deportados chegaram apenas com um mínimo de pertences pessoais, como uma bolsa ou uma sacola. Desprovidos de seus bens anteriores, eles não podiam esperar nada melhor, tipicamente, do que uma vida nas margens da mera subsistência. É possível até que sua situação tenha se deteriorado à medida que o império atingiu o auge de seu poder. Durante um longo tempo, não houve sinal, no registro arqueológico, de que esses súditos reassentados houvessem se diferenciado formalmente da população nativa: eles "eram contados junto com os assírios". Esta última frase desapareceu da fase final das conquistas assírias, desde aproximadamente 705 a.C. até 627 a.C., quando as grandes vitórias e a expansão contínua fomentaram um sentimento acentuado de superioridade. Os deportados foram rebaixados à condição de trabalhadores forçados, sendo empregados em projetos de grandes obras públicas.

A migração forçada não apenas aumentou as fileiras dos pobres, como contribuiu para a riqueza e a renda da classe alta. Múltiplos textos mencionam a distribuição dos prisioneiros de guerra na corte e nos templos. Quando o último dos grandes conquistadores, o rei Assurbanípal (668-627 a.C.), arrastou um grande número de deportados de Elam (atual Cuzistão, no sudoeste do Irã), ele declarou que "os mais seletos presenteei a meus deuses; ... os soldados ..., acrescentei a meu exército real; ... o resto, dividi como ovelhas entre as capitais, as moradas dos grandes deuses, meus funcionários, meus nobres, a totalidade do meu campo". Os prisioneiros alocados eram postos para trabalhar nos campos e pomares igualmente concedidos às autoridades, enquanto outros eram instalados em terras da Coroa. Praticados em larga escala, esses arranjos promoveram, ao mesmo tempo, o crescimento da parcela de trabalhadores na população que tinha baixa renda e nenhuma riqueza e o aumento da renda dos que estavam perto do topo, combinação que não pode ter deixado de exacerbar a desigualdade geral.[51]

A escravidão produziu resultados semelhantes. A escravização de estrangeiros era um dos poucos mecanismos capazes de criar níveis significativos de desigualdade nas sociedades forrageiras de pequeno porte e baixa ou moderada complexidade, não só entre os forrageiros aquáticos do noroeste do Pacífico, mas também numa vasta gama de grupos tribais. Mais uma vez, entretanto, foram necessárias a domesticação e a formação do Estado para elevar o uso do trabalho escravo a novas alturas. Na República Romana, diversos milhões de escravos entraram na península Italiana, onde muitos foram comprados pelos ricos para trabalhar em suas mansões, oficinas e propriedades agrícolas. Dois mil anos depois, no século XIX, no que hoje é a Nigéria, o califado jihadista de Sokoto destinou um número enorme de prisioneiros de guerra a membros de sua elite política e militar, exatamente na mesma época em que a "instituição peculiar" aumentou a desigualdade material no Sul norte-americano anterior à Guerra de Secessão.[52]

2. Impérios da desigualdade

A DESIGUALAÇÃO TEM muitos pais. A natureza dos bens de produção e seu modo de transmissão às gerações futuras, o tamanho do excedente além da mera subsistência e a importância relativa da atividade comercial, todos interagiram de maneiras complexas e sempre mutáveis para determinar a distribuição dos recursos materiais. As instituições que mediavam essa interação eram sumamente sensíveis ao exercício do poder político e militar, a pressões e choques que se enraizavam, em última análise, na capacidade de mobilizar e empregar a violência. Caracterizados por hierarquias rígidas e estáveis – ao menos pelos padrões pré-industriais –, com alto aproveitamento em índices fundamentais de desenvolvimento social, como captação de energia, urbanização, processamento das informações e capacidade militar, alguns impérios agrários de dimensões muito grandes, e que também perduraram por muitas gerações, proporcionam a melhor compreensão da dinâmica da desigualdade em meios que eram relativamente bem protegidos de perturbações violentas significativas. Neste último aspecto, eles representam as analogias mais próximas do mundo ocidental do século XIX, comparativamente pacífico, um período de transformação econômica e cultural sem precedentes. Como veremos, os antigos impérios e as sociedades em processo de industrialização vivenciaram resultados muito parecidos, em termos de desigualdade de renda e riqueza. Civilizações que foram separadas por um milênio e meio, ou mais, e que pouco tinham em comum além de uma experiência similar de ordem, estabilidade e desenvolvimento protegido, mantiveram disparidades drásticas na distribuição dos recursos materiais. Ao longo do tempo e em diferentes estágios de desenvolvimento econômico, a ausência de grandes rupturas violentas foi uma precondição vital da grande desigualdade.[1]

Apresento dois estudos de caso para ilustrar essas premissas: os impérios Han e Romano, cada um dos quais, no auge de seu poder, dominou aproximadamente um quarto de toda a população da Terra. A Roma antiga foi rotulada de império da propriedade, no qual a riqueza era criada, acima de tudo, pela aquisição de terras, enquanto as fortunas chinesas eram feitas pela ocupação de cargos e não por investimentos privados. Esse contraste parece exagerado: nos dois meios, o poder político era uma fonte crucial de renda e riqueza, inextricavelmente entrelaçadas com a atividade econômica e um poderoso determinante da desigualdade material.[2]

China antiga

Seguindo os passos do breve império da dinastia Qin, que fora o primeiro a unir os "Estados Guerreiros" anteriores, mais de quatro séculos de dominação da dinastia Han (de 206 a.C. a 220 d.C.) produziram provas abundantes da dinâmica da concentração de renda e riqueza num império mundial bastante estável: o conflito entre os governantes e as elites em torno de quem controlava a terra, seu excedente e a mão de obra rural, e as forças econômicas e políticas que criavam e destruíam grandes fortunas. A comercialização da produção agrícola era um fator: segundo uma descrição do reinado do quinto imperador Han, Wendi (180-157 a.C.), os pequenos proprietários que eram forçados a tomar empréstimos com juros elevados perdiam suas terras (e, às vezes, até seus filhos pequenos, vendidos como escravos) para mercadores e usurários, que construíam grandes propriedades cultivadas com a ajuda de meeiros, trabalhadores contratados ou escravos.[3]

Os governantes do Estado, que procuravam preservar os proprietários-agricultores em pequena escala como a base do sistema tributário e do recrutamento militar, lutavam para conter essas pressões. Em onze ocasiões, entre 140 a.C. e 2 d.C., terras do governo foram distribuídas aos camponeses. Membros das elites regionais foram obrigados a se mudar para a região da capital, não apenas como um modo de assegurar sua lealdade política, mas também para restringir seu poder no nível local. Quando essa prática caiu em desuso, ficou ainda mais fácil, para os ricos e bem posicionados, acumular bens por meio da compra ou ocupação de terras e pela dominação dos pobres. No ano 7 a.C., após gerações de invasão da elite, os altos assessores da corte finalmente sugeriram restrições legais para combater a concentração da posse da terra. Entretanto, as medidas que imporiam um teto geral às terras da elite e à posse de escravos, e que contemplavam o confisco dos bens em excesso, foram rapidamente barradas por interesses poderosos. Pouco depois, o usurpador Wang Mang (9-23 d.C.) contemplou intervenções mais enérgicas. Mais tarde, fontes hostis lhe atribuíram vários projetos grandiloquentes, desde a nacionalização da terra até o fim do tráfico de escravos. Esperava-se que as famílias doassem todas as terras acima de determinado limite a parentes e vizinhos. Recorrendo a supostas tradições arcaicas de redistribuição periódica (conhecidas como sistema *jingtian*), os ajustes regulares da posse pretendiam assegurar condições equitativas, e a venda de terras, casas e escravos foi proibida, sob o risco de pena de morte. Como não é de surpreender, essas normas – se é que foram realmente tentadas, e não meramente inventadas ou embelezadas pela propaganda posterior da dinastia Han – revelaram-se impossíveis de impor e logo foram abandonadas. O novo regime não tardou a cair, enquanto os Han, com o apoio dos senhores de terras, organizaram um retorno bem-sucedido.[4]

As fontes dos Han atribuem preferencialmente a obtenção de riqueza pelo que chamaríamos de atividades de mercado aos mercadores, uma classe desprezada pelos intelectuais bem-relacionados politicamente, que foram os geradores dos textos em que hoje nos baseamos. O historiador Sima Qian descreveu os mercadores ricos como uma classe "que domina os serviços dos pobres", e as maiores fortunas atribuídas a eles rivalizavam com as das autoridades imperiais do mais alto escalão. Por conseguinte, as autoridades imperiais identificavam a riqueza comercial privada como um alvo. Os mercadores ficavam sujeitos a impostos mais altos do que os cobrados de membros de outras profissões. A intervenção tributária tornou-se muito mais agressiva sob o imperador Wudi, na década de 130 a.C., quando ele embarcou em dispendiosos programas de mobilização militar para enfrentar o império dos xiongnu, nas estepes do norte. Wudi estabeleceu monopólios estatais sobre o sal e o ferro. Ao fazê-lo, não só captou os lucros antes embolsados por empresários particulares, como também protegeu os pequenos proprietários de terras, que eram necessários como recrutas e contribuintes, dos deslocamentos causados pelos donos do capital mercantil, que procuravam investir em imóveis. Seu governo elevou os impostos sobre a propriedade comercial. Muitas grandes fortunas teriam sido varridas do mapa, ao que se diz. Em consonância com a tese central deste livro, essas medidas igualadoras ligavam-se estreitamente à mobilização em massa para a guerra, mas foram minguando à medida que esta perdeu o ímpeto.[5]

As medidas contra a concentração do capital mercantil e suas consequências sociais desigualadoras acabaram sendo malsucedidas, não só por causa das descontinuidades na formulação das políticas, mas também, acima de tudo, porque os mercadores certificaram-se de investir seus lucros na terra, para protegê-los das exigências do Estado. De acordo com *Shiji*, de Sima Qian, sua estratégia consistia em

> fazer fortuna através de ocupações secundárias [por exemplo, o comércio] e preservá-la por meio da ocupação fundamental [isto é, a agricultura].

As proibições não conseguiam impedir essa prática: assim como os mercadores não podiam ser efetivamente impedidos de adquirir terras, eles também conseguiam contornar as proibições ao ingressarem nas fileiras do funcionalismo, e alguns empresários ricos ou seus parentes chegaram até a ascender a títulos de nobreza.[6]

Ao lado da atividade econômica, o serviço público e, em linhas mais gerais, a estreita proximidade do centro do poder político eram as outras fontes principais de grande riqueza. Os altos funcionários beneficiavam-se de doações imperiais e feudos. Os senhores feudais tinham permissão para reter uma parcela da capitação paga pelas famílias que lhes tinham sido designadas. As grandes fortunas eram acumuladas a partir do favoritismo e da corrupção: afirmou-se que diversos chanceleres imperiais e outras autoridades de altíssimo escalão acumularam riquezas equiparáveis às maiores fortunas do registro histórico em geral. Nas fases finais da dinastia Han Oriental, a natureza lucrativa dos altos cargos passou a se refletir nos preços pelos quais se podia comprá-los. O privilégio legal protegia os funcionários corruptos com generosidade crescente. Os funcionários acima de certo patamar de remuneração não podiam ser detidos sem a aprovação prévia do imperador, e proteções similares se estendiam à determinação das sentenças e da punição.[7]

Além de investirem sua riqueza recém-criada de maneiras legítimas, os bem relacionados também tinham facilidade para intimidar e explorar os plebeus. As autoridades abusavam de seus poderes, ocupando terras públicas ou confiscando-as de terceiros. As fontes se referem à expectativa-padrão de que o poder político se traduzisse numa riqueza material durável em terras, fossem estas concedidas pelo Estado ou obtidas por meio de influência e coerção. Com o correr do tempo, esses processos criaram uma camada elitista de nobres detentores de títulos, altos funcionários e favoritos, que formavam coalizões e se casavam entre si. Os ricos exerciam cargos, eles próprios, ou eram ligados aos que os ocupavam, e o serviço público e as relações com as pessoas que o prestavam, por sua vez, geravam mais riqueza pessoal.[8]

Essa dinâmica favorecia e restringia a continuidade familiar na retenção da riqueza. Por um lado, os filhos dos altos funcionários tinham maior tendência a seguir os passos dos pais. Eles e outros parentes mais jovens ficavam automaticamente aptos a ingressar no funcionalismo e extraíam benefícios desproporcionais do sistema de recomendações empregado na ocupação dos cargos governamentais. Temos notícia de funcionários cujos irmãos e filhos, seis ou sete – num dos casos, nada menos do que treze filhos –, também passaram a servir como administradores imperiais. Por outro lado, o mesmo exercício predatório e caprichoso do poder político que transformava os servidores públicos em plutocratas também solapava seu sucesso. Guan Fu, um funcionário que ocupava alto cargo no governo, havia acumulado uma grande fortuna e possuía tantas terras em sua região natal que a execração generalizada de sua preeminência inspirou uma cantiga infantil local:

> Enquanto o rio Ying for cristalino, a família Guan estará segura; quando o rio Ying ficar lamacento, a família Guan será exterminada!

Essa cantiga singela captou o destino precário dos que faziam fortuna através da política: não raro, as famílias que haviam subido na vida despencavam lá do alto. Esse risco se estendia até o próprio topo da pirâmide do status, às famílias das consortes dos imperadores Han.[9]

Alguns expurgos mais sistemáticos ocorreram em diferentes camadas da elite. O fundador da dinastia Han havia nobilitado 165 seguidores, para recompensá-los com títulos e com a renda de feudos, formando um grupo cujas famílias vieram a monopolizar os altos cargos do Estado e a acumular terras. Sob o reinado de Wudi, a maioria delas foi tão completamente despojada de seus títulos e domínios que, ao chegar o reinado de seu bisneto Xuandi, foi possível afirmar que os descendentes dos mais célebres e meritórios generais trabalhavam como operários contratados e noutras funções servis.

A camada superior da elite dos primeiros Han, portanto, não durou muito mais que um século, e foi afastada junto com os remanescentes das casas governantes do período dos Estados Guerreiros. Novos favoritos tomaram seu lugar. Um século depois, o usurpador Wang Mang fez questão de derrubar e despojar seus descendentes, e seus próprios seguidores, por sua vez, foram suplantados pelos seguidores da dinastia Han Oriental. Como resultado dessas múltiplas reviravoltas, apenas algumas famílias nobres da dinastia Han Ocidental ainda eram visíveis posteriormente, no século I d.C.[10]

A classe governamental era repleta de mortes e expropriações violentas. Numerosos ocupantes de altos cargos foram executados ou forçados a cometer suicídio. As biografias nas histórias do *Shiji* e do *Hanshu* exibem seções especiais sobre "autoridades severas", que perseguiam membros da elite governante a pedido de seus imperadores. Muitos dos que foram alvos delas perderam a vida, e, em alguns casos, famílias inteiras foram exterminadas. As lutas internas entre diferentes segmentos da classe governamental também resultavam numa rotatividade maciça e em transferências de agentes. Nos círculos da elite, essas reviravoltas constantes transformavam a busca de poder e riqueza num jogo de soma zero: para que uns ganhassem, outros tinham que perder. A dinâmica da construção e redistribuição violentas das fortunas servia de freio para a concentração de riqueza da elite: sempre que uma dada família ou grupo se afastavam demais do resto, eram derrubados, enquanto os rivais iam tomando seu lugar.[11]

Contudo, embora isso impedisse a emergência de umas poucas famílias riquíssimas, que poderiam conservar e expandir suas posições e fortunas a longo prazo, parece que a elite do poder e da riqueza, como um todo, continuou a ganhar terreno à custa da população geral. A intervenção estatal invasiva reduziu-se com o tempo, e a ascensão da dinastia Han Oriental preparou o terreno para uma desigualdade cada vez maior. O número de famílias mantidas como feudos pelos vinte sub-reis dos Han, parentes próximos dos governantes, subiu de 1,35 milhão no ano 2 d.C. para 1,9 milhão em 140 d.C., o equivalente a 11% e 20% de todas as famílias registradas nos recenseamentos imperiais. Embora a violenta divisão em facções continuasse a reclamar vidas e fortunas familiares, à medida que clãs inteiros eram trucidados ou empurrados para o exílio, a classe abastada como um todo beneficiou-se da nova ordem. Fundamentais para devolver a dinastia Han ao poder, as grandes famílias latifundiárias colocaram mais e mais terras sob seu controle e subordinaram seus cultivadores por meio de dívidas. As fontes dessa época referem-se à prática da elite de falsificar declarações ao censo para ocultar os bens tributáveis. O declínio do número de famílias registradas, de mais de 12 milhões em 2 d.C. para menos de 10 milhões em 140 d.C. – numa época de expansão do povoamento nas regiões meridionais do império –, reflete, portanto, pelo menos em parte, uma piora da desobediência, enquanto os latifundiários convertiam os donos de propriedades livres e alodiais em arrendatários sem terras e os escondiam dos agentes estatais.[12]

Sob a dinastia Han Oriental, parece ter se formado uma elite imperial mais estável, pois a ascensão social para os altos escalões passara a ser considerada extraordinária. Esse fechamento da classe governante se coaduna com um número crescente de casos de longa proeminência familiar na produção de altos funcionários, no correr de até seis ou sete gerações, o que deixou algumas famílias com representação exagerada a longo prazo. Apesar das lutas internas contínuas e da recirculação, observa-se uma tendência subjacente para uma concentração mais persistente da riqueza e do poder. Esse processo foi acompanhado pela formação de uma elite mais coesa e menos dependente da ocupação de cargos. A privatização da riqueza havia, enfim, atingido níveis que conferiam mais proteção contra intervenções predatórias, enquanto o poder estatal decrescente tornava menos crucial o acesso a cargos de governo. Ao mesmo tempo, a polarização entre latifundiários e arrendatários parece haver aumentado, com estes últimos entrando em arranjos de subordinação que iam além das meras obrigações contratuais. À medida que o Estado imperial se desarticulou, os arrendatários transformaram-se em servos de poderosos senhores (de terras) locais. A existência de arrendatários dependentes levou a um clientelismo que sustentava exércitos particulares. No século III d.C., os magnatas tornaram-se majoritariamente impossíveis de contestar.[13]

O império da dinastia Han manteve uma classe de elite composta de autoridades do governo, senhores de terras e investidores comerciais, grupos cujos membros mostravam uma sobreposição considerável e competiam por recursos entre si e com terceiros. A longo prazo, a temática geral foi de crescente concentração da posse da terra, à medida que o controle estatal dos produtores da subsistência se debilitou e os rendimentos atropelaram os impostos. As famílias proeminentes tornaram-se mais poderosas com o correr do tempo. A relação entre os governantes e as elites passou da liderança militarista centralizada, na dinastia Qin, para uma política de acomodação na dinastia Han, apenas esporadicamente interrompida pela intervenção agressiva de algum governante. A restauração dos Han inclinou ainda mais a balança do poder a favor da elite abastada. A evolução da desigualdade foi moldada por dois fatores: um longo período de paz, que permitiu a concentração da riqueza à custa dos minifundiários e, em última instância, até dos governantes estatais, e a contínua recirculação predatória dos lucros obtidos pelos membros da classe elitista. O primeiro fez aumentar a desigualdade, ao passo que a segunda refreou seu avanço. No entanto, na segunda metade do período Han Oriental e nos reinados pós-Han do século III d.C., a concentração da riqueza tinha saído vencedora.

A experiência da dinastia Han foi meramente a primeira iteração do que viria a se tornar uma característica definidora da história da desigualdade na China. As rupturas violentas que separaram as principais dinastias estavam fadadas a reduzir algumas das disparidades econômicas existentes. As redistribuições de terra feitas pelos novos regimes deveriam ter contribuído para esse nivelamento, mas, em geral, deram lugar a uma concentração recorrente da posse da terra, como nas dinastias Sui (a partir de 581), Tang (a partir de 618), Song (a partir de 960) e Ming (a partir de 1368). A cada nova dinastia, instalaram-se novas elites de apoiadores que combinavam a influência política com a riqueza pessoal. A aristocracia derrubada no fim do período Tang, episódio que descrevo no capítulo 9, teve raízes profundas. Um pequeno número de famílias proeminentes conseguiu reter o poder durante dois ou três séculos, gozando de acesso privilegiado a cargos elevados e acumulando imensas fortunas. Nobres, autoridades e detentores de cargos oficiais, de modo geral, ficaram isentos de tributação e da prestação de serviços, o que precipitou ainda mais a concentração de recursos em suas mãos. Mais uma vez, as terras particulares se expandiram à custa das posses do Estado; mais uma vez, os latifundiários fizeram as famílias de camponeses sob seu controle desaparecerem dos registros tributários.

Após a dramática destruição dessa classe, surgiu uma elite inteiramente nova sob o governo dos Song. As doações dos governantes criaram grandes propriedades, e os esforços posteriores para oferecer aos agricultores empréstimos baratos do governo não tardaram a falhar. A concentração da terra e o clientelismo se expandiram no período Song do Sul; uma tentativa tardia de limitar o tamanho das propriedades foi recebida com hostilidade pela elite. Os invasores mongóis premiaram os líderes com generosas concessões de terras e puseram em funcionamento um sistema de pensões para a soldadesca. Depois que os senhores de terras e as autoridades mongóis foram expulsos pelos Ming, o fundador da nova dinastia, o imperador Hongwu, doou grandes propriedades a seus seguidores, que formaram uma nova nobreza; as tentativas posteriores de reduzir as dotações desses nobres, por parte dele e de seus sucessores, fracassaram. Ao contrário, as posses da elite aumentaram, graças à generosidade imperial, às aquisições, à usurpação forçada e à enfeudação (mediante a qual os camponeses cediam terras aos ricos para escapar dos tributos imperiais). No resumo conciso e vigoroso de uma fonte quinhentista,

> ao sul do Yangtzé, pobres e ricos dependem uns dos outros, pois todos os fracos invejam suas terras.

A falsificação dos recenseamentos escondia a verdadeira extensão das posses da elite. E, mais uma vez, a ocupação de cargos servia de atalho para a riqueza: o *Comentário do Código Ming* declarou sem rodeios que

> é de se temer que muitas autoridades meritórias utilizem seu poder para obter campos e mansões em larga escala, e para se apossar da população.

O que vemos aí, em certos aspectos, é uma reprise de processos que podem ser rastreados até o período Han Oriental, 1.500 anos antes:

> Ao término do período Ming, a aristocracia havia adquirido numerosos servos, os quais mantinha em sujeição hereditária. Quase não havia plebeus livres no condado. Entretanto, quando sucedia a um senhor ter seu poder enfraquecido, os servos abandonavam a compostura e iam embora. Às vezes, chegavam até a se rebelar e a se apossar dos campos de seus senhores, apoderar-se dos bens deles e

transferir sua fidelidade para alguém que houvesse assumido recentemente uma posição elevada. A família poderosa original reagia com um processo judicial, mas as autoridades o tratavam unicamente com base em quem era o mais forte.[14]

A última dinastia, a Qing dos manchus, que havia confiscado e transferido vastas propriedades dos Ming para o clã imperial e outros, foi atormentada por uma ampla gama de manobras de corrupção fiscal. As autoridades ocultavam os desfalques, inventando dívidas em atraso; exageravam a escala dos desastres naturais que requeriam isenção de impostos; prestavam falsas declarações de que suas terras eram estéreis; tomavam por empréstimo pagamentos antecipados de impostos dos ricos, roubavam o dinheiro e transferiam o passivo como dívidas em atraso para os cidadãos comuns; reclassificavam as terras, mas coletavam os impostos pelas alíquotas de praxe, embolsando a diferença; e retinham ou falsificavam os recibos. Era frequente a aristocracia e os funcionários aposentados não pagarem imposto algum, enquanto as autoridades e funcionários na ativa transferiam o ônus para os plebeus, em troca de uma fatia do lucro. Por último, as terras eram registradas sob até centenas de nomes falsos, o que tornava sumamente trabalhoso rastrear os débitos em atraso. A corrupção entre as altas autoridades era um mecanismo-padrão de acumulação de riqueza, tanto mais usado quanto mais alto era o escalão. De acordo com uma estimativa, a renda média dos altos funcionários correspondia a uma dúzia de vezes a sua renda oficial legal, sob a forma de salários, gratificações e subsídios, mas equivalia a bem mais de cem vezes, no caso de um governador-geral, e chegou até 400 mil vezes a renda oficial no caso de He Shen, grão-secretário da corte da dinastia Qing, na segunda metade do século XVIII. As execuções e os confiscos eram utilizados como retaliações igualmente atemporais.[15]

A China atual demonstra a resiliência dessas práticas. Como membro do Comitê Permanente do Politburo, Zhou Yongkang pôde adquirir 326 propriedades em toda a China, no valor de 1,76 bilhão de dólares, além de 6 bilhões depositados em centenas de contas bancárias pertencentes a ele e a membros de sua família, e títulos no valor de outros 8,24 bilhões de dólares. Quando ele foi preso, em dezembro de 2014, foram encontradas cédulas nacionais e estrangeiras no valor de 300 milhões de dólares em suas várias residências, além de estoques de ouro escondidos. Graças a sua posição elevada, suas façanhas apequenam as de seus rivais – o total de sua fortuna o colocaria em 55º lugar na lista de bilionários mundiais da revista *Forbes* no ano de 2015 –, embora eles tenham feito um grande esforço: uma tonelada inteira de dinheiro vivo, cuidadosamente guardado em caixas, foi encontrada na mansão de um general, e até mesmo um funcionário de nível médio do abastecimento de água, numa estação de veraneio muito popular entre os líderes do partido, conseguiu acumular imóveis e valores em dinheiro num total de mais de 180 milhões de dólares.[16]

O Império Romano

Voltemos mais uma vez, porém, ao "1%" original do mundo antigo. A evolução da desigualdade romana assemelha-se, em muitos aspectos, à de sua equivalente chinesa, porém a abundância e a riqueza das provas, desde os textos até os restos arqueológicos, permitem-nos levantar a concentração da renda e da riqueza com mais detalhes e relacioná-la mais de perto com a ascensão e a consolidação do poder imperial. As informações quantitativas começam a fluir a partir do século II a.C., quando Roma projetou seu poder muito além da península Italiana e absorveu cada vez mais os recursos dos reinos helenísticos a leste do Mediterrâneo. O tamanho das fortunas aristocráticas teve um enorme crescimento, à medida que o império se expandiu (Tabela 2.1).[17]

Esses números mostram que, no decorrer de aproximadamente cinco gerações, o teto da riqueza particular elevou-se quarenta vezes. De acordo com as suposições mais conservadoras, a riqueza total controlada pela classe senatorial que governava o Estado teve um aumento de uma ordem de magnitude entre os séculos II e I a.C. A inflação havia sido modesta, e não há sinal de que a produção média per capita ou a riqueza pessoal entre os cidadãos comuns tivesse crescido mais do que uma fração trivial da expansão vivenciada pelas fortunas da classe alta. Portanto, os donos romanos do poder tinham ficado imensamente mais ricos, não só em termos absolutos, mas também em termos relativos: a taxa de crescimento da riqueza senatorial superou consideravelmente o aumento concomitante do número de pessoas sob o governo de Roma, em toda a bacia do Mediterrâneo e em suas regiões do interior. E o enriquecimento da elite estendeu-se mais na sociedade romana. No século

TABELA 2.1 Desenvolvimento das maiores fortunas registradas na sociedade romana e na população sob o controle de Roma, do século II a.C. ao século V d.C.

(a)

Período	Fortunas*	Múltiplos
Meados/final do século II a.C.	4-5 milhões	1
Início do século I a.C.	25 milhões	5
Anos 60 a.C.	100 milhões	20
Anos 60/50 a.C.	200 milhões	40
Século I d.C.	300-400 milhões	80
Início do século V d.C.	350 milhões	70

(b)

Período	População	Múltiplos
Início do século II a.C.	7-8 milhões	1
Meados do século I a.C.	25 milhões	3
Século I/início do século V d.C.	60-70 milhões	9

* Expressas em sestércios da era imperial.

I a.C., pelo menos 10 mil cidadãos, talvez o dobro desse número, quase todos na Itália propriamente dita, superaram o limiar censitário de 400 mil sestércios para inclusão na ordem equestre, a classe mais alta abaixo dos membros da classe senatorial. Considerando que as fortunas pessoais de alguns milhões tinham sido excepcionais, apenas algumas gerações antes, isso mostra que as camadas mais baixas da classe dominante romana também desfrutaram de ganhos consideráveis. As tendências entre os cidadãos comuns continuam obscuras, mas devem ter sido moldadas por duas forças desigualadoras: a intensa urbanização, que geralmente tende a exacerbar a desigualdade, e a criação de uma população escrava, que devia ultrapassar 1 milhão de pessoas apenas na Itália, podendo-se esperar que tal população, sendo legalmente desprovida de qualquer propriedade privada e, não raro, embora não invariavelmente, mantida com renda de subsistência, tenha ampliado as disparidades econômicas na sociedade como um todo.[18]

De onde vieram todos os recursos adicionais? O desenvolvimento econômico baseado nas relações de mercado certamente acelerou, nas fases posteriores do período republicano. O uso de escravos na produção da lavoura para comercialização e na manufatura, bem como as abundantes provas arqueológicas da exportação de vinho e azeite de oliva, aponta para o sucesso dos capitalistas romanos. Mas essa foi apenas parte da história. Estimativas simples da escala provável da oferta e da demanda sugerem que a posse de terras e as atividades comerciais correlatas não poderiam, nem de longe, ter gerado renda suficiente para tornar a elite romana tão rica quanto sabemos que ela se tornou. E, de fato, nossas fontes enfatizam a influência suprema da coerção como fonte das rendas elevadas e das fortunas. Uma grande riqueza foi acumulada a partir da administração estatal fora da Itália, e o governo de estilo romano era altamente conducente à exploração. A administração das províncias era sumamente lucrativa, e o comportamento rentista sofria apenas uma tênue restrição das leis e dos tribunais instalados para processar os casos de extorsão; a construção de alianças e a divisão dos lucros entre os poderosos forneciam um seguro contra as acusações formais. Além disso, numa época em que taxas de juros anuais de 6% eram comuns na própria Roma, os romanos ricos impunham taxas de até 48% nas cidades das províncias, que precisavam aflitivamente de dinheiro para satisfazer as exigências de seus governadores. Os membros da ordem equestre beneficiavam-se da prática difundida da coleta de impostos, uma vez que o direito de coletar certos impostos numa dada província era leiloado para consórcios que, a partir daí, tratavam de fazer todo o possível para obter lucros. A guerra era outra fonte similarmente importante, se não mais, da renda da elite. Os comandantes romanos gozavam de completa autoridade sobre os espólios de guerra e decidiam como dividi-los entre seus soldados, seus oficiais e ajudantes de ordens retirados da classe da elite, o tesouro do Estado e eles próprios. Com base no número de teatros militares e de guerras, calculou-se que, nos anos entre 200 a.C. e 30 a.C., pelo menos um terço dos cerca de 3 mil senadores que viveram nesse período teve a oportunidade de enriquecer dessa maneira.[19]

Quando, nos anos 80 a.C., o sistema republicano entrou em meio século de instabilidade terminal, os violentos conflitos internos criaram novas fortunas, ao redistribuírem à força a riqueza da elite. Na época, mais de 1.600 membros da classe dominante romana – senadores e equestres – foram vítimas do degredo, uma forma de proscrição politicamente motivada que lhes custou seus bens e, em muitos casos, também a vida. Os defensores da facção vitoriosa lucraram com o arremate de bens confiscados e desvalorizados em leilões. A redistribuição violenta acelerou-se durante as guerras civis mais contínuas dos anos 40 e 30 a.C. Em 42 a.C., outra rodada de banimentos varreu mais de 2 mil famílias da elite. Como resultado desses deslocamentos e da ascensão de recém-chegados que se valiam do prestígio e do auxílio dos comandantes militares em proveito próprio, a alta sociedade romana experimentou sua primeira grande rotatividade desde o começo da república. Famílias que haviam dominado o cenário durante séculos caíram finalmente do poder, enquanto outras tomaram seu lugar. À medida que se desestruturou, a República Romana começou a exibir características típicas de regimes monárquicos, como as que acabamos de observar com alguma minúcia no caso da China da dinastia Han, inclusive os lucros e prejuízos da elite em sangrentas lutas internas pelo poder, e uma descontinuidade politicamente induzida nas fortunas dessa elite.[20]

A queda da república levou ao estabelecimento de uma ditadura militar permanente, que preservou a aparência externa das instituições republicanas. A grande riqueza passou então a fluir da proximidade dos novos governantes – os imperadores – e de sua corte. Seis fortunas pessoais no montante de 300-400 milhões de sestércios foram registradas no século I d.C., ultrapassando tudo que se conhecia desde o período republicano; construídas por altos membros da corte, quase todas acabaram sendo absorvidas pelo Tesouro romano. A recirculação da riqueza da elite assumiu muitas formas. Era comum a expectativa de que os aliados e favoritos da aristocracia incluíssem os governantes em seus testamentos. O primeiro imperador Augusto afirmou ter recebido 1,4 bilhão de sestércios de seus amigos, ao longo de vinte anos. Nos governos de seus sucessores, os anais dos registros romanos mostram uma sequência infindável de execuções por atos e manobras traiçoeiros, reais ou imaginados, e de confiscos de fortunas da elite. A escala registrada ou implícita dos confiscos na camada superior da sociedade romana, da ordem de vários pontos percentuais da riqueza total da elite, nos reinados de alguns imperadores, indica a ferocidade da redistribuição violenta entre os muito ricos. Em última análise, a generosidade e a recuperação da posse eram apenas dois lados do mesmo processo, pelos quais os governantes faziam e desfaziam as fortunas da elite, de acordo com seus cálculos políticos.[21]

Algumas variedades mais tradicionais do enriquecimento político persistiram na autocracia. Os governadores das províncias passaram a ser remunerados com até 1 milhão de sestércios anuais por seus bons serviços, mas continuaram a extrair grande riqueza nas horas vagas: um governador entrou na província da Síria como *pauper* [pobre] e a deixou como *dives* (rico), dois anos depois. Passado um século, um governador da Espanha meridional gabou-se em sua correspondência, de modo imprudente, de haver extorquido 4 milhões de sestércios de seus provincianos e de ter até vendido alguns deles como escravos. Num ponto muito mais baixo da cadeia alimentar, um escravo imperial que supervisionava o Tesouro imperial na Gália contava com os serviços de dezesseis subescravos, dois dos quais ficavam encarregados de sua prataria, aparentemente abundante.[22]

A unificação e a conectividade imperiais facilitaram a expansão e a concentração da riqueza pessoal. No reinado de Nero, dizia-se que seis homens possuíam "metade" da província da África (centrada na Tunísia moderna), se bem que apenas até ele próprio se apossar de suas propriedades. Apesar de claramente hiperbólica, essa afirmação não precisa estar drasticamente distante da verdade, numa região em que as grandes propriedades podiam ser descritas como rivais de territórios municipais, em termos de tamanho. Os provincianos mais ricos aliavam-se à classe governante central do império, ansiosos por reivindicar sua posição e os privilégios concomitantes e por capitalizar nas oportunidades de maior enriquecimento que estes ofereciam. Uma pesquisa da literatura romana constatou que os epítetos de riqueza eram quase exclusivamente aplicados a senadores da categoria consular, que eram os que mais desfrutavam favores e o melhor acesso à riqueza adicional. A ordenação formal do status baseava-se na capacidade financeira, e a inclusão nas três ordens da classe estatal – as dos senadores, dos equestres e dos decuriões – estava presa a limites censitários escalonados.[23]

Essa associação íntima da riqueza pessoal com o poder político era fielmente reproduzida no nível local. O Império Romano maduro consistia em cerca de 2 mil comunidades, de governo em sua maior parte autônomo, urbanas ou organizadas de modo diferente, as quais eram frouxamente supervisionadas – e oportunisticamente depenadas – por governadores itinerantes, bem como por pequenos quadros de funcionários da elite e de libertos e escravos imperiais, que se interessavam sobretudo por questões tributárias. Normalmente, cada cidade era governada por um conselho, que representava a elite rica local. Esses órgãos, cujos membros eram formalmente constituídos como decuriões, encarregavam-se não apenas da tributação e dos gastos locais, mas também de avaliar a riqueza de suas comunidades para a tributação estatal romana, além de serem responsáveis por levantar as verbas que deveriam ser entregues aos coletores de impostos e aos arrecadadores particulares de tributos. Se as abundantes provas arqueológicas e epigráficas dos generosos gastos cívicos desse período servem de orientação, essas elites sabiam proteger seus bens do centro imperial distante e conservar grande parte do excedente em casa, quer em seus próprios bolsos, quer na manutenção de amenidades públicas.[24]

A concentração gradativa da riqueza local reflete-se bem nos restos arqueológicos de uma das mais famosas dentre todas as cidades romanas, Pompeia, que foi sepultada pelas cinzas do monte Vesúvio em 79 d.C. Além de numerosas inscrições que mencionam ocupantes de cargos e donos de produção agrícola, grande parte da reserva de habitações da época da destruição foi preservada, e, em alguns casos, fomos até capazes de identificar os moradores de determinadas residências. A elite pompeiana compunha-se de um núcleo interno de cidadãos ricos que gozavam de acesso privilegiado aos cargos locais. A estratificação também é visível na estrutura urbana. A cidade continha cerca de cinquenta mansões majestosas, equipadas com átrios espaçosos, pátios cercados por colunatas e múltiplas salas de jantar, bem como no mínimo uma centena de casas menos luxuosas, até o limite estabelecido pela menor residência conhecida de um membro do conselho municipal. Isso combina bem com a presença das aproximadamente cem famílias da elite conhecidas pelos registros textuais, talvez apenas algumas das quais teriam feito parte do conselho de governo em alguma ocasião. Em linhas gerais, numa comunidade de 30 ou 40 mil habitantes (incluindo o território da cidade), cem ou 150 famílias da elite e residências urbanas sofisticadas representariam o 1% ou os 2% superiores da sociedade local. Essas famílias combinavam propriedades agrícolas no território da cidade com a fabricação e o comércio urbanos; as mansões da elite continham, regularmente, lojas e outras instalações comerciais.

A tendência para a concentração dos imóveis urbanos num número cada vez menor de mãos é particularmente marcante. A investigação arqueológica revelou que todas as casas grandiosas e muitas das estruturas de segundo escalão foram criadas pela absorção de diversas moradias menores anteriores. Com o tempo, a distribuição bastante igualitária da moradia (e, portanto, talvez também da riqueza), que estaria associada ao assentamento forçado de veteranos de Roma em 80 a.C., aos poucos deu lugar a uma desigualdade crescente, sobretudo à custa das famílias de nível médio, que foram espremidas para fora do tecido urbano. À medida que uma cultura de mobilização militar em massa e de redistribuição de cima para baixo foi substituída por uma autocracia estável, seguiu-se a polarização. A mortalidade elevada e a herança divisível não dispersaram os bens nem achataram a pirâmide social, serviram apenas para recircular a riqueza dentro dos grupos da elite.[25]

Os dados arqueológicos das moradias romanas indicam, de modo mais geral, que a estratificação se intensificou sob o governo romano. Como discuto mais detidamente no capítulo 9, a distribuição do tamanho das residências na Grã-Bretanha e na África Setentrional foi mais desigual do que nunca no período romano, e, dependendo de nossa escolha do conjunto de dados, o mesmo também seria aplicável à própria Itália. Isto não chega a surpreender: embora o império levasse benefícios desproporcionais aos que controlavam ou ficavam perto das alavancas do poder, ele também favorecia a acumulação e a concentração da riqueza em círculos mais amplos da elite. Nos primeiros 250 anos da monarquia, guerras e outros conflitos disruptivos foram extremamente raros, considerando-se os padrões históricos. A paz imperial forneceu uma cápsula protetora para os investimentos de capital. Excetuados os que estavam bem no topo, os ricos viviam relativamente seguros da posse e da transmissão de seus bens.[26]

O resultado final foi uma sociedade intensamente estratificada, na qual o 1% ou 2% mais ricos absorviam grande parte do excedente disponível além da mera subsistência. É possível quantificar a desigualdade do Império Romano, ao menos em linhas gerais. No auge do seu desenvolvimento, em meados do século II d.C., um império de aproximadamente 70 milhões de pessoas gerava um PIB anual próximo do equivalente a 50 milhões de toneladas de trigo, ou quase 20 bilhões de sestércios. O correspondente PIB médio per capita de oitocentos dólares, em dólares internacionais de 1990, parece plausível em relação a outras economias pré-modernas. De acordo com minha reconstituição, as famílias de cerca de seiscentos senadores, 20 mil equestres ou mais, 130 mil decuriões e outras 65 a 130 mil famílias ricas, não incluídas nessas classificações, somavam um total de cerca de 250 mil famílias com renda agregada de 3 a 5 bilhões de sestércios. Nesse cenário, mais ou menos

1,5% de todas as famílias captava de um sexto a um terço da produção total. É bem possível que esses números subestimem sua participação efetiva, por derivarem da renda proveniente do suposto retorno sobre a riqueza estimada; os rendimentos políticos elevariam ainda mais a renda da elite.

Embora a distribuição de renda abaixo dos círculos da elite seja ainda mais difícil de avaliar, um leque conservador de suposições aponta para um coeficiente de Gini global da renda na faixa inferior de 0,4 para o império como um todo. Esse valor é muito mais alto do que parece. Uma vez que o PIB médio per capita equivalia a apenas cerca de duas vezes o valor mínimo de subsistência descontados, após a dedução de impostos e investimentos, o nível projetado da desigualdade de renda romana não ficava muito abaixo do máximo efetivamente viável naquele patamar de desenvolvimento, característica compartilhada por muitas outras sociedades pré-modernas. Medida pela parcela do PIB que ficava disponível para extração dos produtores primários, a desigualdade romana, portanto, era extremamente grave. Um décimo da população, afora a elite rica, no máximo, estaria apto a desfrutar uma renda muito acima dos meros níveis de subsistência.[27]

As rendas da camada superior eram tão grandes que parte delas tinha de ser reinvestida, aumentando com isso ainda mais a concentração de renda. É possível que as assimetrias de poder obrigassem os provincianos a vender parte de suas terras para pagar impostos, prática que não podemos sequer começar a quantificar, mas que ajudaria a explicar a emergência de redes transregionais de posse aristocrática da terra em séculos posteriores. Isso levanta a questão de saber se – ou quando – a desigualdade romana atingiu um teto. Muito depende de quanto peso nos disponhamos a dar a uma narrativa claramente hiperbólica dos anos 420 d.C. Olimpiodoro, um historiador do Egito, atribui uma riqueza fantástica às principais famílias da aristocracia de Roma, "muitas" das quais, supostamente, extraíam 4 mil libras [1.815 quilos] de ouro por ano de suas propriedades, e mais um terço desse valor em mercadorias, ao passo que as famílias do segundo escalão podiam contar com mil ou 1.500 libras [455 ou 680 quilos] de ouro por ano. Convertida na moeda da monarquia anterior, a renda superior de 5.333 libras [2.420 kg] de ouro equivaleria a aproximadamente 350 milhões de sestércios no século I d.C., equiparável às maiores fortunas registradas naquela época. No nível mais alto, ao que parece, um platô de riqueza foi originalmente alcançado com a criação da monarquia, mais ou menos no início da era cristã, e depois persistiu, com algumas oscilações, até o poder romano no Ocidente finalmente se desestruturar, no curso do século V d.C.[28]

Ao mesmo tempo, há indicações de que a desigualdade pode ter se intensificado mais nos níveis locais e regionais, à medida que as tradicionais elites urbanas foram ficando sob pressão crescente. Em consequência disso, as elites ricas locais passaram a ficar polarizadas entre uma minoria que se beneficiava da inclusão em órgãos supracomunitários e uma grande maioria que não o fazia. Algumas das melhores evidências desse processo vêm do Egito romano do período tardio. Documentos conservados em papiros mostram como a classe dominante urbana que havia persistido até o século IV d.C. foi solapada, à medida que alguns de seus membros se afastaram, ocupando cargos estatais que traziam isenções de obrigações tributárias locais e aumentavam as oportunidades de enriquecimento pessoal. No século VI d.C., esse tipo de mobilidade ascendente parece ter instaurado no Egito uma nova aristocracia provincial, que controlava grande parte das terras aráveis e dos principais cargos no governo regional. Um exemplo clássico é a casa dos Apiones, uma família originada na ordem dos decuriões, mas que viu membros seus ocuparem alguns dos mais altos cargos estatais, e acabou por controlar mais de 6 mil hectares de terra altamente produtiva, grande parte da qual se concentrava num único distrito do Egito. E esse não precisa ter sido um fenômeno isolado: é possível que um único homem tenha controlado mais de 9 mil hectares de terra numa única cidade da Itália, em 323 d.C. Assim, as posses tentaculares dos super-ricos, que se estendiam por grande parte do império, foram complementadas pela concentração crescente do latifúndio nos níveis comunitário e regional.[29]

Outro processo, também famoso a partir da história chinesa, contribuiu para o aumento da desigualdade. Em diferentes partes do Império Romano tardio, temos notícia de agricultores que buscavam a proteção de senhores (bem como de funcionários) poderosos que assumissem a responsabilidade por suas negociações com o mundo externo, em especial com coletores imperiais de impostos. Na prática, isso interferia na coleta da receita estatal e reforçava o controle dos latifundiários sobre o excedente agrário. Isso, por sua vez, não só enfraquecia as autoridades centrais como também transferia os ônus tributários para terceiros menos poderosos, em detrimento dos proprietários de terras medianos. Mais uma vez, o aumento da polarização entre ricos e pobres foi um resultado quase inevitável, e, assim como na China do período tardio da dinastia Han, os exércitos particulares e o militarismo incipiente nem sempre demoraram a chegar. Com o tempo, a estratificação e a desigualdade material parecem ter se tornado ainda mais extremas, de modo geral. O terreno intermediário que pudesse ter existido antes foi espremido pela concentração da renda e da riqueza numa elite politicamente poderosa. Depois que Roma e a metade ocidental do império foram tomadas por líderes germânicos, é possível que a desigualdade tenha até continuado a aumentar, no que restou do império no leste do Mediterrâneo, até chegar aos níveis extraordinários estimados para o Império Bizantino por volta do ano 1000 d.C. Quanto maior foi a sua duração, mais o império tributário, com seu entrelaçamento característico dos poderes político e econômico e os efeitos de polarização que este fomentava, revelou-se uma máquina implacável de desigualação.[30]

Padrões de dominação imperial

Por trás de suas diferenças institucionais e culturais, os impérios da China e de Roma tiveram em comum uma lógica de apropriação e concentração do excedente que gerou altos níveis de desigualdade. O governo imperial mobilizava fluxos de recursos capazes de enriquecer os detentores das rédeas do poder numa escala que seria inimaginável em contextos menores. Ao menos em parte, portanto, o grau de desigualdade era função da simples escala da formação do Estado imperial. Pautando-se por mecanismos de investimento de capital e exploração desenvolvidos milhares de anos antes, esses impérios elevaram ainda mais a aposta. Haveria lucros maiores a obter dos cargos estatais; os custos de transação mais baixos no comércio e nos investimentos a longa distância beneficiavam os que dispunham de renda sobressalente. No fim, a desigualdade de renda e a polarização da riqueza no império só puderam terminar e ser revertidas pelo desmembramento, mediante a conquista, a derrocada do Estado ou o colapso completo dos sistemas, todos eles sublevações intrinsecamente violentas. O registro histórico pré-moderno silencia sobre maneiras pacíficas de combater as desigualdades imperiais arraigadas, e é difícil saber como alguma dessas estratégias poderia ter surgido nessas ecologias políticas específicas. Não raro, entretanto, até o colapso imperial foi uma mera recomposição, preparando o terreno para outra onda de escalada ascendente e polarização.

Uma vez que a desigualdade pôde ser contida em corpos políticos imperiais intactos, isso se deu por meio da recirculação violenta dos bens na elite. Já mencionei o caso do Egito mameluco (1250-1571), no qual esse princípio vigorou no que foi, talvez, sua mais pura forma historicamente documentada. O sultão, seus emires e seus soldados escravos compartilhavam os frutos da conquista: formaram uma classe governante etnicamente distinta e espacialmente separada, voltada para a extração de renda da população autóctone subordinada, que era brutalizada quando os fluxos de receita não atendiam às expectativas. A disputa incessante do poder dentro dessa classe determinava as rendas individuais, e era frequente o conflito violento alterar essas alocações. Os proprietários locais de bens de raiz buscavam refúgio em manobras fraudulentas de extorsão, que os levavam a ceder a responsabilidade por seus bens a poderosos da casta dos mamelucos e a pagar honorários em troca de proteção das obrigações tributárias, uma prática que tinha o apoio das elites, as quais levavam sua parte. Os governantes reagiam apelando cada vez mais para o confisco direto da riqueza da elite.[31]

O Império Otomano maduro havia aperfeiçoado estratégias mais sofisticadas de redistribuição forçada. Durante quatro séculos, os sultões executaram e expropriaram milhares de funcionários e fornecedores do Estado, sem qualquer processo judicial. Durante os primeiros tempos da conquista, nos séculos XIV e XV, tinha se constituído uma nobreza sob a forma de uma aliança de famílias guerreiras com a casa de Osmã, que depois incorporou elites militares de outros locais. O governo cada vez mais absolutista, a partir do século XV, cerceou o poder aristocrático, enquanto o sultão afirmava sua autoridade. Um quadro patrimonial de servidores de origem humilde, buscado entre os escravos, substituiu os rebentos das famílias nobres como altos funcionários. Apesar de essas famílias continuarem a competir por cargos e poder, todos os funcionários estatais, independentemente da origem social, passaram a ser vistos como desprovidos de direitos pessoais perante o governante. A ocupação de cargos deveria ser não hereditária, e os bens das autoridades eram vistos como prebendas – na verdade, privilégios do cargo, e não propriedade privada. Quando os funcionários morriam, os ganhos obtidos no exercício do cargo tinham de ser deduzidos de seu patrimônio e absorvidos pelo Tesouro. Na prática, todas as suas posses podiam ser tomadas, pela simples razão de que o exercício de cargos e a riqueza eram considerados indistinguíveis. Os confiscos por ocasião da morte eram complementados pela liquidação e expropriação de dignitários atuais que houvessem despertado a atenção do sultão. Os membros da elite procuravam resistir da melhor maneira possível a essa usurpação, e, no século XVII, algumas famílias haviam conseguido preservar suas fortunas por gerações. No século XVIII, as elites locais tornaram-se mais poderosas, à medida que cargos e funções foram mais e mais cedidos em arrendamento, o que levou à privatização muito difundida da administração estatal e permitiu que os funcionários consolidassem sua riqueza e sua posição. O centro deixou de ser capaz de se apossar de bens como fizera antes, e os direitos de propriedade se estabilizaram, até certo ponto. Os confiscos voltaram mais uma vez no fim do século XVIII e início do século XIX, sob as pressões da guerra, o que desencadeou estratégias de resistência e evitação. Em 1839, a elite otomana finalmente decidiu essa disputa a seu favor, quando o sultão passou a garantir a vida e a propriedade. Como em outros impérios, entre eles Roma e a China da dinastia Han, a capacidade do Estado central de remanejar a riqueza da classe dominante tinha se desgastado aos poucos, no correr do tempo.[32]

Em outros casos, os governantes eram fracos ou estavam distantes demais para interferir na concentração da riqueza nos círculos elitistas. A conquista espanhola de corpos políticos imperiais estabelecidos na Mesoamérica e nos Andes é um exemplo particularmente instrutivo. No curso da Reconquista, na Espanha, concederam-se terras a nobres e cavaleiros, que passaram a ter jurisdição sobre seus residentes. Posteriormente, os conquistadores espanhóis estenderam esse sistema a seus territórios no Novo Mundo, onde já havia práticas similares instauradas: como vimos há pouco, os astecas haviam criado instituições coercitivas e extrativas que incluíam a concessão de terras às elites, a servidão e a escravidão. No México, os conquistadores e nobres que vieram depois apossaram-se prontamente de enormes extensões de terra, que amiúde só foram confirmadas como concessões régias depois de já terem sido ocupadas. As terras de Hernán Cortéz em Oaxaca foram transformadas em morgadio em 1535 e permaneceram em sua família durante trezentos anos, vindo a abranger quinze vilas, 157 povoados, 89 fazendas, 119 ranchos, cinco estâncias e 150 mil residentes. A despeito dos decretos régios que procuravam limitar a duração dessas concessões (conhecidas como *encomiendas*), elas se transformaram, de fato, em posses permanentes, hereditárias, aliás, que sustentavam uma pequena classe de latifundiários riquíssimos. Os *encomenderos* opunham-se à proibição dos trabalhos forçados com manobras que levavam os moradores locais à servidão por dívida, a fim de controlarem o trabalho destes. Com o tempo, isso lhes permitiu extrair fazendas mais duradouras das *encomiendas* originais, dispersas e variadas – propriedades coesas, cuidadas por peões que dividiam seu tempo entre os lotes familiares e as terras do domínio, e que formavam verdadeiros Estados em miniatura sob o controle despótico dos latifundiários. As mudanças posteriores limitaram-se à camada superior, em especial quando a independência mexicana, em 1821, resultou na expulsão dos *hacendados* espanhóis e em sua substituição por elites locais, que, em sua maioria, conservaram as instituições existentes. A posse da terra concentrou-se ainda mais durante o século XIX, o que levou à revolução descrita no capítulo 8.[33]

Praticamente o mesmo aconteceu no Peru, onde o Império Inca também havia concedido terras e renda a famílias da elite e a altos funcionários. Francisco Pizarro e seus oficiais receberam as primeiras *encomiendas*, e ele próprio reivindicou o direito de alocar terras e o controle sobre os que as cultivavam. Grandes áreas foram concedidas dessa maneira peremptória, e os residentes locais foram deslocados para as minas – duas medidas que contrariavam as ordens imperiais. Só houve alguma redistribuição quando a resistência de Pizarro a impor limites às concessões de terra instigou-o a uma rebelião malsucedida. Apesar disso, a concentração da terra e da riqueza tornou-se ainda mais extrema do que no México, com cerca de quinhentas *encomiendas* ocupando grande parte do território. Algumas das ricas minas de prata de Potosí também foram concedidas a favoritos e exploradas por índios pagadores de impostos. Os chefes tribais locais cooperavam, fornecendo seus próprios aldeões para a prestação de serviços, e em troca eram nomeados administradores, às vezes até recebendo suas próprias terras. No típico estilo imperial, o conluio entre elites estrangeiras e locais garantia a polarização e a exploração da população em geral. Com o tempo, o açambarcamento ilegal foi legalizado, tal como havia acontecido no México. Após a independência da Espanha, a redistribuição bolivariana das terras fracassou e, no século XIX, até as terras comunitárias da população indígena foram absorvidas em propriedades maiores.[34]

Não foi apenas nos contextos coloniais que as elites do poder conseguiram conservar as fortunas que haviam adquirido mediante cargos ou ligações políticas. Para citar apenas um exemplo, na França do início da era moderna, os que estavam mais próximos do trono puderam transformar sua influência em enorme riqueza pessoal, conservada após a morte e até após sua demissão. Como principal ministro do rei Henrique IV e seu superintendente de Finanças durante onze anos, até a morte do monarca, em 1611, Maximilien de Béthune, duque de Sully, ainda viveu trinta anos após sua demissão subsequente e deixou mais de 5 milhões de *livres*, equivalentes à renda anual de 27 mil trabalhadores não qualificados na Paris da época. O cardeal Richelieu, que ocupou um cargo comparável de 1624 a 1642, acumulou o quádruplo dessa riqueza. Todavia, ambos foram largamente superados por seu sucessor, escolhido a dedo – o cardeal Mazarin, que exerceu o cargo de 1642 a 1661 e sobreviveu a dois anos de exílio durante os levantes da Fronda, de 1648 a 1653, mas, ainda assim, deixou 37 milhões de *livres*, ou 164 mil salários anuais de trabalhadores não qualificados. O camarada Zhou Yongkang, do comitê central do Partido Comunista chinês, teria aprovado. Ministros menos poderosos também se locupletaram feito bandidos: Claude de Bullion, aliado de Richelieu, obteve 7,8 milhões de *livres* durante oito anos como ministro das Finanças, e Nicolas Fouquet, que exerceu o mesmo cargo pelo mesmo período, teve sua fortuna avaliada em 15,4 milhões, ao ser preso em 1661, embora com dívidas equiparáveis a seus bens. Essas cifras saem bem na comparação com as maiores fortunas aristocráticas: nesse período, os príncipes de Conti, um ramo da família governante dos Bourbon, tinham fortunas de 8 a 12 milhões de *livres*. Até o agressivo Rei Sol, Luís XIV, só logrou um sucesso moderado no controle de ministros posteriores: Jean-Baptiste Colbert levou dezoito anos no comando do Tesouro francês para acumular a soma comparativamente minguada de 5 milhões, e François-Michel Le Tellier, marquês de Louvois, teve que trabalhar 25 anos como ministro da Guerra para juntar 8 milhões. Ao que parece, o máximo que se conseguiu fazer foi reduzir os saques anuais de cada ministro, baixando-os de 1 ou 2 milhões para algo mais próximo de algumas centenas de milhares.[35]

Seria fácil acrescentar muitos outros casos do mundo inteiro, mas o ponto fundamental está claro. Nas sociedades pré-modernas, as enormes fortunas deveram mais ao poder político, regularmente, do que à mestria econômica. Diferiram sobretudo em termos de sua durabilidade, que teve a mediação crucial da capacidade e disposição dos governantes estatais de praticar intervenções despóticas. A intensa concentração de recursos na camada superior e a grande desigualdade eram um dado, e, embora a mobilidade da riqueza variasse, isso pouco interessava aos que estavam fora dos círculos plutocráticos. Esboçadas no capítulo inicial, as propriedades estruturais de quase todos os Estados pré-modernos favoreceram fortemente uma dada modalidade coercitiva de concentração da renda e da riqueza, a qual tendeu a maximizar a desigualdade ao longo do tempo. Como resultado, essas entidades foram, muitas vezes, tão desiguais quanto seria possível. Como exporei com mais detalhes no apêndice, no final deste livro, as estimativas grosseiras referentes a 28 sociedades pré-industriais, desde a época romana até a década de 1940, geram uma taxa média de extração de 77%, taxa esta que mede a proporção realizada do montante máximo de desigualdade de renda teoricamente possível num dado nível de PIB per capita. As exceções foram raras: o único caso razoavelmente bem documentado é o da Atenas clássica dos séculos V e IV a.C., onde a democracia direta e uma cultura de mobilização militar em massa (descrita no capítulo 6) ajudaram a conter a desigualdade econômica. A se confiar nas estimativas modernas, baseadas em parcas evidências antigas, o PIB per capita ateniense dos anos 330 a.C. era relativamente alto para uma economia pré-moderna – talvez quatro a cinco vezes a subsistência fisiológica mínima, semelhante à Holanda seiscentista e à Inglaterra setecentista –, e o coeficiente de Gini da renda de mercado chegava a aproximadamente 0,38. Pelos padrões pré-modernos, a taxa de extração implícita, de cerca de 49%, era excepcionalmente modesta.[36]

Mas a anomalia ateniense não estava fadada a durar. No auge do Império Romano, o homem mais rico de Atenas, de nome apropriadamente longo, era Lúcio Vibúlio Hiparco Tibério Cláudio Ático Herodes, que se afirmava descendente de políticos famosos do século V a.C. e, a rigor, do próprio deus Zeus. Sua família mais recente era de aristocratas atenienses que haviam obtido a cidadania romana, alçado altos cargos públicos e acumulado uma grande fortuna, talvez não muito menor que as dos indivíduos mais ricos da própria Roma. Seu nome aponta para uma ligação com o clã patrício dos claudianos, de Roma, que havia produzido diversos imperadores. A família de Herodes chegou até a partilhar de uma experiência típica da alta classe romana, quando a fortuna de seu avô Hiparco – certa vez informalmente estimada em 100 milhões de sestércios – foi confiscada pelo imperador Domiciano, porém depois recuperada (meio misteriosamente). Herodes cumulou de doações as cidades gregas e patrocinou edifícios públicos, sendo o mais famoso deles o teatro Odeon, em Atenas. Se ele de fato possuía 100 milhões – equivalentes a doze vezes a maior fortuna particular conhecida no período clássico –, a simples renda anual do seu capital seria suficiente para ele bancar do próprio bolso um terço do total dos gastos estatais de Atenas nos anos 330 a.C. – navios de guerra, governo, festejos, assistência social, obras públicas e tudo o mais –, porém é bem possível que seu patrimônio tenha sido ainda maior. Tendo se tornado íntimo do imperador Antonino Pio, como tutor de seus filhos adotivos e sucessores, Herodes foi o primeiro grego de que se tem notícia a exercer o mais alto cargo tradicional do Estado romano, o de cônsul ordinário, no ano de 143 d.C. A proteção imperial e a desigualdade haviam triunfado.

3. Aumento e redução

Picos gêmeos

Como se modificou a desigualdade econômica a longo prazo? Até aqui, abordei as primeiras etapas desse processo. A desigualdade de poder e a hierarquia surgiram com os símios africanos, há muitos milhões de anos, e foram gradualmente atenuadas durante a evolução do *Homo*, nos últimos 2 milhões de anos, mais ou menos. A domesticação ocorrida no Holoceno produziu uma alta da desigualdade de poder e de riqueza que atingiu seu cume com a formação dos grandes Estados predadores já descritos. Agora é hora de concentrarmos o foco em partes específicas do globo, para ver se a evolução da desigualdade de renda e riqueza seguiu, de modo mais geral, um padrão que possa ser explicado por forças desigualadoras e niveladoras particulares. Minha meta é consubstanciar os principais argumentos deste livro: que os aumentos da desigualdade foram impulsionados pela interação do desenvolvimento tecnológico e econômico com a formação do Estado, e que o nivelamento eficaz exigiu choques violentos que, ao menos temporariamente, cercearam e reverteram as consequências desigualadoras do investimento de capital, da comercialização e do exercício do poder político, militar e ideológico pelas elites predadoras e seus associados.

Em minha pesquisa, que nos levará até o começo do século XXI, concentro-me na Europa, pela razão totalmente pragmática de que, no conjunto e a longo prazo, as sociedades europeias produziram os dados mais ricos – ou, pelo menos, os mais rigorosamente pesquisados – sobre a evolução da desigualdade material até o período moderno. São esses dados que tornam possível reconstituir, pelo menos em linhas gerais, as transições repetidas entre a desigualdade crescente ou estável e os choques igualadores ao longo dos milênios (Figura 3.1).

O cultivo da terra apareceu na Europa a partir de 7000 a.C. e se espalhou largamente nos três milênios seguintes. Falando em termos muito amplos, essa transformação econômica fundamental estava fadada a ser acompanhada por um aumento gradativo da desigualdade, mesmo que não possamos ter a expectativa de rastrear esse processo detalhadamente. Seria insensato contemplar uma trajetória linear direta: achados arqueológicos como os de Varna indicam que a variação a curto prazo podia ser bastante considerável. Mas se dermos não um, porém três passos atrás, a fim de expandir nossa pesquisa de centenas para milhares de anos, poderemos postular em segurança uma tendência geral ascendente, à medida que as densidades populacionais aumentaram, o governo se fortaleceu e os excedentes cresceram.

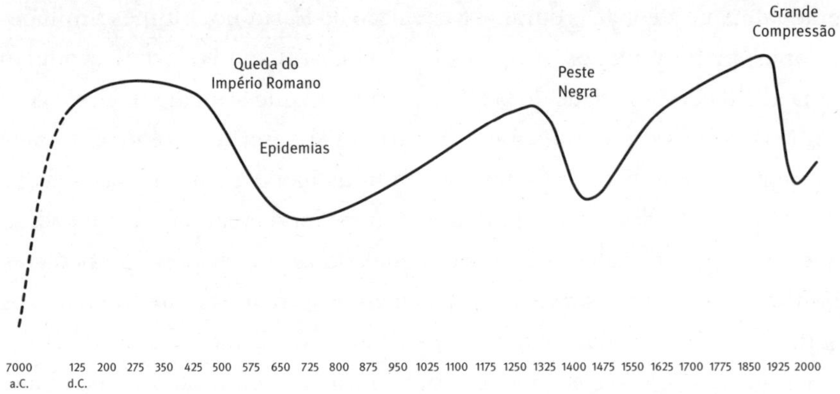

FIGURA 3.1 Tendências da desigualdade na Europa a longo prazo

Desse ponto de vista elevado, podemos localizar o primeiro pico secular de desigualdade material no período do Império Romano maduro, nos dois primeiros séculos da era cristã. Na maior parte da Europa, nenhum nível comparável de população, urbanismo, riqueza particular e capacidade coercitiva fora atingido até então. A Grécia é a única exceção: graças a sua proximidade geográfica do núcleo civilizatório ancestral do Oriente Próximo, o desenvolvimento de nível estatal remontou a épocas mais antigas do que noutros lugares da Europa. Altos níveis de desigualdade já tinham sido alcançados na civilização miceniana na Idade do Bronze Tardia, e é provável que houvessem atingido um pico no século XIII a.C. O colapso estatal reduziu muito essas disparidades nos séculos seguintes, quando os palácios deram lugar a pequenos povoados, numa desestruturação violenta que discuto no capítulo 9. Embora a cultura das cidades-Estado gregas dos períodos arcaico e clássico (*c.*800-300 a.C.) houvesse atingido níveis muito mais altos de desenvolvimento econômico (em alguns casos, mais altos até do que na maior parte do mundo romano), as instituições enraizadas na mobilização militar em massa contiveram a desigualdade. No entanto, tal como noutros lugares da Europa, o período romano foi uma época de grande aumento da desigualdade, também nessa região.[1]

Deixando momentaneamente de lado o sul dos Bálcãs, que permaneceu sob o controle (às vezes bambo) da continuação bizantina do Império Romano, todas as outras partes da Europa que tinham estado sujeitas à dominação de Roma passaram por uma grave compressão da desigualdade da renda e da riqueza, que teve início quando o poder romano se desintegrou, na segunda metade do século V d.C. Como mostro no capítulo 9, essa equalização econômica resultou diretamente, em larga medida, da falência do Estado – um choque violento e maciço que foi reforçado pela primeira pandemia de peste bubônica na Eurásia Ocidental, do século VI ao século VIII, que elevou o valor do trabalho em relação à terra. Temos que admitir uma variação considerável no tempo e no espaço: o nivelamento pode ter atingido seu auge mais rigoroso na Grã-Bretanha pós-romana, onde as instituições e a infraestrutura anteriores foram predominantemente varridas do mapa, enquanto as desigualdades talvez tenham se revelado mais resilientes em regiões mais protegidas, como a península Ibérica sob o domínio dos visigodos. Mesmo assim, a desarticulação das extensas redes de troca da elite, do urbanismo, das estruturas fiscais e dos patrimônios da riqueza transregional foi um processo ubíquo.[2]

Parece insensato até mesmo tentar atribuir números a essa grande compressão: por mais difícil que seja estimar os coeficientes de Gini do Império Romano, seria ainda muito mais difícil concebê-los em relação aos séculos VI, VII ou VIII. Basta notar que duas pressões para baixo coincidiram: o encolhimento dos excedentes per capita que reduziam o alcance da desigualdade e a diminuição da capacidade extrativa de Estados e elites. Até a Grécia bizantina foi duramente afetada por deslocamentos violentos, que devem ter tendido a mitigar as disparidades existentes. Durante algum tempo, Constantinopla, o posto avançado mais oriental do urbanismo europeu da época, pode ter sido o último bastião remanescente da desigualdade de estilo imperial, e até esse centro bem defendido sofreu um período de sério declínio.[3]

As economias e as entidades políticas europeias começaram a se recuperar em épocas diferentes. A expansão carolíngia do século VIII pode ser vista como um período de ressurgimento da desigualdade, assim como a conquista muçulmana da Espanha. Na Grã-Bretanha, o nadir pós-romano deu lugar à formação do Estado, sob a liderança de Essex, e à formação de uma nobreza poderosa e rica. Bizâncio, uma sociedade dominada por magnatas, reafirmou o controle dos Bálcãs nos séculos IX e X. Aristocracias que em geral tinham se enfraquecido após a queda de Roma começaram a recobrar a força. Descontada a considerável variação geográfica, a proeminência do feudalismo, a partir do século IX, deu às elites um controle maior sobre a força de trabalho agrícola e seu excedente, num processo que coincidiu com a concentração contínua de terras entre líderes seculares e eclesiásticos. A Europa experimentou, em seguida, uma fase de crescimento econômico e demográfico sustentado, de aproximadamente 1000 a 1300. A presença de populações mais numerosas, cidades maiores e em maior número, mais comércio e elites mais poderosas, tudo isso fez aumentar a desigualdade econômica.

A desigualdade inglesa aumentou durante todo esse período. Embora a pesquisa do Domesday Book [Livro da Inquirição] de 1086 mostre que a maioria das famílias camponesas possuía terra suficiente para auferir uma renda superior à de subsistência apenas com seus lotes, a pesquisa dos Cem Rolos, de 1279 a 1280, sugere que a maioria de seus descendentes só pôde ter esperança de equilibrar as contas ao complementar sua produção agrícola com a renda salarial proveniente do trabalho de colheita para terceiros. Um modelo de simulação indica que o crescimento demográfico em si era insuficiente para produzir esse resultado: o aumento da desigualdade foi impelido pela interação do número crescente da população com a facilitação das transferências de terras, que incentivou os pequenos proprietários a venderem para os mais ricos nos períodos de crise, a fim de pagar a comida, as sementes e o gado, ou de pagar o serviço da dívida, e pelos efeitos da partilha de heranças, que desmembrou as propriedades e instigou mais vendas de emergência. Alguns camponeses ficaram totalmente desprovidos de terras, o que aumentou ainda mais a desigualdade dos bens. Além disso, os arrendamentos de terra para os plebeus na Inglaterra tiveram um grande aumento entre o ano 1000 e o começo do século XIV, mesmo com a redução no tamanho de suas propriedades. Na França, enquanto isso, o tamanho do lote típico caiu de cerca de dez hectares para, muitas vezes, menos de três, entre o século IX e o início do século XIV.[4]

A desigualdade crescente também foi impulsionada pela concentração de renda e riqueza na camada superior. Em 1200, a Inglaterra abrigava 160 magnatas (barões) com renda média de duzentas libras, mas, em 1300, esse grupo se expandira para aproximadamente duzentos pares do reino com renda média de 670 libras, ou o dobro da anterior, em termos reais. Como é típico dos períodos de intensificação da desigualdade, as maiores fortunas foram as que mais cresceram: em 1200, o barão mais rico, Roger de Lacy, de Chester, dispunha de oitocentas libras (ou quatro vezes a renda média anual de todos os pares do reino), ao passo que, em 1300, Edmund, conde da Cornualha, recebeu 3.800 libras, ou quase o triplo em termos reais – equivalente a 5,5 vezes a média de todos os pares na época. As camadas intermediárias da elite inglesa tiveram um crescimento ainda mais conspícuo, à medida que o número de cavaleiros sagrados com o cinturão e a espada subiu de cerca de mil em 1200 para cerca de 3 mil em 1300, em patamares de renda mais ou menos iguais. A desigualdade na remuneração dos militares pode ser levantada através da proporção da remuneração dos cavaleiros em relação à dos soldados da infantaria, que subiu de 8:1 em 1165 para 12:1 em 1215 e 12-24:1 em 1300. Não por coincidência, as importações de vinhos franceses também tiveram grande alta no começo do século XIV. As rendas da elite elevaram-se em termos reais, ao mesmo tempo que as dos homens do povo declinavam. É provável que os efeitos da interação entre o crescimento populacional e a abertura comercial tenham produzido resultados similares em outras partes da Europa.[5]

Às vésperas da Peste Negra de 1347, a Europa como um todo era mais desenvolvida e mais desigual do que tinha sido desde os tempos do Império Romano. Só nos resta especular sobre como se comparariam esses dois picos. Desconfio que, já no início do século XIV, a desigualdade geral possa ter caído um pouco abaixo dos níveis atingidos quase um milênio antes. Não houve nenhum alto equivalente medieval da aristocracia romana tardia, que havia possuído bens em toda a região ocidental do Mediterrâneo e em suas zonas interioranas, e que tinha canalizado recursos de um gigante fiscal imperial sem comparação na Europa da Idade Média. Só o Império Bizantino pode ter sofrido uma taxa de extração ainda maior do que o Império Romano tardio, mas estava basicamente localizado fora da Europa propriamente dita. Se é que isso tem alguma serventia, uma estimativa isolada do coeficiente de Gini da renda da Inglaterra e do País de Gales por volta de 1290 situa a desigualdade, num nível comparável de produção per capita, num patamar ligeiramente inferior ao do Império Romano do século II. No fim das contas, é possível que as comparações mais significativas entre a desigualdade romana e a da Alta Idade Média continuem fora do nosso alcance. O que importa aqui é a desigualação geral da renda e da riqueza durante a Alta Idade Média, tendência da qual não temos razão para duvidar. Os registros fiscais que apontam para níveis elevados de concentração da riqueza em Paris e Londres nos anos 1310 (com Ginis de até 0,79 ou mais, provavelmente) apenas documentam a situação quando se estava chegando perto do término da prolongada revolução comercial daquele período.[6]

Tudo isso mudou quando a peste atingiu a Europa e o Oriente Médio, em 1347. Retornando em surto após surto, ao longo de várias gerações, ela matou dezenas de milhões de pessoas. Acredita-se que mais de um quarto da população europeia tenha perecido até 1400 – talvez um terço na Itália e quase metade na Inglaterra. A mão de obra escasseou: em toda essa região, em meados do século XV, o salário real dos trabalhadores urbanos não qualificados havia aproximadamente dobrado, porém tinha subido um pouco menos entre os artesãos qualificados. Os salários agrícolas ingleses também duplicaram em termos reais, enquanto os arrendamentos de terra caíram e as fortunas da elite sofreram uma contração. Da Inglaterra ao Egito, a plebe desfrutou uma dieta melhor e atingiu estaturas mais altas. Como mostrarei no capítulo 10, os registros fiscais de cidades italianas revelam uma queda drástica na desigualdade da riqueza, visto que os coeficientes de Gini locais ou regionais caíram mais de dez pontos e a participação da camada superior na riqueza caiu um terço ou mais. Centenas de anos de desigualação foram desfeitos por um dos impactos mais severos já sofridos pela humanidade.[7]

Escalando novas alturas

Depois que a peste se abrandou, no fim do século XV, a população europeia começou a se recuperar. O desenvolvimento econômico atingiu novos píncaros, assim como a desigualdade. A formação de Estados fiscal-militares na Europa, a criação de impérios coloniais ultramarinos e uma expansão sem precedentes do comércio global fomentaram mudanças institucionais e novas redes de intercâmbio. Embora as trocas comerciais e tributárias sempre houvessem existido lado a lado, aos poucos as primeiras se tornaram dominantes, à medida que a comercialização transformou os Estados tributários e aumentou sua dependência da receita comercial. O crescimento de um sistema mundial mais integrado, respaldado pela extração de metais preciosos no Novo Mundo e pelo comércio intercontinental, mobilizou a riqueza e ampliou a defasagem entre ricos e pobres numa escala global. À medida que a Europa tornou-se o centro de uma rede mundial de trocas, o desenvolvimento deu mais poder às elites mercantis e atraiu maiorias rurais para atividades de mercado, que pressionaram seu apego à terra. As elites coletoras de tributos transformaram-se em latifundiários comerciais e empresariais, e os comerciantes estabeleceram laços mais estreitos com os governos. Pouco a pouco, os camponeses foram separados da terra, por meio do cercamento, dos impostos, das dívidas e da mercantilização da posse da terra. Os meios tradicionais de enriquecimento, enraizados no exercício predatório do poder político, persistiram ao lado desses processos modernizantes, baseados no mercado: os Estados mais fortes ofereciam vias atraentes para a riqueza. Tudo isso pressionou o aumento da desigualdade de renda.[8]

A Europa do fim da Idade Média, e sobretudo do início da era moderna, ocupa um lugar especial no estudo histórico da desigualdade material. Pela primeira vez, provas quantitativas da distribuição da riqueza (embora ainda não da renda) tornaram-se disponíveis, permitindo-nos fazer um sólido levantamento das mudanças no correr do tempo e comparar a evolução em diferentes áreas. Esses dados derivam, primeiramente, de registros locais de propriedades tributáveis, e são complementados por informações a respeito do arrendamento de terras e da renda dos trabalhadores. No trecho que se segue, uso lado a lado informações sobre a distribuição de riqueza e renda. A decomposição sistemática desses dois índices não é normalmente possível nesse período: em geral, os estudiosos da desigualdade pré-moderna precisam ser mais ecléticos em suas escolhas do que os economistas modernos prefeririam que eles fossem. Isso não constitui um grande problema: nas sociedades pré-industriais, as tendências para a desigualdade de riqueza e de renda dificilmente poderiam ter se movido em direções diferentes.[9]

Embora esses conjuntos de dados não componham uma autêntica estatística nacional da desigualdade, eles colocam nossa compreensão da estrutura e evolução da concentração de riqueza em bases muito mais sólidas do que no tocante a períodos anteriores. Graças a sua coerência interna e a sua consistência ao longo do tempo, algumas dessas séries de dados do fim da Idade Média e início da Idade Moderna podem ser um guia mais confiável dos contornos gerais da mudança do que as tentativas modernas de reconstituir as tendências, em países inteiros, a partir de fontes díspares, mesmo no tocante ao século XIX. Consideradas em conjunto, essas evidências de várias sociedades europeias ocidentais e meridionais mostram que os recursos tinham uma distribuição mais desigual nas grandes cidades do que nas cidadezinhas do interior, que a desigualdade aumentou, de modo geral, após o término da Peste Negra, e que esse aumento ocorreu numa grande variedade de situações econômicas.

A maior divisão do trabalho, a diferenciação das qualificações e da renda, a concentração espacial das famílias da elite e do capital mercantil e o afluxo de migrantes mais pobres sempre aumentaram a desigualdade urbana. De acordo com o recenseamento florentino (*catasto*) de 1427, a desigualdade de renda tinha uma correlação positiva com a escala da urbanização. A capital, Florença, gabava-se de um coeficiente de Gini de distribuição da riqueza de 0,79 – provavelmente, mais próximo de 0,85, se forem incluídos os pobres sem terras não registrados. Os valores do Gini eram inferiores nas cidades menores (0,71-0,75), ainda mais inferiores nas planícies agrícolas (0,63), e atingiam seu ponto mais baixo nas áreas mais pobres, nos morros e montanhas (0,52-0,53). As participações superiores na renda variavam similarmente, de 67% para os 5% mais ricos em Florença para 36% entre seus pares nas montanhas. O mesmo quadro emerge de outros registros fiscais italianos. Do século XV ao século XVIII, a concentração informada da riqueza, nas cidades toscanas de Arezzo, Prato e San Gimignano, era sistematicamente mais alta que nas áreas rurais circunvizinhas. O mesmo padrão pode ser observado, se bem que em menor grau, no Piemonte.[10]

A alta desigualdade da riqueza, no valor mínimo de 0,75, era uma característica-padrão nas grandes cidades do fim da era medieval e início da era moderna, na Europa Ocidental. Augsburgo, um dos principais centros econômicos da época na Alemanha, fornece um exemplo particularmente extremo: a recuperação do nivelamento relacionado com a peste assistiu a uma elevação do Gini da riqueza urbana de 0,66, em 1498, para estratosféricos 0,89, em 1604. É difícil imaginar uma comunidade mais polarizada: um pequeno percentual dos residentes possuía quase todos os bens, enquanto um terço a dois terços da população não tinham nada digno de ser registrado. Voltarei a este caso com detalhes no fim do capítulo 11. Na Holanda, as grandes cidades experimentaram níveis similarmente altos de concentração da riqueza (com Ginis de 0,8 a 0,9), ao passo que as cidades menores ficavam muito atrás (0,5 a 0,65). A desigualdade urbana da renda também era muito alta em Amsterdã, onde o coeficiente de Gini atingiu 0,69 em 1742. Os registros fiscais ingleses de 1524 a 1525 revelam Ginis urbanos da riqueza em geral acima de 0,6, e que podiam subir até 0,82, quando não a 0,85, bem acima dos valores rurais de 0,54 a 0,62. Similarmente, a distribuição dos bens de inventários testamentários de propriedades pessoais correlacionava-se com o tamanho da povoação. Os índices de urbanização mantiveram-se estáveis entre 1500 e 1800 em algumas dessas regiões, notadamente na Itália, assim como na península Ibérica, mas cresceram consideravelmente na Inglaterra e na Holanda, elevando com isso os níveis gerais de desigualdade.[11]

A partir do século XV, ponto mais baixo do nivelamento acarretado pela Peste Negra, a desigualdade aumentou em praticamente todas as partes da Europa sobre as quais dispomos de dados. A Holanda fornece algumas das informações mais detalhadas. Economia precocemente avançada, detentora do que era, quase certamente, o PIB per capita mais alto do mundo na época, ela documentou os efeitos desigualadores do desenvolvimento comercial e urbano. No fim do século XVII, a parcela urbana da população chegou a 40%, e apenas um terço dela trabalhava na agricultura. As grandes cidades fabricavam e faziam processamento para os mercados de exportação. Uma nobreza fraca tinha sido ofuscada por uma elite comercial que usufruía a libertação de uma predação despótica. As cidades eram sumamente desiguais, devido à concentração urbana do capital e à residência urbana de muitos proprietários de terras. Em Amsterdã, em 1742, quase dois terços de toda a renda derivavam de investimentos de capital e da iniciativa privada. Em resposta a uma passagem das técnicas de produção intensivas em mão de obra para técnicas intensivas em capital, bem como ao afluxo regular de trabalhadores estrangeiros, que deprimia os salários reais, a participação da renda do capital na Holanda subiu de 44% em 1500 para 59% em 1650.[12]

O desenvolvimento econômico e o crescimento urbano aumentaram a desigualdade no correr do tempo, à medida que uma pequena fração dos cidadãos holandeses captou uma parte desproporcionalmente grande da riqueza recém-criada, enquanto as fileiras dos pobres urbanos continuaram a se expandir. Na série temporal mais longa de que dispomos sobre a riqueza registrada, proveniente da cidade de Leiden, a participação do 1% superior na riqueza subiu de 21% em 1498 para 33% em 1623, 42% em 1675 e 59% em 1722. Durante o mesmo período, a proporção de famílias cujos bens não chegavam ao limite mínimo da tributação subiu de 76% para 92%. As informações mais relevantes derivam de registros fiscais que anotam o valor de aluguel anual das casas em diferentes partes da Holanda, um substituto mais indireto e imperfeito da desigualdade geral dos bens, que tende a subestimar estes últimos, considerando que os ricos gastam uma parcela progressivamente menor de sua renda na habitação, à medida que vão enriquecendo mais. O valor ponderado para grande parte da Holanda mostra um aumento contínuo, de 0,5 em 1514 para 0,56 em 1561, 0,61 ou 0,63 na década de 1740 e 0,63 em 1801. Entre 1561 e 1732, os coeficientes de Gini dos valores de aluguel subiram em toda parte, passando de 0,52 para 0,59 nas cidades e de 0,35 para 0,38 no interior. A pesquisa padronizada mais recente, com material de quinze cidades holandesas, constatou uma tendência geral ascendente desde o século XVI até o fim do século XIX.[13]

O progresso econômico fornece apenas uma explicação parcial para esse fenômeno. Em algumas ocasiões, a concentração da riqueza continuou a aumentar, mesmo quando o crescimento econômico havia estagnado. Somente nos Países Baixos do Norte é que a tendência ao aumento da desigualdade coincidiu com o crescimento econômico, ao passo que, nos Países Baixos do Sul, não houve uma relação sistemática entre essas duas variáveis. As vias divergentes do desenvolvimento econômico não afetaram a tendência comum para o aumento da desigualdade. Tampouco o fizeram os regimes fiscais diferentes: enquanto uma ênfase marcante na taxação regressiva do consumo, no sul, teria consequências desigualadoras, os impostos na República da Holanda, no norte, eram de fato singularmente progressivos, concentrando-se nos bens suntuários e nos imóveis. Mesmo assim, a desigualdade tendeu a se ampliar em toda a região.

Isso não é de surpreender: no norte, mais dinâmico, as forças desigualadoras do comércio global e da urbanização foram complementadas pela dispersão salarial crescente, que se enraizou, ao menos em parte, em relações sociopolíticas de poder. Em Amsterdã, entre 1580 e 1789, os salários de altos funcionários administrativos, escriturários, diretores de escolas e cirurgiões-barbeiros elevaram-se mais depressa – cinco ou dez vezes mais – que os dos carpinteiros, que meramente dobraram. Em algumas profissões, como a dos cirurgiões, isso pode refletir a atribuição de maior importância às habilidades, embora a remuneração dos trabalhadores com base na qualificação não tenha aumentado durante esse período, de modo geral. Todavia, é bem possível que os aumentos generosos conferidos a autoridades de governo e profissionais análogos do conhecimento, como diretores de escolas, tenham sido impulsionados, em primeiro lugar, por um desejo de mantê-los no nível dos que se encontravam na mesma camada burguesa – e se beneficiavam do aumento dos rendimentos do capital. Essa renda comercial do capital parece ter tido uma notável repercussão nos salários de alguns grupos socialmente privilegiados. A postura rentista das elites surtiu um efeito polarizador na distribuição da renda.[14]

No território (*contado*) de Florença, a desigualdade da riqueza documentada nos registros de imóveis subiu do valor baixo de 0,5, em meados do século XV, para 0,74, por volta de 1700. Na cidade de Arezzo, elevou-se de 0,48 em 1390 para 0,83 em 1792, e em Prato, entre 1546 e 1763, de 0,58 para 0,83. Essa concentração foi muito impulsionada pelo crescimento das participações superiores na riqueza: entre o fim do século XV ou início do XVI e o começo do século XVIII, a parcela dos bens registrados pertencente ao 1% mais rico subiu de 6,8% para 17,5% no *contado* de Florença, de 8,9% para 26,4% em Arezzo e de 8,1% para 23,3% em Prato. Tendências comparáveis se evidenciam nos registros do Piemonte, onde os Ginis da riqueza subiram até 27 pontos em algumas cidades e em escala similar em algumas comunidades rurais. Na Apúlia, no reino de Nápoles, a participação dos 5% mais ricos na riqueza subiu de 48%, em torno de 1600, para 61% em torno de 1750. No Piemonte e no Estado florentino, a proporção de famílias cuja riqueza alcançou pelo menos dez vezes o valor mediano local subiu de 3-5%, no fim do século XV, para 10-14% três séculos depois: a polarização intensificou-se à medida que mais famílias se afastaram da mediana.[15]

Diversamente da Holanda, grande parte dessa mudança ocorreu no contexto da estagnação econômica seiscentista e de uma falta ainda mais prolongada de avanços claros na urbanização. Três grandes forças desigualadoras foram as responsáveis: a recuperação demográfica do desgaste da Peste Negra, a expropriação e proletarização gradativas dos produtores rurais e a formação do Estado tributário-militar. Como noutras partes da Europa, a oferta crescente de mão de obra reduziu seu valor em relação ao da terra e ao de outras formas de capital. A terra passou a ser mais e mais adquirida pela elite, num processo que constatamos na Holanda e também na França. Além disso, cidades-Estado dotadas de tradições coletivas autônomas e ideias potentes de cidadania e republicanismo foram incorporadas em Estados maiores e mais coercitivos, que cobravam impostos mais pesados. No Piemonte, assim como nos Países Baixos do Sul, a dívida pública canalizou recursos dos trabalhadores para credores ricos.[16]

Esses estudos de caso destacam a continuidade, a longo prazo, dos mecanismos de desigualação. Remontando pelo menos aos antigos babilônios, o crescimento econômico, a comercialização e a urbanização intensivos haviam promovido a desigualdade. O mesmo se aplicou ao período romano da Alta Idade Média. Como já vimos, a apropriação da terra por donos abastados do capital e o enriquecimento da elite, sustentado pela extração fiscal e outras atividades do Estado, têm um pedigree ainda mais antigo, que remonta aos sumérios. A concentração de renda e riqueza do início da Idade Moderna diferiu meramente em termos de estilo e escala: ao lado de estratégias rentistas mais convencionais, as elites puderam então beneficiar-se da compra da dívida pública, em vez de roubarem ou extorquirem recursos diretamente, as redes globais de comércio abriram oportunidades de investimento sem precedentes e a urbanização começou a ultrapassar qualquer nível anterior. No fundo, porém, os principais meios de desigualação se mantiveram fundamentalmente inalterados e, mais uma vez, reafirmaram-se com força após um hiato temporário, induzido por um choque violento.

A efetiva complementaridade desses desigualadores bem estabelecidos contribui muito para responder por resultados similares numa vasta gama de situações econômicas e institucionais (Figura 3.2). Na República da Holanda, a desigualdade aumentou devido ao comércio global, ao crescimento econômico e à urbanização, enquanto as pressões fiscais parecem ter sido o fator mais crucial no Piemonte e na proletarização da Toscana, e ambos os mecanismos funcionaram nos Países Baixos do Sul. Na Inglaterra, economia mais dinâmica desse período, depois dos Países Baixos do Norte, a comercialização e a expansão urbana fomentaram as disparidades materiais: os Ginis da riqueza em Nottingham subiram de 0,64 em 1473 para 0,78 em 1524, e, numa pesquisa de inventários testamentários de patrimônios pessoais, subiram de 0,48-0,52 na primeira metade do século XVI para 0,53-0,66 nos oitenta anos seguintes. Em nove amostras desses registros, os 5% mais ricos detinham de 13% a 25% de todos os bens no começo desse período e de 24% a 35% posteriormente.[17]

As condições econômicas eram marcantemente diferentes na Espanha, que passou por um processo de ruralização, uma mudança da criação de

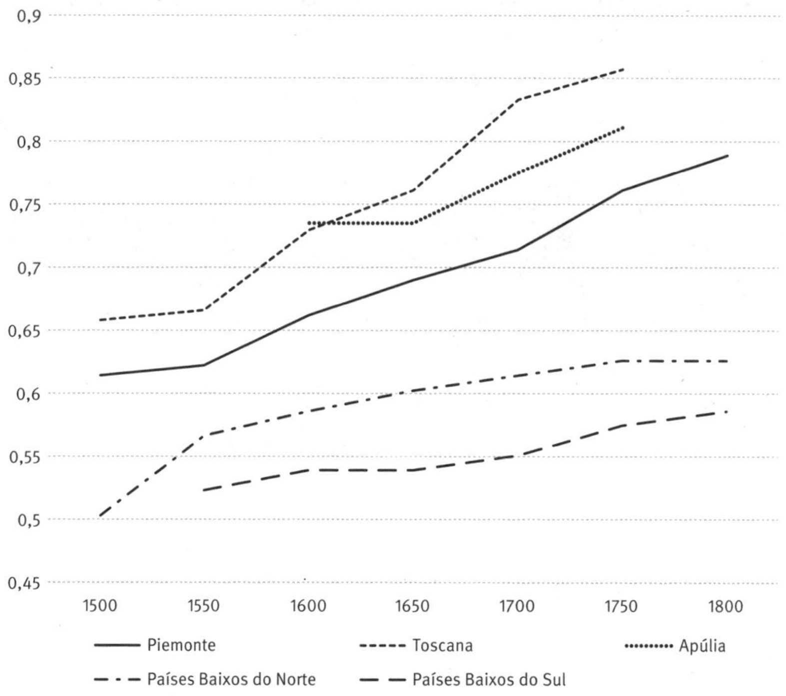

FIGURA 3.2 Coeficientes de Gini da distribuição da riqueza na Itália e nos Países Baixos, 1500-1800

rebanhos para a agricultura e baixos salários. Nesse contexto de estagnação, ou até retrocesso, a proporção do PIB nominal per capita para os salários nominais subiu com bastante regularidade desde os anos 1420 até o fim do século XVIII, refletindo uma desvalorização desigualadora contínua do trabalho, à medida que os salários reais caíam – fenômeno que também observamos em muitos outros países europeus. A proporção entre arrendamentos de terra e salários, outro indicador da desigualdade, oscilou mais durante esse período, mas também foi muito mais alta em 1800 do que tinha sido quatrocentos anos antes (Figura 3.3). Essas descobertas se coadunam bem com a observação de que, na província de Madri, a desigualdade da riqueza, conforme reconstituída a partir de registros tributários, elevou-se entre 1500 e 1840, embora de maneira descontínua.[18]

Na zona rural francesa, a partir do século XVI, as pressões simultâneas da recuperação demográfica e das propriedades maiores esvaziaram o meio agrário, além de polarizarem as comunidades locais entre grandes latifundiários e pequenos proprietários cujas terras eram pequenas demais para

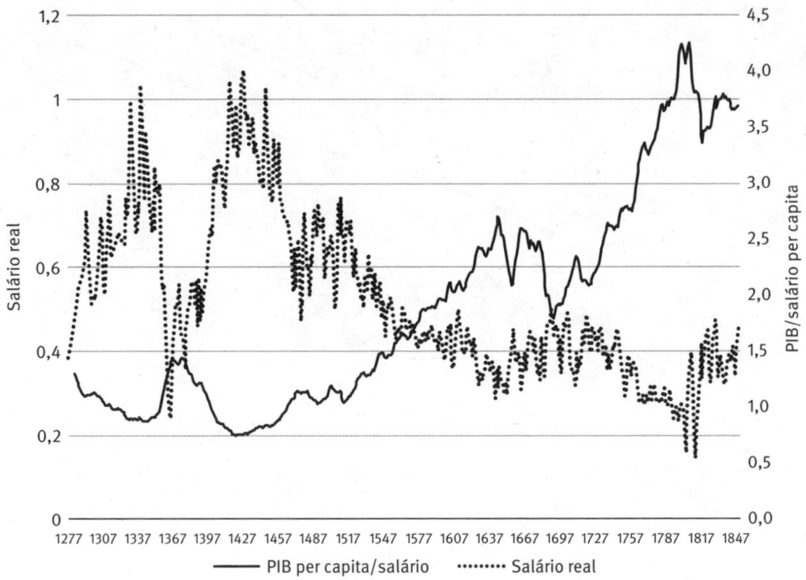

FIGURA 3.3 Proporção entre o PIB per capita e os salários médios e salários médios reais na Espanha, 1277-1850

alimentá-los, o que os forçou ao arrendamento e ao trabalho assalariado. Até aqui, Portugal continua a ser a única exceção documentada. De acordo com os registros fiscais, a desigualdade geral da renda declinou um pouco entre 1565 e 1700, num ambiente definido pelo desenvolvimento econômico estagnado e pela urbanização, bem como por um enfraquecimento do imperialismo ultramarino. A remuneração baseada nas qualificações manteve-se basicamente estável nesse período, ao passo que a proporção entre arrendamentos de terra e salários reduziu-se ao longo de todo o século XVII, antes de ter uma recuperação apenas parcial nos anos 1770. Entretanto, examinada mais de perto, a redução moderada da desigualdade de renda foi sobretudo um fenômeno das cidades pequenas e das comunidades rurais, enquanto a desigualdade urbana pouco se modificou, se é que o fez, a longo prazo.[19]

Na ausência de compressões violentas, a desigualdade podia aumentar por uma variedade de razões diferentes, determinadas pelas condições econômicas e institucionais locais, mas (quase) sempre aumentou. Se é que têm serventia, os resultados das modernas tentativas de imaginar os coeficientes de Gini da renda relativos a esse período são largamente compatíveis com as tendências reveladas por conjuntos de dados empíricos mais localizados. Acredita-se que a desigualdade geral da renda na Holanda tenha aumentado de 0,56 em 1561 para 0,61 em 1732, antes de tornar a cair para 0,57 em 1808, período das Guerras Napoleônicas. Considerando-se as bases frágeis dos cálculos esquemáticos subjacentes, é provável que a melhor maneira de vermos esses números seja como uma indicação de uma desigualdade bastante alta a estável. Os valores de Gini correspondentes, para a Inglaterra e o País de Gales, subiram de 0,45 em 1688 – bem acima do suposto pico medieval de 0,37 – para 0,46 em 1739 e 0,52 em 1801. Em torno de 0,56, o valor também foi alto na França, em 1788. Todos esses valores são mais altos que os dos impérios Romano e Bizantino, assim como a produção per capita: mais ou menos quatro a seis vezes a subsistência mínima na Holanda, cinco a sete vezes na Inglaterra e no País de Gales e quatro vezes na França, comparados a algo como duas vezes o mínimo básico em Roma, Bizâncio e na Inglaterra medieval. Todavia, como já foi assinalado, o desenvolvimento econômico em si não foi a única via para a maior desigualdade: com 2,5 vezes a subsistência mínima, o antigo reino de Castela, em 1752, não se gabava de excedentes per capita muito superiores aos da antiga Roma, porém vivenciava uma alta desigualdade de renda (0,53), o que reflete os efeitos de poderosas forças sociais e políticas de desigualação.[20]

Em todos os casos em que podem ser aproximadamente estimadas, as taxas de extração efetivas – a proporção atualizada da máxima desigualdade viável num dado nível de PIB per capita – permaneceram inalteradas ou se elevaram entre o século XVI e o início do século XIX. Três séculos depois da atenuação da Peste Negra, a desigualdade de renda nas partes mais documentadas das Europas Ocidental e Meridional havia atingido níveis que, em termos nominais – expressos em coeficientes de Gini brutos –, ultrapassaram pela primeira vez os do período romano. Quando ajustados aos requisitos efetivos de subsistência que eram sensíveis ao PIB per capita, esses níveis mais ou menos se aproximaram dos experimentados na Antiguidade clássica e na Alta Idade Média. Sem exceção, em 1800 os salários reais dos trabalhadores urbanos eram menores do que tinham sido no fim do século XV, e, embora a desigualdade "real", ajustada aos índices divergentes de custo de vida dos grupos de alta e baixa renda, fosse um pouco mais volátil do que as medidas nominais, a tendência geral foi igualmente de aumento.[21]

Além da Europa

Que dizer do resto do mundo? Inventários testamentários otomanos de quatro cidades da Ásia Menor, que registram patrimônios completos, incluindo todos os bens reais e pessoais, bem como valores em espécie, créditos e dívidas, lançam um pouco de luz sobre a evolução da desigualdade da riqueza entre 1500 e 1840. Tal como na Europa, a riqueza média e os níveis de desigualdade tinham uma associação positiva com o tamanho da cidade. Em três cidades com extensas séries de dados, os coeficientes de Gini da concentração de bens em 1820 e 1840 foram mais altos do que tinham sido no início dessas séries, que variou do começo do século XVI ao começo do século XVIII. O mesmo se aplica, em linhas gerais, ao decil superior da participação na riqueza. Os Ginis agregados de inventários rurais subiram de 0,54 nas décadas de 1500 e 1510 para 0,66 nas de 1820 e 1830, um aumento que talvez esteja ligado à comercialização da agricultura e à mudança das relações de propriedade, caracterizada pela diminuição do controle estatal sobre a terra e pela expansão da privatização. O aumento observado na desigualdade da riqueza também é compatível com as provas de queda dos salários reais noutras áreas do Império Otomano. Assim, as tendências para a desigualdade, a leste do Egeu, assemelharam-se muito de perto às das Europas Ocidental e Meridional.[22]

Antes de passarmos ao "longo século XIX", até chegar à Grande Guerra, vale a pena indagarmos se reconstituições multimilenares dos contornos da desigualdade, semelhantes às da Figura 1.1, são viáveis no tocante a outras partes do globo. Por enquanto, a resposta tem que ser predominantemente negativa. Podemos supor, mas não documentar da maneira apropriada, que as variações na concentração de renda e riqueza na China seguiram o que é conhecido como seus "ciclos dinásticos". Como tentei mostrar no capítulo anterior, há razões para crermos que a desigualdade aumentou durante o longo domínio da dinastia Han, talvez culminando nos estágios finais do período Han Oriental, no século II e início do século III d.C., assim como a desigualdade romana pode haver atingido um pico nas fases finais de todo o império, no século IV e início do século V d.C. O prolongado "Período de Desunião", do início do século IV ao fim do século VI, bem pode haver assistido a algum grau de compressão, especialmente na metade norte da região, que a princípio foi ferozmente disputada entre numerosos e efêmeros regimes estrangeiros de conquista, e que depois vivenciou um ressurgimento da guerra com mobilização em massa e planos ambiciosos de distribuição da terra.[23]

É fatal que a renda e a riqueza tenham crescido e se concentrado mais durante a dinastia Tang, do século VII ao século IX, até suas elites serem predominantemente varridas do mapa em sua fase final de desintegração, como está descrito no capítulo 9. O crescimento econômico sem precedentes, a comercialização e a urbanização, durante a dinastia Song, provavelmente geraram resultados desigualadores semelhantes aos observados em partes da Europa do início da Idade Moderna, e os grandes senhores de terras foram poderosos na dinastia Song do Sul posterior. As tendências no período mongol são mais difíceis de distinguir, já que o declínio econômico, a peste, a invasão e o governo predatório interagiram de maneiras complexas. A desigualdade voltou a crescer sob a dinastia Ming, embora seja instrutivo observar que, pelos padrões internacionais, seus níveis globais não foram particularmente altos na fase terminal da dinastia Qing, ou mesmo antes da revolução maoista. Menos ainda podemos dizer aqui sobre a Ásia Meridional, exceto que a elevada desigualdade, tanto no Império Mogol, no século XVIII, quanto nos duzentos anos de controle britânico, posteriormente, fornece uma confirmação adicional dos efeitos desigualadores do governo predatório imperial ou colonial em larga escala.[24]

Durante grande parte dos últimos seiscentos anos, as tendências para a desigualdade no Novo Mundo só podem ser esboçadas em traços altamente impressionistas. É provável que a formação dos impérios Asteca e Inca, no século XV, tenha elevado as disparidades econômicas a novos patamares, à medida que os fluxos tributários se estenderam por distâncias maiores e que elites poderosas acumularam mais e mais bens hereditários. Forças opostas agiram durante os dois séculos seguintes: ainda que a expansão espanhola e o governo colonial predatório, exercido por uma pequena elite de conquistadores, possam ter sustentado ou até aumentado os níveis existentes de concentração da renda, o catastrófico desgaste demográfico causado pela chegada de infecções do Velho Mundo, aqui descritas no capítulo 11, tornou escassa a mão de obra e até elevou os salários reais, ao menos por algum tempo. Mesmo assim, depois de haverem cessado essas epidemias, a população se recuperou, as proporções terra/trabalho caíram, a urbanização aumentou e a dominação colonial foi plenamente consolidada; no século XVIII, a desigualdade latino-americana era, provavelmente, tão alta quanto em qualquer época anterior. As revoluções e a independência, no início do século XIX, podem ter surtido um efeito igualador, até que o crescimento súbito das commodities, na segunda metade do século, empurrou a desigualdade para níveis ainda mais altos, num processo de concentração de renda que, apenas com algumas pausas intermitentes, prosseguiu até o fim do século XX (Figura 3.4).[25]

O longo século XIX

Isso nos traz à instalação do moderno crescimento econômico do século XIX. A passagem concomitante de conjuntos locais de dados para estimativas nacionais da distribuição de renda e riqueza introduz incertezas consideráveis. Por esta simples razão, a questão de a industrialização haver ou não exacerbado

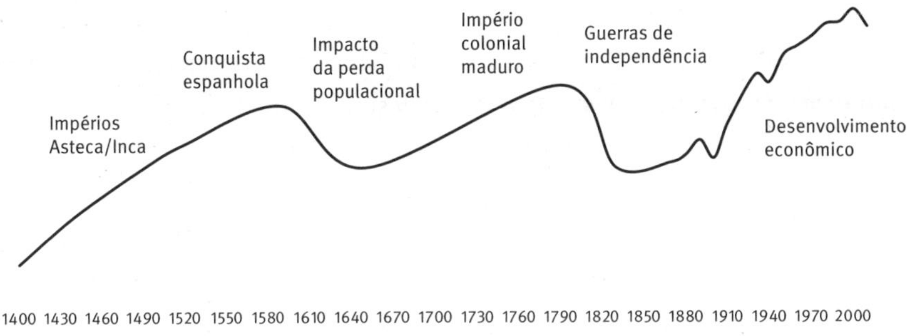

FIGURA 3.4 Tendências da desigualdade na América Latina a longo prazo

a desigualdade britânica revelou-se surpreendentemente difícil de abordar. A única coisa de que podemos ter certeza é que a concentração de riqueza privada intensificou-se sistematicamente de 1700 até o começo da década de 1910, período em que o PIB real per capita mais do que triplicou: assim, a participação na riqueza do 1% mais rico subiu de 39% em 1700 para 69% no começo dos anos 1910. Em 1873, o coeficiente de concentração da posse da terra havia subido para 0,94, efetivamente impossibilitando um crescimento muito maior desse tipo de desigualdade. O quadro é menos claro no tocante à distribuição de renda. Os dados de declarações de imposto de renda e tabelas sociais, bem como a proporção renda da terra/salário, apontam de modo bastante conclusivo para um aumento da desigualdade de renda entre meados do século XVIII e começo do século XIX. Entretanto, embora as informações sobre a desigualdade de moradia, derivadas de dados do imposto territorial, e os salários registrados tenham sido convocados para mostrar que as rendas continuaram a se tornar mais desiguais também durante a primeira metade do século XIX, continua a ser controvertido o peso que esse material específico pode ter.[26]

Isso se aplica ainda mais à ideia anterior de que vários indicadores de desigualdade se elevaram durante a primeira metade ou dois terços do século XIX e, posteriormente, declinaram até a década de 1910, produzindo uma suave curva invertida em U, que seria compatível com a ideia do economista Simon Kuznets de que a modernização econômica poderia primeiro aumentar e, depois, reduzir a desigualdade numa sociedade em transição. A observação de que a dispersão salarial aumentou entre 1815 e 1851, chegou ao auge nas décadas de 1850 e 1860 e, em seguida, declinou até 1911 pode ser um artifício dos dados subjacentes sobre diferentes profissões, que exibem tendências contraditórias. Similarmente, as medidas de desigualdade de moradia, construídas a partir de impostos territoriais que sugerem Ginis de 0,61 em 1830 e 0,67 em 1871, em relação a todas as casas habitadas, e um declínio de 0,63 em 1874 para 0,55 em 1911, em relação às residências particulares, também não podem ser prontamente aceitas por seu valor aparente. As tabelas de participação na renda também são de pouca serventia. As tabelas sociais revisadas sugerem um grau razoável de estabilidade ao longo do tempo, com Ginis nacionais de renda de 0,52 em 1801-3 e de 0,48 em 1867, na Inglaterra e no País de Gales, e de 0,48 no Reino Unido em 1913. É importante sermos precisos: embora não possamos saber ao certo se a desigualdade de renda inglesa ou britânica permaneceu basicamente inalterada no correr do século XIX, simplesmente não estamos aptos a confirmar que ela não o fez.[27]

Os resultados na Itália são similarmente incertos. O estudo mais recente da desigualdade de renda italiana apresenta alguns índices diferentes, todos apontando para uma estabilidade básica entre 1871 e a Primeira Guerra Mundial (e além dela), em contraste com uma pesquisa anterior de orçamentos familiares agregados, que sugeriu um declínio gradativo da desigualdade entre 1881 e a guerra, numa época em que os efeitos supostamente desigualadores da industrialização estavam sendo neutralizados pela emigração maciça para o hemisfério ocidental. Não há dados de renda nacional disponíveis sobre a França. Em Paris, a concentração de riqueza, medida pela participação do 1% mais rico em termos de patrimônio, considerando a riqueza pessoal, subiu de 50% para a faixa de 55% entre 1807 e 1867 e para 72% em 1913, enquanto a parcela do 0,1% mais rico teve um aumento mais acentuado, passando de 15-23% para 33%. Em todo o país, as participações da elite na riqueza subiram com mais regularidade, passando de 43% (do 1% mais rico) e de 16% (do 0,1% mais rico), em 1807, para 55% e 26%, respectivamente, em 1913. A desigualdade de renda espanhola subiu desde a década de 1860 até a época da Primeira Guerra Mundial.[28]

Não há dados nacionais alemães para esse período. Na Prússia, a participação do 1% mais rico na renda total subiu de cerca de 13% ou 15% em 1874 para 17% ou 18% em 1891. A tendência líquida foi estável entre 1891 e 1913, já que as participações dos mais ricos na renda foram praticamente idênticas nesses dois anos e só tiveram pequenas flutuações entre eles. Na medida em que se alteraram, as rendas mais altas moveram-se de modo pró-cíclico, subindo junto com o crescimento econômico. A pesquisa mais detalhada dos coeficientes de Gini da renda prussiana acompanha uma elevação contínua desde 1822 até um pico em 1906, o qual foi seguido por uma queda modesta até 1912 e por uma recuperação parcial em 1914. Visto que a eclosão da Primeira Guerra Mundial travou a evolução "pacífica" da desigualdade naquele ponto, não sabemos dizer se essa breve redução foi um mero desvio ou se poderia ter se transformado num ponto de inflexão secular. Na Holanda, o século XIX foi um período de consolidação, após séculos de desigualdade crescente, já descritos. A desigualação ainda não havia completado inteiramente o seu curso: entre 1808 e 1875, o coeficiente de Gini da distribuição de valores de aluguéis de casas subiu em oito de cada dez províncias, e a desigualdade entre os indivíduos de alta renda elevou-se de 1742 a 1880 e até o início da década de 1910. Ao mesmo tempo, no entanto, os salários reais se recuperaram e a remuneração com base na qualificação declinou. O coeficiente de Gini da distribuição nacional de renda parece ter sido semelhante em 1800 e em 1914, o que sugere que a desigualdade tinha se estabilizado num platô (elevado).[29]

Os países escandinavos oferecem informações relativamente ricas, mas às vezes intrigantes, sobre esse período. Uma avaliação única da Dinamarca em 1870 pôs a participação do 1% mais rico na renda, para casais e adultos solteiros, em 19,4%. Quando as informações foram retomadas em 1903, essa participação estava em 16,2%, e alcançou 16,5% em 1908, seguida por um breve aumento, induzido pela especulação na Primeira Guerra Mundial, o qual também pode ser observado em outros países neutros. Embora a atenuação implícita da desigualdade entre 1870 e 1903 não seja drástica, devemos indagar-nos sobre a confiabilidade da medição anterior.[30]

Reservas similares aplicam-se aos registros concernentes a um imposto de aplicação única em 1789, os quais foram tidos como sugerindo um coeficiente de Gini da renda de 0,6 a 0,7, valores que poriam a desigualdade perto ou até no limite exato do máximo teoricamente possível naquela economia. Essas preocupações dificultam conceber uma atenuação contínua da desigualdade de renda entre o fim do século XVIII e o começo do século XX. Em contraste, os relatos sobre a dominação dos grandes latifundiários no fim do século XVIII dão crédito aos cálculos que apontam para uma desconcentração significativa da riqueza, no décimo mais abastado da sociedade dinamarquesa, entre 1789 e 1908.[31]

A evolução na Noruega e na Suécia também levanta questões sobre a qualidade dos registros. Na Noruega, a participação do 1% mais rico na riqueza permaneceu estável, num valor entre 36% e 38%, de 1868 até 1930, depois de haver declinado de um nível mais alto, calculado em relação a 1789. A participação do 1% mais rico na renda também se alterou muito pouco, na estreita faixa de 18% a 21%, entre 1875 e 1906, mas despencou subitamente para cerca de 11% em 1910-13. Isso é difícil de explicar, e não está nada claro que uma recessão em 1908 e 1909 seja suficiente para esclarecer essa divergência. Se essa queda foi real, e não um mero artifício das evidências, ela aponta para algum tipo de evento nivelador impulsionado por um choque. As tendências da Suécia assemelham-se às da Noruega, com uma queda na participação do 1% mais rico na renda, baixando de 27% em 1903 para 20-21% de 1907 a 1912. Entretanto, a desigualdade salarial aumentou de 1870 a 1914 e, diferentemente do que se deu na Dinamarca e na Noruega, a concentração da riqueza teve um ligeiro aumento entre 1800 e 1910.[32]

A desigualdade cresceu, apenas com breves pausas, durante talvez um quarto de milênio, no que veio a se transformar nos Estados Unidos da América (Figura 3.5). As tendências durante o período colonial foram mal documentadas; mesmo assim, é provável que a expansão da escravatura tenha aumentado a desigualdade de renda e riqueza no fim do século XVII e durante boa parte do século XVIII. A Guerra da Independência e suas consequências imediatas levaram a uma compressão temporária, à medida que as hostilidades foram destruindo o capital, que o serviço militar e as baixas, bem como os escravos fugidos, diminuíram a oferta de mão de obra, que o comércio internacional sofreu perturbações e que as elites urbanas foram duramente atingidas, num nível desproporcional, por esses deslocamentos. Os legalistas ricos foram embora, outros acabaram empobrecidos, e diminuíram as defasagens entre os salários urbanos e rurais, assim como entre os dos colarinhos-brancos e os dos trabalhadores urbanos não qualificados. Entre 1800 e 1860, o rápido crescimento da força de trabalho, o progresso tecnológico que favoreceu a indústria e as cidades e o aperfeiçoamento das instituições financeiras elevaram a desigualdade a níveis sem precedentes. Em 1860, o coeficiente de Gini de renda do país inteiro chegou a 0,51, subindo 0,44 em 1774 e 0,49 em 1850, e o "1%" recebeu um décimo da renda total, subindo 8,5% em 1774 e 9,2% em 1850. Em geral, os estados escravagistas registraram níveis ainda mais altos de desigualdade. A concentração enormemente aumentada dos imóveis nas mãos dos norte-americanos mais ricos, assim como o aumento maciço das disparidades nos vencimentos dos trabalhadores, contribuiu para esse fenômeno: a participação na riqueza do 1% das famílias mais ricas mais do que duplicou, passando de cerca de 14% em 1774 para 32% em 1860, enquanto os coeficientes de Gini dos rendimentos dispararam de 0,39 para 0,47.[33]

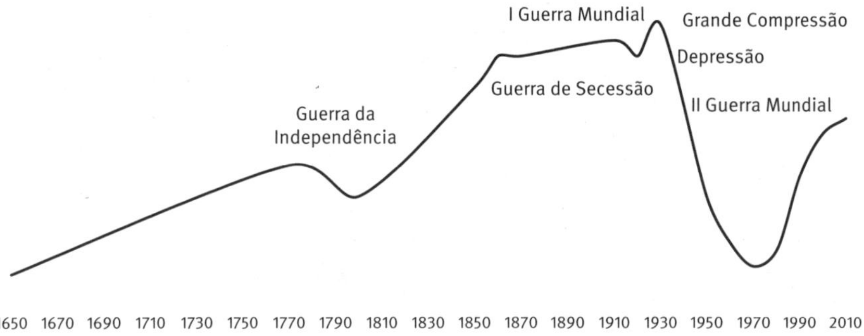

FIGURA 3.5 Tendências da desigualdade nos Estados Unidos a longo prazo

Como mostrarei com mais detalhes no capítulo 6, a Guerra de Secessão arrasou fortunas no Sul, mas promoveu ainda mais desigualdade no Norte – duas tendências regionais opostas que deixaram as medidas nacionais basicamente inalteradas. A desigualação continuou, em seguida, até o começo do século XX: a participação do 1% mais rico na renda quase dobrou, de cerca de 10% em 1870 para cerca de 18% em 1913, e aumentaram as remunerações com base na qualificação. A urbanização, a industrialização e a imigração maciça de trabalhadores não qualificados foram responsáveis por essa tendência. Toda uma série de índices da participação da camada superior na riqueza também mostra uma elevação constante de 1640 a 1890, ou até 1930. Segundo uma das medidas, entre 1810 e 1910, a parcela de todos os bens pertencentes ao 1% mais rico das famílias norte-americanas quase duplicou, passando de 25% para 46%. A concentração da riqueza foi mais pronunciada bem no alto: enquanto, em 1790, a maior fortuna registrada no país havia igualado 25 mil vezes o salário médio anual do trabalhador, John D. Rockefeller possuía 2,6 milhões de vezes esse equivalente salarial em 1912, num aumento relativo de duas ordens de grandeza.[34]

Já mencionei o longo aumento secular da desigualdade, nas economias latino-americanas, que conduziu à época das guerras mundiais. À medida que as exportações de produtos básicos enriqueceram as elites regionais, a concentração de renda teve uma subida vertiginosa: uma estimativa para o Cone Sul da América do Sul – Argentina, Brasil, Chile e Uruguai – postula uma elevação geral do Gini da renda de 0,575 em 1870 para 0,653 em 1920, ao passo que uma análise alternativa lida com uma subida mais drástica, de 0,296 em 1870 para 0,475 em 1929, se bem que em valores ponderados pela população. Embora os números sejam sumamente incertos, a direção geral da tendência parece bastante clara. O Japão é um caso mais idiossincrático. A valorização do trabalho qualificado parece ter declinado durante o período Tokugawa, e os níveis de desigualdade estavam bem reduzidos quando terminou o isolamento do país, na década de 1850. A incapacidade anterior das elites mercantis de assegurar lucros no comércio internacional pode ter sido uma razão disso. Ademais, conforme a produtividade agrícola melhorou e o setor não agrícola se expandiu durante o isolamento, o fato de os impostos serem estipulados com base em suposições fixas sobre a produção impediu que os "trezentos senhores feudais", que possuíam grandes domínios, captassem o excedente agrícola em expansão e fez com que sua participação nas receitas globais caísse. Foram necessárias a abertura do Japão para a economia global e sua industrialização posterior para que a desigualdade fosse empurrada para níveis cada vez mais altos.[35]

No cômputo geral, as tendências nacionais durante os cem anos que levaram ao período das guerras mundiais são mais ou menos tão claras quanto poderíamos esperar, num período que produziu o que deve afigurar-se, pelos padrões atuais, como volumes de dados relativamente modestos, de qualidade e consistência amiúde limitadas. Num período extenso de tempo, até 1914, que vai de várias décadas a mais de um século, conforme os dados disponíveis sobre países individuais, a desigualdade quase sempre aumentou ou se manteve estável. Na Inglaterra, a desigualdade de renda já era tão grande no início do século XIX que provavelmente não poderia ter aumentado muito mais, embora a concentração de riqueza, também considerável, tenha de fato continuado a disparar para níveis sem precedentes. Enquanto a Holanda, outro país precocemente desigual – e talvez a Itália –, conheceu a estabilidade, surgiram disparidades de riqueza na França, na Espanha e, em sua maior parte, na Alemanha, assim como nos Estados Unidos, nos países latino-americanos com documentação adequada e no Japão. Numa leitura conservadora do histórico, os países nórdicos também parecem haver experimentado uma desigualdade bastante estável na maior parte desse período, exceto por certo grau de desconcentração da riqueza entre os ricos, no século XIX, e por uma ou outra queda repentina e mal explicada na participação dos mais ricos na renda, apenas alguns anos antes da eclosão da Primeira Guerra Mundial. Entre o fim do século XVIII ou início do século XIX e a Primeira Guerra Mundial, a participação do 1% superior na riqueza aumentou em seis dos oito países sobre os quais dispomos de dados: Grã-Bretanha, França, Holanda, Suécia, Finlândia e Estados Unidos.

Ao mesmo tempo, as compressões adequadamente documentadas da desigualdade foram raras: depois dos choques moderadamente igualadores das revoluções norte-americana, francesa e latino-americana do fim do século XVIII e começo do século XIX, a Guerra de Secessão norte-americana foi o único evento conhecido a reduzir a concentração de riqueza de uma região. Afora esses casos esporádicos de nivelação invariavelmente violenta, a desigualdade foi quase sempre mantida em níveis altos, ou cresceu ainda mais. *Grosso modo*, isso se deu independentemente de os países se haverem industrializado mais cedo ou mais tarde, ou de ainda não se terem industrializado, de a terra ser escassa ou abundante, e de como se configuravam os sistemas políticos. O progresso tecnológico, o desenvolvimento econômico, a crescente globalização dos fluxos de bens e capital e o fortalecimento contínuo dos Estados, aliados a um século de condições incomumente pacíficas, criaram um ambiente que protegeu a propriedade privada e beneficiou os investidores de capital. Na Europa, isso permitiu que a longa ascensão secular da desigualdade que havia se iniciado com o declínio da Peste Negra, perto do fim da Idade Média, continuasse durante mais de quatro séculos. Outras partes do globo podem ter assistido a fases menos prolongadas de desigualação, mas vinham alcançando sistematicamente o mesmo nível.[36]

No fim do capítulo 14, exploro as respostas possíveis à questão de saber se o mundo estava prestes a ingressar numa era de má distribuição ainda mais extrema da renda e da riqueza. Mas é claro que não foi isso que aconteceu.

Pouco antes das onze horas da manhã de 28 de junho de 1914, um servo-bósnio de dezenove anos alvejou e matou a tiros o arquiduque austríaco Francisco Ferdinando e sua mulher, Sofia, quando os dois transitavam num carro com a capota arriada pelas ruas de Sarajevo. Ao lhe perguntarem se estava muito ferido, o príncipe herdeiro agonizante, com a voz cada vez mais baixa, respondeu *"es ist nichts"* – "não é nada". Estava enganado.

Trinta e seis anos e mais de 100 milhões de mortes violentas depois, grande parte da Europa e do Leste Asiático tinha sido repetidamente destroçada, e comunistas perpetradores de assassinatos em massa governavam um terço da população mundial. Entre 1914 e 1945 (ou nos anos mais próximos que foram registrados), a participação do "1%" na renda encolheu dois terços no Japão, mais de metade na França, na Dinamarca, na Suécia e, provavelmente, também no Reino Unido, metade na Finlândia e mais de um terço na Alemanha, na Holanda e nos Estados Unidos. A desigualdade também diminuiu muito na Rússia e em suas possessões imperiais, assim como na China, na Coreia e em Taiwan. A concentração da riqueza nas mãos da elite, embora mais resiliente fora dos cenários revolucionários e, por conseguinte, de redução mais lenta, em geral seguiu o mesmo padrão. Na Europa Ocidental, a proporção entre o estoque de capital e o PIB anual despencou cerca de dois terços entre 1910 e 1950 e talvez 50% no mundo inteiro, num reequilíbrio que reduziu enormemente a proeminência econômica dos investidores ricos. Dois dos quatro cavaleiros da nivelação violenta – a guerra com mobilização em massa e a revolução transformadora – tinham sido desatrelados, com consequências devastadoras. Pela primeira vez desde a Peste Negra, e talvez em escala ímpar desde a queda do Império Romano do Ocidente, o acesso aos recursos materiais passou a ser distribuído de maneira muito mais equânime – e, singularmente, em grandes partes do globo. Depois de esgotada essa "Grande Compressão", comumente nas décadas de 1970 e 1980, a desigualdade efetiva, tanto no mundo desenvolvido quanto nos mais populosos países em desenvolvimento da Ásia, havia despencado para profundezas desconhecidas desde a transição para o sedentarismo e a domesticação dos alimentos, milhares de anos antes. Os capítulos seguintes nos dirão por quê.[37]

PARTE II

Guerra

4. Guerra total

"A situação de guerra não evoluiu, necessariamente, em benefício do Japão": A guerra total como equalizador total

O Japão foi, em certa época, um dos países mais desiguais do mundo. Em 1938, o "1%" do país recebeu 19,9% de toda a renda declarada, antes da dedução de impostos e das transferências. Nos sete anos seguintes, a parcela desse grupo sofreu uma queda de dois terços, baixando para 6,4%. Mais de metade dessa perda foi sofrida pelo décimo mais rico da camada superior: sua participação na renda despencou de 9,2% para 1,9% no mesmo período, um declínio de quase 80% (Figura 4.1).

Por mais rápidas e maciças que tenham sido essas mudanças na distribuição da renda, elas se apequenam na comparação com a destruição ainda mais dramática da riqueza da elite. O valor real declarado do 1% com os maiores patrimônios do Japão despencou 90% entre 1936 e 1945 e quase 97% entre 1936 e 1949. O 0,1% com os maiores de todos os patrimônios perdeu ainda mais: 93% e mais de 98%, respectivamente. Em termos reais, o volume de riqueza necessário para incluir uma unidade familiar no 0,01% mais rico (ou um em 10 mil), em 1949, só a incluiria nos 5% superiores em 1936. As fortunas haviam diminuído tanto que o que antes fora considerado modesta riqueza ficou então fora do alcance de todos, salvo uma pequena minoria. As séries descontínuas de dados tornam a redução global da desigualdade japonesa mais difícil de levantar com precisão; todavia, considerando que elas sugerem uma queda do Gini da renda nacional de um ponto qualquer entre 0,45 e 0,65, no fim da década de 1930, para cerca de 0,3 em meados dos anos 1950, a tendência descendente é inequívoca e reforça a impressão de nivelamento maciço transmitida pela contração das parcelas de renda e riqueza do topo da distribuição.[1]

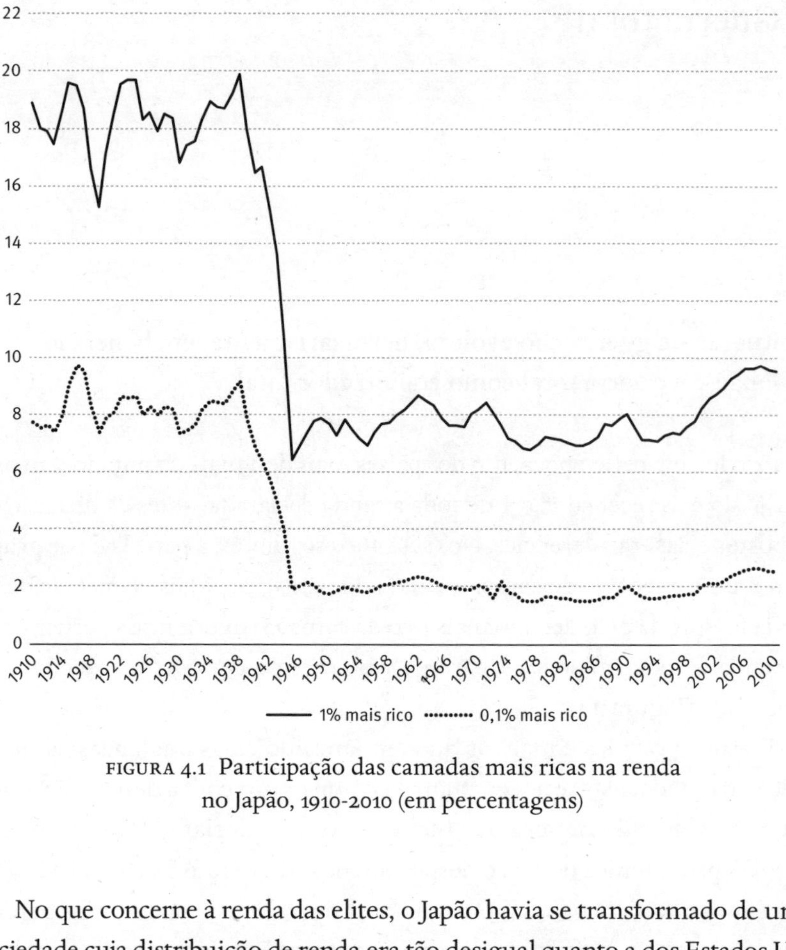

FIGURA 4.1 Participação das camadas mais ricas na renda no Japão, 1910-2010 (em percentagens)

No que concerne à renda das elites, o Japão havia se transformado de uma sociedade cuja distribuição de renda era tão desigual quanto a dos Estados Unidos às vésperas da quebra do mercado de ações, em 1929 – um ponto culminante do "1%" –, numa sociedade semelhante à Dinamarca de hoje, o país desenvolvido com maior igualdade no mundo atual, em termos das participações do topo da distribuição de renda. E a riqueza das elites fora predominantemente eliminada: somente Lênin, Mao ou Pol Pot teriam conseguido fazer um trabalho mais completo (ver capítulo 7). Mas o Japão não havia atingido o ideal de "chegar à Dinamarca" nem fora dominado por comunistas desvairados. O que tinha feito, em vez disso, fora entrar na Segunda Guerra Mundial – ou, dependendo da definição de cada um, iniciá-la –, primeiro tentando estabelecer o controle da China, depois estabelecendo um império colonial que ia da Birmânia, a oeste, aos atóis da Micronésia, a leste, e das Aleutas, no norte do Círculo Ártico, até as ilhas Salomão, ao sul do equador. No auge de seu poder, ele controlava mais ou menos tantas almas quanto o Império Britânico na época – perto de meio bilhão de pessoas, ou um quinto da população mundial.[2]

Para sustentar essa aventura extravagante, as forças armadas japonesas haviam multiplicado mais de vinte vezes o seu tamanho, passando de 250 mil soldados, em meados da década de 1930, para mais de 5 milhões no verão de 1945, ou um em cada sete homens japoneses de qualquer faixa etária. A produção de armamentos teve um súbito aumento na mesma escala. No fim da guerra, cerca de 2,5 milhões de soldados japoneses haviam perecido. Durante os últimos nove meses do conflito, os bombardeiros norte-americanos fizeram chover morte e destruição sobre a nação japonesa, matando quase 700 mil civis. Apesar de todo o seu horror, as duas bombas atômicas foram meramente uma conclusão de anos de esforço, sofrimento e devastação descomunais. Quando a guerra total terminou na derrota total, o Japão foi ocupado por centenas de milhares de soldados norte-americanos e submetido a reformas institucionais invasivas, concebidas para extinguir futuras ambições imperialistas.

Esses desdobramentos dramáticos não fizeram simplesmente fornecer o contexto em que ocorreu um grau excepcional de nivelamento: foram a única causa desse processo. A guerra total comprimiu a desigualdade numa escala sem precedentes. E, como estudos recentes deixaram abundantemente claro, esse resultado não se limitou ao Japão, de modo algum. Outros grandes participantes da Segunda Guerra Mundial – e da Primeira Guerra Mundial, antes dela – passaram por transformações semelhantes, embora nem sempre tão extremadas. O mesmo se deu com vários espectadores próximos. A guerra com mobilização em massa serviu como um dos dois meios principais de nivelamento no século XX. A revolução transformadora – comunista – foi o outro; no entanto, na medida em que essas revoluções foram impulsionadas pelas guerras mundiais, a guerra total foi a causa última. Voltando à minha analogia dos Quatro Cavaleiros, a guerra e a revolução foram como que irmãs gêmeas, atacando lado a lado.

O Japão nos fornece um exemplo clássico de nivelamento promovido pela guerra. Por conseguinte, no texto que se segue, entro em alguns detalhes ao descrever a experiência desse país durante a guerra e a ocupação, buscando identificar os numerosos e variados fatores que conspiraram para destruir a riqueza e que comprimiram severamente a distribuição das rendas. Em seguida, ofereço uma avaliação global mais sistemática do nivelamento associado às duas guerras mundiais, tanto a curto quanto a médio prazos, examinando sucintamente as experiências de países individuais, a influência da guerra na formulação posterior das políticas e grandes efeitos secundários, como a sindicalização e a democratização. Em capítulos posteriores, examinarei até onde podemos retroceder no tempo para investigar os resultados de nivelamento acarretados por guerras com mobilização em massa, os efeitos de outros tipos de guerra que foram muito mais comuns, historicamente, e, por último, os efeitos da guerra civil. Veremos que, ao longo da história humana, a violência da guerra afetou a desigualdade de maneiras muito distintas: apenas as formas de base mais ampla da atividade militar foram capazes de reduzir a defasagem entre ricos e pobres.

A DESIGUALDADE VINHA aumentando no Japão desde que o país se abrira para o mundo, no fim da década de 1850. Tratava-se de um desvio marcante da situação anterior. Dados provinciais do fim do xogunato sugerem que os níveis de desigualdade de renda pessoal e de pobreza tinham sido relativamente baixos, pelos padrões internacionais contemporâneos. Não há indicação de que a desigualdade salarial se houvesse ampliado durante o período Tokugawa: ao contrário, há evidência de que o diferencial de remuneração por qualificação (*skill premium*), ou bônus salarial, declinou gradualmente a partir de meados do século XVI até meados do XIX, medido em salários urbanos pagos em arroz. Caso seja verdade, isso apontaria para uma queda da desigualdade de renda entre os trabalhadores. A defasagem entre a elite e o homem comum talvez também estivesse diminuindo. Nas etapas posteriores desse período, os senhores feudais locais viram-se em desvantagem na luta pelo controle do superávit crescente: cerceados por alíquotas tributárias agrícolas estáticas, eles vinham perdendo para os comerciantes e os agricultores. À medida que o volume do comércio internacional sofreu uma enorme diminuição, no século XVIII e início do XIX, as elites, em termos mais gerais, puderam obter lucros em atividades comerciais, o que também ajudou a conter a desigualdade.[3]

Tudo isso mudou quando o Japão se juntou à economia mundial e passou por uma rápida industrialização. Embora persista a escassez de números fidedignos, acredita-se que o coeficiente de Gini da renda nacional e as participações dos mais ricos na renda tenham aumentado a partir de meados do século XIX. A industrialização se acelerou, na esteira da Guerra Russo-Japonesa de 1904 a 1905. O maior comércio com a Europa sustentou o crescimento liderado pelas exportações, apesar de a inflação dos preços reduzir os salários reais. A participação nos lucros, entre as grandes empresas, elevou-se em resposta à Primeira Guerra Mundial, e o crescimento da renda começou a superar o crescimento salarial. A desigualdade aumentou em consonância com isso, durante o entreguerras. Na década de 1930, a elite abastada estava em ótima situação: latifundiários, acionistas e executivos de empresas extraíam grandes lucros do desenvolvimento econômico. A posse de ações era altamente concentrada e lucrativa, graças aos dividendos generosos. Muitas vezes, os executivos eram também grandes acionistas e recebiam altos salários e bonificações. Os impostos reduzidos protegiam sua renda e facilitavam a acumulação contínua de riqueza.[4]

O ataque japonês à China, em julho de 1937, deu um fim súbito a esses arranjos cômodos. À medida que a campanha inicial se ampliou numa invasão do país mais populoso do mundo, sem limite de duração, o Japão foi forçado a comprometer recursos cada vez maiores com suas forças armadas. Após sua ocupação gradual da Indochina francesa, a partir de setembro de 1940, o pleno ataque japonês aos Estados Unidos, ao Reino Unido, às Índias Orientais Holandesas, à Austrália e à Nova Zelândia, em dezembro de 1941, aumentou ainda mais a aposta. Nos primeiros seis meses da Guerra do Pacífico, as forças japonesas operaram numa vasta área, que ia das ilhas havaianas e do Alasca até o Sri Lanka e a Austrália. Em 1945, bem mais de 8 milhões de homens japoneses, quase um quarto de toda a população masculina do país, acabaram servindo nas forças armadas. A produção de armamentos aumentou 21 vezes, em termos reais, entre 1936 e 1944, e os gastos do governo mais do que duplicaram entre 1937 e 1941 e triplicaram no correr dos quatro anos seguintes.[5]

Esse esforço extraordinário de mobilização surtiu um efeito significativo na economia. Durante os anos de guerra, a regulamentação governamental, a inflação e a destruição física achataram a distribuição da renda e da riqueza. O primeiro desses três mecanismos foi o mais importante. A intervenção estatal foi aos poucos criando uma economia planejada, que preservava apenas a fachada do capitalismo de livre mercado. O que começara como medidas de emergência expandiu-se e foi institucionalizado ao longo do tempo. A economia dirigida da Manchúria, sob ocupação militar japonesa desde 1932, forneceu o modelo. Na primavera de 1938, a Lei de Mobilização Nacional Geral deu ao governo amplos poderes para pressionar a economia japonesa a ficar a serviço do esforço de guerra (que não tardou a escalar para a guerra total, *kokka sôryokusen*): capacidade de contratar e demitir, de determinar as condições de trabalho, produzir, distribuir, transportar e estipular os preços dos produtos, e resolver as disputas trabalhistas. Em 1939, a Lei de Controle de Dividendos Empresariais e Circulação de Capital restringiu os aumentos de dividendos. O valor dos arrendamentos rurais e alguns preços foram congelados, enquanto os salários e o preço da terra começaram a ser regulados. As bonificações dos executivos passaram a ter um valor limite em 1940, e, no ano seguinte, a renda de aluguéis foi fixada pelas autoridades. O imposto de renda de pessoas físicas e jurídicas aumentou em quase todos os anos – em 1937, 1938, 1940, 1942, 1944 e 1945. A alíquota marginal superior do imposto de renda dobrou entre 1935 e 1943. O governo interveio nos mercados de títulos e valores para promover títulos de guerra, à custa das ações e outros papéis das empresas, que então passaram a gerar baixos rendimentos. A inflação substancial dos preços, somada aos preços fixos de aluguéis urbanos e rurais, reduziu o valor de títulos, depósitos e bens imobiliários.

Com o início da Guerra do Pacífico, o Estado requisitou todos os navios particulares com mais de cem toneladas de deslocamento, poucos dos quais viriam a retornar: quatro em cada cinco navios mercantes foram perdidos na guerra. Nos termos da Lei das Empresas de Munição, de 1943, as companhias oficialmente nomeadas como produtoras de munição foram obrigadas a nomear supervisores de produção que recebiam ordens diretamente do governo, o qual determinava os investimentos em equipamento, o gerenciamento do trabalho e a alocação de capital; os lucros e dividendos eram estipulados pelo Estado. A partir de 1943, o governo implementou uma mudança abrangente para a produção de armamentos: as promessas mal fundamentadas de compensações futuras foram o único incentivo. Em 1944, o Estado assumiu novos poderes e algumas empresas foram nacionalizadas. Uma pesquisa listou cerca de setenta controles econômicos diferentes criados entre 1937 e 1945 – uma vasta gama de medidas que incluíram racionamento, controle de capital, dos salários, dos preços e dos arrendamentos de terra.[6]

O sistema *zaibatsu* de conglomerados empresariais, rigidamente controlados por um punhado de famílias ricas, começou a enfraquecer. Como a poupança empresarial e os investimentos dos ricos revelaram-se insuficientes para levantar o capital necessário para a expansão industrial de guerra, foi preciso tomar empréstimos fora desses círculos anteriormente fechados, e o Banco Industrial do Japão reduziu a participação de instituições financeiras privadas no mercado. Embora os grandes acionistas costumassem ocupar altos cargos executivos, o aumento da capitalização e dos empréstimos externos começou a cortar os laços estreitos que havia entre a posse e a administração, com consequências negativas para a acumulação de riqueza. Em termos mais gerais, as pressões de guerra deram origem à ideia inédita de que uma empresa não deveria ser propriedade exclusiva dos acionistas, e sim uma organização comunitária que envolvesse todos os membros da comunidade. Essa doutrina estimulou a separação entre a posse e a gestão e deu mais direitos aos trabalhadores, inclusive a participação nos lucros.[7]

Uma série de intervenções durante a guerra prenunciou a ampla reforma agrária realizada sob a ocupação norte-americana. Antes da guerra, os proprietários de terra – quase todos de posses modestas – eram donos de metade de todas as terras cultiváveis, e um terço de todos os agricultores trabalhava como seus arrendatários. A pobreza rural havia desencadeado disputas e conflitos durante o entreguerras, mas as tentativas de reforma haviam permanecido tíbias, na melhor das hipóteses. Isso mudou com a Lei de Ajuste das Terras Aráveis, de 1938, que impeliu os proprietários a vender as terras arrendadas e permitiu a compra compulsória de terras não cultivadas. Em 1939, a Lei de Controle do Arrendamento de Terras congelou os valores de arrendamento nos níveis vigentes e deu ao governo o direito de ordenar reduções nesses valores. A Lei de Controle de Preços da Terra, de 1941, fixou esses preços em valores de 1939, e a Lei de Controle da Terra, do mesmo ano, deu ao governo o poder de decidir quais culturas deveriam ser plantadas. Com a Lei de Controle dos Alimentos, de 1942, as autoridades começaram a determinar o preço dos gêneros alimentícios de primeira necessidade. Todo o arroz que ultrapassasse a quantidade necessária para o consumo pessoal tinha que ser vendido ao Estado, e todos os rendimentos da terra que ultrapassassem as necessidades pessoais tinham que ser transferidos para o Tesouro. Concederam-se subsídios crescentes aos plantadores de arroz, a fim de estimular a produção, na falta do incentivo dos preços. Isso permitiu que a renda dos produtores primários acompanhasse a inflação, enquanto a renda dos proprietários da terra era desgastada – uma divergência que produziu um considerável nivelamento na zona rural. O valor real dos arrendamentos caiu 80% entre 1941 e 1945 e baixou dos 4,4% da renda nacional em meados dos anos 1930 para 0,3% em 1946. Os resultados, para os proprietários, poderiam ter sido ainda piores, uma vez que circularam várias propostas de confisco, embora nunca tenham sido implementadas.[8]

Os trabalhadores se beneficiaram não apenas do controle de aluguéis, de subsídios estatais e da crescente intervenção governamental na gestão dos negócios, mas também de uma expansão dos dispositivos de bem-estar social criados por preocupação com a condição física dos recrutas e trabalhadores e com o objetivo expresso de reduzir a ansiedade entre os cidadãos. Em 1938, criou-se um Ministério do Bem-Estar Social que, de imediato, tornou-se uma grande força motriz por trás das políticas sociais. Seus encarregados originaram sistemas de seguro de saúde parcialmente financiados pelo Estado, que foram amplamente expandidos a partir de 1941, como também aconteceu com a assistência à pobreza. Vários sistemas públicos de pensão visaram ao controle do consumo, e os primeiros projetos sociais de habitação foram lançados em 1941.[9]

A segunda força niveladora, a inflação, acelerou-se durante a guerra. Os preços ao consumidor subiram 235% entre 1937 e 1944 e, só de 1944 a 1945, deram mais um salto de 360%. Isso reduziu drasticamente o valor dos títulos da dívida pública e dos depósitos bancários, ao mesmo tempo que os controles sobre o arrendamento devoraram a renda real dos proprietários de terras.[10]

Diversamente do ocorrido nos teatros de guerra europeus, o terceiro fator, a destruição física do capital no Japão propriamente dito, só se tornou atuante nas últimas fases da guerra, embora a navegação comercial já tivesse começado a ser atingida muito antes disso. Em setembro de 1945, um quarto do estoque de capital físico do país tinha sido eliminado. O Japão perdeu 80% de seus navios mercantes, 25% de todas as construções, 21% do mobiliário residencial e dos pertences de uso pessoal, 34% do equipamento industrial e 24% dos produtos acabados. O número de fábricas em funcionamento e o tamanho da força de trabalho empregada por elas reduziram-se a quase metade, no último ano da guerra. Os estragos variaram muito conforme o setor industrial: embora os prejuízos tenham sido mínimos na metalurgia, 10% do setor têxtil, 25% da produção de máquinas e 30% a 50% da indústria química desapareceram. A grande maioria dessas perdas foi diretamente causada pelos ataques aéreos. Segundo a Pesquisa de Bombardeios Estratégicos dos Estados Unidos feito em 1946, os aliados lançaram 160.800 toneladas de bombas no Japão – menos de um oitavo do volume despejado sobre a Alemanha, porém com maior sucesso contra alvos menos protegidos. O lançamento de bombas incendiárias sobre Tóquio, na noite de 9 para 10 de março de 1945, o qual, mesmo com base em estimativas conservadoras, matou quase 100 mil habitantes e destruiu mais de 250 mil edifícios e casas, numa área de pouco mais de quarenta quilômetros quadrados, foi apenas um dos episódios significativos; o mesmo podemos dizer da aniquilação de Hiroshima e Nagasaki, cinco meses depois. Os compiladores dessa pesquisa estimaram que aproximadamente 40% da área construída de 66 cidades bombardeadas foram destruídos, e cerca de 30% de toda a população urbana do país perdeu suas casas. Entretanto, apesar dos prejuízos que isso causou aos proprietários de imóveis e aos investidores, o efeito geral não deve ser superestimado. Graças à expansão agressiva das indústrias pesada e química durante a guerra, o volume de equipamentos de produção que sobreviveu ao conflito em 1945 ultrapassou o que estivera disponível em 1937. E, com a exceção das embarcações navais, a destruição física foi largamente reduzida nos últimos nove meses da guerra, bem depois que a participação dos detentores de alta renda e grandes fortunas na economia havia entrado em queda livre (ver Figura 4.1). Os bombardeios aliados apenas aceleraram uma tendência em vigor.[11]

Os ganhos de capital quase desapareceram durante os anos de guerra: a participação da renda de aluguéis e juros na renda nacional total caiu de um sexto, em meados da década de 1930, para apenas 3% em 1946. Em 1938, a renda conjunta de dividendos, juros e aluguéis representava cerca de um terço da renda do "1%" superior, com o restante dividido entre a renda de empresas e do trabalho. Em 1945, a participação na renda do capital havia caído para menos de um oitavo e a dos salários, para um décimo; a renda de empresas foi a única fonte de receitas significativas que restou para os (ex-) ricos. Em termos absolutos e relativos, os dividendos e salários, que tinham sido submetidos a controles governamentais cada vez mais rígidos, foram os mais duramente atingidos. Os rentistas e os executivos de salários altíssimos foram praticamente arruinados como classe. Esse declínio foi de uma severidade desproporcional entre as camadas superiores do "1%".

Ao mesmo tempo, ele não foi acompanhado por nenhuma compressão comparável entre os grupos seguintes de maior renda. A participação da renda das famílias entre o 95º e o 99º percentis (o grupo dos 4% mais ricos abaixo do "1%" superior) praticamente não diminuiu durante a guerra e, depois dela, estabilizou-se, durante um longo período, mais ou menos no mesmo nível do início do século XX, em cerca de 12% a 14% da renda nacional. Apesar de quase todos haverem sofrido prejuízos, só os japoneses mais ricos também saíram perdendo em termos relativos: enquanto, antes da Segunda Guerra Mundial, o "1%" mais rico havia captado, sistematicamente, cerca de metade da renda conjunta dos 4% seguintes, depois de 1945 eles nunca mais auferiram mais de metade da renda desse grupo. Assim, a perda total de participação na renda do "1%" superior traduziu-se num ganho de participação dos 95% da população abaixo dessa elite, cuja participação na renda nacional aumentou 20%, passando de 68,2% em 1938 para 81,5% em 1947. Isso representou uma mudança verdadeiramente espetacular, que elevou a participação na renda dos 95% de um nível comparável ao dos Estados Unidos em 2009 para um nível equivalente ao da Suécia na atualidade – no curso de menos de uma década.[12]

"O futuro não mais será decidido por uma minoria": O nivelamento reforçado e consolidado

Mas o que aconteceu durante a guerra em si foi apenas parte do processo de nivelamento. O Japão pode ter se singularizado entre os principais beligerantes, no sentido de que *toda* a compressão observada na renda líquida, desde os últimos anos da década de 1930, ocorreu durante a Segunda Guerra Mundial, e não sobretudo durante e, em menor grau, depois do conflito, como se deu comumente noutros lugares (ver Tabela 5.2, mais adiante neste volume). No entanto, tal como nesses outros países, a desconcentração da renda e da riqueza a longo prazo foi moldada pelo caráter equalizador das políticas do pós-guerra. No caso japonês, pode-se mostrar que todas essas políticas foram um resultado direto da guerra. Quando o imperador Hirohito reconheceu, em 15 de agosto de 1945, que "a situação da guerra não evoluiu, necessariamente, em benefício do Japão", e que era chegada a hora de "arcar com o insuportável" – a capitulação incondicional e a ocupação pelas forças aliadas –, a economia japonesa estava aniquilada. A falta de matérias-primas e combustível tinha levado a produção ao colapso. Em 1946, o PIB real era 45% inferior ao que tinha sido em 1937 e o volume de importações correspondia a um oitavo do de 1935, em termos reais. À medida que a economia se recuperou, todo um leque de políticas e efeitos ligados à guerra serviu para manter a compressão da renda que havia ocorrido durante o conflito e para achatar ainda mais a distribuição de riqueza.[13]

A hiperinflação começou tão logo a guerra chegou ao fim. Depois de se multiplicar por catorze entre 1937 e 1945, o índice de preços ao consumidor disparou muito mais depressa entre 1945 e 1948. Embora os índices registrados variem, uma das medidas indica que os preços ao consumidor em 1948 eram 18.000% mais altos do que tinham sido na época em que o Japão invadiu a China. O pouco que havia restado de renda do capital fixo evaporou-se.[14]

As empresas e os proprietários de terras tornaram-se alvo de uma reestruturação agressiva. As três metas principais do governo de ocupação norte-americano eram a dissolução dos *zaibatsus*, a democratização do trabalho e a reforma agrária, medidas que deveriam ser implementadas em conjunto com uma tributação punitivamente progressiva. O objetivo supremo era eliminar não apenas a capacidade material para a guerra, mas também as fontes percebidas de agressão imperialista. As reformas econômicas faziam parte de um leque mais amplo de mudanças democratizantes fundamentais, concebidas para reformular as instituições japonesas: uma nova Constituição, o voto feminino e uma profunda revisão do sistema judiciário e policial, para citar apenas algumas. Tudo isso foi implementado como consequência direta da guerra que acabara resultando na ocupação estrangeira.[15]

As intervenções na economia buscavam explicitamente o nivelamento como um meio para alcançar os resultados desejados. A "Diretriz Básica" das autoridades de ocupação norte-americanas, intitulada "Democratização das Instituições Econômicas Japonesas", exortava à promoção de uma "ampla distribuição da renda e da propriedade dos meios de produção e comércio". Com vistas à criação de um Estado de bem-estar social, as metas da política de ocupação associavam-se estreitamente às do New Deal. Em 1943 e 1945, pesquisadores norte-americanos avaliaram que a baixa distribuição da riqueza para os operários da indústria japonesa e os agricultores havia restringido o consumo interno e impulsionado o expansionismo econômico no exterior. Agora, isso deveria ser resolvido pela reorganização do trabalho, com salários maiores, que viessem a promover o consumo interno e a facilitar a desmilitarização. A democratização e o nivelamento econômicos não eram fins em si: a meta subjacente da política era combater o militarismo, reestruturando as características da economia que pudessem ser conducentes à agressão no exterior. Mais uma vez, em última análise, a guerra e suas consequências foram responsáveis por essas mudanças.[16]

As forças de ocupação brandiram a arma da tributação com mão pesada. Entre 1946 e 1951, um imposto progressivo e abrangente sobre bens imóveis foi cobrado sobre o valor líquido dos ativos, com um baixo nível de isenção e uma taxa marginal máxima de 90%. Aplicado aos ativos, e não à renda ou apenas ao patrimônio, esse tributo era de natureza claramente confiscatória. Do ponto de vista norte-americano, ele visava redistribuir a propriedade privada e transferir os recursos apurados para as classes mais desfavorecidas, a fim de reforçar seu poder aquisitivo. No início, ele abrangeu um em cada oito domicílios e acabou transferindo 70% da propriedade das 5 mil famílias mais ricas para o Estado, além de um terço dos bens de todos os que estavam sujeitos ao pagamento do imposto. Esse tributo visou especificamente aos ricos, num momento em que a carga tributária em geral era razoavelmente baixa. A redistribuição, e não a maximização da receita, foi o princípio governante. Também em 1946, muitos depósitos bancários foram congelados e posteriormente desgastados pela inflação, e os que estavam acima de determinado patamar foram eliminados dois anos depois.[17]

As autoridades de ocupação não viam com bons olhos os *zaibatsus*, conglomerados empresariais familiares que elas consideravam terem fortes laços com a liderança militarista dos anos da guerra e que, de modo mais geral, viam como uma força que perpetuava relações semifeudais entre a gerência e os trabalhadores, o que rebaixava os salários dos empregados e ajudava os capitalistas a acumular lucros gigantescos. Os maiores *zaibatsus* foram dissolvidos, o que desarticulou seu controle sobre a economia do país. (Os planos mais ambiciosos para a reorganização de centenas de empresas foram vítimas de mudanças introduzidas nas políticas pela Guerra Fria.) As famílias dos *zaibatsus* foram forçadas a vender 42% de toda a sua participação acionária, o que resultou num enorme declínio na proporção de ações pertencentes às empresas. Num expurgo nacional da alta administração, em 1947, cerca de 2.200 executivos de 632 empresas foram demitidos ou optaram por se aposentar, prevendo que seriam afastados. Assim, o sistema anterior de controle fechado das empresas por capitalistas foi desmantelado. A mensagem de Ano-Novo proferida em 1948 pelo general MacArthur declarou que

> a política dos Aliados exigiu a desmontagem do sistema que, no passado, permitiu que a maior parte do comércio, da indústria e dos recursos naturais do seu país pertencesse e fosse controlada por uma minoria de famílias feudais, e explorada em exclusivo benefício das mesmas.[18]

Os planos iniciais de intervenção foram muito rígidos. Em 1945 e 1946, o governo de ocupação avaliou planos de eliminar equipamentos fabris e de geração de energia, a fim de manter o padrão de vida nos níveis do fim da década de 1920 e início da de 1930 e de absorver tudo que ficasse acima desse patamar como reparação de guerra. Embora essa política tenha mudado rapidamente, em resposta às novas realidades da Guerra Fria, muitas medidas invasivas foram efetivamente implementadas. As fábricas de armamentos e empresas correlatas foram confiscadas, a título de reparação. Em julho de 1946, argumentando que "a guerra não é um negócio com fins lucrativos", os norte-americanos ordenaram a cessação dos pagamentos que tinham sido prometidos para compensar os prejuízos com a guerra; as reivindicações em aberto foram canceladas. Isso aumentou ainda mais a pressão sobre os balanços patrimoniais de empresas e bancos. Muitas companhias acabaram sendo liquidadas nos anos seguintes. Outras usaram fundos de reserva, capital e participação acionária, e chegaram até a transferir o ônus para credores, a fim de sobreviver.[19]

A derrota também trouxe outros prejuízos. A década de 1930 havia assistido a um fluxo considerável de capital japonês para investimento nas colônias do Japão em Taiwan, na Coreia e na Manchúria. Durante os anos de guerra, as empresas japonesas atuaram de modo mais agressivo nas colônias e territórios ocupados, inclusive na China. Nos termos do Tratado de Paz de San Francisco, de 1951, o Japão abriu mão de todos os seus ativos no exterior – a maioria dos quais já fora confiscada por vários países.[20]

O setor financeiro ficou arrasado. Em 1948, os prejuízos bancários haviam crescido tão exponencialmente que só podiam ser resolvidos pela eliminação de todos os ganhos de capital e lucros acumulados, pela redução do capital dos bancos em 90% e pela baixa de depósitos acima de determinado patamar. Os acionistas não apenas sofreram perdas enormes, como foram até proibidos de adquirir novas emissões durante os três anos seguintes. Como resultado, a renda do capital efetivamente desapareceu. Em 1948, a renda conjunta de dividendos, juros e aluguéis respondeu por não mais de 0,3% da renda do "1%" mais rico, comparada a 45,9% em 1937 e a 11,8% em 1945.[21]

A sindicalização tornou-se uma preocupação fundamental. Antes da guerra, a participação sindical tinha sido inferior a 10%, e os sindicatos existentes tinham sido desmantelados em 1940 e substituídos por patrióticas associações de operários da indústria. Essa forma de organização trabalhista foi adotada a fim de motivar a mão de obra para o esforço de guerra e forneceu um alicerce para a criação de sindicatos baseados em empresas, durante a ocupação. A Lei dos Sindicatos Trabalhistas foi redigida imediatamente após a chegada das forças norte-americanas, no outono de 1945, fundamentada em planos anteriores à guerra que haviam fracassado. Aprovada na virada do ano, ela deu aos trabalhadores o direito de se organizar, fazer greves e participar de negociações coletivas. O número de membros teve um crescimento explosivo: em 1946, 40% dos trabalhadores eram sindicalizados e quase 60% pertenciam a sindicatos em 1949. Os benefícios adicionados ao salário aumentaram, e os sistemas de seguro de saúde e pensões, criados durante a guerra, foram ampliados. Os sindicatos revelaram-se essenciais para estabelecer relações industriais cooperativas, com sua ênfase nos salários por tempo de serviço e na estabilidade no emprego – e, o que era mais importante, do ponto de vista da equalização, por fomentarem o consenso em relação a uma nova estrutura de salários, que determinava o pagamento com base na idade, na necessidade, no padrão de vida, nos preços e na inflação. Um salário mínimo de subsistência foi estipulado para os trabalhadores nos níveis de ingresso nas empresas, e era aumentado com a idade, o tempo de serviço e o tamanho da família. Os ajustes frequentes do salário mínimo, para acompanhar a inflação, reduziam as diferenças de renda, inicialmente enormes, entre os trabalhadores burocráticos e os trabalhadores do operariado.[22]

Por último, a reforma agrária foi outro grande objetivo das autoridades da ocupação: num raro acordo com os maoistas que vinham assumindo o controle da China na época, elas viam o latifúndio como um grande mal a ser erradicado. Um memorando do governo afirmou que a redistribuição de terras era essencial para conduzir o Japão por uma direção pacífica, assinalando que o Exército japonês havia convencido os lavradores pobres de que a agressão ultramarina era sua única maneira de sair da pobreza: na falta da reforma agrária, o interior do país poderia permanecer como um celeiro do militarismo. Mais uma vez, a lógica por trás da intervenção teve estreita relação com a guerra. Um projeto de reforma agrária, criado pelo Ministério da Agricultura japonês e aprovado bem no fim de 1945, foi rejeitado pelos Estados Unidos como moderado demais, e um projeto revisado transformou-se em lei em outubro de 1946. Todas as terras que pertenciam a latifundiários ausentes (definidos como os que não residiam na mesma aldeia em que se localizava a terra) ficaram sujeitas a venda compulsória, assim como todas as terras arrendadas com mais de um hectare, mantidas por latifundiários residentes. As terras cultivadas pelos donos, com área superior a três hectares, também poderiam ser incluídas nesse grupo, se fossem vistas como insuficientemente cultivadas. Os níveis de indenização, uma vez estipulados, foram rapidamente corroídos pela inflação galopante. O mesmo se aplicou aos aluguéis, que tinham de ser pagos em valores em espécie congelados nos níveis do fim de 1945 e que, consequentemente, foram aos poucos eliminados pela inflação. O declínio concomitante dos valores reais da terra não foi nada menos que dramático: entre 1939 e 1949, o preço real das terras dos arrozais em relação ao preço do arroz caiu quinhentas vezes, e caiu mais ou menos metade disso em relação ao preço dos cigarros. Um terço de todas as terras agrícolas do Japão foi coberto pela reforma e, portanto, transferido para metade das unidades familiares rurais do país. As terras arrendadas, que haviam respondido por quase metade do solo antes da guerra, caíram para 13% em 1949 e 9% em 1955, enquanto a parcela dos proprietários cultivadores na população rural mais que dobrou, passando de 31% para 70%, e os arrendatários sem terras quase desapareceram. O Gini da renda nas cidades rurais caiu de 0,5, antes da guerra, para 0,35 depois dela. Embora a reforma se houvesse baseado nas medidas e ideias japonesas da época da guerra, sua implementação nessa escala drástica foi resultado direto da ocupação. Com modéstia característica, o general

MacArthur chamou o plano de, "possivelmente, o mais bem-sucedido programa de reforma agrária da história".[23]

Os anos de guerra total e posterior ocupação, desde a invasão da China em 1937 até o Tratado de Paz de 1951, reestruturaram completamente as fontes e a distribuição da renda e da riqueza no Japão. A queda acentuada na participação dos mais ricos na renda e o colapso dramático do tamanho das grandes fortunas, assinalados no início deste capítulo, foram causados, acima de tudo, por um declínio no retorno sobre o capital, que afetou a população bem além dos muito ricos. A composição do 9% superior dos patrimônios passou por uma mudança considerável. Enquanto, em 1935, ações, títulos e depósitos haviam respondido por quase metade de todos os ativos dessa categoria, em 1950 sua participação havia caído para um sexto e as terras cultiváveis tinham declinado de quase um quarto para menos de um oitavo. A maioria dessas mudanças ocorreu durante a própria guerra: todo o declínio da participação dos mais ricos na renda e, em termos absolutos, quase o total (cerca de 93%) da queda no valor real do 1% superior dos patrimônios, entre 1936 e 1949, já se haviam concluído em 1945.[24]

Apesar disso, o período da ocupação, como decorrência direta do conflito, teve importância crucial para tornar permanentes as medidas dos tempos de guerra e para lhes dar uma base mais sólida. Como disse o general MacArthur em sua primeira mensagem de Ano-Novo ao povo do Japão, o futuro não mais seria "decidido por uma minoria". A intervenção norte-americana na economia japonesa concentrou-se na tributação, na gestão empresarial e na organização do trabalho, áreas em que a liderança de guerra já tinha infligido enormes sofrimentos financeiros à elite rica estabelecida. Assim, a guerra e os anos do pós-guerra imediato promoveram uma transição secular de uma classe rica e poderosa de acionistas, que haviam controlado a administração e exigido dividendos elevados, para um sistema empresarial mais igualitário de empregos vitalícios, salários baseados no tempo de serviço e sindicatos de empresas. Paralelamente à reestruturação dos negócios e das relações de trabalho, bem como à reforma agrária, a tributação progressiva foi um mecanismo-chave para sustentar a equalização do período da guerra. Formalizado a partir da década de 1950, o sistema tributário japonês impôs uma taxa marginal de 60% a 75% sobre as rendas mais altas e um imposto sobre heranças superior a 70% sobre as maiores fortunas. Isso ajudou a conter a desigualdade de renda e a acumulação de riqueza até a década de 1990, do mesmo modo que fortes medidas de proteção para os inquilinos deprimiram a renda dos aluguéis de imóveis e as negociações coletivas garantiram a continuidade da compressão salarial.[25]

A guerra e suas consequências tornaram o nivelamento repentino, maciço e sustentável. Os anos mais sangrentos da história japonesa, numa guerra que custou milhões de vidas e infligiu enorme destruição à pátria, produziram um efeito singularmente equalizador. Esse efeito foi possibilitado por um novo tipo de guerra, que exigia plena mobilização demográfica e econômica. A violência extrema havia achatado as desigualdades extremas de renda e riqueza na sociedade japonesa. Em sua lúgubre progressão da mobilização popular para a destruição e a ocupação, a guerra total causou um nivelamento total.

5. A Grande Compressão

"O drama da guerra de trinta anos": O grande nivelamento da desigualdade de 1914 a 1945

Até que ponto a experiência japonesa foi típica? Será que a Segunda Guerra Mundial, ou as duas guerras mundiais, mais geralmente, também produziram resultados semelhantes em outros países? A resposta curtíssima é sim. Embora cada caso seja definido por uma configuração específica de circunstâncias, o que Charles de Gaulle chamou de "o drama da guerra de trinta anos", de 1914 a 1945, resultou numa desconcentração significativa, e muitas vezes drástica, da renda e da riqueza em todo o mundo desenvolvido. A despeito de fatores alternativos ou complementares, que examino nos capítulos 12 e 13, não há dúvida de que a moderna guerra com mobilização em massa e seus elementos e consequências econômicos, políticos, sociais e tributários funcionaram como um meio singularmente poderoso de nivelamento.[1]

Como vimos no capítulo anterior, a desigualdade despencou no Japão durante a Segunda Guerra Mundial e permaneceu baixa depois dela. Vários outros países que participaram desse conflito, e sobre os quais dispomos de conjuntos de dados comparáveis, mostram um padrão marcantemente parecido, como Estados Unidos, França e Canadá (Figura 5.1).[2]

Quanto a alguns dos outros principais beligerantes, a resolução temporal das evidências relevantes da participação da camada mais rica na renda é de menor qualidade, problema que tende a obscurecer a natureza repentina da compressão dos tempos de guerra. Ainda assim, a tendência subjacente é a mesma, como no caso da participação do 0,1% mais rico na renda na Alemanha e no Reino Unido (Figura 5.2).

Há duas questões correlatas em jogo: o efeito direto da guerra na desigualdade, enquanto ela era travada (e em sua sequência imediata, sempre

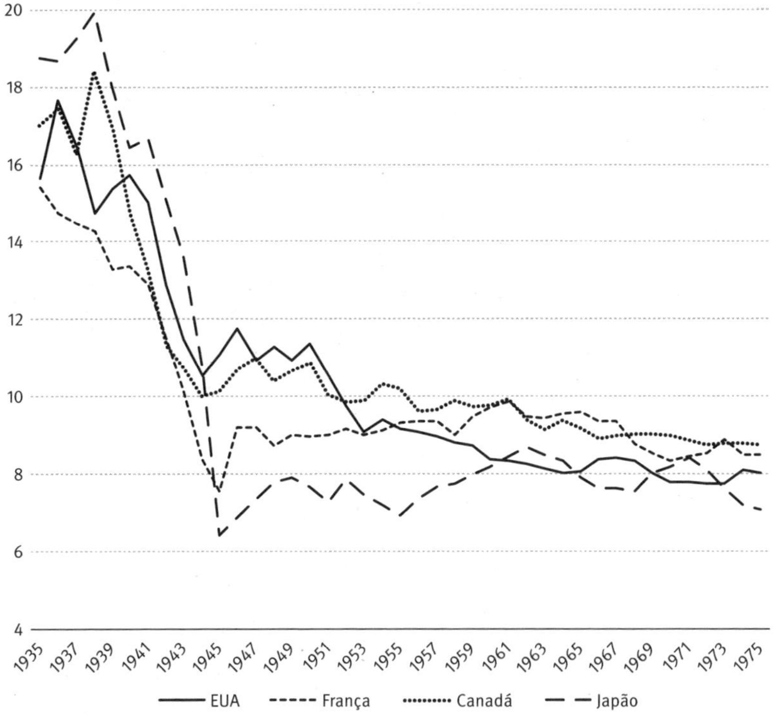

FIGURA 5.1 Participação do 1% mais rico na renda em quatro países, 1935-75 (em percentagens)

que não se dispõe de dados equiparáveis com precisão, como no caso da Alemanha, mostrado na Figura 5.2), e seu efeito a prazo mais longo, no curso das décadas seguintes. Procedo por várias etapas. Primeiro, analiso a evolução, durante a guerra, das participações dos mais ricos na renda, nos países em que evidências relevantes foram publicadas, assinalando a variação delas conforme o grau de envolvimento desses países no conflito. Segundo, comparo a extensão do nivelamento ocorrido durante a guerra com os desdobramentos subsequentes, a fim de demonstrar a natureza excepcional dos efeitos diretos da guerra na desigualdade. Terceiro, examino – com muito menos detalhes que no caso do Japão – os fatores que responderam pela compressão da renda e da distribuição da riqueza durante a guerra. Por fim, abordo a questão de como as guerras mundiais, e especialmente a Segunda Guerra Mundial, foram responsáveis pela persistência e, muitas

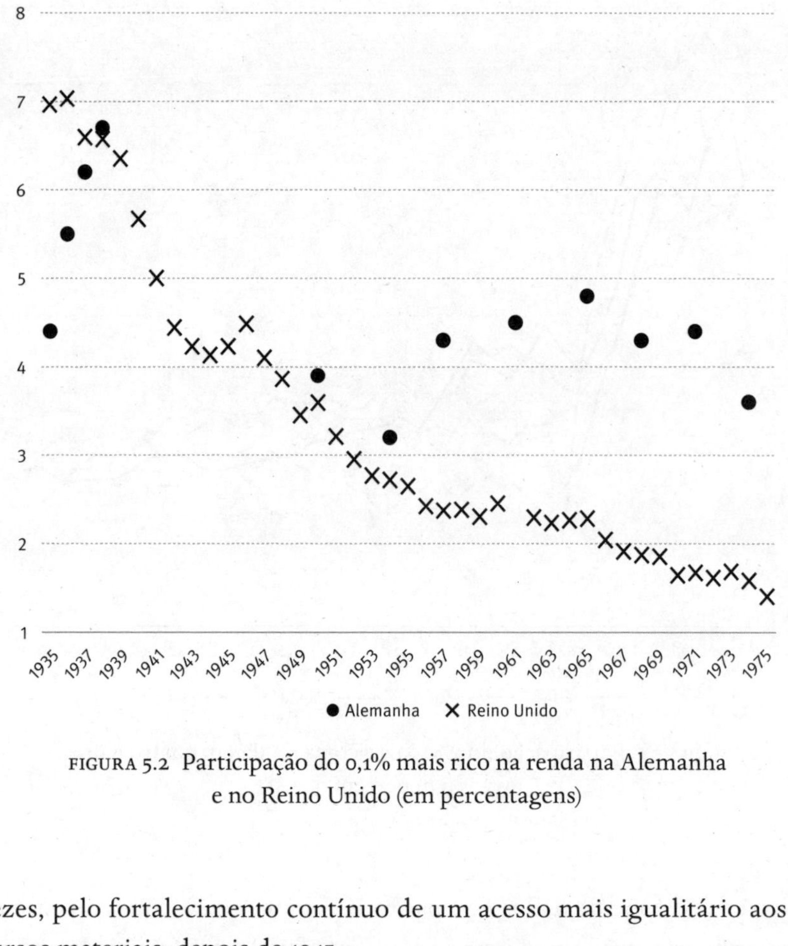

FIGURA 5.2 Participação do 0,1% mais rico na renda na Alemanha e no Reino Unido (em percentagens)

vezes, pelo fortalecimento contínuo de um acesso mais igualitário aos recursos materiais, depois de 1945.

A Tabela 5.1 resume as informações atualmente divulgadas sobre o desenvolvimento das participações dos mais ricos na renda – em geral, do 1% mais rico, com exceção de alguns casos em que a profundidade temporal ou a resolução temporal necessárias só podem ser alcançadas mediante a focalização em camadas menores dentro dessa faixa, como o 0,1% ou até o 0,01% mais rico na renda. As datas referenciais são 1913 e 1918 para a Primeira Guerra Mundial e 1938 e 1945 para a Segunda Guerra Mundial, embora, em alguns casos, tenham sido usadas datas ligeiramente diferentes, e estas nem sempre se coadunem com precisão com os anos em que determinados países participaram dessas guerras. Uma advertência: todos esses números devem ser encarados com certa reserva. Mas, em última análise, essas estatísticas da participação dos mais ricos na renda são os melhores dados de que dispomos. Eles remontam a épocas muito mais antigas do que os coeficientes de Gini padronizados e nos dão uma boa ideia da força com que as mudanças se concentraram no patamar mais alto da distribuição de renda. Isto posto, ainda que meu modo de utilizar esses dados possa criar a impressão de uma precisão quantitativa, tal formato não nos deve induzir pela aparência, erroneamente, a aceitar detalhes específicos. Tudo que esses dados podem fazer é transmitir uma ideia da direção e da magnitude das mudanças, o que é o melhor que podemos esperar.[3]

Essa tabulação reflete a qualidade superior dos dados relativos à Segunda Guerra Mundial e mostra uma clara tendência associada a esse evento. A queda percentual média da participação dos mais ricos na renda nos países que travaram ativamente a guerra, como Estados na linha de frente (e que, em alguns casos, sofreram ocupação), foi de 31% do nível anterior à guerra, o que é uma constatação robusta, considerando-se que esta amostra compõe-se de doze países. (A exclusão do caso um tanto marginal da Nova Zelândia elevaria mais essa média, situando-a em 33%.) A queda mediana foi de 28% a 29%, e cada um dos casos registrou um declínio nítido. Há muito menos participantes menos desenvolvidos ou coloniais e mais distantes (Índia, Ilhas Maurício e África do Sul), e neles não se pode observar nenhuma tendência consistente; a queda média correspondeu a 24%. A amostra dos vizinhos neutros (Irlanda, Portugal, Suécia e Suíça) é similarmente pequena, porém indica, pelo menos, uma tendência negativa consistente, com uma queda média também de 24%. A Argentina, neutra quase até o fim do conflito e, em termos geográficos, extremamente distante dos teatros principais, é claramente fora de série: seu "1%" ganhou 14% em relação a sua participação na renda antes da guerra.

Os dados referentes à Primeira Guerra Mundial são mais escassos e mais complexos – uma complexidade que reflete diferenças genuínas da Segunda Guerra Mundial quanto à época dos efeitos da guerra sobre a desigualdade. Como veremos daqui em diante, na Alemanha e também na França, até certo ponto, esses efeitos foram adiados até depois de 1918, por razões políticas e fiscais. Assim, o efeito global nos principais beligerantes depende de usarmos os dados alemães referentes a 1918 ou a 1925: só neste último caso é que ob-

TABELA 5.1 Evolução da participação dos mais ricos na renda durante as guerras mundiais

	Mudança (em percentagens)			
	Primeira Guerra Mundial		Segunda Guerra Mundial	
País	Absoluta	Relativa	Absoluta	Relativa
África do Sul	– 0,93	– 4[b]	+ 3,35	+ 20[b]
Alemanha	+ 4,43 (– 6,47)	+ 25 (– 36)[a]	– 4,7	– 29[a]
Argentina	–		+ 2,92	+ 14[d]
Austrália	–		– 1,95	– 19[a]
Canadá	–		– 8,28	– 45[a]
Dinamarca	+ 9,63	+ 59[c]	– 1,96	– 15[a]
Espanha (0,01%)	–		– 0,19/– 0,41	– 15/– 27[c]
Estados Unidos	–2,08	– 12[a]	– 3,66	– 25[a]
Finlândia	–		– 5,47	– 42[a]
França	– 1,05	– 6[a]	– 6,73	– 47[a]
Holanda	+ 0,99	+ 5[c]	– 2,82	– 18[a]
Ilhas Maurício (0,1%)	–		– 5,46	– 55[b]
Índia	–		– 6,41	– 36[b]
Irlanda (0,1%)	–		– 1,39	– 23[c]
Japão	– 0,83	– 5[b]	– 13,49	– 68[a]
Noruega	–		– 3,62	– 28[a]
Nova Zelândia	–		– 0,44	– 6[a]
Portugal (0,1%)	–		– 1,36	– 28[c]
Reino Unido	–		– 5,51	– 32[a]
(0,1%)	– 2,56	– 23[a]	– 2,34	– 36[a]
Suécia	– 4,59	– 22[c]	– 2,55	– 21[c]
Suíça	–		– 1,29	– 11[c]

Chave: Participação do 1% mais rico, salvo informação específica em contrário; [a] beligerante principal; [b] beligerante secundário/colonial; [c] espectador; [d] neutro distante.

servamos uma redução média de 19% na participação dos mais ricos na renda. Dois participantes marginais registraram uma queda média de 5%, enquanto três vizinhos neutros experimentaram um aumento de 14%, mas sem que houvesse uma tendência consistente. Por enquanto, podemos concluir que a Segunda Guerra Mundial surtiu um efeito extremamente potente e direto nas rendas da elite, que também se estendeu aos não beligerantes vizinhos. Os dois únicos países que experimentaram uma desigualdade crescente na época foram os mais distantes das hostilidades.

Devemos agora relacionar essas mudanças dos tempos de guerra com os acontecimentos havidos ao longo de mais ou menos uma geração após o fim da Segunda Guerra Mundial. Em quase todos os países que estiveram ativamente envolvidos no conflito, as participações dos mais ricos na renda continuaram a cair durante esse período, quer continuamente, quer após uma recuperação temporária posterior à guerra. De modo geral, essa tendência prosseguiu durante várias décadas, mas acabou começando a se reverter em vários pontos de 1978 a 1999, quando as participações dos mais ricos na renda de mercado recomeçaram a subir. A Tabela 5.2 compara a taxa média de contração anual da participação dos mais ricos na renda (o 1% superior, salvo indicação em contrário), expressa em pontos percentuais, durante os anos da guerra, o período pós-guerra e, em alguns casos (todas as vezes em que a mudança foi rápida), também durante a Grande Depressão. Quando aplicáveis, as taxas de redução do pós-guerra são calculadas de duas maneiras: (1) como a taxa líquida de declínio da participação entre o fim da Segunda Guerra Mundial e o ano com a mais baixa participação posteriormente registrada dos mais ricos na renda, independentemente das oscilações intercorrentes, e (2) como a taxa de declínio contínuo do valor mais alto para o valor mais baixo do pós-guerra, procedimento que leva em conta a variação ao longo do tempo. O "múltiplo da taxa de declínio no pós-guerra", na Tabela 5.2, faz uma medição aproximada de quantas vezes maior foi o decréscimo anual, durante a guerra, do que no período de declínio do pós-guerra, tal como definido das duas maneiras descritas.

Esses dados revelam um padrão uniforme. A taxa anual de declínio da participação dos mais ricos na renda durante o período de guerra foi, invariavelmente, várias vezes maior – a rigor, com frequência, inúmeras vezes maior – do que no período pós-guerra, como quer que sejam calculados os índices no pós-guerra. Para muitos dos principais beligerantes, a diferença de escala foi gigantesca. Na França, a participação dos mais ricos na renda declinou com uma velocidade 68 vezes maior durante a guerra do que nos 38 anos seguintes: 92% da redução total da participação dos mais ricos na renda, desde 1938, já havia ocorrido em 1945. Essa proporção foi quase tão alta quanto a do Canadá, onde 77% da compressão geral desde 1938 ocorreu durante a guerra. O Japão liderou: o nivelamento durante a guerra foi tão rigoroso que 1945 foi o ano com a menor participação já registrada da camada mais rica na renda – uma

TABELA 5.2 Variação da taxa de redução da participação do 1% mais rico na renda, por período

País	Período	Anos	Declínio anual: Em pontos percentuais	Declínio anual: Como múltiplo da taxa de declínio no pós-guerra (arredondado)
Alemanha	I Guerra Mundial	1914-18	– 0,312	n/a
	Hiperinflação	1918-25	1,557	25 ½
	"I Guerra Mundial+"	1914-25	0,589	9 ⅔
	II Guerra Mundial	1938-50	0,392	6 ½
	Pós-guerra	1950-95	0,061	
Austrália	Depressão	1928-32	0,645	6 (líquido), 4 ⅓ (cont.)
	II Guerra Mundial	1941-45	0,585	5 ½ (líquido), 4 (cont.)
	Pós-guerra (líquido)	1945-81	0,106	
	Pós-guerra (cont.)	1951-81	0,149	
Canadá	II Guerra Mundial	1938-45	1,183	15 ½
	Pós-guerra	1945-78	0,076	
Dinamarca	II Guerra Mundial	1940-45	0,49	4
	Pós-guerra	1945-94	0,13	
	II Guerra Mundial	1938-48	0,362	3
EUA	I Guerra Mundial	1916-18	1,345	11
	Depressão	1928-31	1,443	12
	II Guerra Mundial	1940-45	0,932	8
	Pós-guerra	1945-73	0,119	
Finlândia	II Guerra Mundial	1938-47	0,781	11 (líquido), 2 ⅓ (cont.)
	Pós-guerra (líquido)	1947-83	0,07	
	Pós-guerra (cont.)	1963-83	0,334	
França	II Guerra Mundial	1938-45	0,961	68 ⅔ (líquido), 7 (cont.)
	Pós-guerra (líquido)	1945-83	0,014	
	Pós-guerra (cont.)	1961-83	0,136	
Holanda	II Guerra Mundial	1941-46	0,956	6
	Pós-guerra	1946-93	0,162	
Índia	II Guerra Mundial	1938-45	0,916	4 ⅔ (líquido), 2 ½ (cont.)
	Pós-guerra (líquido)	1945-81	0,195	
	Pós-guerra (cont.)	1955-81	0,385	
Japão	II Guerra Mundial	1938-45	1,927	n/a
	Pós-guerra	1945-94	– 0,013	
Reino Unido	II Guerra Mundial	1937-49	0,459	3
	Pós-guerra	1949-78	0,147	
(0,1%)	I Guerra Mundial	1913-18	0,512	5 ½
	II Guerra Mundial	1939-45	0,353	4
	Pós-guerra	1945-78	0,091	
Noruega	Pós-guerra	1948-89	0,121	

baixa recorde que nunca mais foi atingida. No Reino Unido, quase metade da queda total da participação do 0,1% mais rico na renda, entre a Primeira Guerra Mundial e o fim da década de 1970, aconteceu durante as duas guerras mundiais propriamente ditas. Nos Estados Unidos, a taxa anual de declínio foi uma ordem de grandeza maior nas duas guerras mundiais do que no período pós-guerra, e o mesmo se aplicou à Finlândia na Segunda Guerra Mundial. É revelador que, em países menos gravemente afetados pela guerra, como a Dinamarca, a Noruega, a Austrália e a Índia, as taxas médias de compressão durante o conflito tenham sido meras três a cinco vezes maiores do que depois dos confrontos. (Embora a taxa de declínio britânico durante a Segunda Guerra Mundial também tenha sido relativamente modesta, muita compressão já havia ocorrido na Primeira Guerra Mundial.)

Apenas os dados alemães são mais complicados. Se levarmos em conta o nivelamento de forma diferida, medindo a taxa desde a Primeira Guerra Mundial até 1925, primeiro ano posterior a 1919 sobre o qual há informações palpáveis, veremos que a taxa de compressão da Alemanha "durante a guerra" foi uma ordem de grandeza maior que a do período pós-Segunda Guerra Mundial. Surge outro problema a partir da falta de dados entre 1938 e 1950, o que torna impossível saber quanto da queda geral nesse intervalo ocorreu entre 1938 e 1945. Especialmente nas nações industrializadas, a Segunda Guerra Mundial gerou um efeito nivelador potentíssimo, que ultrapassou em muito qualquer coisa que tenha acontecido desde então. Não há melhor maneira de destacar a descontinuidade fundamental da evolução da desigualdade na guerra e na paz. As informações relativas à Primeira Guerra Mundial, em contraste, não são apenas menos ricas, como também mais difíceis de interpretar. Examinarei mais adiante as razões das diferenças observadas no momento de ocorrência do nivelamento relacionado com a guerra, em minha pesquisa por país.

Menos fartamente disponíveis do que as informações sobre a participação dos mais ricos na renda, os coeficientes de Gini das distribuições nacionais de renda também apontam para nítidas descontinuidades nos tempos de guerra. Assim, todo o declínio líquido na desigualdade da renda de mercado ocorrido nos Estados Unidos durante o século XX deu-se durante as décadas de 1930 e 1940: segundo uma medição, após um declínio suave de cerca de três pontos entre 1931 e 1939, o coeficiente de Gini deu um grande mergulho de dez pontos nos seis anos seguintes, e depois se estabilizou numa faixa muito estreita, que durou até 1980; segundo outra medição, ele caiu cerca de cinco pontos entre 1929 e 1941 e outros sete pontos durante a guerra em si. A desigualdade britânica de renda após a dedução de impostos declinou sete pontos entre 1938 e 1949 – e talvez até o dobro disso entre 1913 e 1949 – e, em seguida, manteve-se inalterada pelos anos 1970 afora. Os dados japoneses são precários, mas indicam uma queda ainda mais vertiginosa, de pelo menos quinze pontos, entre o fim dos anos 1930 e meados dos anos 1950, seguida pela estabilidade até aproximadamente 1980, ou mais que isso.[4]

As mudanças na concentração de riqueza frisam ainda mais a importância crucial das guerras mundiais. Em oito de cada dez países sobre os quais dispomos de dados relevantes, o grau mais alto de concentração da riqueza que se registrou ocorreu logo antes da eclosão da Primeira Guerra Mundial. O período entre 1914 e 1945 testemunhou uma grave contração da participação da camada superior na riqueza (Figura 5.3).[5]

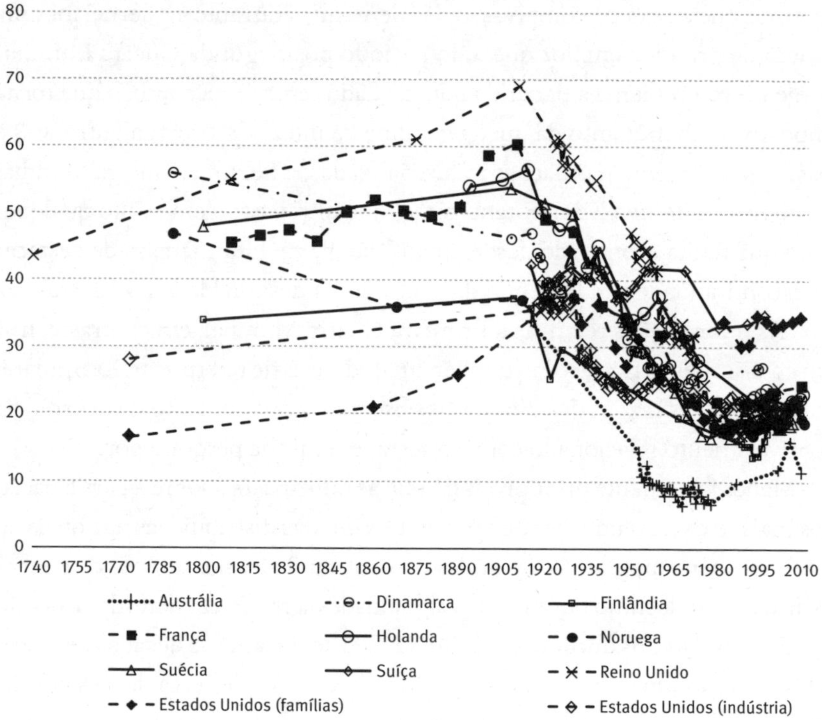

FIGURA 5.3 Participação do 1% mais rico na riqueza em dez países, 1740-2011 (em percentagens)

Em sete países com dados utilizáveis que estiveram envolvidos em uma ou ambas as guerras mundiais, a participação do 1% superior na riqueza caiu, em média, 17,1 pontos percentuais (equivalentes a um sexto do total registrado da riqueza privada nacional) – uma queda de cerca de um terço em relação ao pico de 48,5% anterior à Primeira Guerra Mundial. Em comparação, a diferença média entre o primeiro valor informado no pós-guerra e o valor geral mais baixo a ser registrado (cuja datação varia dos anos 1960 aos anos 2000) foi de 13,5 pontos percentuais. Embora isso possa fazer a compressão do pós-guerra parecer comparável, em escala, à do período de guerra, devemos ter em mente que esta última inclui os anos do entreguerras e, muitas vezes, também vários anos posteriores a 1945, o que impede uma comparação significativa ano a ano. Ademais, considerando-se que a desconcentração da renda foi sustentada por impostos progressivos sobre a herança, que permaneceram em vigor por muito tempo depois do fim das guerras em si, não surpreende que esse processo tenha sido mais arrastado. O que importa aqui é que essa própria forma de tributação foi um resultado direto do esforço de guerra, como mostrarei adiante. Além disso, em cinco desses países, a queda durante a guerra e nos anos do entreguerras explica 61% a 70% do declínio total da participação das camadas superiores na riqueza. Num sexto caso, o do Reino Unido, o declínio desse período foi, na verdade, muito grande (representando mais de um quinto da riqueza nacional privada). Considerando que o grau de concentração da riqueza do país antes de 1914 tinha sido realmente extremo, o declínio no pós-guerra tinha que ser ainda mais acentuado, simplesmente para fazer as participações da camada superior na riqueza convergirem para o novo padrão comum de aproximadamente 20%.

Vale a pena notar que a compressão da riqueza no topo da camada mais rica pode ter sido muito mais pronunciada do que no "1%" mais rico em geral. Para tomar um exemplo particularmente notável, o valor do 0,01% superior dos patrimônios na França caiu mais de três quartos entre o começo da Primeira Guerra Mundial e meados da década de 1920, e outros dois terços durante a Segunda Guerra Mundial. Isso representa uma queda geral de quase 90% durante o período da guerra, ao passo que a participação do percentil superior na riqueza declinou menos da metade de seu pico anterior à guerra. O ponto fundamental em tudo isso, naturalmente, é o momento do ponto de inflexão, bem no começo do período das guerras mundiais, quando uma tendência anterior e muito difundida para uma desigualdade cada vez maior da riqueza foi refreada e revertida à força. Também devemos ter em mente que, a não ser pela expropriação e redistribuição radicais, não há mecanismo capaz de reconfigurar a participação na riqueza, nem de longe, com a mesma rapidez que a participação na renda.[6]

Que essa riqueza da elite não foi meramente redistribuída, mas de fato liquidada no período da guerra, fica claro pelas mudanças na proporção entre a riqueza privada e a renda nacional em três grandes países beligerantes (Figura 5.4). O declínio mais agudo deu-se na Primeira Guerra Mundial, seguido por outra compressão durante a Segunda Guerra e em torno dela. Espelhando essas mudanças, a participação da renda do capital nos ganhos das famílias de mais alta renda despencou (Figura 5.5). Essas observações destacam o fato de que as perdas da elite foram, em primeiro lugar, um fenômeno do capital

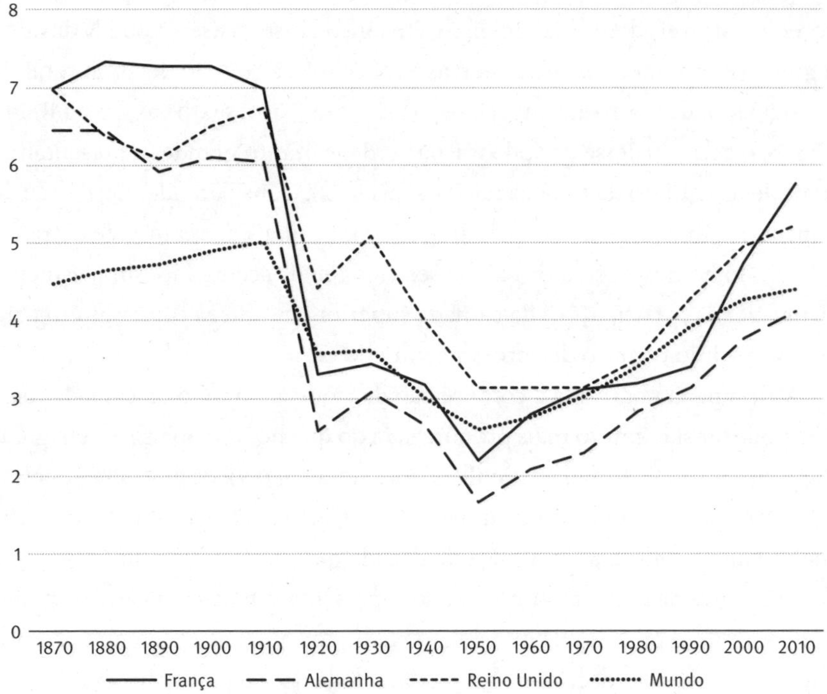

FIGURA 5.4 Proporção entre riqueza privada e renda nacional na França, na Alemanha, no Reino Unido e no mundo, 1870-2010

e da renda do capital. Por que essas guerras foram tão prejudiciais para os donos do capital?[7]

As guerras mundiais foram diferentes de quaisquer outros conflitos que o mundo já tinha visto. A mobilização do efetivo militar e a produção industrial dispararam, atingindo níveis antes inimagináveis. Quase 70 milhões de soldados foram mobilizados na Primeira Guerra Mundial, número sem precedentes nos anais da guerra. Cerca de 9 a 10 milhões deles foram mortos, e houve ainda 7 milhões de baixas civis decorrentes da guerra ou de misérias ligadas a ela. A França e a Alemanha mobilizaram cerca de 40% de toda a sua população masculina; o Império Austro-Húngaro e o Império Otomano, 30%; o Reino Unido, 25%; a Rússia, 15%; e os Estados Unidos, 10%. Enormes recursos financeiros foram necessários para financiar as operações. Entre os

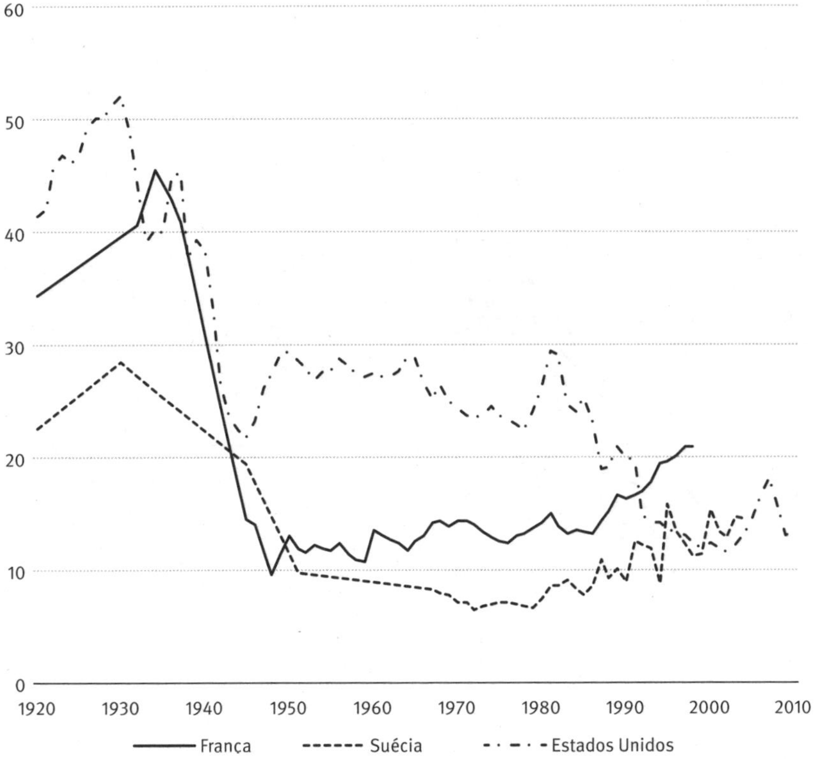

FIGURA 5.5 Participação dos rendimentos do capital no total da renda bruta do 1% superior da renda na França, na Suécia e nos Estados Unidos, 1920-2010

principais beligerantes sobre os quais dispomos de informações, a parcela do PIB exigida pelo Estado subiu de quatro a oito vezes (Figura 5.6).[8]

A França e a Alemanha perderam cerca de 55% de seu estoque de riqueza nacional e o Reino Unido, 15%. E a Segunda Guerra foi ainda pior. Bem mais de 100 milhões de soldados foram mobilizados, e mais de 20 milhões deles morreram, além de outros 50 milhões de civis. Os beligerantes principais fabricaram 286 mil tanques, 557 mil aviões de combate, 11 mil grandes navios de guerra e mais de 40 milhões de fuzis, entre muitos outros armamentos. Os custos e perdas totais da guerra (inclusive as perdas de vidas humanas) foram estimados em 4 trilhões de dólares, a preços de 1938, o que é uma ordem de grandeza maior do que o PIB global anual quando da eclosão da guerra. As invasões empurraram as parcelas do Estado para níveis assombrosos. Em 1943, a Alemanha assegurou o equivalente a 73% do PIB para o Estado, quase tudo destinado à guerra e parte

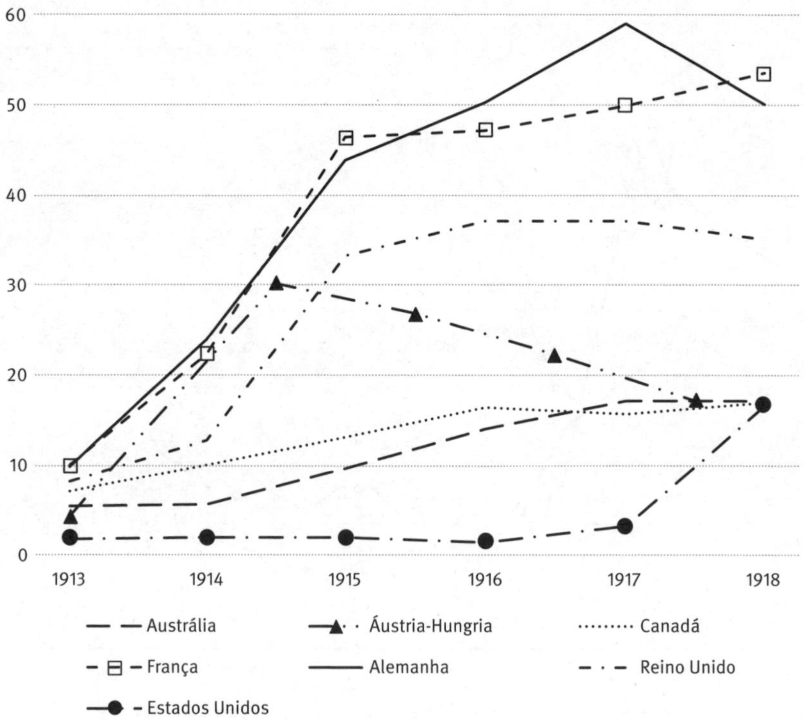

FIGURA 5.6 Parcela dos gastos do governo na renda nacional em sete países, 1913-18 (em percentagens do PIB)

disso extraída de populações subjugadas. No ano seguinte, de acordo com um relato, acredita-se que o Estado japonês tenha gasto até 87% do PIB, também drenando os recursos de seu império condenado.[9]

Essas lutas gargantuescas foram financiadas, em sua maioria, por empréstimos, emissão de papel-moeda e coleta de impostos. A tomada de empréstimos traduziu-se de várias maneiras numa tributação futura para pagar o serviço da dívida, em inflação para corroê-la, ou no calote. Somente as grandes potências ocidentais tiveram sucesso no controle da inflação. Nos Estados Unidos e no Reino Unido, os preços apenas triplicaram entre 1913 e 1950. Outros beligerantes não tiveram a mesma sorte: os preços centuplicaram na França e se multiplicaram por trezentos na Alemanha, durante o mesmo período, e aumentaram duzentas vezes no Japão, só entre 1929 e 1950. Os donos de títulos de investimento e os rentistas foram ficando pelo caminho.[10]

Até 1914, as alíquotas marginais do imposto sobre a renda, mesmo nos países mais desenvolvidos, eram muito baixas, se é que existia imposto de renda. Os impostos elevados e a progressividade acentuada nasceram do esforço de guerra. As alíquotas mais altas surgiram na Primeira Guerra Mundial e no período imediatamente seguinte, antes de voltarem a cair nos anos 1920, apesar de nunca descerem aos níveis anteriores à guerra. Tornaram a ser elevadas na década de 1930, muitas vezes para lidar com as sequelas da Grande Depressão, e atingiram novos píncaros na Segunda Guerra Mundial, mais ou menos desde a qual vêm se reduzindo aos poucos (Figura 5.7).[11]

Tirar a média dessas evoluções em diferentes países esclarece a tendência subjacente e destaca a que ponto as duas guerras mundiais foram os pontos cruciais da evolução fiscal (Figura 5.8).[12]

A Figura 5.8 ilustra bem a importância crucial da guerra. Podemos ver que o Japão, o único entre essas nações, introduziu uma alíquota superior mais alta no imposto de renda em resposta às demandas da Guerra Russo-Japonesa de 1904 a 1905, que foi, em alguns aspectos, um ensaio geral para a Primeira Guerra Mundial. A Suécia, país não beligerante, deixou passar a oportunidade de aproveitar a onda de aumentos da alíquota máxima trazida pela Primeira Guerra e continuou muito atrás, até a guerra seguinte. Espantosamente, a Argentina, que permaneceu protegida das duas guerras mundiais, mostrou um padrão completamente diferente. Kenneth Scheve e David Stasavage encontraram um marcante efeito fiscal da guerra entre

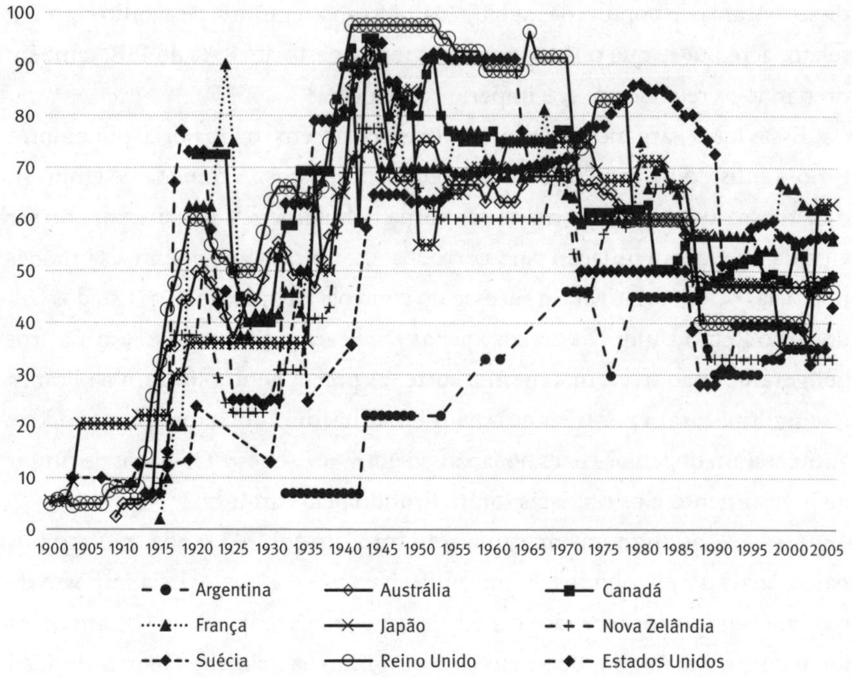

FIGURA 5.7 Alíquotas marginais mais altas do imposto de renda em nove países, 1900-2006 (em percentagens)

os beligerantes e uma reação muito mais fraca entre os outros países de sua amostra (Figura 5.9).[13]

A mobilização militar em massa, a graduação progressiva das alíquotas tributárias e o foco na riqueza da elite, além da renda, constituíram os três ingredientes principais da equalização fiscal. Scheve e Stasavage afirmam que as guerras com mobilização em massa são diferentes, em termos de estratégias tributárias, não apenas por serem muito dispendiosas, mas também, mais especificamente, por aumentarem a necessidade de um consenso societário que se traduza em pressão política em prol de uma extração desproporcionalmente pesada de recursos dos ricos. O recrutamento em massa não era, em si, uma força equalizadora, considerando-se que as elites ricas tinham menos probabilidade de servir, em função da idade ou do privilégio, e que teriam a lucrar com o envolvimento mercantil na indústria bélica. As preocupações com a justiça exigiam que o recrutamento militar, como um imposto em espécie, fosse

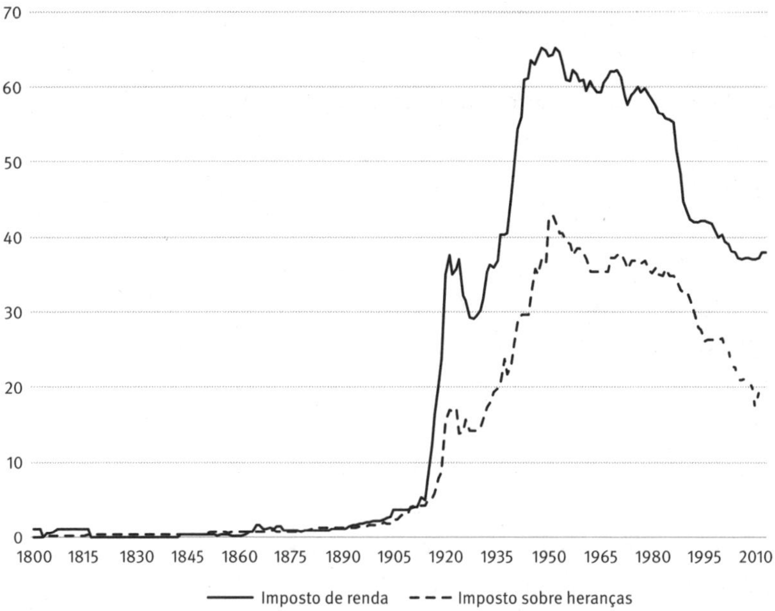

FIGURA 5.8 Média das alíquotas superiores do imposto de renda e do imposto sobre heranças em vinte países, 1800-2013 (em percentagens)

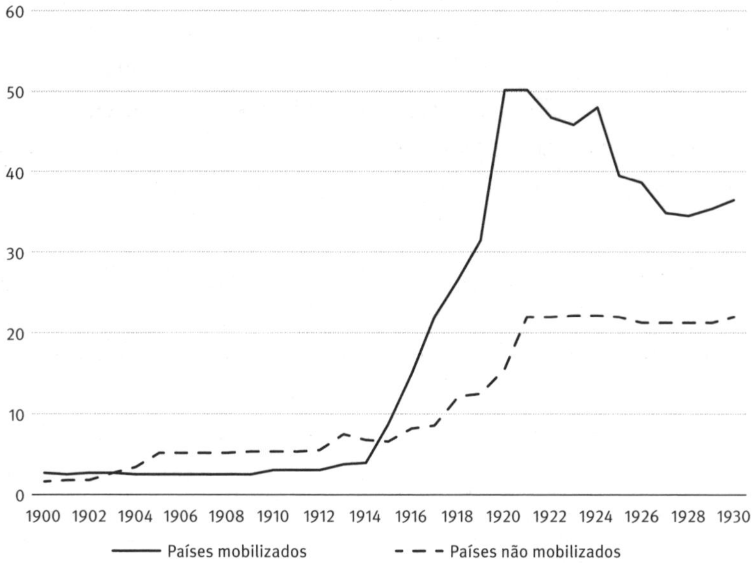

FIGURA 5.9 Primeira Guerra Mundial e média das alíquotas máximas do imposto de renda em dezessete países (em percentagens)

acompanhado pelo que o Manifesto do Partido Trabalhista do Reino Unido, datado de 1918, chamou de "recrutamento da riqueza". Foi dada uma ênfase especial na tributação dos lucros de guerra: na Primeira Guerra Mundial, as alíquotas mais altas do imposto sobre o que era visto como lucros "excessivos" alcançaram 63% no Reino Unido e 80% na França, no Canadá e nos Estados Unidos. Em 1940, o presidente Roosevelt conclamou a medidas semelhantes, "para que uma minoria não lucre com os sacrifícios da maioria". A preocupação com a imparcialidade durante a guerra também justificou cargas tributárias mais pesadas sobre as rendas não provenientes do trabalho: embora as alíquotas progressivas do imposto de renda fossem um poderoso meio de redução da desigualdade, foram os impostos sobre a herança que surtiram um efeito desproporcionalmente grande nos ricos.[14]

Os efeitos equalizadores das preocupações com a justiça foram significativamente mediados pelo tipo de regime. Na Primeira Guerra Mundial, as democracias do Reino Unido, dos Estados Unidos e do Canadá dispuseram-se a "sugar os ricos", enquanto sistemas mais autocráticos, como a Alemanha, a Áustria-Hungria e a Rússia, preferiram tomar empréstimos ou imprimir papel-moeda para sustentar seu esforço de guerra. Mais tarde, porém, estes últimos pagaram um preço alto, através da hiperinflação e da revolução, choques que reduziram igualmente a desigualdade. Sobretudo na Primeira Guerra Mundial, antes que se estabelecesse um modelo comum para o financiamento da guerra com mobilização em massa, os mecanismos do nivelamento variaram consideravelmente entre os países.[15]

A França figurou entre os países mais duramente atingidos pelas duas guerras mundiais, havendo suportado confrontos em seu solo durante toda a Primeira Guerra, assim como duas invasões e a ocupação durante a Segunda Guerra. No primeiro conflito e em suas consequências imediatas, um terço do estoque de capital francês foi destruído, a participação da renda do capital na renda nacional das famílias caiu um terço e o PIB se contraiu na mesma proporção. A tributação demorou a deslanchar: no início do conflito, a alíquota mais alta do imposto sobre heranças estava em míseros 5%, e, apesar de se haver introduzido um imposto de renda em 1915, as alíquotas superiores efetivas continuaram baixas durante o resto da guerra, e só tiveram uma subida significativa em 1919. Um imposto sobre lucros de guerra, criado em 1916, também só começou a gerar uma receita volumosa depois de terminada a guerra, como aconteceu com os impostos sobre heranças. Esse efeito retardado, junto com a inflação galopante do pós-guerra, explica o fato de a compressão das alíquotas superiores sobre a renda ter sido, primordialmente, um fenômeno da década de 1920, e não dos anos efetivos da guerra, ao passo que os lucros de guerra surtiram o efeito oposto, por um breve período. Em meados daquela década, o valor médio do 0,01% superior dos patrimônios havia caído mais de três quartos, comparado ao nível de antes da guerra.[16]

A destruição da riqueza da elite continuou na Segunda Guerra Mundial, quando a França sofreu quatro anos de ocupação predatória alemã e grandes prejuízos causados pelos bombardeios dos Aliados e pela libertação. Dessa vez, dois terços do estoque de capital foram varridos do mapa, ou o dobro da taxa de perda da Primeira Guerra. Os ativos estrangeiros, que haviam respondido por um quarto das maiores fortunas francesas, evaporaram. A participação dos mais ricos na renda teve uma queda vertiginosa nesse período, e, mais adiante, a inflação do pós-guerra corroeu em poucos anos o valor dos títulos e da dívida de guerra. Como afirmou Piketty, toda a redução da participação do 1% mais rico na renda, entre 1914 e 1945, deveu-se às perdas na renda não proveniente do trabalho, visto que o capital foi duramente golpeado pelos combates e falências, pelo controle dos aluguéis, pela nacionalização e pela inflação. O nivelamento cumulativo nas duas guerras foi gigantesco: a inflação de 10.000% expropriou os donos de títulos de investimento, os aluguéis tiveram uma queda de 90% entre 1913 e 1950, e um programa de nacionalização, em 1945, bem como um imposto de incidência única sobre o capital, que chegou a 20% entre as grandes fortunas e a 100% sobre as que haviam crescido muito durante a guerra, contribuíram para repor a acumulação de capital num valor próximo de zero. Consequentemente, o valor do patrimônio do 0,01% mais rico declinou bem mais de 90% entre 1914 e 1945.[17]

No Reino Unido, as alíquotas superiores do imposto de renda subiram de 6% para 30% durante a Primeira Guerra Mundial, e um novo imposto sobre lucros de guerra, cobrado das empresas – e elevado para 80% em 1917 –, tornou-se o tributo mais importante, em termos de receita. Nessa ocasião, o país perdeu 14,9% de sua riqueza nacional, e perdeu outros 18,6% na Segunda Guerra. O limiar da renda do 0,1% mais rico caiu de quarenta para trinta vezes a renda média na Primeira Guerra Mundial e de trinta para vinte vezes na Segunda Guerra. A queda na participação dos mais ricos na renda pós-dedução de impostos (informada apenas a partir de 1937) foi ainda mais pronunciada – de quase metade no 1% mais rico e de dois terços no 0,1% mais rico, entre 1937 e 1949. A participação do 1% das maiores fortunas em toda a riqueza privada reduziu-se de 70% para 50% – uma queda menos drástica do que o colapso concomitante de 60% para 30% na França, porém significativa, mesmo assim.[18]

Do outro lado do Atlântico, a experiência dos Estados Unidos demonstra que um considerável nivelamento, induzido pela guerra, pôde ocorrer na ausência de destruição física e de inflação grave. A participação do 1% mais rico na renda do país caiu em três ocasiões distintas: quase 25% durante a Primeira Guerra Mundial, a mesma proporção durante a Grande Depressão e cerca de 30% do que restara durante a Segunda Guerra Mundial. *Grosso modo*, essa camada mais rica perdeu cerca de 40% de sua participação na renda total entre 1916 e 1945. Como em outros países, essa tendência atingiu seu ponto mais extremo nas camadas mais altas: assim, a participação do 0,01% mais rico na renda declinou 80% durante o mesmo período. A decomposição das participações na renda mostra que grande parte desse desgaste foi impulsionada pelo decréscimo dos ganhos de capital. As participações superiores na riqueza sofreram mais durante a Grande Depressão do que na Segunda Guerra Mundial, mas sofreram uma queda cumulativa de um terço do seu pico anterior à Depressão. Nos Estados Unidos, a Grande Depressão desempenhou um papel maior na equalização das disparidades de renda e riqueza, em relação às guerras em si, do que se deu entre os outros principais beligerantes. Voltarei a esse ponto no capítulo 12.[19]

Mesmo assim, o nivelamento da guerra foi considerável, e a tributação acentuadamente progressiva, destinada a financiar o esforço de guerra, foi instrumental nesse processo. O War Revenue Act [Lei de Receitas de Guerra] de 1917 elevou as alíquotas superiores de sobretaxa de 13% para 50% e tributou os lucros acima de 9% do capital investido em 20% a 60%. Como as despesas de guerra continuaram a aumentar, a Lei de Receitas de 1918, só aprovada após o término da guerra, impôs alíquotas ainda mais altas às rendas maiores e aos lucros excessivos. As alíquotas tributárias efetivas passaram de 1,5% em 1913 e 1915 para 22% em 1918, para rendas de 50 mil dólares, e subiram de 2,5% para 35% para as de 100 mil dólares. A alíquota superior do imposto sobre heranças, recém-criado em 1916, subiu de 10% para 25% no ano seguinte. A guerra foi a causa solitária dessas intervenções agressivas: "a política altamente contingente de mobilização para a Primeira Guerra Mundial impulsionou a criação de um regime tributário democrático-estatal". Embora as Leis da Receita de 1921 e 1924 tenham repelido o imposto sobre lucros excessivos e reduzido muito as alíquotas de sobretaxa, as faixas superiores remanescentes continuaram muito acima do nível de antes da guerra, e, o que é mais importante, o imposto sobre heranças permaneceu em vigor. Assim, tanto observamos um grau de relaxamento fiscal no pós-guerra, que coincidiu com um novo aumento acentuado das rendas superiores, quanto um efeito catraca em termos da participação na renda e na riqueza reivindicada pelo governo, enquanto brechas crescentes iam anulando o regime fiscal progressivo.[20]

A equalização posterior foi impelida, em parte, por alíquotas marginais muito altas sobre a renda e a riqueza obtida por herança. Esse processo começou com o New Deal e culminou em novos arrochos durante os anos de guerra. Nesses "tempos de grave perigo nacional em que toda renda excessiva deve ser canalizada para a vitória na guerra", como disse Roosevelt, as alíquotas mais altas dos impostos sobre a renda e a herança atingiram os picos de 94% em 1944 e 77% em 1941, respectivamente, e os limiares das alíquotas mais altas baixaram enormemente, com isso capturando círculos mais amplos de alta renda. A tributação sobre lucros excessivos também ressurgiu. Ao mesmo tempo, o governo e os sindicatos de trabalhadores resistiram a um imposto federal sobre as vendas de mercadorias e serviços, que seria de natureza regressiva – um comedimento admirável, considerando-se que, na época, esse imposto existia até na Suécia. A renda salarial foi mais amplamente comprimida em toda a economia, como resultado dos controles salariais administrados pela National War Labor Board [Conselho Nacional do Trabalho na Guerra]. Responsável por aprovar todos os salários, em conformidade com a Lei de Estabilização Salarial de outubro de 1942, esse órgão dispôs-se a elevar os salários da camada de menor renda, mas não os dos que ganhavam mais, cuja participação na renda salarial total sofreu uma queda concomitante. Os salários mais altos foram os que mais perderam, comparados aos inferiores: entre 1940 e 1945, os que ganhavam entre os 90-95% superiores da distribuição salarial perderam um sexto de sua participação; os que estavam no 1% superior, um quarto; e os que estavam no 0,01% superior, 40%. As empresas reagiram mediante a oferta de benefícios, em vez de aumentos salariais, o que foi, por si só, um aumento na renda real dos trabalhadores. A intervenção do Estado e seus efeitos secundários serviram para comprimir a estrutura global da renda dos salários, o que representou uma clara ruptura com as tendências anteriores, graças a "fatores exclusivos do período da Segunda Guerra Mundial". Outros fatores ampliaram essa tendência. A remuneração dos executivos, que ficara estagnada em termos reais durante a Depressão, declinou em relação aos salários de nível mais baixo a partir de 1940, num processo causado menos pela intervenção do governo do que pelo poder crescente dos sindicatos e pelos retornos decrescentes, conforme o tamanho da empresa. Em consequência de todos esses fenômenos congruentes, os coeficientes de Gini da renda tiveram um rápido declínio durante a guerra, da ordem de 7 a 10 pontos, e diversos índices da distribuição de rendas e salários que não eram da elite mostram uma queda repentina nesses mesmos anos, com frequência seguida por várias décadas sem mudanças adicionais.[21]

O Canadá seguiu uma trajetória um pouco diferente, sem efeito discernível da Grande Depressão sobre a participação dos grupos mais ricos, porém com uma desconcentração drástica durante a Segunda Guerra Mundial. Os aumentos maciços das alíquotas tributárias das rendas mais altas contribuíram para essa mudança, já que a alíquota mais alta bateu em 95% em 1943 e as alíquotas efetivas do 1% mais rico dos assalariados subiram de apenas 3% em 1938 para 48%, cinco anos depois.[22]

A evolução da participação dos mais ricos na renda da Alemanha é meio anômala, visto que ela registrou aumento durante a Primeira Guerra Mundial, período de índices de mobilização militar e gastos estatais extremamente altos (Figura 5.10).[23]

A inexistência da destruição causada pela guerra é insuficiente para explicar esse fenômeno. A desigualdade disparou, temporariamente, enquanto um governo autoritário protegia os lucros da guerra, especialmente os da elite abastada do setor industrial, que se aliava estreitamente à liderança política e militar. A mão de obra organizada tinha sido posta na linha, e, embora fossem introduzidos novos impostos sobre o capital, eles permaneceram numa escala bem modesta. Nesse aspecto, a situação alemã assemelhou-se à da França, onde uma combinação de oportunismo e impostos baixos empurrou para cima as rendas superiores em 1916 e 1917. Em vez de depender de uma tributação maciça e progressiva, o governo alemão financiou as despesas de guerra, em primeiro lugar, emitindo títulos de dívida. A expansão monetária cobriu cerca de 15% dos gastos, mas a inflação foi reprimida por controles de preço rigorosos: embora a base monetária tenha quintuplicado durante a guerra, a inflação do atacado e

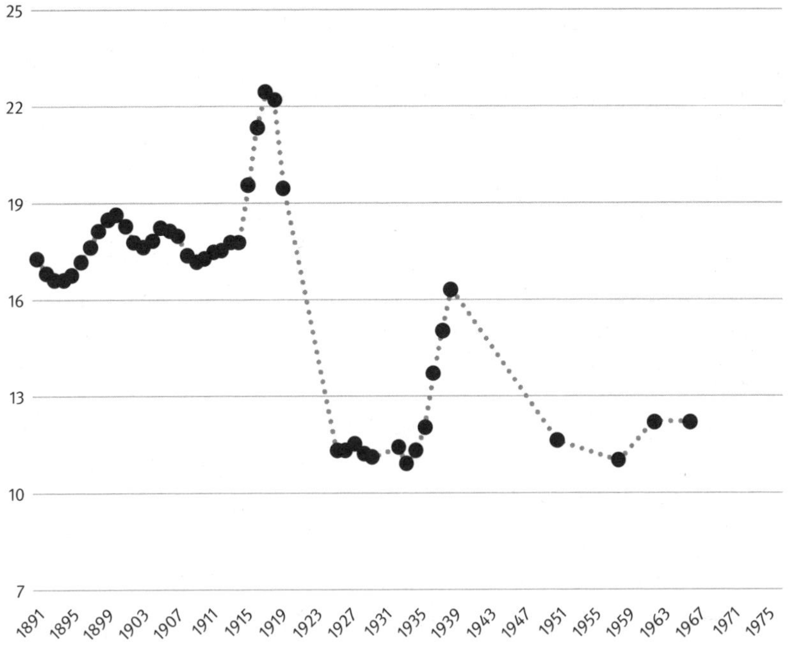

FIGURA 5.10 Participação do 1% mais rico na renda na Alemanha, 1891-1975 (em percentagens)

a inflação dos preços dos alimentos chegaram apenas aos níveis mais manejáveis de 43% e 129%, respectivamente. Isso contrasta de modo marcante com os resultados obtidos entre os aliados da Alemanha: a Áustria-Hungria vivenciou uma inflação de 1.500% nos preços ao consumidor, enquanto esses preços em Istambul tiveram uma alta de 2.100% no mesmo período.[24]

Mas o nivelamento induzido pela guerra podia apenas ser adiado, não evitado. A combinação de agitação política e hiperinflação, logo nos anos seguintes à guerra, deprimiu enormemente as rendas mais altas, com uma queda de 40% no 1% mais rico e um colapso de três quartos no 0,01% superior. Foi uma experiência da elite, não compartilhada com quem estava entre o nonagésimo e o 99º percentis, e as famílias de classe média ganharam uma parcela da renda. O estoque de moeda tinha se expandido, primeiro para financiar a guerra, depois para pagar reparações, bem como programas sociais e de emprego, estes últimos uma consequência direta da revolução de 1918, desencadeada pela própria guerra. O fim dos controles de preços, em 1919 e 1920, fez eclodir abertamente a inflação, antes contida. O Índice de Preços ao Consumidor para uma família de quatro pessoas, em Berlim, subiu de 1 para 7,7 entre o verão de 1914 e janeiro de 1920, mas saltou para 5 trilhões em outubro de 1923. Os rentistas tiveram os maiores prejuízos: sua parcela da renda nacional despencou de 15% para 3%, enquanto os empresários conseguiram manter sua participação. A destruição da riqueza monetária pela inflação, numa época de riqueza decrescente em geral – a renda nacional real ficou um quarto a um terço menor em 1923 do que tinha sido em 1913 –, ampliou o nivelamento, porque os bens monetários ficaram mais desigualmente distribuídos. As mudanças nas políticas públicas também contribuíram para esse processo de equalização. Nos anos do pós-guerra, os ajustes salariais para trabalhadores de baixa renda resultaram numa compressão dos salários, e a parcela de pagamentos de transferências na renda nacional triplicou entre 1913 e 1925. Não por coincidência, a alíquota mais alta do imposto sobre heranças subiu de zero para 35% em 1919.[25]

Posteriormente, o governo nacional-socialista fez as participações mais altas na renda se recuperarem, graças a restrições ao consumo e ao crescimento dos salários, aos lucros da florescente indústria de armamentos e à expropriação de bens judaicos. Durante a Segunda Guerra Mundial, a Alemanha extraiu 30% a 40% dos produtos nacionais da França, da Holanda e da Noruega, mitigando a necessidade de impostos domésticos. Faltam medições da desigualdade nos anos de guerra, mas, quando a poeira assentou, as participações mais altas na renda haviam tornado a cair para níveis pós-hiperinflação. Isso resultou menos de perdas de capital do que de uma combinação de produção em declínio, reforma tributária e inflação. A destruição física dos ativos industriais foi bastante limitada, pois os bombardeios dos Aliados tinham se concentrado na infraestrutura de transportes e na habitação civil, e, na verdade, o capital industrial bruto teve um crescimento de um quinto entre 1936 e 1945. Todavia, a produção industrial líquida declinou quase três quartos entre 1944 e 1950. O país também suportou três anos de inflação aguda, depois de terminada a guerra, e em 1946 a alíquota mais alta do imposto sobre heranças quadruplicou, subindo de 15% para 60%. A perda do trabalho forçado dos tempos de guerra contribuiu para a escassez de mão de obra, os sindicatos se restabeleceram e as autoridades de ocupação impuseram controles sobre os salários. Tal como no caso da

Primeira Guerra Mundial, grande parte do nivelamento observado pode ter ocorrido na sequência imediata do conflito.[26]

Na Holanda, os lucros da guerra empurraram para cima as participações dos mais ricos na renda, nas etapas iniciais da Primeira Guerra Mundial – uma breve elevação que se transformou num declínio acentuado, o qual prosseguiu durante toda a depressão do pós-guerra, de 1920 a 1923, e reduziu a participação do capital na renda nacional de 75% para 45%, além de comprimir muito a desigualdade da renda líquida. Mais uma vez, as parcelas superiores da renda caíram durante a Grande Depressão e, em grau semelhante, durante a ocupação alemã. Os que ganhavam mais foram os mais duramente atingidos pela Segunda Guerra Mundial, quando a participação do 0,01% mais rico na renda despencou 40%. As autoridades alemãs introduziram controles salariais que foram mantidos depois da libertação e favoreceram as faixas de renda mais baixas; os aluguéis foram congelados nos níveis de 1939. As alíquotas tributárias, que antes tinham se mantido bastante baixas, subiram em disparada depois da guerra, para compensar os estragos.[27]

A Finlândia, que esteve muito engajada na Segunda Guerra Mundial, sofreu um declínio drástico de mais de 50% na participação do 1% mais rico na renda entre 1938 e 1947, e o coeficiente de Gini da renda tributável caiu de 0,46 para 0,3 durante o mesmo período. Na Dinamarca, as participações na renda caíram um sexto no 1% mais rico e um quarto no 0,1% mais rico entre 1939 e 1945, e a participação do 1% superior na riqueza declinou um quarto entre o fim da década de 1930 e o fim da de 1940. Sob a ocupação alemã, o governo dinamarquês introduziu aumentos substanciais de impostos e ajustou os salários. Isso, junto com outros efeitos relacionados à guerra, produziu o resultado inverso do que havia acontecido durante a Primeira Guerra Mundial, quando a desigualdade tinha aumentado, na falta de políticas redistributivas, embora, na época, as participações da camada superior na riqueza já houvessem se contraído. Por fim, na Noruega, outro país escandinavo sob ocupação alemã, as participações dos mais ricos na renda também sofreram uma queda substancial e muito mais célere do que depois da guerra. Entre 1938 e 1948, o 0,5% mais rico perdeu quase um terço de sua parcela da renda global, e as participações mais altas na riqueza também começaram a cair nessa época.[28]

Essa rápida pesquisa mostra que, embora os meios precisos do nivelamento tenham diferido entre os países, os resultados gerais foram semelhantes. Taxas de poupança baixas e preços reduzidos dos ativos, destruição física e perda de ativos estrangeiros, inflação e tributação progressiva, controles de aluguéis e de preços e nacionalização, tudo isso contribuiu em graus variáveis. Dependendo de sua configuração específica, esses fatores responderam pela escala e pelo momento da compressão da desigualdade de renda e riqueza. Todos brotaram da mesma fonte: as tensões da guerra total. Piketty fez uma generalização ousada a partir da experiência de sua França natal:

> Em grande medida, foi o caos da guerra, com seus impactos econômicos e políticos concomitantes, que reduziu a desigualdade no século XX. Não houve uma evolução gradativa, consensual e isenta de conflitos para uma igualdade maior. No século XX, foi a guerra, e não a harmoniosa racionalidade democrática ou econômica, que apagou o passado e permitiu à sociedade recomeçar do zero.[29]

Essa afirmação abrangente levanta a questão de saber se isso se deu em todos os lugares. Podemos testar de duas maneiras a conclusão pikettiana: determinando se algum dos beligerantes experimentou resultados diferentes e comparando sua experiência com a de países não diretamente envolvidos nesses conflitos. O primeiro desses testes é mais difícil de fazer do que se poderia esperar. Como já vimos (Tabelas 5.1 e 5.2), a proposição de que os violentos deslocamentos dos períodos de guerras mundiais foram de importância crucial é plenamente corroborada pela prova das participações dos mais ricos na renda, em todos os países beligerantes sobre os quais foram divulgados os dados pertinentes. Infelizmente, faltam peças fundamentais nessa pesquisa: a Áustria-Hungria e a Rússia na Primeira Guerra Mundial e a Itália nas duas guerras. O mesmo se aplica à Bélgica, país duramente atingido por ambos os conflitos, para não falar dos vários Estados da Europa Central e do Leste Europeu situados no que foi denominado de "terras sangrentas" desse período, ou da China na Segunda Guerra Mundial. Por ora, tudo que podemos dizer é que não há evidências conflitantes, sob a forma de uma visível ausência de nivelamento nesse período. Segundo uma reconstrução do coeficiente de Gini das rendas, que não indica nenhuma grande mudança relacionada com a guerra, a Itália é, atualmente, a única exceção possível. É difícil saber ao certo quanto peso isso pode ter.[30]

Quanto ao segundo teste, vários países neutros registraram pequenos aumentos da desigualdade durante a Primeira Guerra Mundial. Na Holanda, a parcela de renda do 1% mais rico teve uma elevação de um terço, passando de 21% para 28% entre 1914 e 1916, antes de voltar a 22% em 1918. Os altos lucros e dividendos dos monopólios, logo no início da guerra, foram os responsáveis, porém não tardaram a ser contidos pela escassez de matérias-primas. À medida que a guerra se arrastou, a Holanda foi incapaz de fugir da necessidade de mobilização e elevou os gastos públicos: as despesas do Estado mais do que duplicaram, em preços constantes; as forças armadas tiveram uma expansão de 200 mil para 450 mil soldados; e foi necessário implementar programas para administrar a produção e distribuição de alimentos. Novos impostos acabaram sendo necessários para financiar esses esforços, inclusive impostos de defesa, altamente progressivos, e um imposto especial de 30% dos lucros estimados de guerra, cobrado de pessoas físicas e jurídicas. Essas medidas logo ajudaram a conter o aumento inicial da desigualdade. A Suécia, do mesmo modo, assistiu a um aumento repentino das participações dos mais ricos na renda durante a Primeira Guerra Mundial, seguido por um declínio marcante na década de 1920, e o mesmo se deu com a Dinamarca. Nos dois países, a participação do 1% mais rico na renda teve uma breve explosão, que a levou a excepcionais 28% em 1916 ou 1917. O Estado dinamarquês demorou a impor controles de preços e aluguéis, e um acordo coletivo de trabalho que só expirou em 1916 reduziu os salários reais dos trabalhadores, numa época de rápido crescimento econômico. A tributação teve apenas um leve aumento. (Não há dados utilizáveis sobre a participação na renda na Noruega durante esses anos.)[31]

Em contraste, a Segunda Guerra Mundial coincidiu com tendências opostas em diversos dos poucos países europeus que escaparam do conflito. A participação da camada mais rica na renda da Irlanda declinou significativamente entre 1938 e 1945, mas a resolução de dados é ruim. Acredita-se que o controle de preços e salários e a escassez de matérias-primas durante os anos da guerra tenham contribuído para esse processo. Em Portugal, as participações dos mais ricos na renda tiveram uma queda ainda maior nesse período: os integrantes do 0,1% mais rico perderam 40% de sua participação entre 1941 e 1946, mas as razões ainda estão por ser explicadas. A Espanha também passou por um nivelamento significativo nas décadas de 1930 e 1940. Discutirei esse ponto no próximo capítulo, como exemplo dos efeitos da guerra civil.[32]

Deixando momentaneamente de lado a Suíça e a Suécia, que receberão atenção mais detalhada a partir de agora, são escassas as evidências adicionais sobre países não beligerantes na época da Segunda Guerra Mundial. A maior parte do mundo não ocidental ainda era dominada por potências coloniais, e a maioria dos países independentes ficava confinada na América Latina, onde é comum os dados serem precários. Apesar disso, os dados latino-americanos fornecem duas percepções valiosas. Uma concerne à evolução radicalmente diferente da desigualdade de renda na Argentina, a qual, no início do século XX, tinha sido um dos países mais ricos do mundo. Durante a Segunda Guerra Mundial, a participação do 1% mais rico na renda do país foi mais alta do que tinha sido antes ou do que veio a ser depois. Esse resultado era comparável ao observado em várias nações europeias neutras durante a Primeira Guerra Mundial, quando os lucros com o conflito haviam aumentado as receitas da elite. No começo da década de 1940, a Argentina vivenciou um crescimento econômico impulsionado pela demanda externa: o país fornecia 40% dos cereais e da carne consumidos na Grã-Bretanha. As altas participações na renda e o volume das exportações tinham estreita correlação positiva, e a elite argentina captava desproporcionalmente os lucros do comércio. Não só a guerra distante não exigiu a mobilização ou medidas fiscais de apoio, nem reduziu os retornos do capital, como também deu um impulso temporário à desigualdade, de formas que eram inviáveis na Europa e em outras partes do globo enredadas no conflito. A segunda percepção deriva da observação mais geral de que, em todos os países latino-americanos sobre os quais existem informações pertinentes, a desigualdade de renda foi muito alta na década de 1960, o período mais antigo que permite uma comparação sistemática. Nos quinze países que calcularam coeficientes de Gini padronizados da renda de mercado a partir dessa década, os valores variam de 0,40 a 0,76, com uma média alta de 0,51 e uma mediana de 0,49. As evidências qualitativas são similarmente incompatíveis com a ideia de um declínio anterior da desigualdade durante a guerra. O que parece ter sido uma compressão significativa no Chile, na época da Segunda Guerra Mundial, foi explicado com referência a fatores econômicos e políticos específicos do país. A desigualdade salarial em diversos países latino-americanos começou a aumentar depois da Segunda Guerra, num contraste marcante com a Europa, a América do Norte e o Japão.[33]

Uma pesquisa das participações mais altas na renda em ex-colônias britânicas, na época da independência, também mostra que elas eram relativamente grandes, em comparação com os níveis ocidentais, então recém-reduzidos pela Segunda Guerra Mundial. As poucas exceções servem apenas para sublinhar a importância dos efeitos da guerra. Na Índia, a participação do 1% mais rico na renda contraiu-se em mais de um terço durante os anos do conflito. À medida que a receita proveniente de impostos indiretos regressivos declinou, em decorrência da diminuição das importações, o governo indiano priorizou os impostos diretos progressivos sobre a renda de pessoas físicas e jurídicas. Um superimposto sobre os que ganhavam mais e uma sobretaxa sobre o excesso dos lucros empresariais atingiram 66%. Como resultado, a participação do imposto de renda no total da receita tributária triplicou, passando de 23% em 1938 e 1939 para 68% em 1944 e 1945; considerando-se a pequena base tributária de apenas algumas centenas de milhares de indivíduos, essa mudança ocorreu à custa da classe alta. Ao mesmo tempo, a participação nos sindicatos de trabalhadores quase dobrou, e as cessações do trabalho motivadas por disputas concernentes aos salários tornaram-se mais frequentes.[34]

Nas Ilhas Maurício, que assistiram à introdução de um imposto de renda em 1932, a participação do 0,1% mais rico na renda caiu quase dois terços entre 1938 e 1946. Os aumentos de impostos durante a guerra coincidiram com uma mudança maciça entre as participações na renda bruta e na renda líquida nesse grupo da elite. Enquanto, em 1933, o 0,1% dos que ganhavam mais respondia por 8,1% da renda bruta e 7,6% da renda líquida – uma diferença desprezível –, em 1947 esses valores tinham caído para 4,4% e 2,9%, respectivamente, documentando não apenas um declínio geral na renda da elite, mas também as consequências niveladoras das transferências fiscais. As participações superiores na renda na Malásia e em Cingapura, que tinham estado sob a predatória ocupação japonesa, também foram muito baixas logo após 1945, com níveis semelhantes aos das Ilhas Maurício, os quais, por sua vez, eram comparáveis aos do Reino Unido e dos Estados Unidos na ocasião.[35]

Volto-me agora para a Suíça e a Suécia, não beligerantes nas duas guerras mundiais. Elas são de interesse especial, por mostrarem como a interação entre a estreita proximidade da guerra com mobilização em massa e as condições políticas e econômicas específicas de cada nação moldou o desenvolvimento da desigualdade em sociedades que eram observadoras neutras. Em 1914, a Suíça, então um país com menos de 4 milhões de habitantes, mobilizou 220 mil soldados. Na falta de remuneração efetiva ou de proteção do emprego, isso causou agruras consideráveis, as quais, junto com o oportunismo de guerra, radicalizaram a mão de obra e acabaram culminando em greves e mobilizações internas de tropas militares, em novembro de 1918. A receita agregada do governo federal, dos cantões e das comunidades dobrou durante os anos do conflito, sustentada pelos impostos da guerra sobre a renda, a riqueza e os lucros bélicos, todos os quais, entretanto, foram mantidos em alíquotas bastante moderadas. Depois da guerra, as propostas de um imposto de renda federal direto e de um imposto de incidência única sobre a riqueza, a fim de quitar as dívidas de guerra (com uma alíquota máxima de 60%), foram rejeitadas. Em vez delas, instituiu-se um imposto de guerra novo e mais progressivo, em 1920, para pagar o serviço da dívida de guerra. Em decorrência da falta de informações sobre as participações dos mais ricos na renda antes de 1933, não podemos determinar como a distribuição de renda foi afetada por essa experiência. Os dados sobre a participação dos mais ricos na riqueza preenchem parcialmente essa lacuna: a participação dos 0,5% maiores patrimônios caiu quase um quarto durante a Primeira Guerra Mundial.[36]

Em 1939, os suíços mobilizaram 430 mil soldados – um décimo de sua população nacional –, número este que foi reduzido para 120 mil após a queda da França. Com base nas lições da guerra anterior, os que estavam no serviço militar recebiam remuneração, para prevenir a recorrência de tensões sociais. Nesse período, a receita do Estado elevou-se numa margem ainda menor do que havia acontecido depois de 1914, em aproximadamente 70%. Introduziu-se uma série de impostos de emergência para ajudar a financiar essa expansão: um imposto sobre lucros de guerra, com alíquotas de até 70% dos lucros relevantes, um imposto sobre a riqueza, de 3% a 4,5% para as pessoas físicas e 1,5% para as pessoas jurídicas, um imposto de guerra sobre a renda, com uma alíquota máxima eventual de 9,75%, e um imposto sobre dividendos, de até 15%. Isso mostra que, com exceção do imposto sobre lucros de guerra, esses tributos foram modestos e não particularmente progressivos, comparados aos implantados por vários dos principais beligerantes na época. A maior parte dos gastos federais adicionais foi financiada pela dívida, que quintuplicou durante a guerra. Tal como na Primeira Guerra Mundial, as participações dos mais ricos na riqueza diminuíram: dessa vez, o 0,5% dos maiores patrimônios perdeu 18% de sua participação. Ao mesmo tempo, a participação da elite na renda não foi muito afetada pela guerra. A participação do 1% mais rico na renda teve uma queda mínima – cerca de um ponto percentual, ou aproximadamente um décimo do total –, e somente a camada de renda mais alta (o 0,01% superior) registrou uma queda substancial, de cerca de um quarto, entre 1938 e 1945 – e mesmo isso fez apenas devolvê-la ao nível de meados da década de 1930. De modo geral, a participação dos mais ricos na renda da Suíça mostrou muito pouca variação entre 1933 e 1973, oscilando levemente numa faixa estreita – e baixa – de 9,7% para 11,8%.[37]

No cômputo geral, o efeito da mobilização para a guerra sobre a desigualdade manteve-se bem discreto. Como em outros lugares, as guerras mundiais instigaram uma expansão da tributação direta, embora esta seja sempre oficialmente descrita como uma medida temporária. Num contexto peculiarmente suíço de resistência generalizada a tais aumentos, era bem possível que essas políticas não fossem viáveis na ausência de ameaças externas. Como nos países desenvolvidos em outros lugares, a mobilização para a Segunda Guerra Mundial, em particular, criou uma demanda de serviços sociais depois da guerra, o que promoveu o desenvolvimento do Estado de bem-estar social. Assim, a sociedade suíça foi exposta a experiências de guerra que foram conducentes à redução das disparidades de renda e riqueza. Até certo ponto, o desenvolvimento das participações dos mais ricos na riqueza conformou-se a essa expectativa. Entretanto, por uma perspectiva comparativa, a ausência de fortes impactos induzidos pela guerra e a evitação associada de uma tributação altamente progressiva são compatíveis com a falta observada de uma compressão significativa da renda, nesse período ou depois dele. Ao levarmos em conta a natureza incomumente descentralizada das instituições políticas e fiscais suíças, bem como o fato de as participações dos mais ricos na renda já serem baixas, pelos padrões internacionais, não é de surpreender que a relativa fraqueza das pressões de guerra tenha deixado de acarretar um nivelamento mais substancial.[38]

A desigualdade sueca evoluiu de modo um pouco diferente, desde a década de 1910 até os anos 1940 (Figura 5.11). Mas, tal como em muitos outros países desenvolvidos da época, os impactos externos, sob a forma das duas guerras mundiais e da Grande Depressão, atuaram como catalisadores cruciais da reforma tributária redistributiva e da eventual expansão do Estado de bem-estar social.[39]

Já assinalei o breve pico da participação dos mais ricos na renda durante a Primeira Guerra Mundial, comparável ao que aconteceu na Dinamarca e na

Holanda. As elites suecas tomaram o partido da Alemanha e obtiveram grandes lucros, enquanto a escassez de alimentos causada pelo bloqueio naval da Entente e a agitação trabalhista sacudiam o país. As marchas da fome, perto do fim da guerra, desencadearam reações pesadas da polícia. A insatisfação popular preparou o terreno para o primeiro governo da coalizão entre liberais e social-democratas no país, que começou a dar alguns passos hesitantes numa direção mais progressista, à sombra crescente da Revolução Russa, não muito longe das praias da Suécia. Uma vez terminada a guerra, os mercados ultramarinos entraram em colapso e a capacidade industrial excedente introduziu a crise financeira e o desemprego. A Figura 5.11 indica que os ricos experimentaram um sofrimento desproporcional, ainda mais porque a proporção entre a riqueza herdada e a renda nacional desfez-se temporariamente, na época. A progressividade tributária significativa surgiu pela primeira vez durante esses anos, embora as alíquotas, mesmo para os que dispunham de uma renda alta, tenham continuado muito baixas (Figura 5.12). Tudo isso salienta que os primórdios da trajetória sueca para uma das distribuições de

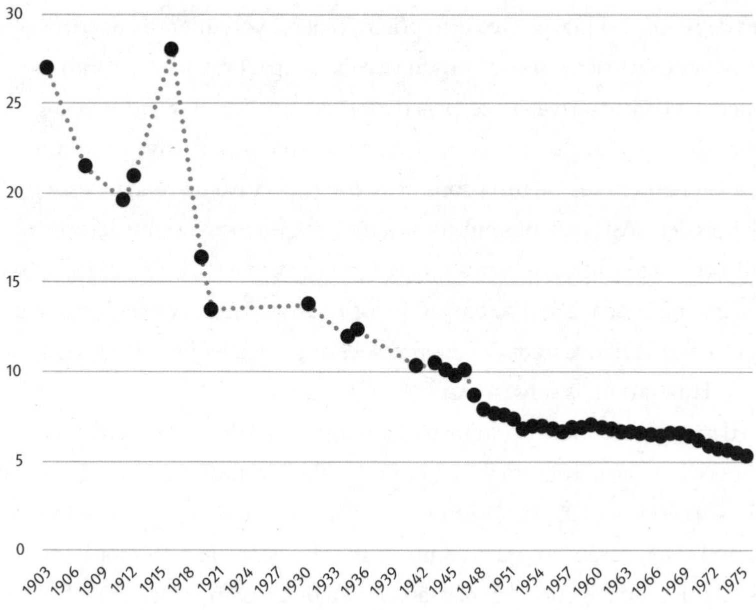

FIGURA 5.11 Participação do 1% mais rico na renda na Suécia, 1903-75 (em percentagens)

renda mais igualitárias do mundo basearam-se firmemente na experiência da Primeira Guerra Mundial e das desestruturações concomitantes.[40]

Outros efeitos do conflito se fizeram sentir tão logo a máquina de guerra nazista mudou a marcha para alta velocidade. Nas palavras de um eminente político social-democrata em 1940, os suecos não tardaram a se descobrir "vivendo em frente à boca de um canhão carregado". O país ficou exposto à pressão dos alemães e dos Aliados. A certa altura, a Alemanha ameaçou bombardear cidades suecas, a menos que lhe fossem asseguradas concessões de trânsito. Numa fase posterior da guerra, a Alemanha traçou um plano de contingência para a invasão, na eventualidade de uma incursão dos Aliados na Suécia. Esta registrou sua situação precária de segurança através de uma enorme expansão de suas forças armadas. Os gastos militares tiveram um aumento de oito vezes durante o transcurso da guerra. Enquanto as reações fiscais à Grande Depressão tinham se mantido modestas, a reforma tributária de 1939 impôs um grande aumento das alíquotas superiores e criou um imposto temporário de defesa, que só se tornou altamente progressivo para quem tinha os rendimentos mais altos, e

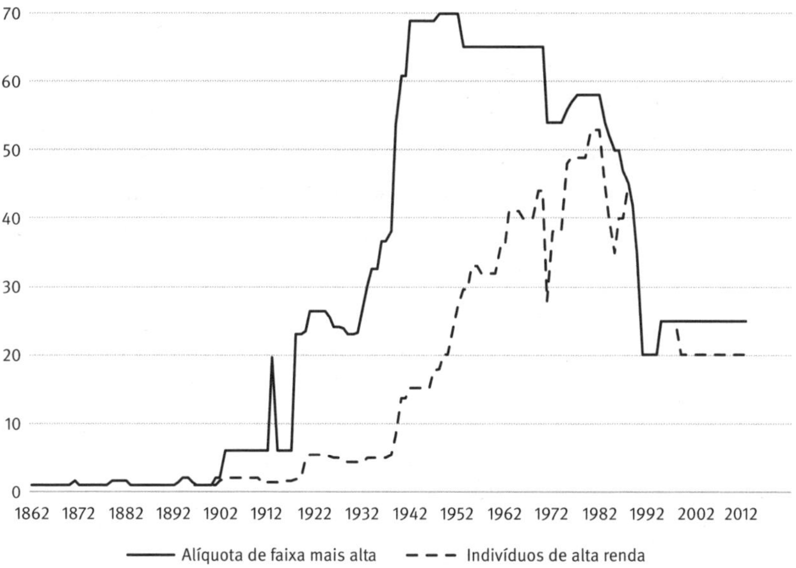

FIGURA 5.12 Alíquotas marginais do imposto de renda estatal na Suécia, 1862-2013 (em percentagens)

ficou ainda mais rigoroso em 1940 e 1942. Além disso, a alíquota obrigatória do imposto de renda das pessoas jurídicas subiu para 40%. O fortalecimento da capacidade militar foi a lógica oficial para todas essas medidas. Graças à ameaça de guerra, num revelador desvio da política argumentativa das décadas de 1920 e 1930, essas reformas foram aprovadas com pouco debate ou controvérsia, como uma decisão política quase unânime.[41]

No entanto, mais ainda do que na Suíça, as participações mais altas na renda antes da dedução de impostos permaneceram insensíveis às pressões dos tempos de guerra, independentemente de considerarmos o 1% mais rico ou outras camadas adicionais da elite nessa faixa. O declínio anterior, na década de 1930, parece ter sido movido, em primeiro lugar, pelos efeitos da Grande Depressão, explicação que seria compatível com o desenvolvimento concomitante das participações na riqueza. A Segunda Guerra Mundial, ao contrário, não testemunhou uma nova queda na participação dos mais ricos na renda nem uma aceleração do declínio secular das maiores participações na riqueza. No entanto, estudos anteriores mostraram que uma equalização substancial entre grupos de renda ocorreu no fim dos anos 1930 e na década de 1940. Em termos mais específicos, foi o período de guerra, propriamente dito, que produziu o nivelamento mais forte, pois tanto os diferenciais de salário entre as indústrias quanto a proporção entre os salários urbanos e os rurais desabaram entre 1940 e 1945, assim estreitando a desigualdade de renda entre os trabalhadores. As informações sobre as participações dos mais ricos na renda não captam essa compressão.[42]

Ademais, a mobilização em massa gerou efeitos sociais que foram muito além da esfera fiscal. Ela transformou o que tinha sido uma força militar direitista num exército do povo, baseado no recrutamento em massa e no alistamento voluntário. Cerca de 400 mil homens de uma população de 6,3 milhões de habitantes serviram nas forças armadas. O serviço militar e civil compartilhado ajudou a superar a desconfianca existente e estimulou o trabalho em equipe e a dependência mútua. O sacrifício foi além do serviço militar em si: cerca de 50 mil soldados ficaram inválidos em decorrência de ferimentos, acidentes e condições inóspitas de trabalho. Do mesmo modo, o racionamento serviu como um meio crucial para nivelar as diferenças de classe. Portanto, a guerra promoveu a homogeneidade e o engajamento cívico. Como disse John Gilmour num estudo que constituiu um marco sobre a Suécia em tempos de guerra, o país

> experimentou uma significativa perturbação econômica, em resultado das condições de guerra, e emergiu em 1945 como uma sociedade alterada em suas atitudes e aspirações ... [A] experiência do recrutamento de guerra ... proporcionou um modelo que se revelou a base para muitos dos ideais de nivelamento social de Per Albin, em seu conceito de *folkhemmet* [a casa do povo]. ... A Suécia obteve benefícios sociais da guerra sem sofrer a mesma perda de vidas humanas e bens com que arcaram os beligerantes e as nações ocupadas.[43]

Nesse sentido, a Suécia experimentou, de fato, um grande efeito de mobilização bélica, que foi conducente à expansão posterior do Estado de bem-estar social. A prazo mais longo, acredita-se que a experiência dos anos de guerra também tenha surtido um efeito ideativo mais geral: a visão da Suécia como um país pequeno, que fora salvo por um governo de coalizão e pelo consenso, contribuiu para a formação do ideal de uma sociedade solidária, sustentada por um Estado redistributivo do bem-estar.[44]

A política do pós-guerra apoiou-se na fundamentação bélica do sistema tributário e na experiência compartilhada da população em geral. Em 1944, quando a guerra se aproximava do fim, os social-democratas, junto com a Confederação Sindical, desenvolveram um programa político destinado a equalizar a renda e a riqueza por meio da tributação progressiva. Isso fazia parte do compromisso dos social-democratas de garantir que

> a maioria se livre da dependência de um punhado de donos do capital, e que a ordem social baseada em classes econômicas seja substituída por uma comunidade de cidadãos que cooperem, com base na liberdade e na igualdade.[45]

A proposta orçamentária para 1947 a 1948 previu gastos de mais que o dobro do nível do que teria implicado um retorno aos patamares anteriores à guerra. Embora parte do orçamento fosse destinada às dívidas de guerra, ele também permitiu um aumento do bem-estar. As alíquotas tributárias caíram um pouco de seus picos do período de guerra, mas as reduções do imposto de renda seriam compensadas por impostos mais altos sobre a riqueza e as propriedades, deslocando uma parte maior do ônus para os ricos. O social-democrata Ernst Wigforss, ministro das Finanças, admitiu que o imposto sobre heranças seria ruim para as maiores fortunas, citando os Estados Unidos e a Grã-Bretanha como modelos: a nova alíquota máxima sobre a herança passou para 47,5%, o que representou uma elevação de 150%. O projeto de lei foi quase exclusivamente discutido do ponto de vista da redistribuição, e o debate foi intenso. Os social-democratas, apoiados pela vontade dos eleitores, que fora moldada pela experiência de guerra, saíram vencedores, e a Suécia embarcou num ambicioso experimento social. Em 1948, as reformas do período de guerra tornaram-se efetivamente permanentes e o nivelamento foi retomado.[46]

Assim como nos países beligerantes que mantiveram os impostos e os gastos elevados após o término do conflito, esse processo esteve intimamente ligado à guerra. As políticas redistributivas e o nivelamento das desigualdades sociais e econômicas eram defendidos desde longa data por certos partidos políticos e sindicatos trabalhistas. A mobilização em massa para a guerra serviu como um catalisador que ajudou a transformar esses ideais em realidades. O caso da Suécia é instrutivo, por demonstrar que até um efeito comparativamente limitado da mobilização para a guerra podia ser suficiente para criar tanto a infraestrutura fiscal quanto a vontade política e o apoio eleitoral necessários para que as preferências políticas progressistas levassem a melhor.[47]

"Um momento revolucionário na história mundial é um momento para revoluções, não para remendos": Dos choques violentos à reforma equalizadora

Isso era ainda mais verdadeiro para os países que lutaram nas guerras mundiais. Uma cadeia comum de acontecimentos serviu para reduzir a desigualdade e, em seguida, manter ou, em muitos casos, reforçar ainda mais o nivelamento dos tempos de guerra: perda de capital para a destruição, a expropriação ou a inflação; declínio dos retornos do capital em decorrência de intervenções políticas, tais como a política tributária e os controles sobre aluguéis, preços, salários e dividendos; e o compromisso do pós-guerra com a continuação de uma tributação elevada e progressiva. Dependendo das circunstâncias políticas, militares e econômicas de cada país, o nivelamento podia ser repentino ou mais gradativo, concentrado durante os anos de guerra ou adiado para crises no pós-guerra, ou, ainda, estendido por períodos mais longos. Contudo, o resultado era sempre o mesmo, independentemente de os países saírem vitoriosos ou derrotados, sofrerem ocupação durante ou depois da guerra, serem democracias ou governados por regimes autocráticos. A mobilização em massa para fins de violência em massa foi o motor de uma transformação transnacional da distribuição da renda e da riqueza.

Podemos agradecer a Piketty por uma resposta à questão de por que a desigualdade não se recuperou prontamente depois de 1945, uma resposta que é elegante em sua simplicidade. A acumulação de capital é um processo demorado, e o século XIX, predominantemente pacífico em grande parte do Ocidente, havia oferecido condições favoráveis. Depois de o capital ser destruído em larga escala no período das guerras mundiais, revelou-se muito mais difícil reconstruí-lo, enquanto continuassem em vigor algumas medidas dos tempos de guerra, como as alíquotas progressivas sobre a renda e a riqueza. E elas continuaram vigentes enquanto o Estado militarista altamente inflacionado transformou-se no Estado social do pós-guerra, canalizando para o provimento de bem-estar os instrumentos fiscais originalmente criados para a mobilização em massa de pessoas e recursos industriais.[48]

A mobilização para a guerra também foi instrumental para promover a sindicalização do trabalho. Isso é importante porque os altos índices de participação sindical, que sustentam as negociações coletivas e protegem os direitos dos trabalhadores, costumam ser vistos como uma força niveladora e, na verdade, têm uma correlação negativa com a desigualdade de renda a longo prazo. Mesmo assim, uma vez que a expansão dos sindicatos foi sobretudo uma função da guerra com mobilização em massa, não há razão convincente para ver a primeira como um agente independente da compressão da renda. A importância do efeito da mobilização para a guerra fica claramente visível no caso do Reino Unido, onde a participação sindical quase quadruplicou durante e logo depois da Primeira Guerra Mundial, antes de começar a minguar durante cerca de quinze anos e só voltar a seu pico anterior durante a Segunda Guerra Mundial. Nos Estados Unidos, os índices de sindicalização, que tinham subido por um breve período e tornado a cair na época da Primeira Guerra Mundial, dispararam em resposta a dois choques. O primeiro foi a Grande Depressão, que instigou o New Deal e a Lei Nacional de Relações Trabalhistas de julho de 1935, a qual assegurou o direito de os trabalhadores se organizarem em sindicatos e se engajarem em negociações coletivas. Quando a onda inicial estagnou, passados alguns anos, a guerra forneceu outro impulso poderoso, que fez as inscrições nos sindicatos atingirem sua maior alta de todos os tempos em 1945, seguida por um declínio bastante regular a partir de então. Os elementos fundamentais desse padrão foram reproduzidos em todos os países desenvolvidos: índices muito baixos de sindicalização antes da Primeira Guerra Mundial, grandes aumentos nas etapas finais e no período imediatamente posterior a esse conflito, declínio parcial e forte recuperação, até se atingirem novos picos durante a Segunda Guerra Mundial. As variações significativas limitaram-se ao período pós-guerra, quando o número de membros não tardou a se reduzir em alguns países, porém se manteve firme por mais tempo em outros, onde só diminuiu em data mais recente. Apenas um pequeno número de países dessa pesquisa, notadamente a Dinamarca e a Suécia, vivenciou um crescimento substancial e sustentável, ultrapassando os níveis da Segunda Guerra Mundial. A média da OCDE na Figura 5.13 esclarece bem a tendência geral.[49]

Depois de ter uma enorme expansão durante os anos de guerra, a participação sindical funcionou como um freio para a recuperação da desigualdade, ao lado de medidas fiscais progressivas e outras formas de regulamentação governamental. Como veremos no capítulo 12, a democracia, ao contrário da sindicalização, não tem uma correlação consistente com a desigualdade. Apesar disso, vale a pena assinalar que as guerras mundiais associaram-se de perto à expansão do direito de voto. Max Weber já havia identificado a dinâmica subjacente:

> A base da democratização, em toda parte, é de caráter puramente militar. ... A disciplina militar significou a vitória da democracia, porque a comunidade desejava e foi obrigada a assegurar a cooperação das massas não aristocráticas e, por conseguinte, pôs armas e, junto com as armas, poder político nas mãos delas.[50]

Desde então, os estudos modernos têm estabelecido uma ligação reiterada entre a guerra total e a ampliação dos direitos políticos. Na medida em que levantar exércitos em massa requer o consentimento da sociedade, as ampliações dos direitos civis podem ser vistas como um corolário lógico da mobilização militar intensa. Como afirmo no capítulo seguinte, esse princípio já era aplicado nos tempos da Grécia antiga. No passado mais recente, todos os homens franceses de 25 anos ou mais tinham o direito de eleger os membros da Assembleia na França revolucionária. O sufrágio masculino universal foi concedido na Suíça em 1848, após uma guerra civil entre alguns cantões, no ano anterior; nos Estados Unidos, foi concedido em 1868 (e em 1870 aos negros), na esteira da Guerra de Secessão; na Alemanha, em 1871, após seu conflito com a França; e na Finlândia, em 1906, na esteira das reformas instigadas pela Guerra Russo-Japonesa. Ampliações mais limitadas do direito de voto nos séculos XIX e XX foram interpretadas como respostas a preocupações com a agitação social e possíveis revoluções. Em contraste, os exemplos antigos não relacionados com a guerra ou com ameaças de violência são raros. *Grosso modo*, o clima pacífico europeu posterior a 1815 havia retardado as reformas políticas. Isso sofreu uma mudança drástica com as mobilizações maciças das

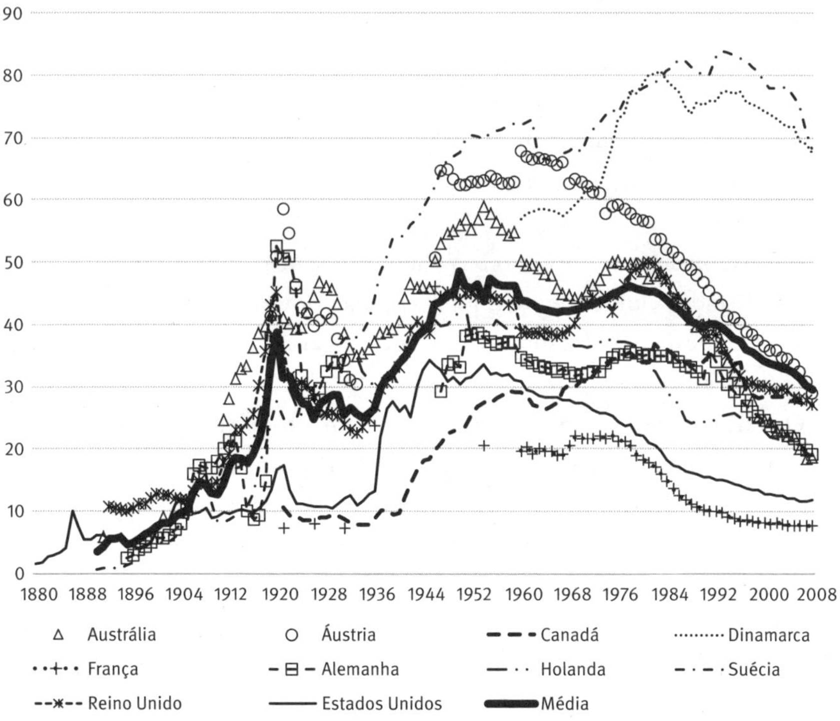

FIGURA 5.13 Densidade sindical em dez países da OCDE, 1880-2008 (em percentagens)

guerras mundiais, que não tinham precedentes. O sufrágio masculino pleno foi introduzido em 1917 na Holanda e em 1918 na Bélgica, na Irlanda, na Itália e no Reino Unido. O sufrágio universal tornou-se lei na Dinamarca em 1915; na Áustria, Estônia, Hungria, Letônia, Polônia e (tecnicamente) Rússia, em 1918; na Alemanha, em Luxemburgo, na Holanda e na Suécia, em 1919; no Canadá anglófono, nos Estados Unidos e na Tchecoslováquia, em 1920; e na Irlanda e na Lituânia, em 1921. No Reino Unido, as mulheres de trinta anos ou mais também conquistaram o direito de voto em 1918, e, dez anos depois, essa restrição etária foi eliminada. A Segunda Guerra Mundial resultou no grande impulso seguinte, com o qual o sufrágio universal foi introduzido no Quebec, em 1940; na França, em 1944; na Itália, em 1945; no Japão, em 1946; na República da China (logo restrita a Taiwan) e em Malta, em 1947; e na Bélgica e na Coreia do Sul, em 1948. A ligação entre a guerra total e o direito de voto em massa não esteve meramente implícita nessa cronologia, mas foi expressamente estabelecida. Para citar apenas dois exemplos, Woodrow Wilson procurou vender o voto feminino "como uma medida de guerra":

> essencial ao prosseguimento exitoso da guerra de humanidade em que estamos engajados. … Fizemos das mulheres nossas parceiras nesta guerra. Haveremos de admiti-las apenas numa parceria de sacrifício, sofrimento e labuta, e não numa parceria de privilégios e direitos?

Poderíamos dizer que a proibição judicial de primárias somente de brancos, nos Estados Unidos de 1944, foi instigada por uma virada na opinião pública contra a exclusão das minorias que participavam dos "sacrifícios comuns dos tempos de guerra".[51]

O padrão observado se coaduna bem com a redução da reforma do direito de voto no entreguerras, quando o sufrágio universal foi introduzido na Turquia (1930), em Portugal (em etapas, de 1931 a 1936) e na Espanha (1931), deixando de lado a suspensão das restrições etárias na Irlanda e no Reino Unido em 1928. O ritmo geralmente lento da democratização, nos países que ficaram longe das grandes guerras e livres da necessidade de oferecer concessões ou recompensas pela mobilização em massa, também já foi assinalado. A exposição à guerra total criou um impulso de importância singular para a democratização formal.[52]

Os choques maciços e violentos da guerra moderna com mobilização em massa reduziram a desigualdade por uma ampla gama de meios. As atitudes do pós-guerra foram moldadas pela experiência desses choques singulares. O recrutamento e o racionamento foram apontados como estímulos ubíquos e poderosos de mudança, e, em muitos dos países afetados, as evacuações e a exposição a bombardeios e a outras atividades militares voltadas contra os civis reforçaram ainda mais os efeitos sociais dos conflitos, em especial na primeira metade da década de 1940. Largamente difundidos pelas populações nacionais, esses deslocamentos desgastaram as distinções de classe e elevaram as expectativas de justiça, participação, inclusão e reconhecimento de direitos sociais universais, expectativas que eram profundamente incompatíveis com a distribuição altamente distorcida dos recursos materiais que havia caracterizado o período pré-guerra. O planejamento estatal do período de conflito deu impulso ao pensamento coletivista. Um grande corpo de estudos concorda em que a experiência das guerras mundiais foi um catalisador crucial da criação do moderno Estado de bem-estar.[53]

A natureza cataclísmica da Segunda Guerra Mundial acelerou muito o curso das políticas sociais, visto que a necessidade de reformas e provimentos redistributivos de bem-estar no pós-guerra passou a ser reconhecida em todo o espectro político, inclusive como um meio vital para respaldar o moral. Nem de longe foi por coincidência que o *Times* – que não era exatamente um defensor do progressivismo – publicou o seguinte editorial, apenas dias depois da rendição da França e da famosa predição de Churchill de que "a Batalha da Grã-Bretanha está prestes a começar":

> Quando falamos em democracia, não nos referimos a uma democracia que mantenha o direito ao voto, mas se esqueça do direito ao trabalho e do direito à vida. Quando falamos em liberdade, não nos referimos a um individualismo grosseiro, que exclua a organização social e o planejamento econômico. Quando falamos em igualdade, não nos referimos a uma igualdade política anulada pelo privilégio social e econômico. Quando falamos em reconstrução econômica, pensamos menos numa distribuição máxima (embora esse trabalho também venha a ser exigido) do que numa distribuição equitativa.[54]

A tributação altamente progressiva, a sindicalização e a democratização figuraram entre os meios mais importantes para esse fim. Dizer, como fazem os economistas suecos Jesper Roine e Daniel Waldenström, em seu abalizado estudo sobre o desenvolvimento das participações mais altas na renda no último século, que

> os choques portentosos explicam a maior parte da queda, mas há também um papel da mudança nas políticas e, provavelmente, também das mudanças econômicas gerais no equilíbrio entre os retornos do capital e do trabalho,[55]

reduz a importância singular da guerra moderna de mobilização total para o nivelamento moderno. Na medida em que as próprias transformações da política e as mudanças econômicas foram uma decorrência das guerras mundiais, elas não devem ser tratadas como fatores separados. As políticas que resultaram na compressão das desigualdades materiais foram realmente produto das exigências da guerra. Não importa se esse resultado foi proposital ou inadvertido – apenas que foi ubíquo. O ousado apelo de Sir William Beveridge durante a guerra, no sentido de que

> qualquer proposta para o futuro, embora deva usar plenamente a experiência colhida no passado, não deve ser restringida pela consideração de interesses setoriais estabelecidos na obtenção dessa experiência. Agora que a guerra vem abolindo toda sorte de pontos de referência, esta é a oportunidade de se usar a experiência num campo desobstruído. Um momento revolucionário na história mundial é um momento para revoluções, não para remendos,

não caiu em ouvidos moucos, nem na Grã-Bretanha nem em outros lugares.[56]

E embora a mudança econômica tenha sido determinada de maneiras complexas, sem dúvida, grande parte dela também teve raízes profundas, similarmente, nos efeitos da guerra global com mobilização em massa. Consideremos o recurso de Peter Lindert e Jeffrey Williamson

> às mudanças fundamentais nos fatores de mercado ocorridas durante o Grande Nivelamento pós-1910: não apenas esses choques militares e políticos, mas também a grande desaceleração do crescimento da oferta de mão de obra, o avanço

rápido da educação, a diminuição do preconceito tecnológico contra os não qualificados, uma economia mundial muito mais oposta ao comércio, que desviou das costas norte-americanas as importações intensivas em mão de obra e reprimiu as exportações norte-americanas intensivas em qualificação e capital, e um setor financeiro em retração.

Três das últimas cinco ocorrências tiveram estreita ligação com os choques militares e políticos da primeira metade do século XX: a redução rigorosa da imigração, o hiato na integração econômica global e as rendas relativas decrescentes do setor financeiro, tudo isso se compreende melhor como consequências e manifestações desses choques do que como fatores significativamente separados. Dentre os dois elementos restantes, seria de esperar que os aprimoramentos contínuos na oferta de educação atuassem de maneira gradativa sobre a desigualdade, ao passo que a maioria dos dados disponíveis aponta para reduções breves e descontínuas na recompensa das qualificações e nos retornos da educação superior, justamente na época das duas guerras mundiais. O último componente – o aumento da produtividade dos setores intensivos em mão de obra não qualificada na economia norte-americana – foi incapaz de gerar os episódios observados de compressão rápida e substancial de uma variedade de índices de desigualdade, desde a participação dos mais ricos na renda e a distribuição de rendas e salários até os salários relativos do setor financeiro e os retornos da educação. Além disso, a "Grande Compressão" foi um processo que se desenrolou em todo o mundo industrializado e, em alguns casos, até além dele. Alguns dos países afetados tinham sido fontes de migrantes, outros, destinos deles; o setor financeiro desempenhou um papel muito maior em algumas dessas economias do que em outras, e elas diferiram em relação até que ponto seus cidadãos gozavam de acesso à educação. A única coisa que todos tiveram em comum foi a experiência compartilhada dos choques violentos e do impacto destes no capital, nas políticas tributárias, econômicas e de bem-estar, e no comércio global. Vista por essa perspectiva, a violência das guerras e das revoluções não foi uma simples influência equalizadora entre muitas, porém uma força singularmente avassaladora, que definiu os resultados políticos, sociais e econômicos.[57]

A ideologia também não atuou como um agente autônomo: embora o projeto redistributivo das organizações políticas progressistas fornecesse uma infraestrutura intelectual e ideológica a que a formulação de políticas de guerra e do pós-guerra podia recorrer, a disposição e a capacidade dos governos de financiar e implementar políticas sociais muito mais ambiciosas deveram muito às eclosões globais de violência a que eles se esforçaram por responder.[58] O nivelamento em massa nasceu da violência em massa – bem como do medo de uma futura violência em massa numa escala ainda mais vasta. É bem possível que a expansão do Estado de bem-estar social no pós-guerra, nos dois lados da Cortina de Ferro, tenha sido influenciada pela competição entre o bloco ocidental e o soviético. Mais especificamente, o desenvolvimento da desigualdade econômica em dezoito países do Ocidente, de 1960 a 2010, foi reprimido pela Guerra Fria: controlando outros fatores, como as alíquotas mais altas de imposto marginal, a densidade sindical e a globalização, o relativo poderio militar da União Soviética teve uma correlação negativa e muito significativa com as participações dos mais ricos na renda nacional. A ameaça soviética parece ter funcionado como um dispositivo disciplinador da desigualdade, que ajudou a fomentar a coesão social. Esse cerceamento desapareceu prontamente depois do colapso da União Soviética em 1991. Quase meio século após o término do último conflito, a guerra mundial finalmente deixou de ser uma perspectiva realista.[59]

6. Guerra pré-industrial e guerra civil

"Agora, nada impedia o vigor com que a guerra poderia ser travada": O (res)surgimento da guerra de mobilização total no Ocidente

Em seu recente estudo sobre a tributação e a guerra, Kenneth Scheve e David Stasavage demonstram até que ponto a guerra moderna de mobilização total representou uma ruptura com o passado. Os índices de mobilização militar de um painel de treze grandes potências, desde o fim da Guerra dos Trinta Anos, indicam que o poderio militar aumentou à medida que as populações foram crescendo ao longo do tempo, enquanto os índices de mobilização permaneceram bastante estáveis, com uma média aproximada de 1% ou 1,5% da população total. As duas guerras mundiais deslocaram temporariamente o índice médio do meio século decorrido entre 1900 e 1950 para 4% a 4,5%, mais que o triplo do nível médio dos 250 anos anteriores (Figura 6.1). Isso combina bem com a ideia de que a guerra moderna de mobilização total serviu como uma força niveladora que foi, ao mesmo tempo, potente e rara: como mostrei no capítulo 3, na ausência dela, com poucas exceções visíveis, a desigualdade material viera aumentando ou se mantivera estável em níveis altos, ao longo desses séculos anteriores.[1]

As guerras com mobilização em massa – nas quais uma proporção significativa da população total (digamos pelo menos 2%, como na taxonomia de Scheve e Stasavage) serve às forças armadas – só são esporadicamente atestadas nas gerações anteriores a 1914. A duração é igualmente importante, pois não se pode esperar que grandes mobilizações brevíssimas surtam grande efeito na distribuição dos recursos privados. A Guerra Franco-Prussiana de 1870 a 1871 envolveu altos níveis de mobilização, com certeza, mas durou menos de dez meses e, a rigor, estava decidida após somente um mês e meio. Na década anterior, a Guerra de Secessão, nos Estados Unidos, tinha sido uma candidata mais promissora a força niveladora potencial. Apesar de convencionalmente definida como guerra civil, ela teve muitas das características das guerras em larga escala entre Estados e envolveu uma mobilização maciça do efetivo militar de ambos os lados. Entre 1861 e 1865, a União mobilizou pouco mais de 2 milhões de soldados, ou cerca de um décimo de sua população, e os confederados recrutaram, talvez, quase 1 milhão de soldados numa população não escrava de 5,6 milhões de habitantes, talvez um sétimo ou até um sexto desse grupo e aproximadamente um nono da população total do Sul – uma proporção menos significativa. Deixando de lado as diferenças de estrutura etária, esses índices de mobilização foram impressionantes até pelos padrões posteriores das guerras mundiais. O esforço dos confederados não ficou muito aquém dos altíssimos níveis franceses e alemães de um quinto, na Primeira Guerra Mundial, uma guerra com a mesma duração, e o índice da União não foi muito menor que a taxa norte-americana de um oitavo na Segunda Guerra Mundial, e foi muito mais alto do que na Primeira Guerra, quando atingiu apenas 4%. A Guerra de Secessão, portanto, qualifica-se claramente como uma guerra de mobilização total.[2]

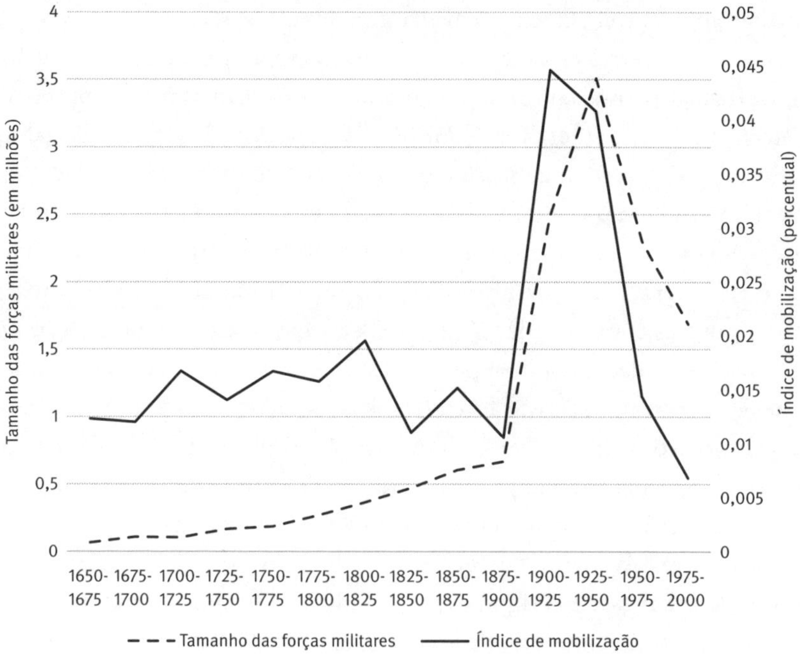

FIGURA 6.1 Tamanho das forças militares e índices de mobilização em anos de guerra nas grandes potências, 1650-2000 (médias em 25 anos)

Em princípio, as características-chave desse conflito – recrutamento crescente, duração de vários anos, custos altíssimos e enormes baixas – teriam sido conducentes a medidas políticas que resultariam no nivelamento. Mas isso não aconteceu. É verdade que a Guerra de Secessão alterou mais completamente os regimes tributários do que as guerras anteriores em solo norte-americano. Em 1862, a União criou um imposto de renda, o que foi acompanhado pela Confederação no ano seguinte. Todavia, tal como originalmente introduzido, o imposto de renda da União era muito baixo e só muito moderadamente progressivo, correspondendo a uma alíquota de 3% sobre a maioria das rendas tributáveis e a uma alíquota de 5% para os de renda mais alta. Em 1864, o Congresso criou faixas de renda com alíquotas um pouco mais altas, de até 10% – uma elevação implementada em resposta a revoltas contra o recrutamento militar e a discussões rudimentares sobre a justiça. Ainda assim, o imposto não gerou grande receita. Inicialmente retido para pagar dívidas de guerra, permitiu-se que fosse extinto em 1872. Os impostos sobre o consumo, que são intrinsecamente regressivos, continuaram a ser a principal fonte de receita, e o único imposto direto a produzir uma receita digna de nota – um dízimo sobre produtos agrícolas que era, essencialmente, uma formalização do confisco – também era de fato regressivo. Enquanto isso, a Confederação recorreu sobretudo à cunhagem da moeda, desencadeando uma inflação galopante, que atingiu mais de 9.000% no fim da guerra.[3]

O efeito eventual da guerra sobre a desigualdade teve diferenças maciças entre o Norte e o Sul. Na União, os ricos auferiram enormes lucros, abastecendo as forças armadas e garantindo as dívidas de guerra. O número de milionários teve um drástico aumento na década de 1860. Magnatas famosos, como John P. Morgan, John D. Rockefeller e Andrew Carnegie, começaram como especuladores na guerra civil. Como talvez fosse inevitável, esse tipo de concentração bem no alto não se refletiu em estudos de amostras censitárias que apontem para níveis substancialmente similares de desigualdade da riqueza em 1860 e 1870, e a renda dos imóveis em geral só ficou ligeiramente mais concentrada. Em contraste, as disparidades globais da renda tiveram enorme expansão durante essa década: na Nova Inglaterra, o coeficiente de Gini da renda subiu mais de seis pontos percentuais e a participação do 1% mais rico na renda subiu o equivalente à metade do seu nível anterior; outras regiões registraram mudanças semelhantes, se bem que, não raro, mais moderadas. Não há como duvidar de que a Guerra de Secessão aumentou a desigualdade no Norte.[4]

Verificou-se o oposto no Sul derrotado, onde a abolição da escravatura eliminou uma enorme parcela da riqueza da elite proprietária das grandes lavouras. Em 1860, os escravos respondiam por espantosos 48,3% de toda a riqueza particular nos estados sulistas, significativamente mais do que o valor total de todas as terras cultivadas e das construções associadas a elas. A posse de escravos tinha elevado a desigualdade no Sul a níveis mais altos do que noutros lugares do país: em 1860, o coeficiente de Gini da renda familiar chegou a 0,61 nos estados do Atlântico Sul, a 0,55 na região sudeste central e a 0,57 na região sudoeste central, comparados ao 0,51 do país em geral, e subindo do 0,46 medido no Sul em 1774. Embora a posse de escravos fosse bastante difundida, já que um quarto das famílias sulistas os possuíam, cerca de um quarto de todos os escravos concentravam-se no 0,5% mais rico entre as famílias. A emancipação generalizada, sem nenhuma indenização, somada aos deslocamentos de guerra e à vasta destruição física infligida a alguns estados sulistas, causou enorme redução nos bens regionais, prejuízos que incidiram de maneira desproporcional sobre as camadas superiores da classe dos proprietários de plantações.[5]

As informações mais detalhadas vêm de uma amostra de dados censitários de 1860 e 1870, que nos permite levantar as mudanças ocorridas durante a guerra civil e o período imediatamente posterior. Nos estados sulistas, esses dados documentam a destruição da riqueza em enorme escala: a riqueza média per capita teve uma queda de 62%, só nessa década. Tais prejuízos tiveram uma distribuição desigual nas faixas de riqueza e nas categorias de ativos (Tabela 6.1).[6]

TABELA 6.1 Posses em 1870 em relação a 1860 (1860 = 100) entre brancos sulistas

	Participação na riqueza				
Tipo de bens	0-55	55-90	90-95	95-99	99-100
Imóveis	46,4	66,0	68,0	77,3	74,3
Móveis/pessoais	72,3	32,1	18,8	18,0	22,8
Total	61,9	48,2	38,4	40,8	46,0

Os 10% mais ricos perderam terreno em relação ao resto da população: sua parcela de todos os bens pessoais caiu de 73% para 59,4%, apesar de sua participação na posse de imóveis ter subido ligeiramente, passando de 68,4% para 71,4%, o que fez sua participação na riqueza total declinar de 71% para 67,6%. Excetuado o 1% mais rico, o grau de perda de bens pessoais aumentou conforme a riqueza, ao passo que os menos abastados foram os mais pesadamente afetados pela perda de bens imóveis. O primeiro desses fenômenos foi impulsionado sobretudo pela abolição da escravatura, que destruiu muito do patrimônio em bens móveis das camadas superiores da sociedade sulista, ao passo que os que não possuíam escravos tiveram muito menos a perder. Esse processo teria surtido um efeito nivelador muito mais maciço na sociedade sulista se não tivesse sido parcialmente neutralizado pela desvalorização mais forte ou pela diminuição dos bens imóveis entre os menos abastados. Isso também é bem evidenciado pelos coeficientes de Gini de distribuição da riqueza entre os brancos sulistas em 1860 e 1870. Embora os Ginis dos bens imóveis tenham registrado apenas uma pequena redução (de 0,72 para 0,7), a desigualdade dos bens móveis exibiu uma queda dramática, de 0,82 para 0,68. Consequentemente, a desigualdade total na riqueza seguiu um curso intermediário, já que o Gini da totalidade dos bens caiu de 0,79 para 0,72. Considerando a curta duração temporal, isso corresponde a uma compressão substancial da desigualdade geral. Nem mesmo a inclusão dos escravos libertos na amostra de 1870 contribui muito para modificar essa tendência geral.

As mudanças na distribuição da renda fizeram eco a essa transformação (Tabela 6.2). Em toda a população sulista, o coeficiente de Gini da renda de imóveis caiu de 0,9 em 1860 para 0,86 em 1870. No cômputo geral, o "1%" sulista viu sua participação na renda total reduzir-se em mais de um terço, e os coeficientes de Gini da renda regional tiveram uma contração acentuada de 7 a 9 pontos.[7]

TABELA 6.2 Desigualdade da renda de famílias sulistas

	Coeficiente de Gini		Participação do 1% mais rico	
Região	1860	1870	1860	1870
Estados do Atlântico Sul	0,61	0,53	13,7	8,5
Região sudeste central	0,56	0,49	12,5	8,5
Região sudoeste central	0,57	0,48	16,0	7,5

Todavia, o nivelamento sulista não foi uma função da guerra com mobilização em massa, mas uma simples consequência da derrota militar. A despeito de toda a sua pompa como uma das primeiras guerras "modernas" com mobilização em massa, de sua canalização de recursos industriais e de seu foco estratégico na infraestrutura civil, a Guerra de Secessão, em termos de suas consequências para a desigualdade material, ainda foi um conflito tradicionalíssimo, no qual as elites vitoriosas lucraram e as elites derrotadas tiveram prejuízo – e de modo desproporcional em relação à população geral. Discutirei esse desfecho historicamente difundido no presente capítulo, mais adiante. Na década de 1860, só os métodos diferiram dos comumente aplicados nos conflitos mais arcaicos, como a pilhagem escancarada. Nesse caso particular, o resultado principal foi um deslocamento da riqueza e do poder dos donos de plantações sulistas para os capitalistas do Norte. Ajudada pela inexistência de mecanismos redistributivos – o que em si é função da relativa fraqueza do governo federal e das instituições democráticas, em termos mais gerais –, a elite rica do lado vitorioso saiu ganhando, ao tirar proveito da guerra e do desenvolvimento econômico ligado à guerra, em vez de enriquecer pela captura de propriedades do Sul. Numa guerra travada em séculos anteriores, ela poderia ter se apossado das plantações sulistas ou transferido os escravos do Sul para seus próprios bens. A elite rica do lado perdedor abriu mão de bens, nesse caso, não para a captura direta pelos vencedores, mas para a expropriação sem transferências. Isso mitigou a escala de suas perdas, visto que os escravos foram libertados sem privar os fazendeiros de seu trabalho.

Ao mesmo tempo, o caráter totalizador do conflito e a consequente disseminação da perda de bens humanos tornaram a derrota mais cara e invasiva do que teria sido numa guerra pré-moderna mais tradicional, travada com ambições e capacidades mais limitadas. A Guerra de Secessão foi um híbrido, situado numa conjuntura particular da evolução social, com um pé na modernidade (representada pelo engajamento em massa e pelo impacto nacional) e outro no passado (representado pelo oportunismo irrestrito das elites vitoriosas e por uma grande diminuição de bens somente das elites derrotadas). Talvez pela última vez na história, os efeitos na desigualdade diferiram imensamente entre vencedores e perdedores. Em contraste, a julgar pela evidência das participações dos mais ricos na renda, as elites saíram perdendo nas duas guerras mundiais, independentemente de seus países terem vencido ou sido derrotados.[8]

As únicas outras séries de conflitos do início da era moderna que se qualificam como eventos com mobilização em massa, e em grande escala, foram as guerras da Revolução Francesa e da era napoleônica. Em 1793, a França ficou sob uma tensão excepcional, ao se descobrir em guerra com muitas das grandes potências europeias, entre elas a Áustria, a Inglaterra, a Prússia e a Espanha. Em 23 de agosto daquele ano, a Convenção Nacional francesa lançou a "*levée en masse*" [conscrição em massa], procurando recrutar todos os homens solteiros e fisicamente aptos entre dezoito e 25 anos. A retórica do momento – e, cada vez mais, também a prática que se seguiu – foi a da guerra com mobilização em massa:

> A partir deste momento, até quando seus inimigos tiverem sido expulsos do solo da República, todos os franceses acham-se em requisição permanente para os serviços dos exércitos. Os jovens travarão combate; os homens casados produzirão armas e transportarão provisões; as mulheres farão barracas e roupas e servirão nos hospitais; as crianças transformarão velhas felpas de algodão em compressas; os homens idosos se dirigirão às praças públicas para despertar a coragem dos guerreiros e pregar o ódio aos reis e a união da República.[9]

A história mostraria que esse foi um passo momentoso. Carl von Clausewitz, cuja ilustre carreira militar teve início naquele ano, ao combater os franceses pela primeira vez, em seus tenros treze anos de idade, maravilhou-se posteriormente com essa inovação, no último volume de seu tratado *Da guerra*:

> Em 1793, surgiu uma força que suplantou toda a imaginação. De repente, a guerra voltou a se tornar um assunto do povo – um povo de 30 milhões de pessoas, todas as quais se consideravam cidadãs. ... Todo o peso da nação foi posto na balança. Os recursos e os esforços disponibilizados para uso superaram todos os limites convencionais; já então, nada impedia o vigor com que a guerra poderia ser travada.[10]

Sob a liderança de Napoleão, forças militares de dimensões sem precedentes fizeram campanha por toda a Europa. Entre a década de 1790 e o ano de 1815, cerca de 3 milhões de franceses serviram às forças armadas, ou um nono de toda a população do país – um nível de mobilização comparável ao dos Estados Unidos na Guerra de Secessão e na Segunda Guerra Mundial. Como veremos no capítulo 8, acredita-se que a distribuição da renda tenha se tornado um pouco mais equitativa entre a eclosão da Revolução Francesa e o período pós-napoleônico. Entretanto, não sabemos dizer se essa mudança se deveu mais a expropriações e redistribuições revolucionárias internas do que aos custos e consequências das guerras externas da França. A guerra com mobilização em massa e a revolução caminharam de mãos dadas em reiteradas ocasiões: a Alemanha e a Rússia, depois da Primeira Guerra Mundial, e a China, após a Segunda Guerra, são os exemplos mais conhecidos. O caso francês é inusitado pelo fato de a revolução haver precedido a guerra em massa, em vez de seguir-se a ela. Isso torna difícil, talvez impossível, discernir os respectivos efeitos equalizadores, mas dá prioridade à revolução, convidando-nos a tratar as consequências da guerra como um subproduto da revolução. Por essa razão, examinarei a experiência francesa no capítulo 8, que é dedicado ao nivelamento que se dá por meios revolucionários.[11]

"Homens para servir na lavoura e na guerra": A guerra pré-moderna de mobilização total

A mobilização militar em massa tem sido sobretudo um fenômeno moderno, ao menos no sentido estrito em que este conceito foi definido nas páginas anteriores: na maioria dos casos, pelo menos um décimo de toda a população serviu nas forças armadas. Um limiar mais baixo nos permitiria incluir mais beligerantes nas Guerras Napoleônicas ou nas guerras mundiais sem alterar o quadro geral. O requisito mínimo de Scheve e Stasavage – o de 2% da população do país servindo nas forças armadas num dado momento – traduz-se numa proporção geral maior nos conflitos mais prolongados, à medida que os soldados morrem ou são substituídos por outras razões. Considerando o papel destacado das doenças infecciosas como fonte de depauperação nos exércitos pré-modernos, a mobilização prolongada, mesmo nesse nível do limiar, reclamaria pouco a pouco uma enorme parcela da população efetivamente habilitada de homens fisicamente aptos. Por essa simples razão – sem falar nas restrições econômicas, fiscais e organizacionais –, seria improvável que as sociedades agrárias tradicionais sustentassem esse tipo de esforço por qualquer período significativo.[12]

O fato de alguns regimes políticos imperiais terem sido capazes de pôr em campo exércitos enormes foi uma simples função de seu tamanho, e não um sinal de mobilização em massa. Por exemplo, no século XI da era cristã, a dinastia Song do Norte mantinha forças militares enormes, para conter a ameaça representada para o Norte pela dinastia Jin. O total registrado de até 1,25 milhão de soldados pode refletir o desembolso de estipêndios que seriam embolsados, em parte, por oficiais corruptos, e não uma força efetiva; porém nem mesmo um exército de 1 milhão de homens teria excedido 1% de uma população de pelo menos 100 milhões de pessoas, na época. O Império Mogol maduro controlava bem mais de 100 milhões de súditos e nunca mobilizou nem mesmo 1% deles. O Império Romano maduro mantinha 400 mil homens em armas, talvez, numa população de 60 a 70 milhões de habitantes, o que dá bem menos que 1%. Os níveis de mobilização dos otomanos eram ainda menores.[13]

Temos de aventurar-nos por uma era mais remota, recuando até os tempos pré-cristãos, para identificar casos mais promissores. Os Estados Guerreiros da China merecem o lugar de honra. O período dos Estados Guerreiros, dos séculos V a III a.C., caracterizou-se pela consolidação de sete grandes reinos, que se engajaram em intensa competição militar. O conflito contínuo e inconclusivo transformou esses corpos políticos em Estados territoriais cada vez mais centralizados, que lutavam para mobilizar o máximo possível de seus recursos demográficos e outros. A reorganização do governo deve ter afetado a concentração do poder e da riqueza material da elite. Enquanto o território e a população tinham sido controlados como feudos, anteriormente, por famílias da elite entrincheiradas no local, os governantes dos Estados Guerreiros impuseram um sistema baseado em distritos (*xian*) que os colocava sob seu controle direto e lhes permitia coletar impostos e impor tributos militares. Para reduzir o poder dos nobres hereditários, os reis mandavam transferir, demitir ou até executar funcionários. Os altos funcionários, que costumavam ser buscados nas famílias governantes, passaram a ser recrutados em círculos interiores da elite, vindo desde então a servir como pessoal assalariado, cuja posição dependia inteiramente do seu serviço prestado ao Estado. Com o tempo, a maioria dos funcionários conhecidos a partir das fontes estudadas veio a ser de origem obscura, uma vez que as famílias mais antigas tinham sido desalojadas.[14]

É possível que a reorganização administrativa tenha envolvido a reorganização da terra: a partir do século VI a.C., os Estados reordenaram os campos em sistemas de grade e agruparam as famílias em unidades de cinco. Nesse processo, o Estado respaldou a posse privada da terra, eliminando intermediários da elite que pudessem extrair renda ou trabalho em concorrência com o Estado central, como tinham feito antes. Essas intervenções envolveram a redistribuição de terras. As mais detalhadas reformas de que se tem notícia, associadas a Shang Yang, no Estado de Qin (a partir de 359 a.C.), contemplaram a imposição de uma grade retangular em toda a zona rural. O fato de as estradas e trilhas encontradas nessa região formarem um padrão retilíneo indica que essas mudanças ambiciosas foram efetivamente implementadas. Os reformadores procuraram criar blocos equalizados de terra, alocados a famílias individuais conforme o número de homens adultos. Na medida em que de fato acontecia, isso devia igualar as propriedades na população rural de plebeus. Entretanto, as recompensas militares reintroduziram as disparidades: no fim dos Estados Guerreiros da dinastia Qin, cada cabeça decepada por um soldado lhe granjeava uma elevação de posto e um montante fixo de terra, equivalente à subsistência de uma família de cinco membros. Além disso, os feudos ainda existiam, embora apenas como unidades de renda, e não como áreas de controle real. Na dinastia Qin, por exemplo, os membros dos nove postos mais altos entre os dezessete existentes tinham direito a uma renda proveniente dessa fonte. Embora não houvesse a intenção de que os feudos fossem hereditários, as elites procuravam privatizá-los através da compra, ou de empréstimos em dinheiro que mergulhavam os agricultores em dívidas.[15]

O propósito supremo dessa reestruturação era criar exércitos maiores e obter mais receita para o esforço de guerra. A população agrícola era vista como um reservatório de mão de obra militar: a ideia de que agricultores e soldados eram a mesma coisa expressava-se no conceito de *geng zhan zhi shi*, "homens para servir na lavoura e na guerra". As divisões entre cidadãos urbanos e rurais também tinham que ser abolidas, fundindo a população inteira num todo coeso. Isso permitia a ampliação da valorização antes aristocrática da violência legítima – que se havia concentrado em combates cerimoniais envolvendo carruagens e caça – contra a população de plebeus, os quais eram recrutados para a guerra em massa na infantaria.[16]

Todo esse período foi repleto de conflitos militares: uma contagem moderna soma 358 guerras entre 535 a.C. e 286 a.C., ou mais de uma por ano. Surgiram campanhas de vários anos e as operações se espalharam por áreas geográficas maiores. Os níveis de mobilização militar eram altos, embora não possamos ter certeza de quanta confiança depositar nas cifras registradas, com frequência extravagantes. Assim, os estados principais de Qi, Qin e Chu eram supostamente capazes de alistar até 1 milhão de soldados, cada um deles, o que talvez seja uma representação aproximada do total do efetivo disponível. Batalhas envolvendo 100 mil combatentes ou mais são mencionadas com frequência, com tendência para o aumento. O exemplo mais chocante é a Batalha de Changping, em 260 a.C., na qual um exército de Zhao com 400 mil homens teria sido massacrado pelas tropas de Qin. O total de baixas dos derrotados, em 26 grandes batalhas dos séculos IV e III a.C., soma 1,8 milhão, e outra pesquisa indicou quase 1,5 milhão de homens mortos pelos exércitos de Qin em quinze batalhas durante esse mesmo período. Embora seja quase certo que esses números são consideravelmente inflados, não há dúvida quanto à ocorrência difundida da mobilização em massa e de um desgaste pesado. É impressionante saber que toda a população masculina de quinze anos ou mais, na jurisdição de Henei, foi mobilizada para a batalha de Changping, em suas imediações.[17]

Se tudo isso promoveu o nivelamento da renda e da riqueza, continua a ser uma questão em aberto. A luta do Estado contra os nobres hereditários, bem como sua dependência de funcionários assalariados e feudos vitalícios, aumentou a mobilidade social e deve ter impedido a concentração de riqueza através das gerações. As concessões de lotes de terra aos plebeus teriam reduzido as disparidades na população em geral. No entanto, a posse privada da terra era uma faca de dois gumes. Embora, antes disso, os lavradores tivessem sido dependentes e os coeficientes de Gini do controle efetivo da terra devessem ser muito altos, a alienabilidade das terras particulares facilitou sua reconcentração, característica efetivamente assinalada nas críticas ao governo Qin feitas no início do período Han. Observadores posteriores fizeram a afirmação plausível de que os camponeses perderam suas terras devido às pressões fiscais e às obrigações imprevisíveis de serviço ao estado, as quais os forçaram a tomar os empréstimos de usura oferecidos pelos ricos, que os mantiveram solventes, a princípio, mas acabaram por se apoderar de suas terras.

A guerra ininterrupta não só estimulou a reforma agrária e a privatização equalizadoras, como também veio a solapar o sistema resultante de pequenas propriedades privadas. Em termos mais gerais, esse período foi definido pelo comércio crescente, pela monetização e pela urbanização, visto que as cidadezinhas foram transformadas de fortalezas da nobreza em cidades maiores. Todas essas tendências são preditoras de desigualdade crescente. Também se coadunam com os relatos de agricultores que perderam suas terras para se tornar trabalhadores sem terra ou meeiros, enquanto capitalistas como os mercadores e os empresários compravam seus bens. Nesse contexto, fazia sentido que o Estado considerasse os recursos excedentes como uma fonte do mal, algo a ser absorvido pela guerra perpétua.[18]

No entanto, a crescente produção privada não poderia ser toda canalizada para o esforço de guerra. A arqueologia produziu descobertas ambíguas. Um estudo assinalou uma fusão de elites inferiores com plebeus em túmulos do estado de Chu datados desse período. Uma expressão anterior da estratificação, com base em quem tinha direito de pôr certos objetos em suas sepulturas, desapareceu, visto que os mesmos tipos de produtos vieram a aparecer em todas. As disparidades passaram a se expressar em termos quantitativos, tais como a opulência dos bens na sepultura ou o tamanho do túmulo. A riqueza, mais do que a posição ritualística, emergiu como o principal marcador de status e de diferenciação. Armas de bronze passaram a ser depositadas em túmulos de todos os status, num sinal de militarização popular, mas não, necessariamente, de um igualitarismo mais amplo.[19]

No cômputo geral, o período dos Estados Guerreiros foi uma arena de forças opostas, que tinham tanta probabilidade de reduzir quanto de impulsionar a desigualdade. Essas forças não precisavam atuar em sincronia: é bem possível que os ganhos iniciais de nivelamento, quando a nobreza estabelecida foi desalojada, e o realocamento de terras para os agricultores tenham se desgastado e revertido ao longo do tempo, à medida que os ricos empregaram estratégias de reconcentração fundamentadas em transações de mercado e não em direitos feudais. A expansão contínua dos esforços militares coincidiu com o crescimento da riqueza privada e também pode ter sido acompanhada por sua concentração. Era improvável que a captura estatal de recursos privados contivesse um aumento da desigualdade da riqueza privada, diante da intensificação da mobilização militar em massa. Na verdade, é possível que o sistema tenha até sido bem regressivo, considerando-se que impunha um imposto duplo muito pesado – trabalho militar e produtos agrícolas – aos que tinham menos possibilidade de bancá-lo, os lavradores, ao passo que outras formas de riqueza podiam ser mais fáceis de proteger das exigências estatais. A guerra de infantaria, tal como praticada na época, tinha um custo relativamente baixo, uma vez que dependia, acima de tudo, do recrutamento, das armas produzidas em massa (que envolviam, presumivelmente, o trabalho forçado de prisioneiros e outros empregados estatais, como em séculos posteriores) e do alimento que os próprios agricultores produziam. Os impostos agrícolas de Qin tinham a reputação de ser muito maiores do que os posteriores, da dinastia Han. Não havia necessidade de pagar por equipamentos caros, como navios de guerra, que talvez exigissem formas de taxação mais sofisticadas e, quem sabe, mais invasivas e progressivas. Por isso, não temos nenhuma razão convincente para interpretar a mobilização em massa e a prolongada guerra em massa, no período dos Estados Guerreiros, como impulsionadores exitosos da redistribuição líquida. Dado que as guerras com mobilização em massa desse período estavam associadas à equalização, as medidas redistributivas eram um meio de deslanchar o estado de guerra, mas não seu desfecho. A experiência moderna das guerras mundiais não se mostrou aplicável.[20]

Grande parte disso aplica-se à República Romana, a qual, do mesmo modo, manteve altos níveis de mobilização militar durante muitas gerações. As proporções da participação militar são difíceis de determinar com precisão. Apesar de termos acesso a um grande volume de informações razoavelmente dignas de crédito sobre a força dos exércitos, nos estágios finais da República, a partir do fim do século III a.C. até os primeiros séculos da era cristã, o tamanho da população romana subjacente continua a ser um assunto controvertido, que se concentra no significado das contagens censitárias periodicamente registradas. Nossas estimativas das taxas de mobilização militar variam, dependendo de acreditarmos ou não que algumas dessas contagens abrangiam todos os cidadãos romanos, independentemente de sua idade e gênero, ou que só faziam o levantamento dos adultos do sexo masculino. Os dados tendem a corroborar uma avaliação conservadora dos números dos cidadãos romanos, que se traduzem em índices de participação militar que costumavam ser altos e, vez por outra, podiam atingir níveis bastante extremos. Assim, no auge da Segunda Guerra Púnica contra Cartago, é possível que Roma tenha recrutado 8% a 12% de toda a sua população, equivalentes a 50% a 75% de todos os homens de dezessete a 45 anos. As crises posteriores, nas décadas de 80 e 40 a.C., também devem ter levado 8-9% da população a prestar o serviço militar, mesmo que apenas a curto prazo. A prazo mais longo, durante boa parte dos séculos II e I a.C., algo em torno de metade de todos os cidadãos romanos do sexo masculino teve que cumprir, em média, sete anos de serviço, para manter as forças armadas na escala atestada em nossas fontes. Mesmo que admitamos uma população de cidadãos substancialmente maior, é possível que os índices de participação tenham sido correspondentemente mais baixos – até uns 50%, talvez. Mesmo assim, pelos padrões pré-modernos, continuariam altos.[21]

Mais uma vez, no entanto, há boas razões para duvidar de que essa forma de engajamento militar restringisse as desigualdades de renda ou riqueza. Embora a oligarquia encarregada das operações do Estado evitasse apossar-se da riqueza das elites, o recrutamento forçado e os períodos de ausência da lavoura, exigidos pelo serviço militar, afetavam adversamente a população geral. Um episódio revelador da Segunda Guerra Púnica contra Cartago ilustra a relutância do Estado em visar os ricos, mesmo em circunstâncias extremas. Em 214 a.C., quando Roma estava à beira da insolvência e talvez até do colapso, durante a invasão da Itália por Aníbal, e com os índices de mobilização numa alta histórica, o Senado ordenou que os cidadãos entregassem alguns de seus escravos para servirem como remadores na marinha. As contribuições foram graduadas de acordo com a classe censitária, embora com pouco entusiasmo e de maneira inconsistentemente progressiva. Os que estavam avaliados como possuidores de 50 mil asses (denominação da moeda romana na época), equivalentes ao limite da quarta das sete faixas do censo romano, e portanto denotados como de status mediano, teriam que fornecer um escravo; os possuidores de mais de 100 mil asses em bens deveriam fornecer três, os com mais de 300 mil, cinco; e os donos de 1 milhão ou mais, oito. É de notar que os membros mais ricos da cidadania não foram tributados proporcionalmente ao tamanho de suas fortunas, muito menos de maneira diretamente progressiva. Esse plano impôs o ônus mais pesado à camada superior da população plebeia, e não à elite rica. Mesmo numa emergência aguda, a classe dominante oligárquica de Roma fez o menor número de concessões com que lhe foi possível safar-se, em acentuado contraste com um sistema político democrático como o da Atenas clássica, que, como veremos, impôs tributos pesados aos ricos para cobrir as despesas de guerra.[22]

Roma preferia contar com a receita de seu império em expansão: em 167 a.C., o único imposto direto sobre a riqueza familiar dos cidadãos foi abolido. Os dois últimos séculos da República Romana assistiram a uma acumulação maciça de riqueza em sua classe dominante, fenômeno que já descrevi resumidamente no capítulo 2. Vários milhões de escravos foram importados pela Itália nesse período, o que ampliou ainda mais as disparidades de riqueza e renda, como também aconteceria, muito tempo depois, no sul dos Estados Unidos antes da Guerra de Secessão. Efetivamente controlada por uma pequena oligarquia e cada vez mais financiada por tributos imperiais, a República Romana madura foi capaz de sustentar a mobilização militar em massa numa época de desigualdade crescente. Bem no final deste capítulo, assinalarei o que foi, na melhor das hipóteses, uma possível breve exceção a esse processo.

Isso nos deixa com aquele que é, sem sombra de dúvida, o candidato mais promissor ao igualitarismo e às restrições à desigualdade de renda e riqueza associados a uma participação militar popular de base ampla: o caso da Grécia antiga. Depois que entidades políticas maiores e mais centralizadas da Idade do Bronze entraram em colapso, no fim do segundo milênio antes da era cristã, um processo que nivelou em vasta escala as hierarquias e as disparidades econômicas (descrito no capítulo 9), a Grécia passou a se caracterizar pela intensa fragmentação política. O que emergiu dos destroços transformou-se na maior cultura de cidades-Estado da história, a qual veio a abranger mais de mil poleis ou cidades-Estado separadas, com uma população total de 7 milhões de habitantes ou mais. Quase todas eram pequenas: os territórios de 50 a 100 quilômetros quadrados eram comuns entre as 672 poleis sobre as quais dispomos de algumas informações. Embora as maiores e mais poderosas, sobretudo Atenas, gozem de um destaque desproporcional no registro histórico, há estruturas sociopolíticas gerais razoavelmente bem conhecidas numa vasta gama dessas entidades.[23]

Durante muitas gerações, o surgimento e a consolidação desse sistema pluralista foram objeto de debates acadêmicos: em virtude da escassez de evidências datadas das primeiras etapas formadoras desse processo, muitas coisas permanecem incertas. Em termos mais gerais, o desenvolvimento parece haver seguido a trajetória esboçada no recente modelo de evolução da pólis concebido por Josiah Ober, que aborda três questões principais: por que os governantes pós-colapso foram incapazes de recriar ordens sociais mais centralizadas, por que surgiram tantas entidades políticas pequenas e por que a autoridade tornou-se tão difundida. Ober afirma que uma combinação de condições geográficas desfavoráveis à amalgamação imperial, a excepcional gravidade do colapso da Idade do Bronze e a disseminação concomitante da tecnologia do ferro, que ajudou a democratizar o uso de armas, "conspirou para abrir uma variante distinta no trajeto relativamente conhecido que ia da cidade-Estado para a formação do Estado, uma trilha fortemente *centrada nos cidadãos*", que moldou os resultados a longo prazo. As comunidades da Alta Idade do Ferro, depois do colapso, eram pobres e relativamente indiferenciadas, e, embora elites posteriores tenham procurado restabelecer as hierarquias, na esteira de um novo crescimento demográfico e econômico, algumas comunidades preservaram normas igualitárias que as ajudaram a superar outras na competição.

Ober sustenta que, graças à ampla disponibilidade de armas de ferro e do estilo de guerra predominante, de simples infantaria, "era uma escolha social, mais que uma restrição econômica, que determinava quantos homens de uma comunidade podiam ser mobilizados", e presume que, "nessas condições, os índices mais altos de mobilização e o moral superior tinham uma correlação positiva com instituições centradas nos cidadãos e uma correlação negativa com a dominação de corpos pequenos e exclusivos de elites". Em outras palavras, esse meio específico fazia uma seleção favorável às formas inclusivas de organização social e política. Ao mesmo tempo, o crescimento das poleis individuais, através da absorção das menos competitivas, era contido pelas mesmas normas de cidadania que favoreciam sua competitividade. Embora a contínua expansão econômica e sobretudo o desenvolvimento comercial e do intercâmbio ameaçassem solapar o igualitarismo, a capacidade de mobilizar para a guerra tantos homens quantos fosse possível continuou a ser o determinante mais crucial do sucesso do Estado. Isso tornou-se ainda mais verdadeiro quando os estilos de combate convergiram para o modelo da falange – em sua forma amadurecida, uma formação militar retilínea que extraía grande parte de seu impacto do seu tamanho relativo. A guerra de falanges proporcionava um forte incentivo para a mobilização de homens além dos círculos da elite, mais ainda na medida em que o equipamento básico, como o escudo e a lança, mostrava-se suficiente para uma participação efetiva.[24]

Apesar de não haver consenso a respeito do modo exato pelo qual se ligavam a evolução das táticas militares e as instituições sociopolíticas, está claro que, ao chegar o século VI a.C., boa parte do mundo grego tinha desenvolvido uma cultura da cidadania, associada à participação em massa nas guerras de infantaria. Contribuições militares amplamente compartilhadas coincidiram com a formação de vastos corpos de cidadãos que se tratavam como iguais, dentro de domínios específicos. Reforçada por um forte componente de amadorismo na governança, a tradição resultante de direitos civis proporcionou aos cidadãos proteção contra os indivíduos poderosos e manteve sob controle o poder governamental. O igualitarismo das normas foi um marco desse sistema, ainda que a prática política variasse num amplo espectro, que ia de instituições autoritárias ou oligárquicas a instituições democráticas.[25]

Até que ponto essa cultura equalizava a distribuição dos recursos materiais? Numa leitura literal dos dados literários antigos, o exemplo aparentemente mais direto é fornecido pela mais belicosa de todas as poleis gregas, Esparta. Segundo a tradição canônica, numa etapa inicial Esparta passou por amplas reformas, associadas a um legislador (provavelmente mítico) chamado Licurgo. Uma das características mais famosas do sistema resultante foi a instituição agressivamente igualitária dos refeitórios comuns, a qual exigia que todos os homens, inclusive os mais altos líderes, fizessem juntos as refeições diárias, em pequenos grupos abastecidos por contribuições de igual tamanho de vários tipos de pratos preparados pelos membros do grupo. Atribuiu-se ao mesmo legislador a equalização da posse da terra:

> ele persuadiu os cidadãos a juntarem todas as terras para então as redistribuírem: desse modo, todos viveriam em igualdade de termos uns com os outros, com a mesma quantidade de terra para sustentar cada um.[26]

Todas as terras cultiváveis da Lacônia, região que constituía o núcleo de Esparta, teriam sido divididas em 30 mil lotes iguais, 9 mil dos quais foram destinados aos cidadãos espartanos do sexo masculino e cultivados por hilotas – escravos de propriedade comunitária que trabalhavam em condições semelhantes às dos servos e eram ligados à terra. Isso servia para garantir a igualdade entre os cidadãos e a libertação da necessidade de trabalhar em atividades não militares. Os bens móveis também ficaram sujeitos a redistribuição, o dinheiro cunhado em metais preciosos foi suprimido e as leis suntuárias restringiram o investimento em residências particulares. Os cidadãos vivenciavam uma intensa mobilização militar: dos sete aos 29 anos, esperava-se que praticamente todos os varões espartanos passassem por uma educação comunitária e militarista, bem como por um regime de treinamento que depositava forte ênfase na resistência e na privação. Apesar de seu caráter sumamente agonístico, que jogava os indivíduos uns contra os outros na competição por honra e status, essa instituição também era sumamente igualitária, e – o que era inusitado numa sociedade tradicional – até acompanhada pelo ensino público para moças que também priorizassem a destreza física. O resultado pretendido era uma cidadania de iguais (*homoioi*), condicionada a maximizar suas aptidões militares. Informa-se que essas normas sustentaram a expansão contínua do poder espartano, notadamente a conquista e a redução à condição de hilotas dos vizinhos messênios, no século VII a.C., o que levou a uma nova distribuição de lotes de terra aos cidadãos e à criação de um sistema de alianças liderado por Esparta no Peloponeso, no século seguinte. O registro da história antiga transmite a impressão de um estado permanente de mobilização militar em massa, que moldava a sociedade e a vida cotidiana em grau extremo e se ligava intimamente às normas igualitárias que também regiam o acesso aos recursos materiais.

Infelizmente para os modernos estudiosos do nivelamento relacionado com a guerra, essa tradição – grande parte da qual deriva de narrativas convencionais, produzidas por admirados observadores de fora em séculos posteriores – é problemática, por duas razões. Não sabemos dizer até que ponto esse sistema idealizado realmente funcionava na prática, e sabemos, sim, que a crescente desigualdade de recursos tornou-se uma preocupação premente a partir do século V a.C. e, em especial, do século IV a.C. Trata-se de duas questões distintas, considerando que esta última não exclui a primeira: na evidente ausência de mecanismos de reajuste periódico das novas desigualdades, é perfeitamente possível que uma distribuição inicialmente equalizada da riqueza tenha dado lugar, pouco a pouco, a resultados mais desiguais. Mas persiste a questão de saber se estas últimas condições eram inteiramente novas, ou apenas representaram uma piora de uma diferenciação econômica anterior. O estudo mais minucioso desse problema chegou à conclusão de que a propriedade espartana sempre foi desigualmente distribuída e de caráter privado, mas cerceada por uma ideologia comunal que buscava impor um estilo de vida igualitário. Não há dúvida de que os lotes de terra podiam ser transmitidos entre as gerações, mecanismo que, mesmo em condições igualitárias iniciais, promoveu a desigualdade a longo prazo. As características específicas das práticas de herança espartanas facilitaram a concentração crescente da terra e de outros bens na cidadania. Conforme os espartanos cujas posses já não eram suficientes para fornecer as exigidas contribuições-padrão para os refeitórios foram perdendo o status de cidadãos plenos, a concentração da riqueza fez o número de cidadãos reduzir-se ao longo do tempo, passando de cerca de 8 mil no ano 480 a.C. para talvez 4 mil em 418 a.C. e, em seguida, para 1.200 em 371 a.C. Na década de 240 a.C., o total havia caído para setecentos, apenas cerca de uma centena dos quais figurava como abastada. Aqueles cujos bens haviam caído abaixo do limiar da contribuição para as refeições eram classificados como "inferiores" (*hypomeiones*): a desigualdade de riqueza foi desgastando o igualitarismo dos cidadãos.[27]

As incertezas que cercam as provas históricas requerem uma avaliação conservadora do efeito nivelador da mobilização militar em massa de Esparta. As fontes nos oferecem um vislumbre de uma pretensa sociedade guerreira que prezava normas igualitárias, mesmo que elas talvez nunca fossem plenamente implementadas na vida real e apesar de certamente haverem desaparecido com o tempo, à medida que a transmissão da riqueza entre as gerações produziu resultados cada vez mais desiguais. Em si, a mobilização militar em massa não foi grandemente afetada por essa tendência, visto que os espartanos de status inferior e os cidadãos das cidades subjugadas da Lacônia lutavam na falange espartana, e até os hilotas exerciam funções militares de apoio. A combinação do igualitarismo forçado na vida cotidiana com a extração de renda de uma grande população de trabalhadores subalternos sustentou a mobilização em massa do núcleo da cidadania durante um longo período – a rigor, por vários séculos. Esse simples fato nos permite postular uma ligação íntima entre a mobilização em massa e a igualdade – primordialmente, a igualdade de consumo e estilos de vida, porém, ao menos de início, também um grau considerável de igualdade geral de recursos, especialmente numa época em que as terras conquistadas e seus habitantes, transformados em hilotas, tinham sido distribuídos aos cidadãos espartanos. Todavia, na ausência de qualquer tipo de tributação progressiva – as contribuições para o refeitório eram regressivas, na verdade, já que impunham tributos fixos, independentemente da riqueza pessoal – e redistribuição periódica da terra, a mobilização em massa e as normas igualitárias foram incapazes de conter a desigualdade crescente de renda e riqueza a longo prazo. Esse problema só começou a ser abordado no século III a.C., depois de a concentração da riqueza haver atingido níveis muito altos – e, além disso, no estilo típico dos esquemas históricos de nivelamento, com recurso à violência (ver capítulos 8 e 12).

A persistente mobilização militar em massa parece ter logrado mais êxito no cerceamento da desigualdade de recursos na pólis mais bem documentada – Atenas, no período clássico dos séculos V e IV a.C. As evidências são suficientes para permitir que apontemos uma ligação estreita e possivelmente autorreforçadora entre a expansão da participação militar, o fortalecimento dos direitos dos cidadãos e medidas redistributivas que favoreciam mais os plebeus do que a elite rica. Podemos rastrear essas ocorrências no decurso de quase três séculos. Por volta de 600 a.C., Atenas sofria com a desigualdade crescente, fomentada pelo crescimento populacional e pela mão de obra abundante. Dizia-se que os pobres estavam endividados com os ricos e sofriam a escravidão em decorrência da falta de pagamento. Uma das maiores rivais locais de Atenas, a pólis vizinha de Mégara, introduziu o que uma fonte rotulou, em tom cáustico, de "democracia irrefreada" – um exemplo muito precoce de governo popular –, que introduziu uma redução retroativa da dívida, a qual exigia que os credores pagassem juros sobre os empréstimos, medida que pretendia apoiar os pobres à custa dos ricos. A reforma política incentivou uma mobilização militar popular que aumentou o poderio naval de Mégara – os navios de guerra gregos eram impulsionados por remos, o que tornava o número de remadores um determinante crucial do poderio naval –, levando a vitórias contra Atenas e ao controle da ilha de Salamina, disputada pelas duas entidades políticas. Esse revés foi prontamente seguido por toda uma série de reformas em Atenas, as quais incluíram alguma forma de cancelamento das dívidas e a proibição da servidão por endividamento, ao lado de outros aprimoramentos dos direitos civis. A sorte da guerra mudou, logo depois disso: é bem possível que o sucesso ateniense tenha se enraizado no consenso e na colaboração aprimorados.

Quase um século depois, em 508 a.C., Esparta invadiu e se apoderou temporariamente de Atenas, durante uma intervenção numa luta interna pela liderança. A mobilização popular não tardou a pôr fim a essa incursão, com a milícia de cidadãos em massa – "dezessete fileiras sucessivas" – forçando a retirada dos espartanos. Esse conflito coincidiu de perto com uma reestruturação radical de toda a população e território atenienses, a qual criou uma série de distritos de votação e recrutamento, reforma destinada a fomentar a coesão e permitir a criação de um exército unificado de cidadãos. Sucessos militares sem precedentes, contra várias grandes potências regionais, foram a recompensa imediata. Uma vez instalada uma estrutura básica de instituições militares e políticas que dependiam da participação popular, um ciclo autorreforçador de realimentação desenvolveu-se aos poucos, ao longo do tempo. Nas palavras do historiador grego Heródoto,

> enquanto eram oprimidos por tiranos, eles não haviam logrado mais êxito na guerra do que qualquer de seus vizinhos, mas, uma vez retirado o jugo, revelaram-se os melhores lutadores do mundo.

Na prática, não havia apenas um grande jugo, porém muitos jugos pequenos: múltiplas restrições à participação política enfraqueceram com o tempo, à medida que os compromissos militares aumentaram.[28]

Mudanças momentosas ocorreram na geração seguinte. Atenas expandiu múltiplas vezes a sua marinha, até ela se tornar a maior da Grécia. Em 490 a.C., uma invasão persa de Atenas foi rechaçada por um exército de cidadãos com 8 mil integrantes, o que representava cerca de 40% de toda a população masculina de cidadãos em idade de luta. Os comandantes militares e outros oficiais de alta patente passaram a ser diretamente eleitos pela assembleia de cidadãos, e os políticos impopulares puderam ser temporariamente expulsos ("postos no ostracismo") pelo voto popular. Em 480 a.C., diante de outro ataque persa, um decreto ateniense contemplou a mobilização completa de todos os seus cidadãos adultos do sexo masculino, talvez 20 mil homens ao todo, junto com os residentes estrangeiros, para tripular seus duzentos navios de guerra. Capitalizando na derrota da Pérsia, Atenas estabeleceu rapidamente um vasto sistema de alianças, cujas contribuições financeiras ajudaram a financiar sua marinha e a transformaram, gradualmente, no centro de um império naval.

A década de 460 a.C. assistiu a operações militares atenienses de alcance geográfico sem precedentes, tanto na Grécia quanto no Levante. Mais uma vez, esses esforços militares realimentaram mudanças constitucionais, retirando o poder de órgãos de elite e fortalecendo a governança democrática baseada na assembleia, num conselho de representantes e em grandes tribunais populares. Os benefícios para a população geral foram astronômicos: introduziu-se o pagamento estatal pelo trabalho no júri; em 440 a.C., cerca de 20 mil atenienses receberam algum tipo de pagamento do Estado por seus serviços; e muitos outros milhares receberam terras nos territórios conquistados. O poderio naval e a democracia vicejaram juntos, considerando-se que o primeiro tinha uma dependência crucial da mobilização popular em massa (aumentada pelo uso de escravos particulares).

A mobilização militar e o desgaste atingiram novos píncaros durante a Guerra do Peloponeso, contra Esparta e seus aliados (431-404 a.C.). No entanto, embora as finanças atenienses ficassem cada vez mais pressionadas, os pagamentos estatais às classes inferiores se ampliaram, de fato, nas fases posteriores desse conflito. O poderio naval foi essencial ao longo de toda a guerra. Como disse uma fonte oligárquica hostil:

> É por isso que os pobres e as pessoas comuns de lá possuem, com acerto, mais do que os nobres e os ricos: é que são os plebeus que remam nos navios e contribuem para o poder da cidade.

A escala excepcional da mobilização ateniense reflete-se na contagem final das baixas: 24 mil dos 60 mil cidadãos varões adultos morreram em combate, ao lado de outros 20 mil, talvez, que pereceram numa peste exacerbada pelo estado de sítio. Seja qual for o padrão usado, isso decerto se qualifica como uma forma de guerra total. No entanto, depois de iniciada a recuperação demográfica, os atenienses renovaram suas políticas imperialistas, criando uma nova marinha. Sua força atingiu o máximo de 283 navios de guerra em 357 a.C. Mais uma vez, a mobilização em massa caminhou de mãos dadas com as negociações domésticas que ampliaram os subsídios estatais: a remuneração pela frequência à assembleia nonuplicou, e os jurados passaram a ser mais plenamente empregados do que antes. Criou-se um fundo especial para subsidiar o comparecimento aos festejos do Estado. Num derradeiro esforço total – a guerra contra a dominação macedônia após a morte de Alexandre, o Grande, em 323 a.C. –, Atenas mobilizou todos os cidadãos varões de até quarenta anos e lançou uma frota de 240 navios de guerra; talvez um terço de toda a cidadania masculina adulta tenha sido despachado para ultramar ou serviu na marinha.[29]

De que modo isso afetou a distribuição da renda e da riqueza? Ao contrário do que aconteceu em boa parte do século V a.C., quando a renda do imperialismo havia subsidiado a máquina de guerra ateniense, as operações militares do século IV a.C. apoiaram-se maciçamente na tributação interna dos ricos – e, graças à concentração naval da mobilização militar, travar guerras envolvia uma redistribuição para os cidadãos mais pobres, que tripulavam e remavam os navios. Após a perda de seu império, o tesouro ateniense recorreu a uma combinação de impostos indiretos, como pedágios e tarifas portuárias, lucros da cunhagem de moedas e a renda de aluguéis de terras públicas, inclusive minas. Os impostos diretos eram menos numerosos: um imposto de capitação cobrado dos residentes estrangeiros, um imposto predial para despesas militares especiais, recolhido dos atenienses abastados, e contribuições conhecidas como liturgias, que só eram impostas aos membros mais ricos da cidadania. Embora algumas dessas liturgias fossem usadas para montar festejos religiosos e representações teatrais populares, a liturgia mais importante e mais onerosa bancava o equipamento dos navios de guerra. Os escolhidos de determinado ano ficavam responsáveis por uma embarcação, contratavam a tripulação (pelo que eram compensados com um volume fixo de financiamento estatal, que não era necessariamente suficiente), providenciavam os reparos e compravam equipamento; podiam até ficar responsáveis por cobrir a perda de um navio no mar. Nos círculos da elite, essas obrigações e os gastos competitivos que elas estimulavam eram comumente vistos como um sorvedouro de dinheiro. O sistema foi modificado com o tempo: enquanto, no século V a.C., os liturgistas navais – que também costumavam servir como comandantes de seus navios – eram buscados entre os quatrocentos cidadãos mais ricos, no século IV a.C., 1.200 (ou, depois, possivelmente apenas trezentas) casas senhoriais eram solicitadas a contribuir. Dependendo do período e do plano em vigor, de 1% a 4% das famílias atenienses eram assim oneradas. Essa liturgia, chamada trierarquia, circulava entre elas e não tinha que ser assumida duas vezes em sequência.[30]

O custo médio de uma liturgia naval correspondia a aproximadamente oito vezes a renda mínima anual de subsistência de uma família ateniense de cinco pessoas, e a uma fração substancial das rendas típicas da elite. Até os ricos eram obrigados a tomar empréstimos ou fazer hipotecas para levantar a soma exigida. Em meados do século IV a.C., todos os anos, cada membro de uma classe litúrgica (de tamanho máximo) de 1.200 pessoas devia ter que gastar, em média, o equivalente a três rendas de subsistência familiar anual para sustentar uma frota de trezentos navios de guerra, patrocinar festejos públicos e pagar o imposto sobre imóveis. Com base no que sabemos sobre o piso da riqueza para inclusão na classe litúrgica, o retorno médio anual de uma fortuna que houvesse acabado de ultrapassar esse limite poderia ser completamente absorvido por tais obrigações, especialmente depois de levarmos em conta as despesas básicas da sobrevivência cotidiana. Um estudo recente conjectura que as quatrocentas famílias mais ricas de Atenas gozavam de uma renda média equivalente a doze rendas de subsistência familiar. Para esse grupo, as liturgias deviam traduzir-se num ônus fiscal médio anual de cerca de um quarto de sua renda total. A despeito de sérias deficiências nos dados, é bastante seguro concluir que a Atenas clássica impunha um montante expressivo de tributação da renda a sua elite rica.[31]

A não ser que estejamos deixando escapar detalhes sobre uma alocação desigual das despesas na classe litúrgica – de cujos membros mais ricos esperava-se meramente que adiantassem despesas, que depois viriam a recuperar dos outros –, esse sistema não era consistentemente progressivo, pois extraía valores fixos, que não dependiam da renda real, a partir de determinado ponto de corte. Mesmo assim, era sumamente progressivo, na medida em que os outros cidadãos não pagavam nenhum tributo direto. Há dois pontos principais a frisar. Um é que essa prática baseava-se, primordialmente, nas enormes exigências tributárias da mobilização (naval) em massa. Um eleitorado que tanto servia regularmente nas forças armadas quanto tinha poder político certificava-se de que os mais ricos arcassem com uma grande parcela do ônus financeiro. O outro concerne, mais especificamente, ao nivelamento: era fatal que as liturgias reduzissem – ou, em casos extremos, talvez até impedissem – a acumulação de riqueza na elite ateniense.

Isso é importante porque, nesse período, Atenas vivenciou um rápido crescimento econômico, sobretudo em seu setor não agrícola. Assim, as liturgias funcionavam como um freio da desigualdade, num ambiente que, afora isso, conduzia a disparidades crescentes. Portanto, a cômica reclamação contemporânea

> Quando nos livraremos das liturgias e trierarquias que acabam conosco?

não era mera hipérbole. Se é que isto interessa, a ideia de que as intervenções fiscais brecavam a desigualdade é compatível com o que podemos dizer sobre a distribuição da riqueza na Atenas clássica dessa época. Duas estimativas modernas independentes projetam uma distribuição bastante equitativa da terra, com 7,5% a 9% dos atenienses possuindo 30% a 40% das terras, e talvez apenas 20% a 30% dos cidadãos não possuindo terra alguma. Um grupo intermediário, representando a população "hoplita" – os que tinham recursos suficientes para custear a panóplia completa da guerra de falanges –, possuiria 35% a 45%. O coeficiente de Gini implícito de posse da terra, da ordem de 0,38 ou 0,39, é baixo, de um ponto de vista histórico comparativo, mas se coaduna com a ausência de dados sobre as propriedades muito grandes. Todavia, isso não exclui uma distribuição mais desigual dos bens não agrícolas.[32]

Alguns historiadores ousados foram mais longe, dando palpites estimativos de um coeficiente de Gini da renda de 0,38 para Atenas inteira, ou de um Gini da riqueza de 0,7 apenas para os cidadãos, com participações do 1% e dos 10% mais abastados na riqueza da ordem de cerca de 30% e 60% – porém nada disso vai além de conjecturas controladas. Pisamos em solo mais firme ao avaliar os salários reais atenienses de algumas ocupações, os quais eram altos, pelos padrões pré-industriais: como múltiplos da subsistência mínima, eram equiparáveis aos da Holanda do início da era moderna. Essa observação, aliada à falta de dados sobre altos níveis de concentração da terra ou de grandes fortunas, em termos mais gerais, aponta para uma distribuição bastante igualitária dos recursos materiais na cidadania ateniense. Por fim, a menos que nossos palpites estimativos sobre o tamanho da economia ateniense nos séculos V e IV a.C. errem muito o alvo, nas décadas de 430 a.C. e de 330 a.C. os gastos públicos corresponderam a algo em torno de 15% do PIB.[33]

Além disso, ainda que tivesse sido impulsionada, em primeiro lugar, pela guerra com mobilização em massa, a expansão fiscal passara a incluir uma parcela muito substancial dos gastos civis: nos anos sem grandes guerras, pouco mais de metade de todos os gastos públicos servia para cobrir atividades não militares, tais como a participação subsidiada no sistema político e jurídico, as festas, a prestação de serviços de assistência social e a construção pública, todos os quais beneficiavam componentes substanciais da população geral. Isso é notável por três razões: a participação estatal no PIB era alta para uma sociedade pré-moderna, a parcela dos desembolsos civis em todos os gastos era também comparativamente alta e, uma vez esgotada a receita proveniente da dominação imperial, a tributação progressiva da elite ateniense substituiu a predação tributária como fonte dos gastos públicos. A convergência entre mobilização militar em massa, democracia, tributação progressiva, participação considerável do Estado no PIB, gastos civis substanciais e desigualdade limitada confere à Atenas do século IV a.C., em particular, uma aparência curiosa e precocemente "moderna".

O que era válido a respeito de Atenas não precisa ter sido válido em igual medida para as outras mais de mil poleis que compunham a cultura amadurecida das antigas cidades-Estado gregas, e não existe qualquer maneira óbvia de descobrir isso. Embora Atenas e Esparta bem possam ter sido extremadas, em termos de seu compromisso com a mobilização militar em massa, também se atribuiu a outras poleis a manutenção de forças militares fadadas a sobrecarregar seus recursos demográficos. Constatamos que a governança democrática tornou-se mais comum ao longo do tempo e que as guerras se intensificaram: o século decorrido desde a década de 430 a.C. até a de 330 a.C. foi um período de guerra quase permanente, envolvendo grandes exércitos de infantaria e forças navais, e, embora os mercenários tenham ganhado importância gradativamente, os impostos coletados dos cidadãos quase sempre se mantiveram cruciais. A arqueologia fornece o que bem pode ter sido o substituto de base mais ampla do qual dispomos sobre a desigualdade material. O tamanho das casas – residências particulares – desse período tinha uma forte concentração em torno da mediana: em 300 a.C., as casas do 75º percentil eram apenas cerca de 25% maiores que as do 25º percentil. Na Olinto do século IV a.C., que reconhecemos ter sido uma cidade planejada, o coeficiente de Gini do tamanho das casas era um insignificante 0,14.[34]

Grande parte do registro histórico, portanto, corrobora a conclusão de que a civilização extensa das cidades-Estado da Grécia antiga desfrutava níveis relativamente moderados de desigualdade de riqueza e renda, sustentados por uma cultura generalizada de mobilização em massa para a guerra e mediados por sólidas instituições de cidadania e, cada vez mais, de democratização. Ao adiar a consolidação territorial, essa mesma cultura também obstruiu a acumulação de terras além dos confins da própria pólis de cada um. Desde cedo, no período arcaico dos séculos VII e VI a.C., as barreiras políticas e sociais erguidas contra a integração econômica – e, por conseguinte, a concentração crescente da riqueza – tinham sido altas, o que preparou o terreno para o período clássico, à medida que a fragmentação política e a hostilidade entre os Estados persistiram: nesse aspecto, a Atenas imperial foi a exceção que confirma a regra. Nos séculos posteriores, a dominação por estruturas imperiais maiores e a incorporação nelas solaparam o igualitarismo grego e proporcionaram novas oportunidades para a concentração da riqueza.[35]

"Esse inimigo despiu-me de minha túnica e com ela vestiu sua mulher": As guerras pré-modernas tradicionais

A esmagadora maioria das guerras da história não consistiu em conflitos com mobilização militar em massa em toda a sociedade. Elas com frequência foram travadas pelo que Charles Tilly chamou de "especialistas em violência" e, reduzidas ao essencial, foram sobretudo competições entre elites dominantes pelo controle de pessoas, terras e outros recursos – "o esporte dos reis", nas palavras de Arnold Toynbee. Nas guerras em que apenas um lado sofreu grande destruição, os saques ou a conquista tendiam a aumentar a desigualdade entre os vencedores e a reduzi-la entre os devastados ou derrotados: os líderes do lado vitorioso podiam ter a expectativa de ganhos (mais do que seus seguidores e menos ainda a população geral), enquanto os do lado perdedor ficavam expostos a prejuízos ou à ruína. Quanto mais "arcaica" a natureza do conflito, mais forte era a aplicação desse princípio. A espoliação dos vencidos remonta aos mais antigos registros escritos, como neste lamento sumério do terceiro milênio antes de Cristo:

> Ai de mim! Que triste o dia em que fui destruído!
> O inimigo entrou em meu quarto, pisoteando-o com suas botas!

Esse inimigo estendeu na minha direção suas mãos imundas!
... Esse inimigo despiu-me de minha túnica e com ela vestiu sua mulher.
Esse inimigo cortou meu colar de pedras preciosas, pendurou-o em seu filho.
Eu teria que trilhar os caminhos de sua morada.[36]

Entretanto, embora muitos sofressem nas guerras, os ricos simplesmente tinham mais a perder – e seus pares do lado vencedor tinham mais a ganhar. Para continuarmos na Mesopotâmia por um momento, consideremos o caso do Império Neoassírio, uns dois milênios depois dos dias de glória da cultura suméria. As inscrições da realeza assíria gabam-se, com cansativa frequência, das façanhas dos governantes em seu processo de saquear e destruir cidades e de trucidar e deportar seus habitantes. Não raro, as referências à pilhagem são genéricas, donde, a rigor, não podemos ter certeza de quem eram os donos dos bens que eram levados. Todas as vezes que os textos são mais específicos, porém, as elites inimigas são destacadas como o alvo principal. No século IX a.C., quando derrotou Marduk-mudammiq, o rei de Namri, o governante assírio Salmanasar III

saqueou seus palácios, levou [as estátuas dos] deuses, seus bens e mercadorias, as mulheres dos palácios e seus incontáveis cavalos domesticados.

A captura de bens palacianos é repetidamente destacada em outras inscrições dele, uma das quais até nos fala de "portas de ouro" que foram arrancadas e carregadas. As deportações capturavam os governantes rivais e suas famílias, bem como indivíduos de alta posição, em termos mais gerais, a exemplo do pessoal palaciano e das mulheres dos palácios. Dizia-se que outros reis assírios distribuíam o butim de guerra entre beneficiários da elite. O que a classe governante de um Estado perdia era ganho pela de outro. Quando um lado era sistematicamente mais bem-sucedido que outros na guerra, a elite conquistadora vitoriosa acumulava mais e mais bens no correr do tempo, enquanto deixava para trás seus pares derrotados, num processo que elevaria o coeficiente de Gini geral, alongando a cauda bem no ápice da distribuição de renda e riqueza. Como afirmei nos dois primeiros capítulos, o crescimento de enormes impérios tributários facilitou, portanto, uma concentração desproporcional dos recursos materiais na camada superior de suas classes governantes.[37]

O caráter de jogo de soma zero da guerra tradicional é bem ilustrado pela conquista normanda da Inglaterra, em 1066. Em termos de riqueza fundiária, a aristocracia inglesa existente tinha se dividido num punhado de condes extremamente ricos e em vários milhares de pequenos fidalgos militares detentores de terras e outros latifundiários. Depois de buscar cooptar esse grupo, a princípio, ao se confrontar com anos de rebelião após sua vitória inicial em Hastings, Guilherme, o Conquistador, mudou de tática, adotando uma política de expropriação sistemática. As transferências maciças que se seguiram trouxeram um aumento enorme da parcela de todas as terras que passaram a pertencer à Coroa, e pôs praticamente metade de todas as terras nas mãos de uns duzentos nobres, sendo que metade destas pertencia a dez súditos estreitamente ligados ao novo rei. Apesar de sua posição privilegiada, estes últimos acabaram um pouco menos extravagantemente ricos do que tinham sido os condes anteriores, ao passo que os outros barões ficaram, em média, em situação muito melhor do que tinha sido a da maioria dos fidalgos militares anteriores. Essa redistribuição violenta teve profunda repercussão nas fileiras da elite inglesa: por ocasião do levantamento do Domesday Book de 1086, os latifundiários passíveis de ser inequivocamente identificados como ingleses detinham apenas 6% da terra, calculando pela superfície, ou 4% dela, calculando pelo valor; e, embora seja bem possível que sua parcela efetiva fosse maior, não há dúvida de que os nobres normandos haviam assumido largamente o controle. Muitos fidalgos militares desapropriados deixaram o país e foram ganhar a vida como guerreiros em terras de além-mar. Com o tempo, esse processo inicial de concentração foi efetivamente revertido, à medida que as terras da Coroa minguaram e os nobres doaram grande parte das que lhes pertenciam a cavaleiros subalternos, recriando assim uma camada elitista muito maior, porém individualmente menos rica. Nessa etapa, entretanto, as relações feudais complicam qualquer observação sobre a distribuição dos bens de raiz. As mudanças na distribuição da renda são ainda mais difíceis de discernir, porém, em termos muito gerais, parece que a conquista normanda resultou, de início, numa concentração maior da renda proveniente da terra numa classe governante substancialmente menor, concentração que depois foi aos poucos desfeita.[38]

Nas guerras tradicionais ou nas conquistas desse tipo, o nivelamento teria se concentrado sobretudo nos líderes do lado perdedor, como os vários potentados do Oriente Próximo derrubados pela ira de Assur ou pelos fidalgos militares do rei Haroldo. Um exemplo mais recente é fornecido pela cidade de Prato, na Toscana, onde o coeficiente de Gini da riqueza – inferido a partir dos registros de impostos sobre a riqueza – caiu de 0,624 em 1487 para 0,575 em 1546, numa época em que a peste havia se atenuado e em que as comunidades vizinhas, de modo geral, registravam uma desigualdade crescente. Em 1512, Prato sofreu uma pilhagem sangrenta por soldados espanhóis, a qual teria deixado milhares de mortos e envolvido três semanas de saques implacáveis. Em situações como essa, os ricos eram alvos primários, como fontes de butim e pagamento de resgates. No fim do capítulo 11, discuto com mais detalhes o caso da cidade alemã de Augsburgo, que foi duramente atingida pelas hostilidades e pela peste durante a Guerra dos Trinta Anos e, por conseguinte, experimentou uma compressão bastante drástica das disparidades de riqueza. Embora a peste tenha desempenhado um papel significativo nesse processo, a destruição do valor do capital relacionada com a guerra e os impostos extraordinários cobrados dos ricos foram preponderantes para forçar a redução da desigualdade.[39]

Seria fácil, mas inútil, multiplicar esses relatos dos anais da guerra, pois o princípio geral está claro, mesmo que uma medição confiável costume permanecer fora do alcance. Na guerra tradicional, a escala do nivelamento dependia de uma variedade de fatores, como o volume da extração e da destruição, os objetivos dos vencedores ou conquistadores e, não menos importante, nossa maneira de definir nossas unidades de análise. Quando invasores e invadidos, saqueadores e saqueados, vencedores e vencidos são vistos como entidades distintas, é de esperar que o nivelamento tenha ocorrido entre estes últimos. Nos casos em que a guerra resultou numa conquista direta e em que membros do contendor vitorioso se instalaram em seus territórios recém-conquistados, a substituição parcial ou completa de uma elite por outra não precisa ter tido grandes consequências para a desigualdade geral, ao passo que a incorporação de elites existentes e suas posses em estruturas imperiais criaria entidades políticas maiores, com um alcance maior da desigualdade como um todo. Entretanto, é fatal que esse tipo de taxonomias toscas simplifique realidades mais complexas. De um lado ou de outro, as elites militares e civis podem ter experimentado resultados diferentes. As guerras que não tiveram claros vencedores ou vencidos são particularmente problemáticas. Dois exemplos bastarão. A Guerra Peninsular de 1807 a 1814, travada entre a França e a Espanha e seus aliados em solo espanhol, causou uma destruição generalizada e coincidiu com uma volatilidade maior dos salários reais espanhóis, além de um grande aumento temporário da desigualdade geral de renda. Em contraste, os anos imediatamente posteriores a esse conflito testemunharam um aumento dos salários reais, um aumento dos salários nominais em relação à renda da terra e, de modo geral, uma redução da desigualdade de renda. A guerra destrutiva e a turbulência doméstica prolongada na Venezuela, nas décadas de 1820 e 1830, também parecem ter levado a uma queda acentuada da proporção entre a renda da terra e os salários.[40]

"Já não contávamos o que havíamos matado, porém o que isso nos traria": A guerra civil

Isso nos deixa uma última pergunta: de que modo a guerra civil afeta a desigualdade? Os estudos modernos têm se concentrado, de modo geral, no inverso – em saber se a desigualdade contribui para a eclosão de conflitos internos. Não há resposta direta para esta última pergunta. A desigualdade global (ou "vertical") da renda – entre pessoas ou famílias de um dado país – não tem uma correlação positiva com a probabilidade da guerra civil, embora a qualidade precária dos dados de muitos países em desenvolvimento levante dúvidas sobre a confiabilidade de qualquer constatação específica. A desigualdade entre grupos, por outro lado, é demonstravelmente promotora de conflitos internos. Alguns trabalhos recentes complicaram esse quadro. Uma ampla pesquisa sobre a desigualdade de estatura do corpo humano, usada como representante da desigualdade de recursos, afirma uma correlação positiva com a guerra civil, num grande conjunto de dados globais que remonta ao começo do século XIX. E, de acordo com outro estudo, a probabilidade de guerra civil aumenta com a desigualdade da terra, a menos que esta última seja extremamente alta, caso em que a primeira se reduz, já que as elites pequenas são mais aptas a eliminar a resistência. Por enquanto, podemos apenas dizer que as complexidades consideráveis dessa questão mal começam a ser compreendidas.[41]

Em contraste, o impacto da guerra civil na desigualdade tem despertado pouca atenção. Um estudo pioneiro de 128 países, de 1960 a 2004, constatou que a guerra civil aumentou a desigualdade, particularmente durante os primeiros cinco anos posteriores a um conflito. Em média, o coeficiente de Gini da renda subiu 1,6 ponto percentual nos países em guerra civil e 2,1 pontos percentuais durante a fase de recuperação dos dez anos seguintes, atingindo um pico cerca de cinco anos após o término da guerra, caso a paz continue mantida. Há diversas razões para essa tendência. Na medida em que a guerra civil reduz o capital físico e humano, o valor deste aumenta, enquanto o do trabalho não qualificado declina. Mais especificamente, nos países em desenvolvimento com amplas populações rurais, os agricultores podem perder o acesso aos mercados e sofrer prejuízos na renda através da exclusão do intercâmbio comercial, prejuízos que incentivam uma mudança descendente para práticas de subsistência. Ao mesmo tempo, os aproveitadores da guerra auferem grandes lucros, explorando a diminuição da segurança e o enfraquecimento ou ausência do poder estatal. O oportunismo tende a beneficiar uma pequena minoria, permitindo-lhe acumular recursos numa época em que a capacidade estatal de coletar impostos encontra-se reduzida. Esse retraimento, somado ao aumento dos gastos militares, também cerceia os gastos sociais, o que, por sua vez, prejudica os pobres. As medidas redistributivas, a educação e a assistência à saúde sofrem, com efeitos negativos que são tão mais acentuados quanto mais dura o conflito.[42]

Esses problemas persistem depois da guerra propriamente dita, respondendo pelos coeficientes de Gini ainda mais altos observados logo na sequência das guerras civis. Nesse período, os vencedores podem colher de sua vitória recompensas desproporcionais, visto que "ligações pessoais e patrimoniais determinam a distribuição dos bens e o acesso aos ganhos econômicos". A guerra civil compartilha essa característica com as guerras pré-modernas tradicionais, nas quais a liderança do lado vencedor sai lucrando e a desigualdade cresce. O mesmo se pôde observar no século XIX, quando os confiscos de terras das guerras civis de Espanha e Portugal, nos anos 1830, favoreceram os grandes patrimônios e exacerbaram a desigualdade.[43]

Quase todas as observações relevantes vêm de sociedades tradicionais ou de países em desenvolvimento. As guerras civis totais foram excepcionalmente raras nas economias mais desenvolvidas. Além disso, em alguns casos em que a guerra civil associou-se a um grande nivelamento, como na Rússia após 1917 ou na China a partir das décadas de 1930 e 1940, as reformas revolucionárias, e não a guerra civil em si, foram o motor principal desse processo. Para os objetivos do presente estudo, a Guerra de Secessão norte-americana foi tratada como equivalente a uma guerra entre Estados, com os resultados anteriormente descritos neste capítulo. Isso nos deixa apenas um grande caso – o da Guerra Civil Espanhola, de 1936 a 1939. Ao contrário do que se deu na Rússia ou na China, a facção vencedora não adotou uma agenda redistributiva e o resultado da guerra não foi revolucionário, em nenhum sentido significativo do termo. A coletivização em áreas sob controle anarquista durante o conflito teve curta duração. Nos anos que sucederam 1939, o regime franquista implementou uma política de autarquia econômica que provocou estagnação da economia. A sucessão de impactos da guerra civil e a má administração econômica subsequente responderam pelo declínio das participações dos mais ricos na renda. Quanto a esse período, apenas as parcelas mais altas de renda (do 0,01% mais rico) foram computadas – uma categoria que passou por uma queda de 60% entre 1935 e 1951. Essa tendência entra em conflito com o desenvolvimento do coeficiente de Gini da renda global, que foi razoavelmente estável durante a guerra civil e o período da Segunda Guerra Mundial, porém exibiu oscilações descontroladas entre 1947 e 1958 (Figura 6.2).[44]

Para complicar mais as coisas, o coeficiente de Gini da renda salarial sofreu uma queda considerável, de aproximadamente um terço, entre 1935 e 1945. Ao que eu saiba, hoje não existe nenhuma explicação convincente para esses resultados. Leandro Prados de la Escosura ofereceu hipóteses concernentes aos efeitos conflitantes dos retornos decrescentes do capital (que reduziram as participações dos mais ricos na renda), à compressão dos salários ocorrida a partir da rerruralização no governo de Franco (com menor desigualdade geral dos salários) e aos retornos crescentes dos bens imóveis, especialmente terras, na autarquia (que neutralizou esses efeitos para produzir o coeficiente global de Gini da desigualdade de renda). Tudo isso se deu no contexto de um crescimento zero do PIB real per capita nos anos 1930 a 1952, com a proporção da população que vivia na pobreza mais do que duplicando durante aproximadamente o mesmo período. Apesar das semelhanças superficiais em termos da queda nas participações mais altas na renda, bem como da compressão salarial, a desigualdade desenvolveu-se na Espanha de modo bem diferente do de outros países europeus da época. Ao contrário do que aconteceu com os participantes da Segunda

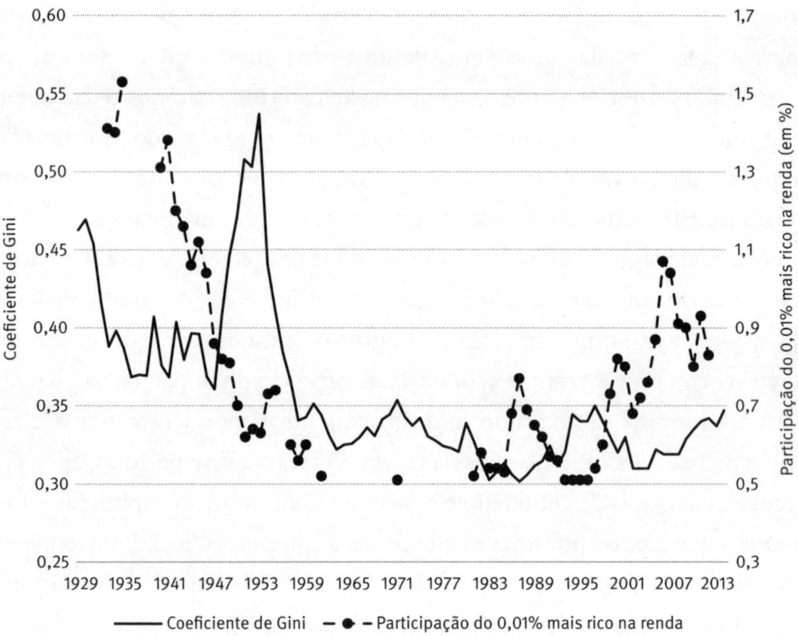

FIGURA 6.2 Coeficientes de Gini da renda e participação do 0,01% mais rico na renda na Espanha, 1929-2014

Guerra Mundial e com alguns de seus espectadores, não houve tributação progressiva e a desigualdade geral da renda não diminuiu. Concordo com Prados de la Escosura em que "a distinção entre a Espanha, onde a guerra civil teve um efeito divisivo na sociedade, e a maioria dos países do Ocidente, onde as guerras mundiais tenderam a aumentar a coesão social, pode ser relevante para a compreensão da era pós-guerra". Ainda assim, em ambos os casos, as forças propulsoras subjacentes que moldaram a distribuição da renda e da riqueza foram as mesmas: choques violentos, mediados por políticas de governo.[45]

Concluo minha pesquisa retornando mais uma vez ao passado distante, a fim de considerar um caso híbrido: as guerras civis que derrubaram a República Romana entre as décadas de 80 a.C. e 30 a.C. Elas são híbridas no sentido de terem sido conflitos internos na sociedade romana, desencadeados pela competição desenfreada da elite, mas que se desenrolaram no contexto da já citada cultura de mobilização militar em massa, e que exibiram, portanto, características essenciais das guerras com mobilização total entre Estados. Alguns dos mais altos índices registrados de participação militar em Roma foram atingidos nesse período de agitação doméstica. Essa combinação específica de lutas internas da elite e mobilização popular ofereceu oportunidades inéditas de redistribuição da renda e da riqueza.

Os mais violentos dentre esses conflitos – travados nos anos 80 a.C. e nas décadas de 40 e 30 a.C. – devastaram a classe governante romana. Os adversários políticos foram proscritos – publicamente declarados passíveis de ser caçados por qualquer um disposto a matá-los em troca de uma recompensa – e seus bens foram confiscados pela facção vencedora. Na guerra civil travada de 83 a 81 a.C., 105 senadores teriam sido mortos, numa época em que os membros do Senado totalizavam cerca de 300; e, em 43 a.C., trezentos senadores (de um total de seiscentos) e 2 mil integrantes da ordem equestre, a camada mais rica seguinte da elite romana, supostamente perderam a vida dessa maneira, embora só possamos fornecer os nomes de uns 120 deles. Esses dois episódios afetaram a desigualdade de maneiras diferentes. A primeira rodada de expropriações, realizada pelos proponentes da reação oligárquica, permitiu que os aliados em boa posição obtivessem lucro, arrematando em leilões os bens confiscados. É bem possível que isso tenha aumentado a concentração da riqueza, especialmente na esteira dos enormes atritos que precederam a guerra civil: na década de 90 a 80 a.C., nada menos que 291 senadores teriam morrido de causas violentas. É provável que a escassez de herdeiros tenha levado à consolidação dos bens da elite, e não a sua dispersão. As terras confiscadas de comunidades locais foram dadas a veteranos, porém não raro acabaram no mercado, resultando em transações que também podem ter fomentado a concentração. Em contraste, as expropriações de 43 e 42 a.C. foram motivadas por uma demanda tributária excepcional, nos preparativos para as campanhas militares contra adversários domésticos fora da Itália, e não por um desejo de acertar contas. Nesse caso, os lucros foram menos propensos a beneficiar os comparsas, tendo sido primordialmente usados para cumprir promessas exorbitantes de remuneração a um enorme exército de cidadãos. Os comparsas íntimos do líder dessa facção só foram recompensados após a conclusão do conflito, no ano 30 a.C., por meio de desembolsos que enriqueceram "homens novos" à custa da nobreza estabelecida.[46]

Os níveis de remuneração da tropa, nessa rodada final de guerras civis, devem ter tido consequências redistributivas importantes. Antes da eclosão das guerras civis, os soldados romanos recebiam remuneração bastante modesta. O militarismo incipiente elevou as bonificações nas campanhas militares contra inimigos externos: elas subiram de níveis baixíssimos para o equivalente a sete vezes o soldo básico anual em 69 a.C. e a treze vezes esse valor em 61 a.C. A guerra civil dos anos 40 a.C. desencadeou um salto novo e mais drástico, para 22 vezes o estipêndio básico recém-aumentado (ou 42 vezes o anterior) em 46 a.C. Esse desembolso não tardou a ser ultrapassado pela promessa da mesma remuneração para um número muito maior de militares, quatro anos depois. Ao todo, podemos estimar que uma soma correspondente a pelo menos dez vezes a receita anual regular do Estado, ou talvez a meio ano do valor do PIB do Império Romano na época, foi transferida para os soldados entre 69 e 29 a.C. – e quase tudo isso entre 46 e 29 a.C. – para comprar e recompensar a lealdade nas guerras civis. O total de beneficiários talvez tenha chegado a 400 mil homens, os quais, junto com suas famílias, deviam responder por até um terço de todo o conjunto de cidadãos romanos. Na falta de dados sobre a inflação dos preços, isso deve ter elevado a renda dos não participantes da elite em termos reais. O efeito distributivo na sociedade romana, no coração da Itália, é mais obscuro. Grande parte desse dinheiro foi obtida pela extorsão de recursos de províncias ultramarinas. Mas houve exceções: em 43 a.C., um imposto no valor de um ano da renda de bens imóveis e um imposto de 2% sobre a riqueza foram cobrados dos ricos, ao lado dos confiscos maciços que já mencionamos. Diversos impostos posteriores também tiveram os ricos como alvo específico. Pela única vez na história romana, a extração tributária tornou-se efetivamente progressiva e a receita assim gerada foi usada de forma redistributiva.[47]

Essa, porém, viria a ser uma anomalia singular. A dependência da receita das províncias voltou a ser a norma, uma vez restabelecida a paz e iniciada uma autocracia estável depois de 30 a.C. Apenas durante alguns anos, no fim da década de 40 a.C., é que a distribuição da renda disponível parece haver passado temporariamente a favorecer a população geral de cidadãos. No prazo mais longo, os séculos seguintes de estabilidade política e econômica foram conducentes, sem dúvida, a altos níveis de concentração da riqueza, como vimos no capítulo 2.

"Seja qual for o custo": Guerra e desigualdade

Esta parte do livro nos fez atravessar milhares de anos de guerra. Faz muito tempo que os conflitos militares são uma característica muito difundida da história humana, porém só alguns tipos de guerra atenuaram outro fenômeno igualmente difundido: a distribuição desigual da renda e da riqueza. Tanto para os vencedores quanto para os vencidos, a moderna guerra de mobilização total revelou-se um poderoso meio de nivelamento. Todas as vezes que o esforço de guerra permeou a sociedade inteira, os ativos fixos perderam valor e os ricos foram obrigados a pagar uma boa parcela; a guerra não apenas "mata pessoas e quebra coisas": ela também reduz a distância entre ricos e pobres. Na Segunda Guerra Mundial, esse efeito se constatou não só durante o conflito em si, mas também após sua conclusão, sustentado pela persistência das políticas geradas pela guerra. Os cidadãos dos países desenvolvidos deveram uma ou mais gerações de desigualdade decrescente à violência sem precedentes desse conflito global. Uma compressão semelhante das disparidades materiais havia ocorrido durante ou depois da Primeira Guerra Mundial. Os exemplos anteriores desse estilo específico de guerra são raros e não costumam associar-se ao nivelamento. Na guerra civil norte-americana, não foi a mobilização em si que destruiu as fortunas do Sul, mas sim a derrota e a ocupação. Os dados referentes a antigos precursores da guerra total produzem resultados ambíguos ou negativos, como na China e na República Romana. No antigo Estado guerreiro de Esparta, os desequilíbrios nos recursos brotaram de situações anteriores, que diríamos mais equitativas. A Atenas clássica talvez seja o melhor exemplo pré-moderno da influência niveladora da participação militar popular generalizada. Tal como ocorreu em parte do século XX, a democracia ateniense parece ter sido fortalecida pela experiência compartilhada da mobilização para a guerra e, por sua vez, ter favorecido políticas que cercearam o aumento da desigualdade. Levando em conta as diferenças drásticas no desenvolvimento em geral e as limitações das evidências antigas, devemos tomar cuidado para não atribuir um peso excessivo a essa analogia. Ainda assim, a experiência da Atenas antiga sugere que, com a combinação certa dos arranjos institucionais existentes, uma cultura de mobilização militar em massa pode servir de mecanismo nivelador, mesmo num ambiente rigorosamente pré-moderno.[48]

As guerras de âmbito mais limitado foram ubíquas ao longo de toda a história, mas não produziram resultados consistentes. De modo geral, as guerras tradicionais de pilhagem e conquista beneficiaram as elites vencedoras, aumentando a desigualdade. Isso se aplicaria especialmente aos casos em que as entidades políticas vencidas foram incorporadas em outras maiores, processo que acrescentava camadas adicionais de riqueza e poder ao topo da hierarquia. A guerra civil raras vezes funcionou como fonte de nivelamento – e o fez, nesses casos, apenas em parte (como, de maneiras diferentes, nos Estados Unidos da década de 1860 e na Espanha dos anos 1930 e 1940), ou por períodos muito curtos (como na Roma antiga, talvez). As únicas guerras civis que realmente transformaram a distribuição de renda e riqueza foram as que conduziram ao poder regimes radicais, decididos a fazer uma expropriação e redistribuição abrangentes, e que não se furtaram a nenhum volume de derramamento de sangue necessário para fazer isso acontecer. É para esse processo, o Segundo Cavaleiro da nivelação violenta, que nos voltamos agora.

PARTE III

Revolução

7. Comunismo

"Pelo poder do proletariado": O nivelamento revolucionário no século XX

Se o conflito entre Estados às vezes reduz a desigualdade, quais são as consequências do conflito no interior dos Estados? Já vimos que, na história recente, as guerras civis não surtiram nenhum efeito inequívoco e, se tanto, tenderam a exacerbar as disparidades existentes. Será que isso também se aplica a conflitos internos que não apenas joguem uma facção contra outra, mas que lutem por uma reestruturação mais abrangente da sociedade? Tais esforços ambiciosos têm sido raros. A esmagadora maioria das revoltas populares violentas, na história, procurou reparar injustiças específicas e, de maneira igualmente esmagadora, não logrou êxito. Os movimentos mais ambiciosos que conseguiram tomar o poder e nivelar a distribuição de renda e riqueza só apareceram num passado relativamente recente. Tal como no caso das guerras, a intensidade do esforço foi uma variável crucial. Embora a maioria das guerras não tenha produzido efeitos equalizadores, a mobilização militar em massa foi capaz de perturbar a ordem estabelecida. Entre as revoltas, apenas a mobilização similarmente geral de recursos, em cada cidade e vilarejo, resultou num nivelamento radical. Voltando à nossa metáfora do início, a guerra de mobilização total e a revolução transformadora atuaram como cavaleiros apocalípticos igualmente poderosos, ao eliminarem interesses arraigados e reformularem o acesso aos recursos materiais. Foi o simples volume da violência que mais importou: assim como as duas guerras mundiais foram os conflitos mais sangrentos da história humana, as revoluções mais equalizadoras situaram-se entre as mais sangrentas de todas as rebeliões internas já registradas. Minha pesquisa comparativa das revoltas e revoluções confirma a importância central da violência em larga escala como meio de nivelamento.

Adoto a mesma abordagem de antes, recuando no tempo. Mais uma vez, os dados mais relevantes provêm do século XX, no qual as grandes revoluções comunistas causaram uma desconcentração dramática da renda e da riqueza, examinada neste capítulo. No próximo capítulo, vou me voltar para os antecedentes possíveis, em especial a Revolução Francesa, e considerar os efeitos das tentativas pré-modernas de modificar à força a situação interna, como as revoltas camponesas. Tal como no caso das guerras, deparamos com um divisor entre o moderno ou industrial e o pré-moderno ou pré-industrial: na maioria dos casos, só as revoluções recentes se mostraram poderosas o bastante para afetar a distribuição da riqueza e da renda de grandes populações.

"Guerra de morte contra os ricos": A Revolução Russa e o regime soviético

Como vimos no capítulo 5, a catástrofe da Primeira Guerra Mundial, por sua mobilização sem precedentes de pessoas e recursos para a matança em massa, comprimiu a desigualdade de renda e riqueza nas principais nações beligerantes. A escala e a ocasião desse efeito variaram consideravelmente entre os países. Na Alemanha, as participações dos mais ricos na renda cresceram durante a guerra e despencaram após a derrota; na França, tiveram apenas um declínio bem suave depois da guerra; no Reino Unido, caíram bastante durante e logo após o conflito, antes de terem uma recuperação temporária em meados da década de 1920; e, nos Estados Unidos, o declínio do período da guerra também não tardou a ser seguido por uma forte retomada. É particularmente lamentável que dados comparáveis de alguns dos países mais intensamente afetados – Áustria-Hungria, Itália e Bélgica – ainda não tenham sido divulgados. Ao contrário do que se deu na Segunda Guerra Mundial, que, de modo quase invariável, produziu efeitos de nivelamento mais fortes e mais claros, o histórico da "Grande Guerra", por essa razão, é um tanto confuso e até parcialmente desconhecido.[1]

Foi na Rússia que a Primeira Guerra Mundial foi seguida pela redução mais drástica da desigualdade. No entanto, em contraste com os outros casos, o nivelamento não foi acarretado por intervenções e desestruturações da época de guerra nem por um colapso financeiro no pós-guerra, mas por agitações revolucionárias radicais, nascidas dos destroços da guerra. O império do czar Nicolau II tinha sido um dos atores principais nesse conflito: havia mobilizado cerca de 12 milhões de soldados, quase 2 milhões dos quais pereceram. Outros 5 milhões ficaram feridos e 2,5 milhões foram capturados ou considerados desaparecidos. Além disso, acredita-se que 1 milhão de civis também tenham morrido. Ao que saibamos, não deve ter ocorrido nenhuma grande compressão nos anos da guerra, de 1914 a 1917: a tributação era altamente regressiva, apoiando-se maciçamente em impostos indiretos; os impostos sobre a renda e sobre os lucros da guerra só saíram do papel já bem no final do conflito; os programas de títulos domésticos só obtiveram um sucesso moderado; e grande parte do déficit estatal foi coberto pela emissão de moeda. A inflação acelerada, especialmente no governo provisório de 1917, não prejudicou apenas os ricos.[2]

Quaisquer que tenham sido as consequências diretas da guerra em si, era fatal que não chegassem nem perto do que aconteceu quando os bolcheviques atacaram, em novembro de 1917, e quando cessaram as hostilidades contra as potências centrais, no mês seguinte. Um enorme declínio da atividade econômica, naquele ano, já havia desencadeado diversas revoltas de camponeses, que tinham resultado na tomada de propriedades, e os trabalhadores em greve haviam estabelecido o controle sobre muitas fábricas. Essas revoltas culminaram na ocupação armada da capital pelos bolcheviques, nos dias 6 e 7 de novembro de 1917. Logo em 8 de novembro, o dia seguinte à invasão do Palácio de Inverno em São Petersburgo, o recém-criado Conselho de Comissários do Povo aprovou um "Decreto da Terra" redigido pelo próprio Lênin. A redistribuição forçada estava bem no topo da agenda programada.

Esse decreto foi de extrema abrangência. Seu objetivo político imediato era obter o apoio do campesinato, legalizando *a posteriori* a tomada e a distribuição de terras dos nobres e do Estado pelos camponeses, processo que já vinha ocorrendo desde o verão daquele ano. Em termos formais, entretanto, ele almejava objetivos muito mais altos, buscando nada menos que a destruição da propriedade privada da terra:

> O direito de posse da terra dos latifundiários fica abolido pelo presente instrumento, sem indenização. ... O direito à posse privada da terra deverá ser abolido em caráter permanente. A terra não poderá ser comprada, vendida, arrendada

> nem alienada de outras maneiras. ... O direito de uso da terra será concedido a todos os cidadãos do Estado russo, independentemente de sexo, que desejem lavrá-la com as próprias mãos. ... A mão de obra contratada não é permissível. ... As terras serão distribuídas entre aqueles que as usam, com base no princípio da equalização, isto é, com base ... nas unidades normais de trabalho ou alimento.[3]

Num primeiro momento, essas medidas foram efetivamente limitadas às propriedades dos ricos – as dos latifundiários, da família imperial e da Igreja. A terra dos camponeses (e cossacos) regulares não foi alvo de confisco. A expropriação e a distribuição deveriam ser administradas por comitês locais. Decretos posteriores nacionalizaram todos os bancos, puseram fábricas sob o controle de conselhos de trabalhadores (sovietes) e confiscaram contas bancárias particulares. Em termos econômicos, a classe latifundiária – cerca de meio milhão de pessoas, incluindo famílias – foi eliminada, assim como as camadas superiores da burguesia, outras 125 mil pessoas, aproximadamente. Muitos integrantes do "povo antigo", como passaram a ser conhecidos os membros da elite, foram mortos; um número ainda maior emigrou. A drástica desurbanização também contribuiu para o nivelamento, pois a população conjunta de Moscou e São Petersburgo – antigos centros de riqueza e concentração de renda – reduziu-se em mais da metade entre 1917 e 1920. Como tripudiou o *Pravda*, porta-voz do Partido Comunista, num editorial de 1º de janeiro de 1919:

> Onde estão os ricos, as damas elegantes, os restaurantes caros e as mansões particulares, as belas entradas, os jornais mentirosos, toda a corrupta "vida dourada"? Todos varridos para longe.

Estava vencida a "guerra de morte contra os ricos", travada por Lênin.[4]

Numa sociedade em que a maioria da população ainda era de lavradores, o simples decreto inicial dos bolcheviques sobre a terra já foi um grande propulsor do nivelamento, adicionalmente reforçado por outras medidas de confisco. Em 1919, quase 97% das terras cultiváveis tinham passado a ser ocupadas por camponeses. Desde o começo, porém, o novo regime considerou insuficientes essas transferências, temendo que a distribuição igualitária meramente "criasse agricultores pequeno-burgueses e não garantisse a igualdade nem impedisse a diferenciação". Na verdade, somente a abolição da propriedade privada, bem como da posse da terra, poderia ter esperança de realizar um nivelamento completo e permanente. O grande decreto seguinte sobre a terra, instituído em fevereiro de 1918, já pressionou pela coletivização:

> Na determinação da modalidade e da ordem da concessão do uso de terras, a preferência deverá ser dada a cooperativas de trabalhadores agrícolas, em vez de indivíduos.[5]

A expressão dessa ambição foi meramente um vago prenúncio dos horrores que viriam. Num primeiro momento, os comunistas se concentraram em sobreviver à guerra civil e afirmar o controle sobre o país inteiro. Os anos de 1918 a 1921 foram um período de "comunismo de guerra", no qual o Estado apoiou-se, em grau inusitado, na franca coerção. A indústria privada foi banida, a produção foi organizada por alocação estatal, o comércio particular foi proibido e os excedentes de alimentos dos camponeses foram confiscados; o dinheiro foi marginalizado. Os víveres eram requisitados por brigadas armadas, que assaltavam as aldeias e faziam a distribuição para a população urbana e o exército, através de um sistema graduado de racionamento. Todas as grandes empresas e muitas das menores foram nacionalizadas. Na zona rural, como o Estado não tinha possibilidade de remunerar os produtores por seus gêneros alimentícios, o confisco aberto tornou-se o método predileto, também sob a bandeira do nivelamento: "junto com os camponeses pobres ... pelo poder do proletariado", esperava-se que os camponeses mais pobres coagissem seus vizinhos em melhor situação a entregar o excedente de seus alimentos. Criaram-se "Comitês de Pobres Rurais" para controlar a distribuição de cereais, equipamentos agrícolas e produtos domésticos, e eles recebiam cereais de graça em troca de seus esforços. A liderança central julgava haver um amplo incentivo para confiscar as safras dos que tinham uma produção maior. Mesmo assim, era comum ser preciso trazer de fora membros para o comitê, pois os aldeões se mostravam relutantes em se voltar contra membros de sua própria comunidade, contrariando as expectativas dos comunistas de que abraçariam avidamente a guerra de classes. Niall Ferguson citou um trecho de uma carta escrita por Lênin para um comissário provincial, em agosto de 1918:

> Camarada! … Enforque (e me refiro a enforcar *para que o povo possa ver*) *nada menos que cem* cúlaques conhecidos, homens ricos, sanguessugas … Faça isso para que, nas centenas de quilômetros circundantes, as pessoas possam ver, tremer, saber e exclamar: estão matando e continuarão a matar os cúlaques sanguessugas … Do seu, Lênin. P.S.: Encontre gente mais obstinada.

O experimento não tardou a ser abandonado. Embora Lênin conclamasse a uma "guerra implacável aos cúlaques! Morte a todos eles!", na realidade, a maioria desses "cúlaques" (literalmente, "mãos fechadas", como em sovina, avarento), ou lavradores *relativamente* abastados, não eram muito mais ricos do que seus vizinhos de aldeia.[6]

Essas intervenções pesadas garantiram o nivelamento, mas suas consequências econômicas foram desastrosas: os camponeses reduziram a produção e destruíram rebanhos e equipamentos, para evitar o confisco, e tanto a área de terras cultivadas quanto as safras tiveram uma queda considerável em relação aos níveis pré-revolucionários. O regime promoveu a coletivização voluntária como resposta a essa escassez de produção, mas esse arranjo deparou com a bem-sucedida resistência dos agricultores: em 1921, menos de 1% da população russa trabalhava em fazendas coletivas. O nivelamento rigoroso fora obtido a um preço alto: entre 1912 e 1922, a proporção das famílias rurais de camponeses que não possuíam cavalos, ou tinham apenas um, subiu de 64% para 86%, enquanto a de famílias que possuíam três ou mais caiu de 14% para 3%. Os aldeões tinham ficado mais pobres, em geral – porém mais igualmente pobres. A inflação galopante contribuiu: em 1921, os preços estavam quase 17 mil vezes mais altos do que tinham sido em 1914. O escambo foi substituindo cada vez mais o dinheiro e o mercado negro floresceu.[7]

A queda drástica na produção, somada à morte de muitos milhões de pessoas na guerra civil, instigou uma inversão temporária em 1921 a favor da Nova Política Econômica. Os mercados voltaram a ter permissão para operar e os camponeses puderam pagar seus impostos em espécie e vender ou consumir seu excedente. O arrendamento e a contratação de mão de obra tornaram a ser práticas permitidas. A liberalização foi recompensada pela recuperação econômica, já que a área cultivada cresceu 50% entre 1922 e 1927. Ao mesmo tempo, essas políticas facilitaram uma nova diferenciação entre os produtores, favorecendo os que produziam um excedente de alimentos para o intercâmbio comercial. Isso levou a uma expansão muito modesta da população de cúlaques, cujos números no campesinato subiram de 5% para 7%. Todavia, eles estavam longe de ser ricos, possuindo em média dois cavalos, duas vacas e alguns víveres comercializáveis. *Grosso modo*, a perda anterior de bens dos cúlaques e a distribuição de terras a trabalhadores sem terra haviam nivelado a distribuição de renda, o que resultou na *oserednyachenie*, ou "medianização do campesinato". Os empresários da indústria eram muito menos numerosos e muito menos ricos do que tinham sido antes da revolução. O capital privado não exercia praticamente nenhum papel na indústria: em 1926 e 1927, apenas 4% dos investimentos industriais vieram do setor privado, ao passo que com o setor agrário se deu o inverso.[8]

Os indícios de uma nova diferenciação entre os camponeses e, em especial, sua disseminada resistência à coletivização despertaram a ira de Stálin. A partir de 1928, o Estado voltou a recorrer à coação a fim de obter os cereais necessários para sustentar a industrialização – na verdade, uma transferência de recursos do interior privatizado para o setor industrial socializado. Em 1929, apesar das campanhas que promoviam as coletividades e do apoio palpável, sob a forma de mais crédito, apenas 3,5% das terras produtoras de cereais foram cultivadas em organizações coletivas, em contraste com 1,5% das fazendas do Estado e 95% das propriedades individuais. Stálin, fixado na obstrução dos cúlaques e ignorando o desempenho precário das fazendas coletivas, optou, caracteristicamente, por mudar à força essa situação.[9]

Em 30 de janeiro de 1930, a resolução "Das medidas para a eliminação de famílias de cúlaques em distritos de coletivização abrangente" determinou a eliminação dos cúlaques, como classe, por meio de sua execução, deportação ou aprisionamento em colônias locais de trabalhos forçados. Os camponeses em melhor situação econômica foram tributados múltiplas vezes e, em seguida, expulsos de suas terras; os mais pobres foram mais facilmente induzidos a ingressar nas organizações coletivas. O partido intensificou sua retórica de oposição aos cúlaques e estimulou os camponeses a tomar as terras deles. Para que se encontrassem alvos suficientes, a definição de cúlaque foi ampliada, a fim de abarcar os que contratavam mão de obra, possuíam instalações produtoras (como moinhos) ou comerciavam produtos. As detenções e os confiscos tornaram-se lugar-comum. Todavia, levando em conta que os camponeses anteriormente ricos já tinham sido empobrecidos pela tributação discriminatória, a maioria dos que viraram alvos compôs-se meramente de camponeses de renda média, que acabaram sendo expropriados com base nos dados de registros fiscais obsoletos e na necessidade de cumprir as cotas de "desculaquização" do governo. Por conseguinte, o nivelamento estendeu-se muito mais no espectro social do que agradaria à retórica comunista nos fazer acreditar.[10]

A coação saiu ganhando: em 1937, plenos 93% da agricultura soviética tinham sido coletivizados à força, as fazendas individuais tinham sido arrasadas e o setor privado fora reduzido a pequenas hortas domésticas. Essa transformação fora obtida a um custo altíssimo: mais da metade do valor dos rebanhos se perdeu, assim como um sétimo do total do estoque de capital. Em vidas humanas, o custo foi ainda mais estarrecedor. A violência se alastrou de maneira explosiva. Após a prisão de 60 mil cúlaques "de primeira categoria" em questão de dias, em fevereiro de 1930, a contagem elevou-se para 700 mil no fim daquele ano e para 1,8 milhão no fim do ano seguinte. Calculou-se que 300 mil deportados tenham morrido durante esse processo, em função das condições pavorosas que enfrentaram durante o transporte e ao chegarem a seu destino. Talvez 6 milhões de camponeses tenham morrido de fome. Os chefes de famílias cúlaques foram deportados em massa, embora os considerados particularmente perigosos tenham sido executados de maneira sumária.[11]

A equalização violenta do interior, por meio da coletivização e da desculaquização, caminhou de mãos dadas com a perseguição a "especialistas burgueses", "aristocratas", empresários, lojistas e artesãos nas cidades. Essa tendência prosseguiu com o "Grande Terror" de 1937 e 1938, quando o NKVD – o Comissariado do Povo para Assuntos Internos – de Stálin deteve mais de 1,5 milhão de cidadãos, quase metade dos quais foi trucidada. A elite instruída tornou-se um alvo específico, e as pessoas que haviam cursado o ensino superior tiveram a maior representação entre as vítimas. Nada menos que 7 milhões de pessoas entraram no complexo do gulag entre 1934 e 1941. Esse sistema ajudou a sustentar o nivelamento, evitando a necessidade estatal de pagar altos salários aos trabalhadores, em locais marginais que ofereciam condições terríveis de trabalho. Embora essa economia fosse parcialmente anulada pelo custo da coerção e da baixa produtividade, não deve ser subestimada: em anos posteriores, os altos salários oferecidos aos trabalhadores em locais indesejáveis contribuíram significativamente para a desigualdade global soviética da renda. A coletivização criou um quarto de milhão de fazendas coletivas (colcozes), que abrangiam a maior parte da população rural. No entanto, enquanto os camponeses enfrentavam enormes sofrimentos, o mesmo se dava com os trabalhadores urbanos: é possível que os salários reais fora da agricultura tenham caído quase 50% entre 1928 e 1940, e o consumo pessoal diminuiu, tanto na cidade quanto no campo.[12]

O sofrimento humano causado por essas políticas é por demais conhecido para exigir uma descrição detalhada. O que mais importa, no contexto desta pesquisa, é que seu resultado geral foi um nivelamento rápido naquilo que, em termos históricos globais, bem pode ter sido de escala realmente sem precedentes, considerando-se que não apenas a elite, mas também grupos intermediários muito maiores vivenciaram a expropriação e a redistribuição. Contudo, assim que melhorou o desempenho econômico, mesmo sob uma repressão continuamente severa, mais ou menos de 1933 em diante, a desigualdade de renda começou imediatamente a ressurgir, pouco a pouco. À medida que a produção e o consumo per capita tiveram um crescimento acentuado em meados da década de 1930, os diferenciais de remuneração dos trabalhadores também se ampliaram: as políticas do "stakhanovismo" reivindicaram e recompensaram a maior produtividade, e os padrões de vida da elite e das massas começaram a divergir mais. Nem mesmo o sangue de milhões foi suficiente para acabar para sempre com a diferenciação.[13]

Dada a qualidade desigual dos dados russos, em especial os da era soviética, é difícil medir com precisão a evolução da desigualdade de renda. A concentração de renda, quase no final do período czarista, era considerável, mas não excepcionalmente alta, pelos padrões da época. Por volta de 1904 ou 1905, o "1%" da Rússia recebia cerca de 13,5% a 15% de toda a renda, comparados aos 18% ou 19% da França e da Alemanha, na época, ou aos valores dos Estados Unidos uma década depois. A abundância de terras ajudou a elevar o valor do trabalho rural. O Gini da renda de mercado desse período foi estipulado em 0,362. Não sabemos dizer até que ponto esse valor caiu entre 1917 e 1941. Uma baixa proporção P90/P10 de 3,5 nos salários do setor industrial, em 1928, foi informada a partir de fontes soviéticas. Em geral, os coeficientes de Gini da era soviética foram muito mais baixos que os do período czarista. Isso fica claro a partir da estimativa de um Gini de mercado de 0,229 nas famílias não lavradoras da União Soviética em 1967, o que se coaduna bem com os valores correspondentes de 0,27 a 0,28 em todo o país, entre 1968 e 1991. As proporções P90/P10 também apontam para um grau razoável de estabilidade desde os anos 1950 até os anos 1980. A proporção P90/P10 na década de 1980 foi de aproximadamente 3, comparada a 5,5 nos Estados Unidos em 1984.[14]

Inteiramente impulsionado pela intervenção política, um nivelamento adicional ocorreu nas décadas subsequentes à Segunda Guerra Mundial. As rendas agrícolas, que tinham sido extremamente baixas, puderam elevar-se mais depressa do que os salários urbanos, e estes foram nivelados mediante a elevação dos salários mais baixos, o que estreitou os diferenciais salariais, e mediante o aumento das pensões e outros benefícios. A política inspirada pela ideologia comunista favoreceu particularmente os trabalhadores braçais: o bônus salarial para todos os trabalhadores não braçais caiu de 98% em 1945 para 6% em 1985, e o pessoal técnico e de engenharia vivenciou uma queda similar. Os salários do pessoal de colarinho branco declinaram para bem abaixo da média paga aos trabalhadores braçais. Mesmo em épocas de crescimento econômico substancial, o despotismo foi capaz de achatar e remoldar enormemente a distribuição da renda.[15]

O fim do sistema soviético introduziu uma reversão rápida e drástica. Em 1988, mais de 96% da força de trabalho era empregada pelo Estado. Os salários respondiam por quase três quartos de toda a renda, mas o trabalho autônomo, por menos de um décimo dessa soma – e não havia rendimentos de propriedade. Como disse Branko Milanovic, as distribuições de renda observadas "eram extensões lógicas das premissas ideológicas do comunismo", com sua ênfase nas rendas desembolsadas pelo Estado, no consumo coletivo, na compressão salarial e na minimização da acumulação de riqueza. Tudo isso desmoronou de repente, quando essas premissas deixaram de ser sustentadas à força. Na Federação da Rússia, onde os Ginis da renda de mercado haviam pairado em torno de 0,26 a 0,27 durante grande parte dos anos 1980, a desigualdade explodiu depois da queda da União Soviética. Os Ginis da renda de mercado quase duplicaram, passando de 0,28 em 1990 para 0,51 cinco anos depois, e desde então ficaram entre 0,44 e 0,52. Na Ucrânia, onde foram observados Ginis semelhantes aos da Rússia na década de 1980, estes saltaram de 0,25 em 1992 para 0,45 logo no ano seguinte, embora, desde então, tenham declinado aos poucos para mais perto de 0,30. Entre 1988-89 e 1993-95, o aumento médio dos Ginis em todos os antigos países socialistas foi de nove pontos. As rendas mais altas subiram junto com a desigualdade geral: com pouquíssimas exceções, as antigas economias soviéticas passaram por mudanças substanciais nos 20% mais ricos, à custa de outras faixas de renda. A parcela do quintil superior russo subiu de 34% para 54% da renda nacional nesse período. Para situar esse fato em perspectiva, nos Estados Unidos, numa época de desigualdade de renda visivelmente crescente, a parcela do quintil superior subiu de 44% para 51% entre 1980 e 2013, um aumento de um terço do tamanho num período cinco ou seis vezes mais longo. A riqueza particular também voltou com requintes de crueldade. Na Rússia de hoje, os 10% mais ricos controlam 85% da riqueza nacional. Em 2014, os 111 bilionários do país haviam passado a possuir um quinto da riqueza total da nação.[16]

Após a dissolução do Partido Comunista da União Soviética e, em seguida, da própria União Soviética, no fim de 1991, a explosão da pobreza impulsionou o grande aumento da desigualdade: em três anos, a proporção de pessoas vivendo na pobreza havia triplicado, passando a abranger mais de um terço da população da Rússia. Por ocasião da crise financeira de 1998, essa parcela havia aumentado para quase 60%. No entanto, a longo prazo, a desigualdade crescente foi impulsionada pela descompressão das rendas salariais, grande parte dela resultante de uma variedade regional cada vez maior. O crescimento muito desproporcional da renda em Moscou e nas partes do país que são ricas em petróleo e gás aponta para a captura bem-sucedida de rendimentos pelos que estão nas faixas de renda mais altas. A concentração da riqueza bem no topo foi possibilitada pela transferência de bens estatais para proprietários privados.[17]

A dinâmica do nivelamento e a retomada da concentração de renda e riqueza na Rússia foram, em grande parte, resultantes da violência organizada. A desigualdade, que era bastante substancial no fim do período pré-revolucionário, teve uma queda drástica nas duas décadas seguintes à tomada do poder pelos bolcheviques, em 1917. Essa compressão foi movida pela coerção do Estado e pela mobilização dos pobres para atormentar em enorme escala os que, não raro, eram apenas moderadamente menos pobres, processo que foi diretamente responsável pela morte ou deportação de muitos milhões de pessoas. A causação não poderia ser mais clara: sem violência, nada de nivelamento. Enquanto o sistema criado nessa transformação foi mantido em vigor pelos quadros do partido e pela KGB, a desigualdade permaneceu baixa. Tão logo as restrições políticas foram eliminadas e substituídas por uma mistura de mercados fixadores de preços e um capitalismo de favores, as disparidades de renda e riqueza tiveram um aumento astronômico, mais notavelmente no coração russo e ucraniano da antiga União Soviética.

"A mais hedionda guerra de classes": A China de Mao

Com uma defasagem de mais ou menos uma geração, essa história se repetiu, em escala ainda mais grandiosa, na China sob governo comunista. A maior reviravolta ocorreu no interior, onde vivia a maior parte da população. A equalização forçada foi enunciada em termos de uma luta de classes, conceito meio problemático numa sociedade rural que nem sempre fora tão desigual quanto exigia a doutrina partidária. As afirmações comunistas de que os 10% mais ricos controlavam 70% a 80% de toda a terra foram exageradas. O conjunto mais abrangente de dados, baseado em amostras de 1,75 milhão de famílias em dezesseis províncias, a partir das décadas de 1920 e 1930, sugere que o decil superior possuía aproximadamente metade de todas as terras cultiváveis. Em algumas áreas, os 10% ou 15% mais ricos não possuíam mais do que algo entre um terço e metade da terra, o que está muito longe de constituir uma concentração intensa. Aliás, no vilarejo nortista de Arco Longo, na província de Shanxi, que ganhou fama graças ao clássico estudo de William Hinton sobre a reforma agrária do fim dos anos 1940, os camponeses de classe baixa e média já tinham sido donos de 70% da terra, antes da tomada comunista do poder.[18]

Contudo, tal como na União Soviética, onde os lavradores de padrão médio tinham sido marcados e exterminados como cúlaques, a liderança comunista chinesa abominava a ideia de deixar fatos inconvenientes atrapalharem sua missão. O nivelamento radical já fazia parte das políticas partidárias, no começo da década de 1930, na "área das bases de Jiangxi", dominada pelos comunistas: os senhores de terras foram expropriados e, não raro, condenados ao trabalho forçado, e os lavradores ricos só puderam conservar lotes de terra inferiores. Os debates no partido jogaram uma postura radical – a equalização, objetivo preferido de Mao na época – contra uma opção mais radical: a expropriação dos ricos e sua destinação subsequente a um status inferior. A "Longa Marcha" de 1934 e 1935 levou os comunistas à província de Xanxim, uma área mais pobre em que o arrendamento era muito menos comum; mesmo assim, a despeito da falta de uma desigualdade palpável, as redistribuições foram prontamente efetuadas.[19]

Enquanto a política da "Frente Unida" contra os invasores japoneses tinha feito um chamado à moderação, o partido abraçou francamente a luta de classes a partir de 1945. Os colaboradores das áreas ocupadas serviram de alvos iniciais e suas propriedades foram confiscadas. O ano seguinte, 1946, assistiu à transição para uma campanha mais geral contra os senhores de terras. As reduções de aluguéis e juros foram retroativamente aplicadas ao período japonês, a serem pagas como obrigações capazes de ultrapassar o total da riqueza das pessoas afetadas e, com isso, resultar na expropriação. A instrução de Mao na Manchúria era, simplesmente, confiscar a terra dos traidores, tiranos, bandidos e grandes proprietários e entregá-la a camponeses pobres.[20]

Não demorou muito para que metas programáticas baseadas em ideias preconcebidas de desigualdade entrassem em choque com as situações da vida no campo. Como os ricos das zonas rurais já tinham vendido grande parte de suas terras a camponeses de padrão mediano, isso levou a uma escassez de inimigos de classe adequados e ampliou a defasagem entre os lavradores de situação média e os pobres. Por sua vez, isso criou entre os quadros uma pressão para expropriar completamente os "ricos" e para mirar também nos agricultores de classe média, apesar das injunções políticas contrárias a esse tipo de expansão. A violência ainda era mantida à distância, pois a maioria dos "latifundiários" continuava a viver em suas aldeias. O passo seguinte foi dado em outubro de 1947, com o "Programa da Lei da Reforma Agrária", que aboliu toda a posse da terra dos "latifundiários" e instituições e anulou todas as dívidas rurais existentes. Todas as terras – não mais apenas as propriedades confiscadas – de cada aldeia deveriam ser igualmente divididas entre a população, cabendo a cada pessoa (inclusive aos "latifundiários") a mesma cota em termos reais, que então se tornava sua propriedade privada. Os animais, casas e utensílios agrícolas dos "latifundiários" também tiveram que ser confiscados e redistribuídos.[21]

Embora a realocação indiscriminada de bens de raiz fosse inviável na prática e, em vez disso, a equalização fosse buscada mediante adaptações aos padrões existentes de posse da terra, os espancamentos e assassinatos tornaram-se mais frequentes como meios para implementar essas medidas. Depois da vitória dos comunistas na guerra civil, o programa de reforma agrária de 1950 concentrou-se nos "latifundiários", uma classe definida por critérios econômicos: suas terras e bens correlatos tiveram que ser capturados e redistribuídos, e as multas cobradas além dessas expropriações devoraram seus ativos comerciais, que eram formalmente isentos de confisco. Os "latifundiários" foram proibidos de vender suas propriedades antes que elas pudessem ser tomadas. Suas terras tinham que ser dadas a trabalhadores sem terra e a camponeses pobres. A perseguição foi cuidadosamente calibrada: os classificados como "camponeses ricos" passaram apenas por um sofrimento moderado, e os grupos de renda mais baixa foram plenamente protegidos. A violência foi parte integrante desse processo: como a retomada devia ser implementada a partir do interior de cada aldeia, era preciso convencer os camponeses locais de que eles estavam aptos (e dispostos) a resolver o assunto com as próprias mãos. A mobilização se realizou com a ajuda de denúncias públicas montadas e de humilhações dos latifundiários, em encontros nas aldeias conhecidos como "reuniões da amargura". Os espancamentos, não oficialmente incentivados, mas tampouco proibidos, ocorriam com frequência. Era comum essas reuniões levarem a confiscos e até a sentenças de morte para os "latifundiários". Após cada reunião, os bens materiais das vítimas eram divididos entre as pessoas da multidão, que antes votavam em quem seria o alvo. Os condenados eram enterrados vivos ou esquartejados, mortos a tiros ou estrangulados. Era o que a liderança queria. Como Mao lembrou aos líderes do partido em junho de 1950:

> A reforma agrária, numa população de mais de 300 milhões de pessoas, é uma guerra perversa. ... É a mais hedionda guerra de classes entre camponeses e latifundiários. É uma batalha de morte.[22]

O partido havia determinado *a priori* que 10% da população rural compunha-se de "latifundiários" ou "camponeses ricos", muito embora, em alguns lugares, até 20% ou 30% dos aldeões tenham sido perseguidos; esperava-se que morresse ao menos uma pessoa em cada vilarejo. Entre meio milhão e 1 milhão de habitantes foram mortos ou levados ao suicídio. No fim de 1951, mais de 10 milhões de latifundiários tinham sido expropriados e mais de 40% das terras tinham sido redistribuídas. Cerca de 1,5 a 2 milhões de pessoas pereceram entre 1947 e 1952, e outros milhões foram estigmatizados como exploradores e membros da classe inimiga. A economia rural sofreu em consonância com isso, porque o medo de parecerem bem de vida dissuadiu os camponeses de trabalharem mais do que o mínimo necessário à sobrevivência: os aldeões achavam "glorioso ser pobre" – uma estratégia perfeitamente sensata, diante do nivelamento pela violência.[23]

A eventual transferência de quase metade de todas as terras afetou sobretudo os que estavam no topo e na base do espectro da riqueza. Em alguns casos, os "latifundiários" acabaram com uma média de posses inferior à média da aldeia, depois de serem ofuscados por "camponeses ricos" mais bem protegidos. Ainda assim, a extensão global do nivelamento foi drástica: os novos 5% a 7% superiores – os "camponeses ricos" – não possuíam mais do que 7% a 10% das terras. Os resultados locais podiam ser ainda mais extremos. Na aldeia de Arco Longo, no norte do país, mais minuciosamente reformado, quase todos os "latifundiários" e "camponeses ricos" perderam toda a sua terra e, em muitos casos, também a vida, ou fugiram. Todos os trabalhadores antes sem terra tinham recebido terras, o que eliminou por completo essa categoria. Como resultado, os "camponeses médios", que já então respondiam por 90% da população das aldeias, possuíam 90,8% da terra, algo tão próximo da igualdade perfeita quanto se poderia esperar.[24]

As cidades da China não escaparam desses expurgos. Nas primeiras etapas da reforma revolucionária, as empresas privadas foram atingidas por aumentos salariais inflacionados e impostos punitivos, e quase todos os negociantes estrangeiros foram expulsos do país. Em janeiro de 1952, quando a reforma agrária estava praticamente concluída, o partido lançou sua campanha contra a "burguesia" urbana. Empregando as técnicas originalmente desenvolvidas nas aldeias, ele usou reuniões de denúncia que jogavam trabalhadores contra patrões, os quais eram submetidos a maus-tratos verbais e físicos. Embora o assassinato puro e simples tenha continuado relativamente raro, as surras e a privação do sono eram comuns, e centenas de milhares de pessoas foram levadas ao suicídio. Mais uma vez, o Estado estabeleceu cotas: os 5% mais reacionários da "burguesia" deveriam ser o alvo, e talvez 1% devesse ser executado. Cerca de 1 milhão de pessoas foram mortas e outros 2,5 milhões foram despachados para campos de concentração. O restante se safou pagando impostos, cobrados para financiar a guerra na Coreia. Quase metade de todas as pequenas empresas veio a ser investigada, e um terço dos proprietários e dirigentes foram condenados por fraude. No fim de 1953, os industriais, que já tinham sido submetidos a impostos altíssimos, foram finalmente compelidos a entregar todo o seu capital ao Estado. Mais uma vez, muitos acabaram tirando a própria vida.[25]

A coletivização subsequente das fazendas, em 1955 e 1956, apagou ainda mais a diferenciação econômica: a parcela das famílias agrícolas pertencentes a cooperativas subiu de 14% para mais de 90%, e os lotes particulares limitaram-se a 5% do total da terra. Em 1956, quase toda a indústria já fora nacionalizada. Este último processo foi ostensivamente consumado ao se convencer mais de 800 mil proprietários de empresas, grandes ou pequenas, a entregar "voluntariamente" seus bens ao Estado. De 1955 em diante, um vasto sistema de racionamento de alimentos, roupas e bens de consumo duráveis ajudou a preservar a equalização que fora conseguida por meios violentos.[26]

Todas essas intervenções violentas logo pareceram insignificantes, comparadas aos horrores do "Grande Salto Adiante", de 1959 a 1961, durante o qual a fome generalizada, induzida por más políticas do governo, cobrou a vida de 20 a 40 milhões de pessoas. A ação direta do Estado não ficou muito atrás: ao término do período maoista, 6 a 10 milhões de chineses tinham sido mortos ou levados ao suicídio pelo Estado e aproximadamente outros 50 milhões haviam passado pelo sistema *laogai* de campos de trabalho forçado, onde 20 milhões deles morreram.[27]

A brutalidade que acompanhou a reforma agrária e a expropriação da indústria e comércio urbanos fez parte, portanto, de uma onda ainda maior da violência desencadeada pela liderança comunista. Um achatamento considerável das disparidades anteriores de renda e riqueza foi a recompensa. O coeficiente de Gini da renda de mercado de toda a China anterior à revolução é empiricamente desconhecido, mas não devia passar muito de 0,4 na década de 1930. Embora sua evolução nos primeiros anos do governo comunista permaneça obscura, em 1976, ano da morte de Mao, estava em 0,31; em 1984, havia caído para 0,23. O Gini da renda urbana em torno de 1980 chegou a se reduzir a 0,16. A liberalização econômica reverteu radicalmente essa tendência:

nos vinte anos seguintes, o Gini da renda de mercado nacional mais do que duplicou, passando de 0,23 para 0,51. Hoje em dia, talvez seja até um pouco maior, em torno de 0,55. Além disso, o Gini da riqueza familiar líquida subiu de aproximadamente 0,45 para 0,73 entre cerca de 1990 e 2012. Grande parte dessa descompressão foi impulsionada pela divergência urbano-rural e pelas variações regionais, muito influenciadas pelas políticas de governo. O que se mostra particularmente notável é que a desigualdade chinesa de renda foi muito além do nível que é típico dos países com o PIB per capita da China, o que questiona a expectativa kuznetsiana otimista de que o crescimento econômico intensivo acabe por reduzir a desigualdade que cresceu durante as etapas anteriores do desenvolvimento econômico. Considerando que a China responde por quase um quinto da população mundial de hoje, isso representa uma exceção de peso, que frisa a importância de outros fatores que não o crescimento econômico em si na moldagem da distribuição de renda. O achatamento e a ampliação das disparidades de renda e riqueza na China dos últimos oitenta anos foram determinados, em última análise, pelo poder político e, na primeira metade desse período, pela força bruta.[28]

"O novo povo": Outras revoluções comunistas

Um nivelamento semelhante foi obtido por governos comunistas instalados sob ocupação soviética ou por uma ação revolucionária. Alguns exemplos nos bastarão. No Vietnã do Norte, o processo seguiu o manual chinês, se bem que com muito menos brutalidade. A desigualdade de terras tinha sido considerável: em 1945, cerca de 3% eram donos de um quarto de todas as terras. As primeiras medidas políticas comunistas, entre 1945 e 1953, foram basicamente não violentas: os métodos preferidos eram as transferências por venda, a redução de rendimentos e uma tributação punitivamente progressiva dos proprietários de terras, em vez de confiscos e requisições. A tributação, em particular, desestimulou a posse da terra, já que as alíquotas nominais de 30% a 50% podiam, na verdade, aproximar-se de 100%, uma vez incluídas as sobretaxas. Isso instigou muitos proprietários a vender ou ceder suas terras para seus arrendatários. Consequentemente, a parcela dos latifundiários caiu de 3% com a posse de 25% para 2% com a posse de 10-17%. A partir de 1953, porém, a liderança do partido abraçou de modo mais entusiástico o modelo chinês. A mobilização dos camponeses tornou-se a ordem do dia e foram organizadas reuniões de denúncia no nível das aldeias. Para cada distrito, o Politburo estabeleceu cotas de "latifundiários despóticos" a serem castigados. A legislação da reforma agrária requereu a expropriação dos ricos mais "despóticos" e, para os outros, a venda forçada em troca de uma compensação simbólica. Embora os "camponeses ricos" devessem sair ilesos, nas áreas em que havia uma escassez inconveniente de "latifundiários" os membros da primeira categoria também se tornavam alvos, quando "exploravam a terra por meios feudais" (ou seja, através de arrendamentos), caso em que também podiam ser obrigados a vender suas terras.

Depois da derrota francesa em 1954, cerca de 800 mil pessoas deixaram o norte e se mudaram para o sul, sendo os ricos a maioria delas. Quase todas as terras assim adquiridas foram doadas aos pobres. A violência patrocinada pelo Estado aumentou aos poucos, em etapas, de 1953 até 1956. Tal como na China, muitos "latifundiários" – 5% da população tinha sido incluída nessa categoria – foram deixados com terras menores que a média e sobreviveram como párias nas aldeias. Ao contrário do que ocorreu na China, entretanto, não mais que alguns milhares deles foram executados. A realocação foi guiada pelas necessidades de subsistência das famílias, o que resultou numa distribuição bastante equitativa da terra em termos reais (exceto para os "latifundiários", que ficaram com menos); os pobres foram os maiores beneficiários desses programas. Assim como na União Soviética e na China, a equalização não tardou a ser seguida por um impulso de coletivização, como resultado do qual cooperativas cada vez maiores passaram a cobrir 90% da área cultivada. Depois de 1975, essas políticas também foram estendidas ao sul. Os "latifundiários" e a Igreja foram expropriados e as empresas privadas foram nacionalizadas, sem qualquer indenização.[29]

O regime norte-coreano foi mais agressivo desde o começo, primeiro tomando as terras dos latifundiários, em 1946, depois impondo a coletivização, na década de 1950, até quase todos os camponeses se organizarem em unidades maiores. Na Cuba de Fidel Castro, a expropriação de terras desenrolou-se em etapas, começando pelas propriedades norte-americanas, seguidas por todas as propriedades com área superior a 67 hectares. Em 1964, três quartos de todas as terras cultiváveis tinham sido tomados e organizados como cooperativas de trabalhadores residentes, que logo foram convertidas em fazendas estatais. No fim da década de 1960, todas as outras empresas privadas também tinham sido nacionalizadas. Na Nicarágua, em 1979, os rebeldes sandinistas vitoriosos – socialistas marxistas, não comunistas obstinados – iniciaram a reforma agrária tomando as propriedades da família Somoza, que abarcavam um quinto de todas as terras cultiváveis. A expropriação se expandiu no início dos anos 1980, passando a incluir outras grandes propriedades. Como resultado, em 1986, metade de toda a terra cultivada e metade da população rural tinham se envolvido na reforma, principalmente criando cooperativas ou instalando minifúndios. Mesmo assim, quando os sandinistas foram afastados do poder pelo voto, em 1990, o Gini da renda de mercado nicaraguense ainda era muito alto, entre 0,50 e 0,55 – um valor semelhante aos de Guatemala e Honduras e superior ao de El Salvador naquele momento, países estes caracterizados, todos eles, pela grave má distribuição da renda e da riqueza. Nesse ambiente, a abstenção da coação violenta e o compromisso com o pluralismo democrático por parte do governo revolucionário parecem ter sido fatores decisivos para restringir o nivelamento efetivo.[30]

Enquanto as medidas redistributivas da América Central e até do Vietnã foram relativamente não violentas, pelos terríveis padrões estabelecidos por Lênin, Stálin e Mao, o oposto se verificou no Camboja sob o poder do Khmer Vermelho. Mesmo na falta de uma métrica convencional, não há dúvida de que a violenta intervenção governamental levou a um nivelamento maciço em todo o país. A evacuação apressada das cidades, menos de uma semana depois da vitória dos comunistas em 1975, deslocou quase metade da população cambojana, incluindo todos os moradores da capital, Phnom Penh. Considerando que a variação da renda urbana/rural tende a ser um componente importante da desigualdade nacional, isso estava fadado a ter um efeito significativo de compressão. Os moradores de áreas urbanas foram incluídos no "novo povo", sendo tratados como uma classe inimiga e deportados, não raro várias vezes. O regime procurou "proletarizá-los", confiscando seus bens: eles perderam suas posses em etapas, primeiro durante a evacuação, depois sendo despojados delas por camponeses e ativistas em seus locais de destino. Depois que se instalaram no interior, o Estado tentou impedi-los de consumir os produtos agrícolas que eles lutavam para plantar.

A perda de vidas humanas foi imensa – provavelmente, quase 2 milhões de pessoas, ou um quarto de toda a população do Camboja. Os atritos se concentraram desproporcionalmente entre os moradores das cidades: cerca de 40% dos habitantes de Phnom Penh haviam morrido, quatro anos depois. Antigas autoridades e militares de alto escalão foram destacados para um tratamento particularmente severo. Ao mesmo tempo, a emergência de uma nova elite foi cerceada pelos expurgos cada vez maiores de quadros do partido. Por exemplo, 16 mil membros do Partido Comunista do Kampuchea foram mortos apenas na infame prisão de Tuol Sleng, número que se torna ainda mais notável ao considerarmos que os integrantes do partido não haviam chegado a mais de 14 mil em 1975. Na população geral, as causas das mortes excessivas dividiram-se de modo bem equiparável entre a ruralização, as execuções, o aprisionamento e a fome e as doenças. Centenas de milhares de pessoas foram assassinadas longe dos olhos do público, não raro espancadas até a morte a golpes de barras de ferro, cabos de machados ou ferramentas agrícolas, desferidos contra a cabeça. Alguns cadáveres foram usados como fertilizante.[31]

"Tudo varrido para longe": A revolução transformadora como niveladora violenta

A experiência cambojana, em toda a sua violência surreal e rapidamente autodestrutiva, é apenas um exemplo extremo de um padrão muito mais amplo. Ao longo de aproximadamente sessenta anos, de 1917 até o fim da década de 1970 (e continuando pela década de 1980 na Etiópia), os regimes revolucionários comunistas conseguiram forçar a redução da desigualdade através da expropriação, redistribuição, coletivização e fixação de preços. O *quantum* real de violência gasto na implementação dessas medidas teve enorme variação entre os diferentes casos, com a Rússia, a China e o Camboja numa extremidade do espectro e Cuba e a Nicarágua na outra. Mas seria ir longe demais considerar a violência meramente incidental no nivelamento promovido à força: ainda que, em princípio, Lênin, Stálin e Mao pudessem ter alcançado seus objetivos com uma perda muito mais limitada de vidas humanas, as expropriações de vasto alcance dependiam crucialmente da aplicação de alguma violência, pelo menos, e de uma ameaça crível de que ela teria uma escalada.

O projeto subjacente foi sempre o mesmo: reestruturar a sociedade através da eliminação da propriedade privada e das forças de mercado, nivelando as diferenças de classe nesse processo. Essas intervenções foram de natureza política, representando impactos violentos, equiparáveis aos causados pelas guerras mundiais modernas, discutidas nos capítulos anteriores. Nesse sentido, os nivelamentos pela guerra de mobilização total e pela revolução transformadora tiveram muito em comum. Ambos dependeram crucialmente da violência em larga escala – latente ou aplicada – para produzir o resultado observado. O custo humano geral desse processo é bem conhecido: assim como as guerras mundiais, direta ou indiretamente, reclamaram quase 100 milhões de vidas, o comunismo foi considerado responsável por um número comparável de baixas, sobretudo na China e na União Soviética. Em sua trágica brutalidade, a revolução transformadora comunista igualou-se à guerra de mobilização total – o segundo dos nossos Quatro Cavaleiros do nivelamento apocalíptico.[32]

8. Antes de Lênin

"Façamos o máximo possível para cortar a cabeça dos homens ricos": A Revolução Francesa

Já teria acontecido alguma coisa assim? Teriam períodos anteriores testemunhado uma ação revolucionária que houvesse resultado num nivelamento substancial da desigualdade de renda ou de riqueza? Veremos que o século XX – mais uma vez – foi anômalo nesse aspecto. Embora, com certeza, as sociedades pré-modernas não houvessem sofrido de uma escassez de revoltas populares na cidade e no campo, estas, em condições normais, não pareciam ter alterado a distribuição dos recursos materiais. Tal como as guerras de mobilização total, as revoluções, como dispositivo nivelador, tiveram poucos antecedentes na era pré-industrial.

Entre os desafios anteriores à autoridade tradicional, a Revolução Francesa ocupa o lugar de honra na imaginação popular e parece uma candidata particularmente promissora entre os conflitos potencialmente igualadores. Perto do final do *Ancien Régime*, a França se caracterizava por altos níveis de disparidade de renda e riqueza. A melhor estimativa de que dispomos situa o coeficiente de Gini do país em torno de 0,59, próximo ao da Inglaterra naquela época, embora a margem de erro (de 0,55 a 0,66) seja grande. Enormes desigualdades no sistema tributário ajudavam a moldar a distribuição da renda disponível. A nobreza possuía um quarto das terras, mas era isenta do principal imposto direto, o *taille*, e resistia com sucesso ao pagamento de tributos mais novos, como o imposto de capitação de 1695 e o *vingtième* de 1749. O mesmo se aplicava ao clero, que possuía outro décimo das terras e também recebia o *dime*, que já não era um dízimo, e sim um tributo variável e geralmente substancial. Na verdade, portanto, quem arcava quase inteiramente com os impostos diretos eram a burguesia urbana e o campesinato. Além disso, visto que os burgueses mais ricos conseguiam escapar da tributação, comprando títulos e cargos, o ônus real recaía principalmente sobre os pequenos agricultores e os trabalhadores. Entre os tributos indiretos, o imposto do sal (*gabelle*) era um dos mais onerosos, cobrado mediante a imposição da compra compulsória de sal por famílias individuais, o que também atingia mais duramente os pobres do que os ricos. O sistema geral de extração tributária, portanto, era altamente regressivo.

Além disso, os camponeses deviam contribuições senhoriais aos nobres e ao clero, tais como a corveia e outras obrigações pagas em tempo e dinheiro. Apenas uma minoria dos agricultores possuía terras suficientes com que se manter – embora até esses arranjos, tecnicamente, figurassem apenas como arrendamentos –, enquanto a maioria da população rural trabalhava na condição de meeiros e de trabalhadores sem terra. Nas décadas que levaram à revolução, a situação piorou ainda mais, em decorrência da pressão da população e da reintrodução insidiosa de direitos feudais, bem como do cerceamento da pastagem em áreas públicas, o que excluía os lavradores pobres, que só possuíam alguns animais e lutavam para sustentá-los. Isso levou à pauperização do interior e ao crescimento de um proletariado urbano. Os aluguéis da terra duplicaram entre 1730 e 1780 e o preço dos produtos agrícolas subiu mais depressa do que os salários da agricultura; os trabalhadores urbanos também foram afetados de maneira adversa.[1]

O desmantelamento do *Ancien Régime* e de suas instituições, que se deu em etapas entre 1789 e 1795, acarretou diversas medidas que beneficiaram os pobres em relação aos ricos. Em agosto de 1789, a Assembleia Nacional Constituinte declarou abolidos os direitos feudais "pessoais", embora a implementação formal da nova lei se arrastasse até o ano seguinte. Apesar de os aluguéis ainda serem devidos, os inquilinos resistiram cada vez mais a seu pagamento e os tumultos se espalharam no fim de 1789 e início de 1790. Os camponeses assaltaram castelos senhoriais e queimaram os registros. Essa inquietação social foi acompanhada por uma agitação violenta e disseminada contra os impostos (indiretos), o que levou a uma paralisação da coleta tributária. Em junho de 1790, todos os tributos feudais pessoais (como a corveia) foram finalmente abolidos, sem compensação, e se ordenou que as terras públicas fossem distribuídas entre os residentes locais. Sucessivas assembleias parisienses reagiram à inquietação rural, repetidamente, com a abolição dos impostos mais impopulares, entre eles o oneroso *dime*. Em geral, porém, o acréscimo de novas taxas para substituí-los não reduziu o ônus sobre os camponeses e causou novos ressentimentos. Embora os direitos feudais "reais" (como os direitos anuais) permanecessem nominalmente em vigor, a menos que os camponeses os comprassem, indenizando os senhores feudais com vinte a 25 vezes a taxa anual, essa solução de compromisso foi rejeitada pelos camponeses, que suspenderam os pagamentos ou se rebelaram. Em 1792, uma grande eclosão de violência rural resultou em ataques antifeudais em grandes áreas do país, os quais ficaram conhecidos como "*guerre aux châteaux*" [guerra aos castelos].

Depois que os parisienses invadiram as Tulherias, em agosto de 1792, a Assembleia Legislativa sentiu-se com poder para lidar com a violência rural por meio de uma reforma mais abrangente: todos os detentores de terras tornaram-se proprietários, a menos que os senhores fossem capazes de exibir documentos reais de propriedade, os quais eram raros em arranjos regidos pelo direito consuetudinário. Até essa última ressalva foi eliminada pelos jacobinos em julho de 1793. Ao menos no papel, isso equivaleu a uma grande redistribuição da riqueza, porque os milhões de camponeses que haviam pagado aluguéis fixos tinham sido arrendatários, tecnicamente, ainda que funcionassem de fato como minifundiários. Por esse cálculo, quase 40% de todas as terras da França – terras que já tinham sido ocupadas pelos camponeses, mas sem lhes pertencer legalmente – foram formalmente privatizadas em 1792. O mais importante, em termos de renda, foi a abolição de qualquer obrigação feudal ligada a essas terras. É importante notar que, desde o princípio, desde as medidas antifeudais de agosto de 1789, a reforma rural tinha sido movida pela preocupação das assembleias com a "ameaça vinda de baixo" – isto é, a ação das massas. O ativismo dos camponeses, que se tornou cada vez mais violento, e a legislação reformadora metropolitana entrelaçaram-se num "processo dialético que levou não a um compromisso, mas à radicalização recíproca".[2]

O confisco e a redistribuição mais forçados da terra promoveram o nivelamento. Em novembro de 1789, a Assembleia Nacional expropriou todas as propriedades da Igreja na França, para serem usadas pela nação, com o objetivo primordial de lidar com os déficits orçamentários sem que fosse preciso instituir novos impostos. Essas terras, conhecidas como *biens nationaux* [bens nacionais], foram vendidas sob a forma de grandes áreas, prática que beneficiou a burguesia urbana e os fazendeiros mais ricos. Mesmo assim, estima-se que os camponeses tenham adquirido cerca de 30% dessas propriedades. A partir de agosto de 1792, a terra dos nobres que haviam emigrado foi similarmente confiscada e vendida, dessa vez em lotes menores e com a finalidade expressa de beneficiar os pobres, o que refletiu as aspirações mais igualitárias da Assembleia Legislativa. Por conseguinte, os camponeses também acabaram com cerca de 40% dessas áreas. A possibilidade de as terras confiscadas serem compradas mediante pagamento em parcelas, ao longo de doze anos, ajudou os de meios mais modestos, porém acabou sendo vantajosa para todos os compradores, quando a inflação acelerada foi corroendo enormemente os juros sobre as prestações. No cômputo geral, entretanto, a redistribuição teve escala bem limitada: meros 3% de todas as terras agrícolas da França foram adquiridos dessa maneira por camponeses, e até nobres e emigrados ficaram secretamente aptos a participar das compras, através de intermediários. Por isso, os efeitos niveladores do confisco de terras, embora reais, não devem ser superestimados.[3]

A inflação foi alimentada pelos *assignats*, papel-moeda emitido em quantidades cada vez maiores a partir de 1790. Respaldados, de início, pelos bens eclesiásticos confiscados, os *assignats* passaram a ser emitidos em número tão gigantesco que, cinco anos depois, haviam perdido mais de 99% de seu valor. O efeito sobre a desigualdade foi ambíguo. A inflação impôs à população um tributo indiscriminado, que de fato era regressivo, pois os ricos tinham uma parte proporcionalmente menor de seus bens em dinheiro do que outras pessoas. Ao mesmo tempo, ela também beneficiou os menos ricos de várias maneiras. Como já foi mencionado, reduziu o preço real das terras agrícolas e das criações de animais pagas à prestação. Os aluguéis em valores fixos, que substituíram cada vez mais a meação, trabalharam em benefício dos locatários. A inflação também eliminou as dívidas rurais, favorecendo os pobres. Na outra ponta do espectro, os credores do *Ancien Régime* foram pagos, em parte, com *assignats* desvalorizados, a não ser quando as dívidas eram diretamente anuladas. Os que haviam comprado cargos saíram perdendo, ao serem remunerados numa moeda depreciada, prática que desfavoreceu fortemente a elite. Os cargos mais altos, que costumavam ser comprados pelos nobres, representaram a maior parte do capital investido e perdido na venalidade.[4]

A elite rica estabelecida foi duramente afetada, não apenas pela abolição das obrigações feudais que costumavam ser-lhes devidas, mas também e especialmente pela nacionalização das terras da Igreja e pelo subsequente confisco dos bens dos *émigrés* e dos adversários políticos. A mobilização em massa para a guerra, em 1793, instituiu impostos extraordinários: em Paris e vários *départements*, impuseram-se empréstimos forçados aos ricos, a fim de levantar as verbas necessárias. Os comitês revolucionários locais redigiam listas de pagadores adequados e os valores eram pagáveis no prazo de um mês. Outros impostos de criação local foram empregados como um meio ilegal, mas eficaz, de explorar os ricos. Durante o "Terror", milhares de pessoas foram presas sob suspeita de estarem acumulando recursos às escondidas, ou violando os controles de preços. Só o Tribunal Revolucionário de Paris proferiu 181 sentenças de morte por essas transgressões. O fato de os bens dos condenados caberem ao Estado deu forte incentivo à escolha de alvos ricos. A citação no título desta seção foi extraída de um discurso de Joseph Le Bon, membro da Convenção que exortou a que, "entre os acusados de crimes contra a República, façamos o máximo possível para cortar a cabeça dos homens ricos, que, em geral, são sabidamente culpados".[5]

Os nobres deixaram a França em número crescente. No final, 16 mil deles, mais de um em cada dez, haviam partido para refúgios mais seguros. A perseguição franca teve início em 1792. No ano seguinte, o governo ordenou a queima pública de cartas patentes de nobreza e documentos de direitos feudais. Apenas um número relativamente pequeno de nobres perdeu a vida: 1.158 dos 16.594 indivíduos condenados à morte por tribunais extraordinários pertenciam à nobreza, representando menos de 1% dessa ordem. Entretanto, sua parcela entre os condenados foi crescendo com o tempo, até culminar no "Grande Terror". Dos 1.300 corpos decapitados que foram sepultados ao longo de apenas seis semanas, em junho e julho de 1794, em duas fossas comuns, num antigo jardim monástico – o Jardin de Picpus, próximo do portão oriental de Paris –, mais de um terço eram restos mortais de nobres, incluindo príncipes, princesas, duques e um sortimento de ministros, generais e altos funcionários, enquanto muitos dos outros tinham sido plebeus empregados por nobres.[6]

Os que ficaram na França e sobreviveram não apenas deram graças por suas bênçãos, como também contaram seus prejuízos. Na descrição feita pelo conde Dufourt de Cheverny,

> perdi, nos primeiros três anos da revolução, 23 mil *livres* de renda em direitos senhoriais ... minha pensão do Tesouro real, concedida por Luís XV, e diversos outros itens ... Tive que suportar incursões de guardas nacionais, enormes tributos impostos pelos jacobinos, toda sorte de requisições e o confisco, em nome de donativos patrióticos, do que restava de minha prataria. ... Meus quatro meses de prisão tinham envolvido uma despesa exagerada. ... Minhas melhores árvores foram levadas para a marinha, e não se passou uma única semana sem que eu tivesse que levar meus cereais requisitados a armazéns militares no Blois. ... Nem menciono a ... queima de todos os títulos de propriedades feudais ...[7]

Na medida em que a revolução feriu os ricos e beneficiou os pobres, pode-se esperar que tenha havido algum nivelamento. Mas, embora a direção geral dessa tendência seja clara, sua escala é difícil de determinar. No tocante à distribuição de renda, a abolição dos encargos feudais deve ter surtido um efeito positivo nos servos e um efeito negativo nos senhores. A mobilização em massa para a guerra também tendeu a elevar os salários reais. De acordo com uma medida, os salários reais dos trabalhadores rurais adultos do sexo masculino teve um aumento de um terço entre 1789 e 1795. Num dos departamentos ocidentais franceses, a participação dos colhedores nas safras subiu de um sexto para um quinto. Há também indicações de aumentos da renda real dos trabalhadores urbanos: entre a década de 1780 e a de 1800, os salários subiram mais depressa do que os preços dos cereais.[8]

Quanto à distribuição da riqueza, as mudanças na distribuição da posse da terra também apontam para uma atenuação da desigualdade. Num novo departamento em que o clero e os nobres haviam possuído 42% da terra em 1788, sua parcela caiu para 12% em 1802, enquanto a parcela dos camponeses subiu de 30% para 42% – mas isso também sugere que grupos intermediários foram os mais beneficiados. Numa amostra do sudoeste da França, a participação dos lavradores cujas terras eram insuficientes para sustentá-los, sem que recorressem ao emprego externo ou à caridade, caiu de 46% para 38%, e a dos que tinham terras sustentáveis subiu de 20% para 32%. A longo prazo, essas transferências consolidaram as pequenas fazendas e minifúndios e garantiram sua sobrevivência, apesar das condições persistentes de pobreza. A reforma agrária ficou muito aquém de uma redistribuição radical da riqueza fundiária. Em muitos departamentos, os maiores latifundiários governados por Napoleão eram das mesmas famílias de antes da revolução, e a quinta ou quarta parte das terras perdidas para os confiscos acabou sendo readquirida por membros dessas famílias. Apenas um décimo de todas as terras da nobreza foi perdido em caráter permanente para aquele grupo.[9]

A tentativa meio heroica de Christian Morrisson e Wayne Snyder de fazer uma estimativa das mudanças na distribuição de renda francesa aponta para uma redução no topo e um crescimento na base da distribuição de renda (Tabela 8.1).[10]

Um dos problemas é que essa comparação se limita à distribuição de renda na força de trabalho francesa e, portanto, exclui a participação dos rentistas da elite. Além disso, e talvez mais importante, essas estimativas não nos deixam distinguir entre as consequências distributivas do período revolucionário (1789-99) e os períodos subsequentes da monarquia napoleônica e da restauração dos Bourbon. Isso torna impossível avaliar se ou até que ponto o nivelamento inicial – no período de intensa atividade de reforma da primeira metade dos anos 1790 – tinha sido mais pronunciado do que sugerem essas cifras. Por exemplo, os seguidores de Napoleão compraram terras que, de outro modo, teriam ficado disponíveis para os pobres, e, sob o governo dos Bourbon, 25 mil famílias, muitas delas de nobres, foram indenizadas pelas expropriações revolucionárias. É muito possível que a distribuição da renda tenha ficado temporariamente mais comprimida na década de 1790 do que uma geração depois.[11]

Isso posto, não há indicação de que a Revolução Francesa tenha resultado em nada sequer remotamente comparável ao nivelamento acarretado pelas grandes revoluções do século XX. As mudanças na posse da terra, na concentração da riqueza e na distribuição da renda ocorreram nas margens. De modo algum isso foi uma banalidade para as pessoas afetadas: se estiver correto, é fatal que o aumento relativo de 70% na parcela da renda dos 40% inferiores tenha representado uma melhora significativa para os

TABELA 8.1 Participação na renda na França, 1780-1866

Participação na renda	1780	1831	1866
10% mais ricos	51-53	45	49
40% mais pobres	10-11	18	16

componentes mais pobres da sociedade francesa. Mas esse processo ficou longe de ser transformador em geral. Essa constatação se coaduna bem com o grau comparativamente moderado da violência voltada contra as classes abastadas: por mais que isso possa ter escandalizado os observadores conservadores contemporâneos, a revolução, que se revelou batante contida em seus meios e ambições, pelos padrões posteriores, gerou um nivelamento correspondentemente menor.

"Doar todas as coisas a Deus, para que todos as usem em comum": A Rebelião Taiping

No contexto dessa pesquisa, um movimento revolucionário do século XIX merece atenção especial, por duas razões: suas aspirações ostensivamente comunitárias e a violência gigantesca gerada por ele. De 1850 a 1864, grandes áreas do leste e do sul da China foram tragadas pela Rebelião Taiping. Conflito mais sangrento da história até aquele momento, acredita-se que tenha ceifado cerca de 20 milhões de vidas. Um levante contra a dinastia Qing, a Rebelião Taiping foi impulsionada pelas expectativas milenaristas de um "Reino Celestial". Lançado por Hong Xiuquan, um fracassado aspirante a burocrata cujas visões e cujo programa combinavam tradições chinesas de protesto popular com elementos cristãos, o movimento valeu-se de um amplo leque de ressentimentos populares, desde a resistência ao governo da dinastia Manchu e do ódio às autoridades do Estado até as tensões étnicas. Tendo começado no sudoeste da China, em 1850 e 1851, como uma revolta sobretudo de camponeses, mas também de carvoeiros e mineiros de carvão, ela se transformou rapidamente, feito uma bola de neve, numa gigantesca insurreição armada, com 500 mil integrantes em 1852 e talvez até 2 milhões no ano seguinte. O chamado "vasto exército dos pobres" foi abrindo caminho pelo coração econômico da China e logo capturou Nanquim, que foi escolhida como a nova capital do Reino Celestial. Estabelecendo o controle sobre dezenas de milhões de pessoas, a liderança Taiping promoveu a adoração de Deus e, em termos mais mundanos, a libertação dos han da dominação estrangeira. A isso se acrescentou um projeto social: visto que apenas Deus era considerado capaz de possuir o que quer que fosse, a ideia de propriedade privada foi rejeitada, ao menos em termos conceituais. A celebração da fraternidade universal pretendia reunir a todos, como que numa única família. Esses sentimentos elevados encontraram sua mais pura expressão num documento originalmente publicado no começo de 1854: o "Sistema Agrário da Dinastia Celestial". Ele se baseava na premissa de que

> todas as pessoas desta terra são como que a família de seu Deus Altíssimo e, quando as pessoas desta terra nada conservarem para seu uso particular, mas derem todas as coisas a Deus, para que todos as usem em comum, todos os lugares da terra inteira terão parcelas iguais, e todos serão vestidos e alimentados. Foi para isso que o Senhor Deus enviou expressamente o Senhor Celestial Taiping, para ele descer à terra e salvar o mundo.[12]

Idealmente, todas as terras deveriam ser divididas em partes iguais para todos os homens e mulheres adultos, e em partes correspondentes à metade destas para as crianças, e deveriam ser "cultivadas em comum". A terra seria classificada de acordo com sua produtividade e uniformemente compartilhada, para que se atingisse a igualdade perfeita. Se não houvesse terras suficientes para todos receberem parcelas de tamanho padrão, as pessoas deveriam mudar-se para locais em que elas estivessem disponíveis. Esperava-se que cada família criasse cinco galinhas e dois porcos. Cada grupo de 25 famílias deveria criar uma tesouraria central para reunir e guardar o superávit que ultrapassasse o nível da subsistência. Esse paraíso terreno, de rigoroso igualitarismo, tinha raízes históricas distantes em noções anteriores de sistemas de "campos iguais", porém, curiosamente, não previa redistribuições periódicas para preservar a igualdade ao longo do tempo.

Mas esse lapso, se é que o era, mal tinha importância – pela simples razão de que não há sinal de que algum dia esse programa tenha sido implementado, ou, na verdade, de que tenha sequer sido amplamente conhecido na época. Embora algumas residências e propriedades dos ricos tenham sido saqueadas, nas primeiras fases do avanço do movimento Taiping, e embora uma parcela do butim tenha sido dividida com os aldeões locais, a maior parte foi para a organização rebelde. Essas atividades nunca se desenvolveram como um plano redistributivo mais amplo, muito menos como uma reforma agrária sistemática, ou como o comunismo agrícola da vida real. Confrontados com a resistência Qing, que ia endurecendo, e com eventuais contra-ataques, os Taiping interessavam-se primordialmente por manter os fluxos de receita que financiavam suas operações. Como resultado, as relações tradicionais entre proprietários e arrendatários permaneceram praticamente intactas. Quando muito, ocorreram algumas mudanças marginais. Em Jiangnan, onde numerosos registros de terras e impostos dos Qing tinham sido destruídos, e de onde muitos proprietários haviam fugido, ou já não conseguiam cobrar os aluguéis, o novo regime teve uma breve experiência com o pagamento de impostos dos camponeses diretamente a agentes estatais. Esse arranjo teve curta duração. Talvez os tributos fossem menores do que antes e tivesse ficado mais fácil para os arrendatários resistir às exigências de aluguéis elevados. Em termos de valores brutos e líquidos, deve ter havido alguma desconcentração da renda, já que os Taiping retiveram dos ricos alguns privilégios no estilo dos Qing. Confrontados com a resistência mais dura dos arrendatários e, ainda que por uma única vez, tendo que pagar toda a sua cota de impostos, somados a tributos especiais, os proprietários viram sua renda comprimida por uma pressão descendente.

Mas tudo isso ficou muito aquém de qualquer nivelamento sistemático, tal como imaginado nos esquemas utópicos que nunca foram postos em prática – ou talvez nem tivessem sido destinados à implementação. Esta última hipótese seria assinalada pelo fato de que, além de manter, de modo geral, os arranjos tradicionais de posse da terra, a liderança Taiping abraçou avidamente a estratificação hierárquica, reivindicando um estilo de vida suntuoso, repleto de haréns e palácios. A violenta destruição imposta aos Taiping pela dinastia Qing, na década de 1860, que custou milhões de vidas, ceifadas pelos combates e pela fome, não eliminou uma experiência igualitária, porque esta não havia existido. Nem uma doutrina comunitária nem uma extensa mobilização militar do campesinato parecem ter produzido um nivelamento significativo, nem este teria logrado sustentar-se, se de fato tivesse sido empreendido. Antes de 1917, a distância entre as metas ideológicas e as realidades pré-industriais era grande demais para ser coberta à força.[13]

"Pois os campônios procuraram melhorar de vida à força": A revolta rural

Praticamente o mesmo se aplica à maioria das insurreições populares na história. Na maior parte da história escrita, quase todos eram agricultores, e a distribuição da riqueza e da renda em qualquer sociedade pré-moderna era determinada, em grande parte, pela configuração da posse da terra e pelo controle dos produtos agrícolas. Assim, qualquer exame do nivelamento por meios revolucionários deve prestar atenção especial aos efeitos das revoltas rurais. Esses eventos costumavam ser muito comuns: a variação aparente no espaço e no tempo bem pode ter mais a ver com a natureza dos dados do que com as situações reais. No entanto, apesar de sua frequência, é raro encontrarmos revoltas rurais que se hajam transformado em autênticos movimentos revolucionários e atingido um grau de nivelamento digno de nota.[14]

Os casos mais promissores, mais uma vez, são de origem relativamente recente. A reforma agrária do México, na esteira da revolução de 1910, é um deles. O México sempre tinha vivido uma enorme desigualdade de recursos, que remontava ao período dos astecas. No século XVI, os conquistadores espanhóis receberam enormes doações de terra e mão de obra forçada. A guerra da independência, de 1810 a 1821, meramente substituiu os espanhóis ricos por elites crioulas ou mestiças, e a concentração da posse da terra continuou a aumentar nas últimas etapas do século XIX. Os ricos entravam em conluio com o Estado para adquirir mais terras e lucravam com a comercialização crescente. Assim, às vésperas da revolução, as disparidades eram realmente extremas. Ao todo, 6 mil propriedades, controladas por mil famílias e empresas, abarcavam mais da metade de toda a terra, num país de 16 milhões de habitantes, dois terços dos quais trabalhavam no setor agrícola. A maioria dos residentes rurais era quase ou totalmente desprovida de terras, sendo que metade deles se compunha de minifundiários com direitos precários à terra e a outra metade era empregada de grandes propriedades, onde pagava pesados aluguéis e fornecia mão de obra. A dívida prendia os peões à terra. No estado central do México, apenas 0,5% dos chefes de família possuíam bens, somente 856 pessoas possuíam terras, e, entre elas, 64 *hacendados* detinham mais de metade de todas as terras particulares. A riqueza econômica e o poder político ficavam concentrados numa classe governante minúscula.[15]

A revolução, que começou como uma luta entre facções rivais da elite e, originalmente, não tinha planos de reforma agrária, instigou a mobilização de forças rurais que lutavam por seus próprios planos redistributivos. Grupos armados apossaram-se de *haciendas*. No sul, notadamente, os exércitos de camponeses comandados por Emiliano Zapata ocuparam grandes propriedades e redistribuíram a terra. A violenta revolta rural criou situações locais que tiveram de ser abordadas por autoridades centrais cuja influência havia minguado. Ao reconhecer a supremacia dos interesses públicos em relação aos interesses privados, a nova Constituição de 1917 legitimou as expropriações. Estas só eram oficialmente aceitas quando havia necessidade de pacificar exércitos de camponeses: a violência local, e não uma legislação de cima para baixo, era o principal motor da redistribuição. Mesmo assim, as alocações formais de terras aos pobres só avançaram lentamente na década de 1920, e os latifundiários obtiveram concessões, como limites máximos dos pedidos de expropriação. Quase toda a terra redistribuída entre 1915 e 1933 era de má qualidade. Até 1933, menos de 1% de todas as terras foi realocado anualmente e menos de um quarto delas era efetivamente cultivável. Os latifundiários puderam recorrer à obtenção de liminares, e o medo da intervenção estrangeira impediu uma tomada mais ampla das grandes propriedades.

As consequências da Grande Depressão – desemprego e declínio das rendas – finalmente fizeram aumentar a pressão, e o ritmo da redistribuição acelerou-se durante o governo mais radical de Lázaro Cárdenas, que também nacionalizou a indústria petrolífera em 1938. Quarenta por cento das terras aráveis foram expropriadas entre 1934 e 1940, e os peões também passaram a poder habilitar-se às alocações. A terra foi entregue a arrendatários, trabalhadores e camponeses sem terra, organizados em fazendas coletivas (*ejidos*), mas era cultivada em lotes. Mais uma vez, a mobilização dos camponeses *in loco* proporcionou o impulso necessário para essas medidas. Como resultado, em 1940, metade de toda a terra fora abrangida pela reforma agrária e metade dos pobres da zona rural tinha se beneficiado. Dez anos depois, a parcela dos proprietários havia aumentado para mais de metade da população, partindo de 3% em 1910, e, em 1968, dois terços de todas as terras cultiváveis tinham sido transferidos. Esse processo prolongado ilustra os obstáculos à redistribuição e ao nivelamento em larga escala numa democracia eleitoral, bem como a importância dos choques – a violência rural e, mais tarde, também a Grande

Depressão –, para dar a partida ou acelerar a ação redistributiva. Embora o México não tenha passado por nada parecido com a reestruturação radical típica das revoluções ou tomadas de poder comunistas, a mobilização dos camponeses criou e sustentou o impulso de redistribuição frente à resistência da ordem estabelecida. Até o governo mais ativista de Cárdenas teve uma dependência crucial desse elemento.[16]

Ocorrências similares podem ser observadas na Bolívia da década de 1950. Uma revolução em 1951 e 1952 foi voltada contra o poder oligárquico, que havia oprimido severamente tanto os camponeses nativos quanto os falantes de espanhol. A maioria dos índios trabalhava na condição de servos de grandes propriedades, ou vivia em comunidades que tinham cedido suas melhores terras aráveis aos latifúndios. No decorrer da insurreição, camponeses organizados ocuparam grandes propriedades e incendiaram as construções das fazendas, levando os donos ausentes a abandonar suas posses. A reforma agrária que se seguiu em 1953, e que previu a expropriação dos latifúndios mal administrados e a redução do tamanho de outros, foi, de fato, em muitos casos, apenas um reconhecimento de processos que já estavam em andamento. Grandes propriedades, que haviam abarcado mais da metade de todas as terras cultiváveis, foram tomadas pelos arrendatários e camponeses vizinhos, e, por conseguinte, mais da metade dos pobres puderam gozar de maior acesso à terra. Mas a resistência violenta nem sempre logra êxito. A revolta camponesa salvadorenha de janeiro de 1932 fracassou em poucos dias e instigou o exército a massacrar um grande número de camponeses, num evento que ficou conhecido como a *matanza*, e as medidas paliativas de reforma que vieram a seguir mantiveram-se fracas, na melhor das hipóteses. De fato, as revoluções bem-sucedidas de base campesina foram raras, mesmo no passado recente. Discutirei no capítulo 12 o papel crucial desempenhado pela violência, ou pela ameaça de violência, no incentivo à reforma agrária, bem como o fracasso de quase todas as tentativas pacíficas.[17]

Retrocedendo da história recente de países em desenvolvimento para o período pré-moderno, constatamos que a história da China foi particularmente rica no registro de revoltas camponesas. Kent Gang Deng levantou nada menos que 269 casos do que definiu como grandes rebeliões campesinas, ocorridas ao longo de 2.106 anos de história chinesa, desde a queda da dinastia Qin até o fim da Qing. A "igualdade" era repetidamente promovida como um objetivo, em especial no tocante à posse da terra, e a redistribuição de riqueza e terras figurou entre as medidas tomadas pelos grupos rebeldes. Embora a maioria das rebeliões tenha fracassado, elas puderam funcionar como catalisadoras de mudanças, ao incentivar a reforma fiscal ou a redistribuição de terras. Nos casos em que conseguiram derrubar um regime estabelecido, elas atuaram como o que Deng chamou de "exterminadoras do aparelho estatal corrupto" e como redistribuidoras de riqueza. Voltarei a esta questão no próximo capítulo, no contexto do colapso do Estado e de seus efeitos niveladores.[18]

Ao mesmo tempo, embora os planos de nivelamento fossem explicitamente formulados pelos rebeldes, merece atenção o fato de que as mudanças concretas possam ter sido mínimas ou estado ausentes, mesmo nos casos de sucesso. O movimento liderado por Li Zicheng é um bom exemplo disso. Líder rebelde de origem supostamente pastoril, ele veio a comandar grandes exércitos, provenientes sobretudo dos camponeses, e ajudou a derrubar a dinastia Ming. Dominou Pequim brevemente em 1644, como pretenso imperador, até ser destruído pelo avanço dos manchurianos. Embora se dissesse que ele desdenhava a riqueza e planejava tomar e redistribuir as fortunas dos ricos, e até mesmo equalizar a posse da terra, isso não deu em nada. Como vimos, praticamente o mesmo se aplicou à Rebelião Taiping, muito maior e mais longa, dois séculos depois.[19]

A China se destaca pela antiguidade singular de seu registro histórico de revoltas rurais. Os dados provenientes de outras sociedades antigas são muito mais escassos. Talvez não por acaso, nas sociedades escravocratas da Grécia e da Roma antigas, os levantes de escravos e eventos similares, em vez de revoltas de camponeses, aparecem nas fontes. Em princípio, a libertação de escravos em larga escala serviria de mecanismo nivelador muito potente: nos meios ricos em escravos, estes encarnavam um grande volume do capital pertencente à elite, e a perda repentina desse capital nivelaria a distribuição geral da riqueza. A equalização no sul dos Estados Unidos antes da Guerra de Secessão, descrita no capítulo 6, oferece um poderoso testemunho nesse sentido. Mas, normalmente, não foi o que aconteceu. A fuga registrada de mais de 20 mil escravos atenienses, após uma invasão espartana em 413 a.C., certamente resultou em prejuízos substanciais para os ricos, mas foi uma reação oportunista à guerra entre Estados, e não uma revolta em sentido estrito. Algum nivelamento deve ter ocorrido quando os hilotas messenos – escravos comunitários, mantidos em condições similares às da servidão pela classe de cidadãos guerreiros espartanos – foram libertados pela intervenção estrangeira, em 370 a.C.; contudo, mais uma vez, isso não resultou de uma ação autônoma dos hilotas. Na verdade, uma revolta hilota anterior, em 462 a.C., havia fracassado. Dois grandes levantes de escravos na Sicília romana (*c.*136-132 e 104-101 a.C.) tiveram algum potencial de nivelamento, já que a tentativa de criação de "reinos" autônomos pertencentes aos escravos teria privado os grandes proprietários de seus bens e sua renda. Mas nenhum dos dois teve sucesso, nem tampouco a famosa rebelião de Espártaco, na Itália, entre 73 e 71 a.C.

As ações violentas de alguns grupos no Baixo Império Romano foram por vezes interpretadas como sinais de inquietação ou revolta rural com aspirações igualadoras. Entretanto, as modernas identificações dos *circumcelliones* da África Setentrional romana, no fim do século IV e início do século V da era cristã, como uma espécie de "Jacquerie" carecem de uma base empírica que vá além da retórica hostil contemporânea que os retrata como uma ameaça à sociedade: as afirmações de que "rebeldes rurais encontram-se em levante contra seus senhores" e de que "as notas de crédito foram extorquidas dos credores e devolvidas aos devedores" representam as duas principais alegações remanescentes sobre uma guerra de classes. Podemos apenas ter certeza de que esse grupo se compunha de violentos colhedores itinerantes, que se enredaram num conflito sectário cristão na época de santo Agostinho. Os bagaudas (ou *bacaudae*) da Gália romana são apenas um exemplo marginalmente mais promissor: aparecem primeiro como camponeses insurgentes, em fontes do século III d.C., e ressurgem no século V claramente associados à crise e ao enfraquecimento da dominação romana. Podem ter simplesmente procurado ocupar vazios do poder, afirmando ou tentando afirmar um controle local: não há muito que possa respaldar as ideias de revoltas de camponeses ou conflito de classes, ainda que as fontes escassas tenham sido levadas ocasionalmente a dar essa impressão.[20]

Na Europa, os relatos de insurreições do campesinato começaram a fluir livremente na Baixa Idade Média. Complementadas por numerosas revoltas urbanas, elas continuaram pelo início do período moderno adentro. Um estudo conta nada menos que aproximadamente sessenta rebeliões de camponeses e duzentas insurreições urbanas só na Alemanha do fim da Idade Média, e uma pesquisa mais ampla sobre a Itália, Flandres e a França medievais reúne um número muito maior de casos. A revolta dos camponeses flandrenses, de 1323 a 1328, foi o maior movimento rural antes da Guerra dos camponeses alemã de 1524 e 1525 e se destaca pela escala incomum de seu sucesso inicial. Os exércitos camponeses, a princípio aliados a grupos urbanos, expulsaram nobres e cavaleiros; também exilaram aristocratas e autoridades estatais. Quando os cidadãos rebelados de Bruges capturaram o governante flandrense, o conde Luís, em 1323, e mandaram trancafiá-lo durante cinco meses, os rebeldes estavam no controle de grande parte de Flandres. Posteriormente, os interesses conflitantes dos componentes urbanos e rurais do movimento e a ameaça de intervenção militar francesa levaram a um tratado de paz, em 1326, que teria restringido severamente a limitada autonomia dos camponeses e imposto multas e o pagamento de atrasados. Visto que os líderes dos camponeses, escolhidos por assembleias populares, foram excluídos das negociações, esses termos foram imediatamente rejeitados pelos rebeldes rurais, que trataram de restabelecer a autoridade sobre a maior parte do país, até serem derrotados pelos franceses em combate, em 1328. Quanto nivelamento ocorreu sob o controle dos camponeses é uma questão que continua em aberto. Eles se apoderaram de parte da terra dos exilados e a redistribuíram, e estabeleceram seu próprio governo, com impostos e tribunais.

> E os plebeus rebelaram-se contra os conselheiros, os vereadores e os senhores feudais. ... Elegeram comandantes para suas fortalezas e, contrariando a lei, formaram esquadrões. Saíram marchando e capturaram todos os conselheiros, vereadores, senhores feudais e coletores de impostos. Depois de os senhores fugirem, eles lhes destruíram as casas. ... Todos os rebelados eram plebeus e campônios. ... Incendiaram todas as mansões da nobreza ... e saquearam todos os seus bens em Flandres Ocidental.[21]

As reivindicações posteriores de indenização realmente documentaram a expropriação ordeira de bens móveis e safras pertencentes a ricos proprietários de terras. Menos claro é se as alegações de extremismo e violência constituíram uma propaganda hostil ou foram baseadas em fatos: as referências ocasionais a atrocidades que envolveram o assassinato dos ricos são de qualidade duvidosa. Em contraste, a selvageria da retaliação, após a derrota dos rebeldes em Cassel, que custou a vida de mais de 3 mil camponeses, está bem documentada. A cavalaria francesa vitoriosa começou imediatamente a massacrar civis, e os líderes rebeldes foram detidos e executados:

> Após a vitória, o glorioso monarca da França não viu essas questões com bons olhos; ao contrário, dada a onipotência divina com que os reis governam …, ele incendiou aldeias e massacrou as viúvas e filhos dos rebeldes, para deixar uma lembrança duradoura de sua vingança contra os crimes e rebeliões destes.

Seguiu-se uma rápida pacificação, acompanhada por exigências esmagadoras de pagamento de dívidas em atraso e indenizações. Em certo sentido, a rebelião fracassou por seu próprio sucesso: a elite, profundamente abalada, organizou uma cruzada internacional com bênçãos papais para esmagar esse movimento, antes que ele pudesse instigar camponeses de outras regiões a seguir o exemplo flandrense. Isso proporciona um exemplo antigo, mas poderoso, das forças de repressão mobilizadas pela resistência armada dos produtores primários. Nessas circunstâncias, o nivelamento sustentável não era um desfecho viável.[22]

O mesmo se deu com a Jacquerie de 1358, no norte da França. Ela diferiu muito da insurreição flandrense, por sua curta duração de apenas duas semanas e sua flagrante falta de estrutura organizacional. Os camponeses atacaram e destruíram castelos e mansões da nobreza, até serem derrotados por cavaleiros montados na Batalha de Mello. Fontes da elite deleitaram-se com as atrocidades supostamente perpetradas pela turba rural, cujo ápice foi a famigerada descrição de Jean de Bel de como um cavaleiro foi assado num espeto, diante da mulher e dos filhos.

> Avançando com suas armas e estandartes, eles invadiram a zona rural. Mataram, trucidaram e massacraram sem piedade todos os nobres que puderam encontrar, inclusive seus próprios senhores. … Arrasaram as casas e fortalezas dos nobres, deixando-as no chão, e … deram morte atroz às damas nobres e seus filhos pequenos, ao depararem com eles.

Todavia, embora não possamos ter certeza de como os camponeses realmente se portaram, não há nenhuma dúvida quanto à resposta da classe dominante:

> Pois os cavaleiros e nobres recobraram as forças e, ansiosos por vingança, uniram-se em grande número. Invadindo muitos vilarejos rurais, atearam fogo à maioria deles e assassinaram sem clemência todos os camponeses, não apenas aqueles que acreditavam lhes terem feito mal, porém todos os que encontraram.[23]

Por mais violentas que possam ter sido na prática, as insurreições locais desse tipo não tinham chance de enfrentar as desigualdades arraigadas. Até as exceções parciais foram relativamente pouco numerosas. Por exemplo, a Revolta Camponesa de 1381, na Inglaterra, foi um aparente fracasso. Deflagrada por causa da imposição de novos tributos para financiar a guerra na França, ela foi, num nível mais fundamental, movida pelo desejo popular de proteger os ganhos provenientes do custo cada vez mais alto da mão de obra, desencadeado pela Peste Negra – ganhos que a elite procurava conter com a ajuda de leis trabalhistas e restrições feudais. O movimento foi rapidamente sufocado, se bem que não antes de os rebeldes tomarem a Torre de Londres, saquearem palácios e mansões da capital, confrontarem pessoalmente o rei Ricardo II e executarem o arcebispo de Cantuária e o presidente do Supremo Tribunal, entre outros luminares – e não antes de ocorrerem insurreições em boa parte do país, embora sobretudo no leste. Quer os rebeldes tivessem ou não realmente

> planejado maldades muito mais radicais e implacáveis, decididos a não ceder até que todos os nobres e magnatas do reino tivessem sido completamente destruídos,

como declarou tendenciosamente Henry Knighton, nada dessa natureza veio a acontecer. Tudo acabou em poucas semanas: os líderes rebeldes foram capturados e executados e bem mais de mil insatisfeitos perderam a vida. Entretanto, apesar de a suposta exigência de Wat Tyler – a de que "todos os homens sejam livres e tenham a mesma situação" – ter sido enfrentada com força letal, e apesar de as leis trabalhistas terem se mantido e de a servidão não ter sido abolida, as condições reais de vida dos trabalhadores continuaram a melhorar. Isso pouco teve a ver com o fato de se haverem abandonado os execrados impostos de capitação. Uma força violenta muito mais potente do que as armas dos rebeldes garantiu a continuidade do nivelamento: os surtos recorrentes de peste, que elevaram o valor da mão de obra. Como veremos nos capítulos 10 e 11, as bactérias combateram a desigualdade com muito mais eficiência do que qualquer revolta humana teria esperança de conseguir. Tanto a violência campesina quanto a contraviolência da elite revelaram-se insignificantes ante a letalidade das doenças pandêmicas.[24]

Apenas em raras ocasiões a violência levou diretamente a melhoras, por mais temporárias que fossem. Quando mais de duzentos vilarejos monteses do território de Florença se rebelaram, de 1401 a 1404, sua determinação – segundo os *Ricordi* de Pagolo Morelli, "não havia um só camponês que não se dispusesse a ir alegremente a Florença para incendiá-la" – foi suficiente para arrancar concessões materiais da cidade governante, em especial isenções de impostos e perdão de dívidas. Mesmo assim, nenhum grau substancial de nivelamento teria probabilidade de ser sustentado por tais concessões. Similarmente, pouco se conseguiu com a revolta dos remenses [guerra civil] da Catalunha, em 1462-72, que reagiu às crescentes pressões senhoriais motivadas pela escassez de mão de obra causada pela Peste Negra. Outras revoltas espanholas, em 1450, 1484 e 1485, também fracassaram. Em 1514, os camponeses se rebelaram na Hungria, depois de serem mobilizados por seus suseranos para uma cruzada contra os otomanos. Sob a liderança de György Dózsa, atacaram mansões senhoriais e mataram seus senhores; no entanto, a derrota militar os expôs à onda costumeira de terror. A maior de todas as insurreições rurais da Europa Ocidental, a guerra dos camponeses de 1524 e 1525, que tragou boa parte do sul da Alemanha, tentou preservar os ganhos de renda obtidos na esteira da peste e resistir aos direitos senhoriais e à invasão de terras públicas, metas que foram reforçadas pela disseminação de ideias antiautoritárias. Embora os exércitos de camponeses tenham tomado castelos de assalto e tirado mantimentos de mosteiros, suas aspirações ficavam muito aquém do nivelamento generalizado. As principais demandas concentravam-se nas reduções de impostos e na restrição ou cessação das obrigações senhoriais e da servidão. As visões utópicas radicais permaneceram marginalizadas, a exemplo da conclamação de Michael Gaismair à abolição de todas as distinções de status e à nacionalização das propriedades e das minas. O fracasso foi disseminado e sangrento: derrotados numa série de batalhas, acredita-se que 100 mil camponeses tenham perdido a vida na guerra e na repressão que se seguiu. Como tantas vezes ocorria, a reação da elite revelou-se vastamente mais violenta do que a ação em si dos camponeses.[25]

E assim sucessivamente. Em 1278, a Bulgária pode ter se descoberto sob o breve domínio de um "imperador camponês", o antes porqueiro Ivajlo, que havia mobilizado os camponeses contra as incursões dos tártaros e derrubado o governante que ocupava o trono. No entanto, contrariando as esperançosas interpretações marxistas da revolta de Ivajlo como um movimento social, os estudiosos modernos não encontraram "nenhum sinal de que ele ou seus seguidores tenham protestado contra as injustiças sociais ou buscado alguma reforma social" – e, de qualquer modo, ele só durou um ano. Em 1670 e 1671, apoiado pelos cossacos, Stepan Razin, líder de uma enorme insurreição camponesa no sul da Rússia, disseminou declarações subversivas, uma das quais exortava à punição da elite titulada, à abolição dos postos e privilégios e à promoção da igualdade entre os cossacos. O movimento terminou num fracasso sangrento. O mesmo se aplicou, entre muitas outras, à Rebelião de Kett, na Inglaterra, em 1549, voltada contra os cercamentos que restringiam os meios de sobrevivência dos camponeses; à Revolta dos Cossacos de 1773 a 1775, na Rússia, voltada principalmente contra a intensificação da servidão; à insurreição dos camponeses da Saxônia em 1790, nascida da revolta contra os direitos de caça dos nobres, que despojavam os campos; à revolta dos camponeses da Galícia em 1846, voltada contra as obrigações feudais; e à rebelião de Malabar, na Índia, em 1921, também deflagrada em sinal de resistência ao arrocho causado pelos direitos dos senhores feudais.[26]

As tentativas modernas de impor certa ordem a eventos amiúde caóticos identificaram algumas preocupações populares específicas e instigadoras das revoltas. Na Itália, França e Flandres da Baixa Idade Média, os confrontos diretos com os senhores feudais continuaram raros, ao passo que as rebeliões com toques políticos foram mais comuns, amiúde provocadas pelos abusos fiscais. As desarticulações provocadas pela Peste Negra instigaram uma onda de insurreições na segunda metade do século XIV. As revoltas do século XVI responderam ao renascimento da servidão. No século XVII, os camponeses procuraram resistir à expansão fiscal dos Estados, por meio de impostos diretos que tinham um impacto maior no campo do que nas cidades. Por último, no fim do século XVIII, as revoltas rurais deveram muito a um sentimento crescente de que já havia passado a hora da eliminação das servidões remanescentes. As revoltas campesinas com frequência começavam como revoltas contra impostos, inclusive a revolta camponesa de Flandres de 1323 a 1328, o levante dos camponeses ingleses em 1381, a revolta conhecida como La Harelle, em Rouen, no ano de 1382, a dos camponeses da Transilvânia em 1437, o levante do "pobre Conrad" em Württemberg, em 1514, a rebelião dos camponeses eslovenos em 1515, a Guerra de Dacke, na Suécia, em 1542 e 1543, a Guerra das Clavas, na Finlândia, em 1595 e 1596, as quatro revoltas francesas dos *croquants*, entre 1594 e 1707, a guerra dos camponeses suíços de 1653, a Rebelião do Lótus Branco, na China, de 1794 a 1804, a revolta dos camponeses de 1834, na Palestina, a rebelião camponesa Imsul, na Coreia, em 1862, as fases iniciais da revolta camponesa romena de 1906 e 1907, e também a rebelião de Tambov contra os soviéticos, em 1920 e 1921. Os impostos foram um componente da Guerra dos Camponeses alemã, em 1524 e 1525, e da rebelião camponesa Donghak, na Coreia, em 1894, e o mesmo se aplica às principais insurreições francesas, russas e chinesas do século XVII. Essa lista é tão incompleta quanto representativa.[27]

Tal como seus antecessores da Baixa Idade Média, as revoltas camponesas do início da era moderna raramente surtiram efeitos discerníveis na distribuição da renda e da riqueza. A Guerra dos Camponeses, na Alemanha, granjeou para o campesinato alemão do sul algumas concessões que se mostraram benéficas a longo prazo, ao restringirem a expansão do que se conhece como "segunda servidão" – proteções que deveriam distingui-los das populações rurais do norte e do leste, que não haviam participado dos levantes. A guerra camponesa suíça de 1653 resultou, num prazo mais imediato, em redução de impostos e perdão de dívidas. Embora exemplos como estes sugiram que a resistência violenta podia por vezes fazer diferença, o panorama geral é claro: o nivelamento mais significativo ficou longe do alcance das revoltas rurais pré-modernas. Isso se deu em função das aspirações e das capacidades. Como observou Yves-Marie Bercé, "pouquíssimas revoltas lograram êxito na tomada total do poder; na verdade, nem sequer pensaram em fazê-lo". De fato, quanto mais se aproximavam desse resultado, como teria feito o movimento camponês flandrense da década de 1320, mais fortes eram as forças contrárias que elas estavam fadadas a desencadear.[28]

"Vida longa ao povo e morte aos lobos": A revolta nas cidades e cidades-Estado

O que foi verdade quanto às revoltas rurais aplicou-se ainda mais às insurgências urbanas. Na maioria dos contextos históricos, as cidades inseriam-se em vastos cenários rurais e suas populações eram largamente superadas pelos camponeses, em termos numéricos. Os governantes e os nobres podiam obter soldados, armas e recursos nas áreas circundantes para restabelecer a ordem nas cidades rebeladas. O sangrento esmagamento da Comuna de Paris, em 1871, é apenas um exemplo relativamente recente. Se as revoltas urbanas tiveram alguma perspectiva de êxito, deve ter sido em cidades-Estado de governo autônomo, nas quais as elites locais não podiam servir-se prontamente de recursos externos de repressão.

No capítulo 6, a Grécia antiga serviu como um exemplo precoce da mobilização militar em massa e do igualitarismo concomitante. Isso nos leva a indagar se esse ambiente também produziu movimentos revolucionários que tenham almejado ou até alcançado um nivelamento geral. Certamente surgem visões radicais em peças de teatro e textos utópicos. Na comédia *Assembleia de mulheres*, de Aristófanes, encenada em Atenas em 392 a.C., as mulheres atenienses abolem a propriedade privada e a família, decretando a igualdade para todos. Quatro anos depois, em sua comédia *Pluto*, uma riqueza imerecida é retirada de seus donos. Platão, na *República*, aborreceu-se com a ideia de haver "não um, porém dois Estados, o dos pobres e o outro, dos homens ricos", e suas *Leis* posteriores, por conseguinte, contemplam uma proporção máxima de riqueza não fundiária de 4 para 1 entre os cidadãos mais ricos e os mais pobres. Alguns utopistas mais radicais foram ainda mais longe: o filósofo Evêmero, escrevendo no início do século III a.C., imaginou a ilha de Panchaia, cujos habitantes não tinham propriedades privadas além de casas e jardins e, em sua maioria, recebiam suprimentos iguais; e Iambulo, num momento posterior do mesmo século, escreveu sobre uma Ilha do Sol totalmente desprovida de propriedade privada ou vida familiar e caracterizada pela igualdade universal – e, portanto, pela felicidade.[29]

Na prática, entretanto, nada desse tipo parece haver acontecido em algum momento entre os antigos gregos. Tal como em períodos posteriores da história, um nivelamento significativo exigiria uma força significativa. O caso mais extremo de que temos registro talvez tenha sido uma guerra civil na grande cidade de Argos, no Peloponeso, no ano 370 a.C., durante a qual 1.200 cidadãos ricos foram condenados à morte em julgamentos simulados e mortos a golpes de clava; seus bens foram confiscados e doados às massas. Todavia, essas cenas macabras, com certo cheiro da China de Mao, não eram a norma. Como veremos no capítulo 12, o registro histórico é dominado por reformas agrárias associadas a golpes, mas sem a violência em larga escala que observamos nos contextos revolucionários modernos.[30]

As revoltas urbanas genuinamente radicais foram raras na história, de modo geral. Um caso digno de nota diz respeito aos "zelotes" de Tessalônica de 1342 a 1350: elementos populares assumiram o controle da cidade, mataram e expropriaram aristocratas e redistribuíram sua riqueza. Embora fontes hostis os pintem como extremistas, não há indícios de um programa de confisco ou redistribuição sistemáticos. Ao lado da antiga cultura grega da pólis, a Itália medieval e do início da era moderna, com seus aglomerados de cidades-Estado quase sempre independentes, é outra grande candidata a movimentos urbanos mais ambiciosos. De fato, muitas vezes se registraram revoltas urbanas nesse ambiente. Mais uma vez, porém, assim como as revoltas rurais raras vezes confrontaram diretamente os senhores de terras, a violência urbana, ainda que às vezes motivada por preocupações econômicas, raramente tomou como alvos os capitalistas e os patrões. Os tumultos em resposta à corrupção ou à exclusão profissional foram muito mais comuns, assim como as revoltas contra os impostos. E, tal como as insurreições rurais, até as revoltas urbanas, com seus projetos relativamente modestos, tenderam a fracassar. Um exemplo tão bom quanto qualquer outro é fornecido pela famosa revolta dos Ciompi, em Florença, em 1378, liderada por tecelões que se viram excluídos de uma guilda que configurava o mercado de trabalho de maneira sumamente desigual. Embora eles tenham conseguido apoderar-se da cidade, suas demandas foram modestas: incorporação por meio de guildas recém-criadas e um imposto sobre a riqueza. Mesmo assim, o movimento foi esmagado por um derramamento de sangue reacionário.[31]

"E assim eles foram inteiramente destruídos": Resultados

Foi isso que a *Chronique des quatre premiers Valois* teve a dizer sobre os camponeses rebelados da brevíssima Jacquerie de 1358 – e sobre o que se revelou um tema comum ao longo da história. Durante a revolta de 1932 em El Salvador, os rebeldes comunistas mataram, no máximo, cerca de três dúzias de pessoas, enquanto os militares trucidaram milhares durante a repressão que se seguiu, incluindo mulheres e crianças: as estimativas vão de 8 mil a 40 mil mortos. Esse resultado não deve ter sido totalmente inesperado: pouco antes do início da revolta, um dos líderes rebeldes, Alfonso Luna, disse ao ministro da Guerra, Joaquín Valdés, que "os camponeses vão conquistar com seus facões os direitos que vocês lhes têm negado", ao que o ministro respondeu: "Vocês têm facões; nós temos metralhadoras." A não ser conquistando o que Yves-Marie Bercé chamou de "totalidade do poder", nenhum levante podia ter esperança de reduzir a desigualdade da renda e da riqueza como tal, ainda que esse fosse realmente um objetivo – o que raras vezes era. Os meios de expropriação e controle violentos exigidos pelas grandes sublevações vistas no século XX não eram acessíveis, simplesmente, às sociedades pré-modernas. Tampouco havia sólidos compromissos ideológicos com esse propósito. Até os mal-afamados jacobinos do "Terror" revolucionário francês esquivaram-se da expropriação e da igualação completas. Não faziam ideia do que um dia viria a ser o verdadeiro terror em escala nacional.[32]

O nivelamento deliberado e sistemático através da revolta violenta, portanto, estava fora do alcance dos recursos pré-industriais. Somente no século XX vamos encontrar revolucionários que tanto manejaram metralhadoras quanto programas radicais. Só então é que a conclusão da *Chronique des quatre premiers Valois* pôde finalmente aplicar-se ao outro lado, aos senhores e latifundiários – o 1% original. Só então o poder pôde ser exercido de maneira suficientemente ampla, para fins suficientemente transformadores e por tempo longo o bastante para que ocorresse um nivelamento de fato substancial. Embora a dissidência popular violenta não fosse estranha ao mundo pré-moderno, a evolução social exigiu um aumento da capacidade de violência e do âmbito de sua aplicação para buscar políticas radicalmente equalizadoras, fosse qual fosse o custo para governantes e governados. Mas há uma peculiaridade final nessa história. Mesmo nos casos em que a sociedade sofreu uma penetração profunda de revolucionários implacáveis, a igualdade imposta à força só perdurou enquanto esses regimes estiveram no poder e mantiveram o curso. No momento em que eles caíram, como sucedeu na União Soviética e seus satélites, ou no Camboja, ou no momento em que mudaram de rumo, como na China ou no Vietnã, a desigualdade da renda e da riqueza voltou rapidamente. Esse princípio foi válido até em circunstâncias drasticamente diversas, como mostra a experiência da Rússia e da China: colapso econômico e desigualdade explosiva na primeira, crescimento econômico maciço e aumento gradativo da desigualdade na segunda.[33]

O tipo de nivelamento acarretado pela revolução transformadora "moderna", amiúde banhada em sangue, só pode ser mantido enquanto a repressão – de natureza latente ou manifestamente violenta – cerceia as forças de mercado. Tão logo essa repressão é relaxada ou eliminada, a igualação é revertida. No capítulo anterior, mencionei o aumento do coeficiente de Gini da renda de mercado, na Rússia, de 0,26-0,27 na década de 1980 para 0,51 em 2011, e a subida chinesa de 0,23 em 1984 para 0,55 em 2014. É possível que o Gini da renda de mercado no Vietnã tenha alcançado 0,45 em 2010, embora também sejam citados valores menores, e o do Camboja foi estimado em 0,51 em 2009. O desenvolvimento de Cuba seguiu o mesmo padrão: depois que caiu de 0,55 ou 0,57 em 1959, o ano da revolução comunista, para 0,22 em 1986, o Gini da renda de mercado parece ter subido para 0,41 em 1999 e 0,42 em 2004, embora uma estimativa já o coloque em 0,55 em 1995. Na maioria desses casos, regimes nominalmente comunistas permaneceram no poder, mas a liberalização econômica fez crescer rapidamente a desigualdade. O mesmo se aplicou às sociedades pós-comunistas da Europa Central. Se o sacrifício de 100 milhões de vidas feito pelo comunismo trouxe alguma coisa de valor, eis aí uma discussão cujo exame está muito além do alcance deste estudo. Uma coisa é certa, porém: o que quer que ele tenha comprado de maneira tão sangrenta em termos de maior igualdade material, isso agora desapareceu por completo.[34]

PARTE IV

Colapso

9. Falência do Estado e colapso dos sistemas

"No lábio o escárnio de frio comando":* A falência do Estado e o colapso dos sistemas como niveladores

Quanto maior a violência desencadeada pelas guerras e revoluções, e quanto mais profunda a sua penetração na sociedade, mais elas foram capazes de reduzir a desigualdade. Mas e se essas desarticulações destruíssem Estados inteiros e a ordem social e econômica existente? Com base nas evidências apresentadas até aqui, poderíamos esperar que a sublevação cada vez maior resultasse num nivelamento mais e mais forte. Essa previsão sombria recebe ampla corroboração de evidências históricas que abrangem milhares de anos de história registrada. A falência do Estado e o colapso dos sistemas subverteram hierarquias e comprimiram as desigualdades materiais, às vezes em escala dramática. Complementando os processos, predominantemente mais recentes, discutidos em alguns capítulos anteriores, quase todos esses eventos cataclísmicos ocorreram na era pré-moderna.

Começo pela definição dos termos. Grandes estruturas sociais podem desarticular-se com graus diferentes de intensidade e gravidade. Num extremo do espectro encontramos processos primordialmente relacionados com o exercício do poder político, o que se convencionou chamar de falência do Estado. De uma perspectiva contemporânea, considera-se que os Estados entram em falência quando não conseguem fornecer bens públicos a seus membros: a corrupção, a falta de segurança, o colapso dos serviços públicos e da infraestrutura e a falta de legitimidade servem de marcadores da falência estatal. Contudo, essa definição mede os Estados por padrões que não pre-

* A citação é parte de um verso do célebre "Ozymandias", poema de Percy B. Shelley publicado em 1818. (N.T.)

cisam ter sido aplicáveis no passado mais distante. A ideia de que os Estados devem fornecer bens públicos variáveis, além da segurança básica, e de que a falência ou o colapso podem ser inferidos de sua incapacidade de atender a essa expectativa, é uma ideia que parece anacrônica, na maior parte da história. Para os objetivos dessa pesquisa global, é mais útil para nós uma caracterização básica das funções essenciais do Estado. Na medida em que as sociedades organizadas pré-modernas concentraram-se, em primeiro lugar, em barrar os desafiantes internos e externos, protegendo os principais aliados e parceiros dos governantes, e em extrair a receita necessária para realizar essas tarefas e enriquecer a elite do poder, entende-se melhor a falência do Estado como a perda da capacidade de atingir até mesmo esses objetivos básicos. O desgaste do controle sobre os súditos e o território, bem como a substituição das autoridades estatais por agentes não pertencentes ao Estado, como líderes militares, foram resultados típicos, e, em casos extremos, o poder político pôde até ficar entregue ao nível comunitário.[1]

No extremo oposto, o espectro é delimitado por um conceito mais amplo – o de colapso dos sistemas, fenômeno que vai bem além do fracasso das instituições políticas de governança. Como processo de desintegração mais abrangente e, vez por outra, generalizado, o colapso dos sistemas foi definido como "a perda rápida e significativa de um nível estabelecido de complexidade social". Estendendo-se por diferentes campos da atividade humana, desde a esfera econômica até a intelectual, ele resulta, tipicamente, numa menor estratificação, diferenciação social e divisão do trabalho, na redução dos fluxos de informações e de bens e no declínio dos investimentos em características civilizatórias, como arquitetura de monumentos, arte, literatura e letramento. Essas ocorrências acompanham e interagem com a desintegração política, que enfraquece ou elimina por completo as funções de controle centralizadas. Em diversos casos, a população como um todo se reduz, as regiões povoadas diminuem ou são abandonadas e as práticas econômicas regridem para níveis menos sofisticados.[2]

As desagregações de Estados ou civilizações inteiras são de importância vital para nossa compreensão das forças capazes de nivelar as disparidades de renda e riqueza. Como vimos na discussão dos efeitos da guerra civil, a falência do Estado pode criar novas oportunidades de enriquecimento para a minoria. Mas as elites existentes tendem a sofrer, e, na medida em que Estados maiores se fragmentam em entidades menores, o potencial de concentração de recursos na camada superior encolhe. O colapso dos sistemas está fadado a ser ainda mais prejudicial para os ricos e poderosos. O desmantelamento de órgãos centralizados de governo mina as hierarquias formais e a classe da elite como tal, e impede a substituição imediata desta última por rivais que possam ter a esperança de funcionar numa escala comparável. Com frequência, as sociedades pré-modernas deixaram apenas dados escritos insuficientes, e, em algumas situações, o domínio da leitura e da escrita desapareceu na esteira do colapso. Nesses casos, podemos inferir o declínio da elite por substitutos representativos que incluem, nas palavras de Colin Renfrew, o eminente arqueólogo e teórico do colapso dos sistemas, "a cessação dos ricos sepultamentos tradicionais ..., o abandono das residências suntuosas, ou sua reutilização em estilo empobrecido por 'posseiros', ... a cessação do uso de conjuntos dispendiosos de artigos de luxo".[3]

A falência do Estado foi um poderoso meio de nivelamento, dadas as suas múltiplas maneiras de interferir no enriquecimento da classe dominante. Como vimos nos capítulos iniciais, a riqueza da elite, nas sociedades pré-modernas, derivava sobretudo de duas fontes – a acumulação de recursos através de investimentos em bens ou atividades produtivas, como terra, comércio e finanças, e a acumulação predatória, por meio de serviços prestados ao Estado, subornos e pilhagens. Essas duas fontes de renda tinham uma dependência crucial da estabilidade do Estado: a primeira porque o poder estatal fornecia certa medida de proteção à atividade econômica e a segunda, mais ainda, pela simples razão de que as instituições estatais serviam de veículo para a geração e a alocação de ganhos. A falência do Estado podia diminuir os retornos sobre o capital e eliminar por completo os lucros derivados do exercício do poder político, ou da proximidade dele.

Como resultado, as elites estabelecidas ficavam expostas a prejuízos em larga escala. O tumulto político não só as privava de oportunidades de continuar a enriquecer, como também ameaçava seus direitos de propriedade existentes. As reduções significativas da renda e riqueza da elite tendiam a diminuir a desigualdade: embora os bens e a sobrevivência de todos corressem risco em épocas de falência do Estado ou colapso dos sistemas, os ricos simplesmente possuíam infinitamente mais do que os pobres a perder. Uma família camponesa com renda de subsistência só podia arcar com a perda de uma fração relativamente modesta da renda e continuar a viver. Cortes maiores podiam ameaçar a sobrevivência de seus membros, mas os que pereciam ou fugiam deixavam de pertencer a uma dada população e, por conseguinte, não mais desempenhavam um papel na distribuição de recursos dessa população. Os ricos, por outro lado, eram capazes de sobreviver, mesmo depois de perderem a maior parte de sua renda ou seus bens. Os antigos ricos e poderosos que venciam a tempestade, assim como aqueles que os substituíam em quaisquer cargos de liderança reduzida que restassem, tendiam a acabar muito menos ricos, não apenas em termos absolutos, mas também em termos relativos.

A compressão das disparidades materiais, na esteira da falência estatal ou do colapso dos sistemas, era função de escalas diferentes de empobrecimento: mesmo quando esses eventos deixavam a maior parte da população ou toda ela em situação pior do que antes, os ricos tinham uma queda maior. Além disso, é preciso admitir a possibilidade de que, na medida em que a desintegração política interferia na extração predatória do excedente, pode ser que, em algumas ocasiões, a gente do povo tenha até experimentado uma melhora do padrão de vida. Nesses casos, o nivelamento não resultou meramente de uma corrida para o fundo, conduzida em velocidades diferentes, mas pode também ter sido reforçado por lucros na população trabalhadora. Todavia, em vista da natureza dos dados, costuma ser mais fácil – ou, no mínimo, menos desesperadamente difícil – documentar o declínio das elites do que identificar melhoras concomitantes nos grupos mais pobres. Apenas por essa razão, concentro-me principalmente nas mudanças ocorridas nas fortunas dos ricos e poderosos e em suas implicações para a distribuição da renda e da riqueza. Minha discussão começa por alguns dos estudos de caso pré-modernos mais bem documentados. Depois de passar para dados menos claros, que sondam os limites de nossos conhecimentos, concluo com um exemplo moderno de falência do Estado – o da Somália –, para ver se suas propriedades equalizadoras ainda podem ser observadas no mundo atual.

"Correm raposas e lebres onde ainda ontem residiam os homens ilustres do Estado": A destruição da elite Tang

A fase final da dinastia Tang, na China, mostra com excepcional clareza que a desintegração do Estado levou à destruição da riqueza da elite. Estabelecidos no ano 618 da era cristã, os imperadores Tang apoiaram-se nos sucessos da breve dinastia Sui, ao reimporem a união política aos territórios muito dispersos que antes haviam pertencido às dinastias Han e Jin Ocidental. Sob o governo dos Tang, os programas iniciais de alocação de terras, que haviam pretendido igualar o acesso aos recursos, deram lugar, pouco a pouco, a uma concentração crescente da riqueza e do poder nas camadas mais altas da classe dominante imperial. Um pequeno número de famílias ilustres passou a formar uma aristocracia fechada, e embora algumas famílias individuais não conseguissem sustentar-se nas posições mais elevadas por mais do que algumas gerações, como grupo elas monopolizaram o poder político durante vários séculos. O privilégio derivado da ocupação de altos cargos estatais alimentava o enriquecimento pessoal, um processo que só era temperado pelas rivalidades interfamiliares e, vez ou outra, por lutas faccionais que freavam ou invertiam a ascensão de determinadas famílias, mas não conseguiam solapar seu controle coletivo dos cargos mais lucrativos do serviço público. A acumulação de riqueza foi imensamente ajudada pelo fato de que até os parentes distantes da família imperial, assim como todas as famílias providas de títulos de nobreza e todas as autoridades detentoras de cargos oficiais, ficavam isentos de impostos e trabalho compulsório, num sistema eminentemente regressivo, que favorecia de maneira aberta os poderosos e bem relacionados. Membros desse mesmo grupo dedicavam-se à aquisição privada de terras públicas, prática repetidamente proibida por seus governantes, porém sem sucesso.

Como resultado, a posse de terras pela elite expandiu-se à custa do Estado, e as tentativas de implementar projetos de equalização agrária cessaram depois que teve início a instabilidade política, em meados do século VIII. O crescimento das grandes propriedades protegia os camponeses da tributação estatal, o que permitia aos senhores de terras converter o superávit agrícola em renda privada. Ligadas ao comércio de longa distância, essas propriedades comercializadas ajudavam a sustentar uma elite cada vez mais rica. Os que dispunham de capital suficiente para utilizar moinhos roubavam água dos camponeses, prática que incitava a queixas, mas apenas a uma ou outra intervenção estatal esporádica. Um observador do século VIII, o qual afirmou que

> os nobres, as autoridades e as famílias locais poderosas instalam suas propriedades umas ao lado das outras, engolindo como bem entendem as terras dos camponeses, sem medo das normas regulamentares. ... Compram ilegalmente terras do sistema de lotes iguais. ... Assim, deixam os camponeses sem ter onde morar,

pode ter se baseado em estereótipos e na hipérbole, mas, ainda assim, pôs o dedo num problema premente – a concentração contínua da riqueza fundiária. As disparidades mais extravagantes foram criadas na camada mais alta, por famílias que, nos séculos VI e VII, tinham se ligado estreitamente à corte imperial, abandonando suas bases locais e se mudando para capitais como Chang'an e Luoyang, onde a estreita proximidade do trono garantia o acesso mais imediato ao poder político e ao lucro concomitante. Essa aglomeração espacial ajudou-as a garantir o acesso a altos cargos governamentais e a cargos nas províncias. Distinguindo-se da classe alta provincial, que raras vezes ascendia a cargos estatais, essas famílias formavam uma elite central fechada e cada vez mais interligada pelo casamento. O estudo mais detalhado desse grupo e dos numerosos epitáfios que ele deixou nos túmulos constatou que, no século IX, pelo menos três quintos de todos os membros conhecidos da elite imperial residente em Chang'an estavam vinculados por laços de parentesco e de casamento, inclusive a maioria das altas autoridades, como ministros e quase todos os altos funcionários encarregados da administração provincial. Assim, a chamada "rede sumamente restrita de casamento e parentesco" veio a controlar o Estado Tang, em parte nada insignificante, para o benefício pessoal de seus membros.[4]

Mas a residência nas metrópoles tinha um preço: extremamente lucrativa em tempos de ordem e estabilidade, ela expunha a camada superior da elite Tang a atos de violência, quando as autoridades centrais já não conseguiam repelir os desafios dos usurpadores. No ano de 881, Huang Chao, um líder rebelde, apoderou-se da capital, Chang'an. Dias depois de iniciada a ocupação, a resistência de altas autoridades desencadeou represálias violentas, que resultaram no assassinato ou suicídio de quatro ministros ou ex-ministros e reclamaram outras centenas de vidas. Huang Chao logo perdeu o controle de seus soldados, que se lançaram em saques desenfreados, numa cidade repleta de uma assombrosa riqueza da elite, construída ao longo de séculos. A elite do poder tornou-se o alvo favorito: de acordo com uma fonte, os soldados "detestavam especialmente os burocratas e matavam todos em que conseguiam pôr as mãos". Três mil intelectuais teriam sido massacrados, em resposta à publicação de um poema zombeteiro. E isso foi apenas o começo: embora a rebelião de Huang Chao tenha fracassado, Chang'an foi saqueada várias vezes por chefes guerreiros rivais nos anos seguintes, em eventos que devastaram a cidade e empobreceram seus moradores. Nas palavras de Zheng Gu,

> Ao cair da tarde, correm raposas e lebres
> Onde ainda ontem residiam os homens ilustres do Estado.
> Que lástima ouvir as flautas de jade,
> Mas não ver passarem as carruagens perfumadas.

As propriedades dos ricos nas imediações da cidade também sofreram seriamente. Wei Zhuang, um rebento de uma das maiores famílias da capital, descreveu a desolação da residência de sua família:

> Num mar de mil amoreiras, não há ninguém à vista.
> Ao ouvir uma nota solitária de uma flauta, derramo uma lágrima no vazio.

As amoreiras eram vistas como um símbolo de riqueza. Zheng Gu também lamentou o destino da propriedade de seu primo Wang Bin:

> Desertos e abandonados estavam os velhos campos. ... Ao indagar, de um em um, sobre cada vizinho, [meu primo] foi apontando repetidas vezes para os túmulos. ... Após os períodos prolongados de escassez, toda a criadagem tinha se dispersado.[5]

Ao longo dessas crises reiteradas, é provável que os nobres que perderam a vida tenham somado milhares, e os que sobreviveram foram privados de suas residências urbanas e suas propriedades suburbanas. Os expurgos prosseguiram até pouco restar da antiga elite. Em 886, após um golpe fracassado, centenas de funcionários que haviam apoiado o desafiante foram executados. No ano 900, os eunucos da corte mataram quase todas as pessoas próximas do imperador, em resposta a um complô para erradicá-los, e, como retaliação, eles e seus aliados foram todos eliminados no ano seguinte. Num único incidente em 905, sete dos mais influentes ministros ainda vivos foram mortos e atirados no rio Amarelo. Perpetradas em rápida sucessão, essas atrocidades em série eliminaram efetivamente a elite metropolitana.

A violência espalhou-se com rapidez para além da capital em si. Luoyang foi saqueada e destruída em 885, e, da década de 880 até a de 920, os centros provinciais de todo o país foram tragados em lutas e expurgos que causaram uma imensa perda de vidas humanas nas elites regionais:

> Casa após casa foi despojada de artigos de valor;
> Por toda parte, mansões requintadas, com beirais finamente trabalhados,
> foram reduzidas a cinzas.[6]

No fim, poucos foram poupados. A classe dominante central logo desapareceu e, no fim do século X, havia sumido quase por completo do registro histórico. Na região da capital, os epitáfios tumulares escavados, associados aos que tinham a possibilidade de custear locais refinados de sepultamento, tornaram-se extremamente raros, após a explosão de violência de 881. Os ramos locais da elite não escaparam da carnificina. São conhecidos alguns sobreviventes, muitas vezes por seus escritos enlutados, mas, normalmente, eles haviam perdido seus bens. Desaparecida sua riqueza ancestral e desmanteladas suas redes de relações, não havia meios de eles recuperarem sua condição de elite. De 960 em diante, o advento de um novo império, sob a dinastia Song, introduziu famílias inteiramente diferentes, não raro oriundas das províncias, que assumiram o controle do poder enquanto as instituições centrais eram reconstruídas.[7]

A extinção violenta e abrangente da aristocracia Tang talvez seja um exemplo particularmente extremo de como a falência do Estado obliterou a riqueza, no topo da pirâmide social, e nivelou a distribuição de bens, empobrecendo e até exterminando os ricos. Mesmo assim, a violência que não tinha as elites estatais como alvo direto pôde resultar num grau comparável de nivelamento.

A falência do Estado privou-as da renda proveniente de cargos e ligações políticos, bem como da atividade econômica, e diminuiu sua riqueza, à medida que territórios iam sendo perdidos para o Estado que elas haviam ajudado a controlar e que rivais internos ou estrangeiros se apossavam de seus bens. Em todos esses casos, o resultado geral deve ter sido semelhante, ainda que seja difícil medi-lo em qualquer sentido significativo do termo: uma redução da desigualdade, alcançada pelo corte do extremo superior da distribuição de renda (na curva de Lorenz) e pela enorme compressão da participação do 1% mais rico da população no total da renda e da riqueza. Pela simples razão de que os ricos tinham muito mais a perder do que os pobres, a equalização tendia a ocorrer, quer a falência do Estado causasse um empobrecimento geral, quer provocasse o caos primordialmente nos grupos da elite.[8]

"Repleto de inúmeros sofrimentos e diversas aflições": A desintegração do Império Romano do Ocidente

A queda da metade ocidental do Império Romano e a consequente ruína de sua elite rica são um exemplo menos sangrento, porém não menos revelador, do nivelamento através do colapso do Estado. No início do século V da era cristã, imensos recursos materiais haviam acabado nas mãos de uma pequena classe dominante, que possuía laços estreitos com o poder político. Enormes fortunas são documentadas na metade ocidental da bacia do Mediterrâneo, que abarcava todo o cerne italiano original do império e seus extensos territórios ibéricos, gauleses (hoje franceses) e norte-africanos. O Senado de Roma, que, de acordo com uma veneranda tradição, era composto pelos romanos mais ricos e mais bem relacionados em termos políticos, passara a ser dominado por uma pequena minoria de famílias imponentes e estreitamente interligadas, que tinham por base a própria cidade de Roma. Dizia-se que esses aristocratas riquíssimos "possuíam bens espalhados por todo o mundo romano". Um exemplo concreto menciona propriedades na Itália, Sicília, África Setentrional, Espanha e Grã-Bretanha pertencentes a um único casal. Resultado do casamento e da herança, bem como da ocupação de cargos, a riqueza fundiária transregional era sustentada não só pela segurança básica proporcionada por um Estado imperial unificado, mas também pela movimentação de produtos para fins tributários, patrocinada pelo Estado, que permitia aos latifundiários beneficiarem-se de redes de comércio confiáveis. Como na China da dinastia Tang, a imunidade dos senadores em relação a impostos suplementares e obrigações de prestação de serviços, que pesavam muito sobre as camadas inferiores da elite, favorecia ainda mais suas fortunas. No fim, as mais ricas dentre essas famílias eram tidas como possuidoras de rendas anuais comparáveis à receita que o Estado esperava obter de províncias inteiras, e mantinham residências palacianas na cidade de Roma e noutros locais. Os moradores mais ricos das províncias, embora não pudessem competir com a elite central, também se beneficiavam das ligações imperiais: sabe-se que dois latifundiários da Gália possuíam terras na Itália e Espanha e no sul dos Bálcãs, respectivamente.[9]

A possibilidade de criar e manter a riqueza suprarregional de forma lucrativa foi crucial para criar um escalão superior das classes abastadas que se impunha sobre os notáveis menores. O mesmo se deu com o acesso privilegiado a altos cargos políticos num império de dezenas de milhões de súditos, onde o suborno e a corrupção eram elementos rotineiros do governo e onde os funcionários mais ricos e privilegiados eram os que estavam em melhor situação para proteger seus bens das exigências estatais. Sua preeminência e as disparidades extremas que ela gerava, portanto, dependiam inteiramente da solidez do poder imperial. Os conflitos internos e os desafios externos foram aumentando no correr do século V. Entre as décadas de 430 e 470, o Estado romano perdeu primeiro o controle da África Setentrional, depois o da Gália, Espanha, Sicília e, por fim, até o da própria Itália, conforme os reis germânicos foram tomando o poder. A tentativa do Império Romano do Oriente de recuperar a Itália, no segundo quarto do século VI, causou grande convulsão e não tardou a fracassar, em decorrência de novas incursões germânicas. Essa desestruturação dramática da unidade mediterrânea desmantelou as extensas redes de propriedades pertencentes a uma alta camada da elite sediada em Roma, que já não era capaz de conservar suas posses fora da Itália e, mais adiante, em grandes partes da própria Itália.

De fato, a intensificação da descentralização política varreu do mapa a camada superior da alta sociedade romana. Um processo iniciado nas regiões interioranas da bacia do Mediterrâneo no século V chegou à península Italiana nos séculos VI e VII. As posses dos latifundiários residentes na cidade de Roma passaram, em sua maioria, a se confinar na região circundante do Lácio, e até os papas foram privados de propriedades eclesiásticas no sul da Itália e na Sicília. Essa desastrosa calamidade nos ajuda a entender por que, segundo os *Diálogos* do papa Gregório, no ano 593 da era cristã, um romano da elite como o bispo Redemptus acreditava que "era chegado o fim de toda a carne", à medida que os homens ingressavam nos mosteiros para encontrar refúgio de um mundo "repleto de inúmeros sofrimentos e diversas aflições". As aristocracias ficaram muito mais localizadas em seu alcance e muito menos ricas do que tinham sido. O declínio manifestou-se de várias maneiras, desde a dilapidação ou abandono das casas de campo sofisticadas até o desaparecimento do venerável Senado do registro histórico, sem a menor cerimônia, e até o fato de que não se pode rastrear nenhuma família senatorial depois do começo do século VII. Os escritos do papa Gregório oferecem o que talvez seja a ilustração mais marcante do abismo em que haviam caído as antigas famílias abastadas. O líder da Igreja menciona, repetidas vezes, aristocratas desvalidos que ele ajudou a manter de pé com pequenos atos de caridade. Um ex-governador de Sâmnio, uma região italiana, recebeu quatro moedas de ouro e um pouco de vinho; viúvas e órfãos de casas nobres, cujos membros haviam ocupado os mais altos cargos em gerações anteriores, também receberam donativos modestos.[10]

Dificilmente a derrocada dos arquimilionários de Roma poderia ter sido mais espetacular, e prenunciou a queda da aristocracia Tang: a principal diferença foi que os finais sangrentos, embora não desconhecidos, parecem ter sido muito menos comuns no caso romano. Ainda assim, a violência foi central nesse processo, generosamente empregada na divisão do império. A erradicação da camada superior da sociedade romana ocidental estava fadada a reduzir a desigualdade. Além disso, e em termos cruciais, o declínio estendeu-se muito mais pelas camadas inferiores das classes abastadas, já que "até as elites regionais e sub-regionais desapareceram" na maior parte do antigo Império Romano do Ocidente. E, apesar de novas elites militares terem surgido ao longo dessas sublevações, na falta de uma reunificação imperial em larga escala, qualquer coisa sequer remotamente semelhante aos antigos níveis romanos de concentração da riqueza permaneceu completamente fora do seu alcance. A maior autonomia dos camponeses, pelo menos em algumas áreas, impediu ainda mais a extração de recursos, até no nível local.[11]

Esse último fenômeno nos permite indagar se o nivelamento foi movido não apenas por atritos no topo, mas também por lucros na base. Um tipo de evidência que poderia ser considerado representante da riqueza material – os restos de esqueletos humanos – é compatível com essa ideia, porém é ambíguo demais para consubstanciá-la firmemente. Alguns indicadores de bem-estar físico, como a estatura física e a incidência de lesões dentárias e ósseas, realmente melhoraram com a queda do Império Romano do Ocidente. Isso sugere que as pessoas comuns ficaram em melhor forma física do que tinham estado no governo imperial. Infelizmente, porém, não podemos identificar com segurança a causa principal dessas mudanças: embora a redução populacional e a desurbanização, na esteira da desintegração política, bem possam ter reduzido a carga parasitária, aumentado a renda real e melhorado a dieta, uma pandemia de peste bubônica (discutida no próximo capítulo), concomitante mas sem relação causal, deve ter tendido a produzir efeitos similares.[12]

Uma categoria diferente de material arqueológico é consideravelmente mais promissora, por nos permitir medir a desigualdade de recursos de maneira mais direta. Numa tese recente em Stanford, Robert Stephan estudou as mudanças nas dimensões das casas em diferentes partes do mundo romano, antes, durante e depois do domínio imperial. O tamanho da casa representa um equivalente aceitável do bem-estar econômico per capita: a renda familiar e as dimensões da residência têm forte correlação nas várias culturas, e, em geral, a moradia serve como marcador de status. As medidas provenientes da Grã-Bretanha antiga e da Alta Idade Média são particularmente úteis para nossos propósitos. Os dados pertinentes têm ampla distribuição no espaço e no tempo, a qualidade dos estudos modernos é elevada e, o que talvez seja mais importante, o colapso do Estado romano foi excepcionalmente severo nessa região. Uma vez encerrado o domínio romano, no começo do século V da era cristã, nenhum Estado centralizado reivindicou a Grã-Bretanha durante vários séculos, e as pequenas entidades políticas foram predominantes. A complexidade socioeconômica foi largamente reduzida, visto que os grandes solares foram abandonados, as economias urbanas desapareceram e toda a produção de cerâmica cessou, exceto em sua variedade mais elementar: as peças moldadas à mão, não auxiliadas nem mesmo pela roda do oleiro. Os restos dos povoamentos não refletem nenhum sinal verdadeiro de hierarquia, em termos de diferenciação espacial ou da natureza dos pequenos achados, e as sepulturas com ricos bens tumulares raras vezes são documentadas em quase todas as partes da Grã-Bretanha. Em suma, as elites locais, se é que existiram, não deixaram grande marca no registro histórico do fim do século V e do século VI d.C. As estruturas da era romana foram mais rigorosamente apagadas do que na maioria das partes do antigo império: a ilha vivenciou um colapso generalizado dos sistemas, em vez de uma simples falência do Estado.[13]

Esse processo afetou profundamente o tamanho médio das estruturas residenciais, bem como o grau de variação do tamanho das casas, ambos os quais sofreram uma redução drástica, se comparados ao período imperial. Essa compressão reverteu o aumento anterior das duas medidas, associado à conquista romana do século I d.C., que havia aumentado a produção econômica e a estratificação (Figuras 9.1 a 9.3).[14]

Essas descobertas tornam ainda mais lamentável que as amostras de dados de outras partes do mundo romano, estudadas da mesma maneira, sofram de várias deficiências, tais como a dependência de um pequeno número de locais ou a falta de dados representativos de períodos específicos, e por isso não corroborem adequadamente outras avaliações de mudanças na desigualdade da habitação. Ainda assim, a arqueologia nos oferece um vislumbre das correlações entre o domínio imperial, por um lado, e o crescimento econômico e a desigualdade, por outro.

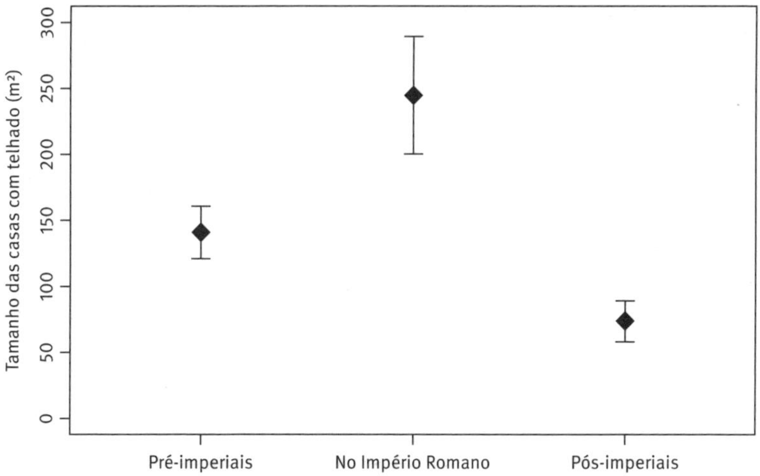

FIGURA 9.1 Tamanho mediano das casas na Grã-Bretanha desde a Idade do Ferro até a Alta Idade Média

Apesar de suas limitações geográficas, esses dados mostram que a desconcentração pós-imperial da riqueza foi um processo bastante abrangente, que não se restringiu estritamente aos que estavam na camada mais alta. Embora não possamos medir o grau geral do nivelamento pós-romano, o impacto da

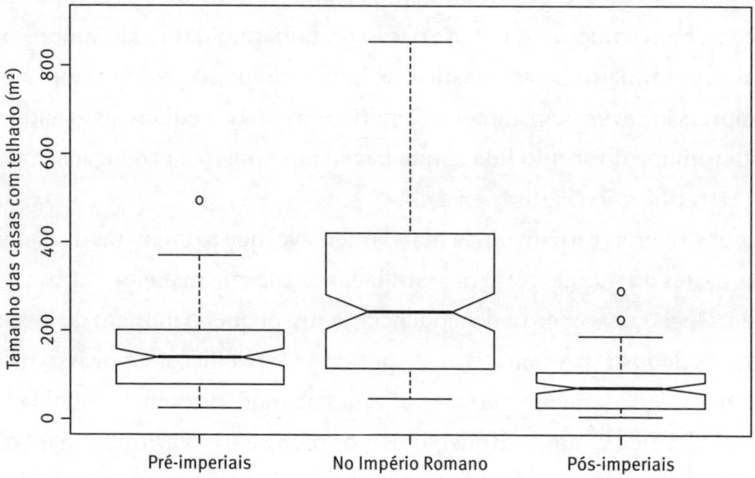

FIGURA 9.2 Quartis do tamanho das casas na Grã-Bretanha desde a Idade do Ferro até a Alta Idade Média

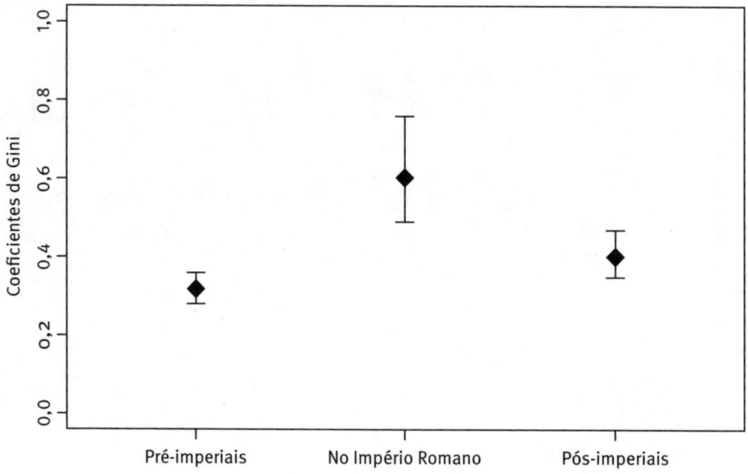

FIGURA 9.3 Coeficientes de Gini do tamanho das casas na Grã-Bretanha desde a Idade do Ferro até a Alta Idade Média

falência estatal num meio que os ricos haviam dominado durante séculos deve ter sido realmente considerável. As consequências do colapso diferiram muito das da conquista, que preservava a escala e as características das estruturas anteriores do Estado: enquanto a conquista normanda da Inglaterra preservou ou até aumentou a desigualdade de riqueza, durante um breve período, a fragmentação de uma esfera antes enorme, que tinha sido explorada por uma pequena classe dominante central, teve exatamente o efeito inverso.[15]

"Muitas cidades desse período não nos parecem particularmente imponentes, hoje em dia": Os sistemas entram em colapso no Mediterrâneo da Baixa Idade do Bronze e nas Américas Pré-Colombianas

No século XIII a.C., o leste do Mediterrâneo tinha se transformado num sistema de Estados poderosos, interligados pela diplomacia, pela guerra e pelo comércio. O Egito do período ramsida e o Império Hitita da Anatólia disputavam a supremacia, o Médio Império Assírio expandia-se na Mesopotâmia, as cidades-Estado floresciam no Levante e o Egeu era dominado por grandes palácios, que administravam a produção e a distribuição econômicas. Ninguém teria previsto o rápido colapso desse sistema de Estados nas décadas subsequentes a 1200 a.C. Em toda a região, as cidades sofreram danos ou uma destruição completa – na Grécia, na Anatólia, na Síria e na Palestina. Logo depois de 1200 a.C., o Império Hitita ruiu e sua capital, Hatusa, foi parcialmente destruída e abandonada. A importante cidade de Ugarit, no litoral sírio, foi varrida do mapa alguns anos depois, assim como outros locais mais para o interior. Cidades como Megido (na planície do "Armagedom" bíblico) vieram em seguida. Na Grécia, os palácios majestosos foram destruídos, um a um. A reconstrução feita em alguns deles foi desfeita perto do fim do século. Mais ao sul, o Estado egípcio perdeu o controle da Palestina e, mais ou menos a partir de 1100 a.C., começou a se desestruturar, dilacerado entre a elite sacerdotal de Tebas, no Sul, e diversos dinastas no delta do Nilo. A Assíria também não escapou ilesa. Em graus variados, as instituições de governo e extração desmoronaram, as cidades desapareceram ou sobreviveram muito reduzidas, o uso da escrita regrediu e os impérios se esfacelaram em pequenos Estados e cidades-Estado. A produção e o comércio declinaram e a complexidade social diminuiu.[16]

As razões dessa enorme desestruturação ainda são muito debatidas, e muitos fatores parecem haver participado dela. Os chamados "povos marítimos", grupos de saqueadores que "viviam em navios" e aparecem nos registros do Egito, da Síria e da Anatólia, têm arcado, tradicionalmente, ao menos com parte da culpa. Depois que seu ataque ao Egito foi repelido, em 1207 a.C., eles renovaram os esforços, trinta anos depois, como uma coalizão. Nas palavras de Ramsés III,

> de uma só vez, todos os territórios foram retirados e dispersos na peleja. Território algum pôde sustentar-se ante as armas deles. ... Eles se apossaram dos territórios até onde o circuito da terra alcançava.

Embora as forças do faraó tenham conseguido derrotá-los, outras sociedades não tiveram a mesma sorte. O assentamento dos filisteus na Palestina talvez tenha resultado desses movimentos, assim como resultou ao menos parte da destruição visível nos restos arqueológicos. Diversos sítios também mostram danos compatíveis com atividades sísmicas, tremores repetidos que podem haver atingido sequencialmente a região, como uma "enxurrada de terremotos" no fim do século XIII e começo do século XII a.C. Além disso, há indícios de seca em torno de 1200 a.C. e uma transição geral para uma aridez maior. Qualquer que tenha sido a configuração das forças malignas que atuaram na ocasião, parece que diferentes fatores coincidiram, provavelmente não por acaso, mas de modo inter-relacionado: o resultado final foi um efeito multiplicador que destroçou o sistema mundial da Baixa Idade do Bronze.[17]

Esse colapso foi particularmente severo no Egeu. Por volta de meados do segundo milênio antes de Cristo, cresceram os assentamentos no sul da Grécia continental, à medida que elites guerreiras acumularam riqueza e ergueram centros fortificados. A estratificação crescente é visível no aparecimento de tumbas monumentais e de objetos tumulares socialmente diferenciados. Complexos palacianos não tardaram a ser erguidos nesses locais. Tábulas de argila grafadas na chamada escrita linear B e numa forma primitiva de grego documentam uma economia redistributiva que se centrava nesses palácios, governados por reis e suas altas autoridades. Os superiores reivindicavam bens e serviços dos subalternos. Esse sistema devia muito a antigas economias palacianas que tinham crescido na ilha sulista de Creta (conhecida como cultura minoica), porém mostra mais sinais de violência e fortificação e menor disseminação da riqueza. Reinos de dimensões consideráveis estabeleceram-se ao redor dos grandes centros palacianos da região continental, criando uma rede de entidades políticas hoje conhecida como civilização micênica.[18]

Embora tenhamos muito menos conhecimento do que gostaríamos sobre a natureza do controle político e a distribuição da renda, a existência de centros redistributivos concentrados na elite parece difícil de conciliar com ideias de igualitarismo. Ao que saibamos, as sociedades micenianas dos palácios eram muito hierarquizadas. Os patronímicos em tábulas gravadas em escrita linear B refletem o casamento entre membros de um pequeno número de famílias da elite: os prenomes específicos, a posição social e a riqueza pareciam ser controlados pelas mesmas famílias privilegiadas. As tábulas fornecem poucos indícios de que houvesse bens de prestígio destinados à população de trabalhadores. Nas palavras oportunas de dois eminentes especialistas nesse período, "muito do que sobe permanece no alto". Artigos de luxo, feitos de ouro, prata, marfim e âmbar, são quase exclusivamente encontrados em túmulos da elite. Em pelo menos um caso, o material arqueológico sugere que a circulação da riqueza foi ficando mais restrita com o tempo, uma observação compatível com a desigualdade crescente, impelida pela concentração de poder e recursos nas mãos de uma pequena classe governante. A circulação pode ter assumido a forma de trocas de presentes nas elites palacianas, complementadas por exportações e importações destinadas a supri-las de produtos estrangeiros que fossem sinal de status elevado.[19]

O desmantelamento da civilização miceniana foi um processo prolongado. Os sinais de destruição, possivelmente relacionados com terremotos, aparecem pela primeira vez em alguns sítios importantes de meados do século XIII a.C. Outros danos são registrados mais adiante naquele século, seguidos pela construção de novas fortificações – um indício revelador de ameaças militares. Uma onda de eventos destrutivos seguiu-se por volta de 1200 a.C., destruindo os palácios de Micenas, Tirinto, Tebas e Orcômeno, e, um pouco depois, todos os de Pilos. Nesses casos, como em outros, as causas continuam a ser objeto de conjecturas: a atividade sísmica, as secas e as epidemias foram invocadas, ao lado de invasões, revoltas e mudanças nos padrões de comércio e na movimentação das pessoas. O resultado final foi o colapso dos sistemas, radicado na incapacidade do sistema palaciano de reagir aos desastres ocorridos.[20]

Em muitos locais, a civilização miceniana prosseguiu até o começo do século XI a.C. Embora os palácios destruídos nunca tenham sido reconstruídos, houve uma reutilização e novas construções em algumas ocasiões, e, em certos locais, as elites floresceram por algum tempo. Os locais de refúgio passíveis de ser mais facilmente defendidos passaram a desempenhar um papel maior. Entretanto, uma nova série de eventos destrutivos, em torno de 1100 a.C., acabou com grande parte do que restava. Após o desaparecimento dos palácios, apenas os vilarejos tinham sobrevivido, exceto nas áreas em que os primeiros haviam sido tão dominantes que pouca coisa sobreviveu à sua queda, e o que se seguiu foi o abandono generalizado, como em Pilos. A maioria das regiões menos severamente atingidas "voltou à vida tribal em pequena escala". Os estilos arquitetônicos de alta qualidade se foram e a escrita desapareceu por completo. O século X a.C. foi o nadir do desenvolvimento geral e da complexidade. Os maiores povoados da Grécia, na época, talvez abrigassem mil ou 2 mil pessoas, porém a maior parte da população vivia em pequenos vilarejos e aldeias e adotava um estilo de vida mais itinerante. Muitos locais foram abandonados para sempre. Os laços internacionais de comércio foram cortados, as moradias eram muito básicas, em sua maioria – casas de um cômodo só –, e os túmulos eram pobres. As sepulturas individuais tornaram-se a norma, numa mudança acentuada da ênfase miceniana anterior na linhagem.[21]

A elite do período palaciano desapareceu. Não temos informações sobre o que aconteceu com ela. Talvez alguns de seus integrantes tenham partido para o leste, a fim de se unirem a salteadores ativos na época – o que não diferiu muito dos fidalgos militares ingleses que fugiram dos conquistadores normandos, 2 mil anos depois. De início, talvez alguns tenham partido para lugares remotos em busca de proteção, em ilhas ou perto do litoral. Isso não precisa preocupar-nos aqui: o importante é que esse grupo desapareceu como um todo. A superestrutura extrativa que o sistema palaciano havia imposto à população rural foi liquidada e não substituída. No século X a.C., apenas os maiores povoados – ou os menos pequenos, melhor dizendo – podem ter mantido algo semelhante a uma camada reconhecível de elite. O caráter dos objetos tumulares desse período sugere que apenas uns poucos indivíduos tinham acesso a produtos importados. De fato, os sinais de estratificação e riqueza da elite tinham se tornado tão escassos que os arqueólogos modernos esbanjaram atenção numa única estrutura, uma casa em Lefkandi, na ilha de Eubeia, que data de aproximadamente 1000 a.C.: com 46 metros de comprimento e 9 metros de largura, feita de tijolos de barro e cercada por postes de madeira, ela continha dois túmulos com algumas joias de ouro. O que mal teria merecido atenção, uns dois séculos antes, figura como um destaque relevante e continua a ser único entre os sítios descobertos nesse período.[22]

A visível escassez de grandes estruturas, bens de prestígio e outros marcadores de riqueza e status elevado, na Grécia da Alta Idade do Ferro, forma um contraste dramático com as condições do período miceniano. Não apenas as entidades políticas desmoronaram, como também a atividade social e econômica declinou, tornando-se muito mais fragmentada. Nessas circunstâncias, a extração substancial e a concentração do excedente seriam um sério desafio, mesmo que ainda existissem instituições suficientemente poderosas. Embora, sem dúvida, a população geral tenha sofrido grandes aflições, os ricos e poderosos enfrentaram uma queda muito mais vertiginosa. Nessa escala, o colapso dos sistemas não poderia deixar de reduzir maciçamente as disparidades anteriores de renda e riqueza. Mais do que isso, mesmo quando novas elites começaram a se formar, a partir do século X a.C., e o crescimento econômico foi retomado, no século VIII a.C., pode-se argumentar que a igualdade miserável do empobrecimento quase universal do período pós-palaciano preparou o terreno para o igualitarismo resiliente de séculos posteriores da história grega – o raro cerceamento da desigualdade que discuti no capítulo 6.

Dois mil anos depois da grande desestruturação do sistema palaciano micênico, a civilização maia clássica, na península sulista de Yucatán, entrou em colapso de forma similarmente espetacular. No fim do período clássico (*c.*600-800 d.C.), a formação do Estado tinha ido além das cidades-Estado individuais: cidades como Tikal e Calakmul tornaram-se centros de unidades políticas maiores, que reivindicavam a suserania sobre os governantes de outras cidades-Estado, puxando-as para si através de um sistema de visitas, trocas de presentes, rituais compartilhados e casamentos exogâmicos. A arquitetura monumental floresceu nos centros ubanos, onde foram feitos investimentos maciços em templos e palácios. A cultura material da elite elevou-se a novos patamares de esplendor: objetos de luxo, inclusive jade e mármore importados, são abundantes em achados arqueológicos desse período. A situação mudou no fim do século VIII e início do século IX, quando as potências regionais desapareceram e foram suplantadas por uma intensa rivalidade militar entre unidades políticas menores. O conflito crescente entre as entidades políticas parece ter andado de mãos dadas com a exploração cada vez maior e com uma defasagem crescente entre as classes sociais. A proliferação de palácios em algumas cidades, a consolidação da elite, refletida em mudanças nas práticas de sepultamento e na maior ênfase na linhagem, e a integração da elite cultural através de fronteiras políticas, tudo isso aponta para uma estratificação mais acentuada e, com toda a probabilidade, para a desigualdade material.[23]

No curso do século IX d.C., as novas construções cessaram em alguns dos grandes centros, e, em seguida, veio o colapso geral, embora não de uma só vez: os arqueólogos descobriram variações geográficas e temporais consideráveis em Yucatán, enquanto os eventos de transição em diferentes áreas estenderam-se por vários séculos. No fim das contas, porém, a perda da complexidade social foi generalizada e severa. Em Tikal, uma das maiores cidades, a atividade da construção civil encerrou-se em 830 d.C., e acredita-se que talvez 90% da população tenha partido ou se extinguido, oitenta anos depois. Outros grandes sítios foram similarmente abandonados: as maiores cidades foram as mais duramente afetadas, enquanto as povoações menores tiveram maior continuidade. Mais uma vez, as causas por trás desse declínio são tema de debate. As explicações modernas sugerem que o colapso pode ter sido um resultado sobredeterminado, uma vez que múltiplos fatores interagiram para solapar as sociedades maias – em especial, guerras endêmicas, pressão populacional e degradação do meio ambiente, acompanhada pela seca.[24]

Qualquer que tenha sido a configuração exata das circunstâncias, fica claro que a violência desempenhou um grande papel nesse processo. Sua simples escala também está bem documentada. Tal como havia acontecido na Grécia miceniana, os centros urbanos dotados de palácios transformaram-se em centros de guerra e acabaram declinando como pequenos vilarejos. No coração do interior sulista, as complexas estruturas administrativas e residenciais, os templos e a prática de erigir estelas se perderam, tendo se dado o mesmo com a escrita e com o famoso sistema do calendário maia. A produção de artigos de luxo chegou ao fim. As instituições da elite e as atividades culturais concomitantes, como o culto de estelas dedicadas a linhagens nobres, simplesmente desapareceram. Na avaliação concisa e oportuna de uma ilustre autoridade moderna, "o vento levou" toda a classe dominante.[25]

A principal diferença da Grécia da Alta Idade do Ferro está na sobrevivência e, a rigor, no florescimento da cultura da elite em grandes sítios nortistas, notadamente em Chichén Itzá, no período clássico terminal, nos séculos IX e X, e depois em Mayapán e Tulum. A elite de Chichén Itzá suportou o declínio catastrófico de sua unidade política no século XI, o qual esteve ligado a uma seca prolongada, por tempo suficiente para garantir a continuidade cultural e institucional até o período da cidade-Estado de Mayapán, dos séculos XII e XIII em diante. No sul, todavia, e tal como na Grécia da Alta Idade do Ferro, a maciça desestruturação anterior não se restringiu aos centros urbanos nem à classe dominante, mas tragou a população geral: uma contração demográfica até 85% tem sido conjecturada nos estudos modernos. A economia básica de milhões de pessoas havia sido desmantelada.

Isso nos leva a indagar de que modo o colapso dos sistemas maias atuou na distribuição dos recursos. A eliminação generalizada das hierarquias estatais e do aparato material da cultura elitista criou um ambiente que deve ter sido incapaz de sustentar os níveis anteriores de estratificação e desigualdade. Embora a vida da gente do povo tenha sido prejudicada pela desestruturação crescente, ao menos a curto prazo é bem possível que ela se haja beneficiado do término dos encargos costumeiros, impostos pelas elites estatais. Mais especificamente, um estudo constatou um declínio acentuado nas datações por radiocarbono nos contextos da elite pós-meados do século VIII, em contraste com uma continuidade maior nos contextos da plebe, o que poderia sugerir um atrito desproporcional entre os privilegiados, embora a questão permaneça em debate. Talvez os melhores dados concretos tenham sido fornecidos pela investigação criteriosa de restos mortais humanos de vários sítios das planícies meridionais de Yucatán. No período clássico tardio, as distinções entre os túmulos da elite e os dos subordinados correlacionam-se com privilégios dietéticos sistemáticos: os indivíduos de posição mais elevada comiam melhor. O fato de essas características terem se extinguido aos poucos, depois de 800 d.C., numa época em que produtos elitistas como textos hieroglíficos com datas de calendário tornaram-se muito menos frequentes, aponta para uma atenuação das diferenças de status e da desigualdade material.[26]

Outros antigos Estados do Novo Mundo passaram por processos similares de decomposição e do nivelamento concomitante. Dois exemplos reveladores terão que bastar. Na primeira metade do primeiro milênio da era cristã, Teotihuacán, na região central do México (a nordeste da atual Cidade do México), era uma das maiores cidades do mundo. No século VI ou início do século VII, após um período no qual os túmulos mostram uma estratificação crescente do status, incêndios cuidadosamente planejados destruíram a arquitetura monumental do centro da cidade. Pedras enormes foram trabalhosamente retiradas, despedaçaram-se as estátuas e se atiraram longe os fragmentos. Os pisos e paredes dos palácios do norte e do sul foram incendiados e se empenharam grandes esforços para reduzir a escombros os prédios públicos. Até alguns esqueletos sepultados foram desmembrados, um deles com ricos ornamentos reveladores de uma posição de elite. A presença de um projeto político parece clara, mas não tanto a identidade dos criminosos que procuraram eliminar Teotihuacán como centro de poder: a agitação local pode ter precedido a agressão externa. Para a desigualdade, as implicações dessa transformação da elite e de bens estatais em alvos é bastante direta: é difícil imaginar que o desmantelamento físico sistemático do poder dominante não tenha sido acompanhado por um desmantelamento das instituições de controle e exploração dessa unidade política. Mesmo na ausência de provas textuais, a ideia de que a elite existente pudesse conseguir sobreviver, mais ou menos intacta, é incompatível com os dados arqueológicos, embora alguns membros dessa elite possam ter migrado e até mantido posições privilegiadas em outros lugares.[27]

O mesmo se aplica à queda da civilização Tiwanaku, no planalto andino, um caso ainda mais dramático de colapso dos sistemas. Localizada numa altitude de quase 4 mil metros, perto do lago Titicaca, no altiplano dos Andes, a cidade de Tiwanaku tornou-se o centro de um império que se expandiu a partir de *c.*400 d.C. e durou até o século X. Em sua forma imperial madura, a capital fora cuidadosamente projetada como um imponente centro cerimonial, alinhada no espaço de acordo com princípios cosmológicos e cercada por um enorme fosso, que restringia o acesso e se destinava a dar ao centro a aparência de uma ilha sagrada. Essa área cercada não apenas continha as principais grandes edificações cerimoniais do Estado, como também acomodava numerosas residências dos governantes e da elite associada e até cemitérios. As áreas residenciais da elite, opulentamente dispostas e mobiliadas, beneficiavam-se de um sofisticado sistema de abastecimento de água. Os túmulos locais eram ricos em objetos tumulares. Em geral, as moradias externas ao fosso eram menos luxuosas. Ainda assim, as orientações espaciais coerentemente executadas, com alinhamentos bem planejados, a construção de boa qualidade e a presença de uma vasta gama de artefatos diversos sugerem que elas abrigavam uma classe de pessoas de status inferior ao da elite isolada, porém muito superior ao da plebe rural. Se as analogias com a civilização inca posterior podem servir de guia, é possível que esses moradores urbanos mais periféricos pertencessem a descendentes mais jovens das famílias dominantes, ou estivessem ligados a elas por formas de parentesco colateral ou fictício. Portanto, a Tiwanaku imperial foi expressamente construída e reconstruída como um centro que servia de ponto focal de poder político e religioso, e que prestava serviços à classe dominante e a seus associados. Esse objetivo restringiu o tamanho da capital a algumas dezenas de milhares de residentes, numa área densamente povoada, que poderia facilmente sustentar uma população urbana maior. Tanto quanto podemos dizer, os plebeus rurais ficavam excluídos da cidade. Tal como na Grécia da Idade do Bronze, os artesãos parecem ter se ligado ao centro para produzir artigos destinados à circulação dentro de grupos privilegiados. A estratificação econômica, portanto, era reforçada pela segregação espacial, que separava a minoria rica e poderosa da população geral.[28]

Há sinais de que o poder dos governantes e das elites cresceu ainda mais na fase final do império e de que a desigualdade social aumentou. O declínio, uma vez instaurado, foi rápido e definitivo. Acredita-se que a mudança climática, sob a forma de uma seca severa, tenha minado as complexas estruturas de controle de Tiwanaku. Seu Estado entrou em colapso, levando consigo governantes, nobres e seu centro cerimonial. A própria capital foi abandonada aos poucos e tinha se esvaziado por completo em 1000 d.C. Os arqueólogos desencavaram sinais reveladores de uma violência extensa: os palácios do leste e do oeste, no centro, foram destruídos – o primeiro, aliás, foi totalmente arrasado. Tal como em Teotihuacán, também há indícios de destruição deliberada de estruturas ritualísticas monumentais: esculturas, símbolos do poder da elite, foram desfiguradas e enterradas, tarefa que, em alguns casos, deve ter exigido um esforço considerável. Se o conflito de facções ou outras fontes de violência foram os responsáveis por essas sublevações continua a ser uma questão em debate, cuja resposta talvez nunca venha a ser conhecida: o que fica claro é que a hierarquia política não sobreviveu a essas convulsões. A queda do centro foi acompanhada pelo colapso agrícola no interior. As cidades desapareceram por vários séculos da bacia do lago Titicaca, enquanto a fragmentação política e a atividade econômica localizada tornaram-se a norma. A população encolheu e se retraiu em áreas defensáveis, onde as vastas fortificações dos assentamentos falam de uma situação violenta e não tranquilizada. À medida que foram sendo perdidas as fontes principais de riqueza, como a extração do excedente, a produção especializada de artefatos e o comércio de longa distância, a antiga elite simplesmente desapareceu.[29]

Em outros casos, não sabemos quase nada sobre o exercício do poder estatal e sobre como seu colapso afetou o poder e a riqueza da elite. A civilização Harappa, no vale do Indo, com suas numerosas cidades que floresceram na segunda metade do terceiro milênio antes da era cristã, é um exemplo famoso. Todo esse sistema se desarticulou entre 1900 e 1700 a.C., e muitos locais encolheram ou foram abandonados. Mais uma vez, fosse qual fosse o sistema de hierarquia e diferenciação que antes estava instalado, dificilmente ele poderia ter sobrevivido a esse processo.[30]

Para as gerações posteriores, a dimensão física do colapso dos sistemas foi, muitas vezes, a mais conspícua. Há mais de 2.400 anos, o historiador ateniense Tucídides notou que as cidades celebradas nas epopeias de Homero não pareciam particularmente imponentes em sua própria época. Quando o conquistador espanhol Hernán Cortéz passou perto dos sítios maias de Tikal e Palenque, nem sequer os notou, porque estavam cobertos de mato, numa área quase toda despovoada. Os sítios do Império Angkor, no Sudeste Asiático, tiveram um destino semelhante: a liberação dos sítios principais só teve início no começo do século XX, e Preah Khan Kompong Svay, uma enorme cidade que abrangia 26 quilômetros quadrados e era esporadicamente usada como residência pelos governantes Khmer dos séculos XI e XII da era cristã, situa-se no que é hoje o meio de um lugar nenhum. Quando a visitei de helicóptero com um colega, em 2008, éramos as únicas pessoas presentes, exceto por alguns guardas de um isolado vilarejo vizinho e uma cobra comprida.[31]

Por sua obliteração de grande parte do registro histórico fora dos restos arqueológicos, o colapso dos sistemas abrangentes torna quase inevitavelmente impossível medir as mudanças concomitantes na desigualdade de renda e de riqueza. Ao mesmo tempo, esses eventos cataclísmicos implicam fortemente uma compressão em larga escala. Fossem quais fossem as disparidades e formas de exploração sobreviventes nos períodos pós-colapso, elas estariam fadadas a diferir muito das que tinham sido viáveis e, não raro, típicas de unidades políticas altamente estratificadas. Além disso, o empobrecimento geral, por si só, muito além dos círculos anteriores da elite, reduzia o potencial de extração do excedente e baixava o teto da desigualdade de recursos. Considerando a natureza excepcional de equalização da guerra com mobilização em massa, das revoluções transformadoras e das epidemias catastróficas, é bem possível que os colapsos de proporções ozimandianas tenham sido o nivelador mais potente e confiável de toda a história. Apesar de serem mais comuns do que se poderia pensar – muitos casos menos conhecidos poderiam ter sido acrescentados –, eles foram, ainda assim, de relativa raridade, o que é uma bênção, considerando-se o simples volume de violência e sofrimento que acompanhou essas mudanças dramáticas. Em contraste, a rápida regeneração das estruturas de Estado, muitas vezes como resultado de tomadas do poder de origem externa, tem sido um desfecho comum. Quanto mais suave a transição, mais depressa as desigualdades são mantidas ou restabelecidas.

"Que a depressão caia sobre seu palácio, erigido para a alegria": A falência do Estado e o declínio da elite no Antigo Oriente Próximo

Os Estados têm entrado em falência desde que passaram a existir. Durante o chamado período do Império Antigo, os governantes do Egito mantiveram o país unido do século XXVII a.C. até o século XXIII a.C. e criaram uma poderosa corte em Mênfis. As famosas Grandes Pirâmides de Gizé são a manifestação mais visível do poder estatal centralizado. A descentralização ocorreu nos séculos XXII a.C. e início do século XXI a.C., quando os governantes locais ganharam autonomia e duas cortes rivais surgiram nas metades setentrional e meridional do país. Seu efeito sobre a desigualdade talvez tenha sido ambíguo: os governantes e notáveis provinciais devem ter lucrado, por desviarem recursos que antes eram enviados para o centro, ao passo que a riqueza e o poder do faraó e seu círculo íntimo declinaram – esta última ocorrência é bem ilustrada pela qualidade comparativamente pobre dos túmulos dos cortesãos na fase final da integridade do Estado. Embora a falta de evidências mais palpáveis dificulte até a formulação de conjecturas, o enfraquecimento bem no topo da pirâmide social, pelo menos em princípio, deve ter encurtado a ponta mais externa da curva de distribuição da renda e da riqueza.[32]

Seria esperável que o colapso espetacular do Império Acádio, na Mesopotâmia e na Síria, tivesse consequências similares, talvez em maior escala. Do século XXIV a.C. ao século XXII a.C., as campanhas incessantes trouxeram um butim que era entregue aos templos, a membros da família real e a associados da elite. As terras de toda a região da Suméria, no sul da Mesopotâmia, passaram a pertencer aos governantes da Acádia e a seus parentes, bem como a altos funcionários da corte. Ao permitir a acumulação de bens em regiões diferentes, o império precipitou uma concentração muito maior de riqueza do que tinha sido possível até então – uma tendência já explorada no capítulo inicial –, e era fatal que sua eventual falência revertesse esse processo. Os séculos posteriores imaginaram a queda da Acádia de forma excessivamente dramática, invocando uma "maldição" divina, provocada pelos excessos imperiais (a citação de abertura desta seção foi extraída do relato principal). A realidade foi mais prosaica: quando as lutas pelo poder na alta sociedade acadiana, aliadas às pressões externas e à seca, desestabilizaram o império, as unidades políticas da Suméria e outros locais restabeleceram a independência, e a dominação territorial da cidade sofreu uma redução drástica. A renda e a riqueza da elite da camada mais alta devem ter minguado em consonância com isso.[33]

Não raro, essas contrações eram de curta duração, porque novos poderes imperiais recolhiam os cacos até, por sua vez, sucumbirem à descentralização ou à conquista. No Egito dos faraós, os "períodos intermediários" de fragmentação eram invariavelmente seguidos por uma nova unificação. Do século XXII a.C. ao século VI a.C., a Mesopotâmia passou a ser dominada pelos reinos sucessivos de Ur (conhecido entre os estudiosos como "Ur III"), Babilônia (sob Hamurábi e, mais tarde, os cassitas) e Mitani, bem como por diversas repetições do Império Assírio e do Império Neobabilônico. Para citar apenas mais um exemplo concreto, quando Mari, uma potência intermediária às margens do Eufrates, perto da atual fronteira entre a Síria e o Iraque, foi destruída pelo rei babilônio Hamurábi, em *c.*1759 a.C., levou apenas uma geração para que um de seus antigos centros secundários, Terqa, estabelecesse um novo reino (Hana), que de fato era coextensivo com o antigo reino de Mari e havia conquistado a independência da Babilônia.[34]

Em contraste, o colapso generalizado, do tipo discutido na seção anterior, era relativamente raro, sobretudo nas áreas em que novos poderes podiam despontar rapidamente e assumir o controle. A desintegração dos grandes Estados imperiais em diversas unidades políticas menores deve ter exercido certa pressão de cima para baixo na concentração da renda e da riqueza da camada mais alta, mesmo que isso tenha ficado muito aquém do extenso nivelamento associado a formas de colapso mais abrangentes. Tal panorama nos apresenta um desafio incômodo: normalmente, as sociedades pré-modernas não deixaram dados suficientes que nos permitam documentar ou medir com firmeza a consequente atenuação das disparidades econômicas. Entretanto, não podemos desistir e voltar as costas a elas – pela simples razão de que essas sociedades primitivas tinham muito mais probabilidade de experimentar fracassos e desconcentração intermitentes do Estado do que Estados recentes ou modernos, muito mais bem documentados. Ao desconsiderar o potencial de igualação inerente à falência do Estado, corremos o risco de negligenciar uma força niveladora potente. Nessa situação, o melhor que podemos fazer é buscar dados substitutos que indiquem, ainda que vagamente, mudanças nessa direção.

Fico com apenas um exemplo, destinado a ilustrar as complexidades e limitações desta abordagem. Depois de aproximadamente 1069 a.C., na esteira da crise já descrita da Idade do Bronze Tardia, o Egito veio a ser efetivamente dividido entre o Egito Superior, no sul, sob o controle dos sumos sacerdotes do deus Amon, em Tebas, e o Egito Inferior, no norte, que tinha Tânis em seu centro. O afluxo de elementos militares líbios precipitou uma descentralização adicional no norte. Diversas bases regionais e autônomas de poder passaram a disputar o controle durante parte do século X a.C. e, mais especialmente, a partir do século IX a.C. (período que se convencionou associar à fase da XXI até a XXIII dinastias). É possível que esse processo descentralizador tenha pressionado o poder aquisitivo da elite local, na medida em que ela dependia do acesso às receitas do Estado, a outros fluxos de renda associados a serviços estatais e à renda proveniente de ativos ou atividades econômicas privados, que eram sensíveis à integridade estatal. Pode-se afirmar que um complexo funerário de Sacará, a principal necrópole de Mênfis, a antiga capital, reflete o relativo empobrecimento da elite nesse contexto. As descobertas foram feitas numa escavação subsidiária do túmulo de Tia'a, um cunhado do famoso faraó Ramsés II, da XIX Dinastia, no auge da glória imperial do Egito no século XIII a.C.; essa coluna lateral pertencia ao secretário de Tia'a, Iurudef. Muito tempo depois, provavelmente durante o século X a.C., essa coluna e as câmaras associadas foram enchidas de caixões e túmulos. Ao todo, 74 indivíduos foram enterrados dessa maneira, alguns em caixões, outros envoltos em esteiras e outros sem caixão. A qualidade dos caixões, geralmente precária, chama a atenção. Embora haja sinais de que o sítio sofreu breves invasões de ladrões de túmulos na Antiguidade, estes parecem haver desistido rapidamente, talvez desanimados com a aparência pouco promissora desse conjunto. O acabamento artesanal era marcantemente precário, comparado ao de caixões do mesmo período encontrados em sítios do sul do Egito: eles foram montados com pedaços menores de madeira e a decoração se restringiu às partes fundamentais dos esquifes. A escrita só aparece em alguns deles e, na maioria dos casos, é falsa, composta de pseudo-hieróglifos sem nenhum sentido, ou corrompida e ilegível.[35]

E essa não foi uma descoberta isolada: túmulos com caixões simbolicamente toscos, com pseudoinscrições e mumificação apenas vestigial, foram desencavados em diversos sítios arqueológicos do Médio Egito e provisoriamente datados do mesmo período. Todavia, mesmo em seu estado empobrecido, essas sepulturas refletem uma prática da elite, visto que só os privilegiados teriam tido acesso a qualquer esquife antropoide de madeira, por mais malfeito que fosse. Isso pode ser interpretado como uma prova circunstancial do declínio da demanda e do poder aquisitivo da classe alta na área de Mênfis, em relação à região meridional, mais estável. Até os túmulos reais de Tânis, na época o maior centro setentrional, revelam uma reutilização generalizada de objetos mais antigos, inclusive recipientes ritualísticos, joias e sarcófagos.[36]

É verdade que, nessa época, a reutilização de caixões também se tornou comum na elite sulista de Tebas. Nesse caso, porém, a causa subjacente deve ser buscada menos na incapacidade da elite de pagar por novos esquifes do que na escassez de matérias-primas criada pela separação do norte e, acima de tudo, nas preocupações de segurança com os roubos desenfreados de tumbas. Estes instigaram a um distanciamento de elementos dispendiosos que pudessem ser arrancados dos esquifes, como os folheados a ouro, e a uma ênfase maior na preparação dos cadáveres, por meio de um embalsamamento mais cuidadoso, investimento que não corria riscos ante os predadores. A troca concomitante de capelas tumulares conspícuas por grupos secretos de tumbas também se enquadra nessa lógica. Não é de surpreender que não encontremos nenhuma prova evidente de empobrecimento da elite em Tebas, considerando que esse grupo, liderado pelos sacerdotes de Amon, não apenas detinha o controle de grande parte do Egito, como também criou o hábito de saquear os bens preciosos guardados em túmulos reais anteriores e, por conseguinte, não carecia de fontes de renda. Nesse aspecto, ele diferia de seus pares de condição social do norte, onde a fragmentação e as desestruturações mais intensas reduziram a renda e os gastos da elite, além de corroerem algumas habilidades artesanais especializadas que tinham uma dependência crucial do poder aquisitivo dessa elite.[37]

Escolhi este exemplo para ilustrar as dificuldades de identificar os sinais de nivelamento em situações de falência estatal mais limitada. O colapso dos sistemas abrangentes costuma produzir dados arqueológicos que deixam poucas dúvidas quanto à erosão das disparidades de renda e riqueza. Em contraste, não se espera que perturbações menos drásticas deixem um rastro similarmente sólido nos dados indiretos, amiúde esporádicos e ambíguos, que são tudo de que dispomos. Nesses contextos, qualquer tentativa de detectar uma queda da fortuna das elites, que dirá uma atenuação geral da desigualdade, é necessariamente repleta de enormes incertezas e, muitas vezes, não chega a ultrapassar o nível da conjectura. Sérios problemas de interpretação vêm somar-se a esse enigma, em especial os tão discutidos riscos de relacionar mudanças nas práticas funerárias ou em outros padrões de depósitos com condições socioeconômicas, bem como a óbvia questão de saber se é legítimo fazer generalizações a partir de achados particulares. O exame de um material como o dos túmulos do Terceiro Período Intermediário do Egito leva-nos até – e talvez nos faça ultrapassar – os limites de quanto podemos aprofundar o estudo da desigualdade. Quase todos os nivelamentos impelidos pela fragmentação política ocorreram no passado pré-moderno, um fenômeno potencialmente muito difundido que, em sua maior parte, permanecerá eternamente obscuro para o observador moderno. Ele constitui uma espécie de "matéria escura" na história da desigualdade, quase certamente presente, mas difícil de identificar.

"O país está muito falido": A falência estatal contemporânea na Somália

Por mais severas que sejam as limitações de grande parte dos dados históricos, eles corroboram a tese de que a dissolução violenta dos Estados predadores da era pré-moderna reduziu a desigualdade, ao privar de riqueza e poder as elites estabelecidas. Isso nos leva a indagar se esse tipo de nivelamento ainda pode ser observado na história recente, ou, a rigor, no mundo atual. À primeira vista, a resposta pareceria negativa: como vimos no fim do capítulo 6, as guerras civis nos países em desenvolvimento são mais propensas a aumentar do que a diminuir a desigualdade. Por outro lado, embora esses conflitos tendam a enfraquecer as instituições estatais, raras vezes são acompanhados pelo colapso do governo ou por reduções na complexidade socioeconômica geral, na escala vista em alguns dos casos pré-modernos mais dramáticos que acabei de discutir.

Todavia, alguns casos contemporâneos podem ao menos aproximar-se disso. A Somália, país do Leste Africano, costuma ser considerada o caso mais grave de colapso do Estado no passado recente. Após a derrubada do regime de Mohamed Siad Barre, em 1991, o país rachou-se em facções e territórios rivais e, desde então, deixou de ter instituições governamentais abrangentes. Embora alguns quase Estados, como a Somalilândia e a Puntlândia, tenham emergido na metade norte do país, o restante dele tem sido variadamente controlado por líderes militares, milícias – inclusive o grupo jihadista al-Shabaab – e, em períodos intermitentes, por soldados estrangeiros de países vizinhos. Somente nos últimos anos é que o governo federal nominal começou a exercer controle em Mogadíscio e além dela. Entre 1991 e a intervenção etíope em 2006, a Somália foi, efetivamente, um Estado falido.

Seus níveis de bem-estar humano costumam ser muito baixos. Um estudo que mediu a privação nos países árabes (definidos em linhas gerais), com base em fatores como mortalidade infantil, nutrição, escolaridade e acesso a serviços básicos, colocou a Somália em último lugar. Os dados são tão escassos que a edição mais recente do Índice de Desenvolvimento Humano se absteve de incluir o país em suas classificações globais, mas atribuiu à Somália a pior nota, ou o sexto lugar, no índice multidimensional de pobreza de todos os países em desenvolvimento. Também se constatou que o país tinha a sexta maior proporção da população vivendo em extrema pobreza. Não há dúvida de que, em muitos aspectos, a Somália está "muito falida", como disse numa entrevista, certa vez, o seu mais famoso produto de exportação, a escritora e ativista política Ayaan Hirsi Ali.[38]

O que nos interessa aqui é uma questão mais específica: saber se e como a queda do governo central e a subsequente fragmentação do país afetaram a desigualdade de renda e riqueza. Em função das deficiências dos dados, é inevitável que qualquer resposta a esta pergunta envolva uma grande dose de incerteza e precise ser recebida com mais do que apenas alguma reserva. Isso posto, há várias indicações de que, quando vista num contexto regional mais amplo, essa Somália sem Estado tem se saído razoavelmente bem, não apenas em termos do desenvolvimento econômico, mas também em termos da desigualdade.

A razão dessa constatação, aparentemente contrária à lógica, está no fato de que, até 1991, as condições eram extremamente desfavoráveis para grande parte dos habitantes do país. Sob o governo de Siad Barre, de 1969 a 1991, a extração de recursos para beneficiar o ditador e seus aliados foi o objetivo mais importante do governo. A despeito de sua prometida política inicial de isenção quanto aos clãs, Barre passou a favorecer seu clã e os dos que o apoiavam, ao mesmo tempo que tratava os outros com brutalidade e os tomava como alvos de expropriação. A violência foi exercida em escala cada vez maior contra os grupos adversários. A reforma agrária beneficiou políticos e negociantes urbanos bem relacionados. Funcionários e apadrinhados do Estado despojaram de seus bens as empresas nacionalizadas e canalizaram para si grande parte dos gastos públicos, 90% dos quais acabavam indo para a administração e os militares. A ajuda externa, impulsionada por rivalidades da Guerra Fria e pela manipulação do número de refugiados, foi desviada para o regime.

A corrupção era extrema, até pelos padrões nada invejáveis da região. As altas autoridades e a família Barre roubaram as reservas dos maiores bancos, o que acabou por levá-los à falência. Um único banco nacionalizado atendia a uma elite com ligações políticas, e a supervalorização proposital da moeda somaliana beneficiou os consumidores ricos de produtos importados, em detrimento das exportações dos pobres, como a de carne. Administrando um "Estado porteiro", o regime de Barre controlava o fluxo da riqueza que entrava e saía do país. No cômputo geral, essas intervenções criaram desigualdade em Mogadíscio e entre a capital e o resto do país. Os gastos com serviços sociais eram mínimos. Assim, embora houvesse um governo centralizado, os bens públicos eram fornecidos sobretudo pelo setor informal e por órgãos ou grupos locais, como redes de clãs. Os pastores de rebanhos, maioria da força de trabalho, eram ignorados, na melhor das hipóteses, e explorados pelo regime, na pior; praticamente não recebiam nenhuma verba pública.[39]

Nessas circunstâncias, a perda das estruturas estatais não surtiu grande efeito no fornecimento de bens públicos. A fragmentação chegou até a diminuir a violência, especialmente no período entre a retirada das forças estrangeiras, em 1995, e a invasão etíope de 2006: o conflito violento concentrou-se nos anos em que o Estado efetivamente se desestruturou, de 1990 a 1995, e em que os esforços para reconstruí-lo ganharam impulso pela primeira vez, de 2006 a 2009. Embora os comandantes militares e as milícias extraíssem renda dos civis, eles o fizeram, cerceados pela escala e pela concorrência, em menor grau do que a ditadura anterior, e a tributação e os obstáculos ao comércio e à atividade empresarial foram muito menores que antes. Como resultado, a Somália superou ou igualou repetidas vezes o desempenho de seus vizinhos imediatos, bem como um conjunto comparativo de países da África Ocidental, em diversas medidas do padrão de vida. A maioria dos indicadores de desenvolvimento melhorou após o colapso do Estado, e as únicas exceções principais – a matrícula escolar e a alfabetização de adultos – foram mais afetadas pelo declínio da ajuda externa do que por alguma mudança nos serviços estatais. Uma comparação entre a Somália e outros 41 países subsaarianos, em treze medidas de desenvolvimento, mostrou que, embora a Somália tivesse obtido uma colocação ruim em todos os indicadores documentados nos últimos anos do regime estatal, desde então ela progrediu não apenas em termos absolutos, mas também, o que é mais notável, em relação a muitos desses outros Estados. Isso se aplica tanto aos países que haviam estado em paz quanto aos que vivenciaram guerras aproximadamente na mesma época que os somalianos.[40]

Podemos esperar que dois fatores tenham reduzido a desigualdade somaliana após o colapso do Estado: (1) o desaparecimento de uma elite nacional e relativamente unida de riqueza e poder, que muito se havia beneficiado da extração de renda, e (2) a cessação das políticas sistemáticas de discriminação da maioria rural em favor das empresas urbanas e das autoridades estatais. Pelo interesse que possa ter, o minúsculo volume de informações empíricas existentes é compatível com essa previsão. O coeficiente de Gini de renda na Somália em 1997, calculado em 0,4, foi inferior ao dos países vizinhos (0,47) e ao da África Ocidental (0,45) naquela época. O Standardized World Income Inequality Database (SWIID), um banco de dados mundiais padronizados sobre a desigualdade de renda, registrou uma queda na desigualdade de renda no começo dos anos 2000, embora as margens de incerteza sejam muito consideráveis. É difícil saber que peso dar à observação de que o coeficiente de Gini de renda de 0,43 a 0,46 atualmente estimado na Somalilândia, que é um pouco menos desprovida de governo central do que era a Somália em 1997, também é mais alto. Considerando a natureza dos dados, ficamos num terreno mais firme ao relacionar a melhora de outros indicadores de bem-estar com a extinção de um Estado cleptocrata e brutal: na Somália de Barre, o governo era realmente o problema, e não a solução. O nivelamento por meio do colapso estatal continua a ser uma questão mais esquiva. Mesmo assim, o caso da Somália oferece ao menos algum respaldo à tese geral desenvolvida neste capítulo.[41]

Os Estados predatórios são todos iguais; cada colapso nivela à sua maneira...

A experiência de um país como a Somália governada por Barre tem um interesse mais amplo, pela simples razão de que os Estados predatórios ou "vampirescos", no mundo em desenvolvimento, têm mais coisas em comum com as tradições pré-modernas de governo estatal, que combinavam altos níveis de predação pela elite com baixos níveis de fornecimento de bens públicos, do que com as sociedades ocidentais modernas. É certo que muitas ressalvas são aplicáveis. Em geral, faltou aos Estados pré-modernos o grau de intromissão do "socialismo científico" da Somália, que limitaria o volume de prejuízos que eles poderiam infligir a seus cidadãos. Também é preciso fazer ressalvas a minha definição tolstoiana de Estados predatórios, pois é sabido que os

Estados pré-modernos variavam substancialmente com respeito à qualidade e à quantidade de bens públicos que geravam. Não pode haver um molde único para todos. Ainda assim, é fácil perceber como a extinção dos Estados de tipo mais rapinante teria gerado benefícios para o bem-estar humano em geral e para a desigualdade em particular – independentemente de quantos de seus residentes prefeririam um governo odioso a nenhum governo. Um dado modelo econômico sugere que um Estado predatório desenfreado seria mais nocivo para o bem-estar do que a anarquia.[42]

Em alguns casos, o colapso atuou na desigualdade piorando a situação de todos – porém em especial a dos ricos. As reduções substanciais da complexidade geral, como na Grécia da Alta Idade do Ferro, ou na península de Yucatán do período Clássico Tardio, ou na bacia do Titicaca do período pós-Tiwanaku, foram mais propensas a produzir esse resultado. Em outros contextos em que as disrupções ficaram mais confinadas à esfera política, como ocorreu na Somália mais recentemente, o nivelamento não precisa necessariamente ter envolvido uma piora generalizada das condições de vida, mas pode ter sido atingido ao afetar sobretudo os que estavam nas camadas superiores. Era fatal que o ambiente de segurança fosse uma variável significativa: as consequências distributivas da falência do Estado podem variar muito, dependendo de ela expor a população geral à predação invasiva de forasteiros (por exemplo, a predação de intrusos provenientes das estepes sobre as comunidades agrícolas) ou de afetá-la com menos gravidade. Todavia, embora o grau de nivelamento deva ter variado de acordo com isso, é provável que os resultados gerais tenham sido os mesmos: uma redução das disparidades de renda e riqueza, acarretada pela extinção violenta de hierarquias estatais e de instituições extrativas. O colapso de Estados e civilizações representa o terceiro e mais antigo e viajado cavalo do Apocalipse na história global do nivelamento: aquele que pisoteia as desigualdades ao mesmo tempo que destrói vidas por toda parte.

PARTE V

Peste

10. A Peste Negra

O Quarto Cavaleiro: micróbios, Malthus e mercados

Até aqui, enfocamos a violência de humanos contra humanos e seu efeito na desigualdade: guerras com mobilização em massa, que estimularam a barganha a favor das massas e extorquiram os ricos; revoluções sangrentas, que destruíram "senhores de terras", "cúlaques" e a "burguesia", junto com integrantes autênticos do "1%"; e o colapso de Estados inteiros, extinguindo elites ricas que haviam extorquido e acumulado tudo que podiam do excedente disponível. Temos agora de considerar mais outro nivelador – o Quarto Cavaleiro: as doenças epidêmicas. Ele difere dos outros três por envolver outras espécies, embora não em termos violentos. No entanto, alguns ataques bacterianos e virais a sociedades humanas foram muito mais letais do que quase qualquer desastre causado por seres humanos.

De que modo as epidemias reduzem a desigualdade? Agindo como aquilo que o reverendo Thomas Malthus, em seu *Ensaio sobre o princípio da população*, de 1798, chamou de "controles positivos". Em linhas gerais, o malthusianismo radica-se na premissa de que, a longo prazo, a população tende a crescer mais depressa do que os recursos, o que, por sua vez, desencadeia controles sobre novos crescimentos populacionais: "controles preventivos", que reduzem a fertilidade mediante a "contenção moral" – ou seja, adiar o casamento e a reprodução –, e "controles positivos", que elevam a mortalidade. Estes últimos, nas palavras do próprio Malthus,

> incluem todas as causas ... que contribuem em alguma medida para abreviar a duração natural da vida humana: ... todas as ocupações insalubres, o trabalho braçal pesado e a exposição às variações do tempo, a pobreza extrema, a desnutrição das crianças, as cidades grandes, todos os tipos de excesso, todo o cortejo de doenças comuns e epidemias, guerras, pestilência, pragas e fome.[1]

Enunciado dessa maneira abrangente, esse inventário de "controles positivos" mistura as consequências diretas da pressão populacional com eventos como as epidemias, que não precisam ser causados ou sequer exacerbados pelas condições demográficas, mas podem ser de natureza exógena. As pesquisas modernas têm enfatizado a importância das reações ao crescimento populacional e à pressão sobre os recursos, que aumentam a produtividade e com isso contribuem para evitar as crises malthusianas. Assim, os modelos neomalthusianos contemplam um efeito catraca em que a população e a produção se desenvolvem através de trocas entre as pressões da escassez e o progresso tecnológico ou institucional. Além disso, considera-se que a transição demográfica dos últimos 150 anos mitigou as limitações malthusianas, por meio de uma combinação de inovações estupendas, aliadas ao declínio da fertilidade frente à renda real crescente – um traço inédito da modernidade, que não pode ser observado da mesma forma em períodos anteriores da história. Por essa razão, os mecanismos malthusianos são relevantes sobretudo para nossa compreensão das sociedades pré-modernas, que também são objeto deste capítulo. Os melhores dados disponíveis, para a Inglaterra do fim da Idade Média e início da Idade Moderna, trazem a forte sugestão de que as manifestações severas de doenças fatais, sob a forma de epidemias, representaram, ao menos em caráter primário – se bem que não necessariamente exclusivo –, estímulos exógenos que coibiram o crescimento populacional, independentemente das condições de vida prevalentes, ainda que tenham coincidido com períodos de pressão sobre os recursos, os quais podem ter ampliado suas consequências.[2]

Nas sociedades agrárias pré-modernas, as pestes trouxeram nivelamento por alterarem a proporção entre terra e mão de obra, baixando o valor da primeira (conforme documentado por preços da terra e dos arrendamentos e pelos preços dos produtos agrícolas) e elevando o da segunda (sob a forma de salários reais mais altos e menores preços de arrendamento). Isso serviu para tornar menos ricos os proprietários e os empregadores e deixar os trabalhadores em melhor situação do que antes, reduzindo a desigualdade, tanto de renda quanto de riqueza. Ao mesmo tempo, a mudança demográfica interagiu com as instituições na determinação das mudanças reais de preços e rendas. Dependendo da capacidade de negociação dos trabalhadores com os patrões, as epidemias produziram resultados diferentes: a existência de mercados fixadores de preços da terra e sobretudo da mão de obra foi uma precondição fundamental do nivelamento bem-sucedido. Os micróbios e os mercados tiveram que operar juntos para reduzir a desigualdade. Por último, como veremos, qualquer nivelamento que ocorresse tendia a não durar e, a não ser em raras circunstâncias, acabava sendo desfeito pela recuperação demográfica, que resultava numa nova pressão do povo.

"Todos acreditamos que era o fim do mundo": A pandemia da Baixa Idade Média

Em algum momento durante o fim da década de 1320, a peste irrompeu no deserto de Gobi e começou a se espalhar por grande parte do Velho Mundo. A peste é causada pela cepa bacteriana *Yersinia pestis*, que reside no trato digestivo das pulgas. As pulgas do rato são os hospedeiros mais populares, porém é sabido que dezenas de espécies de roedores carregam pulgas infectadas pela peste. Em geral, essas pulgas preferem grudar-se a roedores e só buscam novas vítimas quando a população hospedeira original se reduz: é o que causa a peste entre seres humanos. Ela ocorre em três variedades, entre as quais a mais comum tem sido a bubônica. Esta é mais conhecida pelo visível aumento dos nódulos linfáticos da virilha, das axilas ou do pescoço – locais comuns das picadas de pulga –, mas recebe seu nome dos bubos cheios de sangue que são causados pela hemorragia subcutânea. A necrose celular e a intoxicação do sistema nervoso são as consequências, que matam em poucos dias cerca de 50% a 60% das pessoas infectadas. Uma segunda versão, ainda mais perniciosa, chamada peste pneumônica, é transmitida por via aérea diretamente entre as pessoas, através das gotículas expelidas por pulmões infectados. Os índices de mortalidade aproximam-se de 100%. Muito raramente, o patógeno é transportado por insetos, causando o que é conhecido como peste septicêmica, que evolui com extrema rapidez e é invariavelmente fatal.[3]

No segundo quarto do século XIV, os roedores carregaram pulgas infectadas até a China, no leste, chegaram à Índia, no sul, e seguiram para o oeste, atingindo o Oriente Médio, o Mediterrâneo e a Europa. As rotas das caravanas da Ásia Central serviram de condutos para a disseminação. Em 1345, a epidemia chegou à península da Crimeia, onde foi captada pela navegação mercante italiana e introduzida no Mediterrâneo. Fontes contemporâneas atribuíram esse processo ao cerco do assentamento genovês de Caffa, na Crimeia: quando a peste irrompeu entre os tártaros, sitiando a cidade, seu líder, Jani Beg, teria mandado catapultar os cadáveres das vítimas da peste para o outro lado das muralhas da cidade, com isso infectando os genoveses que lá estavam. No entanto, isso estava longe de ser necessário e nem sequer teria sido eficaz, porque a peste bubônica dependia de roedores e a peste pneumônica, de hospedeiros humanos vivos. As ligações comerciais existentes bastaram para garantir a transferência dos roedores e pulgas necessários.[4]

A peste atacou Constantinopla no fim de 1347, e é ao ex-imperador bizantino João VI Cantacuzeno que devemos uma descrição particularmente exata de seus sintomas:

> Não havia arte médica que fosse suficiente, nem a doença seguia o mesmo curso em todas as pessoas, mas as outras, incapazes de resistir, morriam no mesmo dia, algumas em poucas horas. As que conseguiam resistir por dois ou três dias tinham uma febre muito violenta, a princípio, e nesses casos a doença atacava a cabeça. ... Em outras, o mal não atacava a cabeça, mas o pulmão, e logo em seguida havia uma inflamação interna que produzia dores muito agudas no peito. Brotava um escarro cheio de sangue e vinha de dentro um hálito repulsivo e fétido. A garganta e a língua, ressecadas pelo calor, ficavam pretas e congestionadas de sangue. ... Formavam-se abscessos nos braços e antebraços, também no queixo, em algumas pessoas, e noutras, em outras partes do corpo. ... Surgiam bolhas pretas. Em algumas pessoas irrompiam manchas pretas pelo corpo todo; noutras, elas eram obscuras e densas. Enormes abscessos formavam-se nas pernas ou nos braços, e deles, quando cortados, fluía grande quantidade de pus fétido. ... Quando as pessoas adoeciam, não restava esperança de recuperação, mas, ao se voltarem para o desespero, que se somava à sua prostração e agravava seriamente a doença, elas morriam de imediato.[5]

Depois que a carga mortífera atravessou o Bósforo e o Dardanelos, a peste atingiu as grandes cidades árabes de Alexandria, Cairo e Túnis em 1348. No ano seguinte, todo o mundo islâmico tinha sido tragado pela pandemia, relatando-se perdas imensas, especialmente nos centros urbanos.

Mais a oeste, os navios genoveses que tinham partido da Crimeia introduziram a peste na Sicília, no outono de 1347. Nos meses seguintes, ela se espalhou por boa parte da Europa Meridional. As populações de Pisa, Gênova, Siena, Florença e Veneza foram dizimadas, assim como as de muitas cidades menores. A epidemia chegou a Marselha em janeiro de 1348 e logo devastou o sul da França e a Espanha. A marcha da peste para o norte não pôde ser detida: ela atingiu Paris na primavera de 1348, depois Flandres e os Países Baixos. Da Escandinávia, onde apareceu em 1349, abriu caminho até as terras longínquas da Islândia e da Groenlândia. No outono de 1348, a peste entrou na Inglaterra por suas regiões meridionais e aportou na Irlanda no ano seguinte. A Alemanha também foi afetada, embora com menos gravidade do que muitas outras partes da Europa.[6]

Observadores contemporâneos narraram histórias angustiadas de doença, sofrimento e morte – de descaso com os costumes fúnebres e de desordem e desespero gerais. As experiências das grandes cidades ocuparam o lugar de honra nos textos de autores urbanos. Agnolo di Tura deixou uma descrição impressionante da peste em Siena, tornada ainda mais dolorosa por suas próprias tribulações:

> A mortandade em Siena começou em maio. Foi uma coisa cruel, terrível, e nem sei por onde começar a falar de sua crueldade e seu curso impiedoso. Quase todos pareciam ficar estupefatos ao ver a dor. E é impossível para a língua humana relatar a verdade terrível. Com efeito, pode-se chamar de abençoado quem não viu esse horror. E as vítimas morriam quase de imediato. Inchavam nas axilas e nas virilhas, e desabavam enquanto estavam falando. Pai abandonava filho, esposa deixava marido, irmão deixava irmão; é que essa doença parecia atacar pela respiração e pela visão. E assim eles morriam. E não se encontrava ninguém que enterrasse os mortos, nem por dinheiro nem por amizade. Os membros de uma família levavam seus mortos para uma vala comum, da melhor maneira que podiam, sem sacerdote nem ofícios religiosos. Tampouco soava o dobre de finados. E, em muitos lugares de Siena, cavaram-se enormes fossas onde se empilhava desde o fundo a multidão de cadáveres. E se morria às centenas, dia e noite, e todos eram lançados naquelas fossas e cobertos com terra. E tão logo se enchiam essas valas, cavavam-se mais outras. E eu, Agnolo di Tura ..., enterrei meus cinco filhos com minhas próprias mãos. ... E tantos foram os mortos, que todos acreditamos que era o fim do mundo.[7]

As sepulturas coletivas citadas por Agnolo reaparecem em muitas outras narrativas, dando uma ideia da vasta escala da perda de vidas humanas. Na clássica descrição da peste em Florença, feita por Giovanni Boccaccio,

> tamanha era a multidão de corpos ... que não havia solo consagrado suficiente para serem sepultados ... . Assim, quando se encheram todas as sepulturas, cavaram-se enormes fossos nos adros das igrejas, nos quais os recém-chegados eram depositados às centenas, empilhados camada após camada, como carga de navio, sendo cada camada de cadáveres coberta por uma fina camada de terra, enquanto o fosso se enchia até a borda.

Esses relatos foram corroborados, desde então, pela descoberta de sepulturas coletivas em diferentes partes da Europa, às vezes contendo a comprovação da peste no DNA.[8]

A devastação da zona rural, lar da grande maioria da população medieval, despertou muito menos atenção. Boccaccio teve de lembrar a seus leitores que,

> nas aldeolas dispersas e na zona rural propriamente dita, os pobres e desafortunados camponeses e suas famílias não tinham nenhum médico nem criado que os assistisse, e desabavam pelo caminho, nos campos e nos casebres, a qualquer hora do dia ou da noite, morrendo mais como animais do que como seres humanos.[9]

Em 1350, a peste havia seguido todo o seu curso no Mediterrâneo e, no ano seguinte, abateu-se sobre a Europa inteira – nem que fosse provisoriamente. Pouco se ganharia reproduzindo os números de mortos proferidos por testemunhas medievais, que lutavam para medir o incomensurável e não raro recaíam em cifras arredondadas ou estereotipadas. Mesmo assim, as 23.840.000 mortes pela peste calculadas para o papa Clemente VI, em 1351, não estariam muito distantes da verdade. As estimativas modernas das perdas gerais ficam entre 25% e 45% da população. De acordo com a reconstituição mais recente, de Paolo Malanima, a população da Europa caiu de 94 milhões em 1300 para 68 milhões em 1400, uma queda de mais de um quarto do total. O desgaste atingiu seu ponto mais agudo na Inglaterra e no País de Gales, que talvez tenham perdido quase metade de sua população pré-peste, próxima de 6 milhões de habitantes, e que só atingiram esses níveis pré-peste no início do século XVIII, e na Itália, onde ao menos um terço da população pereceu. É difícil encontrar estimativas confiáveis sobre o Oriente Médio, mas a mortalidade no Egito e na Síria costuma ser situada em níveis comparáveis, especialmente depois de levarmos em conta as perdas somadas até o princípio do século XV.[10]

Deixando de lado os dados específicos, não há como duvidar do vasto impacto da Peste Negra. Como escreveu Ibn Khaldun em sua história universal:

> A civilização, tanto no Oriente quanto no Ocidente, foi visitada por uma peste destrutiva, que devastou nações e fez populações desaparecerem. ... Todo o mundo habitado se modificou.

Modificou-se mesmo. Nos anos da pandemia e nos imediatamente seguintes, a atividade humana declinou. A longo prazo, a doença e os transtornos impostos por ela deixaram sua marca numa vasta gama de atitudes e instituições: a autoridade da Igreja enfraqueceu, o hedonismo e o ascetismo floresceram lado a lado e a caridade aumentou, impulsionada pelo medo e pela morte dos que não tinham herdeiros; até os estilos artísticos foram afetados, enquanto os praticantes da medicina foram forçados a reconsiderar princípios consagrados desde longa data.[11]

As mudanças mais fundamentais ocorreram na esfera econômica, especialmente nos mercados de trabalho. A Peste Negra chegou à Europa numa época em que a população tivera um crescimento enorme, havendo duplicado ou até triplicado ao longo de três séculos. Mais ou menos a partir do século XI, uma combinação de inovação tecnológica, melhores métodos e safras agrícolas e diminuição da instabilidade política havia permitido que o povoamento, a produção e a população se expandissem. As cidades cresceram em tamanho e número. No entanto, no fim do século XIII, essa eflorescência prolongada tinha chegado ao fim. À medida que se foi encerrando o Período Quente Medieval, uma abundância de bocas famintas fez subir o preço dos alimentos, justamente quando a produtividade entrou em declínio e a demanda começou a superar a oferta. O avanço das terras aráveis estancou e os pastos encolheram, reduzindo a oferta de proteína, enquanto os cereais básicos tornaram-se os gêneros alimentícios essenciais e cada vez mais dominantes de uma dieta sempre mais pobre. A pressão populacional reduziu o valor da mão de obra e, por conseguinte, a renda real. O padrão de vida estagnou, se tanto. O início do século XIV assistiu a uma deterioração maior, quando as condições climáticas instáveis foram a causa de colheitas inferiores, o que resultou em períodos catastróficos de fome. Embora os níveis da população tenham declinado durante o primeiro quarto do século, as crises de subsistência prosseguiram por mais uma geração, e a epizootia reduziu o número dos animais de criação.[12]

Grande parte da Europa parece ter sido apanhada numa espécie de armadilha malthusiana modificada, na qual problemas endógenos, como a proporção terra/trabalho desfavorável, impulsionada pelo crescimento demográfico anterior, e choques exógenos, sob a forma de mudanças climáticas que reduziram a produção, tornaram precária a vida das massas trabalhadoras e favoreceram as elites, que controlavam os meios de produção – principalmente a terra. A Peste Negra levou a uma queda drástica nos números da população, o que deixou a infraestrutura física intacta. Graças aos ganhos de produtividade, a produção declinou menos do que a população, causando uma elevação da produção média per capita e da renda. Independentemente de a peste haver de fato matado mais pessoas em idade de trabalhar do que crianças ou idosos, como às vezes se afirma, a terra tornou-se mais abundante em relação ao trabalho. Os arrendamentos e as taxas de juros tiveram uma queda, tanto em termos absolutos quanto relativos ao salário. Os senhores de terras saíram perdendo e os trabalhadores puderam ter esperança de ganhar. O modo como esse processo se desenrolou na vida real, porém, dependeu muito das instituições e estruturas de poder que mediavam o efetivo poder de negociação dos trabalhadores medievais.

Os observadores contemporâneos da Europa Ocidental não tardaram a notar o impulso que a mortalidade em massa deu às demandas salariais. O frade carmelita Jean de Venette relatou em sua crônica, por volta de 1360, que, na esteira da epidemia,

> apesar de haver uma abundância de todas as coisas, tudo era duas vezes mais caro: utensílios domésticos e alimentos, bem como mercadorias, mão de obra contratada, trabalhadores rurais e criados. A única exceção eram as terras e casas, das quais até hoje há grande fartura.

De acordo com a Crônica do Priorado de Rochester, atribuída a William Dene,

> seguiu-se tamanha escassez de trabalhadores que os humildes passaram a torcer o nariz para o emprego, e era difícil convencê-los a servir às eminências pelo triplo do salário.[13]

Os empregadores não perderam tempo e trataram de pressionar as autoridades para que refreassem o custo crescente da mão de obra. Menos de um ano após a chegada da Peste Negra à Inglaterra, em junho de 1349, a Coroa aprovou o Decreto dos Trabalhadores:

> Desde que grande parte da população, especialmente trabalhadores e empregados ("criados"), pereceu nesta pestilência, muitas pessoas, observando as necessidades dos senhores e a escassez de empregados, têm se recusado a trabalhar, a menos que sejam remuneradas com salários exagerados. ... Ordenamos que todo homem ou mulher em nosso reino da Inglaterra, liberto ou não, que esteja fisicamente apto e abaixo de sessenta anos de idade, que não viva do comércio e do exercício de um ofício particular, e que não esteja trabalhando para outra pessoa, seja obrigado, caso lhe seja oferecido um emprego compatível com sua condição social, a aceitar o emprego oferecido, e seja remunerado apenas com os honorários, provisão de alimentos, pagamentos ou salários que costumava receber, na região do país em que trabalha, no vigésimo ano de nosso reinado [1346] ou em outro ano apropriado, cinco ou seis anos atrás. ... Ninguém deve pagar nem prometer ordenados, provisão de alimentos, pagamentos ou salários superiores aos definidos acima, sob pena de pagar o dobro do que houver pago ou prometido a qualquer um que se sinta prejudicado por isso. ... Os artesãos e trabalhadores não devem receber por seu trabalho e seu ofício mais do que poderiam esperar receber no citado vigésimo ano, ou em outro ano apropriado, no local em que estejam trabalhando; e, se alguém receber mais, que seja levado à cadeia.[14]

O efeito real dos decretos dessa natureza parece ter sido modesto. Passados apenas dois anos, outro decreto, o Estatuto dos Trabalhadores de 1351, queixou-se de que

> os ditos empregados, sem nenhuma consideração para com o citado decreto, mas apenas em prol de sua comodidade e sua excepcional ganância, abstêm-se de trabalhar para grandes homens e outros, a menos que lhes sejam pagos mantimentos e salários equivalentes ao dobro ou ao triplo do que estavam acostumados a receber no referido vigésimo ano e antes dele, para enorme prejuízo dos grandes homens e para empobrecimento de todos os plebeus,

e procurou remediar essa falha com restrições e penalidades ainda mais detalhadas. Ao longo de uma geração, entretanto, essas medidas fracassaram. No início dos anos 1390, Henry Knighton, o cônego agostiniano de Leicester, anotou em suas crônicas que

> os trabalhadores davam-se tais ares de importância e tinham a mentalidade tão sanguinária, que não tomavam conhecimento da ordem do rei. Se alguém queria contratá-los, tinha que se submeter às exigências deles, pois ou suas frutas e seus milharais se perderiam ou ele teria de satisfazer a arrogância e a ganância dos trabalhadores.[15]

Reformulando esses textos em termos menos preconceituosos, as forças de mercado se afirmaram, suplantando as tentativas de conter o crescimento salarial por meio de ordens e coação governamentais, pois os interesses individuais dos empregadores, sobretudo dos senhores de terras, superavam seu interesse coletivo de apresentar uma frente unida diante dos trabalhadores. Em 1349, a França também tentou limitar os salários aos níveis anteriores à peste, porém admitiu a derrota ainda mais cedo: em 1351, uma lei revista já permitia aumentos salariais de um terço. Não demorou muito para que o valor corrente tivesse que ser pago, sempre que os empregadores queriam contratar.[16]

Graças aos esforços do historiador da economia Robert Allen e de seus colaboradores, temos hoje acesso a algumas longas séries temporais dos salários reais de trabalhadores urbanos qualificados e não qualificados, as quais às vezes remontam à Idade Média e foram padronizadas para facilitar a comparação sistemática no tempo e no espaço. As tendências a longo prazo dos salários do trabalho não qualificado, documentadas em onze cidades europeias e levantinas, mostram uma imagem clara. Nos poucos casos em que nos estão disponíveis os salários anteriores à peste – em Londres, Amsterdã, Viena e Istambul –, vemos que eles eram baixos antes do surto inicial da doença e se elevaram rapidamente depois dela. A renda real atingiu seu pico no começo ou em meados do século XV, época em que dados correspondentes também surgem em outras cidades e mostram níveis similarmente elevados. De cerca de 1500 em diante, os salários reais na maioria dessas cidades tenderam a baixar, retornando aos níveis pré-peste por volta de 1600 e, em seguida, estagnando ou caindo ainda mais, nos dois séculos seguintes. Londres, Amsterdã e Antuérpia foram as únicas exceções que mantiveram níveis de remuneração mais generosos ao longo de todo o início da era moderna, ainda que, nas duas últimas cidades, os salários reais tenham sofrido um acentuado declínio temporário no fim do século XV, antes de tornarem a se recuperar. Tanto o aumento relacionado com a peste quanto a queda posterior foram consideráveis em toda parte – da ordem de 100% e 50%, respectivamente (Figura 10.1).[17]

Praticamente a mesma imagem emerge quanto aos salários de trabalhadores qualificados em catorze cidades, de novo com uma duplicação aproximada entre o período imediatamente anterior à peste e meados do século XV, em todos os locais onde há dados disponíveis – queda generalizada entre 1500 e

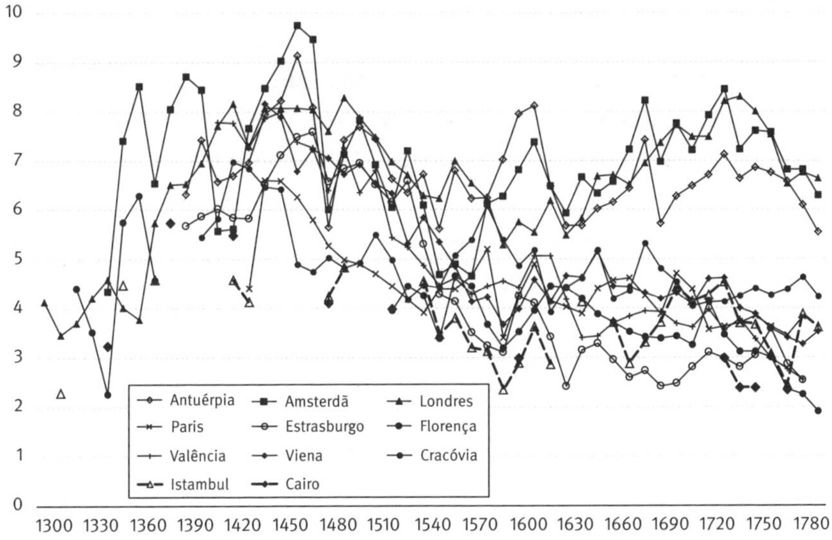

FIGURA 10.1 Salários reais de trabalhadores urbanos não qualificados na Europa e no Levante, 1300-1800

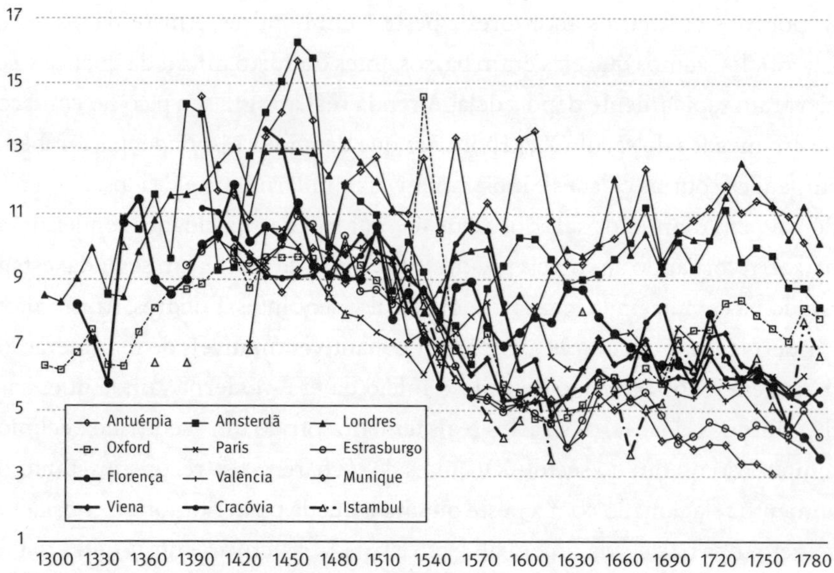

FIGURA 10.2 Salários reais de trabalhadores urbanos qualificados na Europa e no Levante, 1300-1800

1600 e estagnação ou novo declínio até 1800, com as mesmas três exceções do noroeste europeu constantes no outro conjunto de dados (Figura 10.2).[18]

A ligação entre a mudança demográfica e a renda real é notável: em todas as cidades examinadas, os salários reais atingiram o pico um pouco depois que os números da população atingiram seu ponto mais baixo. A recuperação demográfica reverteu o crescimento salarial e, em muitos lugares, os salários reais continuaram a cair depois de 1600, à medida que a população continuou a crescer. Embora os salários rurais sejam menos bem documentados, um forte aumento induzido pela peste é visível no material proveniente da Inglaterra (Figura 10.3).[19]

Resultados similares podem ser observados no leste do Mediterrâneo. O custo da mão de obra subiu rapidamente na esteira da Peste Negra, embora apenas por um período mais curto que na Europa. Como observou o historiador al-Maqrizi,

> artesãos, trabalhadores assalariados, carregadores, criados, cavalariços, tecelões, operários e similares tiveram seus salários multiplicados várias vezes; entretanto,

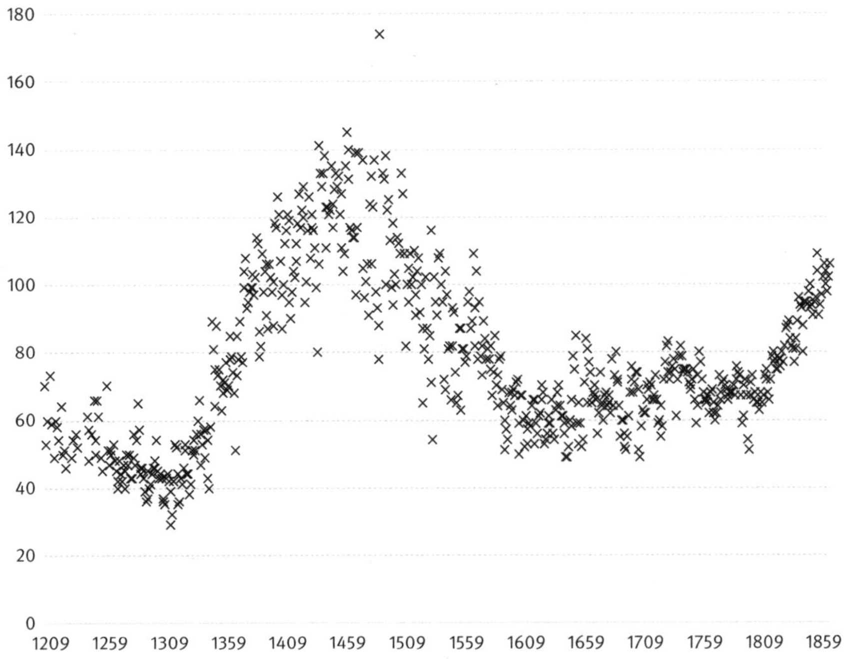

FIGURA 10.3 Salários reais rurais, medidos em termos de grãos, na Inglaterra, 1200-1869

não restam muitos, já que a maioria morreu. Não se encontra esse tipo de trabalhador, exceto mediante buscas esfalfantes.

Os fundos religiosos, educativos e filantrópicos proliferaram, alimentados por donativos de vítimas da peste e por doações de sobreviventes que haviam herdado fortunas. Isso incentivou o trabalho de construção, num contexto de escassez de mão de obra, e os artesãos prosperaram, assim como a mão de obra urbana não qualificada. A elevação temporária do padrão de vida aumentou a demanda de carne: segundo uma análise de renda e preços, no início do século XIV, o cairota médio consumiria modestas 1.154 calorias por dia, incluindo 45,6 gramas de proteínas e 20 gramas de gordura, mas, em meados do século XV, conseguia dispor de 1.930 calorias, incluindo 82 gramas de proteínas e 45 gramas de gordura.[20]

Os dados bizantinos e otomanos são de qualidade irregular, mas corroboram, em linhas gerais, uma imagem comparável à de boa parte da Europa. Em

1400, os salários reais urbanos em Bizâncio tinham se elevado bem acima dos níveis pré-peste, uma elevação que se espelhou na duplicação dos preços dos escravos. Os registros otomanos mostram que os salários reais dos operários da construção civil de Istambul continuaram altos até meados do século XVI, e não foram sistematicamente ultrapassados senão no fim do século XIX, o que sublinha o caráter inusitado da elevação relacionada com a peste.[21]

Apesar de toda a sua gravidade, a onda inicial da Peste Negra não teria sido suficiente, por si só, para causar a duplicação dos salários urbanos e manter esse aumento por várias gerações. Seriam necessárias recorrências repetidas, para impedir uma rápida recuperação demográfica. Toda uma série de surtos subsequentes da peste está bem documentada nos registros da Baixa Idade Média. Ela ressurgiu em 1361 e assolou o mundo desde a primavera desse ano até a do ano seguinte. Conhecida como "peste das crianças" (*pestis puerorum*), por causa do grande número de jovens que matou, ela parece haver tomado por alvo, acima de tudo, os que ainda não eram nascidos na época do surto inicial. Levou a uma enorme mortalidade, que só ficou atrás da causada pela Peste Negra em si: as estimativas modernas falam em perdas de 10% a 20% da população europeia e de um quinto da população da Inglaterra. Uma terceira peste, relativamente menos devastadora, ocorreu em 1369. Essa deu o tom do século seguinte, ou mais. Para contar apenas as epidemias nacionais ocorridas na Inglaterra, elas foram registradas em 1375, 1390, 1399-1400, 1405-6, 1411-12, 1420, 1423, 1428-29, 1433-35, 1438-39, 1463-65, 1467, 1471 e 1479-80. As últimas décadas desse período assistiram a um desgaste particularmente maciço, que culminou na epidemia de 1479-80, considerada o pior evento desde 1361. Sempre que há contagens sistemáticas, podemos ver que os outros países saíram-se igualmente mal: temos conhecimento de quinze epidemias na Holanda entre 1360 e 1494 e de catorze na Espanha entre 1391 e 1457. Em toda a Europa, a peste atacou duas ou três vezes por geração, mantendo baixa a contagem populacional. Como resultado, nos anos 1430, é possível que a população europeia tenha sido metade ou menos do que fora ao se aproximar o fim do século XIII. Variando por região, a recuperação demográfica finalmente recomeçou na década de 1450, na de 1480 ou ainda mais tarde, no século XVI. A melhora observada no padrão de vida da população trabalhadora radicou-se no sofrimento e na morte prematura de dezenas de milhões de pessoas, ao longo de várias gerações.[22]

O que sabemos sobre os efeitos da peste na desigualdade? A lógica subjacente é clara. Era fatal que a redução nos preços da terra e dos alimentos e a elevação do preço da mão de obra favorecessem mais os pobres do que os ricos e, portanto, tendessem a atenuar a desigualdade de riqueza e de renda. Durante muito tempo, os historiadores confiaram em dados substitutos que sugerem mudanças dentro dessa linha. A demanda de trigo caiu, mas os preços da carne, do queijo e da cevada (usada na fabricação de cerveja) se mantiveram, apontando para uma melhora da dieta que deu aos trabalhadores acesso a alimentos que costumavam ser reservados às pessoas em melhor situação econômica. A demanda de artigos de luxo teve um aumento mais geral. Além de salários mais altos, os trabalhadores ingleses puderam pleitear e receber empadões de carne e cerveja *ale* como parte de sua remuneração. Entre os colhedores de Norfolk, a parcela do pão no custo da dieta declinou de quase metade, no fim do século XIII, para 15-20% no fim do século XIV e início do século XV, enquanto a parcela da carne subiu de 4% para 25-30% no mesmo período.

Um forte sinal de nivelamento é fornecido por duas leis suntuárias do mesmo país. Em 1337, o Parlamento decretou que somente nobres e clérigos com a suntuosa renda anual de pelo menos mil libras estavam autorizados a usar peles, consideradas um marcador de status. No entanto, quinze anos após a chegada da Peste Negra, uma nova lei de 1363 permitiu que todos usassem peles, exceto os trabalhadores braçais de nível mais baixo. As autoridades procuraram meramente ordenar quais tipos de pele de animais poderiam ser usados por membros de quais grupos sociais, desde coelhos e gatos, no extremo inferior da ordem social, até a pele de mustelídeos brancos, na extremidade superior. Foi um sinal da riqueza crescente das massas e do desgaste das barreiras de status que até essas restrições mais modestas viessem a ser desconsideradas.[23]

E, enquanto os mortais comuns viram-se então em condições de bancar o custo do que costumava constituir prerrogativas da elite, a nobreza enfrentou uma crise, pois o valor dos produtos agrícolas de suas terras caiu e os salários dos que os cultivavam subiram. À medida que os arrendatários foram sendo levados pela doença, os proprietários tiveram que contratar mais assalariados para o trabalho rural, em troca de pagamentos melhores. Os que ainda estavam empregados como arrendatários passaram a gozar de termos contratuais mais longos e aluguéis menores. A sociedade passou por uma reversão geral da tendência anterior, que havia tornado a classe dos latifundiários mais forte e mais rica e a maioria do povo mais pobre: nesse momento, deu-se o inverso e a elite captou menos do excedente, enquanto outros receberam mais, durante aproximadamente um século e meio. A renda da terra para os rentistas ingleses caiu 20-30% só na primeira metade do século XV. Membros da aristocracia rural sofreram uma mobilidade descendente, enquanto os grandes senhores conseguiram manter sua posição com uma renda reduzida. A peste contribuiu para uma contração drástica da nobreza: em duas gerações, três quartos das famílias nobres ficaram sem herdeiros, o que causou o desaparecimento de antigas linhagens, enquanto novas famílias emergiam. As fileiras da elite encolheram no tamanho e na fortuna: o número de cavaleiros sagrados com o cinturão e a espada, que fora triplicado para cerca de 3 mil durante o século XIII, despencou para 2.400 em 1400 e para 1.300 em 1500, em limiares comparáveis de renda real. No topo da pirâmide, o número de pares do reino caiu de duzentos em 1300 para sessenta em 1500, amiúde graças à mobilidade descendente e a fusões concebidas para compensar o declínio das fortunas familiares. As mais altas rendas aristocráticas registradas também sofreram uma queda drástica entre o século XIV e o século XV.[24]

Fenômenos gerais como esses são um forte indício de certo grau de nivelamento. Mas somente nos últimos anos emergiram, finalmente, sólidas provas quantitativas para corroborar isso. Numa iniciativa pioneira, Guido Alfani reuniu e analisou dados de arquivos urbanos do Piemonte, no norte da Itália. As informações sobre a distribuição dos bens tinham sido preservadas em registros locais. Muitos anotavam apenas as propriedades imóveis, e apenas em alguns casos incluíam outros tipos de bens, tais como capital, crédito e bens móveis, comparáveis à cobertura detalhada do famoso *catasto* florentino de 1427. Essas limitações nos deixam com a desigualdade na posse de terras como única variável passível de análise comparativa sistemática. A pesquisa de Alfani baseou-se em dados de treze comunidades piemontesas. Embora os conjuntos de dados mais antigos remontem a 1366, os registros, na maioria dos casos, começam a ficar disponíveis a partir do fim do século XV. Durante todo esse período posterior, observamos uma tendência persistente para o aumento da desigualdade. Na maioria dos casos, as anotações setecentistas de cada uma dessas cidades revelam coeficientes de Gini mais altos que os de registros correspondentes vindos do fim do período medieval. Isso se aplica tanto às comunidades urbanas quanto às rurais – e, independentemente de a desigualdade ser medida pelos coeficientes de Gini ou pelas parcelas da riqueza do decil mais rico, ambos são usados na Figura 10.4. Essa tendência geral para a concentração de bens é emblemática da fase ascendente de uma "supercurva" gerada pela expansão econômica do início da era moderna, que discuti no capítulo 3.[25]

A descoberta mais marcante concerne aos anos anteriores à peste e aos da duração dela. Nas três cidades sobre as quais dispomos de dados daquele período, Chieri, Cherasco e Moncalieri (que respondem, juntas, pelos dados urbanos pré-1450 da Figura 10.4), a desigualdade diminuiu durante o século XIV e o começo do século XV, quando a peste retornava em surto após surto. Em diversas comunidades piemontesas e toscanas, a percentagem de famílias que possuíam pelo menos dez vezes a riqueza da família

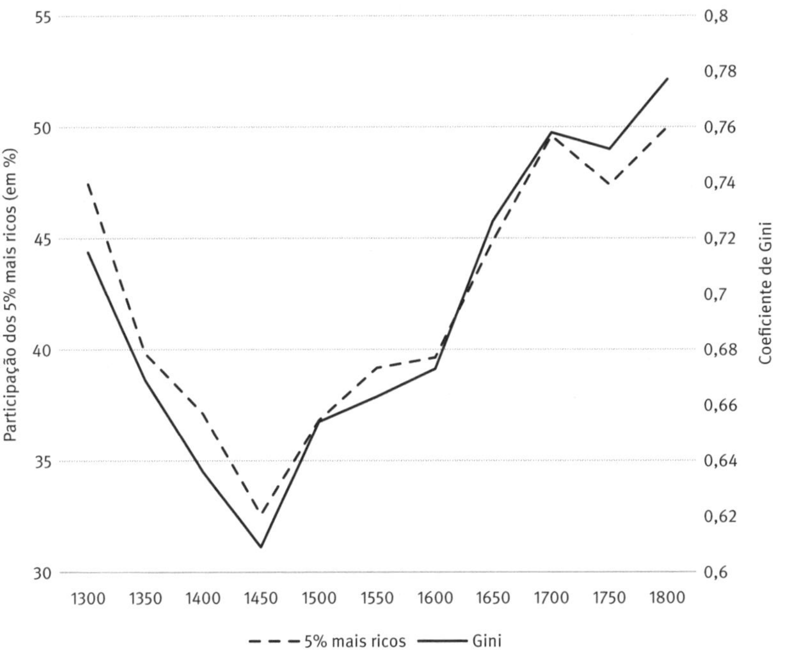

FIGURA 10.4 Participação dos 5% mais ricos na riqueza e coeficientes de Gini da distribuição da riqueza nas cidades do Piemonte, 1300-1800 (anos de referência suavizados)

média local declinou durante esse mesmo período. Esse efeito nivelador é perfeitamente compatível com os dados sobre salários reais que já examinamos: na vizinha Florença, os salários reais dos trabalhadores não qualificados aproximadamente dobraram no mesmo período (ver Figura 10.1). As rendas disponíveis mais altas tornaram mais fácil para os trabalhadores a aquisição de propriedades, enquanto os impactos relacionados com a peste causaram uma desestruturação na elite. A forma da distribuição também é significativa, considerando-se que a reviravolta da queda para o aumento da desigualdade coincidiu com o ponto de inflexão demográfico, quando os números da população chegaram ao fundo do poço e deram início a sua recuperação gradual.[26]

Tal como no caso da maioria das séries de salários reais, essa compressão da desigualdade não viria a perdurar. Não só a concentração da posse da terra intensificou-se após meados do século XV e subiu a partir de então, de modo geral, como também, o que é mais notável, a recorrência da peste em 1630, que foi a pior crise regional de mortalidade desde a Peste Negra em si, e que se supõe haver matado até um terço da população do norte da Itália, não surtiu nenhum efeito comparável na desigualdade: os coeficientes de Gini e a parcela da riqueza da camada mais rica foram sistematicamente maiores do que tinham sido em 1600, mesmo depois dos 150 anos anteriores de recuperação. Isso sugere que, após o impacto inicial da Peste Negra e de suas recorrências imediatas, que atingiram os proprietários mal preparados para lidar com as consequências econômicas, as classes privilegiadas acabaram por desenvolver estratégias para proteger seus patrimônios em épocas de choques demográficos: algumas adaptações institucionais, como o uso do fideicomisso (que permitia que os bens fossem conservados na família, mesmo na ausência de herdeiros próprios), podem ter sido instrumentais para manter intactas as posses da elite. Parece que até a mais violenta das epidemias pôde ser domada pela aprendizagem cultural, atenuando o efeito nivelador do relaxamento malthusiano.[27]

Pode-se traçar um quadro muito parecido a partir dos dados de arquivo de impostos sobre a riqueza em diferentes partes da Toscana. Para citar um exemplo particularmente notável, a distribuição de riqueza na cidade rural de Poggibonsi foi bem documentada de 1338 a 1779, e mostra o nivelamento na esteira da Peste Negra e, depois dela, a concentração contínua (Figura 10.5). Dados

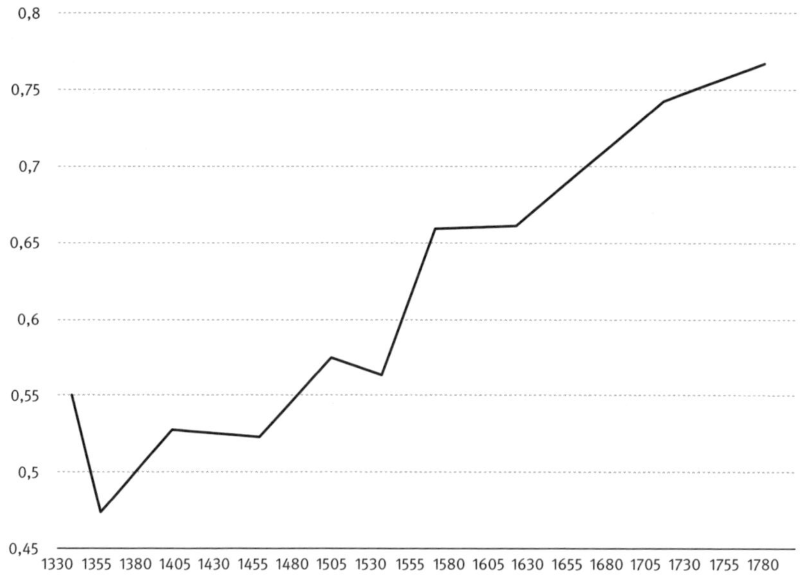

FIGURA 10.5 Coeficientes de Gini da riqueza em Poggibonsi, 1338-1779

comparáveis de outras dez comunidades rurais no território de Florença, bem como das cidades de Arezzo, Prato e San Gimignano, nem sempre produzem resultados similarmente claros, porém a maioria converge para a revelação das mesmas tendências gerais (Figura 10.6). O único período observado de declínio significativo associou-se com a peste; nas áreas rurais, a desigualdade aumentou, de modo geral, a partir de 1450; após *c.*1600, os coeficientes de Gini observados foram quase sempre maiores do que tinham sido em séculos anteriores, invariavelmente chegando ao pico durante o século XVIII. Além disso, em diversas comunidades, as curvas de Lorenz se achataram logo depois da Peste Negra, sugerindo que o nivelamento foi primordialmente impulsionado pelas perdas entre os ricos.[28]

Outras corroborações dessa dinâmica vêm do território de Lucca, onde a desigualdade passou por uma queda acentuada e uma recuperação rápida durante e depois da peste (Figura 10.7). Atualmente, também há provas de uma concentração crescente da riqueza na Lombardia e no Vêneto, de aproximadamente 1500 até 1600, mas, até o momento, ainda faltam dados do período anterior à peste.[29]

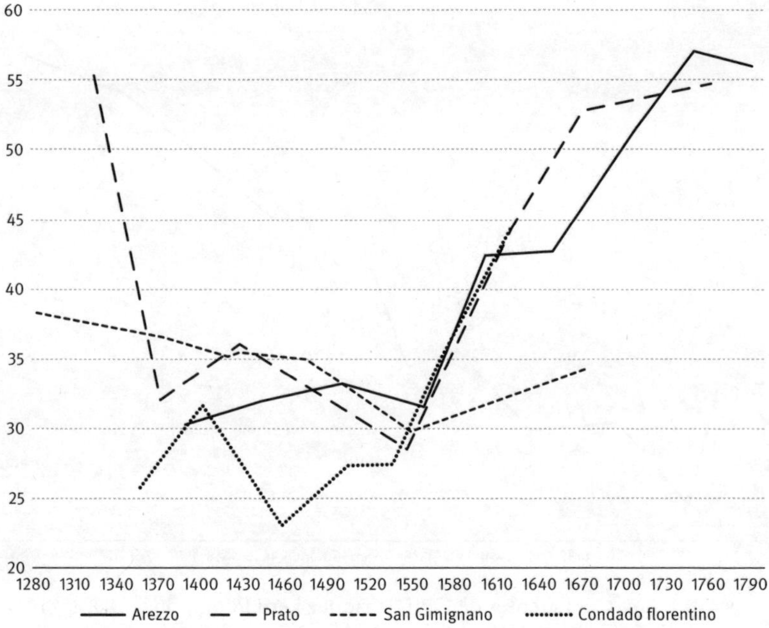

FIGURA 10.6 Participação dos 5% mais ricos na riqueza na Toscana, 1283-1792

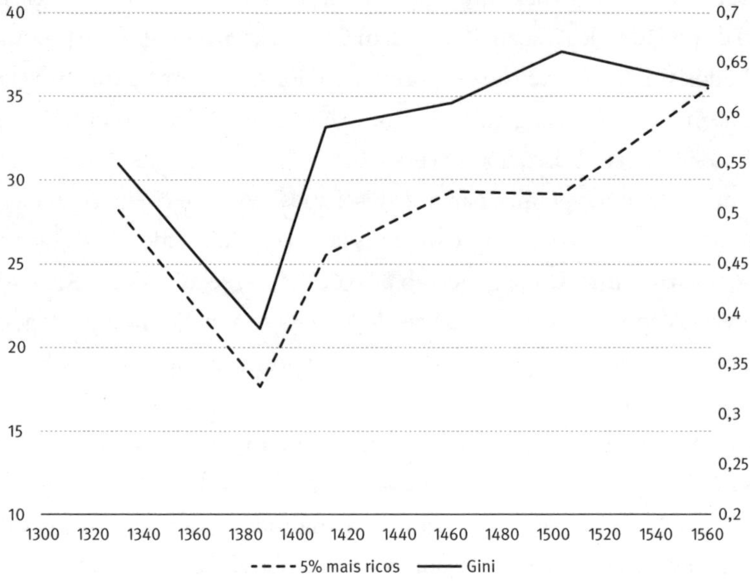

FIGURA 10.7 Participação dos 5% mais ricos na riqueza e coeficientes de Gini da distribuição da riqueza em Lucca, 1331-1561

A experiência italiana do século XVII destaca a importância de outros fatores que não a mudança demográfica em si. As tentativas malogradas de estabilizar os salários nos níveis pré-peste já foram mencionadas. As elites tinham um poderoso incentivo para conter os efeitos niveladores da Peste Negra e suas recorrências. O sucesso dessas medidas variou muito entre as diferentes sociedades, dependendo de sua estrutura de poder e até de sua ecologia. Na Europa Ocidental, os trabalhadores se beneficiaram porque os ganhos advindos da escassez de mão de obra costumavam ser transferidos para eles. Não só as restrições sobre os salários e a mobilidade fracassaram, como o impacto demográfico da peste também liquidou em grande parte a antiga instituição medieval da servidão. Os camponeses afirmaram sua mobilidade, mudando-se para outras casas senhoriais, quando elas ofereciam melhores condições de trabalho. Isso baixou os aluguéis e levou à comutação e à eventual eliminação do trabalho compulsório, que tinha sido uma característica-padrão da economia feudal. Os arrendatários acabaram pagando apenas a locação e tiveram a oportunidade de trabalhar toda a terra que pudessem administrar. Isso fomentou a mobilidade ascendente e levou à criação da classe de fazendeiros, formada por camponeses prósperos. Na Senhoria de Redgrave, na Inglaterra, para citar apenas um exemplo, as terras tinham em média cinco hectares em 1300, oito hectares em 1400 e mais de doze hectares em 1450. Em toda a Europa Ocidental ocorreram ajustes semelhantes. Em 1500, o que se conhece como enfiteuse tinha se tornado o arranjo dominante nos arrendamentos das Europas Ocidental, Meridional e Central: os contratos estipulavam o pagamento de uma renda fixa anual, baseada no melhor acordo que os arrendatários pudessem obter através da negociação.[30]

Vez por outra, os trabalhadores recorriam à violência para resistir às tentativas da elite de lhes negar seus novos ganhos. Como vimos no capítulo 8, as rebeliões populares, sob a forma de revoltas camponesas como a Jacquerie, na França (1358), e a Revolta Camponesa de 1381, na Inglaterra, foram o resultado. Esta última foi desencadeada pela imposição de impostos de capitação destinados a contrabalançar a diminuição da receita do Estado, mas, na verdade, teve por motivação o desejo de conservar os ganhos das rendas mais altas que haviam cabido aos trabalhadores, em oposição aos senhores feudais que desejavam manter sua posição econômica privilegiada: uma das demandas dos rebeldes era o direito de negociar livremente contratos de trabalho assalariado. No curto prazo, a insurreição foi reprimida pela força, mas, apesar de terem sido aprovadas novas leis restritivas, e de Ricardo II ter feito aos camponeses a célebre promessa de que "permanecereis na servidão, não como antes, mas de modo incomparavelmente mais duro", o movimento efetivamente obteve concessões para os camponeses: os impostos de capitação foram abandonados e a negociação dos camponeses expandiu-se com o tempo. Os poetas conservadores da época deploraram os "trabalhadores vagabundos" que "veem o mundo necessitado de seus serviços e seu trabalho braçal e … se mostram arrogantes, por serem muito pouco numerosos": "por algo mínimo, exigem o mais alto pagamento". No cômputo geral, os trabalhadores conseguiram beneficiar-se da escassez de mão de obra, ao menos enquanto ela durou.[31]

Noutras regiões, porém, os senhores feudais tiveram mais sucesso na eliminação da negociação dos trabalhadores. Em países do Leste Europeu – Polônia, Prússia, Hungria –, a servidão foi introduzida depois da Peste Negra. A descrição clássica desse processo remonta a Jerome Blum, que observou, em 1957, que a Europa Central e a Oriental enfrentaram os mesmos problemas de despovoamento, terras abandonadas e preços decrescentes da terra e dos grãos experimentados mais a oeste. A aristocracia rural recorreu a medidas legais para conter o declínio da renda, impondo tetos aos salários e aos preços dos produtos urbanos. Ao contrário do que se deu na Europa Ocidental, os poderosos se empenharam muito em aumentar as obrigações dos trabalhadores, em vez de reduzi-las, em especial os tributos, os pagamentos em dinheiro e as restrições à liberdade de ir e vir. Em vários países, como a Prússia, a Silésia, a Boêmia, a Morávia, a Rússia, a Lituânia, a Polônia e a Livônia, os arrendatários eram proibidos de sair sem permissão, ou sem pagar uma elevada taxa, ou todos os atrasados, ou exceto numa certa época, ou nunca, em alguns casos. Roubar trabalhadores de terceiros era proibido por lei, ou por acordos senhoriais; as cidades podiam receber ordens de rejeitar os migrantes e os governantes firmavam tratados para seu retorno a suas cidades natais. A dívida dos arrendatários era um poderoso instrumento de retenção. As obrigações e as restrições continuaram a se expandir no século XVI. Vários fatores conspiraram para cercear os trabalhadores, sendo o mais importante deles, talvez, o crescente poder político da nobreza, que exercia mais e mais influência jurisdicional sobre os camponeses de seus feudos, junto com ocorrências desfavoráveis na comercialização e urbanização. Conforme os nobres foram ampliando seu poder, à custa do Estado, e as cidades não conseguiam fornecer um contrapeso, os trabalhadores ficaram aprisionados em arranjos cada vez mais coercitivos. Embora estudos revisionistas dessa questão tenham avançado muito na geração de dúvidas sobre essa reconstrução clássica, persiste o fato de que, para os trabalhadores, os resultados diferiam muito dos encontrados na Europa Ocidental.[32]

Um conjunto diferente de controles aplicou-se ao Egito dos mamelucos. Como já foi assinalado, o país tinha sido duramente atingido pela Peste Negra, e os salários reais urbanos e os níveis de consumo tinham realmente subido, como em outros lugares, pelo menos a princípio. Entretanto, uma configuração inusitada de poder político e econômico permitiu à elite resistir às demandas dos trabalhadores. Como classe conquistadora estrangeira, os mamelucos controlavam a terra e dominavam outros recursos de maneira centralizada e coletivista. Os membros de sua classe governante obtinham renda de sua *iqta‘* individual, da arrecadação de receitas da terra e de outras fontes. Quando os lucros caíam, em decorrência da escassez de mão de obra e de perturbações na lavoura, a resposta-padrão do Estado era aumentar os privilégios, espremendo ainda mais um número decrescente de contribuintes. Nos contextos urbanos, isso levava não apenas a impostos mais altos, porém igualmente a confiscos, compras forçadas e estabelecimento de monopólios. Essas respostas coercitivas ajudam a explicar a natureza pouco duradoura dos ganhos salariais documentados na cidade do Cairo na Baixa Idade Média.[33]

A repressão era ainda mais severa no interior. Os mamelucos eram rentistas ausentes, desvinculados de suas propriedades, sem capacidade ou disposição para agir como senhores de terras responsáveis, preparados para negociar, de modo a lidar com mudanças na situação. Manter os fluxos de renda era responsabilidade de uma burocracia centralizada, que formava uma camada intermediária que separava os mamelucos dos produtores agrícolas. Esses administradores pressionavam prontamente os camponeses, recorrendo à violência, quando convinha. Os camponeses reagiam com a migração para as cidades e até com revoltas. Os beduínos se infiltravam nas terras abandonadas, num processo que reduzia ainda mais a base da receita. Além disso, graças às peculiaridades do meio egípcio, as perdas de mão de obra causadas pelas pestes e pela fuga estavam fadadas a desorganizar um sistema complexo de irrigação, que dependia de manutenção contínua. Isso tornava os ativos agrícolas mais vulneráveis do que eram na Europa. A mudança na proporção terra/trabalho, portanto, talvez não fosse tão grande quanto na Europa, se a área de terras aráveis se reduzisse em ritmo acelerado. A combinação dessas características – o esmagador poder coletivo de barganha dos mamelucos, que se apoiavam na exploração coletivista e controlavam o Estado, seu distanciamento da terra, por meio da gestão intermediária, a falta de avanços tecnológicos que substituíssem o capital por mão de obra, a evasão por parte dos produtores do aumento da demanda e a consequente deterioração da base geral de recursos – reduzia a produção e a renda nas áreas rurais. O contraste com a ascensão do contratualismo na Europa Ocidental, que gerou rendas reais mais altas para os trabalhadores e efeitos niveladores significativos, dificilmente poderia ser mais pronunciado.[34]

Os diferentes resultados da Peste Negra para o bem-estar e a persistência da desigualdade durante o ressurgimento italiano da peste, no século XVII, mostram que nem as epidemias mais devastadoras podem, por si mesmas, equalizar a distribuição da riqueza ou da renda. Arranjos institucionais foram capazes de atenuar a força dos choques demográficos, manipulando os mercados de trabalho por meios coercitivos. Uma forma de violência podia ser anulada pela outra: quando os ataques microbianos eram enfrentados com força humana suficiente para reprimir a negociação, as elites conseguiam manter ou restabelecer prontamente altos níveis de desigualdade. Isso significa que os efeitos niveladores das pestes eram cerceados de duas maneiras: no tempo, uma vez que eram quase invariavelmente desfeitos aos poucos, à medida que os números da população se recuperavam, e pelo meio social e político em que se desenrolavam. Assim, apenas em alguns casos e por um certo período é que as doenças epidêmicas reduziam substancialmente a desigualdade.

11. Pandemias, fome e guerra

"Nascemos para morrer": As pandemias do Novo Mundo

A Peste Negra de meados do século XIV, com suas recorrências periódicas, que duraram até o século XVII na Europa e seguiram pelo século XIX adentro no Oriente Médio, talvez seja a mais famosa das grandes pandemias da história, porém de modo algum foi a única. Quando ela havia finalmente começado a ceder na Europa, as travessias espanholas do Atlântico desencadearam no Novo Mundo uma série de pandemias similarmente maciças, e que se poderiam dizer até mais catastróficas.

Desde que a elevação do nível do mar rompeu a ligação do estreito de Bering entre o Alasca e a Sibéria, no fim da última era glacial, as populações e os ambientes de doenças do Velho Mundo e do Novo Mundo se desenvolveram de maneira independente. Por interagirem com um leque mais amplo de animais infestados de patógenos do que seus equivalentes no continente americano, os habitantes da Afro-Eurásia ficaram cada vez mais expostos a doenças infecciosas comumente fatais, como a varíola, o sarampo, a gripe, a peste, a malária, a febre amarela e o tifo. Ao término do período medieval, a fusão gradativa dos grupos de doenças regionais do Velho Mundo, na esteira de contatos comerciais e ocasionalmente militares, garantira um máximo de abrangência, fazendo com que muitas dessas doenças fatais se tornassem endêmicas. Em contraste, os habitantes nativos da América desfrutavam um ambiente de patologias menos severas e não tinham nenhuma exposição anterior a esses flagelos do Velho Mundo. A exploração e a conquista inauguraram o que Alfred Crosby chamou de "troca colombiana" – contatos transatlânticos que introduziram rapidamente uma pletora de infecções letais nas Américas. E, embora o Novo Mundo retribuísse o favor, mandando a sífilis no rumo inverso, a contribuição de patógenos europeus para as Américas foi muito mais diversificada e imensamente mais catastrófica.[1]

A varíola e o sarampo foram as doenças mais devastadoras introduzidas pelos europeus: endêmicas desde longa data como doenças infantis do Velho Mundo, elas atingiram as Américas em surtos epidêmicos. Embora a maioria dos marinheiros provavelmente tivesse sido exposta a essas doenças na infância e gozasse de proteção imunológica na idade adulta, alguns portadores ativos ocasionais ligaram-se a expedições pelo Atlântico. A gripe, terceira grande moléstia fatal, não proporcionava imunidade na idade adulta. Essas três doenças foram as mais contagiosas das novas infecções assim introduzidas, sendo transmitidas por gotículas ou pelo contato corporal. Outras afecções, como a malária, o tifo e a peste, exigiam que vetores adequados também fossem introduzidos – mosquitos, piolhos e pulgas, respectivamente. Mas era apenas uma questão de tempo.

Decorrido um ano da primeira viagem de Cristóvão Colombo, as infecções começaram a devastar a primeira base europeia, a ilha de Hispaniola. Sua população nativa, possivelmente de centenas de milhares de habitantes, minguou para 60 mil em 1508, 33 mil em 1510, 18 mil em 1519 e menos de 2 mil em 1542. As múltiplas epidemias varreram o Caribe e não tardaram a chegar à região continental. A primeira pandemia de varíola atingiu essa área em 1518, devastando as ilhas e, em 1519, causando uma enorme mortalidade entre os astecas e os maias da Mesoamérica. Seu impacto foi tão grande que, mais tarde, os astecas sobreviventes passaram a contar o tempo a partir da data de seu aparecimento, reconhecido como um evento momentoso, que havia introduzido uma nova era de pavores. Transmitida pelo contato e sem remédios que a curassem, ela atingiu as populações virgens com extrema força. Nas palavras de um observador asteca:

> As pústulas irrompiam em nossos rostos, peitos, barrigas; ficávamos cobertos de feridas torturantes, da cabeça aos pés. A doença era tão pavorosa que ninguém conseguia andar nem se mexer. Os doentes ficavam num desamparo tão extremo que só conseguiam ficar deitados na cama feito cadáveres, impossibilitados de movimentar os membros ou sequer a cabeça. Não podiam deitar-se de bruços nem virar de um lado para outro. Quando movimentavam o corpo, gritavam de dor.

Em sua desenfreada ferocidade, a epidemia preparou o terreno para a conquista espanhola: como observou Bernardino de Sahagún sobre a captura da poderosa capital asteca, Tenochtitlán,

> as ruas estavam tão cheias de mortos e doentes que nossos homens não caminhavam sobre outra coisa senão corpos.[2]

Em poucos anos, na década de 1520, a varíola chegou ao império andino dos incas, onde dizimou um vasto número de habitantes, entre os quais provavelmente o governante, Huayna Capac. A segunda grande pandemia começou em 1532, dessa vez causada pelo sarampo. Novamente, as perdas foram enormes e se estenderam do México até os Andes. Uma epidemia de particular gravidade, provavelmente de tifo, devastou a região central da Mesoamérica de 1545 a 1548. Em eventos posteriores, diversas doenças apareceram lado a lado, como no fim dos anos 1550 e início dos anos 1560, quando a gripe parece haver desempenhado um grande papel. Mais e mais desgraças foram relatadas, culminando na combinação de pandemias de 1576 a 1591, quando uma leva inteira de surtos dizimou o que restava da população, primeiro pelo tifo e, mais adiante, por uma combinação de varíola e sarampo (1585-91), num dos acontecimentos mais violentos ocorridos até hoje. As epidemias continuaram durante toda a primeira metade do século XVII, possivelmente com menor força e grande variação regional, mas, ainda assim, altamente destrutivas. Embora a mortalidade em massa e o deslocamento concomitante tenham ajudado o avanço espanhol, os novos governantes logo procuraram conter a maré e, no fim do século XVI, puseram mais médicos em campo e impuseram quarentenas, na esperança de preservar uma força de trabalho nativa que pudessem explorar. Os efeitos dessas medidas devem ter sido pequenos, se tanto: as epidemias ocorriam em ondas, cerca de uma vez por geração, e, nos primeiros 150 anos, mais ou menos, as contagens de mortos tiveram apenas um declínio moderado. Além disso, a própria violência da conquista, através dos múltiplos impactos econômicos, sociais e políticos que infligiu às populações indígenas, dificilmente teria deixado de exacerbar a crise geral de mortalidade.

O impacto demográfico cumulativo foi catastrófico, sem dúvida. A única pergunta real concerne à escala da perda de vidas, problema que reteve a atenção de gerações de estudiosos, mas que é difícil de ser abordado, em função da falta de informações sólidas sobre os níveis populacionais anteriores ao contato. Só no tocante ao México, uma redução cumulativa variando entre 20% e 90% foi proposta na literatura. Quase todas as estimativas situam o total de perdas acima de metade da população. Parece razoável concluir que os níveis de mortalidade associados à Peste Negra seriam considerados mais um mero mínimo no Novo Mundo. Uma depleção geral de pelo menos 50% seria provável no México, e níveis muito mais altos de perdas parecem possíveis, ao menos em áreas mais limitadas.[3]

Faz muito tempo que está em aberto a questão de saber se essa contração demográfica drástica reduziu a desigualdade de recursos. A evolução da riqueza deve ter sido mediada por mudanças no poder do Estado, visto que os impérios estratificados dos astecas e dos incas foram substituídos por governos espanhóis similarmente estratificados. Há necessidade de dados sólidos para determinar de que modo a mudança demográfica influiu nos mercados de trabalho. Jeffrey Williamson, numa ousada tentativa de esboçar

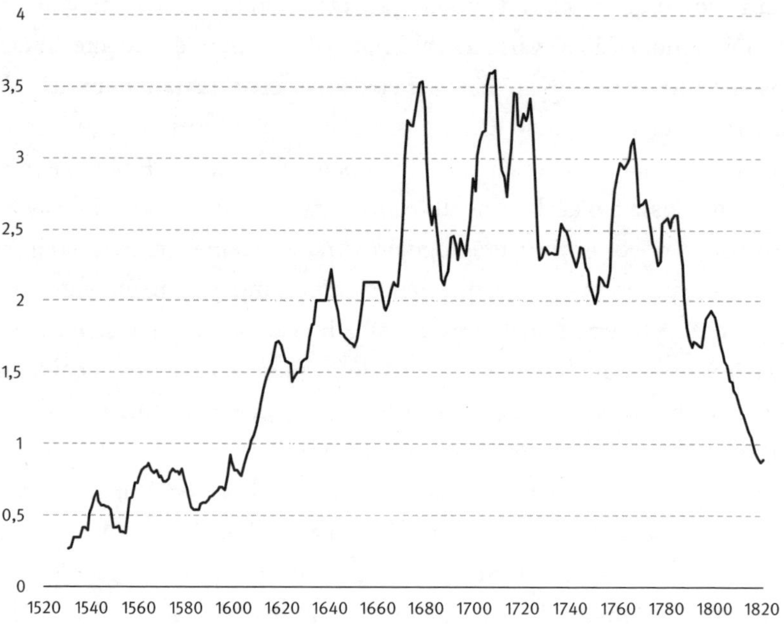

FIGURA 11.1 Salários reais expressos em múltiplos da cesta básica de consumo na região central do México, 1520-1820 (média móvel de dez anos)

uma "história sem provas" da desigualdade latino-americana, meramente observou que a lógica-padrão malthusiana previu a alta dos salários reais em resposta às imensas perdas populacionais ocorridas no século XVI, mas não foi capaz de citar provas que corroborassem essa conjectura. Em 2014, um estudo pioneiro da renda na América Latina durante três séculos, a contar da década de 1530, finalmente modificou essa situação. A Figura 11.1 mostra a ascensão e queda dos salários reais dos trabalhadores na área da Cidade do México.[4]

Essa curva em U invertido é um convite a uma interpretação malthusiana das mudanças salariais em resposta ao declínio da população e à sua recuperação posterior, mas a falta de progresso no século XVI, quando a mortalidade epidêmica foi particularmente grave, necessita de explicação. É provável que a resposta esteja na confiança espanhola na coerção para garantir a mão de obra, diante da contração demográfica – uma prática enraizada nos regimes pré-colombianos de trabalhos forçados. Por conseguinte, é possível que a intervenção governamental tenha reprimido a negociação salarial por um período prolongado. Essa interpretação combina bem com o fato de que a coação atingiu seu nível mais intenso nas fases iniciais do governo espanhol do México. Assim, a "*encomienda*" – uma autorização para se extrair trabalho e tributos da população indígena, concedida a beneficiários individuais – foi a forma-padrão de remuneração da elite na primeira geração posterior à conquista. Esse arranjo foi abolido em 1601, exceto na mineração, embora tenha efetivamente persistido pelos anos 1630 afora. Ainda assim, o número total de *encomiendas* já havia caído de 537 em 1550 para 126 em 1560.

De início, os salários também ficaram sujeitos a restrições severas, que foram relaxadas no correr no tempo. No México quinhentista, os vice-reis estipulavam os salários e a coação era ubíqua. A partir do começo do século XVII, a liberalização dos mercados de trabalho permitiu um aumento dos salários reais. Os resultados foram notáveis: enquanto, em 1590, os trabalhadores ainda eram remunerados num nível mínimo de subsistência, em 1700 os salários reais não ficaram muito atrás dos níveis vigentes no noroeste da Europa, considerados os mais altos do mundo, na época. Se a defasagem observada no século XVI foi causada pela intervenção estatal, a liberalização subsequente permitiu que a escassez de mão de obra se refletisse nos níveis efetivos de remuneração. Ao contrário dos regulamentos trabalhistas da Europa Ocidental na época da Peste Negra, que em geral surtiram pouco efeito, a modalidade mais profundamente arraigada de trabalhos forçados que havia no México conferiu às autoridades maiores poderes de intervenção. E os ganhos dos trabalhadores não persistiram por muito tempo: os salários reais declinaram a partir da década de 1770 e em 1810 já haviam retornado à mera subsistência.[5]

O traço mais marcante do aumento dos salários reais no México foi, de longe, a sua escala gigantesca, que os multiplicou por quatro, em contraste com sua "mera" duplicação nas cidades da Europa Ocidental depois da Peste Negra. O súbito aumento mexicano é logicamente compatível com – e, portanto, bem pode implicar – uma perda muito mais maciça de vidas. O declínio posterior da renda real faz lembrar fenômenos análogos em boa parte da Europa do início da Idade Moderna – se bem que, de novo, mais substancial do que neste último caso e, na verdade, mais acentuado do que previria a simples recuperação demográfica. Embora a escala observada dessas mudanças possa levantar dúvidas sobre a fidedignidade dos registros, o quadro geral parece claro. Várias gerações de trabalhadores se beneficiaram da escassez de mão de obra, depois de ela se tornar tão aguda que as instituições do mercado já não puderam ser impedidas de mediar os níveis de remuneração. Essa fase foi acompanhada por um retorno ao lastimável *status quo ante*, à medida que a população cresceu e o poder de barganha dos trabalhadores declinou.

Dados indiretos de bem-estar, como o padrão de vida geral e a estatura humana, são compatíveis, em sentido lato, com o aumento observado dos salários reais. Entretanto, como tantas vezes acontece na história pré-moderna, faltam-nos os dados necessários para avaliar o impacto desses acontecimentos na desigualdade de renda como tal. Nos termos mais genéricos, é difícil imaginar que a quadruplicação da renda real dos trabalhadores pudesse deixar de ter algum efeito nivelador geral, mas, por enquanto, não temos como ir além dessa intuição básica. Com o risco de enveredar por um raciocínio circular, é lícito dizer que os dados emergentes do Novo Mundo, apesar de todas as suas limitações, são compatíveis com a lógica do nivelamento impulsionado pela peste e com os dados empíricos pós-peste provenientes da Europa de alguns séculos antes. Embora as elites conquistadoras espanholas devam ter assumido as posições antes ocupadas pela classe dominante asteca, preservando assim a concentração dos bens na camada superior da sociedade, um forte aumento da renda real de pelo menos alguns trabalhadores há de ter atenuado a desigualdade global até certo ponto, por mais temporária que se tenha revelado essa ocorrência. É provável que o México seiscentista tenha compartilhado essa característica com a Europa Ocidental do século XV.[6]

"O número de mortos superava o de vivos": A Peste de Justiniano

A busca de outros exemplos de nivelamento causados por pandemias leva-nos a retroceder mais no tempo. A Peste Negra do século XIV não foi a primeira praga pandêmica do Velho Mundo. Oitocentos anos antes, a mesma doença já havia atacado e devastado a Europa e o Oriente Médio, quase exatamente da mesma forma, durante uma pandemia conhecida como Peste de Justiniano, que durou de 541 d.C. até aproximadamente 750 d.C. Nessa ocasião, a peste surgiu inicialmente em Pelúsio, no litoral entre o Egito e a Palestina, em julho de 541, alastrando-se para a cidade vizinha de Gaza em agosto e para a metrópole egípcia de Alexandria em setembro. Em 1º de março do ano seguinte, Justiniano, imperador do Império Romano do Oriente, afirmou que "a incidência da morte atravessou todos os lugares", embora a própria capital imperial, Constantinopla, só viesse a ser atingida cerca de um mês depois, com consequências devastadoras:

> Agora a doença em Bizâncio teve um curso de quatro meses e sua maior virulência durou aproximadamente três. E, no princípio, as mortes foram pouco mais do que o normal; em seguida, a mortalidade aumentou ainda mais e, posteriormente, a contagem dos mortos atingiu 5 mil por dia, e de novo subiu para até 10 mil, e mais ainda. Ora, no começo, cada homem cuidou do sepultamento dos mortos de sua casa, e estes ele lançava até mesmo nos túmulos de outros, fosse escapando à detecção, fosse usando de violência; depois, entretanto, a confusão e a desordem tornaram-se completas em toda parte. ... E, quando sucedia todos os túmulos antes existentes ficarem repletos de mortos, eles abriam covas em toda sorte de lugares pela cidade, e ali depositavam os mortos, cada qual como lhes era possível, e iam embora; mais tarde, porém, os que estavam cavando essas valas, já não podendo acompanhar o ritmo das mortes, subiram nas torres das fortificações de Sycae e, arrancando os telhados, lançaram os cadáveres dentro delas, em completa desordem; e assim os foram empilhando, como quer que sucedesse cair a cada um, e encheram praticamente todas as torres de cadáveres, e depois tornaram a cobri-las com seus telhados.

Tal como aconteceria oito séculos depois, a epidemia revelou-se indetenível. A Síria foi atingida no verão de 542, a África Setentrional mais tarde, no mesmo ano, e a Itália, a Espanha, o sul da França e os Bálcãs, em 543. Seguiram-se numerosas ondas: uma contagem moderna identificou até dezoito iterações separadas entre 541 e 750, com surtos documentados no Irã e na Mesopotâmia, a leste, na península Ibérica, a oeste, na Grã-Bretanha, Irlanda e Escandinávia, ao norte, no Iêmen, ao sul, e em todas as regiões intermediárias.[7]

Os relatos históricos são compatíveis com a *Yersinia pestis*. As fontes bizantinas enfatizam repetidamente os inchaços na virilha, sintoma clássico da peste bubônica. Dizem que os edemas também apareciam em outros lugares – nas axilas, atrás das orelhas ou nas coxas; do mesmo modo, carbúnculos pretos, que eram vistos como arautos da morte iminente; e coma, delírio, vômitos de sangue e febres altíssimas. Hoje, a moderna biologia molecular confirmou a presença da *Y. pestis* na época. Dez entre doze esqueletos de um cemitério do Baixo Império Romano, em Aschheim, na Baviera, exibem elementos do DNA da *Y. pestis*, dois deles em quantidade suficiente para reconstituir toda a sequência do DNA da bactéria. As contas encontradas num desses esqueletos datam-no aproximadamente do segundo quarto do século VI a.C., época do surto inicial da Peste de Justiniano.[8]

As cifras de mortalidade registradas tendem a ser altíssimas, mas, em geral, não parecem confiáveis. Os observadores imaginavam que o surto inicial em Constantinopla tivesse levado diariamente milhares de pessoas – supunha-se que até 10 mil –, o que teria reduzido em mais da metade a população da metrópole. Afirmações similarmente extremas foram feitas, vez por outra, a respeito de surtos posteriores, no mesmo local e em outros. O que não pode deixar dúvidas é a impressão esmagadora de uma mortalidade maciça, à qual os observadores ligaram números estereotipados. Considerando que a doença foi a mesma da Baixa Idade Média e ficou ativa por um período equiparável, podemos suspeitar que o desgaste geral também tenha sido semelhante, talvez da ordem de um quarto a um terço da população da Eurásia Ocidental e da África Setentrional. Era fatal que a mortalidade em massa nessa escala surtisse um efeito poderoso na oferta de mão de obra. Em Constantinopla, a mais alta autoridade eclesiástica, João de Éfeso, queixou-se, com muita insensibilidade, dos lucros auferidos por aqueles que descartavam os corpos das vítimas da peste e do custo cada vez mais alto da lavagem da roupa. Meros três anos depois do primeiro surto, o imperador Justiniano condenou as exigências crescentes dos trabalhadores e procurou bani-las por uma ordem do governo:

> Apuramos que, a despeito do castigo que nos é infligido pelo Senhor Nosso Deus, pessoas dedicadas ao comércio e a atividades literárias, bem como artesãos e agricultores de diferentes tipos, e marinheiros, quando deveriam conduzir uma vida melhor, têm se dedicado à obtenção de lucros e exigem o dobro e o triplo dos soldos e salários, em violação dos antigos costumes. Por isso, pareceu-nos recomendável, por meio deste edito imperial, proibir todas as pessoas de cederem à execrável paixão da avareza, a fim de que ninguém que seja mestre de qualquer arte ou profissão, ou qualquer mercador de qualquer descrição, ou qualquer pessoa engajada em atividades agrícolas, possa doravante exigir como salário ou soldo mais do que o prescrito pelos costumes antigos. Decretamos também que os medidores de construções, terras cultiváveis e outras propriedades não cobrem mais do que é justo por seus serviços e observem, nesse aspecto, a prática estabelecida. Ordenamos que estas regras sejam observadas pelos que detêm o controle do trabalho, bem como pelos que compram os materiais. Não permitimos que estes últimos paguem mais do que o autorizado pelo uso comum. Ficam eles aqui notificados de que quem exigir mais do que isso, e for condenado por ter aceitado ou concedido mais do que o acordado no começo, ficará obrigado a pagar o triplo do valor em questão ao Tesouro.[9]

Essa é a mais antiga tentativa conhecida de refrear o poder de barganha na presença de uma epidemia, uma precursora de medidas semelhantes na Inglaterra e na França medievais, bem como no México do início da dominação espanhola. Todavia, à medida que a peste se demorou e a demanda de mão de obra cresceu, o efeito desse decreto sobre os salários deve ter sido limitado, na melhor das hipóteses. Podemos supor, de maneira legítima, que o crescimento dos salários reais tenha se difundido, como prontamente presumiram os economistas, ainda que os dados empíricos se limitem ao Oriente Médio, sobretudo ao Egito, onde sobreviveram provas documentais numa medida ímpar. Os registros egípcios dos salários reais remontam ao século III a.C. Mas esses dados são descontínuos: nos primeiros mil anos, a documentação refere-se a salários de trabalhadores rurais não qualificados;

no período medieval, a salários urbanos do trabalho não qualificado. Embora, por conseguinte, não possam ser postos no mesmo pé, esses dados refletem as mesmas tendências e se coadunam numa única narrativa abrangente. Entre os salários rurais, encontramos sobretudo pagamentos diários de 3,5 a cinco litros de equivalente em trigo, bem dentro da faixa central de 3,5 a 6,5 litros típica das sociedades pré-modernas e associada a um padrão de vida próximo da subsistência fisiológica. Em contraste, salários muito mais altos em trigo, ultrapassando dez litros, foram atestados no fim do século VI e nos séculos VII e VIII d.C. (Figura 11.2).[10]

Esse grande aumento da renda real deriva de provas papirológicas da remuneração de trabalhadores rurais não qualificados na sequência da Peste de Justiniano. Em diversos registros do fim do século VI e do século VII, quando o impacto demográfico da peste deve ter chegado ao ápice, afirma-se que os operários da irrigação recebiam salários em dinheiro equivalentes a 13,1 a 13,4 litros de trigo por dia, ou cerca de três vezes o valor de antes. Em outros casos do mesmo período, ouvimos falar de uma combinação de sa-

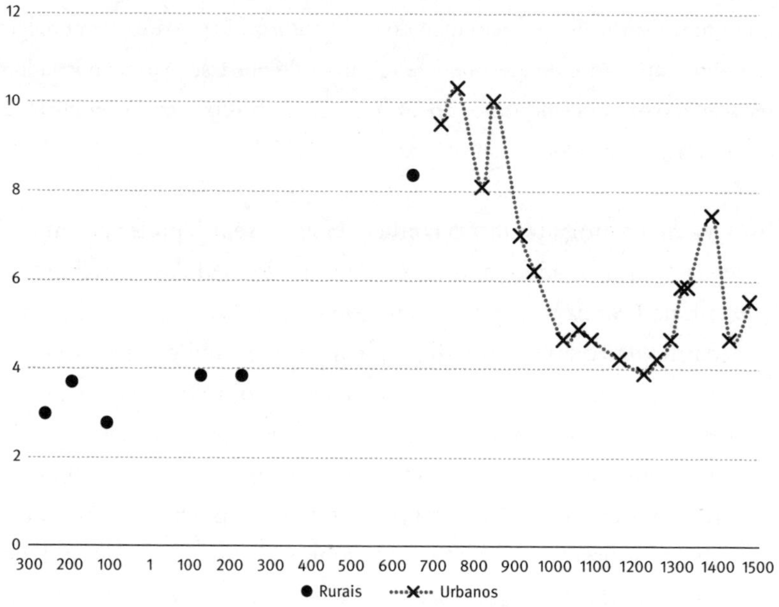

FIGURA 11.2 Salários diários em trigo pagos a trabalhadores rurais e urbanos não qualificados no Egito, do século III a.C. ao século XV d.C. (em quilos de trigo).

lários em dinheiro e provisão de alimentos que ultrapassavam o valor de 7,7 a 10,9 litros de trigo por dia, ou aproximadamente o dobro da remuneração anterior. Essas descobertas são corroboradas por provas de salários ainda mais altos entre os trabalhadores qualificados, chegando a até 25 litros por dia. Outras corroborações são fornecidas pela observação de que, da primeira para a segunda metade do século VI – ou seja, de logo antes do primeiro surto da peste até logo depois dele –, a proporção dos arrendamentos de terra vigentes com duração ilimitada elevou-se de cerca de 17% para 39%, enquanto os que tinham duração de um ano caíram de 29% para 9% do total. O que sugere que os arrendatários logo ficaram aptos a exigir termos mais favoráveis. Isso, e especialmente a elevação extraordinária da renda real, só é explicável no contexto de um aumento enorme do poder de barganha dos trabalhadores das várias profissões, tanto qualificadas quanto não qualificadas, em resposta às perdas demográficas maciças.[11]

A segunda parte da história é fornecida pelos salários pagos em trigo aos trabalhadores urbanos não qualificados no Cairo. Como mostra a Figura 11.2, esses dados só estão disponíveis a partir das fases finais do período da peste, no começo do século VIII, mas continuam até o fim da Idade Média. A renda real foi alta até cerca do ano 850, um século após a última confirmação da peste no Egito, na década de 740, com níveis historicamente elevados, quase sempre em torno de dez litros de equivalente em trigo por dia, ou quase o triplo das despesas básicas de subsistência numa família de quatro pessoas. Nos 350 anos seguintes, à medida que a população se recuperou, os salários em trigo dos cairotas caíram mais de 50%, até atingirem os mais baixos níveis fisiologicamente sustentáveis, e então se recuperaram temporariamente na esteira da Peste Negra, no fim do século XIV. Os dados de Bagdá, de qualidade inferior, também mostram um declínio de centenas de anos na renda real entre os séculos VIII e XIII, embora em escala um pouco menor. Um quadro semelhante emerge da reconstituição de cestas de consumo que relacionam os salários nominais dos trabalhadores urbanos não qualificados, na cidade do Cairo, com o preço de um leque básico de bens de consumo. Esse exercício também aponta para rendas reais mais altas durante e logo depois da peste, seguidas por um declínio e outra recuperação na época da Peste Negra: embora a escala de variação seja um pouco menor que apenas a dos salários pagos em trigo, o padrão geral é o mesmo.[12]

Tal como na Baixa Idade Média, as recorrências em série da Peste de Justiniano reduziram por muito tempo os números da população. No Egito, ouvimos falar de dez episódios, que cobriram 32 anos, entre 541 e 744, ou uma reincidência durante um em cada seis anos. O sul da Mesopotâmia passou por catorze episódios ao longo de 38 anos, desde 558 até 843, ou um reaparecimento a cada sete anos e meio. Há até mais testemunhos referentes à Síria e à Palestina, regiões sobre as quais faltam dados relativos à renda. Şevket Pamuk e Maya Shatzmiller atribuem o que se costuma considerar a "Era Dourada do Islamismo", dos séculos VIII a XI d.C., ao ambiente de altos salários criado pela peste, o qual, a seu ver, assemelhou-se em alguns aspectos ao efeito da Peste Negra sobre os gostos e o consumo em partes da Europa, no fim da Idade Média. Um sinal revelador vem sob a forma de referências das fontes a um consumo muito difundido de carne e laticínios nas classes médias assalariadas, o que decorreu da expansão da criação de animais. Outros fatores foram a urbanização e, concomitantes a ela, a crescente divisão do trabalho e a demanda cada vez maior de produtos manufaturados, bem como de alimentos e roupas importados, em mais do que uma pequena elite.[13]

Contudo, mais uma vez, o efeito desses processos na desigualdade de renda ou riqueza pode apenas ser suposto: na falta de documentação direta, podemos aceitar o aumento explosivo dos salários reais dos trabalhadores rurais como um representante fidedigno de uma contração da desigualdade de renda e uma erosão da riqueza da elite. Num meio em que os salários reais do trabalho não qualificado tinham sido tão baixos quanto seria possível, e no qual os níveis documentados de desigualdade de bens eram altíssimos, um efeito mais generalizado de nivelamento parece eminentemente plausível. Assim como a Peste Negra na Europa medieval, a Peste de Justiniano chegou numa época de desigualdade considerável e bem estabelecida dos recursos. As listas egípcias de terras e impostos lançam alguma luz sobre a desigualdade na posse da terra, desde o século III d.C. até o século VI d.C. O que esses registros têm em comum é que, ao omitirem a riqueza transregional e os sem terra, eles subestimam – enormemente, em termos potenciais – a desigualdade geral na posse da terra. Os dados, que só podem, por conseguinte, revelar limiares mais baixos da concentração efetiva das propriedades, são sugestivos, ainda assim, de alta desigualdade: em amostras de senhores de terra urbanos, os

Ginis da terra vão de 0,623 a 0,815, e, entre os aldeões, variam de 0,431 a 0,532. A reconstituição da estrutura da posse da terra em todo um nomo, ou grande distrito administrativo, sugere um Gini de 0,56 apenas dos proprietários, os quais, pelo menos em tese, não teriam somado mais que aproximadamente um terço da população total. Com base na suposição mais leve de que apenas metade dos habitantes dos nomos seria composta de trabalhadores sem terra ou arrendatários (ou de que um número um pouco menor seria desprovido de terras, mas alguns membros da elite também possuiriam terras adicionais em outros nomos), o Gini geral da terra ficaria próximo de 0,75. Se era assim, esse nível de concentração seria semelhante aos elevados Ginis da terra, de 0,611 (de todos os proprietários) e de 0,752 (da população inteira), no Egito de 1950, logo antes da reforma agrária. Portanto, o potencial de um nivelamento causado pela peste na desigualdade de bens seria bastante considerável.[14]

A desigualdade de renda no Egito da Antiguidade Tardia e da Alta Idade Média é completamente desconhecida e para sempre incognoscível. Mesmo assim, todas essas ocorrências são logicamente compatíveis com ganhos para os trabalhadores e, considerando a transição da terra para o trabalho, prejuízos para a elite rica tradicional, embora a diferenciação econômica e a urbanização devam ter criado, simultaneamente, novos mecanismos geradores de desigualdade. O mais importante é que, diversamente do que se deu no período dos mamelucos, quando o absenteísmo coletivista reprimiu a negociação dos trabalhadores, a posse privada da terra predominava e mercados de trabalho razoavelmente livres criavam um ambiente que tornava a valorização dos bens e os salários sensíveis a mudanças na proporção terra/trabalho. Nessas circunstâncias, era difícil que uma oferta significativamente diminuída de mão de obra deixasse de atenuar a desigualdade geral de renda, do mesmo modo que os valores decrescentes da terra tenderiam a reduzir a desigualdade da riqueza. A renda real dos trabalhadores não qualificados, marcantemente elevada, é o elemento mais forte dessa reconstituição, o melhor representante da compressão da renda que podemos esperar. Ela mostra que as tentativas estatais de conter o crescimento dos salários foram um completo fracasso, tal como acabariam sendo na Europa Ocidental depois da Peste Negra. Igualmente importante é o desgaste gradativo dos ganhos salariais em resposta à recuperação demográfica. O impacto violento do que poderíamos chamar de "Primeira Peste Negra" foi capaz de produzir algo semelhante a benefícios consideráveis de bem-estar, mas estes foram minguando junto com o próprio impacto demográfico. Nesse aspecto, as duas grandes pandemias de peste tiveram muito em comum.

"Não restou nada além de ruínas e florestas": A Peste Antonina

As informações sobre os efeitos equalizadores das pandemias escasseiam de forma inevitável ao recuarmos ainda mais no tempo. O exemplo mais promissor é um evento anterior conhecido como Peste Antonina. Essa epidemia foi encontrada pela primeira vez por forças militares romanas em campanha na Mesopotâmia, em 165 d.C., chegou à cidade de Roma no ano seguinte e, em 168 d.C., parece ter se alastrado por grande parte do império – nas palavras do antigo historiador romano Amiano, "das fronteiras da Pérsia até o Reno e a Gália". Sua causa médica permanece obscura, porém muitos elementos falam em favor da varíola (*Variola major*). Transmitida entre as pessoas pela inalação do vírus *Variola*, transportado pelo ar, a doença causa exantemas que evoluem para pústulas cutâneas, acompanhadas de febre alta. É também conhecida uma versão hemorrágica mais grave. Se a Peste Antonina foi realmente a varíola, atacando uma população virgem, 20% a 50% dos infectados poderiam morrer, com índices de infecção atingindo 60-80% da população total. O único modelo epidemiológico apropriado para esse acontecimento prevê uma soma de mortes em torno de 25%, o que é o melhor palpite estimativo que podemos vir a ter.[15]

Graças à preservação de documentos relevantes em papiro, o Egito fornece as únicas informações pormenorizadas sobre o alcance e as consequências dessa pandemia. De acordo com esses registros, na aldeia de Karanis, na província de Fayum, o número de contribuintes caiu entre um terço e metade entre a década de 140 d.C. e a do início de 170 d.C. Em algumas pequenas aldeias do delta do Nilo, as perdas foram ainda maiores, indo de 70% a mais de 90% entre 160 d.C. e 170 d.C. Embora a fuga, e não a morte, possa ter sido parcialmente responsável por essas reduções, a fuga em si não pode ser separada com clareza dos surtos epidêmicos, se considerarmos que estes últimos comumente a desencadeiam. Além disso, alguns dados específicos sobre a mortalidade reforçam a impressão de mortalidade em massa: na aldeia de Soknopaiou Nesos, 78 dos 244 homens registrados morreram em apenas dois meses, janeiro e fevereiro de 179 d.C.[16]

Os rendimentos da terra em espécie são atestados em vários distritos do Médio Egito. Em todas as áreas documentadas, os aluguéis anuais sofreram uma queda significativa entre o período pré-epidêmico e os anos pós-surto sobre os quais existem dados disponíveis. No oásis de Fayum, os rendimentos médios e medianos da terra foram 62% e 53% menores no período de 211-268 d.C. (do qual se conhecem dezenove casos) do que tinham sido entre 100 d.C. e 165 d.C. (34 casos). No território da cidade de Oxirrinco, a média e as medianas caíram 29% e 25% entre os anos de 103 d.C. e 165 d.C. (doze casos) e no período de 205 d.C. a 262 d.C. (quinze casos). Reduções similares também são discerníveis num conjunto de dados menos robusto de Hermópolis.[17]

As mudanças nos preços e salários que eram denominadas em dinheiro são mais difíceis de rastrear, porque os níveis gerais de preços duplicaram, aproximadamente, no prazo de uma geração, após a irrupção da epidemia – diríamos que em consequência dos transtornos causados justamente por esse evento, inclusive uma onda de desvalorização da moeda, impulsionada por exigências fiscais concomitantes e, bem possivelmente, relacionadas com eles. Isso significa que os dados dos períodos pré e pós-peste precisam ser ajustados para permitir uma comparação direta. Esse exercício gera um panorama geral sugestivo de uma transição consistente do valor da riqueza fundiária para o trabalho entre dois períodos, do começo do século II até a década de 160 d.C. e dos anos 190 d.C. até a década de 260 d.C. A lacuna entre os dois períodos reflete a escassez de documentação dos anos efetivos da peste, o que, por si só, é um sinal revelador da gravidade dessa desgraça. Nessa pesquisa, todos os valores são expressos em relação ao preço do trigo, que era padronizado em cem nos dois períodos, mas subiu cerca de 125% em termos nominais. Assim, os valores que tiveram uma alta nominal inferior a essa ficam abaixo de cem no período pós-peste, e vice-versa (Figura 11.3).[18]

O valor do trabalho rural, conforme documentado em contratos, subiu desde alguns pontos percentuais até perto de um quinto, dependendo da duração do emprego, enquanto o preço real dos jumentos, que também representa o trabalho e é particularmente bem documentado, subiu 50%. Inversamente, o preço de alimentos não essenciais, como o azeite e sobretudo o vinho, caiu em relação ao do trigo, permitindo aos trabalhadores comprar mais bens de status mais alto. Expressos em termos de azeite e vinho, os salários reais su-

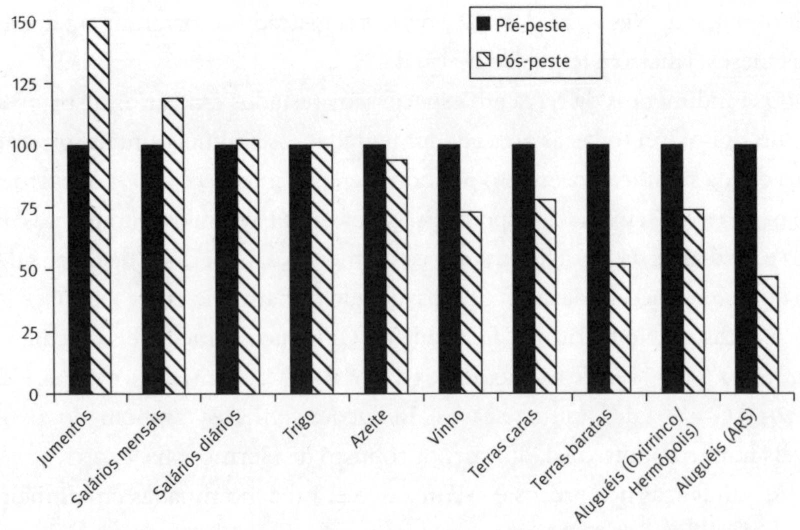

FIGURA 11.3 Mudanças nos preços e aluguéis em termos reais entre os anos 100-160 d.C. e 190-260 d.C. no Egito romano

biram consideravelmente mais do que os salários em trigo. O valor da terra é difícil de comparar ao longo do tempo, porque não temos como manter constante a qualidade da terra; mesmo assim, uma pesquisa aproximativa produz resultados muito parecidos com a queda muito mais seguramente atestada da renda real da terra. O mais importante aqui é que, apesar da qualidade desigual dos diferentes conjuntos de dados, todas as variáveis movem-se em direções compatíveis com um modelo de relaxamento das pressões malthusianas na esteira do desgaste demográfico: enquanto o trabalho ganhou, a terra perdeu. Além disso, o preço do trigo – diferentemente dos do vinho e do azeite locais, dos quais não havia uma demanda externa comparável – bem pode ter sido empurrado para cima por exportações em larga escala, impostas pelo Estado romano: na ausência delas, se a demanda local fosse o único determinante, os preços do trigo provavelmente cairiam mais em relação aos salários ou a outros produtos essenciais. Isso complica o quadro e obscurece a escala real da mudança dos preços reais, a qual, de acordo com os dados relativos aos valores da terra, parece ter sido muito mais considerável.[19]

Existe um instantâneo de como os padrões de cultivo se modificaram depois da epidemia. Na aldeia de Teadélfia, na província de Fayum, em 158 e 159 d.C., alguns anos antes da chegada da doença, foram semeados cereais em cerca de 1.600 a 1.700 hectares de terra, enquanto se plantaram vinhas e árvores frutíferas em aproximadamente 150 hectares. Em 216 d.C., as terras aráveis tinham se reduzido a cerca de mil hectares, ou mais ou menos 60% do total anterior, enquanto as da arboricultura expandiram-se para mais de quatrocentos hectares, ou três vezes a área anteriormente plantada. Assim, embora se usassem menos terras do que antes da epidemia, no cômputo geral, uma parte muito maior delas foi dedicada ao cultivo de produtos de valor mais alto. Isso se assemelha ao padrão observado depois da Peste Negra, quando se produziu mais vinho, sempre que o clima o permitia, e as árvores frutíferas se disseminaram, como ocorreu com a cana-de-açúcar no Mediterrâneo. A demanda de gêneros de primeira necessidade caiu, à medida que caíram os níveis da população e o abandono das terras marginais aumentou os rendimentos; havia mais terra e renda disponíveis para produtos mais sofisticados. Isso pode figurar como forte sinal de um padrão de vida mais alto das massas.[20]

Considerando a falta de dados equivalentes para o Egito, não podemos documentar esse processo de modo mais sistemático, mas ele combina com o movimento relativo dos preços agrícolas. Em termos mais gerais, os estudiosos encontraram sinais de maior mobilidade de meeiros e aldeões, fuga da terra por parte dos agricultores, migração para as cidades e aumento geral dos níveis de urbanização, todos os quais são compatíveis com um quadro pós-peste de maiores oportunidades para os trabalhadores e de prosperidade urbana, tal como depois da Peste Negra. Mais uma vez, não há informações quantificáveis diretas sobre o efeito da epidemia na desigualdade como tal. Isso está longe de surpreender, considerando a falta mais geral dessas informações sobre qualquer pandemia pré-moderna, com a rara exceção dos registros italianos da Baixa Idade Média e do início da Idade Moderna que discutimos anteriormente. Como regra geral, não é preciso inferir os efeitos niveladores da mortalidade epidêmica a partir do aumento da renda real e de melhores regimes de consumo, ambos os quais estão documentados, nesse caso. É bem provável que o Egito de meados do século II tenha ficado sujeito a uma pressão demográfica considerável: sua população talvez tenha chegado a 7 milhões de habitantes, comparável às condições por volta de 1870, e o índice de urbanização chegou a pelo menos um quarto, embora alguns defendam até mesmo mais de um terço. Em outras partes do mundo romano, o crescimento prolongado da população, promovido por dois séculos de paz, também pode ter posto à prova os limites da economia agrária. Nesse meio, era grande o potencial de nivelamento. Em termos cruciais, os arranjos do trabalho no Egito romano eram regidos por instituições de mercado, e os latifundiários tendiam a ficar perto de suas propriedades, o que se assemelha à situação vigente na Europa Ocidental na época da Peste Negra, mas difere da situação do período mameluco no Egito da Baixa Idade Média. Não havia restrições institucionais poderosas, capazes de impedir que a escassez de mão de obra e a desvalorização da terra fossem expressas numa distribuição mais equitativa da renda e da riqueza.[21]

"Isso dificilmente bastaria para ajudar em alguma coisa": A fome como niveladora?

Antes de concluirmos nossa resenha das epidemias como força equalizadora, precisamos examinar a contribuição de outro agente de mortalidade em massa não totalmente dessemelhante: a fome. Se um número enorme de pessoas perecesse por falta de alimentos, isso poderia alterar a distribuição dos recursos materiais entre os sobreviventes, como faria uma peste? A resposta não é muito segura, mas é improvável que seja positiva. Para começar, os períodos de fome não têm sido normalmente tão letais quanto as grandes epidemias. Ao que saibamos, a escassez de alimentos capaz de ao menos duplicar a mortalidade basal por dois anos consecutivos – um limiar conservador da "fome" – tem sido incomum na história, e os eventos muito mais graves têm sido extremamente raros. Por esse simples motivo, a fome desempenhou, de modo geral, um papel bem modesto na regulação do tamanho da população. Também é revelador que o número de mortos registrado nos períodos de fome tenda a apresentar uma correlação inversa com a qualidade dos dados: quanto menos confiável o registro, mais grave é reputada a mortalidade. Além disso, é difícil, se não impossível, separar as estimativas de mortalidade dos efeitos da migração, uma vez que os moradores abandonam as áreas afetadas, e das doenças epidêmicas, que têm acompanhado rotineiramente os períodos de escassez de alimentos. Nem mesmo um evento extraordinariamente catastrófico, como a fome que devastou o norte da China em 1877 e 1878, tendo reclamado de 9 milhões a 13 milhões de vidas humanas, segundo se afirma, teria mais do que triplicado a mortalidade basal na população atingida, de 108 milhões de habitantes. Não sabemos se esse desastre influenciou a desigualdade, e o mesmo se aplica aos períodos de fome de Bengala em 1770 e 1943, o último dos quais ocorreu durante uma fase de compressão decorrente da guerra.[22]

Essa observação introduz outra ressalva. Embora algumas das mais dramáticas fomes já registradas tenham de fato ocorrido durante períodos de grande nivelamento, elas não foram, em si, responsáveis por tal processo. Não foi a fome ucraniana de 1932 a 1933 que eliminou as disparidades materiais, e sim o programa de coletivização forçada implantado naquela época. A fome devastadora na China de 1959 a 1961, instigada pelo Grande Salto Adiante, ocorreu depois que a redistribuição e a subsequente coletivização que culminaram em meados da década de 1950 já haviam assegurado um nivelamento maciço.[23]

Duas fomes históricas merecem atenção mais detalhada, por sua escala e seu potencial de reformulação da distribuição de renda e riqueza. Uma delas foi a "Grande Fome" de 1315 a 1318, que precedeu a Peste Negra em uma geração. Naqueles anos, o clima excepcionalmente frio e úmido do noroeste europeu causou quebras de safra por toda parte e coincidiu com epizootias que dizimaram os rebanhos de criação. Seguiu-se a mortalidade em massa, no que parece ter sido uma escala sem precedentes. Mas será que essa calamidade precipitou, nos preços e na mão de obra, alterações semelhantes às trazidas pela peste? Não. Embora os salários dos trabalhadores tenham se elevado um pouco, os preços ao consumidor subiram muito mais depressa na cidade e no campo. Os senhores de terras ficaram sob pressão, já que a produção menor neutralizou os preços mais altos, porém enfrentaram a tempestade muito melhor do que a plebe, que amiúde teve que lutar pela mera sobrevivência.[24]

Os dados são escassos, mas as poucas informações disponíveis não apontam para um nivelamento significativo. Os registros italianos de distribuição de riqueza que já usei começam um pouco tarde demais, ou sua resolução é muito baixa para revelar mudanças na primeira metade do século XIV. Os índices de bem-estar de Londres e Florença que relacionam os salários de trabalhadores urbanos qualificados e não qualificados com os preços não mostram melhora alguma no período entre 1300 ou 1320 e 1340. Tampouco o fazem os salários reais da zona rural da Inglaterra, que se mantiveram mais ou menos estáveis de 1300 a 1349 e só passaram por um aumento secular depois da Peste Negra. Nesse aspecto, o contraste entre as consequências dos dois desastres é marcante. A observada ausência de um nivelamento induzido pela fome não é difícil de compreender: a mortalidade em massa limitou-se a alguns anos e parece ter sido consideravelmente mais modesta que durante a onda inicial da peste. Amortecida pelo subemprego existente, a perda de vidas não foi suficientemente prolongada nem aguda para antecipar os efeitos econômicos das pestes em série.[25]

A fome irlandesa da batata, de 1845 a 1848, é a segunda candidata. Como epidemia (vegetal) e crise de alimentos, ela foi desencadeada pelo comiceto *Phytophthora infestans*, que, em 1846 e 1848, causou a perda quase total da safra de batatas, que se tornara um esteio indispensável da dieta do país. Um milhão de irlandeses perderam a vida. Somado à emigração e a uma diminuição da taxa de natalidade, esse evento reduziu a população recenseada de 8,2 milhões em 1841 para 6,8 milhões dez anos depois. O número de trabalhadores rurais encolheu ainda mais depressa, de 1,2 milhão em 1845 para 900 mil em 1851. À primeira vista, essa contração demográfica tem estreita semelhança com a acarretada pelo surto inicial da Peste Negra, de 1347 a 1350. E assim como esse surto, por si só, pode não ter sido suficientemente devastador para introduzir mudanças duradouras, o número de mortos na fome irlandesa recebeu de um observador inglês contemporâneo a infame descrição de algo que "mal foi suficiente para fazer algum bem", em termos de melhorar as condições de vida em geral. As consequências demográficas das recorrências em série da peste na Baixa Idade Média foram imitadas, até certo ponto, pelas da emigração contínua, que não apenas impediu a recuperação, como manteve a população da Irlanda num processo de encolhimento: 4 milhões de pessoas deixaram a ilha entre 1850 e 1914, o que acabou quase reduzindo a população à metade de seu pico no começo dos anos 1840. Entretanto, ao contrário do que aconteceu na peste, as partidas foram sensíveis à idade, concentrando-se principalmente entre os que estavam no fim da adolescência ou nos primeiros anos da casa dos vinte. Além disso, e de novo diferentemente da peste, a praga das batatas prejudicou o estoque de capital por reduzir os rendimentos. Isso limita o valor das analogias funcionais.[26]

Em certos sentidos, as enormes perdas demográficas causadas pela fome e pela migração subsequente, bem como pelo declínio da fertilidade, geraram benefícios econômicos comparáveis aos de uma grande pandemia. Num desvio de tendências anteriores, os salários reais e o padrão de vida elevaram-se continuamente após o período de fome. As áreas que tinham salários mais baixos vivenciaram desvios maiores, o que deve ter reduzido as desigualdades inter-regionais. Ao mesmo tempo, os mais pobres tinham menos probabilidade de ir embora do que quem podia bancar mais prontamente a viagem. Também não está claro se as melhorias nas condições gerais de vida foram acompanhadas por maior igualdade na distribuição dos bens ou da renda. Graças à deserção e aos despejos, os anos de fome assistiram a uma drástica redução do número de propriedades menores, as de menos de meio hectare – processo que ampliou a desigualdade no acesso à terra. A mudança distributiva permaneceu modesta nos sessenta anos seguintes: a maior parte dela se deu nas camadas inferiores, à medida que a parcela dos pequenos lotes recomeçou a aumentar aos poucos. As áreas de meio hectare a seis hectares perderam terreno, enquanto as maiores ganharam espaço – uma tendência regressiva geral. Nem mesmo um impacto demográfico tão poderoso quanto a fome da batata e os fluxos persistentes de emigração que ela instigou parece ter resultado num nivelamento na escala do observado depois da Peste Negra. Em matéria de achatar as desigualdades, as pestes detiveram o comando supremo.[27]

"Todo o mundo habitado mudou": As pandemias como niveladoras e os limites do nosso conhecimento

Muito do nosso conhecimento atual sobre o papel das pandemias no nivelamento da desigualdade é bastante novo. Enquanto as consequências socioeconômicas da Peste Negra foram bem estabelecidas há muito tempo, só recentemente outros desastres demográficos foram investigados em seu impacto sobre a renda e a riqueza. Assim, os dados egípcios sobre as mudanças de preços associadas à Peste Antonina e à Peste de Justiniano só começaram a ser analisados no século XXI, e os primeiros estudos sobre os salários reais no México do início da era moderna, bem como sobre a mudança da desigualdade de riqueza no norte da Itália, apareceram na década de 2010. Essa expansão contínua aumenta a esperança de que existam outros materiais à espera de ser recolhidos e interpretados. Os arquivos do período da Peste Negra e seus efeitos secundários parecem ser os candidatos mais promissores. Também necessitamos de estudos sofre o efeito equalizador das grandes pestes na China, onde foram atestados eventos epidêmicos nas épocas da Peste Antonina e da Peste Negra.

Em outros casos, porém, as informações que sobreviveram talvez nunca sejam suficientes para lançar luz sobre as questões das rendas reais e da desigualdade. Um bom exemplo disso é o que se conhece como Peste de Cipriano, uma grande pandemia que devastou o Império Romano nas décadas de 250 e 260 d.C. Seu efeito demográfico não parece ter sido nada menos que dramático. Um observador contemporâneo, Dionísio, bispo de Alexandria – a segunda maior cidade do império –, escreveu sobre "essas pestilências contínuas … essa variada e vasta destruição da humanidade", que causaram tamanha redução na população de Alexandria que os residentes de catorze a oitenta anos tornaram-se menos numerosos do que tinham sido os de quarenta a setenta anos antes da instalação da epidemia. Visto que essa contagem seria derivada de registros da doação pública de rações de grãos, não há por que ser inteiramente fictícia, e a escala de mortalidade que ela implica não é nada menos que estarrecedora: de acordo com tabelas-modelo da expectativa de vida, a mudança registrada corresponde à perda de mais de 60% da população metropolitana. Não dispomos de dados contemporâneos sobre os salários reais, muito menos sobre a desigualdade de renda e riqueza. Ainda assim, é possível que um salto grande e repentino nos salários nominais de trabalhadores rurais em dois estados egípcios, na década de 250 d.C., tenha refletido uma escassez de mão de obra desencadeada por essa epidemia.[28]

Ao passarmos para a era pré-cristã, as luzes se obscurecem ainda mais. O que poderíamos conceber como a mais antiga prova existente de um aumento dos salários reais induzido por perdas de população vem da Babilônia, no século VI a.C. No sul da Babilônia, durante o reinado de Nabucodonosor, nos anos 570 a.C., os trabalhadores que estavam construindo o palácio real recebiam de 450 a 540 litros de cevada, ou aproximadamente cinco siclos de prata por mês, o que se traduz num equivalente do salário diário em trigo de 12 a 14,4 litros, similar a salários em dinheiro que implicam um salário diário em trigo de 11,3 a 12 litros. Pagamentos comparavelmente elevados em trigo são atestados desde o sul da Babilônia, no reinado de Nabonido, nos anos 540 d.C., numa faixa de 9,6 a 14,4 litros/dia, com uma mediana de 12 litros. Todos esses valores ficam muito acima da faixa central de 3,5 a 6,5 litros por dia que parece ter sido a norma pré-moderna, e também acima dos salários em trigo registrados uma geração depois, no reinado de Dario I, por volta de 505 a.C., quando os trabalhadores recebiam apenas o equivalente a 7,3 litros, ou menos. Os salários reais posteriores da Babilônia são ainda mais baixos – chegam a descer para 4,8 litros no início do século I a.C.[29]

Essa alta neobabilônica temporária não tem explicação no momento. Um observador otimista talvez ficasse tentado a imaginar uma eflorescência temporária, induzida por ganhos de produtividade na agricultura, orientada para o mercado, por uma alta especialização da mão de obra e pela monetização crescente, todos os quais são atestados nesse período. Entretanto, os ganhos decrescentes vindos das perdas demográficas sofridas durante o sangrento colapso do Império Assírio, quase no fim do século VII a.C., são outra alternativa. Esse colapso pode haver estimulado perdas populacionais na escala das observadas nas pestes, em áreas mais meridionais da Babilônia, o que constituiu um agente fundamental nesse conflito cataclísmico. Isso, no entanto, continua a ser uma especulação, e a deterioração aparentemente rápida dos salários reais no fim do século VI d.C. pareceria difícil de explicar puramente em termos de uma recuperação demográfica.

Todavia, apesar dessas lacunas persistentes em nosso conhecimento, os processos de nivelamento induzido por pestes, que antes eram, primordial ou até exclusivamente, associados à Peste Negra, demonstram hoje ter sido um fenômeno recorrente na história mundial. Todas as descobertas apresentadas neste capítulo convergem para o respaldo a um quadro malthusiano de nivelamento forçado pela população e mediado por estruturas institucionais. O que esses episódios de equalização também tiveram em comum foi a perda extraordinária de vidas humanas, na faixa de dezenas de milhões em cada um dos casos principais. A transitoriedade do nivelamento foi mais uma característica comum, visto que, de maneira quase invariável, a recuperação demográfica absorveu esses ganhos. As pandemias, portanto, serviram como um mecanismo de redução das desigualdades de renda e riqueza que foi, ao mesmo tempo, excepcionalmente brutal e, em última análise, insustentável. Em ambos os aspectos, elas estão em boa companhia com os outros processos niveladores eficazes que examinamos até aqui: os sacrifícios da guerra com mobilização em massa, as atrocidades das revoluções transformadoras e a devastação do colapso geral do Estado. Todos esses eventos atenuaram a desigualdade material, infligindo um enorme derramamento de sangue e vasto sofrimento humano. Agora, nosso quarteto de cavaleiros está completo.

"Deus humilhou os que tinham estado no alto": Augsburgo na Guerra dos Trinta Anos

Quatro partes para Quatro Cavaleiros: a separação clara dos principais niveladores da história ajudou a estruturar esta discussão, mas, inevitavelmente, não faz justiça às circunstâncias mais confusas da vida real no passado. Não raro, dois ou mais desses cavaleiros uniram forças, como diferentes mecanismos niveladores que atuaram e interagiram lado a lado. A experiência da cidade sulista alemã de Augsburgo, no século XVII, fornece uma excelente ilustração da influência conjunta de diferentes fatores – nesse caso, a guerra e a peste.[30]

Augsburgo era um dos centros da economia da Alemanha meridional no início do período moderno, um motor da recuperação da Peste Negra da Baixa Idade Média. Tendo crescido de 20 mil residentes em 1500 para 48 mil em 1600, tornou-se a segunda maior cidade alemã da época. O desenvolvimento econômico e a urbanização aumentaram a desigualdade de recursos, uma vez que a riqueza se expandiu e passou a ser distribuída de maneira cada vez mais desigual. Alguns registros detalhados de impostos que se baseavam em avaliações periódicas de todos os domicílios urbanos servem-nos como uma representação bastante exata dos bens reais e sua distribuição. Diversas variáveis geradoras de confusão precisam ser levadas em conta. Mesmo os residentes que eram registrados como não possuidores de bens tributáveis deviam possuir bens pessoais, cuja inclusão poderia reduzir um pouco a desigualdade medida. Ao mesmo tempo, aplicava-se uma isenção geral para os primeiros quinhentos florins em dinheiro de cada domicílio – um valor que, tributado a 0,5%, equivaleria ao pagamento de 2,5 florins de imposto, ou mais do que qualquer pessoa abaixo do quinto superior da distribuição da renda pagava em 1618. As joias e a prataria também eram isentas de tributação. Todas essas exceções favoreciam os ricos e devem ter mais do que compensado a omissão das magras posses dos pobres não tributados. No cômputo geral, portanto, as tendências observadas parecem bastante representativas. Os dados documentam um notável grau de mudança ao longo do tempo. Graças à acumulação e à concentração do capital, o coeficiente de Gini da desigualdade nos impostos sobre a riqueza elevou-se de 0,66 em 1498 para 0,89 em 1604 (Figura 11.4).[31]

A estratificação econômica era intensa em 1618: os 10% das famílias mais ricas pagavam 91,9% dos impostos sobre a riqueza, com um coeficiente de Gini de 0,933. Mesmo essa camada privilegiada tinha uma pesada estratificação: o 1% superior, que abrangia patrícios e os comerciantes mais ricos, respondia

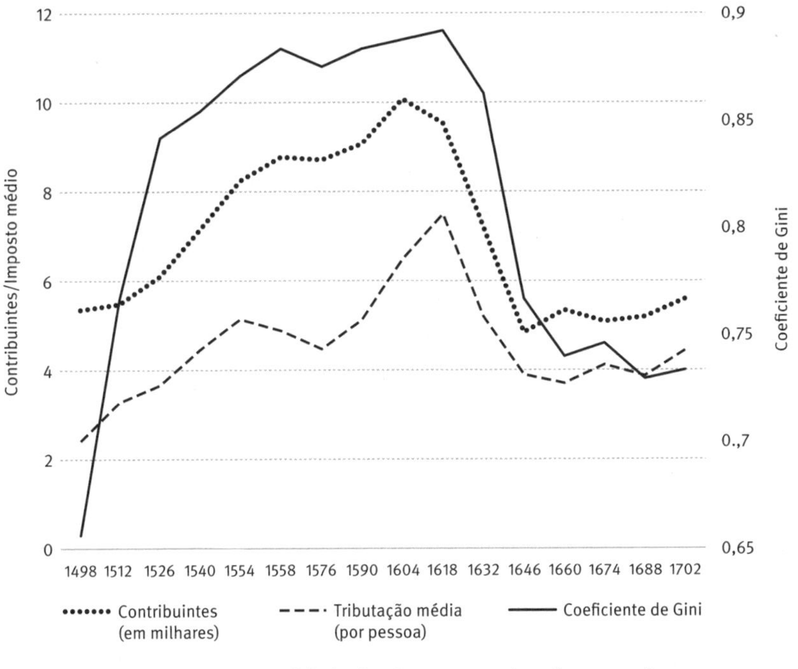

FIGURA 11.4 Desigualdade da riqueza em Augsburgo: número de contribuintes, pagamentos médios de impostos e coeficientes de Gini dos pagamentos de impostos, 1498-1702

por quase metade de toda a receita dos impostos sobre a riqueza. Dois terços dos tecelões e operários da construção civil registrados não pagavam imposto algum, como também acontecia com 89% de todos os trabalhadores diaristas. Na base da sociedade augsburguense, encontramos uma grande camada empobrecida de cerca de 6 mil residentes, inclusive cerca de mil mendigos errantes, 1.700 pessoas que viviam basicamente de esmolas e outras 3.500 que garantiam com esmolas parte do seu sustento. Com 2% da população figurando como ricos ou bem de vida, um terço como medianos e dois terços como pobres (sendo que, destes, pelo menos metade mal conseguia fechar as contas no fim do mês, vivendo à beira do nível de subsistência), não há sinal de uma classe média emergente sustentada pelo crescimento econômico. Ao contrário, observamos uma queda dos salários reais, tal como em muitas das outras populações urbanas examinadas no capítulo anterior.[32]

Essa era a situação logo no início da Guerra dos Trinta Anos, uma série complexa e demorada de operações militares que provocaram uma conflagração devastadora e sem precedentes na história alemã. Resultando na destruição generalizada da habitação e do capital, bem como numa enorme perda de vidas humanas, as hostilidades coincidiram com – e promoveram, em grau significativo – recorrências da peste e a disseminação de uma doença relativamente nova, o tifo, que aumentou ainda mais a mortalidade. Durante as primeiras fases da guerra, a cidade de Augsburgo não constituiu um alvo direto e só foi indiretamente afetada, em especial pela depreciação monetária. A desvalorização da moeda, a fim de pagar pela guerra, impulsionou a inflação dos preços nas décadas de 1620 e 1630, inicialmente por até uma ordem de grandeza. As camadas inferiores parecem ter sido as que mais sofreram, ao passo que lucros líquidos foram auferidos pelos mercadores ricos que compravam imóveis, sobretudo de proprietários medianos em situação aflitiva. Uma comparação das contribuições fiscais de 1625 com as de 1618 revela que mais comerciantes passaram a pagar ainda mais do que antes, e que sua contribuição total teve um aumento de três quartos, sinal da rápida concentração de riqueza entre os membros mais bem-sucedidos desse grupo. Entre os membros da aristocracia, que representavam as "fortunas de gerações", ganhadores e perdedores se equilibravam. Os possuidores astutos de capital mercantil eram os mais bem situados para explorar a desestabilização da moeda relacionada com a guerra. Os pobres ficaram mais pobres, enquanto maiores lucros foram registrados entre os residentes medianos mais endinheirados: entre os que lucraram incluem-se os ourives e os donos de estalagens, graças a seu acesso direto a bens escassos, como metais preciosos e alimentos.[33]

Mas todos esses lucros evaporaram rapidamente quando a pestilência e a guerra atingiram Augsburgo. A peste desferiu o primeiro grande golpe, parte de uma onda maior que varreu a Europa desde Amsterdã até a Itália, atravessando a Alemanha. A guerra ajudou a introduzir a epidemia na cidade através dos soldados desaquartelados, em outubro de 1627. A peste tratou de arrasar a cidade durante o resto desse ano e em 1628, tirando a vida de cerca de 9 mil residentes de um total de 40 mil ou 50 mil. As distribuições espaciais das despesas com o bem-estar social e da contração da população de Augsburgo, entre 1625 e 1635, correlacionam-se de perto, o que sugere que a peste matou um número desproporcional de pobres. Um segundo surto, em 1632 e 1633, teve o mesmo efeito. Esse desequilíbrio contribuiu para o efeito nivelador experimentado na cidade em geral. Os deslocamentos resultantes também reduziram a liquidez. Em 1629, a cidade impôs um "corte" a seus credores, diminuindo os elevados pagamentos de juros sobre empréstimos contraídos em anos anteriores. Os credores interessados em mover processos na justiça eram dissuadidos pela suspensão de qualquer pagamento, quer dos juros, quer do principal, enquanto os processos eram julgados.[34]

As forças suecas chegaram em abril de 1632. Embora pacífica, a tomada da cidade resultou em custos elevados de ocupação, que tiveram de ficar a cargo dos residentes, entre os quais destacavam-se as famílias católicas. Havia cerca de 2 mil soldados desaquartelados na cidade, e foi preciso pagar por enormes obras de fortificação. Introduziram-se impostos especiais, inclusive uma capitação moderadamente progressiva. Os pagamentos municipais de juros cessaram por completo quando a cidade enfrentou a falência. Os donos do capital foram as principais vítimas. Durante a ocupação, a mortalidade voltou a ter um grande aumento repentino, dessa vez devido ao retorno da peste em 1632, seguido pela fome provocada por um bloqueio imposto pelas forças católicas.[35]

A situação deteriorou-se mais após a derrota sueca na Batalha de Nördlingen, em setembro de 1634. As tropas imperiais não tardaram a sitiar Augsburgo. O cerco durou quase um semestre, até março de 1635, e causou aflições terríveis. Os pobres foram quem mais sofreram: o cronista Jacob Wagner fala de pessoas que ficaram reduzidas a comer peles de animais, cães e gatos e cadáveres humanos. Não existem motivos para achar que isso teria sido um mero chavão, pois houve relatos de coveiros sobre carne faltando em seios e outras partes do corpo, e alguns cidadãos foram vistos roendo os ossos de cavalos mortos, caídos nas ruas. A fetidez de mortos e moribundos pesava sobre a cidade. Enquanto isso, a guarnição sueca fez uma pressão implacável sobre o conselho governante local, que foi obrigado a obter enormes contribuições extraordinárias: só o primeiro imposto igualou as obrigações fiscais de um ano inteiro. Apenas dos ricos se esperaria a possibilidade de atender a essas exigências.[36]

Em março de 1635, a guarnição aceitou os termos de rendição que lhe permitiam partir em sigilo, mas isso obrigou a cidade a hospedar as tropas imperiais e a pagar uma indenização. Depois de as famílias católicas haverem suportado o grosso dos impostos anteriores, dessa vez coube aos protestantes ricos separar-se de muitos dos bens que lhes restavam. Um recenseamento feito no mesmo ano pouco esclarece a situação. A distribuição de bens imóveis não se modificou, mas a habitação perdeu muito de seu valor, porque os aluguéis caíram, as casas à venda estavam em más condições e os especuladores potenciais não puderam adquirir as propriedades desvalorizadas, por falta de capital líquido. Quatro anos depois, Jacob Wagner afirmou que os preços das casas haviam caído para um terço do nível anterior à ocupação, e que as oficinas dos artesãos tinham metade de seu espaço vazio. A elite da cidade reclamava dos ônus. Uma delegação enviada em 1636 ao imperador Habsburgo, em Nuremberg, queixou-se de que as 1.600 famílias protestantes remanescentes em Augsburgo haviam empobrecido muito, por terem sido forçadas a gastar somas enormes no alojamento de soldados e noutras despesas. Em 1840, um ano após a retirada da guarnição, outra delegação declarou que, nos cinco anos anteriores, os protestantes de Augsburgo tinham sido forçados a pagar oito vezes o valor dos impostos e haviam perdido mais de 1 milhão de florins, o que, se verdadeiro, equivaleria a um múltiplo da receita anual da cidade.[37]

O balanço do impacto cumulativo da peste e da guerra até 1646 constitui uma leitura sombria. A população de Augsburgo reduziu-se cerca de 50% ou 60% entre 1616 e 1646, num processo semelhante ao que aconteceu em outras cidades muito afetadas, como Munique, Nuremberg e Mainz. Todavia, sua composição socioeconômica mudou ainda mais radicalmente nos dois extremos do espectro (Tabela 11.1). O número de residentes pobres teve uma queda desproporcional: quatro quintos das famílias de tecelões desapareceram, não apenas em decorrência da morte ou da emigração, mas também porque muitos tiveram que desistir de sua profissão. Como a maioria era pobre, essa perda, somada à extrema depauperação entre os desvalidos, que de início haviam composto uma parcela considerável dos moradores da cidade, induziu ao nivelamento, por causar uma redução significativa na parcela dos que viviam na pobreza.[38]

TABELA 11.1 Participação e número de famílias tributáveis em Augsburgo, por faixa tributária, 1618 e 1646

Contribuição	Participação, em % (Número)		Mudança, em %	
Alíquota	1618	1646	da participação	do número
Nada	48,5 (4.240)	37,2 (1.570)	- 23,3	- 63
1-15 *kr.*	13,2 (1.152)	4,2 (176)	- 68,2	- 84,7
16-30 *kr.*	7,0 (614)	22,0 (928)	+ 214,3	+ 51,1
31-60 *kr.*	6,7 (587)	12,4 (522)	+ 85,1	- 11,1
1-10 fl.	16,5 (1.440)	18,0 (761)	+ 9,1	- 47,2
10-100 fl.	6,6 (577)	5,7 (241)	- 13,6	- 58,2
100-500 fl.	1,35 (118)	0,5 (20)	- 63,0	- 83,1
+500 fl.	0,01 (10)	0 (0)	- 100	- 100
Total	100 (8.738)	100 (4.218)	- 51,7	

Kr.: *kreuzer*; fl.: florins.

Muita coisa também mudou na camada superior da sociedade urbana. Famílias anteriormente riquíssimas tornaram-se apenas ricas, ao passo que o número dos que eram meramente ricos teve um declínio de cinco sextos. O número dos que levavam uma vida confortável ou moderadamente abastada caiu para a metade, porém se manteve mais ou menos estável como proporção da população total (muito diminuída). A parcela dos que estavam na faixa de renda logo acima da mera subsistência inflou-se feito um balão, ao mesmo tempo que a proporção dos pobres e miseráveis caiu. O efeito nivelador geral foi enorme.

Essas mudanças foram acompanhadas por um declínio da riqueza tributável que se mostrou ainda mais severo do que a queda do tamanho da população – cerca de três quartos, comparados à metade. A análise da arrecadação fiscal por decis de riqueza revela que essa queda vertiginosa foi quase inteiramente causada pelos prejuízos dos 10% mais ricos. Enquanto, em 1618, o decil superior havia contribuído com 91,9% do imposto sobre a riqueza, em 1646 sua participação caiu para 84,55%. Em termos absolutos, os pagamentos desse grupo declinaram de 52.732 para 11.650 florins, o que representa mais de 94% da queda total na arrecadação do imposto sobre a riqueza. As "fortunas de gerações", representadas pelas famílias aristocráticas, foram as mais duramente atingidas: sua contribuição fiscal média declinou quase quatro quintos.[39]

E ainda não havia acabado: o ano de 1646 assistiu a um segundo cerco, dessa vez por forças francesas e suecas, que fracassou, mas, apesar disso, duplicou a taxa anual de mortalidade. Um memorial redigido por comerciantes locais naquele ano lastimou o declínio do comércio, em decorrência de ataques, pilhagens e tarifas novas ou mais altas, todos os quais eram causados pela guerra, assim como os bloqueios e o custo de alojar os soldados. Em conjunto, afirmou-se que esses fatores reduziram as oportunidades de investimento e crédito, prejudicando os interesses dos donos do capital. O último ano da guerra, 1648, trouxe outro risco de sítio, e 2.400 soldados ficaram lotados na cidade, até a paz ser finalmente negociada.[40]

A cidade que sobreviveu não passava de uma sombra de sua versão anterior. Reduzida a menos da metade de sua população de antes da guerra, ela viu milhares de seus residentes mais pobres serem levados pela peste e pela fome, enquanto a elite detentora do capital era sugada até os ossos. Enormes fortunas haviam desaparecido e outras, menores, tinham visto seus números serem muito reduzidos. Os imóveis tinham se desvalorizado, os empréstimos tinham ficado sem valor e as oportunidades de investimento seguro haviam minguado: em suma, o capital fora enormemente desgastado. No fim, as graves perdas populacionais aumentaram a demanda de mão de obra entre os sobreviventes, melhorando a situação das classes trabalhadoras para um nível além da pobreza abjeta com que muitos já haviam sofrido. Ao terminar a guerra, o coeficiente de Gini (de substitutos) da riqueza tributável havia caído de mais de 0,9 para cerca de 0,75, ainda alto – e muito mais alto, aliás, do que fora depois da Peste Negra –, porém nem de longe tão extremo quanto antes. Esse efeito nivelador, conquistado a um preço dolorosamente alto, persistiu durante o resto do século XVII.[41]

A EXPERIÊNCIA DE Augsburgo, no que foi uma das guerras mais horrendas travadas na Europa Ocidental, numa época de pestes pior do que qualquer outra ocorrida desde a Peste Negra, talvez pareça extraordinária. No entanto, as forças propulsoras por trás da observada redução da desigualdade de renda e riqueza estavam longe de ser incomuns. Foram necessários uma violência maciça e muito sofrimento humano para despojar os ricos e reduzir a população trabalhadora a tal ponto que os sobreviventes ficaram em situação visivelmente melhor. Diferentes formas de desgaste, no topo e na base do espectro social, convergiram para comprimir a distribuição de renda e riqueza. Como vimos nesta e nas três partes anteriores deste livro, processos semelhantes ocorreram em meios muito diferentes e por uma grande variedade de razões, desde a Grécia da Idade do Bronze até o Japão da Segunda Guerra Mundial, desde a Inglaterra durante a Peste Negra e o México em pleno intercâmbio colombiano até a República Popular de Mao. Distribuindo-se, como fazem, por grande parte da história humana registrada e por diversos continentes, o que todos esses casos têm em comum é que as reduções substanciais da desigualdade de recursos dependeram de desastres violentos. Isso levanta duas questões prementes: Não houve nenhum outro modo de nivelar a desigualdade? E será que existe algum agora? É hora de explorarmos alternativas menos sangrentas para os nossos Quatro Cavaleiros.

PARTE VI

Alternativas

12. Reforma, recessão e representação

"Mãe e rainha de todas as coisas?" Em busca do nivelamento pacífico

Até aqui, todos os capítulos forneceram uma leitura bem deprimente. Volta e meia, vimos que as reduções substanciais da defasagem entre ricos e pobres foram obtidas a um preço alto – alto em termos de sofrimento humano. Entretanto, nem toda violência serve a esse fim. Quase todas as guerras tiveram a mesma probabilidade de aumentar ou reduzir a desigualdade, dependendo do lado em que se estivesse. As guerras civis produziram resultados similarmente inconsistentes, porém, em sua maioria, mais tenderam a ampliar do que a restringir a desigualdade. A mobilização militar em massa revelou-se o mecanismo mais promissor, visto que a violência excepcional produziu efeitos excepcionais. Todavia, embora isso se aplique às piores guerras da história humana – as duas guerras mundiais –, esse fenômeno e suas consequências equalizadoras foram raros em períodos anteriores: a Grécia antiga talvez seja sua única precursora. E, se o tipo mais intenso de guerra foi o que mais tendeu a reprimir as disparidades de renda e riqueza, isso se aplicou ainda mais às revoluções mais intensas: afinal, as revoluções comunistas do século XX promoveram um nivelamento em larga escala. Em contraste, aventuras menos ambiciosas, como a Revolução Francesa, geraram efeitos mais fracos, e a revolta mais popular da história não trouxe equalização alguma.

O colapso do Estado serviu como meio mais fidedigno de nivelamento, destruindo disparidades à medida que hierarquias de riqueza e poder eram varridas do mapa. Tal como nas guerras com mobilização em massa e nas revoluções transformadoras, a equalização foi acompanhada por grande sofrimento e devastação humanos, e o mesmo se aplica às mais catastróficas epidemias: embora as maiores pandemias tenham promovido poderosos nivelamentos, é difícil pensar num remédio para a desigualdade que tenha sido dramaticamente pior do que a doença. Em larga medida, a escala do nivelamento tendeu a se revelar uma função da escala da violência: quanto maior a força empregada, maior o nivelamento ocorrido. Muito embora esta não seja uma lei férrea – nem todas as revoluções comunistas foram especialmente violentas, por exemplo, nem todas as guerras com mobilização em massa nivelaram os recursos –, talvez seja o mais perto que podemos ter esperança de chegar de uma premissa geral. Essa é, sem a menor dúvida, uma conclusão excepcionalmente sombria. Mas será que essa foi a única maneira? Será que a violência sempre foi a fonte do nivelamento, assim como a guerra, segundo Heráclito, é "mãe e rainha de todas as coisas"? Haverá alternativas pacíficas que tenham produzido resultados semelhantes? Neste capítulo e no próximo, examinarei uma ampla variedade de candidatos potenciais, em especial a reforma agrária, as crises econômicas, a democratização e o desenvolvimento econômico: na falta de choques violentos em massa, como teria evoluído a desigualdade ao longo do século XX?[1]

"Até eles se transformarem numa tempestade que tudo arranca?" A reforma agrária

A reforma agrária merece o lugar de honra, pela simples razão de que, na maior parte do passado, quase todas as pessoas viviam da terra e as terras cultivadas costumavam representar o grosso da riqueza privada. Na França de trezentos anos atrás, a terra respondia por dois terços de todo o capital; na Grã-Bretanha, representava aproximadamente 60%. Isso deve ter sido típico de centenas, se não milhares de anos de história em todo o mundo. Por isso, a distribuição da terra era um determinante fundamental da desigualdade. Tentativas de modificar a posse da terra a favor dos pobres foram feitas ao longo de toda a história escrita. A reforma agrária não está intrinsecamente associada à violência: em tese, nada impede as sociedades de ajustar pacificamente essa posse em benefício dos pobres. Na prática, porém, quase sempre as coisas funcionaram de outra maneira: como veremos, as reformas agrárias bem-sucedidas dependeram, quase invariavelmente, do exercício ou da ameaça de violência.[2]

Os exemplos mais marcantes já foram discutidos no capítulo 7. Nem a natureza violenta nem o poder nivelador das revoluções soviética e chinesa estão em dúvida, embora, em alguns casos – o de Cuba, por exemplo –, a violência tenha sido mais latente do que amplamente expressa. A reforma agrária radical dentro desses moldes foi se extinguindo com o fim da Guerra Fria: o Camboja, a Etiópia e a Nicarágua das décadas de 1970 e 1980 figuram entre os exemplos registrados mais recentes. De lá para cá, o Zimbábue foi o único grande caso de redistribuição coercitiva da terra. Nesse país, a reforma agrária havia prosseguido em ritmo tranquilo na década de 1980 e em boa parte dos anos 1990, com cerca de um décimo das terras cultiváveis sendo transferidos de fazendeiros brancos para 70 mil famílias, quase todas pobres e pretas. A radicalização começou em 1997, quando veteranos da guerra de libertação montaram "invasões de terras", ocupando áreas pertencentes a grandes proprietários brancos. Em resposta, mais um oitavo das terras cultiváveis foi marcado para aquisição compulsória. Até o momento, cerca de 90% das terras controladas por 6 mil fazendeiros brancos em 1980 foram doados a 250 mil famílias. No país inteiro, a parcela das grandes fazendas pertencentes a brancos despencou de 39% para 0,4%. Isso representa uma enorme transferência de riqueza líquida de uma pequena elite para famílias pobres. A segunda e mais agressiva fase da reforma agrária, a partir de 1997, deveu muito à agitação violenta dos veteranos. Quando o governo de Mugabe não honrou as promessas de bem-estar social e apoio financeiro, os veteranos e as pessoas que eles tinham ajudado a mobilizar desafiaram não apenas os colonos brancos, mas também as autoridades, pressionando Mugabe para que ele consentisse na tomada à força das fazendas comerciais pertencentes a brancos. Após tentativas iniciais de refrear esse movimento, Mugabe passou a integrá-lo no ano 2000, mirando essas fazendas e expedindo medidas para proteger os ocupantes. Vemos aí ecos da revolução mexicana do início do século XX, quando a ocupação local de propriedades também guiou a ação do governo. A violência local foi um meio crucial de expansão do alcance da distribuição de terras e, portanto, da equalização da riqueza.[3]

Muitas reformas agrárias da história resultaram da guerra. No capítulo 4, examinei um caso particularmente extremo: a reforma agrária do Japão sob ocupação norte-americana, que acarretou um confisco efetivamente não compensado e uma reestruturação geral da posse da terra no país inteiro. Esse foi um fenômeno inédito da era pós-Segunda Guerra Mundial; até então, os ocupantes estrangeiros nunca haviam promovido uma agenda redistributiva.

A dominação soviética na Europa Central foi a principal manifestação de equalização patrocinada por forças conquistadoras. Historicamente, a guerra deu impulso à reforma agrária de outras maneiras. Um mecanismo bem estabelecido foi a reforma em resposta à ameaça de guerra, empregada como meio de respaldar a capacidade militar do país.

De acordo com alguns relatos, as reformas Taika (da "Grande Mudança") do Japão, após 645 d.C., podem ser interpretadas como um exemplo precoce desse processo. Tomando por modelo os planos de equalização da terra dos governantes Sui e Tang, na vizinha China, as terras cultiváveis deveriam ser examinadas e reorganizadas num sistema de grade de lotes equalizados, os arrozais deveriam ser destinados a famílias individuais com base no número de seus membros produtivos, e foram planejadas realocações periódicas para dar conta de circunstâncias mutáveis. Os lotes distribuídos, tecnicamente públicos, deveriam ser inalienáveis. Como tantas vezes acontece, não temos como saber ao certo com que alcance ou fidelidade esse programa ambicioso foi de fato implementado. O importante aqui é que ele foi empreendido no contexto de uma reforma contínua, sob a ameaça de guerra interna e externa. O envolvimento na Coreia, nos anos 660, jogou o Japão contra a China da dinastia Tang, despertando preocupações sobre uma invasão militar pela superpotência vizinha. Seguiu-se a militarização, interrompida pela guerra de sucessão Jinshin, em 672 e 673. O primeiro recenseamento de todos os tempos realizou-se em 689, quando foi introduzido o recrutamento universal de todos os homens adultos. A ameaça de guerra parece ter dado impulso a reformas internas, destinadas a reprimir as elites locais e fomentar a coesão na população geral, que deveria preparar-se para a mobilização militar.[4]

Ficamos em terreno mais seguro com a Rússia czarista. Um mês depois da derrota na Guerra da Crimeia de 1853-56, o czar Alexandre II prometeu "leis igualmente justas para todos". As reformas incluíram a emancipação dos servos num prazo de cinco anos, medida que se destinou a criar um exército maior, apoiado pelo recrutamento universal. Os camponeses ficaram então aptos a ser proprietários dos lotes que cultivavam. Todavia, a equalização foi contida pela obrigação que lhes foi imposta de pagar resgates equivalentes a 75% ou 80% do valor das terras. O financiamento era fornecido por títulos do governo, que os camponeses teriam de pagar com juros de 6% ao longo de 49 anos – um dreno prolongado em seus recursos, que muitas vezes os deixava com lotes menores do que aqueles em que haviam trabalhado anteriormente. A diferenciação aumentou à medida que alguns receberam terras e outros não, os camponeses mais pobres se proletarizaram e as famílias mais abastadas afastaram-se das demais. A inquietação subsequente à derrota na guerra contra o Japão, em 1905, desencadeou outra rodada de reforma agrária. Na ocasião, os camponeses ainda possuíam apenas 3,5% de todas as terras. Recusando-se a fazer novos pagamentos de resgate, entraram em greve e atacaram as propriedades, saqueando mais de mil casas senhoriais. Em resposta a essa violência, todos os pagamentos pendentes de resgates foram cancelados e os camponeses receberam o direito de reivindicar sua terra como propriedade hereditária. Como resultado, na época da Primeira Guerra Mundial, mais de metade de todas as terras tinha se tornado propriedade dos camponeses. Mesmo assim, a defasagem persistente da riqueza entre uns poucos latifúndios e inúmeras pequenas propriedades aumentou a desigualdade geral da terra, e os cavalos de carga passaram a ser distribuídos de maneira mais desigual do que antes.[5]

Esse não foi um caso isolado. As reformas agrárias instigadas pela guerra e que acabaram exacerbando a desigualdade têm uma longa história. As Guerras Napoleônicas desencadearam a reforma agrária em diversos países, com resultados impalatáveis a longo prazo. Na Prússia, o impacto da derrota de 1806 instigou a abolição da servidão no ano seguinte, e, embora os arrendatários fossem autorizados a comprar terras dos nobres e da Coroa, os preços eram altos e os grandes latifundiários – os *junkers* – reforçaram seu controle da terra e conservaram uma posição dominante, até os comunistas expropriarem todas as grandes propriedades em 1945, sem indenização. Na Espanha, as Guerras Napoleônicas também incentivaram a liberalização. O morgadio foi abolido em 1812 e as terras públicas foram postas à venda, mas as guerras civis posteriores resultaram numa concentração ainda maior da posse da terra – o que também se deu em Portugal. Na Áustria, foi a revolução de 1848 que persuadiu o governo a garantir que os servos fossem libertados das obrigações feudais: nominalmente introduzidas nos anos 1780, as leis voltadas para esse objetivo ainda não tinham sido propriamente implementadas até então. Os preços de resgate da transferência de terras foram estabelecidos em vinte vezes a renda anual e igualmente divididos entre os camponeses, o Estado e os senhores (que com isso abriram mão de um terço de sua riqueza fundiária) – um exemplo de compra da paz em resposta à agitação popular.[6]

Outras tentativas de reforma motivadas pela guerra foram mais radicais, porém tiveram curta duração. Fundada em 1901, a União Agrária Nacional Búlgara só conseguiu atingir as massas rurais depois que o impacto maciço da derrota na Primeira Guerra Mundial – que levou à rendição, ao caos político e a perdas territoriais – guindou-a ao poder em 1920. Seu programa de reforma agrária era ambicioso: a posse da terra foi limitada a trinta hectares, as terras excedentes ficaram sujeitas à venda compulsória em escala decrescente (com os níveis de indenização encolhendo conforme o tamanho) e foram transferidas para os sem terra e os pequenos proprietários, e as terras e imóveis da Igreja obtidos mediante especulação e lucros de guerra foram confiscados. Isso logo desencadeou uma reação violenta da ordem social estabelecida, o que levou à derrubada do governo. Os efeitos da guerra atuaram de maneira mais indireta na Guatemala, durante e depois da Segunda Guerra Mundial. Nos anos do conflito, o domínio opressivo dos grandes latifundiários foi enfraquecido pela perda do mercado alemão do café e pela nacionalização de muitas fazendas cafeicultoras de propriedade alemã, efetuada sob pressão norte-americana. Isso preparou o terreno para a reforma agrária por um governo democraticamente eleito em 1952: a terra dos latifúndios foi redistribuída e os donos foram indenizados com títulos do Tesouro, de acordo com as declarações de imposto que costumavam apresentar, em geral enormemente desvalorizadas. Em 1954, num processo pacífico e ordeiro, 40% da população rural havia recebido terras. Todavia, um golpe de Estado, nesse mesmo ano, instalou um regime militar que anulou a reforma agrária e renovou a repressão. Ao todo, 150 mil pessoas morreram na longa guerra civil que se seguiu. Na década de 1990, 3% de latifundiários detinham dois terços de todas as terras, enquanto 90% da população rural era quase ou totalmente sem terra. A violência manifestou-se de diferentes maneiras nesse processo: primeiro, remotamente, ao facilitar a mudança, e depois, mediante sua ausência, sob um governo pacífico que não se revelou à altura da intervenção e da repressão violentas.[7]

Em outros casos, as preocupações com a violência potencial, interna ou externa, precipitaram a reforma agrária. O anticomunismo foi um fator motivador particularmente poderoso. No fim da Segunda Guerra Mundial, a desigualdade de terra na Coreia do Sul era alta: menos de 3% das famílias rurais possuíam dois terços de todas as terras, enquanto 58% não tinham nenhuma. A reforma agrária subsequente foi impulsionada pelo medo de que os comunistas da Coreia do Norte, que haviam expropriado terras em sua parte da Coreia já no início de 1946, pudessem mobilizar o campesinato local no sul. O apoio norte-americano e o compromisso com a reforma agrária por parte de todos os partidos que contestaram a primeira eleição, em 1948, resultaram na expropriação e na redistribuição de terras em larga escala. Primeiro foram confiscadas todas as propriedades coloniais japonesas. No início da década de 1950, a propriedade privada foi limitada a três hectares de boas terras para a lavoura, a terra excedente foi transferida para os camponeses, por meio de confisco ou venda por uma indenização mínima (uma vez e meia a renda anual), e os aluguéis foram fixados em níveis baixos para os que continuavam a cultivar terras de terceiros. Pouco mais da metade de todas as terras mudou de mãos. O efeito redistributivo foi enorme: os latifundiários perderam 80% de sua renda, enquanto os 80% inferiores de famílias rurais ganharam 20% a 30%. Em 1956, os 6% mais ricos entre os latifundiários detinham meros 18% de todas as terras, e a parcela dos arrendatários havia caído de 49% para 7%. O coeficiente de Gini de posse da terra, que tinha chegado a atingir 0,72 ou 0,73 em 1945, caiu para a casa dos 0,30 na década de 1960. O efeito nivelador da reforma agrária foi ampliado pelas consequências da Guerra da Coreia: visto que a maioria das propriedades industriais e comerciais foi destruída e que a hiperinflação tornou inúteis as indenizações, a elite fundiária desapareceu por completo, fazendo emergir uma sociedade altamente igualitária, que depois foi sustentada pelo amplo acesso à educação. Nesse caso, as preocupações com a guerra ou a revolução foram superadas pela guerra real com mobilização em massa, com consequências equalizadoras semelhantes às encontradas no capítulo 5.[8]

O medo da revolução e a guerra propriamente dita também convergiram no Vietnã do Sul, que instituiu a reforma agrária em 1970, por insistência dos Estados Unidos: toda a terra arrendada deveria ser entregue aos cultivadores, que receberiam uma parte dela gratuitamente; os proprietários seriam indenizados. A reforma foi implementada em três anos, e, em seguida, o índice de arrendamento sofreu uma queda drástica – de 60% para 15% no delta do Mekong, por exemplo. Em Taiwan, ao contrário, a preocupação geral com a guerra, e não a guerra em si, serviu como agente principal do nivelamento. Expulso do continente pelos comunistas vitoriosos, em 1949 o governo do Kuomintang embarcou na reforma agrária como meio de reforçar o apoio local. Seus apoiadores norte-americanos também exortaram à redistribuição, para fazer oposição ao comunismo. A motivação era forte e os obstáculos institucionais, fracos: os líderes não tinham nenhuma obrigação para com os senhores de terra locais e muitos atribuíam a derrota ao fracasso da reforma agrária no continente. Tal como na Coreia do Sul, foram estabelecidos tetos para as propriedades individuais e os aluguéis foram reduzidos. Após a venda de terras públicas aos arrendatários, em 1953 os proprietários foram obrigados a vender a terra excedente, em troca de uma indenização bem abaixo dos preços de mercado. Como resultado, as rendas agrícolas subiram, a participação dos arrendatários declinou de 38% em 1950 para 15% dez anos depois, e o coeficiente de Gini da posse de terras caiu de cerca de 0,6 para um número entre 0,39 e 0,46 durante o mesmo intervalo. O Gini da renda geral caiu drasticamente, de 0,57 em 1953 para 0,33 em 1964.[9]

A reforma agrária na Romênia, em 1921, pode ter sido um exemplo precoce dessa estratégia de contenção: beneficiou os camponeses mais pobres e os pequenos proprietários, que receberam terras expropriadas, e há quem suponha que foi motivada pelo medo de que uma revolução se alastrasse da vizinha União Soviética. O medo da agitação comunista também instigou a reforma em países latino-americanos. A "Aliança para o Progresso", criada pelos Estados Unidos em 1961, em resposta à tomada de Cuba por Fidel Castro, promoveu a reforma agrária e deu orientação e apoio financeiro para esse fim. O Chile foi candidato: após tímidos passos iniciais, a preocupação com a derrota eleitoral em 1964 levou uma coalizão entre direita e centro a abraçar uma reforma agrária mais ampla, com apoio estrangeiro. Em 1970, muitas grandes propriedades tinham sido expropriadas, mas os desembolsos foram moderados. O governo de esquerda de Allende obteve maiores progressos, até ser derrubado por um golpe em 1973. Embora isso tenha detido o processo, já então um terço das terras tinha passado a pertencer a pequenos proprietários, comparado a um décimo apenas uma década antes.[10]

Tendo por pano de fundo a grande desigualdade e a violência rural no Peru ao longo dos anos 1960, os líderes de um golpe militar em 1968, opostos à oligarquia tradicional do país e treinados nos princípios de contrainsurgência norte-americanos, optaram pela reforma agrária como meio de afastar uma guerra civil completa. Em poucos anos, a maioria das grandes propriedades foi expropriada, um terço de toda a terra cultivável foi transferido e um quinto da força de trabalho rural beneficiou-se. Desbaratar o poder dos grandes latifundiários trouxe benefícios sobretudo aos militares e aos camponeses medianos, mais do que aos pobres. Medidas de motivação semelhante foram tomadas no Equador, na Colômbia, no Panamá e na República Dominicana. Em El Salvador, uma junta lançou a reforma agrária em 1980, um ano antes da eclosão da guerra de guerrilha, com incentivo e apoio financeiro dos Estados Unidos.[11]

Uma década antes, o medo da revolução também havia ajudado a induzir a reforma agrária no Egito. A terra tinha uma distribuição bastante (mas não extremamente) desigual, na qual o 1% superior dos latifundiários controlava um quinto e os 7% mais ricos possuíam dois terços dela. As taxas de locação eram altas e a situação dos arrendatários era precária, semelhante à dos trabalhadores braçais. Na década que levou ao golpe militar de Nasser, em 1952, o país estivera dilacerado pela instabilidade, assistindo a uma rápida sucessão de dezessete governos, leis marciais, greves e tumultos. Membros da classe dominante tinham sido alvo de assassinatos. O novo regime lançou a reforma agrária no ano em que assumiu o poder. Tal como no Leste Asiático, na mesma época, os Estados Unidos forneceram defesa e apoio, a fim de conter a influência comunista. O ministro da Agricultura, Sayed Marei, invocou esses temores ao justificar a reforma:

> Estamos lembrados dos dias que antecederam a revolução de julho de 1952; estamos lembrados de como as aldeias egípcias se inquietaram, como resultado da perigosa agitação; estamos lembrados dos acontecimentos que levaram ao derramamento de sangue e à destruição da propriedade. ... Porventura os grandes proprietários prefeririam ficar expostos aos ventos que sopram através dessa inquietação, explorando a carência e a pobreza, até eles se transformarem numa tempestade que tudo arranca ...?

Estabeleceram-se tetos para a posse privada da terra, mas os proprietários foram indenizados e se exigiu dos que receberam a terra um pagamento ao Estado, ao longo de décadas, num plano não diferente do que fora concebido na Rússia czarista após 1861. Como esses pagamentos eram muito menores do que tinham sido os aluguéis anteriores, o arranjo funcionou em prol dos camponeses. A distribuição da riqueza foi menos afetada que a da renda, com cerca de um décimo da terra trocando de mãos. No Iraque, os golpes de Estado e o governo baathista surtiram um efeito maior e a coletivização reduziu muito a desigualdade na posse da terra, nas décadas de 1960 e 1970. Uma insurreição comunista fracassada no Sri Lanka, em 1971, a qual se acredita haver custado milhares de vidas, instigou a reforma agrária logo no ano seguinte, garantindo a expropriação das terras particulares – e, mais adiante, também as empresariais – que ultrapassassem um teto estabelecido. Novamente instigada pela violência, essa intervenção representou um desvio radical do fracasso de todos os governos anteriores, desde a independência, para lidar com a desigualdade de terra.[12]

Todos esses exemplos apontam de forma consistente para a suprema importância da violência, manifesta ou latente, para promover reformas agrárias significativas. Entretanto, os resultados variaram muito. Com efeito, a reforma agrária tem um histórico precário em matéria de aliviar a desigualdade. Uma pesquisa de 27 reformas feitas durante a segunda metade do século XX mostra que, na grande maioria dos casos (21, ou 78%), ou a desigualdade de terra se manteve basicamente inalterada ou chegou até a aumentar com o tempo. O favoritismo podia minar as reformas agrárias pacíficas. Na Venezuela dos anos 1960, um governo democraticamente eleito redistribuiu um décimo das terras cultiváveis do país – metade proveniente de expropriações e metade de terras estatais – a um quarto dos pobres sem terra. Na época, o país estava fazendo a transição de uma economia predominantemente agrícola para uma economia urbana, baseada em exportações de petróleo. Isso permitiu ao governo pagar indenizações generosas, provenientes da renda do petróleo – tão generosas, na verdade, que os latifundiários promoveram greves e demandas de terra por parte de seus trabalhadores, para que eles mesmos pudessem habilitar-se à expropriação e receber indenizações superiores aos preços de mercado. Uma reforma nesses moldes pouco faria para mitigar a desigualdade material.[13]

Às vezes, a indenização era introduzida pela porta dos fundos. No decorrer de sua expansão pela península Italiana, a antiga República Romana confiscou grandes quantidades de terras aráveis de inimigos derrotados e as converteu em terras públicas, as quais foram entregues a colonos ou arrendadas. Esta segunda alternativa beneficiava quem podia bancar o cultivo e investir em grandes áreas de terra, e levou as propriedades públicas a se concentrarem nas mãos dos ricos. Depois de um esforço anterior para impor limites legais ao acesso a esse tipo de terra, a questão exacerbou-se em 133 a.C., quando um reformador populista pertencente à classe dominante oligárquica, Tibério Graco, forçou um plano de redistribuição que limitava cada proprietário a pouco mais de 120 hectares de terras públicas. As posses que ultrapassassem esse limite deveriam ser confiscadas, sem indenização pelos investimentos anteriores, e entregues a cidadãos pobres. Os campos distribuídos tornaram-se inalienáveis, para impedir que os ricos e poderosos comprassem ou deslocassem de outras maneiras os minifundiários recém-criados. A oposição da elite a essa reforma deu-se em etapas. Os esforços para aprimorar esse programa, fornecendo aos colonos uma verba inicial, custaram a Graco sua vida pelas mãos de oligarcas enfurecidos. O plano de redistribuição não sobreviveu a seu instigador por mais de quatro anos, e, na década de 110 a.C., os arrendamentos foram abolidos e todos os detentores de terras públicas – inclusive os que possuíam o limite máximo permitido – começaram a desfrutá-las como propriedades privadas, passíveis de ser vendidas. Assim, embora o plano pudesse ter criado um número respeitável de novos minifundiários (equivalente a alguns pontos percentuais da população de cidadãos), seu efeito a longo prazo na distribuição da riqueza fundiária deve ter sido modesto, na melhor das hipóteses.[14]

Nas Filipinas modernas, a falta de uma ameaça crível de guerra ou revolução permitiu que as elites latifundiárias arrastassem os pés: embora a reforma agrária se mantivesse como um lema perene de campanha durante décadas, pouca coisa mudou. Mesmo quando se fez uma tentativa mais séria, depois de 1988, os resultados foram modestos, tal como tinham sido na Índia, no Paquistão e na Indonésia. No Irã dos anos 1970, embora a maioria dos meeiros tenha obtido uma porção de terra, mediante vendas compulsórias do excesso de terras dos latifundiários, o processo, na verdade, ampliou a desigualdade entre os pequenos proprietários, graças ao favoritismo dos vendedores, combinado com as exigências de indenização e com a falta de apoio do Estado, todos os quais beneficiavam os camponeses em melhor situação econômica. O "Grande Mahele" havaiano de 1848 é um exemplo particularmente extremo de reforma agrária pacífica que criou efeitos injustos. Na época, a terra, que era coletivamente cultivada, dividia-se entre o rei, os chefes e a população em geral. Como eram necessárias reivindicações formais para se estabelecer a posse privada – coisa que muitas famílias de plebeus não faziam –, e como a Lei de Posse Estrangeira da Terra logo permitiu que forasteiros adquirissem terras, a maior parte das que não foram reivindicadas pela Coroa tornou-se, ao longo do tempo, propriedade comercial não havaiana.[15]

A reforma agrária não violenta só alcançou pleno sucesso em raríssimas circunstâncias. A distribuição de terras comunitárias na Espanha do fim do século XVIII é, quando muito, um exemplo parcial. Desencadeada por tumultos que forçaram o rei Carlos III a fugir de Madri em 1766 – e, portanto, não sem um impulso violento –, ela produziu resultados substancialmente variáveis, que foram determinados por situações locais. Com frequência, apenas os que podiam pagar pelo equipamento agrícola saíam ganhando. Em algumas regiões, a reforma fracassou por falta de verbas entre os trabalhadores rurais e por intervenções manipuladoras da elite. Ela só teve sucesso quando a classe alta não estava particularmente interessada na posse da terra – como em Málaga, que era dominada por elites de comerciantes –, ou quando a relativa escassez de trabalhadores rurais, aliada à abundância da terra, limitava o poder de barganha dos latifundiários, como em Guadalajara.[16]

Na Sérvia oitocentista, a reforma agrária equalizadora foi possibilitada pela crescente independência da dominação imperial. Os otomanos haviam imposto um regime feudal que destinava terras a beneficiários muçulmanos bem relacionados. Além disso, turcos poderosos estabeleceram, ilicitamente, reivindicações quase privadas, invadindo as terras de camponeses sérvios. A população rural local era obrigada a pagar aluguéis elevados e a prestar serviços. Depois que os levantes iniciados em 1804 introduziram um período transicional de dominação dupla – autonomia sérvia sob a suserania otomana –, que durou de 1815 a 1830, as reivindicações ilegais de posse foram rescindidas e os senhores feudais e os arrendamentos da terra ficaram sob pressão. Os povoamentos do início dos anos 1830 ordenaram que a maioria dos turcos deixasse a Sérvia em poucos anos, depois de venderem suas terras aos moradores locais. O feudalismo foi abolido e os sérvios adquiriram direitos privados de posse da terra. Parte das terras cedidas pelos turcos que partiram foi distribuída a minifundiários. Os grandes proprietários restantes foram instados a vender as casas dos agricultores e certa porção de terras cultiváveis aos camponeses que trabalhavam em suas propriedades. Como resultado, os grandes latifúndios desapareceram quase por completo e a posse de terras tornou-se extremamente difundida: em 1900, 91,6% das famílias sérvias possuíam casas e outros imóveis. Nesse caso, a desigualdade foi reduzida à custa de uma elite "estrangeira", que foi forçada a sair de sua posição tradicional de privilégio. As reformas agrárias que visaram a antigas terras coloniais ou outras posses capturadas da elite ocorreram, similarmente, em toda uma série de outros países.[17]

Em geral, as reformas genuinamente pacíficas parecem ter exigido alguma forma de controle estrangeiro que refreasse o poder das elites locais. Assim funcionou em Porto Rico no fim da década de 1940 – e, mesmo ali, ela foi um subproduto de reformas equalizadoras nos Estados Unidos, que tinham sido impulsionadas pela Grande Depressão e pela Segunda Guerra Mundial, e que coincidiram com a reforma agrária de cima para baixo no Japão sob ocupação norte-americana. A dominação colonial também foi instrumental na reforma agrária irlandesa. No fim dos anos 1870, a chamada "Guerra da Terra" – uma agitação em prol de aluguéis justos e proteção dos arrendatários contra o despejo – envolveu uma resistência organizada em forma de greves e boicotes, mas muito pouca violência de fato. O Parlamento britânico abordou essas queixas numa série de leis que regularam os aluguéis e regulamentaram empréstimos a juros fixos para os arrendatários que quisessem comprar terras de proprietários dispostos a vendê-las. Em 1903, a Lei de Wyndham finalmente comprou a paz, quando o governo concordou em cobrir, com recursos da receita do Estado, um ágio de 12% entre os pagamentos oferecidos pelos arrendatários e os preços solicitados pelos proprietários, assim subsidiando a privatização dos minifúndios. Isso permitiu que os pequenos proprietários assumissem o controle de mais da metade de todas as terras cultiváveis da Irlanda na época da independência, no início da década de 1920.[18]

A busca por reformas agrárias que tenham sido ao mesmo tempo pacíficas e eficazes não teve grande sucesso. As intervenções mais redistributivas foram possibilitadas pela revolução e pela guerra civil – quase sempre violentas –, como na França, no México, Rússia, China, Vietnã, Bolívia, Cuba, Camboja, Nicarágua e Etiópia revolucionários, bem como por outras formas de agitação violenta, como no Zimbábue. Em outros casos, a reforma agrária equalizadora resultou de guerras que levaram à ocupação estrangeira (no Japão, na Europa Central e, até certo ponto, nas Coreias do Norte e do Sul, após a Segunda Guerra Mundial), da ameaça de guerra (no Japão da Alta Idade

Média, na Prússia e em Taiwan), de outras perturbações ligadas à guerra (na Guatemala), de preocupações com a revolução (no Chile, Peru, Egito e Sri Lanka), ou de uma combinação dessas apreensões com a guerra de fato (na Coreia do Sul e no Vietnã do Norte). De acordo com a pesquisa mais recente, nada menos que 87% de todas as grandes reformas agrárias realizadas fora da América Latina, entre 1900 e 2010, ocorreram na esteira de uma guerra mundial, da descolonização, da tomada do poder pelos comunistas ou da ameaça de agitação comunista.[19]

As reformas pacíficas podem beneficiar os ricos, como no Havaí e na Venezuela, ou ser implementadas a uma certa distância, como na Irlanda e em Porto Rico. Os indícios de reforma agrária autônoma que tenha tido um desenrolar pacífico e haja resultado num nivelamento significativo são escassos. Essa constatação não surpreende: nas sociedades com um nível de desenvolvimento que tornava desejável a reforma agrária, a resistência da elite sempre tendeu a bloquear ou diluir as políticas redistributivas, a não ser quando choques violentos ou a ameaça de violência estimularam concessões mais substantivas. Isso ajuda a explicar a evidente falta de reformas agrárias não violentas, caracterizadas por "pisos" altos (o tamanho dos novos minifúndios) e "tetos" baixos (os limites impostos às propriedades dos latifundiários).[20]

Esse quadro não se modifica ao recuarmos o olhar para o passado mais distante. Os planos nominalmente ambiciosos de redistribuição de terras são repetidamente atestados como uma característica da construção do Estado, como nos Estados Guerreiros das dinastias Sui e Tang, na China, e no contexto da luta dos governantes para reduzir a riqueza da elite, como na China dos Han: já me referi a eles em capítulos anteriores. Na antiga Grécia, a reforma agrária e as medidas correlatas, sobretudo o perdão de dívidas, eram comumente associadas a golpes violentos. Os relatos estendem-se por vários séculos, desde o período arcaico até o helenístico. Quando, no século VII a.C., Cípselo, o primeiro tirano de Corinto, matou ou expulsou os membros de um clã rival, é possível que tenha se apossado da terra para redistribuição. Mais ou menos na mesma época, ou pouco depois, Teágenes, na pólis vizinha de Mégara, matou os rebanhos dos ricos, que tinham sido levados para pastar nos campos dos pobres. Durante um período subsequente de democracia radical, os ricos foram exilados, sendo confiscados os seus bens; dizem que os pobres teriam entrado nas casas dos abastados para extorquir refeições gratuitas ou praticar atos de violência. Os prestamistas receberam ordens de devolver os juros sobre as dívidas, embora não haja sinal de um claro cancelamento destas. Em 280 a.C., um certo Apolodoro tomou o poder, na cidade de Cassandreia, com a ajuda de escravos e operários das manufaturas. Dizem que teria confiscado "os bens dos ricos e os redividido entre os pobres e aumentado o soldo dos soldados", situação que durou apenas quatro anos. Num contexto similar, Clearco tornou-se tirano de Heracleia Pôntica em 364 a.C., alardeando um programa de redistribuição da terra e cancelamento de dívidas.[21]

A reforma agrária pacífica também não conseguiu avançar muito em Esparta. Como vimos no capítulo 6, a riqueza fundiária havia passado a ter uma distribuição cada vez mais desigual, marginalizando uma proporção ainda maior da cidadania. Em meados do século IV a.C., o número de cidadãos plenos havia declinado para setecentos (de mais de dez vezes esse valor, um século e meio antes), cerca de cem dos quais eram classificados como ricos, enquanto os outros eram seus devedores. Outros 2 mil homens espartanos, aproximadamente, eram categorizados como cidadãos de segunda classe, em parte por sua renda haver caído abaixo do limiar exigido. A extrema desigualdade no corpo de cidadãos, para não falar das camadas subalternas da sociedade espartana, preparou o terreno para as tentativas de reforma.

A primeira intervenção, que o rei Ágis IV pretendia que se realizasse sem derramamento de sangue, nos anos 240 a.C., visou ao cancelamento das dívidas e à redistribuição da terra em 4.500 lotes iguais, não apenas para os cidadãos, mas também para membros adequados das poleis súditas. Quando esses esforços foram frustrados, enquanto o soberano se encontrava ausente, numa campanha militar, Ágis foi para o exílio e a reforma fracassou. A rodada seguinte já foi um pouco mais violenta, quando o rei Cleômenes III, em 227 a.C., organizou um golpe com a ajuda de mercenários, matando quatro dos cinco magistrados mais antigos de Esparta (os éforos) e cerca de outros dez, e expulsando mais oitenta. Seu programa era semelhante ao de Ágis e, dessa vez, foi realmente implementado, acompanhado por uma reforma militar prontamente recompensada por sucessos militares e diplomáticos. Finalmente derrubado por uma derrota militar em 222 a.C., Cleômenes fugiu do país; não há indicação de que alguém haja mexido em suas redistribuições. As enormes perdas de vidas nessa derrota, contudo, devem ter reduzido muito o número de latifundiários. Outro desastre militar, em 207 a.C., instigou a terceira e mais radical rodada de reformas, conduzida por Nábis, que libertou e concedeu direitos de cidadania a milhares de "escravos", provavelmente hilotas. Ele teria matado, torturado ou exilado espartanos ricos, doando suas terras aos pobres. Deposto Nábis, mediante uma intervenção estrangeira em 188 a.C., um povoado reacionário obrigou à expulsão ou à venda dos hilotas recém-tornados cidadãos. Essa é mais uma ilustração de que a implementação bem-sucedida da reforma agrária tende a exigir certa dose de violência, e também mostra como esta, em troca, pode desencadear uma contraviolência ainda maior.[22]

"Quebrar as tábuas": Perdão da dívida e emancipação

Ao que saibamos, a reforma agrária não associada à violência, de um modo ou de outro, raras vezes, ou nunca, foi um meio poderoso para combater desigualdades de renda e riqueza. O mesmo se poderia dizer sobre o perdão das dívidas. A dívida certamente foi um impulsionador da desigualdade, obrigando os lavradores a vender suas terras e reduzindo as rendas disponíveis. Pelo menos em tese, a redução ou o cancelamento das dívidas poderiam ajudar a melhorar a situação dos tomadores pobres, à custa de prestamistas ricos. Na prática, não há boas provas de que qualquer medida desse tipo já tenha feito uma diferença real. Programas de perdão das dívidas são atestados desde as mais antigas sociedades alfabetizadas de que se tem registro: Michael Hudson reuniu mais de duas dezenas de referências ao cancelamento de juros ou das próprias dívidas e à libertação de servos por dívida na Mesopotâmia, entre 2400 e 1600 a.C. – uma antiga tradição do Oriente Próximo que se reflete nas devoluções do jubileu do meio centenário ordenadas no livro de Levítico, no Velho Testamento. Os decretos reais de perdão dos sumérios, babilônios e assírios são mais bem compreendidos como um componente da luta perene entre os governantes do Estado e as elites ricas pelo controle do excedente e a possibilidade de tributar e formar tropas, uma luta que já discuti no primeiro capítulo. Se o perdão fosse eficaz e recorrente, seria de esperar que fosse incluído nos termos dos empréstimos (o que explicaria as altas taxas de juros documentadas); se fosse eficaz, porém raro, ou frequente, mas ineficaz, teria surtido pouco efeito sobre a desigualdade. De um modo ou de outro, parece difícil interpretar o perdão das dívidas como um instrumento poderoso de nivelamento.[23]

A abolição da escravatura pode afigurar-se uma força niveladora promissora. Nas sociedades – relativamente pouco numerosas – em que boa parte do capital da elite estava empatado em escravos, a emancipação tinha potencial para reduzir a desigualdade de bens. Na prática, entretanto, os processos abolicionistas em larga escala enredaram-se frequentemente com distúrbios violentos. Após uma tentativa fracassada em 1792, o Parlamento britânico aprovou uma proibição do tráfico de escravos em 1806, como medida voltada apenas para as colônias não britânicas, e que pretendia servir aos interesses nacionais da Grã-Bretanha e, mais especificamente, a seus interesses militares perante os franceses durante as Guerras Napoleônicas. A abolição propriamente dita foi precipitada por revoltas maciças de escravos em Demerara, em 1823, e especialmente na Jamaica, em 1831 e 1832. A Lei de Emancipação seguiu-se prontamente em 1833, obrigando os escravos libertos a trabalhar sem remuneração para seus ex-proprietários durante vários anos, e oferecendo indenizações aos senhores de escravos. O desembolso exigido de 20 milhões de libras era enorme, equivalente a 40% dos gastos públicos anuais do país e a 2,3 bilhões de dólares em valores atuais (ou, na verdade, a mais de 100 bilhões de dólares em valores atuais, se expressos como parcela da economia britânica na época e agora). Embora isso fosse menos que o valor de mercado dos escravos libertos – as estimativas da época mencionam 15 milhões, 24 milhões e até 70 milhões de libras esterlinas –, somado a quatro a seis anos de aprendizagem não remunerada, o valor total do pacote de indenização não precisaria resultar num grande déficit. Mais de metade do desembolso foi para proprietários e credores ausentes, mercadores e rentistas baseados em Londres, em sua maioria. Não se tem notícia de nenhum rentista em larga escala que tenha declinado da indenização. Nessas circunstâncias, o nivelamento estava fadado a ser muito restrito, na melhor das hipóteses. Além disso, numa época em que a receita do Estado britânico dependia de impostos indiretos, como os impostos aduaneiros e o imposto sobre o consumo, a necessidade de assumir uma grande dívida para financiar esse projeto, na verdade, redistribuía a renda da maioria da população para os mais ricos senhores de escravos e compradores da dívida pública.[24]

Outros exemplos de emancipação ligaram-se de maneira ainda mais direta a conflitos violentos. A França aboliu a escravatura em 1794, no auge da Revolução Francesa, como medida tática destinada a atrair novamente para o seu lado e para longe de seus inimigos os escravos rebelados de São Domingos (atual Haiti). Essa medida foi posteriormente revertida por Napoleão. Em 1804, quando o Haiti declarou independência, os antigos senhores de escravos foram expulsos, e os que ficaram para trás foram mortos no massacre dos brancos naquele ano. Outro choque violento foi necessário para acabar com a escravidão nas possessões coloniais francesas remanescentes: a revolução de 1848, parte de uma onda de inquietação por toda a Europa, tornou a derrubar a monarquia francesa e resultou na emancipação imediata. Os senhores de escravos receberam alguma compensação em dinheiro e em crédito, embora em termos menos generosos do que havia acontecido na Grã-Bretanha. A guerra foi instrumental para a abolição na maioria das colônias espanholas na América Latina. Depois que a dominação colonial sucumbiu ante as revoltas locais desencadeadas pela invasão napoleônica da Espanha, em 1808, os Estados recém-formados logo aprovaram leis de emancipação. No capítulo 6, discuti a destruição violenta da escravatura na guerra civil norte-americana, na qual a expropriação não indenizada dos senhores de escravos foi parcialmente anulada pelos prejuízos colaterais para grupos não pertencentes à elite, o que reduziu o grau geral do nivelamento. Enquanto isso, a eliminação britânica do tráfico negreiro no Atlântico, essencialmente um ato de violência do Estado, contribuiu para o declínio do que restava da escravatura na América Latina. O Brasil e Cuba foram os principais retardatários. No caso de Cuba (e Porto Rico), mais uma vez, foi o conflito violento que instigou a mudança da política. A revolução de Cuba de 1868 levou à emancipação parcial da ilha, numa guerra que durou uma década. As reformas cercearam a escravidão a partir de 1870, até ser conseguida a abolição, em 1886. Quando o Brasil continuou a importar escravos africanos, rompendo compromissos diplomáticos de não o fazer, a marinha britânica atacou alguns portos brasileiros, em 1850, a fim de destruir os navios negreiros, forçando o país a proibir o tráfico de escravos. Somente a fase final do processo é que não foi primordialmente impulsionada pela violência: a escravatura foi desmantelada aos poucos, a partir de 1871, e a abolição final, em 1888, não foi acompanhada por indenizações pagas aos senhores de escravos.[25]

Falando em termos gerais, quanto maior a violência envolvida, através da guerra ou da revolução, mais eficaz tendeu a ser o nivelamento (como no Haiti, em boa parte da América Latina e nos Estados Unidos), ao passo que, quanto mais pacífico foi o processo, maior foi a indenização recebida e mais aptos ficaram os donos a negociar essa transição (como nas colônias britânicas e francesas). Somente o Brasil representou uma exceção parcial. As emancipações que reduziram a desigualdade de riqueza, portanto, foram comumente associadas às violentas forças niveladoras discutidas em capítulos anteriores deste livro. Inversamente, as emancipações que foram pacíficas e significativamente equalizadoras (em termos materiais) revelaram-se raras, possivelmente até inexistentes. Em linhas mais gerais, os eventos da abolição surtiram um efeito ainda mais fraco na desigualdade de renda, considerando que os senhores de escravos conservaram regularmente o controle da terra e puderam tirar proveito de arranjos alternativos de exploração da mão de obra, como a meação das culturas no sul dos Estados Unidos depois da Guerra de Secessão.

"Assentada sobre uma base sólida e próspera": As crises econômicas

Como vimos, as contrações econômicas mostraram-se capazes de reduzir a desigualdade. Os grandes declínios econômicos causados pelo colapso dos sistemas, que discutimos no capítulo 9, tiveram efeitos niveladores que podemos discernir a partir dos dados arqueológicos. Os graves transtornos econômicos subsequentes às revoluções transformadoras puderam gerar resultados parecidos, embora em escala menos dramática. Mas qual foi o papel das crises macroeconômicas "pacíficas", de declínios que não se enraizaram em choques violentos? Durante a maior parte da história humana, as consequências de tais crises para o desenvolvimento da desigualdade são impossíveis de investigar. Um exemplo precoce é o de uma depressão contínua na Espanha, durante a qual a produção real per capita caiu em toda a primeira metade do século XVII, conforme as exportações de lã, o comércio e a atividade urbana declinaram. Os efeitos sobre a desigualdade na renda diferiram, dependendo de nossa escolha de evidências representativas substitutas: enquanto a proporção entre os arrendamentos de terra e os salários caiu durante esse período, sugerindo retornos mais altos do trabalho que da terra, e portanto menor desigualdade de renda, a proporção entre a produção nominal per capita e os salários nominais continuou bastante estável, implicando a ausência de grandes mudanças na distribuição da renda. Isso, que em parte poderia ser função das limitações dos dados disponíveis, destaca as dificuldades de explorar o nivelamento induzido por forças econômicas nas sociedades pré-modernas.[26]

Só existem evidências substantivas do passado mais recente. As grandes crises econômicas não tiveram um efeito negativo sistemático na desigualdade. A pesquisa mais abrangente feita até hoje examinou 72 crises bancárias sistêmicas de 1911 a 2010, bem como cem quedas de consumo de pelo menos 10% a partir do pico, e 101 declínios do PIB dessa mesma ordem, entre 1911 e 2006. Esses diferentes tipos de eventos só tiveram moderada superposição: por exemplo, apenas dezoito das crises bancárias coincidiram com as recessões. Trinta e sete de 72 crises bancárias sistêmicas em 25 países geraram informações utilizáveis. Os resultados tenderam a favorecer o aumento das disparidades: enquanto a desigualdade de renda caiu em apenas três casos, ela aumentou em sete, número que sobe para treze, se incluirmos os casos em que não há dados disponíveis sobre o período anterior à crise. As quedas no consumo tenderam mais a produzir resultados diferentes: entre 36 casos utilizáveis, a desigualdade diminuiu em sete e aumentou em apenas dois. Não há tendência discernível nas contrações do PIB. Entre os dois tipos de crises macroeconômicas, a maioria dos casos registrou pouquíssimas mudanças na desigualdade. Um estudo separado, sobre 67 casos de colapso do PIB em países em desenvolvimento, identificou dez casos em que esses eventos fizeram a desigualdade aumentar, o que indica que os países mais pobres podem ser mais vulneráveis a esse tipo de impacto. Devemos concluir que as crises macroeconômicas não servem de meio importante de nivelamento e que as crises bancárias tendem até a surtir o efeito inverso.[27]

Uma pesquisa sobre dezesseis países entre 1880 e 2000 confirma essa última constatação, mas lhe acrescenta uma dimensão temporal. As crises financeiras tenderam a aumentar a desigualdade antes da Primeira Guerra Mundial e depois da Segunda, deprimindo mais depressa as rendas de nível mais baixo que as do topo. A exceção principal foi a Grande Depressão, quando os salários reais subiram, enquanto caiu a renda dos mais ricos, que dependiam maciçamente da renda do capital. A Grande Depressão foi a única crise macroeconômica que exerceu um forte impacto na desigualdade econômica nos Estados Unidos: a parcela da riqueza do 1% mais rico no país caiu de 51,4% para 47% entre 1928 e 1932, assim como a participação na renda do 1% mais rico declinou de 19,6% em 1928 para 15,3% três anos depois – e de 23,9% para 15,5% no mesmo período, se incluirmos os ganhos de capital. As perdas na camada do 0,01% mais rico foram particularmente acentuadas: sua participação na renda, incluindo ganhos de capital, caiu de 5% para 2% entre 1928 e 1932. As fileiras dos ricos encolheram em consonância com isso: o número de membros da Associação Nacional de Manufatores caiu mais de dois terços entre o início da década de 1920 e o ano de 1933, e o número de bancos despencou de cerca de 25 mil para 14 mil entre 1929 e 1933.[28]

O efeito global da Grande Depressão sobre a desigualdade foi mais modesto, de modo geral. Na Austrália, a participação do 1% mais rico na renda caiu de 11,9% em 1928 para 9,3% em 1932, mas manteve a média de 10,6% de 1936 a 1939, não muito abaixo do nível pré-crise. Na França, ela caiu de 17,3% em 1928 para 14,6% em 1931, antes de ter uma ligeira recuperação, e caiu de 18,6% para 14,4% na Holanda entre 1928 e 1932, onde é provável que isso tenha sido seguido por uma recuperação parcial. Os declínios correspondentes foram pequenos e breves no Japão e ainda mais fracos na Nova Zelândia. Durante esses anos, as participações dos mais ricos na renda permaneceram estáveis na Alemanha, Finlândia e África do Sul e efetivamente aumentaram no Canadá e na Dinamarca. Essas consequências equalizadoras da Grande Depressão, portanto, parecem ter se confinado predominantemente nos Estados Unidos. Mesmo lá, contudo, ela produziu efeitos mistos: após alguns anos de nivelamento, a concentração de renda se manteve firme até o começo da guerra, enquanto medidas diferentes da desigualdade de riqueza mostram tendências conflitantes.[29]

É famoso o erro do presidente Herbert Hoover ao afirmar, num discurso proferido quatro dias antes da quebra do mercado de ações ocorrido em 29 de outubro de 1929, que "a atividade econômica fundamental do país, que é a produção e distribuição de commodities, está assentada sobre uma base sólida e próspera". Mas a base da desigualdade norte-americana talvez fosse mais sólida do que logo pareceria ter sido: os sinais de retomada da renda e da riqueza da elite, no fim da década de 1930, devem levar-nos a indagar por quanto tempo essa tendência teria prosseguido, se não fosse liquidada por uma nova guerra mundial. Afinal, a resiliência e as recuperações da participação dos mais ricos na renda também foram típicas do passado mais recente. A quebra de 1987 na bolsa de valores não deteve a elevação contínua das rendas superiores na época, e o modesto efeito equalizador do estouro da bolha das empresas pontocom, no ano 2000, e dos transtornos do 11 de Setembro, no ano seguinte, já se haviam esgotado por completo em 2004. O mesmo se aplicou à Grande Recessão de 2008, cujo efeito negativo na participação dos mais ricos na renda também já se havia desfeito por completo após quatro anos. Isso se mostra aplicável, independentemente de considerarmos a participação do 1%, do 0,1% ou do 0,01% mais rico na renda norte-americana. Os efeitos equalizadores em outros países desenvolvidos foram heterogêneos, mas igualmente modestos. As crises econômicas podem ser choques sérios, mas, na falta de pressões violentas, normalmente não são capazes, por si sós, de reduzir a desigualdade.[30]

"Mas não se pode ter as duas coisas": Democracia

À primeira vista, a expansão das instituições democráticas pode afigurar-se uma candidata plausível à condição de meio pacífico de nivelamento. Entretanto, como vimos nos capítulos 5 e 6, a democratização formal não pode ser prontamente tratada como um fenômeno autônomo, não relacionado com a ação violenta. Assim como a evolução da antiga democracia ateniense parece ter se entrelaçado com a guerra com mobilização em massa, a ampliação dos direitos de cidadania em muitos países ocidentais, em pontos específicos da primeira metade do século XX, esteve ligada de maneira muito significativa aos impactos das duas guerras mundiais. Por essa simples razão, ainda que fosse possível mostrar que a democratização surtiu um efeito equalizador na distribuição dos recursos materiais nessas sociedades, qualquer processo desse tipo teria sido movido, ao menos em parte, pelas pressões da guerra.[31]

Além disso, faz tempo que os estudos sobre a relação entre democracia e desigualdade têm produzido resultados contraditórios. Essa ambiguidade dos resultados foi agora confirmada pela pesquisa mais ambiciosa e abrangente feito até hoje sobre esse problema. Baseando-se em 538 observações de 184 países, desde sua independência ou do ano de 1960 (o que tiver sido mais recente) até 2010, Daron Acemoglu e seus colaboradores não constataram nenhum efeito consistente da democracia no mercado, ou mesmo na desigualdade da renda disponível. Um efeito negativo observado no coeficiente de Gini da distribuição da renda disponível não atingiu significação estatística. É verdade que a falta de precisão de muitas medidas subjacentes da desigualdade dá margem a dúvidas. Mas a falta de uma relação significativa torna-se ainda mais notável na medida em que a democracia surte, de fato, um efeito robusto na receita tributária como parcela do PIB. Isso sugere que o papel da democracia na moldagem da distribuição líquida dos recursos é complexo e heterogêneo, e que a associação comumente presumida entre a democracia e políticas redistributivas equalizadoras está longe de ser direta. Duas razões para isso se destacam: a equalização pode ser impedida quando a democracia é "capturada" por eleitorados poderosos e a democratização oferece oportunidades para um desenvolvimento econômico que pode, por si só, aumentar a desigualdade de renda.[32]

Estudos mais específicos, feitos por Kenneth Scheve e David Stasavage, minam a ideia de que a democratização do Ocidente restringiu a desigualdade material. Eles constataram que o partidarismo – fossem ou não os governos controlados por partidos de esquerda – não teve nenhum efeito na desigualdade geral da renda de treze países, entre 1916 e 2000, e surtiu apenas um pequeno efeito redutor na participação do 1% mais rico na renda. Do mesmo modo, as negociações salariais centralizadas, em nível nacional, não fizeram muita diferença. Os autores também exploraram a relação entre a ampliação do direito de voto e o partidarismo, de um lado, e as alíquotas tributárias mais altas, de outro. Como tendem a exibir uma correlação negativa com a desigualdade e, comumente, são mais bem documentadas do que a desigualdade como tal, as alíquotas mais altas podem servir como um substituto aproximado no período anterior ao surgimento de medidas confiáveis da desigualdade. Scheve e Stasavage constataram que a introdução do sufrágio masculino universal não teve grande efeito sobre as alíquotas superiores do imposto de renda: em quinze países, a alíquota superior média dos cinco anos que levaram ao sufrágio masculino universal foi apenas minimamente inferior à observada na década seguinte. As ampliações gradativas do direito de voto, como ocorreu na Grã-Bretanha entre a Lei da Reforma de 1832 e a introdução do sufrágio masculino universal em 1918, também não elevaram as alíquotas tributárias mais altas. Essas alíquotas foram aumentadas pela Primeira Guerra Mundial, e as reformas eleitorais mais fizeram suceder a essa elevação rápida do que antecedê-la. Por fim, a comparação das alíquotas tributárias médias do imposto de renda antes e depois da transição para um governo de esquerda revelou apenas um pequeno aumento médio de três pontos percentuais (de 48% para 51%) entre os cinco anos que antecederam e se sucederam a esses eventos.[33]

Em contraste, a força dos sindicatos trabalhistas tem, de fato, uma correlação negativa com a desigualdade. No entanto, como mostrei no capítulo 5, os índices de sindicalização foram altamente sensíveis aos impactos das duas guerras mundiais, e por isso não podem ser considerados uma função ou manifestação direta da democracia em si. Louis Brandeis, ministro da Suprema Corte dos Estados Unidos, certa vez opinou: "Podemos ter uma democracia neste país, ou podemos ter uma grande riqueza concentrada nas mãos de uma minoria, mas não podemos ter as duas coisas." Como se verifica, podemos, sim, ter as duas, ao menos desde que definamos a democracia em termos formais, e não no sentido substantivo mais amplo a que, sem sombra de dúvida, esse eminente erudito pretendeu referir-se. Inversamente, mesmo fora dos países socialistas, a ausência de governos democráticos fortes não foi incompatível, de modo algum, com a igualdade econômica: Coreia do Sul e Taiwan possuem um histórico excelente de preservação das conquistas de equalização produzidas por violentos impactos anteriores, muito antes que a democratização ganhasse fôlego, no fim da década de 1980, e o mesmo se poderia dizer de Cingapura.[34]

13. Desenvolvimento econômico e educação

"Uma longa oscilação": Crescimento, qualificações e desigualdade

Os processos que examinei até aqui produziram poucas provas tangíveis de um nivelamento pacífico: a reforma agrária não violenta, as crises econômicas e a democratização podem funcionar, ocasionalmente, mas não surtem um efeito negativo sistemático na desigualdade. As reformas agrárias significativamente equalizadoras, ou a emancipação de escravos, foram comumente associadas a uma ação violenta, associação esta que corrobora ainda mais a tese central deste livro. A emigração em larga escala de indivíduos de baixa renda tem o potencial de reduzir a desigualdade numa dada população: por exemplo, hipotetizou-se que a migração de muitos milhões de italianos para o Novo Mundo, durante a geração que levou à Primeira Guerra Mundial, ajudou a estabilizar ou até a reduzir, talvez, o coeficiente de Gini da renda e das participações dos mais ricos na renda na Itália, numa época de industrialização desigualadora. As transferências desse tipo funcionam como um mecanismo nivelador demográfico que se assemelha às pandemias discutidas nos capítulos 10 e 11 – embora sejam mais benignas que elas. Todavia, embora a emigração possa servir como um mecanismo equalizador pacífico e eficiente, ela precisa ocorrer em larga escala para surtir um efeito palpável e, portanto – pelo menos para todas as populações, exceto as mais diminutas –, depende de circunstâncias muito específicas e historicamente raras, como foi, em especial, o imenso fluxo de imigrantes que chegou aos Estados Unidos entre meados do século XIX e a Primeira Guerra Mundial e, em menor escala, da década de 1980 para cá. Os resultados reais podem ser bastante complexos, dependendo da composição do grupo migratório em relação à da população-fonte, bem como do papel das remessas. Em virtude dos recursos exigidos e das políticas de muitos países anfitriões, hoje em dia é frequente os emigrantes saírem de segmentos da sociedade que têm melhor situação econômica, ou são mais instruídos. Além disso, qualquer avaliação das consequências da migração para a desigualdade seria incompleta sem levarmos em conta seus efeitos desigualadores nas populações que a recebem.[1]

Isso nos deixa com o que é, às vezes, uma das mais poderosas forças de compressão: o desenvolvimento econômico. À primeira vista, a ideia de que uma riqueza nacional maior reduz as disparidades de renda pareceria plausível: afinal, as atuais economias mais ricas do mundo gozam de níveis mais baixos de desigualdade do que há algumas gerações, e também tendem a se sair bem se comparadas a muitas economias menos desenvolvidas. Mas a coisa está longe de ser tão simples. Se dispuséssemos de dados mais fidedignos sobre os países ricos em petróleo, como os do golfo Pérsico, é quase certo que encontraríamos níveis mais altos de desigualdade, especialmente se fossem levados em conta os residentes estrangeiros. Assim, precisaríamos fazer ressalvas a qualquer associação entre o PIB per capita elevado e a desigualdade moderada, excluindo um desenvolvimento econômico apoiado maciçamente na exportação de commodities. Mas essa complicação é apequenada pelos problemas surgidos pelo fato de o desenvolvimento das economias ocidentais ricas, de desigualdade relativamente baixa, bem como o do Japão, da Coreia do Sul e de Taiwan, ter sido moldado, em geral, pelos impactos maciçamente violentos da primeira metade do século XX e pelas políticas e consequências econômicas que eles contribuíram para produzir. Dito em termos simples, isso significa que, embora hoje essas sociedades sejam ricas e, em muitos casos, não particularmente desiguais, esta última condição não precisa, necessariamente, ter derivado da primeira. Considerando a gravidade desses choques transformadores e a natureza multifacetada de seu efeito no desenvolvimento global social, político e econômico, a questão de saber quantos níveis posteriores de desigualdade foram determinados pelo crescimento econômico e pela produção per capita pareceria bem insignificante.[2]

A seguir, exploro de duas maneiras a contribuição do desenvolvimento econômico para a desigualdade de renda: (1) considerando as afirmações de que o PIB per capita em si tem uma correlação sistemática com medidas de desigualdade e (2) concentrando-me em partes do mundo que não se envolveram nos violentos transtornos ocorridos de 1914 a 1945 – ou até os anos 1970, se incluirmos as revoluções comunistas na Ásia –, ou, em termos mais precisos, que não se envolveram neles tão diretamente quanto a maioria dos países ocidentais ricos e grandes partes da Ásia, a saber: a África, o Oriente Médio e, acima de tudo, a América Latina.

Devemos a um laureado com o Prêmio Nobel de Economia, Simon Kuznets, a formulação clássica da ideia de que a desigualdade de renda está ligada ao desenvolvimento econômico e é impulsionada por ele. Nos idos da década de 1950, Kuznets, um pioneiro no estudo das disparidades de renda nos Estados Unidos, propôs um modelo deliberadamente simples. Os avanços econômicos que ultrapassam a modalidade agrária tradicional aumentam mais a desigualdade, de início, quando as rendas médias são mais altas – e também mais desigualmente distribuídas, talvez –, nas cidades do que no campo, e a urbanização aumenta a parcela urbana da população e o peso do setor urbano na economia nacional, com isso inflando os diferenciais de renda e também a desigualdade geral. Depois que a maioria da população passa para o setor não agrícola, essas disparidades diminuem, num processo que é reforçado pela elevação dos salários no setor urbano, em resposta a situações mais estabelecidas e ao poder político crescente dos trabalhadores urbanos. Este último fator, por sua vez, neutraliza o efeito desigualador da taxa da poupança mais alta dos ricos, ao cerceá-la por meio de políticas fiscais como a tributação, a inflação e os controles sobre o retorno do capital. Como resultado, nas palavras de Kuznets:

> Assim, seria possível supor uma longa oscilação na desigualdade que caracteriza a estrutura secular da renda: ampliando-se nas fases iniciais do crescimento econômico, quando a transição da civilização pré-industrial para a civilização industrial foi mais rápida, estabilizando-se por algum tempo e se reduzindo nas fases finais.

Vale a pena notar que ele atribuiu considerável importância a fatores políticos, sobretudo com respeito ao desenvolvimento da desigualdade da renda líquida, após a dedução de impostos e as transferências: as medidas tributárias e os benefícios do bem-estar social,

> ao reduzirem a desigualdade de renda …, devem ter acentuado a fase descendente da oscilação longa, contribuindo para a inversão da tendência do alargamento e estreitamento seculares da desigualdade de renda.

Nesse modelo, entretanto, até esses fatores foram precedidos pela mudança econômica e logicamente determinados por ela; por essa razão,

> a oscilação longa da desigualdade de renda deve ser vista como parte de um processo mais amplo de crescimento econômico.

Embora o próprio Kuznets tenha caracterizado sua contribuição, modestamente, como

> talvez 5% de informações empíricas e 95% de especulação, parte dela maculada, possivelmente, pelo pensamento fantasioso …, uma coleção de palpites que requer maior investigação,

seu modelo acabou ganhando grande proeminência. Popularizou-se não apenas, como observou Piketty, em tom meio cáustico, por sua visão otimista e por oferecer às economias capitalistas "boas notícias em meio à Guerra Fria", mas também por parecer coadunar-se com um número crescente de dados empíricos provenientes do mundo inteiro, e que não tinham estado disponíveis para o próprio Kuznets.[3]

As combinações de dados de vários países que relacionam o PIB per capita de diferentes lugares com uma medida de desigualdade – em geral, o coeficiente de Gini da distribuição de renda – fornecem, pretensamente, uma ilustração notável da previsão de Kuznets. Quando aplicado a conjuntos de dados globais e posto num gráfico, esse procedimento costuma gerar uma curva em U invertido. Os países de baixa renda tendem a mostrar menor desigualdade de renda do que os de renda média, ao passo que a desigualdade torna a se mostrar mais baixa entre os países ricos (Figura 13.1).

Essa tendência central de diferentes países tem sido empregada como substituta da mudança ao longo do tempo, para corroborar a ideia de que primeiro a desigualdade de renda aumenta e, depois, diminui com o intenso crescimento econômico. Assim, numa economia típica ideal em processo de

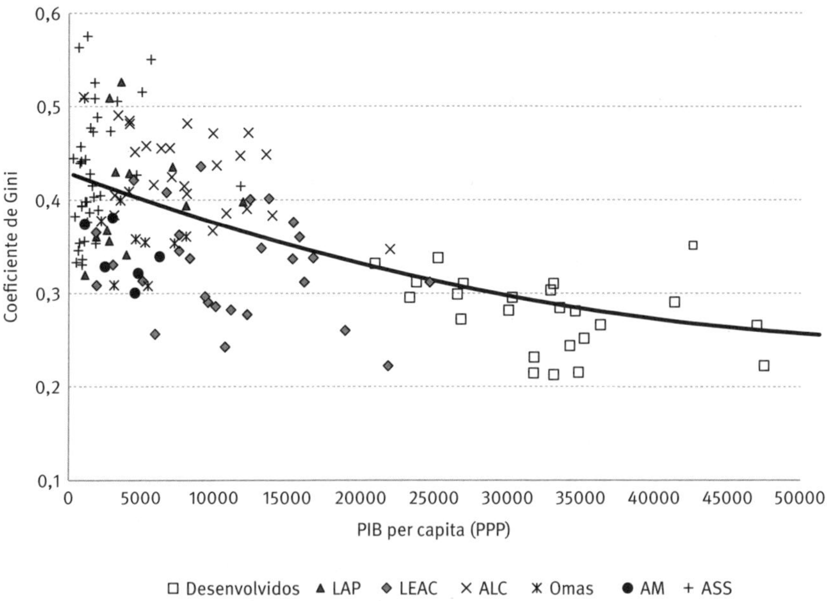

FIGURA 13.1 Renda Nacional Bruta e coeficientes de Gini de diversos países, 2010

desenvolvimento econômico, seria esperável que a desigualdade seguisse essa curva em U invertido, conforme o amadurecimento.[4]

Contudo, essa abordagem sofre de problemas múltiplos e muito graves. A qualidade dos dados é uma preocupação: as pesquisas baseadas num grande número de observações de diferentes partes do mundo só são viáveis quando acolhem dados cuja precisão e confiabilidade são questionáveis. As constatações robustas exigem que os dados sejam plenamente compatíveis entre os vários países, o que nem sempre acontece. Além disso, e de maneira mais prejudicial, tem ficado cada vez mais claro que os painéis transnacionais são efetivamente invalidados por enormes idiossincrasias macrorregionais. Por isso, o aparecimento de uma curva em U invertido nesses painéis é sobretudo função dos níveis excepcionalmente altos de desigualdade nos países de renda média de duas partes diferentes do globo, a América Latina e a África Meridional. Segundo uma pesquisa dos coeficientes de Gini da renda em 135 países, no ou em torno do ano de 2005, os países latino-americanos ficam muito maciçamente concentrados no topo do espectro da desigualdade. Ao mesmo tempo, a participação dos 10% mais ricos na renda situou-se, em média, em 41,8% na América Latina, comparada a uma média de 29,5% no resto do mundo. Se a América Latina e alguns países sumamente desiguais da África Meridional (África do Sul, Namíbia e Botsuana) forem excluídos, ou substituídos por variáveis simuladas regionais, o formato de U invertido simplesmente desaparece dos gráficos transnacionais. Isso se mostra verdadeiro quer os coeficientes de Gini ou os decis superiores da renda sejam ou não utilizados para medir a desigualdade. Na maior parte do mundo, países com renda per capita drasticamente diferente, desde os países de baixa renda da África Subsaariana e da Ásia Meridional até os países de renda média da Ásia e do Leste Europeu, e até os países desenvolvidos de alta renda, comumente se concentram numa faixa do Gini da renda que vai de aproximadamente 0,35 a 0,45. Não há uma curva sistemática da desigualdade que dependa da renda. Os efeitos da desigualdade em relação ao PIB per capita são bastante heterogêneos em geral, especialmente na extremidade superior, que os Estados Unidos, de alta desigualdade, compartilham com o Japão e partes da Europa, ambos de baixa desigualdade.[5]

A análise dentro de cada país, portanto, é a única maneira fidedigna de documentar a mudança ao longo do crescimento per capita. Um estudo pioneiro de dados longitudinais, realizado em 1998, não encontrou respaldo para a tese de Kuznets. Em quarenta de 49 países examinados, não emergiu nenhuma relação significativa em forma de U invertido entre o PIB per capita e a desigualdade conforme essas economias se desenvolveram ao longo do tempo. Em quatro dos nove casos restantes, os dados corroboraram o cenário oposto, de uma distribuição em forma de U, que parece virar o modelo de cabeça para baixo. Apenas cinco dos 49 países mostraram um padrão significativo em forma de U invertido, embora dois deles tenham sofrido de anomalias de dados que lançaram dúvidas sobre esse resultado. Isso nos deixa com um total de três países que exibiram uma correlação kuznetsiana significativa entre o desenvolvimento econômico e a desigualdade – um dos quais, Trinidad e Tobago, é bem pequeno. (O México e as Filipinas são os outros dois.) Embora convenha notar que o alcance temporal dessa pesquisa talvez tenha sido curto demais para produzir observações mais sólidas, os resultados obtidos não inspiram grande confiança na tese de Kuznets.[6]

Desde então, do mesmo modo, as pesquisas de prazo mais longo dentro dos países produziram pouco respaldo tangível para a correlação hipotetizada. O melhor exemplo disponível na atualidade parece ser a Espanha, onde primeiro o coeficiente de Gini da renda subiu, depois desceu, entre 1850 e 2000. Se nos dispusermos a descontar as oscilações agudas a curto prazo das décadas de 1940 e 1950, na esteira da Guerra Civil Espanhola e do estabelecimento do regime de Franco, discutidos no capítulo 6, poderemos observar um aumento secular da desigualdade de renda, passando de um valor do Gini em torno de 0,3, na década de 1860, quando o PIB per capita estava em torno de 1.200 dólares (expressos em dólares internacionais de 1990), para um pico na faixa inferior da casa de 0,5, no fim da década de 1910, quando o PIB per capita estava em torno de 2 mil dólares, e para um declínio geral posterior para a faixa média de 0,3, em 1960, quando o PIB per capita havia alcançado 3 mil dólares – tudo isso, pode-se argumentar, como resultado da transição gradativa da agricultura para a indústria. Inversamente, como veremos, uma série temporal a longo prazo de países da América Latina não mostra, em geral, um padrão global em forma de curva em U invertido relacionado com o desenvolvimento econômico. E, o que é mais importante, os países que se industrializaram primeiro também não atingem um ponto de inflexão das tendências para a desigualdade que esteja associado a um PIB per capita de 2 mil dólares: a Grã-Bretanha chegou a esse nível por volta de 1800, os Estados Unidos, por volta de 1850, e a França e a Alemanha, vinte anos depois; e em nenhum desses países a desigualdade de renda (ou de riqueza) começou a declinar – nem caiu visivelmente para patamares mais baixos quando essas economias chegaram ao nível de 3 mil dólares, como aconteceu entre 1865 e 1907.[7]

Mais recentemente, outro estudo concentrou-se na relação entre a participação relativa da população agrícola e a desigualdade, a fim de testar o modelo bissetorial original de Kuznets. Mais uma vez, a correlação prevista não foi confirmada pelos dados: não aparece entre os diferentes países e não é significativa nos países individuais. Por fim, pouco respaldo provém de um vínculo regular entre o crescimento econômico e a desigualdade, quando comparamos múltiplas séries dentro de cada país, por meio de regressões não paramétricas. Essa abordagem mostra que o desenvolvimento dos diferentes países varia muito, mesmo em níveis comparáveis de PIB per capita: tanto os países em desenvolvimento quanto os desenvolvidos deixam transparecer uma variação considerável nos momentos e na direção das tendências da desigualdade em relação ao desenvolvimento econômico. No cômputo geral, apesar dos esforços contínuos para identificar padrões de U invertido e apesar da existência de alguns casos corroborantes, a preponderância dos dados não respalda a ideia de uma relação sistemática entre o crescimento econômico e a desigualdade de renda, tal como inicialmente imaginada por Kuznets há sessenta anos.[8]

Existirá uma ligação previsível entre o desenvolvimento econômico e a desigualdade? A resposta depende do quadro de referência. Temos que contemplar a possibilidade de que haja múltiplos ciclos kuznetsianos, ou, pelo menos, oscilações cuja presença interfira nos testes concebidos para buscar uma só curva. Em termos mais amplos, não há dúvida de que as transições econômicas promovem desigualdade – não apenas entre sistemas agrários e sistemas industriais, mas já desde a modalidade forrageira para a agrícola e, no presente, desde uma economia industrial para uma economia pós-industrial de serviços. Mas e o nivelamento? Como afirmo no apêndice, a desigualdade efetiva – relativa ao máximo grau teoricamente possível de concentração da renda numa dada sociedade – nem sempre precisa declinar, à medida que as economias enriquecem. As medidas convencionais da desigualdade nominal não dão grande respaldo à ideia de que, em algumas fases do desenvolvimento, os avanços econômicos preveem uma atenuação da desigualdade. A principal alternativa – a de que, na ausência de choques violentos, é improvável que os aumentos transitórios da desigualdade sejam revertidos – é muito mais compatível com os dados no curso longo da história.

Outra perspectiva popular gira em torno do que se conhece como "corrida entre a educação e a tecnologia". A mudança tecnológica altera a demanda de qualificações específicas: quando a oferta fica aquém da demanda, os diferenciais de renda ou "bônus salariais" aumentam; quando a oferta alcança ou ultrapassa a procura, os bônus diminuem. Todavia, há algumas ressalvas importantes. Essa relação é primordialmente pertinente à renda proveniente do trabalho, mas tem menos probabilidade de afetar os ganhos vindos do capital. Nas sociedades com altos níveis de desigualdade de renda proveniente da riqueza, isso está fadado a anular os efeitos que a interação entre a demanda e a oferta de tipos específicos de trabalho exerce na desigualdade geral. Ademais, em épocas anteriores, outras restrições à renda do trabalho que não as qualificações puderam exercer um papel importante: a escravatura e outras formas de trabalho forçado ou semidependente podem haver distorcido os diferenciais de renda.[9]

Fatores como esses podem ajudar a explicar por que, nas sociedades pré-modernas, os bônus salariais e a desigualdade não tinham uma relação sistemática. Com respeito a partes da Europa, rastrearam-se tendências temporais até o século XIV. Os bônus salariais despencaram em resposta à Peste Negra, enquanto os salários reais dos trabalhadores não qualificados se elevaram, num processo que discuti no capítulo 10. Nas Europas Central e Meridional, eles voltaram a subir quando a população se recuperou, ao passo que permaneceram baixos e bastante estáveis na Europa Ocidental até o fim do século XIX. Este último resultado é incomum e parece ter sido possibilitado, em parte, pela oferta flexível de trabalho qualificado e, em parte, pelo aumento da produtividade do setor agrícola, que ajudou a manter os salários do trabalho não qualificado, ambos os quais se beneficiaram da melhor integração do mercado de trabalho. Entretanto, embora a queda dos bônus salariais na Baixa Idade Média tenha caminhado de mãos dadas com um nivelamento geral da desigualdade de renda, a relação entre essas duas variáveis foi muito menos direta, posteriormente: os bônus salariais da Europa Ocidental no período de 1400 a 1900 não se traduziram numa desigualdade estável.[10]

Quanto mais avançada se torna uma economia e melhor funciona o seu mercado de trabalho, mais se pode esperar que os bônus salariais contribuam para a desigualdade geral da renda. Devemos perguntar até que ponto os mecanismos que regulam a oferta de qualificações, em especial a educação, são moldados, eles próprios, por fatores subjacentes. A escolarização em massa foi um subproduto da formação do moderno Estado ocidental, um processo associado ao crescimento econômico, mas também impulsionado pela competição entre Estados. Mais especificamente, a interação entre a demanda e a oferta de educação foi sensível a choques violentos singulares. Isso é bem ilustrado pela evolução dos bônus salariais nos Estados Unidos desde o fim do século XIX. As proporções das qualificações nos ofícios manuais eram muito menores em 1929 do que tinham sido em 1907. Todavia, a maior parte desse declínio concentrou-se no fim da década de 1910: em quatro das cinco ocupações sobre as quais dispomos de dados, toda a redução líquida, nesse período de 22 anos, ocorreu entre 1916 e 1920. Nessa época, a Primeira Guerra Mundial aumentou a demanda relativa de trabalhadores não qualificados e deu nova forma à redistribuição dos salários do trabalho braçal. A inflação dos tempos de guerra e a diminuição dos fluxos de imigrantes também contribuíram para essa mudança equalizadora poderosa e repentina. A proporção da remuneração entre trabalhadores de colarinho branco e operários seguiu o mesmo padrão: mais uma vez, todo o declínio líquido entre 1890 e 1940 ocorreu ao longo de uns poucos anos, entre 1915 e o início da década de 1920.[11]

Uma segunda compressão da dispersão salarial foi documentada sobre a década de 1940. A Segunda Guerra Mundial criou uma nova e intensa demanda de trabalho não qualificado, bem como inflação e uma crescente intervenção do Estado nos mercados de trabalho. Isso levou a um estreitamento da proporção das participações salariais de todos os trabalhadores do sexo masculino, de cima a baixo, e reduziu a defasagem de ganhos entre os trabalhadores com instrução de nível médio e superior. Os retornos sobre o grau de instrução passaram por uma queda drástica entre 1939 e 1949, tanto para os trabalhadores com nove anos de escolarização, comparados aos que concluíram o ensino médio, quanto para os que concluíram o ensino médio, comparados aos que cursaram o ensino superior. Embora a G.I. Bill, a Lei de Direitos do Combatente, relacionada com a Segunda Guerra Mundial, tenha depois contribuído para essa pressão equalizadora, nem mesmo o maior acesso às universidades pôde impedir a recuperação parcial já em andamento na década de 1950. As quedas acentuadas do fim da década de 1910 e dos anos 1940 são as únicas mudanças registradas dessa magnitude. Por isso, apesar de os aumentos contínuos na oferta de oportunidades educacionais terem sido instrumentais para restringir os diferenciais dos salários baseados nas qualificações, até eles enfim terem um grande aumento nos anos 1980, o nivelamento efetivo limitou-se quase por completo aos períodos relativamente curtos em que o país sofreu impactos violentos, causados pela guerra.[12]

"Quando se combina a capacidade intelectual e profissional com uma consciência social, é possível modificar as coisas": Nivelamento sem choques?

Volto-me agora para minha segunda estratégia de identificação de forças econômicas equalizadoras, mediante a busca de exemplos de atenuação das desigualdades em países não diretamente submetidos aos choques violentos de 1914 a 1945 e a seus efeitos na geração seguinte, e que também foram poupados de transformações revolucionárias. Na maior parte do mundo, essa abordagem gera pouca comprovação sólida de nivelamento por meios pacíficos. Desde a década de 1980, os países do Ocidente, de modo geral, não registraram mais que declínios sumamente temporários na desigualdade de renda. As quedas no coeficiente de Gini da renda de mercado em Portugal e na Suíça, nos anos 1990, são conflitantes com as informações concernentes à participação dos mais ricos na renda. Os países pós-soviéticos recuperaram-se, em parte, do aumento da desigualdade pós-1989 ou pós-1991, causado por enormes aumentos da pobreza. Países imensos, como a China e a Índia, assistiram a um aumento da desigualdade, tal como outros países populosos, como o Paquistão e o Vietnã. Esses quatro países contam, sozinhos, com 40% da população mundial. As compensações nessa parte do mundo, como na Tailândia, foram raras. No Oriente Médio, o Egito teria passado por declínios na desigualdade nas décadas de 1980 e 2000, porém os estudos mais recentes enfatizam as deficiências dos dados. Uma oscilação moderada, desde a atenuação da desigualdade movida por reformas feitas nas décadas de 1950 e 1960 (discutida neste volume, na seção sobre a reforma agrária, no capítulo 12), talvez seja o cenário mais plausível para esse país. Outros exemplos incluem o Irã nos anos 1990, e especialmente na década de 2000, e a Turquia nos anos 2000. A desigualdade da renda disponível israelense vem crescendo, embora a desigualdade da renda de mercado tenha se mantido bastante estável, o que é um padrão intrigante, indicativo de uma redistribuição regressiva.[13]

Às vezes, a África Subsaariana é vista como beneficiária de uma equalização pacífica da renda, durante a primeira década deste século. Contudo, essa impressão baseia-se em alicerces frágeis: em todos os 28 países, com exceção de um, sobre os quais dispomos de coeficientes de Gini padronizados da renda durante esse período, os dados subjacentes são precários e as margens de incerteza, em geral, muito grandes. No único caso que produziu informações de alta qualidade, o da África do Sul, a desigualdade manteve-se bastante inalterada – num nível altíssimo. Não foi possível observar nenhuma tendência significativa em treze dos outros 27 países, e, em outros cinco, a desigualdade aumentou, efetivamente. Apenas dez dos 28 países registraram um declínio, e estes respondem por apenas um quinto da população da amostra global. Além disso, os intervalos de confiança dos coeficientes de Gini pertinentes tendem a ser muito grandes: no nível de confiança de 95%, eles têm em média cerca de doze pontos percentuais, aglomerando-se sobretudo entre nove e treze pontos. (A média é aproximadamente a mesma nos países com desigualdade decrescente e em todos os demais.) Em muitos casos, essas margens ultrapassam a escala das mudanças implícitas na desigualdade. Nessas circunstâncias, é difícil, se não impossível, identificar a tendência geral. Todavia, mesmo que nos dispuséssemos a aceitar esses resultados por seu valor aparente, eles não apontariam para um processo consistente de atenuação da desigualdade. Embora seja bem possível que alguns países da região tenham gozado de certa medida de nivelamento pacífico nos últimos anos, simplesmente não há evidências confiáveis suficientes que possam servir de base para conclusões mais gerais sobre a natureza, a extensão e a sustentabilidade desses desdobramentos.[14]

Isso nos deixa com o caso maior e mais bem documentado – o da América Latina. Quase todos os países da região sobre os quais dispomos de dados mostraram uma redução significativa da desigualdade de renda desde o início do século atual. Há uma boa razão para examinarmos com maiores detalhes a evolução na América Latina. Em termos das violentas forças de nivelamento discutidas nos capítulos anteriores, toda essa região fornece os dados contrafactuais mais próximos – embora não particularmente próximos, em vários aspectos – de grande parte do Velho Mundo e da América do Norte que podemos encontrar no planeta. Salvo raríssimas exceções não afetadas por choques intensos e violentos, como as guerras com mobilização em massa e as revoluções transformadoras, a América Latina nos permite explorar a evolução da desigualdade num meio mais protegido.[15]

Algumas séries de dados aproximativos e modernas reconstruções criativas retraçam informações de vários séculos atrás. É frequente só dispormos de coeficientes de Gini da renda dignos de confiança a partir da década de 1970, quando mais Estados começaram a fazer pesquisas, e a qualidade teve grande melhora a partir dos anos 1990. Por isso, os dados referentes a períodos anteriores precisam ser acolhidos com certa desconfiança. Mesmo assim, tornou-se possível levantar a evolução a longo prazo da desigualdade de renda latino-americana, pelo menos em linhas gerais. A primeira fase da globalização sustentou um crescimento econômico liderado pelas exportações, desde a década de 1870 até a de 1920, impulsionado pela exportação de commodities orgânicos e minerais para o mundo ocidental em processo de industrialização. Esse processo revelou-se desproporcionalmente benéfico para as elites e aumentou a desigualdade.[16]

O desenvolvimento calcado nas exportações teve sua primeira diminuição na esteira da Primeira Guerra Mundial, que reduziu a demanda europeia, e parou quando a Grande Depressão atingiu os Estados Unidos, em 1929. A Segunda Guerra Mundial reduziu pelo menos algumas formas de comércio. Os anos de 1914 a 1945 foram caracterizados como um período de transição e de desaceleração do crescimento. Em seis países documentados, a desigualdade de renda continuou a aumentar durante esse período, subindo de 0,377 em 1913 para 0,428 em 1938, ponderados pela população. Apesar de ter sido poupada do envolvimento direto nas guerras, a América Latina ficou muito exposta às consequências dos choques violentos e macroeconômicos ocorridos fora da região. As interrupções do comércio e a entrada de ideias diferentes foram as consequências mais sensíveis. Esses choques introduziram o fim da fase inicial de globalização, um declínio do liberalismo econômico e uma guinada para o aumento da intervenção estatal.[17]

Nas décadas seguintes, os governos latino-americanos adaptaram-se a essa tendência global, mediante uma promoção mais pesada da capacidade industrial, visando primordialmente aos mercados domésticos e calcando-se em médias protecionistas para facilitar esse desenvolvimento. Isso acabou reanimando o crescimento econômico e deixou sua marca na distribuição da renda. Os resultados tiveram uma variação enorme na região. Nas economias mais desenvolvidas, o crescimento ajudou a classe média, o setor urbano e a participação dos trabalhadores de colarinho branco na força de trabalho assalariada. Essas mudanças foram ocasionalmente acompanhadas e reforçadas por políticas redistributivas e mais orientadas para o bem-estar social. As influências externas exerceram um papel significativo, visto que o Relatório Beveridge sobre a segurança social, produzido pela Grã-Bretanha em 1942, bem como outros programas ocidentais do pós-guerra, inspiraram planos de seguridade social no sul da América do Sul. A desigualdade foi afetada de maneiras diferentes. Ora as desigualdades de renda se atenuaram, como na Argentina e, possivelmente, também no Chile, ora aumentaram, em especial no Brasil; em outros países, primeiro aumentaram, depois diminuíram, como ocorreu no México, no Peru, na Colômbia e na Venezuela, onde as grandes reservas de mão de obra excedente não qualificada e a demanda elevada de trabalhadores qualificados ampliaram a desigualdade, até essas pressões cederem, nas décadas de 1960 e 1970.[18]

Embora o avanço generalizado para uma igualdade de renda um pouco maior seja comumente evocado na literatura, os coeficientes de Gini ponderados pela população contam uma história diferente, especialmente se nos concentrarmos nos resultados líquidos de períodos mais longos. Entre os seis países dos quais dispomos de dados que remontam a 1938, a desigualdade aumentou em cinco, entre esse ano e 1970, e o coeficiente de Gini global da renda, ponderado pela população, subiu, por conseguinte, de 0,464 para 0,548. Numa amostra maior, de quinze países, a desigualdade de renda aumentou em treze, entre 1950 e 1970, e teve um aumento global mais moderado, de 0,506 para 0,535 – um nível altíssimo, pelos padrões internacionais. Em especial, em dois dos três países que tiveram reduções líquidas da desigualdade, essas melhoras ficaram efetivamente restritas à década de 1950: na Argentina, coincidiram com o governo agressivamente estatista e redistributivo de Juan Perón, e, na Guatemala, ocorreram durante e depois de uma sangrenta guerra civil. Portanto, a Venezuela é a principal candidata ao nivelamento pacífico através do desenvolvimento econômico, possivelmente acompanhada pelo Chile, se aceitarmos um conjunto alternativo de estimativas da desigualdade que sugere um nivelamento entre 1930 e 1970, o qual teria sido impulsionado por mudanças econômicas e políticas (pacíficas).[19]

O endividamento público, a fim de sustentar as medidas protecionistas e a nacionalização de indústrias na década de 1970, desencadeou as crises da dívida nos anos 1980, que passaram a ser conhecidos como a "década perdida", durante a qual o desenvolvimento econômico estagnou e a pobreza expandiu-se. Por sua vez, isso instigou uma liberalização econômica que abriu as economias da região e promoveu sua integração nos mercados globais. Os resultados disso para a desigualdade tiveram considerável variação entre diferentes países, ao passo que, nos anos 1980 e 1990, a região como um todo teve aumentos moderados do coeficiente de Gini da renda, ponderado pela população, que subiu pouco menos de dois pontos por década e testemunhou um pico por volta de 2002.[20]

O que tudo isso mostra é que a desigualdade de renda latino-americana aumentou numa variedade de situações econômicas: crescimento puxado pelas exportações, industrialização conduzida pelo Estado e protecionismo, estagnação econômica e liberalização. Nos quatro países com as séries temporais mais longas, os coeficientes de Gini da renda ponderada pela população subiram de 0,348 em 1870 para 0,552 em 1990; em seis países, de 0,377 em 1913 para 0,548 em 1990; e, em outros quinze, de 0,506 em 1950 para 0,537 em 1990. Embora isso esconda as variações locais e nivele as oscilações temporárias, e embora os valores exatos permaneçam quase sempre desconhecidos, a tendência a longo prazo não poderia ser mais clara. Na medida em que há algum progresso a constatar, ele se limitou à mera desaceleração do aumento da desigualdade na segunda metade do século XX. Como podemos ver na Figura 13.2, o nivelamento ocasional teve curta duração e se limitou aos períodos de declínio econômico, desencadeados por crises macroeconômicas externas, primeiro na Grã-Bretanha, depois nos Estados Unidos, nas décadas de 1900 e 1930, e, por último, pela recessão profunda, decorrente de fatores internos e internacionais nos anos 1980.[21]

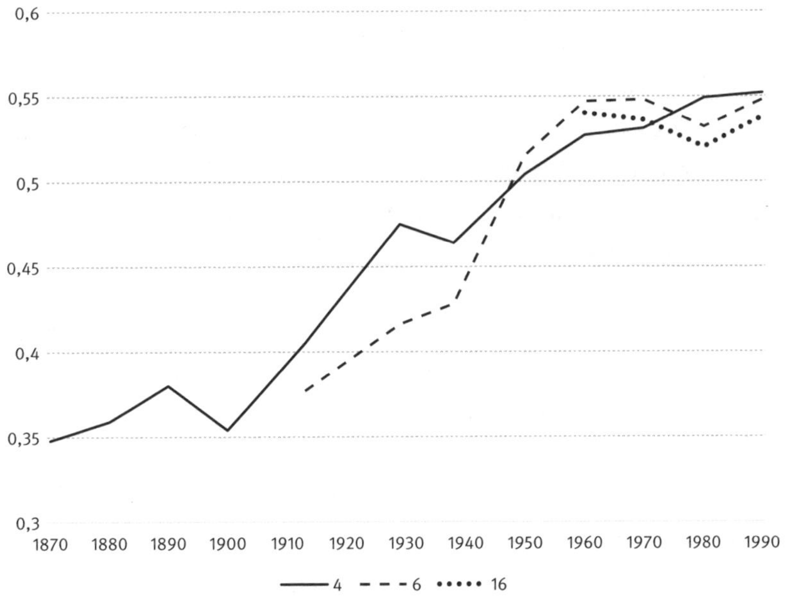

FIGURA 13.2 Coeficientes de Gini estimados e conjecturados da renda da América Latina, 1870-1990 (médias ponderadas pela população para quatro, seis e dezesseis países)

A fase mais recente da evolução da desigualdade de renda latino-americana começou logo depois de 2000. Talvez pela primeira vez na história registrada, a desigualdade caiu em toda a região. Em catorze dos dezessete países que produziram séries de dados relevantes, os coeficientes de Gini da renda de 2010 foram inferiores ao que tinham sido no ano 2000. Costa Rica, Honduras e, provavelmente, a Guatemala são as únicas exceções documentadas. Nos outros catorze países, o Gini médio da renda de mercado caiu de 0,51 para 0,457 e o Gini médio da renda disponível desceu de 0,49 para 0,439, ou mais de cinco pontos por qualquer das duas medidas. Essa compressão decerto foi marcante em termos de escala e de alcance geográfico, mas precisa ser vista pela perspectiva adequada. Ela reduziu a desigualdade da renda de mercado de um nível típico da Índia, uma sociedade sumamente desigual, para o nível mais próximo do encontrado nos Estados Unidos, enquanto a queda da desigualdade líquida levou a América Latina das alturas chinesas e indianas para um Gini ainda sete pontos acima do constatado nos Estados Unidos, o campeão inconteste da desigualdade entre os países do Ocidente. O efeito dessas mudanças na distribuição das rendas latino-americanas, que é excepcionalmente assimétrica, não deve ser superestimado, portanto.[22]

Para piorar as coisas, desde 2010 essa tendência decrescente prosseguiu em menos da metade dos países sobre os quais dispomos de dados (Argentina, Bolívia, República Dominicana, Equador, El Salvador, Uruguai e Venezuela). Nesses últimos anos, a desigualdade se manteve bastante estável no Brasil, Chile, Guatemala, Panamá e Peru, e recomeçou a aumentar no México e no Paraguai, bem como, possivelmente, também em Honduras, onde os dados são precários. A Costa Rica sempre contrariou a tendência regional, com um aumento suave da desigualdade desde a década de 1980. Tudo isso levanta sérias questões sobre as causas e a sustentabilidade do nivelamento que ocorreu na primeira década deste século: será que ele foi uma melhora de curta duração e que já se esgotou?

É impossível explicar esse nivelamento como resultado de uma pressão descendente kuznetsiana sobre a desigualdade, visto que os países da região tinham passado por uma espécie de ponto de inflexão do desenvolvimento em que as economias tinham se tornado ricas o bastante para que a renda tivesse uma distribuição mais equitativa. Em 2000, o PIB per capita dos catorze países com redução da desigualdade variou conforme um fator de multiplicação de 7,6 entre o país mais rico e o mais pobre (Argentina e Bolívia, respectivamente). A dispersão nessa ampla faixa foi bastante regular, ainda que pendendo para o extremo inferior: o PIB médio anual per capita caiu entre mil e 2 mil dólares em cinco países, entre 2 mil e 4 mil dólares em outros cinco e entre 5 mil e 8 mil dólares nos outros quatro. Por si só, isso exclui a possibilidade de que o nivelamento sincrônico observado na década seguinte tenha se ligado aos níveis de desenvolvimento econômico em si. Uma testagem formal confirmou que, a despeito do forte crescimento econômico desses anos, o modelo kuznetsiano não consegue explicar a maior parte do declínio observado.[23]

Estudos recentes identificaram várias razões desse processo: bônus salariais decrescentes e uma forte demanda externa, que comprimiram a desigualdade da renda de mercado ao reduzir as defasagens nos ganhos setoriais; recuperação de crises macroeconômicas desequalizadoras anteriores, que haviam exacerbado a pobreza; mercados de trabalho fortes, impulsionados pelo crescimento econômico mais rápido; e o efeito redistributivo de algumas transferências governamentais sobre a desigualdade da renda disponível. Pelo menos em tese, o primeiro desses fatores é particularmente promissor como impulsionador pacífico potencial da equalização a longo prazo. As reformas do mercado da década de 1990 tenderam a ser acompanhadas por uma expansão do sistema de ensino, que continuou desde então e aumentou a oferta de trabalhadores qualificados, o que, por sua vez, diminuiu os retornos sobre a instrução de nível mais alto e os bônus salariais, reduzindo com isso a desigualdade geral da renda do trabalho. Não existe uma resposta única para a questão de saber se a redução dos bônus salariais se deveu mais à melhora da oferta ou à diminuição da procura. Em alguns países, os bônus encolheram em resposta a uma demanda menor, como na Argentina, o que lança dúvidas sobre as futuras perspectivas de desenvolvimento econômico. Em El Salvador e na Nicarágua, a desigualdade caiu porque os ganhos reais (e não apenas relativos) dos trabalhadores com formação secundária ou superior declinaram, diante da demanda mais fraca. El Salvador é um caso particularmente preocupante: os salários reais caíram em todos os níveis de formação educacional, porém mais ainda entre os trabalhadores mais instruídos. Isso serve como lembrete de que nem sempre os efeitos equalizadores provêm de avanços econômicos desejáveis.[24]

Em alguns casos, os benefícios distributivos de bônus salariais decrescentes podem ser conquistados a um preço elevado. De acordo com uma descoberta impressionante, hoje em dia a instrução é tão pouco valorizada na Bolívia que o bônus salarial dos trabalhadores com formação superior, comparados aos que concluíram apenas o ensino primário, é zero. Isso aponta para uma causa alternativa, ou pelo menos complementar, da redução dos bônus salariais. É possível que a qualidade do ensino tenha se deteriorado com o maior acesso à escolarização além dos níveis fundamentais de ensino, e é possível que haja uma articulação precária entre o ensino e as demandas do mercado de trabalho. Essa visão pessimista recebe algum respaldo dos dados de retornos negativos da formação superior no Peru e no Chile, decorrentes da menor qualidade do ensino e das consequências do desencontro entre o ensino de segundo grau e as demandas dos empregadores na Argentina, no Brasil e no Chile.[25]

Outros fatores econômicos foram mais transitórios. A forte demanda internacional de commodities ajudou os trabalhadores rurais a diminuir sua defasagem salarial dos trabalhadores urbanos, mas reduziu-se desde então. Parte do nivelamento ocorrido desde 2002 representou apenas uma recuperação de um aumento temporário anterior da desigualdade, que tinha sido desencadeado por crises econômicas. O exemplo mais conhecido é o da Argentina, onde um enorme declínio econômico entre 1998 e 2002 fez grande parte da população mergulhar na pobreza. Desde então, uma recuperação econômica contínua, aliada a uma transição para setores intensivos em mão de obra menos qualificada, que reduziu a demanda de trabalhadores qualificados e diminuiu os bônus salariais, beneficiou de modo desproporcional a metade menos abastada da população. O mesmo fizeram o fortalecimento dos sindicatos e o aumento das transferências governamentais. A Colômbia, o Equador, o Uruguai e a Venezuela também experimentaram certa atenuação da desigualdade, em decorrência de recuperações similares. De acordo com uma estimativa, se excluíssemos os efeitos equalizadores da recuperação de crises, a redução média da desigualdade de renda, na primeira metade da década de 2000, seria bem modesta, da ordem de apenas um ponto no coeficiente de Gini. Em termos mais gerais, a atenuação das consequências desfavoráveis a curto prazo da liberalização dos anos 1990 exerceu uma influência mitigadora. O forte crescimento econômico, com média de 4% ao ano, em termos reais, ou o dobro do índice das décadas anteriores, promoveu o emprego, mas estima-se que tenha respondido apenas por uma pequena fração da mudança observada na desigualdade. Além disso, essas condições favoráveis já não se aplicam, visto que o crescimento anual do PIB na região declinou durante cinco anos consecutivos, depois de 2010, caindo de 6% naquele ano para uma projeção de 0,9% em 2015. Quando da redação deste livro, o Brasil, que é de longe a maior economia da região, estaria supostamente sofrendo a sua pior recessão desde a Grande Depressão. Tudo isso lança dúvidas sobre as perspectivas de um novo nivelamento.[26]

Por fim, a ampliação das transferências governamentais atraiu considerável publicidade como meio para combater a desigualdade da renda disponível. No Brasil, por exemplo, onde as mudanças no tamanho, na abrangência e na distribuição de transferências de renda responderam por aproximadamente metade do declínio da desigualdade, na primeira década deste século, o programa Bolsa Família atingiu 11 milhões de famílias pobres. Ainda assim, comparada à que se encontra nos países desenvolvidos, a escala real das transferências redistributivas na América Latina continuou muito pequena. É verdade que a presença de um grande número de famílias empobrecidas permite que até transferências relativamente modestas (da ordem de alguns décimos de um ponto percentual do PIB) façam diferença para a vida de muitas pessoas e produzam efeitos equalizadores. Na Europa Ocidental, as rendas brutas tendem a diferir enormemente das rendas disponíveis, ao passo que, na América Latina, mal chegam a apresentar alguma diferença. Múltiplas razões foram invocadas para isso. O volume da coleta de impostos em relação ao PIB é pequeno, pelos padrões internacionais, e os impostos sobre a renda são particularmente baixos. Ao mesmo tempo, a sonegação fiscal é abundante, em parte pela desconfiança nutrida em relação aos governos, em parte graças à grande dimensão do setor informal. O nível médio de isenção do imposto de renda é aproximadamente o dobro do PIB per capita médio da região como um todo, e, em vários países, só se aplicam alíquotas progressivas em níveis muito altos de renda. Assim, a falta de receita do Estado limita severamente o potencial das transferências. Para piorar as coisas, alguns programas de seguridade social são conducentes a uma desigualdade líquida. As aposentadorias e o seguro-desemprego beneficiam desproporcionalmente os que se encontram no quintil superior da distribuição de renda, sobretudo os trabalhadores urbanos com emprego formal, e discriminam a população rural e os trabalhadores do setor informal. Apenas as transferências diretas em dinheiro diferem disso, por apoiarem majoritariamente os que estão na metade inferior da distribuição de renda – mas só podem fazê-lo na medida em que não sejam impedidas por limitações da receita e anuladas por formas mais regressivas de assistência social.[27]

Por que é tão ineficaz a redistribuição fiscal na América Latina? Essa pergunta nos leva de volta ao tema central deste livro, o poder transformador dos choques violentos. Como vimos, os sistemas tributários progressivos do Ocidente têm sólidas raízes nas duas guerras mundiais, assim como a redistribuição, nos regimes comunistas, enraizou-se em outras formas de rebeliões violentas. Em contraste, o desenvolvimento econômico como tal não é um indicador útil do grau de redistribuição tributária. Em 1950, quando as nações ocidentais e o Japão estavam ocupados em tributar os ricos e construir sistemas ambiciosos de bem-estar social, o PIB per capita (em dólares internacionais de 1990) ia de 4 mil a 7 mil na Alemanha, França, Holanda, Suécia, Reino Unido e Canadá, ficava mais perto de 2 mil no Japão, e nem nos Estados Unidos era drasticamente mais alto que o da Europa Ocidental. Esses valores alinham-se de modo geral com os das principais economias sul-americanas, como a Argentina e a Venezuela, já naquela época, e com um leque maior de países latino-americanos de hoje: o equivalente do PIB médio per capita, nos oito países substanciais mais desenvolvidos da região, foi de 7.800 dólares em 2010 e teve uma média de 6.800 numa amostra muito maior. Por essa medida, o argentino, o chileno e o uruguaio médios estão hoje em melhor situação do que estava o norte-americano médio em 1950.[28]

Isso mostra que a contenção fiscal nos países latino-americanos não foi determinada pelo desenvolvimento econômico. No mundo inteiro, os choques violentos foram uma precondição essencial da expansão dos sistemas tributários, não meramente na primeira metade do século XX, mas também por centenas e até milhares de anos. Guerras sangrentas entre Estados e revoluções transformadoras desempenharam um papel muito pequeno nos últimos dois séculos da história latino-americana. Isso nos ajuda a compreender de que modo persistiram altos níveis de desigualdade na maior parte da região. Diversas características específicas dessa área têm sido invocadas para explicar esse fenômeno, em especial a influência perniciosa do racismo e das instituições coloniais de trabalhos forçados e escravidão, bem como a persistência do clientelismo e do poder oligárquico. Todavia, o que *não* aconteceu pode ter importância similar, ou, diríamos, até maior, quando tentamos compreender as diferenças duradouras na pura e simples escala da desigualdade entre a América Latina e quase todas as outras partes do mundo. Com esse pano de fundo, é altamente questionável que grandes avanços inovadores na equalização da renda sejam viáveis, que dirá plausíveis.[29]

As decisões políticas ligadas aos gastos públicos com a educação, o investimento externo e as receitas e transferências de impostos explicam muito do nivelamento que ocorreu na América Latina desde os primeiros anos deste século. Fatores mais puramente econômicos contribuíram, sob a forma de condições internacionais favoráveis e da recuperação de crises anteriores, porém se revelaram de duração mais curta. Tendo se concluído a recuperação e havendo uma diminuição da demanda externa, um nivelamento adicional exigiria uma reestruturação fiscal mais agressiva, a fim de aprimorar a educação (considerando-se que os bônus salariais decrescentes são uma bênção duvidosa, quando provêm de uma redução da demanda ou de maus resultados educacionais) e de ampliar as transferências redistributivas. É muito cedo para dizer se o processo de nivelamento que teve início há mais de uma década continuará – ou melhor, em muitos casos, se será retomado. Daqui a cinco ou dez anos, teremos uma ideia melhor da sustentabilidade dessa tendência.[30]

Concluo que a experiência latino-americana só nos oferece provas muito limitadas de uma atenuação pacífica da desigualdade e, ao menos por enquanto, não fornece prova alguma de um nivelamento persistente e substancial, na falta de impactos violentos. Durante os últimos 150 anos, fases de desigualdade crescente entremearam-se com reversões episódicas, ligadas a fatores externos, como as crises macroeconômicas do Ocidente, ou, em alguns casos, as políticas agressivas ou violentas. Embora seja difícil discordar da máxima do ex-presidente da Bolívia, Evo Morales, de que, "quando se combina a capacidade intelectual e profissional com uma consciência social, é possível modificar as coisas", a história da América Latina pouco contribui para questionar a primazia do nivelamento por meios violentos.[31]

E, o que é mais importante, não se pode mostrar que nenhuma das forças discutidas neste capítulo e no capítulo anterior tenha surtido um efeito sistematicamente atenuador na desigualdade material. Isso se aplica à reforma agrária e à reestruturação da dívida, ambas pacíficas, às crises econômicas, à democracia e ao crescimento econômico. O que todos têm em comum é que ora eles aliviam a desigualdade, ora não: em suma, não há nem mesmo uma tendência remotamente uniforme nos resultados. É verdade que, como o desenvolvimento econômico moderno causou o aumento da importância do capital humano em relação à do capital físico, e como a desigualdade na distribuição do capital humano é, primordialmente, uma função da oferta de educação, as políticas equalizadoras referentes a esta última podem afigurar-se particularmente promissoras. Ainda assim, embora o investimento na educação, por seus efeitos nos diferenciais de salário, possa de fato servir como mecanismo viável para um nivelamento não violento, ele tem se enredado, historicamente, em processos menos pacíficos: as oscilações documentadas nos bônus salariais norte-americanos durante o século XX destacam, mais uma vez, a importância da guerra na moldagem das políticas sociais e das recompensas econômicas. Como vimos no capítulo 5, praticamente o mesmo se aplica à sindicalização. As políticas redistributivas fiscais e de bem-estar social reduzem, de fato, a desigualdade da renda disponível, mas sua escala e estrutura tendem a estar igualmente ligadas ao legado de choques violentos e a suas repercussões a longo prazo. O contraste entre a desigualdade no Sudoeste Asiático e no Leste Asiático, por um lado, e a situação da América Latina, por outro, faz-nos lembrar essa associação fundamental. Mesmo depois de reexaminarmos as causas alternativas da compressão da desigualdade, não há como escaparmos ao fato de que a violência, manifesta ou latente, tem sido há muito tempo um catalisador crucial das medidas políticas niveladoras.

14. E se…? Da história aos dados contrafactuais

"Nada de novo sob o sol?" Lições da história

Quanto pode nos ensinar a história sobre a dinâmica da desigualdade? Minha resposta é: muito – mas não tudo que precisamos saber. Comecemos pela primeira. Desequilíbrios crescentes na distribuição de recursos materiais são possibilitados pelo crescimento econômico intenso, mas não (nem sempre) causados por ele. Embora a desigualdade efetiva pudesse atingir e, ao que saibamos, tenha atingido com frequência níveis extremos até em economias muito subdesenvolvidas, a desigualdade nominal, em última análise, foi em função do tamanho da produção acima dos níveis de subsistência: quanto mais produtiva uma economia, maior a concentração de recursos nas mãos da minoria que ela consegue sustentar – ao menos na teoria, ainda que não necessariamente na prática (ressalva abordada no apêndice). Essa ligação básica entre crescimento e desigualdade manifestou-se em sua forma mais pura durante a grande transição da humanidade do forrageio para a domesticação, transição esta que intensificou enormemente a distribuição desigual dos recursos, por possibilitá-la de modo geral, em primeiro lugar. Vale assinalar que faltou uma dimensão kuznetsiana a essa transição: não podemos aplicar um modelo bissetorial de desigualdade crescente transitória, a menos que estejamos dispostos a imaginar sociedades que se comporiam em parte de forrageiros e em parte de agricultores. Ainda mais importante, a passagem para a domesticação não trouxe nenhuma promessa de igualação posterior. O sedentarismo, a agricultura e a expansão dos bens materiais hereditários simplesmente fizeram crescer a desigualdade potencial e efetiva, sem fornecer nenhum mecanismo para sua redução, excetuados os choques violentos.[1]

Uma vez estabelecidas a domesticação e as economias agrárias ou de combustíveis orgânicos, outras mudanças transicionais permaneceram relativamente modestas durante milênios, limitadas, primeiramente, à transferência de mão de obra da produção de alimentos para o setor urbano, o que tendeu a agravar as pressões desigualadoras. Mais uma vez, faltaram mecanismos de compensação, visto que o setor não agrícola nunca pôde crescer além de certo nível, o que inviabilizou, portanto, qualquer tipo de transição kuznetsiana. Contudo, a mudança econômica foi apenas um dos fatores que impulsionaram a evolução da desigualdade. A domesticação aumentou a capacidade coercitiva e encorajou a predação, numa escala antes impensável. As rendas e fortunas superiores, em particular, receberam enorme impulso da formação de Estados e do alcance, profundidade e tendenciosidade crescentes das relações de poder político. Nessas circunstâncias, um nivelamento substancial era improvável, na melhor das hipóteses – e quase sempre impossível, de fato –, a não ser que desastres violentos desarticulassem temporariamente as estruturas arraigadas da hierarquia, da exploração e da posse de bens. Como as políticas redistributivas decorrentes da guerra ou da revolução com mobilização em massa foram raríssimas na história pré-moderna, esses choques assumiram, primordialmente, as formas de falência do Estado ou pandemias. Na ausência destes, a desigualdade simplesmente se manteria sempre elevada, mediada, em qualquer nível de desenvolvimento econômico, pelos caprichos da construção de Estados, da competição interestatal e do equilíbrio do poder entre os governantes e as elites.

Examinado a longo prazo, o registro histórico sugere que é inútil buscar uma ligação sistemática entre mudanças na desigualdade e desempenho econômico, além da associação muito básica que acabamos de esboçar. As duas forças niveladoras principais das sociedades pré-modernas mostraram-se propensas a caminhar de mãos dadas com tendências econômicas divergentes. Assim, embora a falência do Estado ou o colapso dos sistemas tenha geralmente reduzido a produção média per capita, fazendo a equalização coincidir com uma pobreza maior, as grandes epidemias surtiram o efeito oposto, nivelando através do aumento da produtividade per capita e do consumo da não elite, à medida que houve um relaxamento das restrições malthusianas. Também observamos uma falta semelhante de relação direta entre a desigualdade e o crescimento econômico nos séculos posteriores à Peste Negra, quando a desigualdade elevou-se nas economias europeias, tanto dinâmicas quanto estagnadas, e quando até países estruturalmente similares, como Espanha e Portugal no início da era moderna, experimentaram resultados diferentes na desigualdade. Em linhas muito gerais, as relações do poder político e a demografia desempenharam um papel muito maior na evolução da desigualdade pré-industrial do que os aspectos mais refinados do desenvolvimento econômico.[2]

A grande transição seguinte, da economia agrária para a economia industrial e da economia orgânica para a de combustíveis fósseis, variou em seus efeitos sobre a desigualdade de renda e riqueza. Embora muito tenha dependido do ponto a que a desigualdade já tivesse chegado a uma dada sociedade antes dessa transição, o comum foi a Revolução Industrial sustentar as disparidades materiais, ou até intensificá-las ainda mais. Essa situação, que pode ser observada tanto nos países em processo de industrialização quanto nos países produtores de commodities nos séculos XIX e XX, foi encerrada por alguns dos choques mais violentos na história registrada, acarretados pelas guerras com mobilização em massa e pelas revoluções transformadoras.

Milhares de anos de história reduzem-se a uma verdade simples: desde a aurora da civilização, os avanços contínuos na capacidade econômica e na construção do Estado favoreceram uma desigualdade crescente, mas fizeram pouco ou nada para controlá-la. Até e inclusive durante a Grande Compressão de 1914 a 1950, é difícil identificarmos reduções da desigualdade material, razoavelmente bem atestadas e não banais, que não se hajam associado, de um modo ou de outro, a choques violentos. Como vimos antes, os exemplos pré-modernos parecem confinar-se a partes de Portugal, do século XVI ao século XVIII, e, possivelmente, ao Japão durante seu período de isolamento, do século XVII a meados do século XIX. No mundo moderno, a súbita atenuação ocorrida na Suécia, na Noruega e, possivelmente, na Alemanha, poucos anos antes da eclosão da Primeira Guerra Mundial, torna difícil saber como teriam prosseguido as tendências a longo prazo. Os desdobramentos na Itália continuam incertos demais para dar uma grande contribuição para esta amostra. Mesmo que eu tenha deixado escapar alguns casos, ou que novas evidências venham à tona, não há dúvida de que o nivelamento pacífico foi um fenômeno excepcionalmente raro. E embora seja verdade que, em muitos países, a equalização da renda e sobretudo da riqueza tenha continuado durante aproximadamente uma geração, depois da violenta década de 1940, e também começado a avançar um pouco em algumas economias em desenvolvimento, esse processo costuma ser difícil, se não impossível, de desvincular de suas raízes extraordinariamente violentas. Mesmo a região que, até poucos anos atrás, pareceria a candidata mais promissora a um nivelamento pacífico – a América Latina – ainda pode decepcionar.[3]

A desigualdade na distribuição da renda (disponível) não pode aumentar para sempre. Em qualquer nível considerado de desenvolvimento, ela é limitada por tetos que são sensíveis à produtividade média per capita, mas que também são bastante rígidos a longo prazo; discuto a dinâmica subjacente a isso no apêndice, no final deste volume. A história mostra que, na falta de violentos eventos equalizadores, a desigualdade tem sido bastante alta, comumente, em relação a seu máximo teórico, podendo manter-se alta por períodos extensos. Aumentos dignos de nota na concentração de renda e riqueza ocorreram durante fases de recuperação de choques violentos: na Alta Idade Média, nos séculos de 1500 a 1900 na Europa, durante períodos mais curtos nas Américas e, pode-se argumentar, nas últimas décadas, em grande parte do mundo. Essas tendências recorrentes apontam para uma norma geral que se aplicou a etapas muito variadas de desenvolvimento – sociedades agrárias, industriais e pós-industriais e economias crescentes e estagnadas. Essa convergência destaca a necessidade de pesquisas e teorização transculturais mais ambiciosas: como eu disse no início, uma explicação adequada das forças variadas que aumentaram repetidamente a desigualdade, na esteira de nivelamentos intermitentes, exigiria outro livro de extensão semelhante ou até maior que a deste.

"Uma causa principal foi a vasta desigualdade das fortunas": Da desigualdade à violência?

Restam duas perguntas importantes: Se os choques violentos foram cruciais para cercear e reverter a desigualdade, será que estavam fadados a acontecer? Se não tivessem ocorrido, de que modo se haveria mantido a desigualdade, em sua ausência? A primeira pergunta é mais tradicional e se interessa pela causação histórica, ao passo que a segunda nos convida a considerar fatores contrafactuais. Começo pelo primeiro problema.

Não há provas sugestivas de que as sociedades pré-industriais contivessem em si as sementes de um nivelamento pacífico substancial. Mas como é possível sabermos se os violentos transtornos que perturbaram hierarquias estabelecidas de poder, renda e riqueza foram eventos exógenos aleatórios, ou se foram gerados, numa medida significativa, por tensões decorrentes da extrema desigualdade? As mesmas políticas elitistas e disparidades de poder que tornaram tão desiguais quase todas as sociedades primitivas também podem ter precipitado sua eventual desestruturação. Talvez isso tenha se aplicado, particularmente, às grandes formações imperiais, que não apenas enfrentaram desafiantes externos, como também tiveram de conter a voracidade de elites domésticas ávidas por canalizar e privatizar o excedente, com isso privando os governantes dos recursos necessários para manter a união de seus reinos díspares. No capítulo 2, já assinalei essas tendências nas histórias chinesa e romana. Contudo, não basta considerarmos interações homeostáticas através das quais, nas palavras de Branko Milanovic,

> a desigualdade crescente efetivamente aciona forças, amiúde de natureza destrutiva, que acabam levando à sua diminuição, mas que, nesse processo, destroem muitas outras coisas, inclusive milhões de vidas humanas e imensos volumes de riqueza. Mais dia, menos dia, a desigualdade extrema torna-se insustentável, porém não diminui por si só; em vez disso, gera processos, como guerras, conflitos sociais e revoluções, que a reduzem.[4]

O uso informal do "mais dia, menos dia" destaca um grave ponto fraco nessa perspectiva: se a alta desigualdade é a condição-padrão da civilização humana, torna-se muito fácil imaginar um elo entre essa condição e quase qualquer choque violento que já tenha ocorrido – e bem mais difícil explicar a ausência de choques similarmente plausíveis que não se materializaram.

A mais ambiciosa tentativa de teorizar e tornar endógena a falência do Estado e suas consequências equalizadoras foi feita por Peter Turchin, um ecologista populacional transformado em historiador. Sua teoria sucinta de ciclos seculares delineia uma sequência ideal típica de eventos que solapam e restauram as estruturas macrossociais, dentro de um enquadramento temporal mais ou menos previsível. O crescimento populacional pressiona a capacidade de carga e desvaloriza o trabalho em relação à terra, num processo que conduz ao enriquecimento da elite e ao aumento da desigualdade, o que, por sua vez, leva à intensificação da competição dentro da elite e, em última instância, à falência do Estado. Essa crise realimenta a dinâmica da população, ao reduzir a pressão populacional, expõe as elites estabelecidas a riscos maiores e favorece o surgimento de uma nova elite guerreira, que reconstrói as instituições estatais. Os estudos históricos de caso realizados para testar essas previsões destacam a suprema importância do comportamento e da competição da elite, em comparação com os fatores demográficos e fiscais.[5]

Esse tipo de abordagem voltada para o endógeno corre o risco de minimizar a importância de forças principal ou totalmente exógenas, como as epidemias, cujos efeitos foram historicamente mediados pelas condições sociais, inclusive pela desigualdade, porém de modo algum causados por elas. Todavia, mesmo na medida em que os choques violentos possam ser legitimamente tornados endógenos, a fim de produzir um modelo mais homeostático das oscilações na concentração de renda e riqueza, isso não afeta a tese central do presente livro. Quaisquer que tenham sido suas causas básicas, os choques necessários foram de natureza invariavelmente violenta. A questão é apenas saber até que ponto eles se radicaram em desequilíbrios políticos, sociais e econômicos que se manifestaram numa desigualdade material. Quanto maior seu enraizamento – e os exemplos de revolução transformadora e falência do Estado fornecem um campo particularmente fértil para testar essa proposição –, mais aptos ficaríamos a incorporar a equalização violenta numa narrativa analítica coerente da formação do Estado e da desequalização estrutural, promovidas pelo comportamento da elite e pela demografia. Um compromisso sério com essa questão exigiria um livro separado. Por enquanto, quero apenas apresentar uma nota de advertência. Embora seja relativamente fácil escolher a dedo alguns exemplos adequados para corroborar a teoria dos ciclos seculares, ou modelos autônomos comparáveis, essas perspectivas precisam ser julgadas, em última instância, em termos de quão bem se saem em toda a abrangência da história documentada.

Consideremos os casos de França, Inglaterra, Holanda, Espanha e colônias espanholas nas Américas, por volta de 1800. Ao que saibamos, a desigualdade era elevada ou crescente em todos esses lugares já fazia algum tempo. A Revolução Francesa poderia ser prontamente aceita como um exemplo clássico do término violento de um ciclo de pressão demográfica, voracidade da elite e dolorosa desigualdade. Na Holanda, que se caracterizava desde longa data por níveis crescentes de desigualdade da riqueza, a facção antimonarquista confiou na intervenção francesa armada ao declarar a República da Batávia, desfecho de um conflito doméstico que fermentava desde longa data e que pode ser explicado com referência a situações internas e a contribuições externas. Similarmente, a desigualdade espanhola vinha aumentando fazia séculos, mas sem precipitar nenhuma grande crise. Múltiplas invasões por terceiros vindos do exterior, numa sucessão predominantemente exógena de acontecimentos, foram necessárias para alterar de maneira mensurável a distribuição da renda. Isso, por sua vez, desencadeou revoltas contra a dominação espanhola nas Américas Central e do Sul, num processo que, do mesmo modo, pode ser relacionado a tensões internas e à eclosão exógena da Guerra Peninsular. Por fim, a Inglaterra, que exibia um grau de má distribuição dos recursos materiais parecido com o encontrado em todas essas outras sociedades, não passou por nenhuma revolta interna significativa. É tentador atribuir os resultados diferentes a variações nas instituições políticas ou no desempenho bélico, porém, quanto maior é o número de variáveis geradoras de confusão introduzido, mais difícil se torna aplicar uma teoria endogenizadora coerente a uma vasta gama de casos da vida real. Ainda há muito trabalho por fazer.[6]

"Paz para o nosso tempo": Resultados alternativos

Isso se aplica, igualmente, à minha segunda pergunta. A história tem limites. Qualquer relato histórico da desigualdade concentra-se, necessariamente, no que (supomos que) de fato aconteceu e procura explicar o porquê disso. O que não aconteceu fica fora do relato. Do meu lugar de historiador, acho fácil ser complacente com isso. Se considerarmos que o papel do historiador é explorar, nas tão citadas palavras de Leopold Ranke em 1824, "*wie es eigentlich gewesen*" – o que realmente aconteceu –, o trabalho está pronto: o registro histórico mostra que os choques violentos foram as forças de equalização mais poderosas, desde a Antiguidade até grande parte do século XX, e que, comumente, os mecanismos não violentos deixaram de produzir resultados comparáveis. No entanto, os mais inclinados para as ciências sociais discordariam. A consideração explícita de dados contrafactuais produz uma história melhor, nem que seja por nos ajudar a identificar com mais confiança os fatores que foram essenciais para acarretar os efeitos observados. Por isso, devemos fazer outra pergunta: e se os violentos choques equalizadores houverem meramente estragado o que poderia ter sido uma história diferente, de correções pacíficas?

No tocante à maior parte da história humana, essa linha de investigação parece um beco sem saída. Se o Império Romano não houvesse caído, será que seus aristocratas teriam dividido sua fortuna fabulosa com as massas oprimidas? Se a Peste Negra não houvesse atacado, porventura os trabalhadores ingleses poderiam ter convencido seus patrões a duplicar e triplicar seus salários? A resposta a estas ou a quaisquer perguntas similares tem que ser negativa, com certeza. Não houve mecanismos pacíficos alternativos nem remotamente plausíveis que pudessem ter gerado mudanças equivalentes. Ademais, no longuíssimo prazo, essas nem são perguntas que façam sentido. Em geral, os impérios não duravam para sempre, e era fatal que ocorressem epidemias num ou noutro momento. Um Império Romano interminável ou um mundo sem pestes não são dados contrafactuais realistas. Se os choques reais não houvessem ocorrido, outros teriam acabado tomando seu lugar. Nesse sentido, até muito recentemente, não havia nenhuma alternativa viável para o nivelamento violento periódico.

Mas e se a modernidade modificasse as regras do jogo, de algum modo? Esta é uma pergunta mais séria, porque é muito fácil inventar candidatos possíveis para a equalização pacífica, tais como a educação em massa, a ampliação do direito de voto, a mão de obra organizada e um sem-número de outras novidades da era industrial. É lícito dizer que a mensagem deste livro tem sido implacavelmente sombria. Para um observador mais otimista – digamos, um economista viajando por uma nova curva de Kuznets e um cientista político acostumado desde sempre com as glórias da democracia de estilo ocidental e outras instituições esclarecidas –, o tumulto da moderna Guerra dos Trinta Anos e suas consequências prolongadas podem ter simplesmente impedido o nivelamento pacífico, ordeiro e adequadamente endógeno acarretado pelas múltiplas bênçãos da modernidade. O fato de a história, de modo muito inconveniente, ter se recusado a nos servir esse relato com a necessária pureza não significa, estritamente falando, que isso não pudesse ter acontecido.

Embora, é claro, nunca venhamos a saber com certeza, vale a pena considerar esse dado contrafactual específico de maneira mais aprofundada. *E se* não tivesse havido guerras mundiais nem revoluções comunistas? Um século XX inteiramente pacífico talvez pareça um contrafactual exageradamente implausível. Considerando o equilíbrio do poder e as características dos principais Estados europeus e de suas classes dominantes, na época, é bem possível que algum tipo de guerra em escala industrial fosse inevitável. Mas isso não é necessariamente válido quanto ao momento de ocorrência das guerras ou à sua duração e gravidade – ou, menos ainda, quanto à renovação do conflito, depois de já encerrada uma Grande Guerra. E a vitória do bolchevismo ou do maoismo tampouco foi uma conclusão já prevista e inevitável.[7]

Idealmente, gostaríamos de poder estudar dois mundos ocidentais, um destroçado pela guerra total e pela depressão econômica e outro ileso. Somente isso nos permitiria manter constantes a ecologia e as instituições e focalizar a interação do desenvolvimento econômico, social e político e suas consequências para a desigualdade. Esse experimento natural não é possível. De um modo inconveniente para nós e trágico para os envolvidos, as guerras mundiais deveram sua denominação a seu extraordinário alcance geográfico. Como resultado, as aproximações da vida real com o desenvolvimento contrafactual são raras, ainda que não completamente ausentes. Os Estados Unidos e o Japão participaram da Primeira Guerra Mundial de forma comparativamente marginal. Com dezenove meses de participação formal e um período de campanha significativamente mais curto, o envolvimento norte-americano foi breve e os índices de recrutamento se mantiveram muito abaixo dos encontrados na Europa. A contribuição do Japão foi mínima – não só em relação à dos outros participantes, mas também pelos padrões de sua própria luta de alto risco com a Rússia, uma década antes. Nesses dois países, ao contrário do que aconteceu entre os principais beligerantes europeus, a queda na participação dos mais ricos na renda teve curta duração e foi logo desfeita pelo retorno da desigualdade.

A Segunda Guerra Mundial, mais expansivamente global do que a primeira rodada, oferece um número ainda menor de alternativas. Como afirmei no capítulo 5, a busca de países desenvolvidos sem envolvimento material, ou não afetados, parece realmente inútil. A Suíça poderia ser a nossa melhor opção, tendo havido lá apenas quedas discretas e temporárias na participação dos mais ricos durante as duas guerras mundiais, e uma participação bastante estável do 1% mais rico na renda desde que se iniciaram os registros, em 1933.

Isso nos deixa com os países latino-americanos mais avançados – elementos de comparação duvidosos, considerando suas significativas diferenças institucionais e ecológicas do Ocidente, apesar de serem o que de melhor podemos esperar. Neste ponto, é revelador que a Argentina (tal como a África do Sul) tenha experimentado uma desigualdade crescente da renda durante a Segunda Guerra Mundial e ficado atrás dos países desenvolvidos em termos de nivelamento e expansão fiscal, o que só aconteceu depois de 1945, e não sem influência estrangeira. Os poucos dados de que dispomos, portanto, são coerentes com a ideia de que não teria ocorrido um grande nivelamento na ausência da guerra com mobilização em massa e das revoluções.[8]

Nem é preciso dizer que essa conjectura está longe de ser conclusiva, e seria muito razoável argumentar que uma equalização pacífica, nas nações industrializadas, teria apenas levado mais tempo. Se esse tempo a mais tivesse sido concedido, e caso suspendamos suficientemente a incredulidade para imaginar um mundo sem grandes choques violentos ao longo de todo o século XX – ou, de modo um pouco menos implausível, um mundo em que as guerras que aconteceram tivessem sido rapidamente decididas e houvessem levado a um novo e duradouro equilíbrio do poder –, como teria evoluído a desigualdade global e, especialmente, a desigualdade ocidental? A única coisa de que podemos ter certeza é do que não teria acontecido: sem a destruição e a desvalorização do capital, a redistribuição fiscal agressiva e as múltiplas intervenções estatais na esfera econômica, a desigualdade de renda e riqueza não teria, nem de longe, caído tanto quanto caiu entre 1914 e o fim da década de 1940. A escala de nivelamento observada foi tão drástica que nem mesmo um mecanismo contrafactual remotamente plausível poderia ter produzido mudanças semelhantes em uma só geração. Mas o que poderia ter acontecido, em vez disso?

Consideremos quatro resultados típicos ideais para toda a extensão do século XX (1-4 na Figura 14.1). O primeiro deles, que podemos chamar de cenário "pessimista", seria uma continuação do padrão que já havia caracterizado o século XIX e que, na Europa, remontava ao abrandamento da Peste Negra, quase no final da Idade Média, enquanto nos Estados Unidos datava pelo menos da independência – uma sequência de fases reiteradas de aumento e estabilização da concentração da renda e da riqueza. Nesse mundo, a desigualdade ocidental (e japonesa) teria sido alta, mas relativamente estável – uma interminável "era dourada", dominada por plutocratas solidamente arraigados. Em algumas sociedades do Ocidente, bem como em toda a América Latina, a desigualdade teria aumentado ainda mais, reduzindo-se em outras nações em que já era tão elevada quanto seria possível – notadamente na Grã-Bretanha.

Esse resultado, apesar de perfeitamente realista em longos períodos de estabilidade da história pré-moderna, pareceria indevidamente conservador, em se tratando do século XX. Por várias décadas, antes de 1914, numerosos países do Ocidente já haviam começado a introduzir leis de seguridade social e impostos sobre a renda ou sobre a propriedade, bem como a ampliar o direito de voto e a permitir a sindicalização. Embora tenham sido modestos, pelos padrões das gerações posteriores, esses esforços lançaram as bases institucionais e ideativas da expansão maciça de instituições redistributivas e do Estado de bem-estar social que se estabeleceu nas duas gerações seguintes, aproximadamente. Em nosso pacífico mundo contrafactual, é presumível que tais políticas também houvessem prosseguido, ainda que em ritmo mais lento. Isso poderia muito bem ter servido para restringir a desigualdade a longo prazo.

Mas até onde isso nos teria levado? Meu segundo cenário é o contrafactual mais "otimista". Nessa versão, as políticas sociais e a educação em massa levariam, devagar e sempre, a uma desconcentração gradativa da renda e da riqueza, a tal ponto que esse processo benigno, hoje em dia, teria mais ou menos alcançado o nivelamento que, na vida real, encerrou-se, predominante ou inteiramente, várias décadas atrás, sobretudo nas de 1970 ou 1980. Contudo, há vários obstáculos sérios à suposição de que, mesmo sem a violenta Grande Compressão, a desigualdade acabaria por ter sido atenuada em escala semelhante apenas mais tarde. Um desses obstáculos tem a ver com o papel do capital e da renda do capital. Embora a democracia social em ascensão possa ter roído as bordas da renda de capital, ao ajustar os impostos sobre a propriedade e ao intervir na economia de mercado, é difícil dizer de que modo o capital teria sido destruído e desvalorizado em escala comparável, em algum momento, na ausência de choques violentos. Na medida em que a equalização do século XX foi um fenômeno do capital, um ambiente menos disruptivo teria dificultado muito mais a ocorrência de um declínio comparável na desigualdade geral, independentemente do tempo que estivesse disponível.

Também seria improvável que outras medidas da vida real fossem implementadas no nosso mundo contrafactual de paz: alíquotas marginais de imposto de renda superiores a 90%, impostos confiscatórios sobre a transmissão de bens, interferência estatal maciça na atividade empresarial e nos retornos do capital, como controles de salários, aluguéis, dividendos e muito mais. Tampouco teria havido surtos inflacionários catastróficos que acabassem com os rentistas em diversos países. Também precisamos delimitar os efeitos igualadores do comunismo, não apenas em suas manifestações diretas na Rússia pós-1917, na Europa Central depois de 1945 e no Leste e Sudeste Asiáticos depois de 1950, mas também através de seu impacto direto, como dispositivo disciplinar atuando sobre os capitalistas do Sudoeste e do Leste Asiáticos. Por fim, um mundo contrafactual pacífico não teria passado pelo mesmo hiato de globalização após 1914, que obstruiu o comércio e os fluxos de capital e promoveu várias barreiras comerciais, incluindo tarifas, cotas e um sortimento de outros controles. Na vida real, suas consequências só foram superadas aos poucos, após a Segunda Guerra Mundial, pelas economias industrializadas de mercado, e exerceram uma influência ainda maior e mais duradoura nos países em desenvolvimento. Por algumas medidas, a globalização só veio a se recuperar plenamente na década de 1970. Na ausência de choques violentos, poderíamos agora estar revendo um passado de 150 anos de integração econômica ininterrupta e verdadeiramente global, aliada a uma descolonização adiada, ou talvez ainda incompleta, e aos concomitantes ganhos inesperados das elites, tanto no centro quanto na periferia.[9]

Considerando contrafactualmente a ausência de todas essas poderosas forças niveladoras, o resultado mais plausível pareceria ser um nivelamento pacífico em escala menor (muito menor? Quão menor?) do que a observada na história real. Mas até esse meu cenário "intermediário", o terceiro, deve ser otimista demais. Se presumirmos que o desenvolvimento tecnológico do nosso mundo contrafactual espelharia o da vida real, o que parece sensato a longo prazo, será que as muitas pressões desigualadoras que hoje atormentam os observadores contemporâneos – desde a ressurgente diferenciação setorial da renda até a globalização mais intensa, possibilitada pelo avanço tecnológico para a computadorização – se teriam feito sentir, muito antes de a desigualdade haver declinado para um ponto próximo dos níveis atingidos no nosso mundo, e será que as sociedades não moldadas pelos choques violentos das guerras mundiais não seriam menos capazes de suportá-los?

Neste quarto e último cenário, a desigualdade realmente poderia ter declinado um pouco, durante o segundo e o terceiro quartos do século XX, conforme a democracia social e a educação em massa restringissem a acumulação de riqueza nos círculos da elite, mas teria tornado a aumentar desde então, tal como tem feito na vida real, sobretudo nos países anglo-saxões. Nesse caso, talvez o mais plausível dos meus quatro cenários contrafactuais, a desigualdade poderia muito bem ter voltado aos níveis que prevaleciam cem anos atrás, deixando-nos em pior situação do que aquela em que nos encontramos atualmente (Figura 14.1).

Por mais infrutífero que se afigure ponderar mais detidamente sobre os méritos relativos dessas situações contrafactuais ideais e típicas, elas nos ajudam a compreender quantas coisas teriam tido que ser diferentes para que ocorresse um nivelamento substancial na ausência de choques violentos. Primeiro, temos que admitir a viabilidade de um nivelamento gradual pacífico nas condições da modernidade, ainda que haja poucos dados empíricos que corroborem essa ideia. Segundo, temos que postular mais um século de condições relativamente pacíficas: qualquer choque contrafactual de severidade

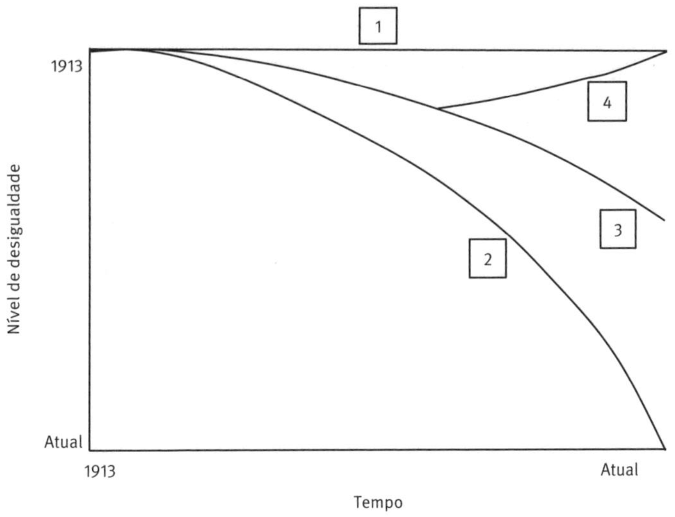

FIGURA 14.1 Tendências contrafactuais da desigualdade no século XX

comparável, independentemente do momento de sua ocorrência e de seus dados específicos, nos levaria de volta a algo muito próximo da vida real e simplesmente reforçaria a preeminência das equalizações violentas. Terceiro, precisamos supor que a concentração de capital que existia nos primeiros anos do século XX poderia ter se desarticulado, mesmo sem recurso a violentas perturbações em massa, o que se pode argumentar que implicaria um voo ainda maior da imaginação. E, quarto, temos de acreditar que nenhum nivelamento dessa natureza seria revertido pelas forças desigualadoras que temos observado na última geração. As três primeiras condições têm que ser aplicáveis para que ocorra qualquer nivelamento não violento significativo, e as quatro são necessárias para nos aproximarmos dos níveis de desigualdade do mundo em que vivemos hoje. Trata-se de uma exigência excepcionalmente difícil, que sugere fortemente que, sem grandes choques violentos, os países desenvolvidos estariam vivenciando níveis consideravelmente mais altos de desigualdade de renda e riqueza do que de fato têm hoje. A única verdadeira pergunta é até que ponto mais altos.

Alguns ficariam tentados a descartar essa observação como irrelevante, não só por ser impossível confirmá-la, mas principalmente por não ser esse o mundo em que de fato vivemos. No entanto, isso seria um erro. A visão contrafactual do nivelamento pacífico, nas condições da modernidade, é importante por uma razão muito específica: se não soubermos dizer se ou quanto a desigualdade teria sido reduzida na ausência da violência global da Grande Compressão, como poderemos julgar as perspectivas de nivelamento no presente ou no futuro? A despeito de todas as crises regionais que disputam nossa atenção, o mundo de relativa paz, estabilidade e integração econômica delineado no meu cenário contrafactual é, na verdade, o mundo hoje habitado pela maioria da humanidade. Como foi que essas condições moldaram as desigualdades atuais e o que elas implicam para o futuro do nivelamento?

PARTE VII

A desigualdade renovada e o futuro do nivelamento

15. No nosso tempo

A desigualdade ressurgente

A última geração que viveu durante a Grande Compressão vai desaparecendo rapidamente. Noventa e cinco por cento dos norte-americanos que serviram nas forças armadas durante a Segunda Guerra Mundial já faleceram, e os que ainda vivem estão quase todos na casa dos noventa anos. Tal como acontece com as pessoas, acontece com o nivelamento. Nos países desenvolvidos, o declínio maciço da desigualdade iniciado em 1914 terminou há muito tempo. Há aproximadamente uma geração, com uma década a mais ou a menos, as disparidades de renda vêm crescendo em todos os países sobre os quais dispomos de dados fidedignos (Tabela 15.1 e Figura 15.1).[1]

Numa amostra de 26 países, a participação dos mais ricos na renda cresceu 50% entre 1980 e 2010, ao passo que a desigualdade da renda de mercado subiu 6,5 pontos de Gini – um aumento que só poderia ser parcialmente absorvido por uma expansão quase universal de transferências redistributivas. Em termos estatísticos, 1983 foi um ponto crucial de transição, com uma reversão das tendências decrescentes da desigualdade em Finlândia, França, Alemanha, Itália, Japão e Suíça, bem como uma reversão modal na amostra inteira. As economias anglo-saxãs tiveram uma vantagem inicial, principalmente nos anos 1970: a desigualdade começou a aumentar em 1973 no Reino Unido, em 1973 ou 1976 nos Estados Unidos, em 1977 na Irlanda, em 1978 no Canadá e em 1981 na Austrália. A dispersão salarial norte-americana já tivera início por volta de 1970. Outras medidas confirmam esse quadro. Os Ginis da renda familiar disponível igualizada e as proporções entre as participações dos mais ricos e dos mais pobres na renda tiveram aumentos, em geral, a partir da década de 1970 ou 1980. Desde os anos 1980, a proporção da população com renda média vinha encolhendo em relação à das faixas superiores ou inferiores de renda em diversos países da OCDE.[2]

TABELA 15.1 Tendências das participações dos mais ricos na renda e da desigualdade de renda em países selecionados, 1980-2010

País	Medida	1980	1990	2010	Inferior (ano)
África do Sul	1% mais rico	10,9	9,9	16,8	8,8 (1987)
Alemanha	1% mais rico	10,4	10,5 (1989)	13,4 (2008)	9,1 (1983)
	Gini (m)	34,4	42,2	48,2	
	Gini (d)	25,1	26,3	28,6	
Austrália	1% mais rico	4,8	6,3	9,2	4,6 (1981)
	Gini (m)	35,5	38,1	43,3	
	Gini (d)	26,9	30,3	33,3	
Áustria	Gini (m)	38,3 (1983)	44,0	42,3	
	Gini (d)	26,6 (1983)	28,4	27,4	
Bélgica	Gini (m)	33,0	30,7	33,1	
	Gini (d)	22,6	23,0	25,2	
Canadá	1% mais rico	8,1	9,4	12,2	7,6 (1978)
	Gini (m)	34,9	37,6	42,2	
	Gini (d)	28,2	23,0	25,2	
Cingapura	Gini (m)	(41,3)	(43,7)	46,9	
	Gini (d)	(38,3)	(40,8)	43,3	
Coreia	1% mais rico	7,5	–	11,8	6,9 (1995)
Dinamarca	1% mais rico	5,6	5,2	6,4	5,0 (1994)
	Gini (m)	43,1	43,6	46,7	
	Gini (d)	25,5	25,8	25,3	
Espanha	1% mais rico	7,5 (1981)	8,4	8,1[b]	7,5 (1981)[c]
	Gini (m)	35,4	35,9	40,9	
	Gini (d)	31,8	30,2	33,3	
EUA	1% mais rico	8,2	13,0	17,5	7,7 (1973)
	1% mais rico (gc)	10,0	14,3	19,9	8,9 (1976)
	Gini (m)	38,6	43,3	46,9	
	Gini (d)	30,4	34,2	37,3	
Finlândia	1% mais rico	4,3	4,6	7,5 (2009)	3,5 (1983)
	Gini (m)	37,5	38,2	45,1	
	Gini (d)	21,7	21,0	25,6	
França	1% mais rico	7,6	8,0	8,1	7,0 (1983)
	Gini (m)	36,4	42,6	46,1	
	Gini (d)	29,1	29,1	30,0	
Grécia	Gini (m)	41,3 (1981)	38,6	43,2	
	Gini (d)	33,0 (1981)	32,7	33,3	
Holanda	1% mais rico	5,9	5,6	6,5	5,3 (1998)
	Gini (m)	33,8	38,0	39,3	
	Gini (d)	24,8	26,6	27,0	

País	Medida	1980	1990	2010	Inferior (ano)
Irlanda	1% mais rico	6,7	7,3	10,5 (2009)	5,6 (1977)
	Gini (m)	41,3	42,6	45,2	
	Gini (d)	31,1	33,1	29,4	
Itália	1% mais rico	6,9	7,8	9,4 (2009)	6,3 (1983)
	Gini (m)	37,0	39,7	47,2	
	Gini (d)	29,1	30,1	32,7	
Japão	1% mais rico	7,2	8,1	9,5	6,9 (1983)[a]
	Gini (m)	28,3	31,3	36,3	
	Gini (d)	24,4	25,9	29,4	
Luxemburgo	Gini (m)	–	31,3	43,5	
	Gini (d)	–	24,0	26,9	
Noruega	1% mais rico	4,6	4,3	7,8	4,1 (1989)
	Gini (m)	33,8	36,8	36,9	
	Gini (d)	23,5	22,9	23,1	
Nova Zelândia	1% mais rico	5,7	8,2	7,4[b]	5,4 (1988)
	Gini (m)	29,7	36,0	35,5	
	Gini (d)	28,1	22,9	23,1	
Portugal	1% mais rico	4,3	7,2	9,8 (2005)	4,0 (1981)
	Gini (m)	33,9	45,1	50,5	
	Gini (d)	22,4	30,8	33,3	
Reino Unido	1% mais rico	5,9-6,7[d]	9,8	12,6	5,7 (1973)
	Gini (m)	37,0	44,4	47,4	
	Gini (d)	26,7	32,8	35,7	
Suécia	1% mais rico	4,1	4,4	6,9	4,0 (1981)
	Gini (m)	39,3	41,9	48,5	
	Gini (d)	20,0	21,4	25,8	
Suíça	1% mais rico	8,4	8,6-9,2	10,6	8,4 (1983)
	Gini (m)	46,3	39,7	40,7	
	Gini (d)	30,3	32,2	29,8	
Taiwan	1% mais rico	6,0	7,8	11,2	5,9 (1981)
	Gini (m)	27,8	29,2	32,4	
	Gini (d)	26,3	27,2	29,6	
Média	1% mais rico[e]	6,7	7,8	10,0	6,1 (1983[f])
	Gini (m)	36,2	38,7	42,7	
	Gini (d)	28,0	28,1	29,8	
	Transferências	8,2	10,6	12,9	

m = renda de mercado, d = renda disponível, gc = incluindo ganhos de capital

[a] 6,4 em 1945.

[b] Ver nota 3.

[c] Sem dados anteriores a 1980.

[d] 1979 e 1981.

[e] Sem a África do Sul. Com a África do Sul: 6,9 (1980), 7,9 (1990), 10,3 (2010), 6,2 (a mais baixa, 1983). Os resultados baseados em dados incertos aparecem entre parênteses.

[f] Mediana e moda.

Olhando mais de perto, até as exceções parciais a essa tendência revelam-se quase completamente ausentes. Em virtude da abrangência irregular dos dados sobre a participação dos mais ricos na renda, uso anos isolados como anos de referência na Tabela 15.1, procedimento que faz parecer que a desigualdade teve uma ligeira queda na Espanha e na Nova Zelândia e se manteve inalterada na França. Se, em vez disso, aplicarmos médias móveis de cinco anos, ficará claro que não há um só país desse grupo em que a participação dos mais ricos na renda não tenha tido pelo menos uma elevação mínima desde aproximadamente 1900. Se seguirmos o mesmo método para levantar os coeficientes de Gini, constataremos que a desigualdade da renda disponível aumentou em toda parte, exceto na Áustria, na Irlanda e na Suíça – e que a desigualdade da renda de mercado subiu, sem nenhuma exceção. E, na maioria dos casos, a concentração da renda foi muito mais pronunciada: em onze dos 21 países com divulgação da participação dos mais ricos na renda, a parcela de toda a renda obtida pelo "1%" subiu de 50% a mais de 100% entre 1980 e 2010.[3]

Em 2012, a desigualdade nos Estados Unidos chegou até a bater alguns recordes: nesse ano, as participações do 1% mais rico na renda (com e sem

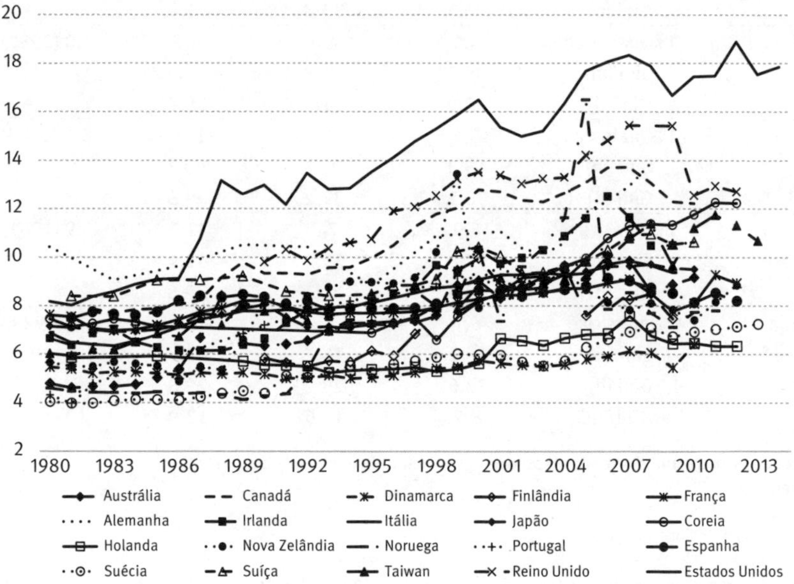

FIGURA 15.1 Participação do 1% mais rico na renda em vinte países da OCDE, 1980-2013

ganhos de capital) e a parcela da riqueza privada pertencente a 0,01% das famílias mais ricas ultrapassaram pela primeira vez o ponto culminante de 1929. Além disso, é muito provável que os coeficientes de Gini divulgados sobre a distribuição da renda subestimem os níveis reais de desigualdade, por derivarem de pesquisas que têm dificuldade de obter informações sobre as famílias mais abastadas. Quanto aos Estados Unidos, vários ajustes apontam para valores de Gini significativa e progressivamente mais altos ao longo do tempo. Assim, entre 1970 e 2010, os Ginis oficiais da distribuição da renda de mercado subiram de cerca de 0,4 para 0,48, mas é possível que tenham ficado realmente em torno de 0,41 a 0,45 em 1970 e atingido os valores elevados de 0,52 a 0,58 em 2010. Até as correções mais conservadoras veem essa medida da desigualdade como tendo altas de mais de 25%, passando de 0,41 em 1970 para 0,52 em 2010. A redistribuição só mitigou moderadamente essa tendência: de 1979 a 2011, o crescimento da renda anual do 1% mais rico teve uma média de 3,82% antes dos impostos e transferências, e de 4,05% depois deles, comparados a 0,46% e 1,23%, respectivamente, no quintil inferior.[4]

Essa tendência não se restringiu, em absoluto, aos países examinados na Tabela 15.1. Como mostrei com mais detalhes no capítulo 7, as sociedades formal ou efetivamente pós-comunistas assistiram a aumentos enormes da desigualdade material. Esse fenômeno foi particularmente dramático na China, onde o Gini da renda de mercado mais do que duplicou, passando de 0,23 em 1984 para algo próximo de 0,55 em 2014, e onde a medida correspondente de concentração da riqueza elevou-se rapidamente de 0,45 em 1995 para a casa dos 0,7 no começo da década de 2010; algo similar ocorreu na Rússia, onde o Gini da renda de mercado tem pairado acima de 0,5 desde 2008, a partir dos 0,37 de 1991, quando a União Soviética foi dissolvida, e do valor ainda mais baixo de 0,27 do começo da década de 1980. Algumas grandes economias em desenvolvimento passaram por mudanças semelhantes: na Índia, os Ginis da renda de mercado subiram de 0,44-0,45 em meados dos anos 1970 para 0,5-0,51 no fim da década de 2000, e a participação do 1% mais rico na renda dobrou entre o fim da década de 1980 e o ano de 1999. O Gini da renda de mercado no Paquistão saltou de valores baixos, na casa de 0,3, em torno de 1970, para 0,55 em 2010. Todavia, em boa parte do mundo em desenvolvimento, é difícil discernir tendências coerentes a longo prazo. Na Indonésia, por exemplo, embora o país tenha se recuperado de uma enorme onda de concentração de renda na década de 1990, os coeficientes de Gini e a participação dos mais ricos na renda estão ainda mais altos do que eram por volta de 1980. Já assinalei as complexidades da desigualdade africana e latino-americana no capítulo 13. Entre o fim dos anos 1980 e mais ou menos 2000, a renda passou a ser distribuída de modo mais desigual em todos os tipos de economia, exceto nas dos países de baixa renda – assim se deu nos países de renda média baixa, renda média alta e renda elevada, bem como no plano global. Em todas as partes do mundo, a participação dos 20% mais ricos na renda expandiu-se entre os anos 1990 e o início da década de 2000.[5]

É notável que uma grande variedade de países em níveis diferentes de desenvolvimento tenha passado a compartilhar esse processo de desequalização. Para citar apenas dois exemplos, Rússia e China têm vivenciado uma concentração drástica da renda e da riqueza, embora uma tenha passado por um colapso econômico, enquanto a outra gozou de um crescimento excepcionalmente forte. Como resultado, entre 1990 e 2010, a taxa de extração – a proporção do grau máximo teoricamente possível de desigualdade efetivamente alcançado – permaneceu basicamente inalterada na China, enquanto o PIB per capita e os coeficientes de Gini cresceram juntos, mas dobrou na Rússia, onde a produção não conseguiu superar os níveis soviéticos. Em linhas mais gerais, a desigualdade de renda elevou-se nas Europas Central e Oriental e na Ásia Central, como resultado da transição do planejamento central para economias de mercado, mas foi impulsionada pelo forte crescimento econômico do Leste Asiático e, até aproximadamente 2002, pelas crises macroeconômicas e transformações estruturais na América Latina. Somando-se a essa mistura, toda uma gama de causas foi responsabilizada por mudanças análogas nos países ocidentais ricos.[6]

Com exceção da América Latina, o que todas essas sociedades têm em comum é haverem participado da Grande Compressão das décadas de 1910 a 1940 e de suas consequências mais moderadamente equalizadoras. Os países que estiveram envolvidos de forma direta nas guerras mundiais respondem hoje por mais de três quartos do PIB nominal global e, quando incluímos os espectadores europeus e antigas colônias que foram significativamente afetados, essa proporção sobe para mais de quatro quintos. Assim, poderíamos entender melhor o recente aumento generalizado da desigualdade como uma diminuição das consequências equalizadoras de choques violentos anteriores, que a haviam reduzido a níveis incomumente – e talvez insustentavelmente – baixos.

Mercados e poder

Iniciei este livro com um esboço da evolução da desigualdade de renda e riqueza desde os primórdios da humanidade até o século XX. Fazendo uma amostragem do registro histórico através de milênios, pude ligar a concentração de recursos nas mãos da minoria a dois fatores principais: o desenvolvimento econômico e a conduta predatória dos suficientemente poderosos para se apossarem de uma riqueza muito superior ao que suas atividades poderiam lhes granjear, em mercados competitivos – o que os economistas chamam de renda. Esses mecanismos continuam ativos até hoje. Reduzidos ao essencial, os debates atuais sobre as causas da desigualdade crescente tendem a girar em torno de uma questão fundamental – a importância relativa das forças de mercado que atuam através da oferta e da procura, por um lado, e das instituições e relações de poder, por outro. Embora poucos observadores sérios, se é que haveria algum, possam negar que tudo isso contribuiu de maneira significativa para o aumento das disparidades de renda nas economias avançadas, os detalhes específicos são sumamente contestados. Nos últimos anos, as explicações baseadas nas instituições e no poder ganharam terreno, justo quando os proponentes da oferta e da procura passaram a conceber modelos cada vez mais sofisticados, que enfatizam o caráter central da tecnologia, das qualificações e de mercados eficientes.[7]

Alguns observadores associaram o aumento da desigualdade de renda a retornos mais altos sobre a educação superior, especialmente nos Estados Unidos. Entre 1981 e 2005, a defasagem entre a renda média dos que haviam concluído o ensino médio e os que tinham prosseguido nos estudos universitários dobrou de 48% para 97%. Esse fenômeno vai muito além de meros desequilíbrios nos rendimentos: de 1980 a 2012, a renda real dos universitários diplomados do sexo masculino subiu de 20% a 56%, cabendo os maiores benefícios aos detentores de diplomas de pós-graduação, ao passo que caiu 11% entre os formados no nível médio e 22% entre os que abandonaram os estudos no curso médio. Mais ou menos dois terços do aumento da dispersão salarial entre *c.*1980 e o começo dos anos 2000 foram atribuídos à expansão do bônus salarial entre os trabalhadores formados no ensino superior. Depois que a participação dos universitários diplomados em todas as horas trabalhadas aumentou rapidamente, nas décadas de 1960 e 1970, esse aumento tornou-se mais lento a partir de *c.*1982, e os bônus salariais subiram à medida que a demanda de mão de obra qualificada superou a oferta. É possível que as mudanças tecnológicas e a globalização tenham desempenhado papel crucial, ao substituírem o trabalho humano rotineiro pela automação, transferirem a fabricação para produtores no exterior e ampliarem a demanda de instrução formal, especialização técnica e capacidade cognitiva, em termos mais gerais. Isso exacerbou a polarização entre as ocupações intensivas em trabalho manual, mal remuneradas, e as intensivas no trabalho abstrato, altamente remuneradas, enquanto os empregos de nível médio foram deslocados e as camadas medianas da distribuição de renda se esvaziaram. Nos países em desenvolvimento, a mudança tecnológica pode ter tido consequências ainda mais poderosamente desigualadoras.[8]

O maior investimento na educação é tido como uma solução. Entre 2004 e 2012, um novo aumento na oferta de trabalhadores com diplomas do ensino superior, nos Estados Unidos, coincidiu com uma estabilização dos bônus salariais (embora num nível elevado). Com exceção do Reino Unido, os bônus pela qualificação permaneceram bastante estáveis, ou até declinaram, na maioria dos países europeus e em diversos do Leste Asiático. As diferenças entre os países são associadas ao nível da oferta de trabalhadores instruídos. Na verdade, os retornos sobre a educação variam muito entre os países: podem ser duas vezes maiores nos Estados Unidos do que na Suécia. Isso é importante, uma vez que os bônus pela instrução superior são associados a uma mobilidade menor da renda entre as gerações.[9]

Mesmo assim, os críticos têm apontado várias limitações nessa abordagem. O fenômeno da polarização entre ocupações bem remuneradas e mal remuneradas pode não ser bem corroborado pelas evidências, e a mudança tecnológica e a automação não conseguem responder de modo satisfatório pela evolução das proporções salariais desde a década de 1990. Ao contrário, a variação da renda dentro das ocupações, e não entre elas, parece ser o motor crucial da desigualdade. Além disso, a forte elevação das rendas mais altas é particularmente difícil de explicar em termos da instrução, um problema a que retornarei mais adiante. Outro detalhe é acrescentado pela observação de uma crescente inadequação entre o grau de instrução e o emprego nos Estados Unidos, visto que os trabalhadores são cada vez mais hiperqualificados para a atividade que exercem, processo que também tem contribuído para o aumento da dispersão salarial.[10]

A globalização costuma ser vista como uma poderosa força desigualadora. Faz muito tempo que seu aumento e sua diminuição são associados a oscilações da desigualdade: enquanto a primeira onda de globalização, na segunda metade do século XIX e início do século XX, coincidiu com uma desigualdade crescente ou estável (e elevada), não só no Ocidente, mas também na América Latina e no Japão, ela caiu durante o hiato de 1914 até os anos 1940, o que foi induzido pelas guerras e pela Grande Depressão. Uma pesquisa das tendências em cerca de oitenta países, entre 1970 e 2005, constatou que a liberalização do comércio internacional e a consequente desregulamentação aumentaram significativamente a desigualdade. Embora, de modo geral, a globalização favoreça o crescimento econômico, as elites tendem a se beneficiar de forma desproporcional, tanto nos países desenvolvidos quanto naqueles em desenvolvimento. Há várias razões para esse desequilíbrio. Segundo uma estimativa, a adoção do capitalismo pela China, as reformas de mercado na Índia e o colapso do bloco soviético duplicaram, efetivamente, o número de trabalhadores na economia global, enquanto o capital não aumentou no mesmo ritmo e a proporção da mão de obra qualificada na força de trabalho global declinou, com isso aumentando a desigualdade nas economias ricas. A globalização financeira, sob a forma do investimento estrangeiro direto, exerce uma pressão ascendente nos bônus salariais e, possivelmente, também nos retornos do capital, e aumenta a desigualdade nas faixas de renda superiores. Em contraste, a competição dos países de baixa renda, através do comércio de produtos acabados, parece haver surtido apenas um efeito modesto na desigualdade nos Estados Unidos. As compensações na integração global da economia reduzem o efeito geral, visto que as consequências equalizadoras da globalização do comércio competem com a mobilidade desequalizadora do capital.[11]

A globalização também é capaz de influenciar a formulação de políticas. A concorrência mais intensa, a liberalização financeira e a retirada de obstáculos ao fluxo de capitais podem incentivar as reformas fiscais e a desregulamentação econômica. Como resultado, a globalização desloca a tributação dos impostos sobre pessoas físicas e jurídicas para impostos sobre os gastos, que tendem a se associar a uma distribuição menos equânime da renda líquida. Apesar disso, pelo menos até o momento, espera-se que, em tese, a integração e a competição internacionais restrinjam apenas alguns tipos de política redistributiva, e, na prática, elas não têm minado, de modo geral, os gastos com o bem-estar social.[12]

Nos países ricos, os fatores demográficos afetaram a distribuição de renda de maneiras diferentes. A imigração surtiu apenas um pequeno efeito sobre a desigualdade nos Estados Unidos e chegou até a gerar algumas consequências equalizadoras em certos países europeus. Inversamente, o acasalamento preferencial – em termos mais específicos, a crescente semelhança econômica entre os parceiros no casamento – ampliou as lacunas entre as famílias, a ele se atribuindo 25% a 30% do aumento geral da desigualdade de renda norte-americana entre 1967 e 2005, ainda que esse efeito possa ter se concentrado sobretudo na década de 1980.[13]

A mudança institucional é outro culpado ilustre. O número decrescente de membros dos sindicatos e a erosão do salário mínimo têm contribuído para aumentar as disparidades de renda. Constatou-se uma correlação positiva entre a redistribuição feita pelo governo e a densidade sindical, com a negociação coletiva de salários. A mão de obra organizada e mais forte e a proteção do emprego reduzem os retornos da qualificação. Em termos mais gerais, a participação sindical tende a comprimir a desigualdade dos salários, ao institucionalizar normas de equidade. O inverso – a dessindicalização e a pressão descendente dos salários mínimos reais – distorce, consequentemente, a distribuição dos rendimentos: nos Estados Unidos, o declínio na sindicalização privada, de 34% para 8% entre os homens e de 16% para 6% entre as mulheres, no período entre 1973 e 2007, coincidiu com um aumento de mais de 40% na desigualdade dos salários/hora e respondeu por uma parcela considerável da desigualação geral desse período, numa escala semelhante à do aumento dos bônus por qualificação. Em comparação, o salário mínimo desempenhou um papel muito menor nesse processo. Ao mesmo tempo, as instituições mais equitativas do mercado de trabalho na Europa continental foram mais eficazes na limitação do aumento da desigualdade.[14]

Da mesma forma que as instituições do mercado de trabalho ajudam a moldar a maneira de se alocar a remuneração pelo trabalho, as instituições fiscais desempenham papel crucial na determinação da distribuição da renda disponível. Durante e depois da Segunda Guerra Mundial, as alíquotas marginais do imposto de renda, em muitos países desenvolvidos, tinham disparado para níveis altíssimos. Essa tendência foi revertida, mais ou menos na mesma época em que a desigualdade de renda começou a se recuperar: uma pesquisa sobre dezoito países da OCDE constatou que em todos, exceto dois, as alíquotas marginais mais altas declinaram desde as décadas de 1970 ou 1980. A participação dos mais ricos na renda, em particular, teve forte correlação com o ônus da tributação: os países que tiveram cortes significativos nos impostos assistiram a um crescimento substancial das rendas mais altas, mesmo quando as outras não cresceram. A escala de tributação da riqueza tendeu para a mesma direção: enquanto os impostos pesados sobre a herança haviam impedido a reconstrução das grandes fortunas no período pós-guerra, as reduções posteriores dos impostos facilitaram uma acumulação renovada. Nos Estados Unidos, a redução dos impostos sobre a renda do capital aumentou sua participação na renda líquida geral, e grandes aumentos do peso relativo dos lucros e dividendos sobre o capital acompanharam as reduções de impostos na década de 2000. Entre 1980 e 2013, a alíquota média do imposto de renda do 0,1% das famílias mais ricas baixou de 42% para 27% e o imposto médio sobre a riqueza caiu de 54% para 40%. A redução da progressividade dos impostos responde por cerca de metade dos aumentos recentes na dispersão norte-americana da riqueza, ao passo que o aumento da desigualdade de renda foi predominantemente impulsionado pela divergência salarial. Embora nas últimas décadas a escala da redistribuição tenha aumentado na maioria dos países da OCDE, os impostos e transferências não acompanharam o ritmo da desigualdade crescente da renda de mercado e, desde meados da década de 1990, tornaram-se um meio menos eficiente de equalização.[15]

Uma vez que os impostos, os regulamentos comerciais, as leis de imigração e diversas instituições do mercado de trabalho são determinados pelos formuladores de políticas, várias das fontes de desigualdade acima mencionadas acham-se firmemente arraigadas na esfera política. Já mencionei que as pressões competitivas da globalização podem influenciar os resultados legislativos no nível nacional. Mas a política e a desigualação econômica interagem de múltiplas maneiras. Nos Estados Unidos, os dois partidos dominantes deslocaram-se para o capitalismo de livre mercado. Embora a análise das votações mostre que, desde a década de 1970, os republicanos deslocaram-se mais para a direita do que os democratas para a esquerda, estes últimos foram instrumentais para implementar a desregulamentação financeira da década de 1990 e se concentraram cada vez mais em questões culturais, como gênero, raça e identidade sexual, e não nas políticas tradicionais de bem-estar social. A polarização política no Congresso, que atingiu seu nível mais baixo na década de 1940, tem crescido rapidamente desde os anos 1980. Entre 1913 e 2008, a evolução da participação dos mais ricos na renda acompanhou de perto o grau de polarização, porém com uma defasagem de aproximadamente uma década: as mudanças deste último precederam as mudanças na primeira, mas, em geral, moveram-se na mesma direção – primeiro para baixo, depois para cima. O mesmo se aplicou aos salários e aos níveis de instrução no setor financeiro, em relação a todos os outros setores da economia norte-americana, índice este que também acompanha a polarização partidária com uma defasagem temporal. Assim, as rendas da elite em geral e as do setor financeiro em particular têm sido altamente sensíveis ao grau de coesão legislativa, havendo se beneficiado do agravamento dos impasses.

Além disso, a participação dos eleitores é fortemente tendenciosa em favor das famílias ricas. Desde a década de 1970, o comparecimento tradicionalmente baixo, entre eleitores menos abastados, tem sido ampliado pela imigração maciça de trabalhadores de baixa renda sem cidadania norte-americana. Nas eleições de 2008 e 2010, a participação correlacionou-se estreitamente com a renda e se caracterizou por um aumento bastante linear das famílias de baixa renda para as de alta renda: em 2010, apenas um quarto das famílias mais pobres, porém mais de metade das que tinham renda superior a 150 mil dólares anuais registraram seus votos. O "1%" norte-americano é não apenas politicamente mais atuante e mais conservador do que a população como um todo, no que tange à tributação, à regulamentação e ao bem-estar social, como também essa distorção é ainda maior na camada mais alta dessa faixa de renda. Por fim, apesar do enorme aumento do número de doações individualmente discriminadas, as contribuições de campanha concentraram-se mais ao longo do tempo. A camada do 0,01% mais rico costumava contribuir com 10% a 15% de todas as verbas de campanha doadas nos anos 1980, porém respondeu por mais de 40% do total em 2012. Por conseguinte, os candidatos e partidos contam cada vez mais com doadores riquíssimos, tendência que reforça ainda mais a tendenciosidade mais geral dos legisladores a favor das preferências dos eleitores de alta renda.[16]

Tudo isso corrobora amplamente a conclusão de que as mudanças nas relações de poder têm sido instrumentais para complementar e exacerbar as pressões desigualadoras que provêm da mudança tecnológica e da integração global da economia. Existe hoje um consenso crescente de que as mudanças bem no topo da distribuição de renda e riqueza têm sido particularmente sensíveis a fatores institucionais e políticos, às vezes com consequências dramáticas. Nos Estados Unidos, 60% do crescimento da renda de mercado, entre 1979 e 2007, foi absorvidos pelo "1%", enquanto apenas 9% do aumento total foi para os 90% mais pobres. O mesmo grupo da elite embolsou 38% de todo o crescimento da renda líquida, comparado a 31% entre os 80% mais pobres. A participação do 0,01% das famílias norte-americanas de renda mais alta fez mais do que duplicar entre o começo da década de 1990 e o começo da de 2010. A dispersão concentrou-se, sistematicamente, nas faixas de renda mais altas: embora a proporção da renda norte-americana entre os que estão no nonagésimo e no quinquagésimo percentis tenha aumentado continuamente desde os anos 1970, a proporção das rendas entre o quinquagésimo e o décimo percentis (isto é, entre os níveis mediano e baixo) manteve-se bastante inalterada desde a década de 1990. Em outras palavras, os bem remunerados vêm se distanciando de todas as outras pessoas. Essa tendência tem sido típica nos países anglo-saxões em geral, porém muito mais fraca ou até ausente na maioria dos outros países da OCDE. Ainda assim, a desigualdade geral da renda tem sido universalmente sensível à participação dos mais ricos na renda a longo prazo: em diversos países, a participação dos 9% de famílias abaixo do "1%" mais rico manteve-se estável (em torno de 20-25%) desde a década de 1920 até hoje, ao passo que as participações da camada do topo têm sido muito mais voláteis. Tendências similares foram observadas na distribuição da riqueza do grupo mais abastado. Tudo isso mostra que o tamanho relativo das rendas mais altas tem sido um grande determinante da desigualdade geral e, por isso, merece especial atenção.[17]

Por que os mais bem remunerados avançaram tão mais depressa do que todos os outros? Economistas e sociólogos propuseram muitas explicações diferentes. Algumas concentram-se em fatores econômicos, como a relação entre a remuneração dos altos executivos e o valor crescente das empresas, a maior demanda de qualificações administrativas específicas, a extração de renda por executivos hábeis em manipular as diretorias das firmas e a importância crescente da renda do capital. Outros destacam razões políticas, como o partidarismo e a influência política tendenciosa a favor de políticas conservadoras, desregulamentação do setor financeiro e queda de alíquotas de impostos, ou frisam o papel de processos sociais como o uso de marcos referenciais como grupos muito ricos ou amostras idealizadas para determinar os salários mais altos e, em termos mais gerais, mudanças nas normas sociais e nas ideias de equidade. Apesar da ênfase crescente nas causas institucionais, as explicações que destacam a oferta e a procura têm se revelado resistentes. A ampliação do tamanho das empresas, expressa na capitalização de mercado, pode fazer com que até pequenas diferenças de capacidade gerencial tornem-se muito significativas: por isso se afirmou que o aumento de seis vezes no valor das grandes empresas do mercado de ações, entre 1980 e 2003, pode explicar plenamente a sextuplicação concomitante dos salários dos altos executivos nos Estados Unidos. Com base na premissa de modelos do tipo "o vencedor leva tudo", pode-se esperar que o tamanho crescente no mercado, por si só, aumente a remuneração no topo da pirâmide dos cargos.

Todavia, a correlação entre o tamanho da firma e o salário dos executivos não se sustenta a longo prazo, e, mesmo nas décadas recentes, a escalada desproporcional das rendas mais altas foi muito além dos executivos e de outras "supercelebridades": nos Estados Unidos, os altos executivos e os artistas e atletas da elite respondem por apenas um quarto das pessoas mais bem remuneradas. As explicações que frisam a capacidade de gestão, a qual só é relevante para um grupo relativamente pequeno de executivos-chefes, têm dificuldade de explicar aumentos similares ou até maiores da remuneração relativa de outros cargos. A combinação dos efeitos da mudança tecnológica, sobretudo na tecnologia da informática e das comunicações, com a escala cada vez mais global de certas empresas pode aumentar a produtividade relativa daqueles que têm o melhor desempenho, em consonância com o inchamento de sua participação na renda.[18]

No entanto, os críticos argumentam, de modo convincente, que "a riqueza é fortemente influenciada por fatores que têm pouca ou nenhuma associação com a produtividade econômica". No setor financeiro, os níveis de remuneração têm se ligado estreitamente à desregulamentação, porém são mais altos do que se pode explicar apenas por fatores observáveis. Embora até a década de 1990 os trabalhadores do setor financeiro norte-americano ganhassem os mesmos salários ajustados pela instrução que vigoravam em outros setores, em 2006 eles já gozavam de um bônus salarial de 50%, o qual chegava a subir a até 250% ou 300%, no caso dos executivos. Uma parcela substancial da dispersão continua inexplicada. Tais ganhos desproporcionais dos profissionais de finanças e dos executivos de empresas apontam para a extração de renda, definida como renda que ultrapassa o exigido para garantir serviços em mercados competitivos. Entre 1978 e 2012, a remuneração dos altos executivos norte-americanos aumentou 876% em dólares constantes de 2012, superando drasticamente os aumentos de 344% e 389% dos índices da bolsa de valores da Standard & Poor's e da Dow Jones. Durante os anos 1990, ela também teve um aumento bastante dramático em relação a outras rendas ou salários do patamar superior.

A oferta de instrução ligada à demanda não tem nenhuma ligação com esses fenômenos e não é capaz de explicar a dispersão das rendas dentro dos mesmos grupos educacionais. Na verdade, o traquejo social importa mais do que a instrução formal em algumas áreas mais lucrativas de emprego e atividade empresarial, e os altos executivos podem ser valorizados, em grande parte, por sua posição em redes não transferíveis de clientes, fornecedores e gestores a que as empresas precisam ter acesso e que precisam controlar. Os efeitos secundários também merecem atenção: embora a remuneração altíssima dos executivos e a "financeirização" da economia sejam diretamente responsáveis por apenas parte do aumento recente das rendas mais altas, sua influência noutros setores, como o direito e a medicina, ampliou seu efeito desigualador. Além disso, o tratamento preferencial dos trabalhadores bem colocados também vai além da indústria privada e entra na esfera pública, uma vez que as participações mais altas na renda têm se beneficiado de reduções nas alíquotas marginais mais altas do imposto de renda nos países da OCDE. Ainda que, com frequência, a criação de grandes fortunas deva muito à influência política e à conduta predatória, as relações de poder são ainda mais importantes nas sociedades não ocidentais: na República Popular da China, os altos executivos com histórico na política ou fortes ligações com ela ganham mais do que outros, sobretudo por essa razão.[19]

Por fim – o capital. Visto que a riqueza, invariavelmente, é distribuída de maneira mais desigual e mais fortemente concentrada entre as famílias abastadas do que a renda, qualquer aumento da importância relativa da renda do capital ou da concentração de riqueza tende a ampliar a desigualdade de renda. O ressurgimento do capital é um tema central do trabalho recente de Piketty. Essa tendência é visível, da maneira mais clara, na recuperação da proporção entre a riqueza nacional e a renda nacional, que havia despencado durante a Grande Compressão. De lá para cá, o tamanho relativo da riqueza aumentou consideravelmente em diversos países desenvolvidos, bem como no mundo inteiro. Tendências análogas elevaram a proporção entre a riqueza privada e a renda nacional e entre o capital privado e a renda disponível. O impacto geral desse fenômeno na desigualdade continua a ser debatido. Os críticos argumentam que grande parte desse aumento reflete o valor crescente da habitação privada, e que os ajustes na maneira de calcular a contribuição da habitação para o estoque de capital apontam para proporções capital/renda estáveis, e não crescentes, em diversas grandes economias, desde a década de 1970. E, embora a participação da renda do capital na renda nacional tenha aumentado em alguns países da OCDE durante esse período, o peso relativo da renda proveniente do capital e dos rendimentos salariais, entre os que estão nas faixas mais altas de renda, não se modificou de modo consistente entre os anos 1970 e o começo dos anos 2000.[20]

A desigualdade de riqueza seguiu trajetórias divergentes. Desde a década de 1970, a parcela da riqueza privada pertencente ao 1% de famílias mais ricas sofreu poucas modificações na França, na Noruega, na Suécia e no Reino Unido; declinou na Holanda e teve um aumento moderado na Finlândia – e mais acentuado na Austrália e nos Estados Unidos. A riqueza norte-americana concentrou-se ainda mais depressa do que a renda norte-americana. Esse processo foi especialmente pronunciado entre os muito ricos: do fim da década de 1970 ao ano de 2012, a parcela de toda a riqueza privada pertencente ao "1%" pouco menos que dobrou, mas triplicou no 0,1% mais rico e nada menos que quintuplicou no 0,01% superior das famílias abastadas. Isso teve repercussões drásticas na distribuição da renda do capital. No mesmo período, a participação do "1%" em toda a renda tributável de capital dobrou, mais ou menos, passando de um terço para dois terços do total nacional. Em 2012, esse grupo possuía três quartos de todos os dividendos e dos lucros tributáveis. O aumento mais espetacular diz respeito à parcela de todos os juros ganha pelo 0,01% superior das famílias dessa categoria, que se multiplicou por treze, subindo de 2,1% em 1977 para 27,3% em 2012.[21]

Essas mudanças ajudaram a aumentar a desigualdade de riqueza em toda a sociedade norte-americana: entre 2001 e 2010, o coeficiente de Gini da distribuição do patrimônio líquido subiu de 0,81 para 0,85, e o dos ativos financeiros, de 0,85 para 0,87. Embora as distribuições da renda auferida e da renda do capital tenham se associado mais estreitamente, a importância relativa da renda salarial vem declinando suavemente no grupo que compõe o "1%". Desde os anos 1990, a renda dos investimentos tornou-se mais importante para os que ganham mais, os impostos mais baixos aumentaram sua contribuição para a renda líquida e uma parcela maior da elite é hoje inteiramente dependente da renda dos investimentos. Entre 1991 e 2006, as mudanças nos ganhos de capital e nos dividendos foram de importância crucial para aumentar a desigualdade da renda líquida.[22]

Embora os Estados Unidos se destaquem, a concentração crescente da riqueza é realmente um fenômeno global. Entre 1987 e 2013, a riqueza dos super-ricos – um grupo rarefeito, definido como o 1 mais rico em 20 milhões, ou 1 mais rico em 100 milhões de pessoas do planeta – desfrutou um crescimento anual médio de 6%, comparado aos 2% do adulto médio global. Além disso, estimou-se que 8% da riqueza financeira familiar mundial é atualmente mantida em paraísos fiscais no exterior, e que grande parte dela não é declarada. Considerando-se que os ricos tendem a se dedicar desproporcionalmente a essa prática e que a percentagem estimada dos ativos dos Estados Unidos (4%) é muito inferior à da Europa (10%), é bem possível que o verdadeiro grau de concentração da riqueza nos países europeus, teoricamente mais igualitários, seja expressivamente maior do que sugerem os registros fiscais. As elites dos países em desenvolvimento mantêm uma parcela ainda maior de seus bens no exterior – talvez até metade da riqueza privada nacional, no caso da Rússia.[23]

O RESSURGIMENTO DISSEMINADO da desigualdade de renda e riqueza, nas últimas décadas, dá continuidade ininterrupta à narrativa exposta nos primeiros capítulos deste livro. Muitas das variáveis reexaminadas nesta seção têm vínculos estreitos com as relações internacionais. A globalização do comércio e das finanças, impulsionador poderoso da desigualdade crescente, baseia-se numa ordem internacional relativamente pacífica e estável, do tipo da que o Império Britânico havia passado a assegurar quando teve início a integração econômica mundial no século XIX, a qual foi posteriormente restabelecida sob a hegemonia efetiva dos Estados Unidos, e que recebeu um reforço ainda maior no fim da Guerra Fria. Alguns mecanismos-chave de igualação, como a sindicalização, a intervenção pública na fixação de salários do setor privado e a tributação altamente progressiva da renda e da riqueza, ganharam destaque pela primeira vez no contexto da guerra global, como aconteceu com o pleno emprego durante e depois da Segunda Guerra. Nos Estados Unidos, o fenômeno desigualador da polarização política reduziu-se rapidamente, na esteira da Grande Depressão e durante a Segunda Guerra Mundial. E, enquanto a mudança tecnológica permanente constitui um dado, o provimento compensador de educação é, essencialmente, uma questão de política pública. Em última análise, as forças motrizes que estão por trás das mudanças desigualadoras das últimas décadas refletem a evolução das relações interestatais e da segurança global desde a Grande Compressão: depois que choques violentos desarticularam as redes globais de troca, estimularam a solidariedade social e a coesão política e mantiveram políticas fiscais agressivas, sua redução começou a desgastar esses controles sobre a dispersão da renda e a concentração da riqueza.[24]

16. O que reserva o futuro?

Sob pressão

Antes de abordarmos esta pergunta, vale a pena recapitular que, em todo o globo, a desigualdade econômica é maior do que pode parecer, a confiarmos simplesmente nas medidas padronizadas. Em primeiro lugar, os coeficientes de Gini, que são o meio mais amplamente usado para medir a desigualdade de renda, têm valor limitado para captar a contribuição das rendas altíssimas. Os ajustes desse déficit apontam para níveis reais de desigualdade geral significativamente mais elevados. Em segundo lugar, se os valores não declarados em contas no exterior pudessem ser incorporados às estatísticas da riqueza privada familiar, a desigualdade se revelaria mais alta também nessa categoria. Terceiro, segui a prática comum de me concentrar nos índices relativos da distribuição da renda e da riqueza. Entretanto, em termos de desigualdade absoluta – o tamanho da defasagem entre as rendas altas e baixas –, até os coeficientes de Gini razoavelmente constantes, ou apenas com subidas discretas, e a participação dos mais ricos na renda observada em alguns países da Europa Ocidental se traduzem em desequilíbrios crescentes na renda real (em euros ou em outras moedas nacionais), quando o crescimento econômico é levado em conta.

Esse efeito tem sido muito mais marcante em sociedades que experimentaram uma distribuição cada vez mais assimétrica dos recursos e taxas de crescimento mais fortes, como a dos Estados Unidos. Na China, onde o coeficiente de Gini da distribuição de renda mais do que dobrou, e onde a produção média real per capita sextuplicou desde a década de 1980, a desigualdade absoluta aumentou vertiginosamente. As defasagens absolutas de renda continuaram a crescer até na América Latina, onde uma redução recente na desigualdade relativa de renda coincidiu com um forte crescimento econômico.

No mundo inteiro, a desigualdade absoluta de renda atingiu novos patamares. Entre 1988 e 2008, a renda real do 1% mais rico mundial revelou aumentos percentuais semelhantes aos dos que estão no quinto, sexto e sétimo decis, porém aumentou cerca de quarenta vezes em termos da renda per capita. Por fim, como discuto com mais detalhes no apêndice, o grau máximo de desigualdade de renda teoricamente viável numa dada sociedade varia de acordo com o PIB per capita. Quando levamos em conta o fato de que as economias avançadas são, sistemicamente, menos tolerantes à má distribuição extrema dos recursos do que foram seus precursores agrários, não fica nada claro que os Estados Unidos de hoje sejam, *de fato*, menos desiguais do que eram há cem ou 150 anos.[1]

É verdade que essa última ressalva só se aplica às economias modernas com níveis relativamente altos de desigualdade nominal. Não há como duvidar de que, em grande parte da Europa continental, onde os altos níveis de desenvolvimento econômico aliam-se a uma distribuição mais equitativa das rendas disponíveis, a desigualdade efetiva – definida como a proporção de máxima desigualdade viável que é realmente alcançada – é, atualmente, muito inferior ao que foi antes das duas guerras mundiais. Mesmo assim, embora as participações dos mais ricos na renda nesses países tendam a ser menores do que nos Estados Unidos, a desigualdade relativamente moderada da renda familiar disponível é resultante sobretudo da redistribuição maciça, que neutraliza os níveis geralmente altos de desigualdade da renda de mercado. Em 2011, o coeficiente de Gini das rendas de mercado, antes da dedução de impostos e das transferências, em cinco sociedades famosas pela redistribuição – Dinamarca, Finlândia, França, Alemanha e Suécia –, foi, em média, de 0,474, número praticamente indistinguível do verificado nos Estados Unidos (0,465) e no Reino Unido (0,472). Somente seu Gini médio da renda disponível (0,274) é que foi muito inferior ao do Reino Unido (0,355) e ao dos Estados Unidos (0,372).

Embora diversos países europeus gozem de uma desigualdade da renda de mercado um pouco menor que a dos cinco casos mencionados aqui, o fato de a escala de redistribuição ser, com pouquíssimas exceções, mais alta (e, não raro, muito mais alta) do que nos Estados Unidos mostra que a distribuição mais equilibrada das rendas finais, típica da zona do euro e da Escandinávia, depende primordialmente da manutenção de um sistema expansivo e dispendioso de intervenções estatais poderosamente igualadoras. Esse arranjo não é um bom presságio para o futuro da igualdade europeia. Os gastos públicos sociais e redistributivos já são muito altos em grande parte da Europa. Em 2014, onze países europeus comprometeram um quarto a um terço do PIB com gastos sociais e, nesses países, os governos centrais absorveram 44,1% a 57,6% do PIB, com uma mediana de 50,9%. Em vista do efeito negativo do tamanho do governo no crescimento econômico, parece duvidoso que essa parcela possa crescer muito mais. Do início dos anos 1990 ao fim dos anos 2000, os gastos sociais, como proporção da produção nacional, permaneceram bastante nivelados na União Europeia, nos Estados Unidos e nos países da OCDE, o que sugere que se havia chegado a um patamar estável. Em 2009, eles voltaram a subir, como correlato do desempenho econômico titubeante e em resposta ao aumento da demanda causado pela crise financeira global, mas permaneceram desde então nesse nível recém-elevado.[2]

Fica em aberto a questão de saber até que ponto esses sistemas de bem-estar altamente equilibrados suportarão dois desafios demográficos crescentes. O envelhecimento das populações europeias é um deles. Faz muito tempo que as taxas de fertilidade estão bem abaixo do nível de reposição, e permanecerão assim no futuro previsível. Espera-se que a mediana da idade da população europeia suba de 39 para 49 anos em 2050, enquanto o número dos que estão em idade de trabalho já atingiu o pico e poderá declinar uns 20% entre os dias atuais e essa data. Entre hoje e 2050 ou 2060, a proporção da dependência – a proporção entre pessoas de 65 anos ou mais em relação às de quinze a 64 anos – explodirá de 0,28 para 0,5 ou mais, e a parcela dos indivíduos de oitenta anos ou mais passará de 4,1% em 2005 para 11,4% em 2050. A demanda de pensões, assistência à saúde e cuidados de longo prazo aumentará em consonância com isso, podendo chegar a 4,5% do PIB. Essa reestruturação fundamental da distribuição etária será acompanhada por taxas mais baixas de crescimento econômico do que nas décadas anteriores, com projeções variadas de uma média de 1,2% de 2031 a 2050, ou de 1,4% ou 1,5% ao ano de 2020 a 2060 – e muito menos, aliás, entre os membros nucleares da União Europeia.[3]

A taxa mais modesta de envelhecimento das últimas décadas não surtiu um efeito significativo na desigualdade, mas é provável que isso se modifique. Em princípio, espera-se que a proporção decrescente de aposentados em relação aos trabalhadores aumente a desigualdade, o mesmo acontecendo com o aumento concomitante da parcela das famílias com um único adulto. As pensões privadas, que deverão ganhar importância, tendem a manter ou aumentar a desigualdade. Um estudo prevê uma desigualdade muito maior na Alemanha em 2060, em decorrência do envelhecimento. No Japão, onde os nascidos no exterior compõem uma proporção muito menor dos residentes do que na União Europeia ou nos Estados Unidos, e onde a taxa de dependência já chegou a 0,4, o aumento da desigualdade de renda tem sido atribuído, em grande parte, ao envelhecimento da população. Essa é uma constatação preocupante, considerando que – tal como na Coreia do Sul e em Taiwan –, no passado, a sua política de imigração altamente restritiva tinha ajudado a manter uma distribuição relativamente igualitária da renda anterior à dedução de impostos e à realização de transferências.[4]

Todas essas projeções supõem um volume considerável de imigração contínua: sem essa contribuição demográfica, a taxa de dependência europeia pode atingir 0,6 em 2050. A chegada de muitos milhões de novos imigrantes, portanto, apenas mitigará as consequências a longo prazo do processo secular de envelhecimento. Ao mesmo tempo, a imigração poderá pôr à prova as políticas redistributivas de maneira sem precedentes. Em seu estudo pioneiro do que denomina de "Terceira Transição Demográfica", o eminente demógrafo David Coleman calcula que, mesmo usando suposições conservadoras sobre as taxas de imigração e a fertilidade dos imigrantes, em 2050 a parcela da população nacional de origem estrangeira (conceito cuja definição varia conforme o país) atingirá um quarto a um terço em seis dos sete países examinados por ele: Áustria, Inglaterra e País de Gales, Alemanha, Holanda, Noruega e Suécia. Esses países contêm aproximadamente metade da população da Europa Ocidental, e muitos outros passarão por mudanças semelhantes. Além disso, a presença de indivíduos dessa categoria será muito maior entre as crianças em idade escolar e os trabalhadores jovens – em alguns casos, até metade dos totais nacionais. Projeta-se que os imigrantes não ocidentais respondam por até um sexto das populações da Alemanha e da Holanda. Como não há motivo convincente para presumir que essas tendências se reduzirão em meados do século, é possível que a Holanda e a Suécia se tornem países com uma população de origem majoritariamente estrangeira em 2100.[5]

Uma substituição demográfica dessa escala seria não apenas sem precedentes na história dessa parte do mundo, desde o surgimento da agricultura, como também poderia influenciar a desigualdade de modos imprevisíveis. Do ponto de vista econômico, muita coisa depende do sucesso na integração dos imigrantes. Sua formação educacional é – e continuará a ser – muito inferior à dos europeus natos, e as taxas de emprego são baixas em vários países, especialmente entre as mulheres. A persistência ou o agravamento desses problemas poderá produzir consequências desigualadoras para as sociedades em questão. Ademais, o crescimento das comunidades de imigrantes de primeira geração e das de antecedentes familiares de origem estrangeira recente tem potencial para afetar as atitudes e políticas referentes ao bem-estar social e aos gastos redistributivos. Alberto Alesina e Edward Glaeser afirmaram que as políticas de bem-estar correlacionam-se com a homogeneidade étnica, o que ajuda a explicar por que os Estados Unidos desenvolveram um Estado de bem-estar mais fraco do que os países europeus. Esses autores preveem que a imigração crescente minará a generosidade dos Estados de bem-estar europeus e que o sentimento de oposição aos imigrantes poderá ser usado para desmantelar as políticas redistributivas e "acabar empurrando o continente para níveis de redistribuição mais norte-americanos". Pelo menos até o momento, essa previsão não foi corroborada por fatos reais. Uma pesquisa recente e abrangente não encontrou respaldo para a ideia de que a imigração solapa o apoio popular das políticas sociais.[6]

No entanto, observações mais específicas mostram que há motivos para preocupação. A maior heterogeneidade e o aumento da imigração associam-se, de fato, a leis menos abrangentes de política social, bem como a níveis mais altos de pobreza e desigualdade. Nos países europeus da OCDE, a diversidade étnica pode ter apenas uma fraca correlação inversa com os níveis de gastos públicos sociais, mas tem um efeito negativo mais forte sobre as atitudes, mediado pelo índice de desemprego. Os europeus abastados – que arcam com boa parte do ônus tributário – expressam menos apoio à redistribuição quando muitos membros de baixa renda de suas sociedades pertencem a minorias étnicas. De acordo com pesquisas britânicas, as preferências redistributivas, no contexto da tributação, enfraquecem quando a diversidade étnica leva os pobres a serem percebidos como diferentes. As fontes e dimensões da heterogeneidade são de importância vital: a imigração e a diversidade religiosa têm um efeito adverso mais potente nas políticas do Estado de bem-estar do que a presença de minorias etnorraciais. Os dois primeiros desses fatores já se tornaram características definidoras da experiência europeia, e a probabilidade de pressões migratórias persistentes, vindas do Oriente Médio e da África, assegurará sua relevância contínua e possivelmente crescente. Em tudo isso, é importante entender que a "Terceira Transição Demográfica" da Europa, que transformará a composição das populações nacionais em resposta à fertilidade abaixo da taxa de substituição e à imigração, ainda se encontra em suas etapas iniciais. Ao longo da próxima geração, ela poderá alterar os padrões estabelecidos de redistribuição e desigualdade de maneiras imprevisíveis. Considerando os altos custos dos sistemas atuais e as pressões desigualadoras exercidas pelo envelhecimento, pela imigração e pela heterogeneidade crescente, essas mudanças terão mais probabilidade de aumentar a desigualdade que de contê-la.[7]

Nem todos os fatores demográficos têm igual probabilidade de surtir um efeito significativo na evolução adicional da desigualdade. Não há boas provas de que a frequência do acasalamento preferencial, capaz de ampliar as disparidades de renda e riqueza entre as famílias, venha crescendo nos Estados Unidos nos últimos anos. Similarmente, a mobilidade intergeracional em termos de renda não parece haver diminuído, embora possa ser necessário um panorama temporal mais longo para gerar resultados conclusivos. Inversamente, a crescente segregação residencial pela renda, que vem aumentando nos Estados Unidos, pode surtir um efeito mais marcante na desigualdade a longo prazo. Na medida em que a renda dos vizinhos afeta indiretamente os resultados socioeconômicos do indivíduo, e em que a concentração espacial de grupos específicos de renda distorce a distribuição dos bens públicos com financiamento local, pode-se esperar que os crescentes desequilíbrios econômicos da distribuição física da população perpetuem – e, a rigor, reforcem – a desigualdade nas futuras gerações.[8]

A tese de Piketty de que a acumulação contínua de capital aumentará sua participação na renda nacional e sua importância geral em relação à renda nacional, à medida que as taxas de retorno sobre o investimento de capitais superarem o crescimento econômico, empurrando assim para cima a pressão sobre a desigualdade, atraiu uma boa dose de críticas e levou seu proponente principal a enfatizar as incertezas associadas a essas previsões. No entanto, não faltam outras forças econômicas e tecnológicas capazes de exacerbar as disparidades existentes na distribuição da renda e da riqueza. A globalização, à qual se atribuíram efeitos desigualadores, especialmente nos países desenvolvidos, não dá sinal de se reduzir no futuro imediato. Se esse processo criará ou não uma espécie de superelite global, não cerceada pelas limitações das políticas nacionais, exemplificada pela tão difamada imagem do "Homem de Davos" e alardeada na imprensa popular, é algo que ainda veremos. Por sua própria natureza, a automação e a computadorização são processos mais abertos, fadados a influenciar a distribuição dos retornos do trabalho. De acordo com uma estimativa, quase metade de todos os empregos, em 702 ocupações do mercado de trabalho norte-americano, corre riscos por causa da computadorização. A despeito das previsões de que a automação não servirá indefinidamente para polarizar os mercados de trabalho entre rendas altas e baixas, os futuros avanços da inteligência artificial que possam permitir que as máquinas alcancem ou superem os seres humanos, em termos da inteligência geral, tornam discutível qualquer tentativa de prever resultados a longo prazo.[9]

Nossa recriação do corpo humano abrirá novas fronteiras da evolução da desigualdade. A criação de organismos cibernéticos e a engenharia genética têm potencial para expandir as disparidades entre indivíduos e até entre seus descendentes, muito além de seus dotes naturais e dos recursos extrassomáticos que eles dominem, e podem fazê-lo de maneira a realimentar a futura distribuição da renda e da riqueza. À medida que os avanços da nanotecnologia vão ampliando enormemente o uso e a utilidade dos implantes artificiais, suas aplicações poderão deslocar-se cada vez mais da restauração de funções para seu aprimoramento. Nos últimos anos, os avanços na edição genética possibilitaram a retirada e a inserção de pedaços específicos do DNA em placas de Petri e em organismos vivos com uma facilidade sem precedentes. Embora as consequências dessas intervenções possam ficar restritas a organismos individuais, também é possível torná-las hereditárias, manipulando a composição genética de espermatozoides, óvulos e pequenos embriões. Os resultados do primeiro experimento de modificação do genoma de embriões humanos (não viáveis) foram publicados em 2015. O progresso recente nesse campo tem sido extremamente rápido e continuará a nos fazer penetrar fundo num território inexplorado. Dependendo do custo e da disponibilidade, os ricos poderão vir a gozar de acesso privilegiado a alguns desses refinamentos biomecatrônicos e genéticos.

Há motivos para duvidar de que restrições políticas se mostrem suficientes para reprimir essas oportunidades: ao contrário da saúde pública, os aprimoramentos são atualizações e, portanto, mais passíveis de um provimento desigual. As restrições legais nas democracias do Ocidente, que já vêm sendo propostas, podem muito bem precipitar resultados ainda mais desiguais, por fornecerem uma vantagem aos que puderem custear o tratamento particular nos países em que ele for oferecido – muito provavelmente em partes da Ásia. A longo prazo, a criação de bebês sob medida para os ricos e bem relacionados poderia restringir a mobilidade entre os abastados genéticos ou biônicos e os despossuídos, e até, pelo menos em tese, acabar resultando numa bifurcação em duas espécies diferentes – como a elite genética dos "GenRicos" e os "Naturais", ou todas as outras pessoas, imaginados por um geneticista de Princeton, Lee Silver.[10]

A educação é, há muito tempo, a resposta-padrão para a mudança tecnológica. É possível que assim permaneça, no regime de globalização contínua e – embora só até certo ponto, talvez – na eventualidade de novas inovações na computadorização. Mas, depois que os seres humanos se tornarem mais desiguais, devido à engenharia genética ou à hibridação corpo-máquina – ou, muito provavelmente, a ambas –, esse paradigma será esticado até chegar a um ponto de ruptura. Acaso a educação seria capaz, em algum momento, de contrabalançar inteiramente novos graus de aprimoramento físico e mental artificial? Mas não devemos nos precipitar. Muito antes de chegar a hora de nos preocuparmos com super-robôs que obedeçam a indivíduos sobre-humanos, o mundo enfrentará o desafio mais prosaico da desigualdade existente da renda e da riqueza. Volto agora pela última vez ao tema central deste livro: a redução da desigualdade. Quais são, portanto, as perspectivas do nivelamento?

Receitas

Hoje em dia, não faltam propostas sobre como reduzir a desigualdade. Ganhadores do Nobel de Economia uniram-se a seus pares menos condecorados – mas que, às vezes, até vendem mais –, bem como a uma série de jornalistas, no lucrativo negócio de divulgar longas listas de medidas destinadas a reequilibrar a distribuição de renda e riqueza. A reforma tributária ocupa um lugar de destaque. (Salvo observações em contrário, o trecho que se segue refere-se à situação nos Estados Unidos.) A renda deve ser tributada de maneira mais progressiva; os ganhos de capital devem ser tributados como uma renda comum, devendo-se impor tributos mais altos à renda do capital em geral; os encargos regressivos sobre a folha de pagamentos devem ser eliminados. A riqueza deve ser tributada diretamente e de maneiras concebidas para cercear sua transmissão entre gerações. Sanções como as tarifas comerciais e a criação de um registro global da riqueza ajudariam a prevenir a evasão fiscal para o exterior. As empresas deveriam ser tributadas sobre seus lucros globais, pondo-se fim aos subsídios ocultos. Alguns economistas franceses chegaram até a propor um imposto global anual sobre a riqueza, retido na fonte. Além disso, um imposto único maior sobre o capital reduziria a dívida pública e ajudaria a reequilibrar a proporção entre riqueza pública e privada. A abordagem das qualificações baseada na oferta e na procura, já referida antes, chamou atenção para o papel da educação. A política pública deve ter por objetivo promover a mobilidade intergeracional, mediante a igualação do acesso à escolarização e a equiparação da qualidade desta. Desvincular o financiamento escolar dos impostos prediais locais seria um passo nessa direção. O provimento universal de creches seria útil, e se poderiam impor controles aos preços do ensino superior. Em linhas mais gerais, o aprimoramento da educação resultaria num "aumento da qualificação" da força de trabalho, num ambiente global competitivo.

Do lado dos gastos, as políticas públicas devem oferecer formas de seguro que protejam de choques exógenos o valor dos bens dos grupos de baixa renda, desde os valores da habitação até cooperativas pertencentes aos trabalhadores e à saúde da população. A assistência universal à saúde protegeria desses choques. Deve-se facilitar aos menos abastados a obtenção de crédito para as atividades empreendedoras, e a legislação sobre falências deve tornar-se mais clemente com os devedores. Devem-se oferecer incentivos aos prestamistas, ou eles devem ser forçados a reestruturar as hipotecas. Os planos mais ambiciosos incluem um salário mínimo básico, verbas compatíveis para a poupança pessoal, até certo limite, e o fornecimento de um dote mínimo de ações e títulos a cada criança. A regulamentação dos negócios é outro item da agenda. A distribuição da renda no mercado pode ser ajustada através da mudança das leis sobre patentes, sobre o combate ao abuso do poder econômico e sobre os contratos; através do cerceamento dos monopólios; e através de normas mais rigorosas para regular o setor financeiro. A tributação das empresas poderia ser vinculada à proporção entre os salários dos altos executivos e o salário médio dos trabalhadores. Deve-se lidar com o comportamento rentista dos executivos mediante a reforma da gestão empresarial. A posição dos acionistas e a dos empregados devem ser respaldadas pela garantia da representação e dos direitos de voto destes últimos, bem como obrigando-se as empresas a compartilhar os lucros com os empregados. As reformas institucionais devem ressuscitar o poder sindical, elevar o salário mínimo, melhorar o acesso dos grupos sub-representados ao emprego e criar programas federais de emprego. A política de imigração deve favorecer a importação de mão de obra qualificada, a fim de reduzir os bônus salariais. O impacto desigualador da globalização pode ser mitigado mediante a coordenação internacional de normas de trabalho e a tributação das receitas obtidas no exterior e dos lucros empresariais, independentemente do local em que sejam produzidos. Os fluxos internacionais de capital devem ser regulamentados – e, de acordo com uma sugestão particularmente ousada, talvez convenha aos Estados Unidos exigir que seus parceiros comerciais instituam salários mínimos iguais à metade dos respectivos salários médios nacionais. Na esfera política, os Estados Unidos devem combater a desigualdade, aprovando a reforma dos financiamentos de campanha e adotando medidas para aumentar o comparecimento dos eleitores às urnas. A intervenção nos meios de comunicação poderia democratizar a cobertura feita por eles.[11]

As discussões recentes enfocaram sobretudo (ou até exclusivamente) o conteúdo das medidas políticas, sem prestar atenção adequada à escala provável de seus custos e benefícios e à sua viabilidade política na vida real. Alguns exemplos serão suficientes. François Bourguignon calcula que a alíquota fiscal eficaz para o "1%" dos Estados Unidos teria que ser quase duplicada, passando de 35% para 67,5%, a fim de reduzir sua participação na renda familiar disponível ao simples nível de 1979 – um objetivo que "não parece inteiramente viável, do ponto de vista político". Piketty considera "ótima" uma alíquota de imposto de renda de 80%, em termos de custos econômicos *versus* benefícios de igualdade, mas admite prontamente que "parece bastante improvável que qualquer política dessa natureza venha a ser adotada num futuro próximo".

As propostas cujo sucesso depende de uma coordenação política eficiente, no plano global, elevam o nível de exigências a alturas estonteantes. Ravi Kanbur defende a criação de um órgão internacional para coordenar os padrões do trabalho – algo parecido com uma arma milagrosa na luta contra as pressões da globalização –, "deixando de lado a viabilidade política ou a praticidade operacional de tal órgão". Piketty afirma desde logo que o pretendido "imposto global sobre o capital é uma ideia utópica", mas não vê "nenhuma razão *técnica* pela qual" um imposto sobre a riqueza deixasse de ser realista. Ideias altivas como essas têm sido criticadas, porém, como não apenas inúteis, mas também potencialmente contraproducentes, por trazerem a ameaça de desviar a atenção de medidas mais viáveis. Em tudo isso, a consideração séria dos meios necessários para mobilizar as maiorias políticas e implementar qualquer parte dessa ideia defendida ganha visibilidade por sua ausência.[12]

O mais detalhado e preciso programa de equalização já formulado até hoje – o recente projeto de Anthony Atkinson sobre como reduzir a desigualdade no Reino Unido – ilustra as limitações dessa abordagem orientada pelas políticas de governo. Medidas numerosas e, não raro, ambiciosas compõem um pacote abrangente de reformas: o serviço público deve procurar influenciar a mudança tecnológica, "incentivando inovações que aumentem a empregabilidade dos trabalhadores"; os legisladores devem empenhar-se em "reduzir o poder do mercado nos mercados de consumo" e em ressuscitar o poder de negociação da mão de obra organizada; as empresas devem compartilhar os lucros com os trabalhadores de maneiras que "reflitam princípios éticos", ou ser impedidas de ser fornecedoras de órgãos públicos; a alíquota mais alta do imposto de renda deve subir para 65%, a renda do capital deve ser tributada de modo mais agressivo do que os rendimentos do trabalho, os impostos sobre bens patrimoniais e doações *inter vivos* devem ser majorados e os impostos prediais e territoriais devem ser estabelecidos com base em avaliações atualizadas; os títulos de poupança nacionais devem garantir uma "taxa real de juros positiva (e, possivelmente, subsidiada) sobre a poupança", até um limite pessoal; o salário mínimo legal deve ser "estabelecido como um salário de subsistência"; todo cidadão deve receber uma doação de capital ao atingir a maioridade ou em data posterior; e "o governo deve oferecer emprego garantido, com o salário mínimo de subsistência, a todos os que o procurarem" (o que o próprio Atkinson admitiu que "talvez pareça fantasioso").

Os possíveis acréscimos incluem um imposto anual sobre a riqueza e um "regime tributário global para as pessoas físicas, baseado no total da riqueza". Além disso, a União Europeia deve ser convencida a introduzir uma "renda básica universal para as crianças", como um benefício tributável reajustável conforme a renda mediana nacional.

Em sua longa discussão para determinar se isso poderia realmente realizar-se, Atkinson concentra-se nos custos para a economia (que permanecem obscuros); nas pressões contrapostas da globalização, que ele espera combater através de uma coordenação europeia ou global das políticas; e na viabilidade fiscal. Ao contrário de outros proponentes de medidas de reformas equalizadoras, Atkinson também arrisca uma estimativa do efeito provável de seu pacote: se quatro grandes políticas fossem implementadas – alíquotas mais altas e mais progressivas de imposto de renda, um desconto sobre o rendimento do trabalho nos níveis de renda mais baixos, benefícios tributáveis substanciais pagos por cada criança e uma renda mínima para todos os cidadãos –, o coeficiente de Gini da renda disponível ajustada (pelo número de membros da família) cairia 5,5 pontos percentuais, reduzindo com isso em pouco mais da metade a atual defasagem da desigualdade entre a Grã-Bretanha e a Suécia. Mudanças mais limitadas se traduziriam em melhoras correspondentemente menores, da ordem de três ou quatro pontos percentuais. Para situar essa colocação com clareza, segundo o relato do próprio Atkinson, esse mesmo Gini britânico havia subido sete pontos percentuais entre o fim da década de 1970 e o ano de 2013. Portanto, até uma combinação de diversas intervenções governamentais, bastante radicais e historicamente sem precedentes, só reverteria parcialmente os efeitos da desigualdade que vem ressurgindo, e políticas mais moderadas gerariam benefícios ainda menores.[13]

Um mundo sem cavaleiros?

"*Tout cela est-il utopique?*"[14] Mesmo quando não são francamente utópicas, muitas dessas recomendações sobre políticas públicas sofrem de falta de consciência histórica. As reformas nas margens têm pouca probabilidade de surtir um efeito significativo nas tendências atuais da distribuição da renda de mercado e da riqueza. A discussão de Atkinson tem o mérito singular de considerar o preço de um pacote ambicioso de medidas e seu efeito provável na desigualdade da renda disponível, o que, para qualquer configuração política realista, é relativamente modesto. Em linhas mais gerais, parece haver surpreendentemente pouco interesse em como transformar essas propostas em realidade, ou mesmo em saber se algum dia elas poderiam fazer grande diferença. E, no entanto, a história nos ensina duas coisas importantes sobre o nivelamento. Uma é que as intervenções políticas radicais ocorrem em tempos de crise. Os impactos das guerras mundiais e da Grande Depressão, para não falar das diversas revoluções comunistas, geraram medidas políticas de equalização que deveram muito a esses contextos específicos, e que talvez não tivessem sido viáveis em circunstâncias diferentes – no mínimo, não na mesma escala. A segunda lição é ainda mais direta: a criação de políticas só pode levar-nos até certo ponto. Vez após outra, a compressão de desequilíbrios materiais nas sociedades foi impulsionada por forças violentas, que ou estavam fora do controle humano ou hoje estão muito além do alcance de qualquer agenda política viável. Nenhum dos mecanismos mais eficazes de nivelamento pode funcionar no mundo atual: os Quatro Cavaleiros apearam de seus corcéis. E ninguém em sã consciência desejaria vê-los tornarem a montar.

A guerra com mobilização em massa esgotou-se. O formato dos conflitos militares sempre foi decisivamente moldado pela tecnologia. Ora isso favoreceu o investimento em bens de alto valor, como as antigas carruagens de guerra ou os cavaleiros medievais, ora deu preferência a enormes infantarias de baixo custo. No Ocidente, exércitos nacionais em massa substituíram os mercenários, quando amadureceram os Estados tributários e militares, no começo da era moderna. A mobilização militar popular escalou novos píncaros com a Revolução Francesa e culminou em exércitos de milhões de componentes, criados para travar as duas guerras mundiais. Desde então, as tendências tornaram a se deslocar na direção inversa – da quantidade para a qualidade. Em tese, as armas nucleares podem ter tornado obsoleta a guerra convencional em larga escala, já no fim da década de 1940, embora, na prática, ela tenha sobrevivido nos conflitos em que há menos coisas em jogo e nos que ocorrem entre países sem capacidade nuclear, ou que envolvem esses países. O recrutamento minguou, sendo mais e mais substituído por exércitos voluntários de profissionais encarregados de lidar com um equipamento mais sofisticado.

Nos países desenvolvidos e relativamente pouco numerosos que ainda se engajam em operações militares, o serviço militar, em muitos casos, desligou-se da corrente dominante da sociedade e os "efeitos de mobilização" niveladores desapareceram. Nos Estados Unidos, 1950 foi o último ano em que se aprovaram, sem um sério debate, elevações de impostos destinadas a custear guerras. Mesmo na época em que o recrutamento militar ainda estava em vigor, a Lei de Receitas de 1964 estabeleceu as maiores reduções de impostos da história norte-americana antes de 1981, muito embora o envolvimento militar no Vietnã se encontrasse em expansão. Os aumentos dos gastos militares norte-americanos na década de 1980 e durante as invasões do Afeganistão e do Iraque, na década de 2000, foram acompanhados por reduções de impostos, bem como por uma desigualdade crescente da renda e da riqueza – o oposto do que tinha acontecido durante as guerras mundiais. O mesmo se aplicou ao Reino Unido, antes e depois da Guerra das Malvinas, em 1982.

Embora os conflitos recentes tenham sido de escala relativamente modesta, ou – no caso da Guerra Fria – nunca tenham de fato evoluído para hostilidades francas, guerras maiores, caso viessem a eclodir, não tenderiam a alterar essa trajetória nas próximas décadas. É difícil conceber de que modo o maior conflito imaginável, com exceção da conflagração termonuclear – uma guerra convencional completa entre Estados Unidos e China –, poderia envolver, produtivamente, enormes exércitos. Mais até do que setenta anos atrás, a Guerra do Pacífico já privilegiou navios dispendiosos e o poder da força aérea, em vez de forças maciças de infantaria, e qualquer combate futuro nessa região envolveria, em primeiro lugar, as forças aérea e naval, mísseis, satélites e toda sorte de guerras cibernéticas, nenhum dos quais é passível de mobilização em massa. Tampouco o é, *in extremis*, a guerra nuclear. Atualmente, a Rússia vem preferindo voluntários a recrutas, e a grande maioria dos países da União Europeia já aboliu por completo o recrutamento militar. A Índia e o Paquistão, outros dois adeptos potenciais da guerra em larga escala, também dependem de voluntários. Até Israel, cujo poderio militar apequena o de seus vizinhos, cada vez mais instáveis, vem contemplando uma eventual transição desse tipo.

Em última análise, simplesmente não fica claro o que grandes exércitos de infantaria poderiam realizar em campos de batalha do século XXI. As projeções atuais sobre a natureza dos futuros combates concentram-se "na robótica, na munição inteligente, nos sensores ubíquos e na extrema interligação em rede, junto com o impacto potencialmente maciço da guerra cibernética". Haverá menos combatentes humanos, embora de desempenho superior, física e cognitivamente ampliados por exosqueletos, implantes e, mais adiante, talvez também por aperfeiçoamentos genéticos. Eles dividirão os campos de batalha com robôs de todos os formatos e tamanhos, pequenos como insetos e grandes como veículos, e é possível que operem armas de energia direcional, como raios laser e de micro-ondas, assim como campos de força. A miniaturização das armas permitirá uma mira de precisão até o nível de indivíduos específicos, substituindo a projeção mais indiscriminada da força, e é possível que superdrones de alta velocidade e altitude elevada tornem supérfluos os pilotos humanos. Esses cenários são excepcionalmente distantes das antigas formas de guerra industrializada e reforçarão ainda mais a separação entre os militares e a sociedade civil. Quaisquer efeitos equalizadores desses conflitos tenderão a se concentrar nos mercados financeiros, desencadeando transtornos semelhantes aos das recentes crises financeiras globais, que só reduzem temporariamente a riqueza da elite, até ela recobrar forças, alguns anos depois.[15]

Praticamente o mesmo se aplicaria a guerras que envolvessem o uso tático limitado de dispositivos nucleares de pequena escala. Somente uma guerra termonuclear total poderia reconfigurar fundamentalmente a distribuição existente dos recursos. Se a escalada pudesse ser contida num ponto em que as instituições públicas ainda estivessem em funcionamento, e no qual uma parcela suficiente da infraestrutura crucial permanecesse intacta, os governos e as autoridades militares congelariam salários, preços e aluguéis; bloqueariam os saques não essenciais dos bancos; imporiam um sistema abrangente de racionamento de alimentos; requisitariam os bens necessários; adotariam formas de planejamento central, inclusive a alocação centralizada de recursos escassos a favor do esforço de guerra, de operações militares e da produção de artigos de sobrevivência essenciais à vida; destinariam as moradias e, possivelmente, até recorreriam ao trabalho forçado. No planejamento norte-americano para o "Dia Seguinte", a divisão dos prejuízos de guerra por toda a economia é uma meta-chave da política, há muito tempo. Qualquer disparo de ogivas nucleares de nível estratégico entre grandes potências acabaria com o capital físico, em larga escala, e destroçaria os mercados financeiros. O resultado mais provável seria não apenas uma queda drástica do PIB, mas também um reequilíbrio equalizador dos recursos disponíveis e uma transição do capital para o trabalho.

O cenário de fim de mundo de uma guerra nuclear irrestrita estaria fadado a levar o nivelamento muito além desses efeitos projetados. Representaria uma versão extrema do colapso dos sistemas, ultrapassando, em termos de gravidade, até mesmo a queda dramática de antigas civilizações, discutida no capítulo 9. Embora as descrições de um mundo pós-apocalíptico feitas pela ficção científica contemporânea imaginem, às vezes, altos graus de desigualdade entre os controladores de recursos vitais escassos e as maiorias despossuídas, a experiência das comunidades pós-colapso da história pré-moderna, totalmente empobrecidas e menos estratificadas, talvez seja um guia melhor das condições de um futuro "inverno nuclear". Mas é improvável que isso aconteça. Ainda que a proliferação nuclear possa mudar as regras do jogo em teatros regionais, os mesmos riscos existenciais que impediram a guerra nuclear entre as grandes potências, desde a década de 1950, continuam a prevalecer. Além disso, a mera existência de estoques de armas nucleares torna menos provável que regiões centrais, como os Estados Unidos e a China, tenham um envolvimento maciço até mesmo em guerras convencionais e serve para deslocar os conflitos para periferias globais, o que, por sua vez, reduz a probabilidade de graves prejuízos para as grandes economias mundiais.[16]

A tecnologia armamentista é apenas parte da história. Devemos também admitir a possibilidade de que a humanidade tenha se tornado mais pacífica com o correr do tempo. Várias correntes de evidências, que remontam à Idade da Pedra, sugerem fortemente que a probabilidade média de uma pessoa morrer de causas violentas tem declinado, no prazo longuíssimo da história – e que essa tendência continua. Embora essa transição secular pareça ser movida pelo poder crescente do Estado e pelas adaptações culturais concomitantes, um fator mais específico, que já foi mencionado, está prestes a reforçar a pacificação de nossa espécie. Mantida a igualdade das condições, pode-se esperar que o envelhecimento da população, que já teve início no Ocidente e acabará ocorrendo em todas as partes do mundo, reduza a probabilidade global de conflitos violentos. Isso é particularmente relevante para as avaliações das relações futuras entre os Estados Unidos e a China, bem como entre os países do Leste Asiático, muitos dos quais enfrentam uma dramática transição demográfica de coortes mais jovens para coortes de idosos. Tudo isso serve de apoio à esperança de Milanovic de que "a humanidade, confrontada hoje com uma situação muito parecida com a de cem anos atrás, não permita que o cataclismo de uma guerra mundial seja o remédio para os males da desigualdade".[17]

Os dois cavaleiros seguintes do nivelamento apocalíptico não requerem muita atenção. A revolução transformadora ficou ainda mais fora de moda do que a guerra com mobilização em massa. Como mostrei no capítulo 8, as meras revoltas raras vezes tiveram êxito e, normalmente, não conseguem uma equalização substancial. Apenas as revoluções comunistas foram capazes de promover grandes nivelamentos nos desequilíbrios da renda e da riqueza. Todavia, a expansão maciça do comunismo entre 1917 e 1950 enraizou-se nas guerras mundiais e nunca mais se repetiu. Os movimentos comunistas posteriores, patrocinados pela União Soviética, só lograram vitórias ocasionais – em Cuba, na Etiópia, no Iêmen do Sul e, principalmente, no Sudeste Asiático, até 1975 –, antes de começarem a se extinguir. O fim da década de 1970 assistiu às últimas vitórias modestas, no Afeganistão, na Nicarágua e em Granada, as quais se revelaram efêmeras ou politicamente moderadas. As insurgências comunistas substanciais no Peru foram praticamente esmagadas nos anos 1990, e, em 2006, os maoistas nepaleses renunciaram à guerra civil e se juntaram à política eleitoral. As reformas de mercado desgastaram, efetivamente, a sustentação socialista de todas as repúblicas populares que restavam. Nem mesmo Cuba e a Coreia do Norte conseguiram escapar a essa tendência global. Na atualidade, não há outras revoluções esquerdistas no horizonte, nem surgiu em cena qualquer movimento alternativo com um potencial comparável de equalização violenta.[18]

A falência do Estado e o colapso dos sistemas, na escala discutida no capítulo 9, também se tornaram extremamente raros. Os exemplos recentes de falência do Estado tendem a se restringir ao centro e ao leste da África e às periferias do Oriente Médio. Em 2014, o Índice de Fragilidade do Estado calculado pelo Center for Systemic Peace atribuiu as piores notas mundiais a República Centro-Africana, Sudão do Sul, República Democrática do Congo, Sudão, Afeganistão, Iêmen, Etiópia e Somália. Com a única exceção de

Mianmar, os dezessete países mais frágeis que vêm a seguir também se localizam na África ou no Oriente Médio. Embora a dissolução da União Soviética e da Iugoslávia, no início da década de 1990, bem como os eventos que ainda continuam na Ucrânia, demonstre que nem mesmo os países industrializados de renda média estão imunes, de modo algum, a pressões desintegradoras, é sumamente improvável que os países desenvolvidos contemporâneos – e, a rigor, muitos países em desenvolvimento – sigam a mesma trilha. Graças ao crescimento econômico e à expansão fiscal modernos, as instituições do Estado nos países de alta renda tornaram-se, em geral, muito poderosas e muito profundamente arraigadas na sociedade para que ocorram um colapso completo das estruturas de governo e um nivelamento concomitante. E, mesmo nas sociedades mais desfavorecidas, a falência do Estado tem sido comumente associada à guerra civil, um tipo de choque violento que, normalmente, não produz resultados equalizadores.[19]

Isso nos deixa com o quarto e último cavaleiro: as epidemias graves. O risco de surtos novos e potencialmente catastróficos está longe de ser desprezível. As zoonoses que saltam de hospedeiros animais para os seres humanos encontram-se em ascensão, devido ao crescimento populacional e ao desmatamento em países tropicais. O consumo de carne de animais silvestres também sustenta essa cadeia de transmissão, e a criação de gado em escala industrial torna mais fácil a adaptação dos microrganismos a novos ambientes. A transformação de patógenos em armas e o bioterrorismo são preocupações crescentes. Ainda assim, os mesmos fatores que conduzem ao surgimento e à disseminação de novas doenças infecciosas – o desenvolvimento econômico e a interconectividade global – também nos ajudam a monitorar essas ameaças e a lhes dar uma resposta. O sequenciamento rápido do DNA, a miniaturização do equipamento de laboratório, para uso no campo, e a capacidade de rastrear os surtos, mediante a criação de centros de controle e a exploração de recursos digitais, são armas poderosas no nosso arsenal.

Para os objetivos deste estudo, há dois pontos cruciais. Primeiro, qualquer coisa que pudesse aproximar-se da escala relativa das grandes pandemias pré-modernas, discutidas nos capítulos 10 e 11, exigiria a morte de centenas de milhões de pessoas no mundo atual, o que ultrapassa as hipóteses mais pessimistas. Além disso, é bem possível que qualquer epidemia global do futuro se restrinja, predominantemente, aos países em desenvolvimento. Mesmo um século atrás, numa época em que a intervenção terapêutica fazia pouca ou nenhuma diferença, o número de mortes na pandemia global de gripe de 1918 a 1920 foi fortemente mediado pelos níveis de renda per capita. Hoje em dia, a intervenção médica reduziria o impacto global do surto de um vírus de gravidade comparável, e os resultados, em termos de mortalidade, seriam ainda mais fortemente favoráveis aos países de alta renda. Fazendo uma extrapolação das taxas de mortalidade da "gripe espanhola" para o ano de 2004, 96% dos 50-80 milhões de mortes projetadas em todo o mundo poderiam ocorrer em países em desenvolvimento. Embora uma sofisticada armamentização de microrganismos pudesse produzir um supervírus ou uma superbactéria mais potentes, dificilmente interessaria a qualquer agente, no nível do Estado, disseminar um micróbio dessa natureza. Por outro lado, é bem possível que o bioterrorismo tenha apenas uma chance mínima de sucesso, sendo ainda menos provável que resulte numa autêntica mortalidade em massa em nível nacional, ou em escala mais ampla.

O segundo ponto diz respeito às consequências econômicas distributivas de futuras epidemias. Não é nada certo que a mortalidade súbita e catastrófica provocada por uma doença infecciosa viesse a nivelar a desigualdade de renda ou de riqueza como fez na era agrária. Não sabemos sequer dizer se a pandemia global de gripe de 1918 a 1920, que se acredita ter matado 50 a 100 milhões de pessoas, ou cerca de 3-5% da população mundial da época, teve algum efeito significativo na distribuição dos recursos materiais, visto ter coincidido com as consequências equalizadoras da Primeira Guerra Mundial. Embora, hoje em dia, as infecções genéricas, como a gripe, afetem mais gravemente os pobres, não podemos simplesmente conjecturar uma crise de mortalidade específica de uma classe capaz de elevar o valor do trabalho não qualificado mantendo a economia como um todo basicamente intacta. Para que uma epidemia contemporânea fosse realmente catastrófica, ceifando a vida de centenas de milhões de pessoas no mundo inteiro, teria que ser impossível contê-la, pelo menos a curto prazo, e ela teria que matar pessoas ao longo das fronteiras nacionais e do espectro socioeconômico. Nesse caso, seu impacto destrutivo sobre as economias modernas complexas e interligadas, com seus mercados de trabalho altamente diferenciados, bem poderia superar qualquer efeito equalizador referente à oferta de mão de obra e à valorização dos estoques de capital. Mesmo em sociedades agrárias muito menos integradas, as pestes só desencadearam desestruturações de curto prazo que feriram indiscriminadamente a população. A longo prazo, as consequências distributivas seriam moldadas pelas novas maneiras de substituir a mão de obra pelo capital: em economias exauridas pela peste, robôs poderiam vir a ocupar o lugar de muitos trabalhadores perdidos.[20]

Não podemos ter certeza de que os anos futuros serão livres dos choques violentos que pontuaram a história desde o alvorecer da civilização. Há sempre uma possibilidade, por menor que seja, de que uma grande guerra ou uma nova Peste Negra venham destroçar a ordem estabelecida e rearrumar a distribuição da renda e da riqueza. O máximo que podemos fazer é identificar a previsão mais econômica, que vem a ser esta: os quatro niveladores tradicionais se foram, por enquanto, e não devem retornar tão cedo. Isso lança sérias dúvidas sobre a viabilidade do nivelamento futuro. Muitos fatores contribuem para os resultados históricos, e a história do nivelamento não é exceção: os arranjos institucionais foram cruciais para determinar as consequências distributivas dos choques compressivos. A variação no poder coercitivo dos governantes e dos donos do capital permitiu que a peste elevasse os salários reais em algumas sociedades, mas não em outras; as guerras mundiais achataram a distribuição das rendas de mercado em algumas economias, mas incentivaram ambiciosos projetos distributivos em outras; a revolução de Mao acabou com os "senhores feudais", mas promoveu desigualdades entre as cidades e o campo.

No entanto, houve sempre uma Grande Razão por trás de todos os episódios conhecidos de nivelamento substancial. Houve uma Grande Razão para John D. Rockefeller ser toda uma ordem de grandeza mais rico, em termos reais, do que seus compatriotas mais ricos de uma e duas gerações depois; para a Grã-Bretanha de Downton Abbey ter dado lugar a uma sociedade conhecida pela assistência médica universal gratuita e pelos poderosos sindicatos de trabalhadores; para que, nas nações industrializadas de todo o globo, a defasagem entre ricos e pobres tenha sido tão menor no terceiro quarto do século XX do que fora em seu começo – e, a rigor, para que, cem gerações antes, os antigos espartanos e atenienses abraçassem ideais de igualdade e procurassem pô-los em prática. Houve uma Grande Razão para que, na década de 1950, a aldeia chinesa de Zhangzhuangcun tenha passado a se gabar de uma distribuição perfeitamente igualitária das terras cultiváveis; uma Grande

Razão para que os poderosos do Baixo Egito, 3 mil anos atrás, tenham sido forçados a enterrar seus mortos com roupas de segunda mão ou em caixões ordinários, ou para que os remanescentes da aristocracia romana fizessem fila para receber esmolas do papa, e para que os sucessores dos chefes maias subsistissem com a mesma dieta da gentalha; e houve uma Grande Razão para os lavradores humildes do Egito bizantino e dos primeiros tempos do Egito islâmico, e os carpinteiros da Inglaterra do fim da Idade Média e os trabalhadores contratados do começo da era moderna, no México, ganharem mais e comerem melhor do que seus pares, antes ou depois. Nem todas essas Grandes Razões foram as mesmas, porém tiveram uma raiz comum: perturbações maciças e violentas da ordem estabelecida. Em todo o registro histórico, as compressões periódicas da desigualdade, acarretadas por guerras com mobilização em massa, revoluções transformadoras, falência do Estado e pandemias, apequenaram, invariavelmente, todos os exemplos conhecidos de equalização por meios inteiramente pacíficos.

A história não determina o futuro. Talvez a modernidade seja mesmo diferente. A longuíssimo prazo, é bem possível que venha a sê-lo. Talvez ela nos coloque numa trajetória para a singularidade, para um ponto em que todos os seres humanos se fundam num superorganismo híbrido, corpo e máquina, globalmente interconectado, e não mais tenham que se preocupar com a desigualdade. Ou talvez, ao contrário, os avanços tecnológicos levem as desigualdades a novos extremos, separando uma elite biomecatrônica e geneticamente aperfeiçoada dos mortais comuns, sendo estes perpetuamente mantidos a distância pela capacidade crescentemente superior de seus senhores. Ou, com a mesma probabilidade, nenhuma das alternativas citadas: é possível que estejamos caminhando para resultados que ainda não conseguimos sequer conceber. Mas a ficção científica só nos leva até certo ponto. Por enquanto, estamos atados às mentes e aos corpos que possuímos e às instituições que eles criaram. Isso sugere que as perspectivas de um nivelamento futuro são precárias. Será um desafio, para as social-democracias da Europa continental, manter e adaptar sistemas complexos de tributação elevada e ampla redistribuição, ou, para as democracias mais ricas da Ásia, preservar sua alocação incomumente equitativa das rendas brutas para deter a maré crescente de desigualdade, que só pode tornar-se mais forte à medida que a globalização contínua e as transformações demográficas sem precedentes contribuem para a pressão. É duvidoso que elas consigam manter a situação vigente: a desigualdade vem crescendo aos poucos em toda parte, numa tendência que atua, inegavelmente, contra o *status quo*. E se a estabilização das distribuições de renda e riqueza existentes for cada vez mais difícil de alcançar, qualquer tentativa de torná-las mais equitativas enfrentará, necessariamente, obstáculos cada vez maiores.

Durante milhares de anos, a história alternou entre longos períodos de desigualdade crescente, ou de desigualdade alta e estável, entremeados com compressões violentas. Por seis ou sete décadas, de 1914 até os anos 1970 ou 1980, tanto as economias ricas do mundo quanto os países que ficaram sob regimes comunistas experimentaram alguns dos nivelamentos mais intensos da história registrada. Desde então, boa parte do mundo entrou no que poderia vir a ser o próximo longo período – um retorno a uma acumulação de capital e uma concentração de renda persistentes. Se a história serve de indicador, é bem possível que a reforma política pacífica não se mostre à altura dos desafios crescentes que virão. Mas o que dizer das alternativas? Todos os que valorizamos uma igualdade econômica maior faríamos bem em lembrar que, com raríssimas exceções, ela só foi promovida, no passado, em meio à tristeza. Convém tomarmos cuidado com o que desejamos.

Apêndice

Os limites da desigualdade

Até que ponto a desigualdade pode aumentar? Num aspecto importante, as medidas da desigualdade de renda diferem das da desigualdade da riqueza. Não há limite para a desigualdade com que a riqueza pode distribuir-se numa dada população. Em tese, uma pessoa pode possuir tudo que existe para ser possuído, enquanto todas as outras não possuem nada e sobrevivem da renda do trabalho ou de transferências. Essa distribuição produziria um coeficiente de Gini de ~1 ou uma participação de 100% na riqueza entre os mais ricos. Em termos puramente matemáticos, os Ginis da renda também poderiam ir de 0, na igualdade perfeita, a ~1, na desigualdade completa. Na prática, entretanto, nunca se pode chegar a ~1, porque todos precisam de um mínimo de renda, simplesmente para permanecerem vivos. Para explicar esse requisito fundamental, Branko Milanovic, Peter Lindert e Jeffrey Williamson desenvolveram o conceito de "Fronteira de Possibilidade de Desigualdade" (FPD), uma medida que determina o mais alto grau de desigualdade teoricamente possível num dado nível de produção média per capita. Quanto mais baixo é o PIB per capita, menor é o superávit per capita além da mera subsistência e mais restritiva é a Fronteira da Possibilidade de Renda.

Imagine uma sociedade em que o PIB médio per capita seja igual à subsistência mínima. Nesse caso, o Gini da renda tem que ser 0, porque até pequenas disparidades de renda empurrariam alguns membros desse grupo para um ponto abaixo do nível necessário à sua sobrevivência. Embora isso certamente seja possível – uns ficariam mais ricos, enquanto outros morreriam de fome –, não seria sustentável a longo prazo, porque a população se extinguiria pouco a pouco. Se o PIB médio per capita ficar apenas um pouco acima da subsistência – digamos, 1,05 vez numa população de cem indivíduos –, uma pessoa poderia reivindicar seis vezes a renda de subsistência, enquanto todas as outras viveriam exatamente com o nível mínimo de renda.

O coeficiente de Gini seria de 0,047, e a participação do 1% mais rico na renda seria de 5,7%. Com um PIB médio de duas vezes a subsistência mínima – um cenário mais realista para uma economia pobre da vida real –, e com uma pessoa que açambarcasse todo o excedente disponível, esse dono solitário da renda mais alta teria 50,5% de toda a renda, e o coeficiente de Gini atingiria 0,495. Portanto, a FPD aumenta com o crescimento do PIB per capita: com uma produção média per capita de cinco vezes a subsistência, o máximo Gini viável ficaria próximo de 0,8 (Figura A.1).[1]

A Figura A.1 mostra que as maiores mudanças da FPD ocorrem nos níveis baixíssimos de PIB per capita. Quando estes se elevam a um grande múltiplo da mera subsistência, o que costuma ocorrer nos modernos países desenvolvidos, a FPD é empurrada para os números mais altos da faixa de 0,9 e se torna cada vez mais indistinguível do teto formal de ~1. Por essa razão, a FPD básica importa sobretudo para nossa compreensão da desigualdade nas sociedades pré-modernas e nos países de baixa renda contemporâneos. Quando a subsistência mínima é definida como uma renda anual de trezentos dólares, em dólares internacionais de 1990 – um referencial convencional, ainda que níveis um pouco mais altos sejam mais plausíveis –, as economias que geram um PIB per capita anual de até 1.500 dólares são as mais significativamente

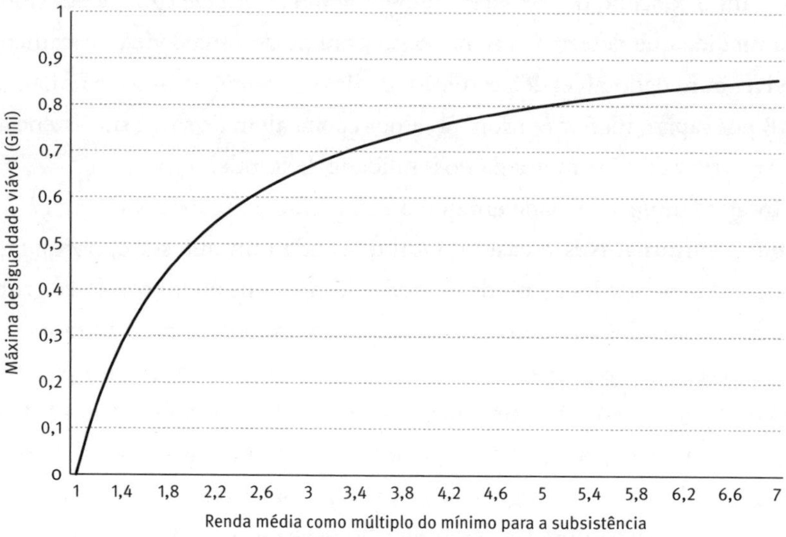

FIGURA A.1 Fronteira de possibilidade de desigualdade.

afetadas por ajustes de seu potencial de desigualdade baseados na FPD. Todas, ou praticamente todas, as economias pré-modernas enquadram-se nessa categoria, o que significa que a faixa retratada na Figura A.1 abrange a maior parte da história humana. No nível dos países, o limiar de cinco vezes a renda de subsistência de trezentos dólares foi atingido pela primeira vez na Holanda, no começo do século XVI, na Inglaterra, por volta de 1700, nos Estados Unidos, em 1830, na França e na Alemanha, em meados do século XIX, no Japão, na década de 1910, e na China, como um todo, somente em 1985 – e, uma década depois, na Índia.[2]

A divisão do Gini da renda observado pelo valor máximo possível resulta na "taxa de extração", que mede a proporção teoricamente possível de desigualdade que é de fato extraída pelos que têm renda acima do nível de subsistência. A taxa de extração pode variar de 0, em condições de igualdade perfeita, a 100%, quando uma única pessoa absorve toda a produção que ultrapassa a soma da subsistência per capita. Quanto menor é a diferença entre os Ginis observados e a FPD, mais a taxa de extração se aproxima de 100%. Milanovic, Lindert e Williamson calcularam as taxas de extração de 28 sociedades pré-modernas, desde o Império Romano até a Índia britânica, apoiando-se numa combinação de tabelas sociais que fornecem um índice aproximado da distribuição de renda – um formato que remonta à famosa tabela social de Gregory King, na Inglaterra, em 1688, a qual diferencia 31 classes, de aristocratas a miseráveis – com informações censitárias, sempre que elas estão disponíveis (Figura A.2).[3]

O coeficiente de Gini médio da renda, nessas 28 sociedades, é de aproximadamente 0,45 e a taxa de extração média é de 77%. As sociedades mais pobres tendem a ficar mais perto da FPD do que as mais desenvolvidas. Nas 21 sociedades da amostra com PIB médio per capita abaixo de mil dólares, em dólares internacionais de 1990, a taxa de extração média é de 76%, efetivamente igual à média de 78% das sete sociedades com PIB médio per capita entre mil e 2 mil dólares. Ela só declina quando o desempenho econômico melhora, atingindo um nível per capita entre quatro e cinco vezes a subsistência mínima: a taxa de extração da Inglaterra e da Holanda, ou dos Países Baixos, entre 1732 e 1808, tem uma média de 61%. As cinco taxas mais altas da amostra, que vão de 97% a 113%, talvez sejam um artifício de dados insuficientes, especialmente nos casos em que os supostos Ginis ultrapassam significativamente a FPD implícita. Na vida real, os níveis efetivos de desigualdade nunca devem ter atingido ou sequer se aproximado muito da FPD, nem que seja porque é difícil imaginar uma sociedade em que um governante ou uma elite minúscula pudessem controlar uma população em que todas as outras pessoas estivessem reduzidas à subsistência mínima. Apesar disso, vale a pena assinalar que essas cinco sociedades eram dominadas por potências colonialistas, ou por uma elite conquistadora estrangeira, condições que poderiam ter elevado a extração predatória a níveis excepcionalmente altos.[4]

O cálculo da FPD e das taxas de extração oferece duas percepções importantes. Destaca o fato de que as primeiras sociedades tendiam a ser tão desiguais quanto lhes era possível. Apenas as sociedades nas quais um "1%" rico e uma pequena percentagem do povo, composta por soldados, administradores e intermediários comerciais, sobrepunham-se a uma população agrária empobrecida poderiam gerar taxas de extração que nem sequer se aproximassem da FPD. No entanto, esse parece ter sido um padrão comum. Podemos derivar algum consolo da coerência interna dos palpites estimativos incluídos na Fi-

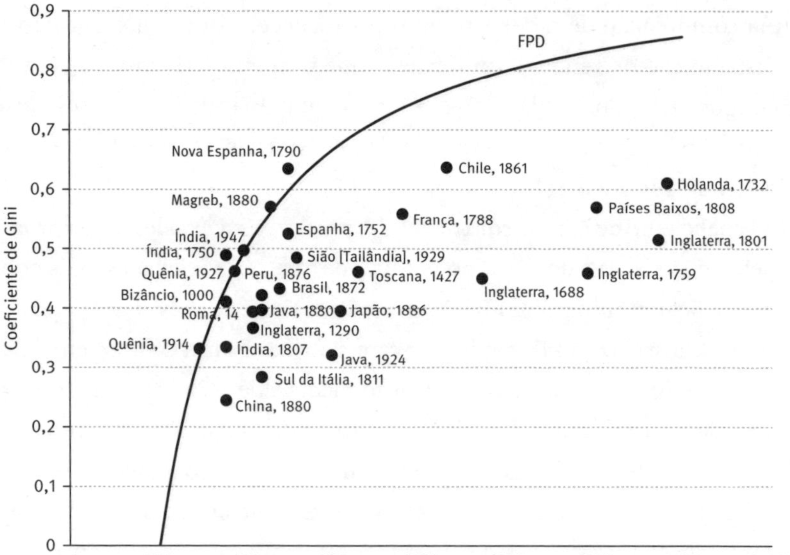

FIGURA A.2 Coeficientes de Gini estimados e fronteira de possibilidade de desigualdade em sociedades pré-industriais gura A.2: parece improvável que todos esses conjuntos de dados nos levem a errar na mesma direção e, ao fazê-lo, a criar uma impressão profundamente enganosa dos níveis de desigualdade no passado. A segunda observação importante é que o crescimento econômico intensivo acabou reduzindo as taxas de extração. A escala desse fenômeno é ilustrada por uma comparação entre as 28 sociedades da amostra e dezesseis dos mesmos países, ou países parcialmente coextensivos, por volta do ano 2000 (Figura A.3).[5]

A descontinuidade observada nas taxas de extração mostra como pode ser enganoso comparar coeficientes de Gini de renda em níveis muito diferentes de PIB médio per capita. Situados em 0,45 e 0,41, os valores médios do Gini nas amostras de sociedades pré-modernas e quase contemporâneas são muito parecidos. Tomados por seu valor aparente, sugeririam apenas uma leve atenuação da desigualdade no decorrer da modernização. Entretanto, como o PIB médio per capita era onze vezes maior na amostra moderna do que na anterior, a taxa de extração média era muito menor – 44%, comparados com 76%. Por essa medida, tais sociedades, no ano 2000, teriam passado a ser muito menos desiguais do que tinham sido em épocas mais remotas.

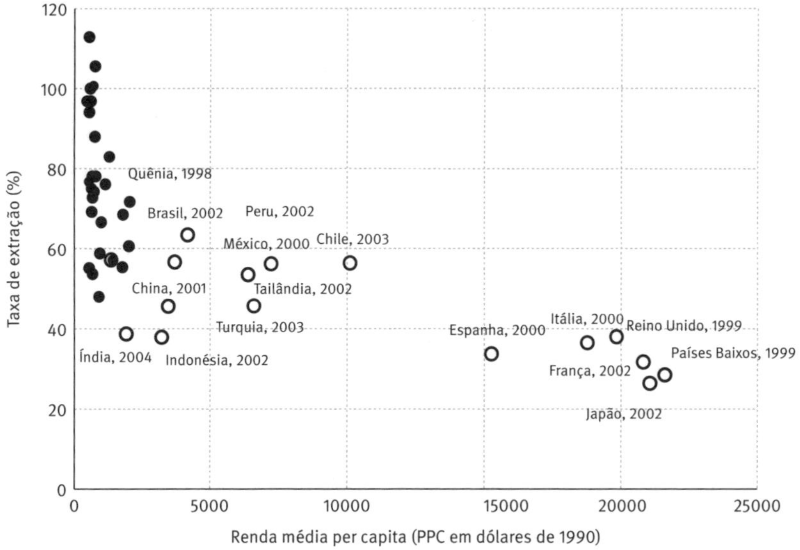

FIGURA A.3 Taxas de extração de sociedades pré-industriais (pontos cheios) e sociedades modernas equivalentes a elas (pontos vazados)

A comparação não ajustada das participações dos mais ricos na renda pode ser ainda mais problemática. Lembremos meu exemplo de um indivíduo de posses e 99 indivíduos pobres numa sociedade fictícia, com PIB médio per capita equivalente a 1,05 vez a subsistência mínima, e uma participação de 5,7% do 1% mais rico na renda. Foi exatamente essa a participação do 1% mais rico que se constatou na Dinamarca em 2000, quando o PIB médio per capita do país não era nada menos do que 73 vezes maior do que no meu experimento ideativo. Níveis drasticamente diferentes de desenvolvimento econômico podem traduzir-se em níveis superficialmente semelhantes de desigualdade. A lição é clara: as estimativas não ajustadas de distribuições históricas de renda podem toldar nossa compreensão de como o que denomino de "desigualdade efetiva" – definida em relação ao grau de desigualdade que seria teoricamente viável – modificou-se ao longo do tempo. Deixando de lado a questão da fidedignidade de qualquer dessas cifras, os Ginis de renda da Inglaterra, de 0,37 em *c.*1290, 0,45 em 1688, 0,46 em 1759 e 0,52 em 1801, sugerem um aumento gradativo da desigualdade, ao passo que a taxa de extração declinou durante grande parte desse período, enquanto a produção econômica aumentava – de 0,69 para 0,57 e 0,55, antes de se recuperar para 0,61. Na Holanda, ou nos Países Baixos, os Ginis da renda subiram de 0,56 em 1561 para 0,61 em 1732, e então caíram para 0,57 em 1808, embora as taxas de extração tenham continuado a cair, passando de 76% para 72% e 69%. Levando em conta o grau considerável de incerteza que cerca esses números, não seria sensato atribuir muito peso a essas observações específicas. É o princípio que importa: as taxas de extração nos dão uma ideia melhor da desigualdade real do que apenas os coeficientes de Gini.

Porventura isso significa que as medidas convencionais da desigualdade exageram o tamanho da desigualdade real de renda nas sociedades modernas, em relação à encontrada no passado mais distante, ou nos mais pobres dentre os países em desenvolvimento atuais – e que, portanto, o desenvolvimento econômico sustentou um substancial nivelamento pacífico, afinal? A resposta a esta pergunta depende muito de como definimos a desigualdade efetiva. Os ajustes contextuais em medidas-padrão da desigualdade criam uma série de complicações. Os pisos efetivos da renda são determinados não apenas pela simples subsistência fisiológica, mas também por poderosos fatores sociais e econômicos. Pouco depois de introduzir os conceitos de FPD e taxa de extração,

Milanovic refinou essa abordagem, levando em conta a dimensão social da subsistência. Uma renda anual mínima de trezentos dólares, em dólares internacionais de 1990, é de fato suficiente para a sobrevivência física, e pode até ser um padrão viável em sociedades de renda baixíssima. No entanto, as necessidades de subsistência aumentam, em termos relativos, conforme as economias tornam-se mais ricas e as normas sociais se modificam. Somente nos países mais pobres de hoje é que as linhas oficiais de pobreza coincidem com os níveis mínimos convencionais de subsistência. Os limites mais generosos, noutros lugares, existem em função de um PIB per capita maior. As avaliações subjetivas do que constitui a subsistência mínima socialmente aceitável também mostram certa sensibilidade aos padrões de vida gerais. A definição de requisitos mínimos formulada por Adam Smith em sua época é um exemplo famoso. Na opinião dele, tais requisitos incluem "não apenas os produtos indispensavelmente necessários à sustentação da vida, mas tudo aquilo que os costumes do país tornem indecente faltar às pessoas honradas, mesmo as da camada mais baixa", como – na Inglaterra – uma camisa de linho e sapatos de couro. Entretanto, os níveis de pobreza não se alteram com a mesma velocidade do PIB, atrasando-se, antes: sua elasticidade em relação à renda média é limitada. Fazendo cálculos com uma elasticidade de 0,5, Milanovic demonstra que, ajustada aos mínimos sociais, a FPD de um dado nível de PIB per capita médio é significativamente mais baixa que a determinada apenas pelas meras necessidades fisiológicas de subsistência. Numa população com PIB per capita médio de 1.500 dólares, ela cai de 0,8 para 0,55, e, com 3 mil dólares, de 0,9 para 0,68 (Figura A.4).[6]

Levando ou não em conta as mudanças nos mínimos sociais, as taxas de extração mantiveram-se estáveis na Inglaterra entre 1688 e 1867 e nos Estados Unidos entre 1774 e 1860. Entretanto, quando se incorpora ao cálculo da FPD uma elasticidade de 0,5 dos mínimos sociais em relação ao crescimento do PIB, a taxa de extração implícita é de aproximadamente 80% nesses dois períodos – muito mais alta do que os cerca de 60% obtidos ao se relacionar a desigualdade observada com a subsistência fisiológica mínima. Em contraste, as taxas de extração, definidas de qualquer das duas maneiras, foram muito menores desde a Segunda Guerra Mundial. A desigualdade efetiva permaneceu alta antes do século XX, já que as elites continuaram a capturar uma parcela razoavelmente constante do superávit disponível, mesmo enquanto

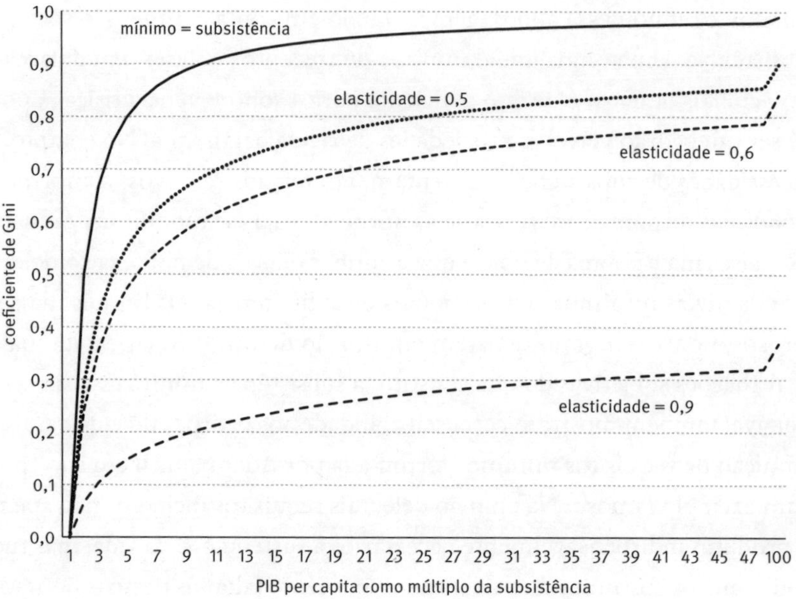

FIGURA A.4 Fronteira de possibilidade de desigualdade com diferentes valores do mínimo social

aumentava a produção econômica. Isso sugere que, com exceção dos períodos de compressão violenta, a desigualdade efetiva – cerceada por pisos de subsistência socialmente determinados – foi alta, de modo geral, não apenas ao longo da história pré-moderna, mas também durante as primeiras fases da industrialização. Portanto, as medidas de desigualdade nominal – expressas por coeficientes de Gini ou por participação dos mais ricos na renda e pela desigualdade real ajustada aos mínimos sociais – convergem no respaldo à impressão de enormes disparidades de renda antes da Grande Compressão.[7]

Mas e quanto ao presente? No fim da primeira década do século XXI, com ou sem ajuste em relação aos mínimos sociais, as taxas de extração norte-americanas e britânicas situaram-se em aproximadamente 40%, ou, de fato, apenas metade do que eram na década de 1860. Isso quer dizer que, mesmo depois do recente ressurgimento da desigualdade, esses dois países são hoje muito mais igualitários, em termos reais, do que foram no passado? Não necessariamente. A pergunta fundamental é esta: numa economia que não dependa primordialmente da extração de combustíveis fósseis, mas de uma combinação de produção de gêneros alimentícios, fabricação e serviços, qual é o nível máximo de desigualdade de renda que é economicamente viável, num dado nível de PIB per capita? O máximo teoricamente possível do coeficiente de Gini da renda disponível, nos Estados Unidos, é 0,99, num cenário em que uma pessoa capte todo o excedente acima da subsistência fisiológica mínima, ou aproximadamente 0,9, se essa única pessoa meramente captar todo o excedente acima das rendas mínimas socialmente determinadas. Admitindo, a bem da argumentação, que tal sociedade fosse politicamente viável, de algum modo – mesmo que isso pudesse exigir que o monoplutocrata empregasse um exército de robôs para policiar seus 320 milhões de concidadãos –, devemos nos perguntar se ela conseguiria sustentar uma economia geradora de um PIB anual médio per capita de 53 mil dólares. A resposta, com certeza, tem que ser negativa: tal sociedade, extravagantemente desigual, seria incapaz de produzir e reproduzir o capital humano e de sustentar o volume de consumo interno (que responde por quase 70% do PIB norte-americano) exigidos para atingir esses níveis de produção. A FPD "real", portanto, teria que ser consideravelmente mais baixa.[8]

Porém até que ponto mais baixa? Atualmente, o coeficiente de Gini da renda disponível nos Estados Unidos está perto de 0,38. Vamos supor, novamente apenas a bem da argumentação, que ele pudesse ser tão alto quanto 0,6, o valor constatado na Namíbia em 2010, sem empurrar o PIB médio per capita para baixo dos níveis existentes. Isso se traduziria numa taxa de extração efetiva de 63%. Num contexto diferente, Milanovic afirmou que, mesmo em suposições bastante extremas sobre uma desigualdade viável da renda do trabalho e do capital, o coeficiente de Gini da distribuição geral de renda nos Estados Unidos não poderia elevar-se acima de 0,6. Mas até 0,6 seria um número alto demais para uma economia do estilo norte-americano: o PIB per capita da Namíbia corresponde a apenas um sétimo da cifra dos Estados Unidos em termos reais, e sua economia é sumamente dependente da exportação de minérios. Se o teto real fosse 0,5, a atual taxa de extração efetiva dos Estados Unidos seria de 76%, equivalente à média computada para as 28 sociedades pré-modernas mencionadas anteriormente, e próxima dos 84% dos Estados Unidos em 1860. Em 1929, o coeficiente de Gini da renda disponível do país não era muito inferior a 0,5, e uma FPD ajustada aos mínimos sociais próxima de 0,8 implica uma taxa de extração de aproximadamente 60%. Todavia, mesmo em 1929, quando o PIB real per capita era inferior a um quarto do de hoje, o Gini máximo economicamente viável teria que ficar abaixo de 0,8, apesar de mais alto do que é agora. Neste ponto, há pouco a ganhar experimentando com números diferentes. Se é possível medir o efeito negativo da desigualdade no crescimento econômico, também deve ser possível estimar o patamar de desigualdade no qual os níveis atuais de produção já não poderiam ser alcançados. Espero que os economistas abordem essa questão.[9]

Ao longo de todo o curso da história, o potencial de desigualdade de renda foi delimitado por uma sucessão de fatores diferentes. Em níveis muito baixos de desempenho econômico, a desigualdade é cerceada, em primeiro lugar, pelo volume de produção além do necessário para assegurar a mera subsistência fisiológica. Um coeficiente de Gini de 0,4 – mediano, pelos padrões contemporâneos – aponta para uma desigualdade efetiva extremamente alta, numa sociedade em que o PIB médio per capita corresponda a apenas duas vezes a subsistência mínima e em que o potencial de desigualdade atinja o teto num Gini da renda de aproximadamente 0,5. Em níveis intermediários de desenvolvimento, os mínimos sociais tornam-se a principal restrição. Por exemplo, em 1860, quando o PIB médio per capita dos Estados Unidos havia atingido sete vezes a subsistência mínima, o Gini máximo viável, ou FPD implicada pelos mínimos sociais, era muito menor que o determinado apenas pela mera subsistência – 0,63, comparado a 0,86 – e a taxa de extração efetiva era correspondentemente mais alta: 84%, em vez de 62%. Na ocasião, é quase certo que a FPD derivada dos mínimos sociais fosse mais baixa do que o teto imposto pela complexidade econômica como tal: numa época em que mais da metade da população ainda se dedicava à agricultura, o potencial teórico da desigualdade de renda deveria ser muito alto. Isso mudou quando a FPD e os Ginis baseados nos mínimos sociais subiram para a casa dos 0,7 e 0,8, enquanto a FPD associada ao desenvolvimento econômico moderno declinou. Em algum momento, as duas fronteiras se cruzaram, transformando esta última no freio mais potente sobre a desigualdade potencial (Figura A.5).[10]

Meu modelo sugere que a FPD permanece bastante estável por todo o espectro histórico da distribuição de renda. Os Ginis máximos viáveis, na casa dos 0,5 e 0,6 em sociedades com PIB médio per capita equivalente a duas a três vezes a subsistência mínima, assemelham-se de perto aos das sociedades agrícolas mais avançadas e das primeiras sociedades a se industrializar, com um PIB médio per capita equivalente a cinco a dez vezes a subsistência mínima, o que, por sua vez, não precisa ser muito diferente dos aplicáveis às atuais economias de alta renda, que geram o equivalente a cem vezes a subsistência mínima por pessoa. O que muda é a natureza da restrição principal, que passa da mera subsistência para os mínimos sociais e para a complexidade econômica. Chamo a contraintuitiva inelasticidade da FPD em relação ao desempenho de "paradoxo da evolução da desigualdade" – outra variação do tema *plus ça change, plus c'est la même chose* [quanto mais muda, mais é a mesma coisa]. Essa estabilidade a longo prazo é uma grande bênção para as avaliações comparativas da desigualdade de renda no longuíssimo prazo da história: se a FPD não varia enormemente entre diferentes etapas do desenvolvimento econômico, é lícito compararmos diretamente os coeficientes de Gini da Antiguidade com os do presente.[11]

Permanece em aberto a questão de saber se a taxa real de extração da desigualdade nos Estados Unidos ou no Reino Unido, hoje em dia, é tão alta quanto há 150 anos, mas não há dúvida de que ela não se reduziu à metade, nem caiu numa medida sequer remotamente comparável, entre aquela época e a atual, como pareceriam sugerir os cálculos baseados apenas em mínimos sociais. Embora a atual taxa efetiva de extração nos Estados Unidos seja, quase certamente, menor do que era em 1929, a desigualdade tem sido notavelmente persistente – ou ressurgente – em termos reais. Mas não em toda parte: os

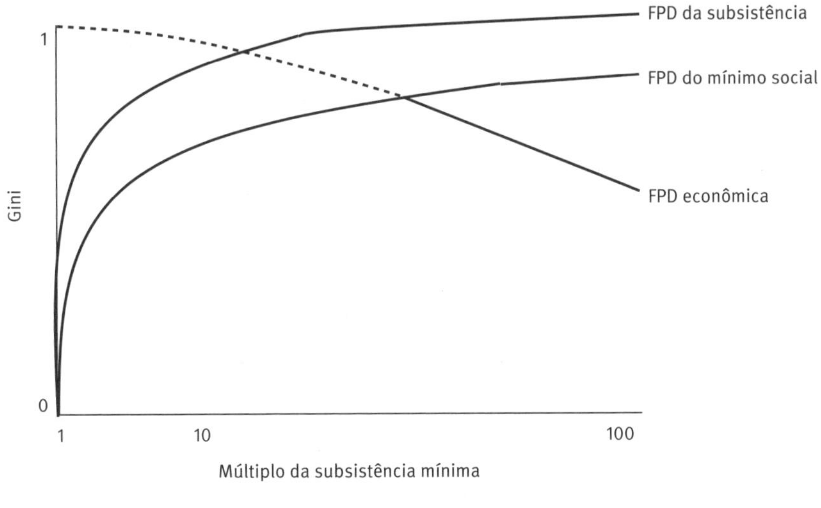

FIGURA A.5 Diferentes tipos de fronteira de possibilidade de desigualdade

coeficientes de Gini da renda disponível na faixa média da casa de 0,2, como os encontrados nos países escandinavos de hoje, são muito menores, necessariamente, do que foram no passado mais distante, a despeito de como definamos as FPDs. Concluo esta digressão técnica com uma breve ilustração de como os limites da desigualdade potencial afetam as comparações internacionais. Até que ponto a renda disponível é distribuída de maneira mais desigual nos Estados Unidos do que na Suécia? Dados os Ginis de aproximadamente 0,23 e 0,38, seria possível dizer que a desigualdade norte-americana é cerca de dois terços maior. Essa proporção não se modifica ao impormos uma FPD para estabelecer um máximo conceitual: presumindo-se uma FPD ligada ao PIB de 0,6 nos dois países, a taxa de extração norte-americana de 63% é dois terços maior que a sueca, de 38%. Entretanto, o potencial de desigualdade de renda não é meramente limitado por um teto. Nas economias de mercado, a desigualdade da renda disponível precisa ficar significativamente acima de zero para sustentar níveis elevados de produção per capita. A inserção do Gini mínimo viável de 0,1, digamos, além do teto anterior de 0,6, criaria o que poderíamos chamar de um espaço de possibilidade de desigualdade (EPD) de cinquenta pontos percentuais. A desigualdade sueca observada ocupa cerca de um quarto desse espaço, em contraste com pouco mais de metade nos Estados Unidos. Esse ajuste tornaria a distribuição norte-americana da renda disponível pelo menos duas vezes mais desigual, em termos reais, que a da Suécia.

Notas

Introdução: O desafio da desigualdade (p.13-35)

1. Hardoon, Ayele e Fuentes-Nieva, 2016, p.2; Fuentes-Nieva e Galasso, 2014, p.2.
2. Riqueza mundial: Credit Suisse, 2015, p.11. Participação do topo na distribuição da renda norte-americana, de acordo com o World Wealth and Income Database (WWID): a participação dos 0,01%, 0,1% e 1% mais ricos, incluindo ganhos de capital, subiu, respectivamente, de 0,85%, 2,56% e 8,87% em 1975 para 4,89%, 10,26% e 21,24% em 2014, o que representou aumentos respectivos de 475%, 301% e 139%, e um aumento de 74% para os que se situam entre os 0,1% e 1% mais ricos.
3. A fortuna de 75,4 bilhões de dólares de Bill Gates, em fevereiro de 2016, é mais ou menos igual a 1 milhão de vezes a renda média e a 1,4 milhão de vezes a renda mediana das famílias norte-americanas, ao passo que o patrimônio de 2 bilhões de dólares de Daniel Ludwig, na primeira edição da lista Forbes 400, publicada em 1982, equivalia a cerca de 50 mil vezes a renda média e a 85 mil vezes a renda mediana das famílias norte-americanas da época. Quanto aos bilionários chineses, ver <www.economist.com/news/china/21676814-crackdown-corruption-has-spread-anxiety-among-chinas-business-elite-robber-barons-beware>.
4. "Remarks by the President on Economic Mobility", 4 dez 2013, <www.whitehouse.gov/the-press-office/2013/12/04/remarks-president-economic-mobility>. Buffett, 2011. Campeão de vendas: Piketty, 2014. China: Conselho de Estado, 2013. Figura I.1: WWID (incluindo ganhos de capital); <books.google.com/ngrams>. O destaque desse meme foi enfatizado, muito recentemente, pela publicação de uma coletânea de poemas intitulada, elegantemente, *Widening Income Inequality* (Seidel, 2016).
5. Estados Unidos: WWID; ver também este volume, cap.15, p.440-1. Inglaterra: Roine e Waldenström, 2015, p.579, Tabela 7.A4. Sobre Roma, ver o presente volume, cap.2, p.96 (fortunas), cap.9, p.291 (doações), e Scheidel e Friesen, 2009, p.73-4, 86-7 (PIB e coeficiente de Gini da renda). Sobre os níveis globais de desigualdade, ver o apêndice deste livro, p.455. Quanto à Peste Negra, ver cap.10, p.326-33.
6. Livro do Apocalipse 6:4, 8.
7. Milanovic, 2005; 2012; Lakner e Milanovic, 2013; e, mais recentemente, Milanovic, 2016, p.10-45, 118-76, figuram entre os estudos mais importantes da desigualdade internacional de renda. Anand e Segal, 2015, fizeram uma pesquisa dos estudos nessa área. Ponthieux e Meurs, 2015, fornecem uma enorme panorâmica dos trabalhos sobre a desigualdade econômica de gênero. Ver também Sandmo, 2015, sobre a distribuição de renda no pensamento econômico.

8. Para mais detalhes sobre essa questão, ver cap.14, p.424-7.
9. A despeito do que se costuma dizer, o coeficiente G de Gini nunca chega propriamente a 1, porque $G = 1\text{-}1/n$, onde n é o tamanho da população. Ver Atkinson, 2015, p.29-33, para um resumo conciso e vigoroso dos diferentes tipos de renda e da mensuração correlata, assinalando as complicações decorrentes da necessidade de fazer o controle do valor dos serviços públicos, somado às transferências, e da diferença entre prejuízos acumulados e prejuízos realizados. Para os objetivos desta pesquisa ampla, essas distinções podem ser deixadas de lado sem perigo. Sobre as proporções da participação na renda, ver, mais recentemente, Palma, 2011 (10% mais ricos/40% mais pobres), e Cobham e Sumner, 2014. Quanto à metodologia da medição da desigualdade, ver Jenkins e Van Kerm, 2009, e, num estilo mais técnico, Cowell e Flachaire, 2015.
10. Ver Atkinson e Brandolini, 2004, especialmente p.19, Figura 4, e também Ravaillon, 2014, p.835; ver também, neste volume, cap.16, p.455. Milanovic, 2016, p.27-29, oferece uma defesa das medições da desigualdade relativa.
11. Ver p.477-88; quanto ao exemplo, ver p.477.
12. Sobre a relação entre os Ginis e as altas participações na renda, ver Leigh, 2007; Alvaredo, 2011; Morelli, Smeeding e Thompson, 2015, p.683-7; Roine e Waldenström, 2015, p.503-606, esp. p.504, Figura 7.7. Sobre as adaptações do Gini, ver esp. Morelli, Smeeding e Thompson, 2015, p.679, 681-3, e este volume, cap.15, p.440-1. Palma, 2011, p.105, Piketty, 2014, p.266-7, e Roine e Waldenström, 2015, p.506, enfatizam o valor probatório das participações superiores na renda. Para comparações do Gini, ver, por exemplo, Bergh e Nilsson, 2010, p.492-3, e Ostry, Berg e Tsangarides, 2014, p.12. Ambos preferem os valores do Gini informados no Standardized World Income Inequality Database (SWIID), que uso ao longo de todo este livro, exceto ao citar referências de outros estudiosos. Os intervalos de confiança podem ser visualizados no website do SWIID, em <fsolt.org/swiid>; ver também, neste volume, cap.13, p.409-10. Sobre a ocultação da riqueza, ver Zucman, 2015. Kopczuk, 2015, discute as dificuldades para medir as participações na riqueza norte-americana. Sobre a natureza e a confiabilidade dos dados referentes às faixas mais altas de renda, ver esp. Roine e Waldenström, 2015, p.479-91, e as extensíssimas discussões técnicas das muitas contribuições feitas para Atkinson e Piketty, 2007a e 2010. É possível acessar o World Wealth and Income Database (WWID) em <www.wid.world>.
13. Todos esses e outros exemplos adicionais são discutidos ao longo da parte I e no cap.9, p.292-5, assim como no cap.10, p.332-7.
14. Mais uma vez, emprego estas abordagens em grande parte deste livro, especialmente nas partes I e V. Evidências de salários reais que remontam à Idade Média foram colhidas em "The IISH List of Datafiles of Historical Prices and Wages", oferecida pelo International Institute of Social History, <www.iisg.nl/hpw/data.php>. Scheidel, 2010, examina as evidências mais antigas. Sobre dados, estimativas e conjecturas do PIB histórico, ver o "projeto Maddison", em <www.ggdc.net/maddison/maddison-project/home.htm>.

15. Frankfurt, 2015, p.3. Pondo meu chapéu de historiador, alegra-me aceitar como um dado que toda e qualquer história é digna de ser explorada e que o conhecimento recompensa a si mesmo. Por outro lado, quando se trata do mundo em que vivemos, algumas perguntas podem ser mais iguais que outras.
16. Sobre as dificuldades, ver Bourguignon, 2015, p.139-40, e esp. Voitchovsky, 2009, p.569, que resume os resultados conflitantes (p.562, Tabela 22.11). Os estudos que relatam consequências negativas incluem Easterly, 2007; Cingano, 2014; e Ostry, Berg e Tsangarides, 2014, esp. p.16, 19 (crescimento maior e mais prolongado). As mudanças na participação do quintil superior na renda surtem efeito na taxa de crescimento no quinquênio seguinte: Dabla-Norris et al., 2015. A desigualdade crescente da renda entre 1985 e 2005 reduziu em 4,7% o crescimento cumulativo dos países médios da OCDE no período de 1990 a 2010: OCDE, 2015, p.59-100, esp. p.67. Uma pesquisa sobre 104 países sugere que, entre 1970 e 2010, a maior desigualdade de renda tendeu a elevar o PIB per capita (bem como o capital humano) nos países de baixa renda, mas surtiu o efeito oposto nos países de renda média ou alta: Brueckner e Lederman, 2015. Isso é compatível com um estudo anterior que não conseguiu mostrar consequências negativas para o crescimento além das economias avançadas: Malinen, 2012. Se nos restringirmos, mais estritamente, à desigualdade expressada pelo tamanho relativo das fortunas bilionárias, é possível até que os efeitos negativos se limitem à desigualdade de riqueza associada às ligações políticas: Bagchi e Svejnar, 2015. Van Treeck, 2014, faz uma resenha do debate sobre o papel da desigualdade na crise financeira. Sobre desigualdade de riqueza e acesso ao crédito, ver Bowles, 2012a, p.34-72; Bourguignon, 2015, p.131-2.
17. Björklund e Jäntti, 2009, e Jäntti e Jenkins, 2015, são as pesquisas mais recentes. Sobre a associação entre desigualdade e mobilidade, ver Corak, 2013, p.82, Figura 1, e Jäntti e Jenkins, 2015, p.889-90, esp. p.890, Figura 10.13. Existem grandes diferenças dentro da OCDE: os Estados Unidos e o Reino Unido registram alta desigualdade e baixa mobilidade, ao passo que o inverso se aplica aos países nórdicos: OCDE, 2010, p.181-98. Björklund e Jäntti, 2009, p.502-4, constatam que a origem familiar tem uma influência mais marcante no status econômico nos Estados Unidos do que na Escandinávia, embora estudos transnacionais mais amplos sugiram, às vezes, apenas efeitos fracos. Os homens criados em sociedades mais desiguais na década de 1970 tiveram menos probabilidade de haver passado por uma mobilidade social no fim dos anos 1990: Andrews e Leigh, 2009; Bowles e Gintis, 2002 (indicadores); Autor, 2014, p.848 (autoperpetuação, educação). Reardon e Bischoff, 2011a e b, discutem a segregação residencial. Kozol, 2005, enfoca as consequências dela para a escolaridade. Ver também Murray, 2012, para uma visão conservadora dessa questão. À parte as mudanças na desigualdade econômica, os resultados de Clark, 2014, sugerem que a mobilidade social, em termos mais gerais, tende a ser modesta numa ampla gama de sociedades diferentes e a longo prazo.
18. Sobre desigualdade e guerras civis, ver cap.6, p.223-4; cf. brevemente Bourguignon, 2015, p.133-4. Política: Gilens, 2012. Felicidade: Van Praag e Ferrer-i-Carbonell, 2009,

p.374; ver também Clark e D'Ambrosio, 2015, sobre o efeito da desigualdade no bem-estar subjetivo e nas atitudes pessoais. Saúde: Leigh, Jencks e Smeeding, 2009; O'Donnell, Van Doorslaer e Van Ourti, 2015. Entretanto, a defasagem da expectativa de vida entre diferentes grupos socioeconômicos tem crescido, tanto nos Estados Unidos quanto em diversos países da Europa Ocidental: Bosworth, Burtless e Zhang, 2016, p.62-9.

19. Atkinson, 2015, p.11-4, faz uma distinção entre as razões instrumentais e as razões intrínsecas pelas quais a desigualdade é um problema. Ver também Frankfurt, 2015. Justiça seja feita, o próprio Bourguignon (2015, p.163) faz uma cautelosa aplicação de aspas no conceito de "nível 'normal' de desigualdade", embora, apesar disso, defina nesses termos as condições "anteriores às últimas duas ou três décadas".

1. O despontar da desigualdade (p.39-78)

1. Boehm, 1999, p.16-42, é uma exposição clássica. Ver esp. p.130-7 sobre por que as relações sociais dessas três espécies podem ser definidas como (mais ou menos) "despóticas". Note-se que, mesmo entre os primatas não humanos, um choque violento, sob a forma da mortalidade em massa, pode abrandar as hierarquias e reduzir a intimidação baseada na posição: Sapolsky e Share, 2004.
2. Sobre essas datas da especiação, ver Pozzi et al., 2014, p.177, Figura 2, o estudo mais recente e abrangente disponível quando da redação deste livro. É bem possível que pesquisas futuras venham a alterar essas estimativas: meros três anos antes, Tinh et al., 2011, p.4, haviam comunicado datas significativamente posteriores. Sobre os traços do ancestral comum, ver Boehm, 1999, p.154.
3. Ortodoxia: Klein, 2009, p.197. Plavcan, 2012, p.49-50, rejeita a ideia de um dimorfismo inferior, comparável aos níveis humanos modernos, já no *Australopithecus afarensis*, ideia proposta por Reno, McCollum, Meindl e Lovejoy, 2010; Reno e Lovejoy, 2015. Cf. também Shultziner et al., 2010, p.330-1. Ver Plavcan, 2012, p.47, Figura 1, para uma comparação do dimorfismo nos seres humanos e em outros símios, e ver nas p.50-8 uma discussão de suas causas prováveis. Labuda et al., 2010, e Poznik et al., 2013, p.565, apresentam evidências genéticas de uma poliginia moderada nos seres humanos modernos. Bowles, 2006, defende o papel do nivelamento reprodutivo na evolução do altruísmo humano.
4. Ombros: Roach, Venkadesan, Rainbow e Lieberman, 2013. Fogo: Marean, 2015, p.543, 547. Pontas de pedra nas armas de arremesso: Henshilwood et al., 2001; Brown et al., 2012. Boehm, 1999, p.174-81, atribui efeitos niveladores consideráveis a esses acontecimentos, sendo acompanhado, mais recentemente, por Turchin, 2016b, p.95-111. Ver também Shultziner et al., 2010, p.329. Linguagem: Marean, 2015, p.542. Boehm, 1999, p.181-3, 187-91, enfatiza o potencial equalizador da linguagem e da moral. Período temporal: Boehm, 1999, p.195-6, 198, tem preferência por mudanças relativamente recentes e súbitas, ao passo que Dubreuil, 2010, p.55-90, e Shultziner et al., 2010, p.329-31,

atribuem maior peso a mudanças mais precoces. Os mais antigos restos fósseis conhecidos do *Homo sapiens* datam de cerca de 195 mil anos atrás: McDougall, Brown e Fleagle, 2005. Isso é compatível com as modernas análises de DNA feitas por Elhaik et al., 2014, que apontam para uma especiação ocorrida, provavelmente, há pouco mais de 200 mil anos.

5. Esses termos se referem, convencionalmente, ao período que vai de cerca de 300 mil anos atrás até o surgimento da agricultura. Sobre as limitações dessa perspectiva, ver, neste volume, p.44-5.
6. Restrições materiais: por exemplo, Shultziner et al., 2010, p.327. O nivelamento precisa combater as hierarquias naturais: Boehm, 1999, p.37, 39. Imposição: Boehm, 1999, p.43-89; ver também, mais sucintamente, Shultziner et al., 2010, p.325-7; Kelly, 2013, p.243-4; Boix, 2015, p.46-51; Morris, 2015, p.33-43.
7. Marlowe, 2010, p.225-54, esp. p.232-4, 237-8, 240-1, 248, 251-54. Caráter típico (sobre os hadzas como "forrageiros medianos"): p.255-83. Os bosquímanos !Kung são outro caso bastante conhecido e muito mais citado: Lee, 1979; 1984.
8. Crescimento e excedente: Boix, 2015, p.54-5, no tocante aos resultados heterogêneos. Baixa desigualdade: Smith et al., 2010b; ver também, neste volume, p.52-4.
9. Contatos externos: Sassaman, 2004, p.229, 236-8. Não são "fósseis vivos": Marlowe, 2010, p.285-6; e Kelly, 2013, p.269-75, sobre os caçadores-coletores como representantes da pré-história, uma analogia complexa, porém útil.
10. Trinkaus, Buzhilova, Mednikova e Dobrovolskaya, 2014, é hoje a abordagem mais abalizada dos achados de Sungir: ver, em especial, p.3-33, sobre o local, data e comportamento mortuário, e p.272-4, 282-3 e 287-8, sobre as lesões e doenças. Tamanho das contas: Formicola, 2007, p.446. Posição social herdada: Anghelinu, 2012, p.38.
11. Vanhaeren e d'Errico, 2005; Pettitt, Richards, Maggi e Formicola, 2003; d'Errico e Vanhaeren, 2016, p.54-5.
12. Ver esp. Shultziner et al., 2010, p.333-4; Anghelinu, 2012, p.37-8; Wengrow e Graeber, 2015. Marean, 2014, defende a antiguidade e a significação das adaptações costeiras.
13. Sobre a Costa Oeste em geral, ver agora, sucintamente, Boix, 2015, p.98-101, e Morris, 2015, p.37. Na prática, a causação poderia ser mais complexa: ver, por exemplo, Sassaman, 2004, p.240-3, 264-5. Kelly, 2013, p.252-66, esp. p.251, Figura 9.3, oferece um modelo geral. Forrageiros aquáticos: Johnson e Earle, 2000, p.204-17, esp. p.211-6.
14. Prentiss et al., 2007; Speller, Yang e Hayden, 2005, p.1387 (Keatley Creek); Prentiss et al., 2012, esp. p.321 (Bridge River).
15. Flannery e Marcus, 2012, p.67-71 (chumash). Complexidade: Kelly, 2013, p.241-68, esp. p.242, Tabela 9.
16. Cronologia da domesticação: Price e Bar-Yosef, 2011, S171, Tabela 1. Sobre a questão das origens da agricultura, ver, em especial, Barker, 2006, e as contribuições para a edição especial de *Current Anthropology* 52, S4 (2011), S161-S512. Diamond, 1997, continua a ser a descrição mais acessível da variação global no alcance e no ritmo da domesticação. Não linearidade: Finlayson e Warren, 2010.

17. Natufiano: Barker, 2006, p.126; Price e Bar-Yosef, 2010, p.149-52; Pringle, 2014, p.823; ver também Bowles e Choi, 2013, p.8833-4; Bowles, 2015, p.3-5.
18. Impacto do Dryas recente: Mithen, 2003, p.50; Shultziner et al., 2010, p.335. Neolítico Pré-Cerâmica: Price e Bar-Yosef, 2010, p.152-8.
19. Rivaya-Martínez, 2012, p.49 (comanches); Haas, 1993, esp. p.308-9, Tabelas 1-2 (sociedades norte-americanas).
20. Borgerhoff Mulder et al., 2009, p.683, Figura 1 (amostra), p.684, Tabela 1 (43 medidas de riqueza dessas sociedades), p.S34, Tabela S4 (desigualdade em diferentes tipos de riqueza), p.685, Tabela 2, p.S35, Tabela S5 (Ginis). A alta desigualdade territorial entre os horticultores circunscritos de Dominica faz subir a igualdade material média desse modo de subsistência em relação aos forrageiros, o que significa que esses dois grupos podem ter mais em comum do que sugere essa pequena amostra. Quanto aos dados sobre os horticultores, ver Gurven et al., 2010.
21. Borgerhoff Mulder et al., 2009, p.686, com S37, Tabela S7; Smith et al., 2010a, p.89, Figura 3.
22. Modelo: Borgerhoff Mulder et al., 2009, p.682. Correlação: Smith et al., 2010a, p.91, Figura 5. Shennan, 2011, também dá grande importância à transição de recursos de posses intangíveis para recursos de posses materiais e seu potencial de criação de desigualdade.
23. Smith et al., 2010a, p.92 (defensabilidade); Boix, 2015, p.38, Tabela 1.1.B (pesquisa global); Bowles e Choi, 2013 (direitos de propriedade). Estes últimos desenvolveram um modelo formal em que a melhora do clima tornou a lavoura mais produtiva e previsível e levou a uma expansão da agricultura e dos direitos à propriedade privada (p.8834, Figura 2).
24. Wright, 2014.
25. Mesopotâmia: Flannery e Marcus, 2012, p.261-82, esp. p.264-6, 268, 272, 274, 281. Ver também p.451, a respeito de um cemitério com mais de mil sepulturas em Susiana (Cuzistão), indo de túmulos ricos em cobre e sofisticada cerâmica pintada a túmulos pobres, com panelas de cozinha; ver Price e Bar-Yosef, 2010, p.159, sobre a desigualdade entre mais de cem túmulos em Tell Halula, às margens do Eufrates.
26. Biehl e Marciniak, 2000, esp. p.186, 189-91; Higham et al., 2007, esp. p.639-41, 643-7, 649; Windler, Thiele e Müller, 2013, esp. p.207, Tabela 2 (também sobre outro sítio naquela área).
27. Johnson e Earle, 2000, fornecem uma excelente pesquisa da evolução social. Sobre o tamanho típico dos grupos, ver p.246, Tabela 8.
28. Amostra global: Boix, 2015, p.38, Tabela 1.1.C. América do Norte: Haas, 1993, p.310, Tabela 3. SCCS: Boix, 2015, p.103, Tabela 3.1.D.
29. Cereais: Mayshar, Moav, Neeman e Pascali, 2015, esp. p.43-5, 47. Agricultura e formação do Estado: Boix, 2015, p.119-21, esp. p.120, Figura 3.3. Ver Petersen e Skaaning, 2010, sobre a variação no momento da formação do Estado, impulsionada por características geográficas e climáticas que afetavam a domesticação, o que corrobora Diamond, 1997. Cf. também Haber, 2012, sobre o papel do armazenamento das safras em fases posteriores da formação do Estado.

30. Citação: Haas, 1993, p.312. Scheidel, 2013, p 5-9, apresenta e discute várias definições do Estado, muitas das quais contribuem para o resumo fornecido no texto. Sobre a natureza dos Estados pré-modernos, ver, neste volume, p.62-4. Maisels, 1990, p.199-220, Sanderson, 1999, p.53-95, e Scheidel, 2013, p.9-14, oferecem pesquisas das teorias modernas sobre a formação do Estado.
31. Teoria da circunscrição: Carneiro, 1970; 1988. Para modelos de simulação da formação do Estado impulsionada pela guerra, ver Turchin e Gavrilets, 2009; Turchin, Currie, Turner e Gavrilets, 2013. Boix, 2015, p.127-70, 252-3, também frisa o papel da guerra.
32. Entidades políticas descentralizadas: ver, por exemplo, Ehrenreich, Crumley e Levy, 1995; Blanton, 1998. Citação: Cohen, 1978, p.70; ver também Trigger, 2003, p.668-70, sobre a hierarquização disseminada. Valores: Morris, 2015, p.71-92, esp. p.73-5, 92.
33. Estimativas: Scheidel, 2013, conjecturadas a partir de McEvedy e Jones, 1978, e Cohen, 1995, p.400. Sobre a natureza do Estado primitivo, ver adiante. Quanto à estrutura e à história mundial dos impérios, ver esp. Doyle, 1986; Eisenstadt, 1993; Motyl, 2001; Burbank e Cooper, 2010; Leitner, 2011; Bang, Bayly e Scheidel, no prelo; e o resumo de Scheidel, 2013, p.27-30. Sobre as cidades-Estado, ver esp. Hansen, 2000, e, muito sucintamente, Scheidel, 2013, p.30-2.
34. A respeito da evolução dos impérios das estepes – que estão ausentes do presente estudo, principalmente, por falta de dados relevantes –, ver Barfield, 1989; Cioffi-Revilla, Rogers, Wilcox e Alterman, 2011; <nomadicempires.modhist.ox.ac.uk>. Cf. também Turchin, 2009, sobre o papel que eles tiveram na formação de Estados em larga escala. Tamanho crescente: Taagepera, 1978, p.120.
35. Figura 1.1 de Gellner, 1983, p.9, Figura 1 conforme reproduzida em Morris, 2015, p.66, Figura 3.6.
36. Sobre a natureza dos Estados pré-modernos em geral, ver esp. Claessen e Skalník, 1978b; Gellner, 1983, p.8-18; Tilly, 1985; Giddens, 1987, p.35-80; Kautsky, 1982, esp. p.341-8; Haldon, 1993; Sanderson, 1999, p.99-133; Crone, 2003, p.35-80 (citação: p.51); North, Wallis e Weingast, 2009, p.30-109, e uma metapesquisa transdisciplinar em Scheidel, 2013, p.16-26.
37. Fazedores e tomadores: Balch, 2014. Babilônia: Jursa, 2015, e comunicação pessoal. O valor real mediano e o valor médio dos dotes são cerca de 70% e 130% mais altos, e os Ginis são 0,43 (n = 82) e 0,55 (n = 84) nos dois períodos, ou 0,41 e 0,49, quando o valor destacado mais alto é retirado de cada conjunto de dados. Sobre o dinamismo econômico neobabilônico, ver Jursa, 2010.
38. Quanto à distribuição regressiva em regimes despóticos, ver, por exemplo, Trigger, 2003, p.389, e Boix, 2015, p.259. Winters, 2011, levanta o poder oligárquico na história mundial, com seu foco frequente na defesa da riqueza (esp. p.20-6). As ideias de reciprocidade sobreviveram principalmente no campo ideativo. Sucintamente definido por Claessen e Skalník, 1978a, p.640, "O Estado primitivo é uma organização sociopolítica centralizada para a regulação das relações sociais numa socie-

dade complexa e estratificada, dividida em pelo menos duas camadas básicas, ou classes sociais emergentes – a saber, governantes e governados –, cujas relações se caracterizam pela dominação política dos primeiros e pelas obrigações tributárias dos últimos, legitimadas por uma ideologia comum em que a reciprocidade é o princípio básico".

39. Sobre o Egito mameluco, ver, neste volume, p.100-1; sobre a República Romana, ver, neste volume,p.89-92 e cap.6, p. 206-7.

40. Empresários: Villette e Vullermot, 2009. Quanto à República Romana, ver o presente volume, p.90-1; sobre a França, p.102. Refiro-me a favores políticos "personalizados" para distinguir esses fatores do papel das reduções de impostos no recente aumento das participações mais altas da renda nos Estados Unidos e em alguns outros países anglo-saxões, que beneficiaram os ricos em geral: ver, neste volume, cap.15, p.446-8. Citação: "Lunch with the FT: Oleg Tinkov". *Financial Times*, 30 dez 2015.

41. Quanto ao papel dos retornos sobre o capital e ao dos choques nesses lucros, ver esp. as exposições concisas de Piketty e Saez, 2014, p.841-2; Piketty, 2015b, p.73-8, e, em linhas mais gerais, Piketty, 2014, p.164-208. A respeito do debate, ver, neste volume, cap.15, p.443-54.

42. Hudson, 1996b, p.34-5, 46-9; 1996c, p.299, 303; Trigger, 2003, p.316-21, 333; Flannery e Marcus, 2012, p.500-1, 515-6. A experiência suméria ganha o lugar de honra aqui porque representa o mais antigo exemplo sobrevivente desses processos.

43. Hudson, 1996a, p.12-3, 16; Flannery e Marcus, 2012, p.474-502, esp. p.489-91 sobre Lagash. Sobre o perdão das dívidas, ver, neste volume, cap.12, p.390-1.

44. Ebla: Hoffner, 1998, p.65-80, esp. p.73-7. Citações: p.75, par.46, 48. Os hurritas ficavam localizados no norte da Mesopotâmia e os hititas, na Anatólia.

45. Foster, 2016, p.40, 43, 56, 62, 72, 90, 92; ver também Hudson, 1996c, p.300. Citações: Foster, 2016, p.8 (Rimush), p.13 (Naram-Sin), p.40 (escribas), p.43 (elite). Sobre o colapso do Império Acádio, ver, neste volume, cap.9, p.306. Nas formações imperiais posteriores, as elites e o pessoal do Estado nas capitais beneficiaram-se desproporcionalmente: por exemplo, Yoffee, 1988, p.49-52.

46. Trigger, 2003, p.375-94, pesquisa essas características em várias civilizações primitivas. Sobre o Oyo, ver p.393. As contribuições de Yun-Casalilla e O'Brien, 2012, e de Monson e Scheidel, 2015, favorecem uma visão ampla dos regimes tributários na história mundial.

47. A primeira citação foi extraída da chamada "Teodiceia babilônica", texto redigido na língua da Média Babilônia: Oshima, 2014, p.167, linha 282; e a segunda veio de Trigger, 2003, p.150-1.

48. Citação: Fitzgerald, 1926. Sobre a desigualdade na estatura, ver Boix e Rosenbluth, 2014, p.11-4, reproduzida em Boix, 2015, p.188-94; ver também Payne, 2016, p.519-20. Scheidel, 2009b, levanta a desigualdade reprodutiva na história mundial.

49. Ver, neste volume, p.63-4 (babilônios), p.93-5, e cap.9, p.292-5 (habitação).

50. Ver apêndice, p.479-81 (distribuições), cap.6, p.207-19 (gregos), cap.3, p.126-7 (Estados Unidos). A curva de Lorenz é um gráfico usado para mostrar a divisão dos bens numa dada população. A forte concentração entre alguns membros faz a extremidade direita da curva ter uma subida acentuada.
51. Oded, 1979, p.19, 21-2, 28, 35, 60, 78-9, 81-91, 112-3. Ver também, neste volume, cap.6, p.220.
52. Com respeito à escravidão, ver esp. Patterson, 1982, p.105-71, sobre os diferentes modos de criar e adquirir escravos. Ver Miller, 2012, sobre a escravidão na história global, e Zeuske, 2013, sobre a história global da escravidão. Quanto a Roma, ver Scheidel, 2005a; sobre Sokoto, ver Lovejoy, 2011; e sobre os Estados Unidos, ver, neste volume, p.126.

2. Impérios da desigualdade (p.79-104)

1. Morris, 2010 e 2013, observa níveis relativamente altos de desenvolvimento social em impérios agrários. Sobre a equivalência da desigualdade nas sociedades pré-industriais e nas primeiras sociedades industriais, em termos nominais e reais, ver p.101 e apêndice, p.454-5.
2. Wood, 2003, p.26-32, propõe esse contraste entre o ideal e o típico. Sobre desenvolvimentos convergentes e semelhanças entre eles, ver Scheidel, 2009a; Bang e Turner, 2015. Forneço uma discussão muito mais detalhada da desigualdade nesses dois impérios em Scheidel, 2016.
3. Sobre as reformas dos Estados Guerreiros e sua cultura de mobilização em massa, ver, neste volume, cap.6, p.201-6.
4. Ch'ü, 1972, p.196-9; Hsu, 1980, p.31; Loewe, 1986a, p.205; Sadao, 1986, p.555-8. Wang Mang: Hsu, 1980, p.558; Sadao, 1986, p.558; Li, 2013, p.277.
5. Mercadores: Swann, 1950, p.405-64 (biografias); Ch'ü, 1972, p.115-6, 176; Sadao, 1986, p.576, 578 (atividades). Sima Qian: Ch'ü, 1972, p.182-3. Sobre as medidas de Wudi, ver Hsu, 1980, p.40-1; Sadao, 1986, p.584, 599, 602, 604. Sobre a escala de seus esforços militares, ver Barfield, 1989, p.54, 56-7; sobre suas políticas modernistas em geral, Loewe, 1986a, p.152-79. Uma segunda rodada de intervenções radicou-se, similarmente, numa revolta violenta, a saber, a usurpação de Wang Mang: Loewe, 1986a, p.232; Sadao, 1986, p.580, 606.
6. Citação: Sadao, 1986, p.578 (*Shiji*, p.129); ver também p.584 sobre fabricantes. Proibições: Hsu, 1980, p.41-2; Sadao, 1986, p.577. Superposição de senhores de terras e funcionários públicos: Ch'ü, 1972, p.119-21, 181.
7. Os salários nominais eram relativamente modestos: Scheidel, 2015c, p.165-74. Favoritismo: Hsu, 1980, p.46-53. Tamanho das fortunas: Swann, 1950, p.463-4. Vendas: Mansveldt Beck, 1986, p.332 (sobre 178 d.C.). Proteção: Ch'ü, 1972, p.96-7.
8. Ch'ü, 1972, p.160-1, 175; Hsu, 1980, p.49, 54; Lewis, 2007, p.70.
9. Ch'ü, 1972, p.94, 176-8 (continuidades), e também p.173-4 sobre famílias específicas; Hsu, 1980, p.49 (princípio da ascensão e queda).

10. Sobre os expurgos de Wudi, ver Hsu, 1980, p.44-6 (citação de Hanshu, 16:2b-3b); Ch'ü, 1972, p.164-5; Lewis, 2007, p.69, 120. Han Oriental: Loewe, 1986b, p.275.
11. Ch'ü, 1972, p.97, 184, 200-2, 212-3, 218, 226, 228, 237-43; Loewe, 1986b, p.276-7, 289; Mansvelt Beck, 1986, p.328-9.
12. Intervenção estatal: Lewis, 2007, p.67 (sobre o recrutamento). Feudos: Loewe, 1986b, p.257, 259. Senhores de terras e dinastia Han: Li, 2013, p.295; Lewis, 2007, p.69-70. Sobre as tentativas fracassadas de reforma, ver Ch'ü, 1972, p.204; Hsu, 1980, p.55; Ebrey, 1986, p.619-21. Recenseamento: Li, 2013, p.297.
13. Ebrey, 1986, p.635-7, 646 (fechamento social, autonomia da elite); Hsu, 1980, p.56 (servos); Lewis, 2007, p.263 (clientelismo); Lewis, 2009a, p.135 (magnatas).
14. Redistribuições de terra: Powelson, 1988, p.164, 166, 168, 171. (Tentativas similares, tomando a China por modelo, foram feitas no Vietnã: p.290-2.) Sobre os Tang, ver, neste volume, cap.9, p.285-6. Song: Powelson, 1988, p.166-7. Ming: Elvin, 1973, p.235 (primeira citação), 236 (segunda citação), 240 (terceira citação, de um texto de *c.*1800, referente ao condado de Xangai).
15. Manobras: Zelin, 1984, p.241-6. Multiplicadores da renda e retaliações: Deng, 1999, p.217-9.
16. Jacobs, 2015; <www.forbes.com/billionaires>.
17. Shatzman, 1975, p.237-439, ofereceu uma "prosopografia econômica" exaustiva da classe senatorial no período de 200 a 30 a.C. Sobre o império antigo, ver Duncan-Jones, 1982, p.343-4, e 1994, p.39; sobre o século V d.C., ver, neste volume, p.96. As fortunas individuais relevantes são listadas e discutidas em Scheidel, 2016. Padronizei os valores monetários de acordo com moedas posteriores: mil sestércios equivalem, aproximadamente, à renda média anual de uma família de quatro pessoas (sobre o PIB per capita, ver Scheidel e Friesen, 2009, p.91).
18. Sobre o crescimento limitado da renda real entre os plebeus, ver Scheidel, 2007. Os números da população são estimativas aproximadas. Equestres: Scheidel, 2006, p.50. Sobre os efeitos da urbanização, ver, neste volume, p.112. Escravos: Scheidel, 2005a.
19. Sobre o desenvolvimento econômico, ver, mais recentemente, Kay, 2014. Estimativas de fontes de renda: Rosenstein, 2008, precedido por Shatzman, 1975, p.107, que observou: "É óbvio que a renda da agricultura era desprezível, comparada aos lucros provenientes da carreira senatorial." Renda de governadores, prestamistas e coletores de impostos: Shatzman, 1975, p.53-63, 296-7, 372, 409, 413, 429-37. Guerra: p.63-7, 278-81, 378-81. Tan, 2017, analisa a estrutura das receitas da elite e o sistema tributário desse período.
20. Shatzman, 1975, p.37-44, 107, 268-72; Scheidel, 2007, p.332. Sobre os grandes patrimônios criados pela primeira rodada de proscrições, ver Roselaar, 2010, p.285-6.
21. Fortunas dos apoiadores: Shatzman, 1975, p.400, 437-9; Mratschek-Halfmann, 1993, p.78, 97, 111, 160-1. Sobre os bens dos imperadores, ver Millar, 1977, p.133-201; Mratschek-Halfmann, 1993, p.44 (Augusto). Escala dos confiscos: p.52-4; Burgers, 1993. Hopkins, 2002, p.208, escreve apropriadamente que, ao tomarem e distribuírem a riqueza, os imperadores criaram "aristocratas substitutos". A riqueza

nacional e a riqueza da elite foram conjecturadas a partir de Scheidel e Friesen, 2009, p.74, 76, e de Piketty, 2014, p.116-7, Figuras 3.1-2, usando a França e a Inglaterra de 1700 como análogos da riqueza nacional como múltiplo do PIB anual.

22. Mratschek-Halfmann, 1993, p.106-7, 113-4, 214; *Inscriptiones Latinae Selectae*, 1514.

23. Mratschek-Halfmann, 1993, p.53, 58, 138-9; Hopkins, 2002, p.205.

24. Scheidel, 2015a, p.234-42, 250-1.

25. Mouritsen, 2015, fornece um resumo sucinto. Ver também Jongman, 1988, esp. p.108-12 (população), 207-73 (desigualdade social). Grande parte da população da cidade vizinha, Herculano, parece ter sido composta de escravos e ex-escravos: De Ligt e Garnsey, 2012.

26. Tamanhos das casas: ver, neste volume, cap.9, p.292-3, e, mais especificamente, Stephan, 2013, p.82, 86 (Grã-Bretanha), 127, 135 (Itália, com resultados conflitantes em dois conjuntos diferentes de dados), 171, 182 (África Setentrional). Os restos esqueléticos ainda aguardam uma análise aprimorada para determinar se a desigualdade na estatura do corpo humano também aumentou com os romanos. Sobre as fontes de renda de senadores e equestres, ver Mratschek-Halfmann, 1993, p.95-127, 140-206; cf. também Andermahr, 1998, sobre a posse senatorial de terras na Itália.

27. Scheidel e Friesen, 2009, p.63-74, 75-84 (distribuição de renda e participação do Estado), 86-7 (Gini e taxa de extração), 91 (PIB). Cf. também Milanovic, Lindert e Williamson, 2011, p.263, Tabela 2, para um coeficiente de Gini da renda romana na faixa superior dos 0,3 e uma taxa de extração de 75%. Sobre outras sociedades, ver idem e este volume, p.119-20. Sobre os romanos economicamente medianos, ver Scheidel, 2006; Mayer, 2012.

28. Investimento e aquisição de terras: Jongman, 2006, p.249-50. Olimpiodoro: Wickham, 2005, p.162; Brown, 2012, p.16-7; Harper, 2015a, p.56-8, 61 (platô). Se o império posterior era mais pobre, as fortunas relatadas seriam realmente maiores, em termos relativos; no entanto, embora isso não possa ser descartado, há poucos elementos para corroborar a ideia de um declínio vertiginoso do PIB médio per capita, conforme conjecturado por Milanovic, 2010, p.8, e 2016, p.67-8, esp. p.68, Figura 2.9; ver, neste volume, p.107-8. Sobre o colapso da aristocracia romana ocidental, ver, neste volume, cap.9, p.289-91.

29. Egito: Palme, 2015, com Harper, 2015a, p.51. Sobre a concentração anterior da terra no Egito romano, ver, neste volume, cap.11, p.352-3. Itália: Champlin, 1980, com Harper, 2015a, p.54. Registros de terras mais detalhados, do Egeu do século IV d.C., documentam propriedades menores, de não mais de quatrocentos hectares: Harper, 2015a, p.52, Tabela 3.6. Super-ricos: Wickham, 2005, p.163-5.

30. Desigualdade bizantina: Milanovic, 2006.

31. Borsch, 2005, p.24-34, sobre o sistema dos mamelucos; Meloy, 2004, sobre as manobras fraudulentas.

32. Yaycioglu, 2012; ver também Ze'evi e Buke, 2015, sobre o banimento, a demissão e o confisco das posses dos funcionários de cargos mais altos (paxás).

33. Powelson, 1988, p.84-5, 220-9; ver, neste volume, cap.8, p.264-6.

34. Powelson, 1988, p.234-9.
35. Turchin e Nefedov, 2009, p.172-3; com <gpih.ucdavis.edu/files/Paris_1380-1870.xls> (salários).
36. 28 sociedades: Milanovic, Lindert e Williamson, 2011, p.263, Tabela 2, e, neste volume, apêndice, p.479-80. Atenas nos anos 330 a.C.: usando as conversões de 1 dracma = 7,37 quilos de trigo = 8,67 dólares, em dólares internacionais de 1990, o PIB per capita e o coeficiente de Gini da renda eram, respectivamente, 1.647 dólares e 0,38, segundo Ober, 2016, p.8, 22; ver a p.9 sobre a taxa de extração. Cf. Ober, 2015a, p.91-3; 2015b, p.502-4, sobre valores de $1.118/0,45 (cenário "pessimista") e de $1.415/0,4 (cenário "otimista"). Comparações de Milanovic, Lindert e Williamson, 2011, p.263, Tabela 2; projeto Maddison. Embora o conjunto de dados de Milanovic, Lindert e Williamson lance dúvidas sobre a ideia de experiências discrepantes de desigualdade nas monarquias e nas repúblicas, conforme as conjecturas de Boix, 2015, p.258-9, o caso da Atenas clássica talvez dê algum respaldo a esse modelo, desde que nos concentremos no contraste entre as democracias diretas e outras formas de governo.

3. Aumento e redução (p.105-30)

1. Sobre Varna, ver, neste volume, p.56-7. Sobre o colapso miceniano, ver cap.9, p.270-3. Sobre a Grécia clássica, ver capítulo 6, p.188-99. Devemos também levar em conta a variação no mundo romano: a parte ocidental do império, no século IV e início do século V, bem pode haver representado o auge da desigualdade na época: ver, neste volume, p.96.
2. Colapso do Estado: ver, neste volume, cap.9, p.289-95. Pandemias: cap.11, p.347-54.
3. Para o que me parece ter sido uma tentativa imaginativa demais de levantar o declínio da desigualdade de renda no Império Romano tardio e no período pós-romano, ver Milanovic, 2010, p.8, e 2016, p.67-8. Sobre as condições de Constantinopla nesse período, ver Mango, 1985, p.51-62; Haldon, 1997, p.115-7.
4. Bekar e Reed, 2013, sobre a Inglaterra. Em seu modelo, esses fatores são capazes de quintuplicar os Ginis referentes à terra, passando-os de 0,14 para 0,68 (p.308), ao passo que a venda de terras ou o crescimento populacional, por si sós, produzem efeitos muito menores; ver a simulação nas p.302-11. Ver também Turchin e Nefedov, 2009, p.51-3, para um modelo de posse camponesa de seis hectares, que mal permitiam aos arrendatários fazer as despesas caberem na receita. Rendimentos e lotes: Grigg, 1980, p.68; Turchin e Nefedov, 2009, p.50-1.
5. Turchin e Nefedov, 2009, p.55-8.
6. Desigualdade bizantina: Milanovic, 2006. Inglaterra e País de Gales: Milanovic, Lindert e Williamson, 2011, p.263, Tabela 2 (*c.*0,36), com base em Campbell, 2008. A segunda estimativa mais antiga, sobre a Toscana em 1427, é posterior à Peste

Negra, porém mais alta (0,46), e é o que esperaríamos de um meio maciçamente urbanizado. Concentração da riqueza em Paris e Londres: Sussman, 2006, esp. p.20, Tabela 9, sobre Ginis da riqueza (inferidos dos pagamentos de impostos) de 0,79 em Paris, em 1313, e 0,76 em Londres, em 1319. O Gini parisiense seria ainda mais alto se os muito pobres não tivessem sido omitidos nos registros subjacentes de contribuintes (cf. p.4).

7. Ver, neste volume, cap.10, esp. p.337-8.
8. São vastos os conhecimentos sobre essa transformação. Para uma visão panorâmica, de um ponto muito elevado e apropriada neste contexto, ver Christian, 2004, p.364-405. Os colaboradores de Neal e Williamson, 2014, pesquisaram a ascensão multifacetada do capitalismo, e Goetzmann, 2016, enfatizou o papel das finanças na evolução global da civilização. É escusado dizer que "tomar" continua a ser uma estratégia exitosa de enriquecimento e desigualação em grande parte do mundo atual: ver, neste volume, p.88-9, sobre a China contemporânea, ou a referência de Piketty, 2014, p.446, ao "roubo" como mecanismo de acumulação, exemplificado pelos governantes despóticos da Guiné Equatorial.
9. Quanto a este último ponto, ver, mais recentemente, Alfani, 2016, p.7, com referências. No que se segue, um formato narrativo que destaque as cifras e tendências particularmente dignas de nota parece mais adequado aos limites e idiossincrasias dos vários conjuntos locais de dados, e evita as falsas impressões de exatidão que poderiam ser transmitidas por tabulações consolidadas.
10. *Catasto* florentino: Van Zanden, 1995, p.645, Tabela 1. (A distribuição de capital entre 522 famílias de mercadores em Florença, em 1427, mostra um coeficiente de Gini de 0,782: Preiser-Kapeller, 2016, p.5, baseado em <home.uchicago.edu/~jpadgett/data.html>.) Toscana: Alfani e Ammannati, 2014, p.19, Figura 2. Piemonte: Alfani, 2015, p.1084, Figura 7.
11. Alemanha: Van Zanden, 1995, p.645-7, esp. p.647, Figura 1, sobre Augsburgo; ver também, neste volume, cap.11, p.364-5. Holanda: Van Zanden, 1995, p.647-9; Soltow e Van Zanden, 1998, p.46, Tabela 3.10. Inglaterra: Postles, 2011, p.3, 6-9; 2014, p.25-7. Soltow, 1979, p.132, Tabela 3, calcula um coeficiente de Gini da riqueza de 0,89 para Copenhague, em 1789. Taxas de urbanização: De Vries, 1984, p.39, Tabela 3.7.
12. De Vries e Van der Woude, 1997, p.61 (urbanização); Soltow e Van Zanden, 1998, p.23-5 (situação geral), 42, 46, 53-4 (capital e força de trabalho).
13. Soltow e Van Zanden, 1998, p.38, Tabela 3.6; p.39 (Leiden); Van Zanden, 1995, p.652-3; Soltow e Van Zanden, 1998, p.35, Tabela 3.4 (valores de locação); cf. p.139 sobre um Gini de 0,65 em 1808. Quinze cidades: Ryckbosch, 2014, p.13, Figura 1; cf. também p.13, Figura 2, e p.14, Figura 3, sobre as tendências temporais por cidade, que mostram um pouco mais de variação ao longo do tempo. O Gini dos aluguéis de casas em Nijvel subiu de 0,35 em 1525 para 0,47 em 1800: Ryckbosch, 2010, p.46, Tabela 4. Em 's-Hertogenbosch, a desigualdade nominal global nos aluguéis de imóveis, entre 1500 e 1550, mascara uma alta da desigualdade real, ajustada pelo tamanho e preço das casas: Hanus, 2013.

14. Soltow e Van Zanden, 1988, p.40 (crescimento estagnado); Ryckbosch, 2014, p.17-8, esp. p.18, Figura 5, e p.22 (norte/sul), que conclui que a desigualdade da Holanda e de Flandres era baixa nas fases de produção de artigos e serviços de luxo para exportação, que era intensiva em habilidades, e alta em períodos de produção padronizada em larga escala para exportação, com salários baixos (p.23); Alfani e Ryckbosch, 2015, p.28 (impostos); Van Zanden, 1995, p.660, Tabela 8; Soltow e Van Zanden, 1998, p.43-4, 47 (salários).
15. Alfani e Ammannati, 2014, p.16, Tabela 3 (Toscana), p.29, Tabela 4 (participação na riqueza); Alfani, 2015, p.1069, Tabela 2 (Piemonte); Alfani, 2016, p.28, Tabela 2 (Apúlia); p.12, Figura 2; p.13 (múltiplo do valor mediano). Dois conjuntos de dados sicilianos também apontam para uma desigualdade crescente da riqueza: Alfani e Sardone, 2015, p.22, Figura 5.
16. Alfani, 2014, p.1084-90; Alfani e Ryckbosch, 2015, p.25-30.
17. Figura 3.2 de Alfani e Ryckbosch, 2015, p.16, Figura 2b, e Alfani e Sardone, 2015, p.28, Figura 9. Cf. também Alfani, 2016, p.26, Figura 4, e p.30, Figura 6, sobre tendências similares de participação da camada superior na riqueza e um "índice de riqueza". Alfani e Ryckbosch, 2015, p.30, oferecem uma avaliação comparativa das diferentes causas de desigualdade crescente na Holanda e na Itália. Sobre a Inglaterra, ver Postles, 2011, p.3, 6-9; 2014, p.27.
18. Espanha: Alvarez-Nogal e Prados de la Escosura, 2013. Figura 3.3 das Tabelas S2 e S4 (<onlinelibrary.wiley.com/doi/10.1111/j.1468-0289.2012.00656.x/suppinfo>). Madri: Fernández e Santiago-Caballero, 2013. Na Catalunha, as participações do 1% e dos 5% mais ricos subiram ou permaneceram bastante estáveis entre 1400 e 1800, e o coeficiente de Gini da riqueza global não mostra nenhuma tendência clara: García-Montero, 2015, p.13, Figura 1; p.16, Figura 3. Santiago-Caballero, 2011, documenta uma desigualdade bastante estável na província de Guadalajara no século XVIII, exceto por uma redução modesta no fim desse período, associada à reforma agrária (ver, neste volume, cap.12, p.386). Sobre os salários reais decrescentes na Europa, ver, neste volume, cap.10, p.327-8.
19. França: o estudo clássico é Le Roy Ladurie, 1966, esp. p.239-59, e também p.263-76 sobre a queda dos salários reais. Portugal: Reis, Santos Pereira e Andrade Martins, n.d., esp. p.27, Figura 2; p.30-2, 36-7, Figuras 5-6. Em 1770, a desigualdade era menor na cidade do Porto do que tinha sido em 1700, e também menor do que em Lisboa em 1565, mais baixa que nas cidades pequenas e nas áreas rurais do que em 1565, porém mais alta nas grandes cidades do que tinha sido tanto em 1565 quanto em 1700 (p.27, Figura 2). O trabalho desses autores baseia-se em dados sobre o imposto de renda, aprimorando a pesquisa de material de 1309 a 1789 feito por Johnson, 2001, que sugere uma tendência similar. Pouco se sabe sobre a Europa Central: ver Hegyi, Néda e Santos, 2005, sobre a distribuição da riqueza da elite, representada pelo número de servos na Hungria em 1550.
20. Milanovic, Lindert e Williamson, 2011, p.263, Tabela 2. Supõe-se que Nápoles exibisse, em 1811, um baixíssimo Gini da renda, de 0,28, o que parece duvidoso.

21. Taxas de extração: sobre este conceito, ver apêndice, p.479. As taxas de extração subiram no Piemonte, na Toscana e nos Países Baixos do Sul, à medida que o PIB per capita estagnou ou até encolheu: Alfani e Ryckbosch, 2015, p.24, Figura 5b, com p.18, Tabela 2. Na República da Holanda e na Inglaterra, as taxas de extração não ajustadas (relativas à mera subsistência) declinaram no primeiro caso e oscilaram no segundo, no contexto de um crescimento econômico intensivo, ao passo que as taxas de extração ajustadas em relação a mínimos sociais crescentes se mantiveram estáveis: Milanovic, Lindert e Williamson, 2011, p.263, Tabela 2; Milanovic, 2013, p.9, Figura 3. Sobre os salários reais, ver, neste volume, cap.10, p.327-8. A desigualdade "real" foi mais alta na Inglaterra, na França e na Holanda em 1800 do que tinha sido em 1450 ou 1500: Hoffman, Jacks, Levin e Lindert, 2005, p.161-4, esp. p.163, Figura 6.3 (a-c). Observo de passagem que a desigualdade econômica também podia traduzir-se em disparidades significativas em termos do peso corporal: Komlos, Hau e Bourguinat, 2003, p.177-8, 184-5, sobre a França.
22. Canbakal e Filiztekin, 2013, p.2, 4, 6-7; p.8, Figura 7 (Ginis urbanos); p.19, Figura 9 (decil superior); p.20, Figura 10 (Ginis rurais); p.22. Para um estudo mais detalhado sobre uma dessas cidades, Bursa, ver também Canbakal, 2012. Pamuk, 2018, estuda os desdobramentos posteriores a 1820.
23. Sobre a desigualdade na dinastia Han, ver, neste volume, p.80-6. Os desdobramentos no Período de Desunião foram resumidos por Lewis, 2009a.
24. Sobre a dinastia Tang, ver, neste volume, cap.9, p.285-9. Sobre dinastias posteriores, ver aqui, muito sucintamente, p.86-9. China em 1880, Índia em 1750 e 1947: Milanovic, Lindert e Williamson, 2011, p.263, Tabela 2. China pré-revolucionária: ver, neste volume, cap.7, p.244, 248. Os estudos formais sobre a desigualdade asiática continuam a ser raros. Broadberry e Gupta, 2006, p.14, Tabela 5, e p.18, Tabela 7, constatam que os salários reais dos trabalhadores não qualificados no delta do Yang-tsé foram mais baixos no período médio da dinastia Qing (1739-1850) do que tinham sido no fim da dinastia Ming (1573-1614); que foram mais baixos no norte e no oeste da Índia em 1874 do que tinham sido sob o domínio dos mongóis; e que foram mais baixos no sul da Índia em 1790 do que tinham sido em 1610. Embora tudo isso aponte para uma desigualdade crescente, esses resultados precisariam ser mais plenamente contextualizados para fornecer maior certeza. Sobre o Japão, ver, neste volume, cap.4, p.136.
25. Ver, neste volume, p.75-6 (desigualdade pré-colombiana) cap.11, p.345-7 (epidemias) e cap.13, p.410-4. A Figura 3.4 baseou-se em Williamson, 2015, p.35, Tabela 3, e Prados de la Escosura, 2007, p.296-7, Tabela 12.1, ajustando os níveis de desigualdade de Williamson para compatibilizá-los com os Ginis de renda mais baixos deste último e para explicar a presença dos impérios inca e asteca e os efeitos da mortalidade epidêmica.
26. Riqueza: Lindert, 2000b, p.181, Tabela 2. A concentração da renda no topo da pirâmide era tão extrema que a participação dos 4% mais ricos subsequentes declinou de 43% para 18%, à medida que a participação global dos 5% mais ricos subiu de

82% para 87%. Posse da terra: Soltow, 1968, p.28, Tabela 3. Desigualdade de renda até a primeira década do século XIX: Lindert, 2000b, p.18-9, 24.

27. Sobre a ideia de uma "curva de Kuznets" (a respeito da qual ver, neste volume, cap.13, p.401-4) durante a industrialização britânica, ver Williamson, 1985 e 1991, esp. p.64, Tabela 2.5, contestado de forma incisiva – e, a meu ver, convincente – por Feinstein, 1988. Dispersão salarial: Williamson, 1991, p.61-2, Tabela 2.2, baseada em seis ocupações não qualificadas e doze qualificadas; cf. também p.63, Tabela 2.3. Feinstein, 1988, p.705-6, mostra que a curva das doze ocupações qualificadas é composta por sete que exibem uma ascensão gradativa nos vencimentos nominais anuais e cinco que exibem oscilações erráticas. Ele conclui: "A estrutura da remuneração pela habilidade mostrou um alto grau de estabilidade ao longo do século: não houve um súbito aumento da desigualdade na primeira metade nem uma nivelação equalizadora na segunda" (p.710; ver também Jackson, 1987). Para uma crítica dos impostos prediais, ver p.717-8. Participação dos mais ricos na renda: Williamson, 1991, p.63, Tabela 2.4, com Feinstein, 1988, p.718-20. Tabelas sociais: Feinstein, 1988, p.723, Tabela 6; ver também Jackson, 1994, p.509, Tabela 1: 0,47-0,54 em 1688 (sem e com os muito pobres), 0,52-0,58 em 1901 e 1903, e 0,48 em 1867 e 1913. Jackson, 1994, p.511, considera improvável que a desigualdade tenha atingido o auge em meados do século XIX, e Soltow, 1968, p.22, Tabela 1, já havia chegado a uma conclusão semelhante sobre a estabilidade geral nesse período. Lindert, 2000b, p.21-4, mostra que as tendências da desigualdade real inglesa ao longo do século XIX dependem da medida que selecionemos. Isso se aplica a despeito dos indícios de salários reais estagnados entre os trabalhadores ingleses na primeira metade do século XIX e de salários reais crescentes na segunda: ver Allen, 2009, para uma explicação desse fenômeno. A observação de que a desigualdade "real" – isto é, específica de cada classe – declinou ao longo de todo o século XIX (Hoffman, Jacks, Levin e Lindert, 2005, p.162, Figura 6.3a) é similarmente incompatível com um cenário de desigualdade crescente, seguida pela decrescente. A debilidade probatória de qualquer afirmação de que a desigualdade na Grã-Bretanha, durante a industrialização, seguiu uma curva de Kuznets torna difícil explicar a popularidade contínua dessa ideia nos estudos pós-1988: ver, por exemplo, Williamson, 1991; Justman e Gradstein, 1999, p.109-10; Acemoglu e Robinson, 2000, p.1192-3; 2002, p.187, Tabela 1; e, mais recentemente, Milanovic, 2016, p.73, Figura 2.11, e p.74-5, que menciona a crítica de Feinstein numa nota de rodapé (p.248-9, n.25).

28. Itália: Rossi, Toniolo e Vecchi, 2001, p.916, Tabela 6, mostram um declínio gradual dos Ginis e da participação da renda do decil superior entre 1881 e 1969, ao passo que Brandolini e Vecchi, 2011, p.39, Tabela 8, apresentam várias medidas que dão forte indicação de estabilidade entre 1871 e 1931. França: Piketty, Postel-Vinay e Rosenthal, 2006, p.243, Figura 3, e p.246, Figura 7; Piketty, 2014, p.340, Figura 10.1. Espanha: Prados de la Escosura, 2008, p.298, Figura 3; ver, neste volume, cap.13, p.405.

29. Prússia: Dell, 2007, p.367, Figura 9.1; p.371, 420, Tabela 91.6 (participações na renda). Mal chegou a haver declínio na participação do 1% mais rico na renda – cerca de

0,8% entre 1900 e 1913, menos do que se havia suposto previamente; os estudos anteriores tinham calculado um declínio da ordem de 1% a 2% entre 1896-1900 ou 1901-10 e 1913: Morrison, 2000, p.234; ver também p.233, 257, com respeito à Saxônia. Dumke, 1991, p.128, Figura 5.1a, constata crescente desigualdade e participação do capital no período de 1850 a 1914. Gini prussiano: Grant, 2002, p.25, Figura 1, com p.27-8. Holanda: Soltow e Van Zanden, 1998, p.145-74, esp. p.152, 163-5, 171. Eles notam a ausência de qualquer dispersão kuznetsiana dos salários durante a industrialização, visto que as remunerações por habilidade caíram: p.161-2, 174.

30. O Gini implícito da distribuição de renda de 1870 é alto, em algum ponto entre os extremos nocionais de 0,53 e 0,73. Considerando-se um PIB per capita dinamarquês de 2 mil dólares naquela época, em dólares internacionais de 1990, o valor intermediário de 0,63 implicaria uma taxa de extração de três quartos, não impossível, mas semelhante à de sociedades pré-modernas muito desiguais. Só um valor no limite inferior da estimativa do Gini o colocaria no mesmo patamar do da Inglaterra e do País de Gales em 1801, que já era muito desigual, para começo de conversa. Entretanto, um Gini plausivelmente mais baixo em 1870, na casa intermediária dos 0,5, ficaria situado dentro dos intervalos de confiança das estimativas para 1903 e 1910, impossibilitando com isso a exclusão da hipótese nula da inexistência de mudança significativa da desigualdade entre 1870 e 1910. Ver Atkinson e Søgaard, 2016, p.274, que assinalam, de modo eufemístico, a "abrangência limitada dos dados" do período de 1870 a 1903. Gini implícito de 1870: p.277, Figura 5. Sobre 1789: Soltow, 1979, p.136, Tabela 6, de onde Atkinson e Søgaard, 2016, p.275, inferiram uma participação extravagantemente alta do 1% mais rico na renda, da ordem de 30%. O PIB per capita dinamarquês era de aproximadamente 1.200 dólares, em dólares internacionais de 1990, por volta de 1820, o que acomodaria um Gini da renda até 0,75, e teria sido ainda mais baixo, presumivelmente, em 1789.

31. Desigualdade de riqueza: Soltow, 1979, p.130, Tabela 2; p.134, com Roine e Waldenström, 2015, p.572, Tabela 7.A2 (sobre uma queda na participação do 1% mais rico de 56% em 1789 para 46% em 1908; mas cf. p.579, Tabela 7.A4, sobre os decis superiores inalterados durante todo esse período).

32. Noruega: Aaberge e Atkinson, 2010, p.458-9 (que observam que os dados antigos são precários: p.456); Roine e Waldenström, 2015, p.572, Tabela 7.A2 (mas cf. p.579, Tabela 7.A4, sobre uma participação dos 10% superiores na riqueza, em 1930, maior do que tinha sido em 1789). Cf. também Morrison, 2000, p.223-4, sobre o nivelamento gradual em dois condados noruegueses, entre 1855 e 1920, com base num trabalho muito anterior de Soltow. Suécia: WWID; Soltow, 1985, p.17; Söderberg, 1991; Piketty, 2014, p.345, Figura 10.4.

33. Sobre o período colonial, ver Lindert e Williamson, 2014, p.4, 28-9. Sobre 1774: Lindert e Williamson, 2016, p.36-41, esp. p.38, Tabela 2-4, para um Gini de renda de 0,44 e participações na renda do 1% mais rico de 8,5% para todas as famílias e de 0,41 e 7,6% para as famílias libertas. Com 0,37 e 4,1%, a Nova Inglaterra era excepcionalmente igualitária. Período revolucionário: p.82-90. O bônus salarial urbano/rural nos rendimentos masculinos por trabalho não qualificado caiu de 26% para

5% e de 179% para 35% nos rendimentos médios urbanos/rurais. O bônus dos trabalhadores urbanos de colarinho branco em relação aos vencimentos urbanos masculinos por trabalho não qualificado despencou de 593% para 100%. Desigualdade crescente até 1860: p.114-39. As disparidades cresceram entre libertos e escravos e na população livre. Sobre Ginis e participações na renda, ver p.115-6, Tabelas 5-6 e 5-7. Desigualdade na propriedade e nos rendimentos: p.122, Tabelas 5-8 e 5-9.

34. Sobre o período de 1860 a 1870, ver, neste volume, cap.6, p.193-8. Sobre 1870-1910: Lindert e Williamson, 2016, p.171-3, esp. p.172 (participações dos mais ricos na renda por volta de 1910, com WWID), p.192-3. Smolensky e Plotnick, 1993, p.6, Figura 2 (não citado como referência por Lindert e Williamson, 2016, mas usado por Milanovic, 2016, p.49, Figura 2.1; p.72, Figura 2.10), extrapolam um Gini da renda nacional de aproximadamente 0,46 em 1913, a partir da relação entre os Ginis de renda conhecidos, a participação dos 5% mais ricos na renda e a taxa de desemprego entre 1948 e 1989 (p.9, 43-4), o que, caso esteja correto, sugeriria uma queda significativa na desigualdade geral da renda entre 1870 e 1913. Entretanto, a validade desse procedimento e a comparabilidade das estimativas referentes a essas datas continuam incertas e, o que é mais crucial, essa ideia parece incompatível com o aumento acentuado das participações dos mais ricos na renda durante esse período. Participação na riqueza: Lindert, 1991, p.216, Figura 9.1; Piketty, 2014, p.348; Roine e Waldenström, 2015, p.572, Tabela 7.A2. Maiores fortunas: Turchin, 2016a, p.81, Tabela 4.2.

35. Estimativas de Gini latino-americanas: Bértola e Ocampo, 2012, p.120, Tabela 3.15; Prados de la Escosura, 2007, p.296-7, Tabela 12.1. Rodríguez Weber, 2015, p.9-19, oferece uma descrição mais diferenciada a respeito do Chile. Usando proporções entre a renda (da terra) e os salários (urbanos), Arroyo Abad, 2013, p.40, Figura 1, encontra aumentos líquidos da desigualdade na Argentina e no Uruguai entre 1820 e 1900, mas não no México e na Venezuela. Japão: Bassino, Fukao e Takashima, 2014; Bassino, Fukao, Settsu e Takashima, 2014; Hayami, 2004, p.16-7, 29-31; Miyamoto, 2004, p.38, 43, 46-7, 55; Nishikawa e Amano, 2004, p.247-8. Sobre a desigualdade crescente durante a modernização, ver, neste volume, cap.4, p.136.

36. Minha pesquisa confirma a observação de Alfani, baseada num conjunto de dados muito mais limitado, de que o processo oitocentista de concentração da riqueza descrito por Piketty "foi, na verdade, apenas a parte final de um processo muito mais longo" (Alfani, 2016, p.34).

37. Os regimes comunistas controlavam aproximadamente 860 milhões dos 2.560 bilhões de pessoas da população mundial em 1950. Participações na renda: WWID, resumidas por Roine e Waldenström, 2015, p.493, Figura 7; ver também, neste volume, cap.5, p.150-7, para uma análise mais detalhada. (Temos apenas dados esporádicos sobre as participações do 1% mais rico na renda no Reino Unido, que vivenciou uma compressão comparável, refletida numa queda de um terço só entre 1937 e 1949. A proporção entre os índices de perda do 0,1% e do 1% mais ricos, de 1913 ou 1918 até 1949, permite-nos inferir uma participação na renda do 1% superior

de cerca de 25% em 1913 e um declínio geral de pouco mais de 50% em 1949.) Sobre a Rússia e o Leste Asiático, ver, neste volume, cap.7, p.242, 248. Participação na riqueza: Roine e Waldenström, 2015, p.572-81, e esp. p.539, Figura 7.19 (reproduzida neste volume no cap.5, p.159). Proporções capital/renda: Piketty, 2014, p.26, Figura 1.2 (reproduzida neste volume no cap.5, p.160). p.196, Figura 5.8; apêndice de dados, Tabela TS12.4. (Quanto às críticas à estimativa global sumamente conjectural, ver Magness e Murphy, 2015, p.23-32; mas a tendência geral é bastante clara.) Sobre a conclusão do processo de nivelamento, ver, neste volume, cap.15, p.437; quanto ao desafio de definir níveis eficazes de desigualdade, ver o apêndice deste volume. Por algumas medidas multidimensionais da desigualdade, os países escandinavos contemporâneos tornaram-se tão igualitários quanto as sociedades forrageiras: Fochesato e Bowles, 2015. Para um resumo muito sucinto da evolução da desigualdade até o século XX, ver, neste volume, cap.14, p.421-4.

4. Guerra total (p.133-49)

1. Moriguchi e Saez, 2010, p.133-6, Tabela 3A.2 (participações na renda); p.148, Tabela 3B.1 (patrimônios); p.81, Figura 3.2 (Ginis), com Milanovic, 2016, p.85, Figura 2.18.
2. "Chegar à Dinamarca" é uma abreviatura acadêmica do estabelecimento de instituições políticas e econômicas altamente conducentes ao bem-estar humano, conceito que remonta a Pritchett e Woolcock, 2002, p.4, e que foi popularizado desde então, especialmente por Fukuyama, 2011, p.14.
3. Saito, 2015, p.410; Bassino, Fukao e Takashima, 2014, p.13; Hayami, 2004, p.16-7, 29-30.
4. De acordo com a reconstituição mais recente, o Gini subiu de 0,35 em 1850 (uma conjectura, reconhecidamente) para 0,43 em 1909, 0,5 em 1925, 0,52 em 1935 e 0,55 em 1940: Bassino, Fukao e Takashima, 2014, p.20, Tabela 5. Ver p.19, Tabela 1, sobre a participação na renda do 1% mais rico. Os autores observam a falta de consenso a respeito das tendências da desigualdade entre os anos 1880 e a década de 1930, quando a desigualdade cresceu continuamente, ou primeiro caiu e depois se elevou (p.9). Ver também Saito, 2015, p.413-4, sobre a probabilidade de um aumento pós-xogunato da desigualdade, no correr do tempo. A despeito das oscilações a curto prazo, o World Wealth and Income Database (WWID) mostra participações bastante estáveis do 1% mais rico na renda durante o primeiro terço do século XX. Desenvolvimento econômico e desigualação: Nakamura e Odaka, 2003b, p.9, 12-3, 24-42; Hashimoto, 2003, p.193-4; Saito, 2015, p.413, n.57; Moriguchi e Saez, 2010, p.100.
5. Nakamura, 2003, p.70, Tabela 2.5; p.82.
6. Ver Moriguchi e Saez, 2010, p.100-2, a respeito desse trio. Quanto às várias intervenções estatais, ver esp. Hara, 2003, e Nakamura, 2003; cf. Moriguchi e Saez, 2010, p.101, para uma visão geral muito sucinta. Controles: Nakamura, 2003, p.63-6, Tabela 2.2.
7. Nakamura, 2003, p.85; Okazaki, 1993, p.187-9, 195.

8. Takigawa, 1972, p.291-304; Yuen, 1982, p.159-73; Dore, 1984, p.112-4; Kawagoe, 1999, p.11-26.
9. Kasza, 2002, p.422-8; Nakamura, 2003, p.85. Kasza, 2002, p.429, conclui que "a guerra suplantou todos os outros fatores na causação da transformação do bem-estar do Japão de 1937 a 1945".
10. Moriguchi e Saez, 2010, p.101; p.129-30, Tabela 3A.1.
11. Estoque de capital: Minami, 1998, p.52; Yoshikawa e Okazaki, 1993, p.86; Moriguchi e Saez, 2010, p.102. Perdas: Nakamura, 2003, p.84; Yoshikawa e Okazaki, 1993, p.86. Bombardeios: *United States Strategic Bombing Survey*, 1946, p.17.
12. Participação na renda do capital: Yoshikawa e Okazaki, 1993, p.91, Tabela 4.4; Moriguchi e Saez, 2010, p.139, Tabela 3A.3; ver também p.91, Figura 3.7. Durante o período de 1886 a 1937, a renda do capital tinha sido, em média, metade da participação do 1% superior na renda (p.92). Participações na renda: Moriguchi e Saez, 2010, p.88, Figura 3.4; p.134-5, Tabela 3A.2; WWID.
13. PIB e exportações: Yoshikawa e Okazaki, 1993, p.87-8.
14. Moriguchi e Saez, 2010, p.129-30, Tabela 3A.1; cf. Nakamura, 2003, p.90-2. Sobre a grande variação das proporções, de acordo com índices diferentes, ver Kuroda, 1993, p.33-4; cf. também Teranishi, 1993a, p.68-9; Yoshikawa e Okazaki, 1993, p.89.
15. Nakamura, 2003, p.87; Miwa, 2003, p.335-6.
16. Miwa, 2003, p.339-41. De fato, o PIB real cresceu 40% entre 1946 e 1950, principalmente para consumo, e não para investimento: Yoshikawa e Okazaki, 1993, p.87.
17. Miwa, 2003, p.347; Minami, 1998, p.52; Moriguchi e Saez, 2010, p.102; Nakamura, 2003, p.98, Tabela 2.14; Teranishi, 1993b, p.171-2; Yoshikawa e Okazaki, 1993, p.90.
18. Nakamura, 2003, p.87; Minami, 1998, p.52; Estevez-Abe, 2008, p.103; Miwa, 2003, p.345; Miyazaki e Itô, 2003, p.315-6; Yonekura, 1993, p.213-22. Citação: Miwa, 2003, p.349.
19. Miwa, 2003, p.336-7, 341-5; Nakamura, 2003, p.86-7, 91 (citação). O objetivo declarado dessa e de outras medidas correlatas era a "eliminação dos lucros de guerra" (Miwa, 2003, p.346) – os quais, a julgar pela compressão observada da renda, talvez fossem mais imaginários que reais, àquela altura.
20. Yamamoto, 2003, p.240; Miyazaki e Itô, 2003, p.309-12.
21. Teranishi, 1993b, esp. p.172; Moriguchi e Saez, 2010, p.138, Tabela 3A.3.
22. Sindicalização: Hara, 2003, p.261; Nakamura, 2003, p.88; Miwa, 2003, p.347; Yonekura, 1993, p.223-30, esp. p.225, Tabela 9.3; Nakamura, 2003, p.88; cf. Minami, 1998, p.52. Benefícios: Hara, 2003, p.285; Yonekura, 1993, p.227-8; Estevez-Abe, 2008, p.103-11.
23. Memorando: Miwa, 2003, p.341; ver também Dore, 1984, p.115-25, sobre a relação entre o arrendamento, a pobreza rural e a agressão. Reforma agrária: Kawagoe, 1999, p.1-2, 8-9, 27-34; Takigawa, 1972, p.290-1; Yoshikawa e Okazaki, 1993, p.90; Ward, 1990, p.103-4; ver também Dore, 1984, p.129-98, e Kawagoe, 1993. MacArthur: numa carta ao primeiro-ministro Yoshida Shigeru em 21 de outubro de 1949, citada por Ward, 1990, p.98; Kawagoe, 1999, p.1.
24. Moriguchi e Saez, 2010, p.94, Tabela 3.3.

25. Okazaki, 1993, p.180; Moriguchi e Saez, 2010, p.104-5. Sobre a citação de MacArthur, também usada no título da seção, ver Department of State 1946, p.135.

5. A Grande Compressão (p.150-92)

1. Citação: "*le drame de la guerre de trente ans, que nous venons de gagner...*": discurso de Charles de Gaulle em Bar-le-Duc, 28 jul 1946, citado de <mjp.univ-perp.fr/textes/degaulle28071946.htm>. Para algumas afirmações sucintas dessa tese, ver, mais recentemente, Piketty, 2014, p.146-50; Piketty e Saez, 2014, p.840; Roine e Waldenström, 2015, p.555-6, 566-7.
2. Aqui e no texto que se segue, todas as informações acerca das participações dos mais ricos na renda foram retiradas do WWID. A bem da consistência, uso intervalos temporais idênticos para todos os países, de 1937 a 1967.
3. África do Sul, 1914-18, 1938-45; Alemanha, 1913-18 (1925), 1938-50; Argentina, 1938-45; Austrália, 1938-45; Canadá, 1938-45; Dinamarca, 1908-18, 1938-45; Espanha, 1935-40/1945; Estados Unidos, 1913-18, 1938-45; Finlândia, 1938-45; França, 1905-18, 1938-45; Holanda, 1914-18, 1938-46; Ilhas Maurício, 1938-45; Índia, 1938-45; Irlanda, 1938-45; Japão, 1913-18, 1938-45; Noruega, 1938-48; Nova Zelândia, 1938-45; Portugal, 1938-45; Reino Unido, 1937-49 (1%), 1913-18, 1938-45 (0,1%); Suécia, 1912-19, 1935-45; Suíça, 1939-45;
4. Smolensky e Plotnick, 1993, p.6, Figura 2, com p.43-4, sobre Ginis extrapolados de cerca de 0,54 em 1931, cerca de 0,51 em 1939 e cerca de 0,41 em 1945, e sobre Ginis documentados de 0,41 ± 0,025 entre 1948 e 1980. Atkinson e Morelli, 2014, p.63, relatam Ginis sobre a renda bruta familiar nos valores de 0,5 em 1929, 0,447 em 1941 e 0,377 em 1945, similarmente seguidos pela estabilidade. Sobre a Grã-Bretanha, ver Atkinson e Morelli, 2014, p.61, sobre uma queda de 0,426 em 1938 para 0,355 em 1949, com Milanovic, 2016, p.73, Figura 2.11, para um Gini de 0,5 na renda estimada do mercado em 1913. Sobre o Japão, ver, neste volume, cap.4, n.1. Entre os conjuntos nacionais de dados colhidos por Milanovic, 2016, somente a Holanda mostra um declínio dos Ginis da renda, entre 1962 e 1982, comparável em escala ao do período entre 1914 e 1962 (p.81, Figura 2.15).
5. Figura 5.3 de Roine e Waldenström, 2015, p.539, Figura 7.19 (<www.uueconomics.se/danielw/Handbook.htm>). Sobre os dados escandinavos, ver, neste volume, cap.3, p.124-6.
6. O único país que fugiu à regra, portanto, foi a Noruega, onde quase toda a desconcentração ocorreu após a década de 1940. Todos os dados vieram de Roine e Waldenström, 2015, p.572-5, Tabela 7.A2. França: Piketty, 2007, p.60, Figura 3.5.
7. Figura 5.4 de Piketty, 2014, p.26, Figura 1.2, e p.196, Figura 5.8; ver também p.118, Figura 5.5, de Roine e Waldenström, 2015, p.499, Figura 7.5 (<www.uueconomics.se/danielw/Handbook.htm>).
8. Figura 5.6 de Broadberry e Harrison, 2005b, p.15, Tabela 1.5; Schulze, 2005, p.84, Tabela 3.9 (Áustria-Hungria: apenas gastos militares).

9. Riqueza nacional: Broadberry e Harrison, 2005b, p.28, Tabela 1.10. Custo: Harrison, 1998a, p.15-6, Tabela 1.6; Broadberry e Harrison, 2005b, p.35, Tabela 1.13. Para situar estes dados numa perspectiva adequada, o mesmo múltiplo do PIB global se traduziria hoje em cerca de 1 quatrilhão de dólares. PNB/PIB: Alemanha: Abelshauser, 1998, p.158, Tabela 4.16. Essa participação cai para 64%, se excluirmos as contribuições estrangeiras. Japão: Hara, 1998, p.257, Tabela 6.11.
10. Piketty, 2014, p.107; Moriguchi e Saez, 2010, p.157, Tabela 3c.1.
11. Impostos: Piketty, 2014, p.498-9. Ver também Scheve e Stasavage, 2010, p.538, sobre alíquotas inicialmente baixas. Figura 5.7 de Roine e Waldenström, 2015, p.556, Figura 7.23 (<www.uueconomics.se/danielw/Handbook.htm>).
12. Figura 5.8 proveniente de Scheve e Stasavage, 2016, p.10, Figura 1.1.
13. Figura 5.9 proveniente de Scheve e Stasavage, 2016, p.81, Figura 3.9 (sobre dez países com mobilização e sete sem mobilização na Primeira Guerra Mundial); ver também Scheve e Stasavage, 2012, p.83.
14. Pressão política: Scheve e Stasavage, 2010, p.530, 534-5; 2012, p.82, 84, 100. Pigou, 1918, p.145, é uma exposição clássica, citada em Scheve e Stasavage, 2012, p.84. Ver também Scheve e Stasavage, 2016, p.202, Figura 8.1, sobre o aumento da frequência relativa da "igualdade de sacrifício" durante as guerras mundiais, conforme o Google Ngram Viewer. Sobre as atitudes populares nos Estados Unidos, ver Sparrow, 2011. Manifesto: Scheve e Stasavage, 2010, p.531, 535. Citação extraída da p.529: "Aqueles que fizeram fortuna com a guerra devem pagar pela guerra, e o Partido Trabalhista insistirá numa tributação maciçamente graduada, com aumento do limite de isenção. É isso que o Partido Trabalhista quer dizer com Recrutamento da Riqueza." Cf. também p.551, sobre a ideia de "recrutamento caso a renda atual fique acima do que é absolutamente necessário", num artigo de 1917. Sobre a ideia de igualdade de sacrifício nos debates políticos, ver p.541. Lucros excessivos: Scheve e Stasavage, 2010, p.541-2. Roosevelt citou Bank, Stark e Thorndike, 2008, p.88. Impostos sobre a herança: Piketty, 2014, p.508; Scheve e Stasavage, 2010, p.548-9.
15. Scheve e Stasavage, 2016, p.83, Figura 3.10.
16. Piketty, 2007, p.56, 58, Figura 3.4; Hautcoeur, 2005, p.171, Tabela 6.1. Efeitos da Primeira Guerra Mundial: Hautcoeur, 2005, p.185; Piketty, 2007, p.60, Figura 3.5.
17. Piketty, 2014, p.121, 369-70; Piketty, 2014, p.273, Figura 8.2; p.275 (perdas de capital); Piketty, 2007, p.55-7, 60, Figura 3.5 (maiores patrimônios).
18. Broadberry e Howlett, 2005, p.217, 227; Atkinson, 2007, p.96-7, p.104, Tabela 4.3; Ohlsson, Roine e Waldenström, 2006, p.26-7, Figuras 1, 3.
19. Piketty e Saez, 2007, esp. p.149-56. Entretanto, o coeficiente de Gini da renda global pode ter atingido um pico em 1933 por causa do nível altíssimo de desemprego: Smolensky e Plotnick, 1993, p.6, Figura 2, com Milanovic, 2016, p.71. Sobre a Grande Depressão, ver, neste volume, cap.12, p.394-5.
20. Sobre a tributação na Primeira Guerra Mundial, ver esp. Brownlee, 2004, p.59-72; Bank, Stark e Thorndike, 2008, p.49-81. Alíquotas tributárias: Bank, Stark e

Thorndike, 2008, p.65, 69-70, 78; Rockoff, 2005, p.321, Tabela 10.5. Citação: Brownlee, 2004, p.58. Mehrotra, 2013, também considera que o impacto da Primeira Guerra Mundial foi crucial para a criação de leis radicais e como base para uma nova elaboração fiscal na Segunda Guerra Mundial. Relaxamento: Brownlee, 2004, p.59; Bank, Stark e Thorndike, 2008, p.81.

21. Alíquotas tributárias: Piketty e Saez, 2007, p.157; Piketty, 2014, p.507; Brownlee, 2004, p.108-19 (citação da p.109); Bank, Stark e Thorndike, 2008, p.83-108. Intervenções e desigualdade: Goldin e Margo, 1992, p.16 (citação), p.23-4; Piketty e Saez, 2007, p.215, Tabela 5B.2; e, neste volume, p.157-8 (Ginis). Salário dos executivos: Frydman e Molloy, 2012. O coeficiente de Gini dos salários caiu de 0,44 em 1938 para 0,36 em 1953: Kopczuk, Saez e Song, 2010, p.104. A série Goldsmith-OBE, a proporção entre o decil superior e os salários médios e a defasagem salarial entre o nonagésimo e o quinquagésimo percentis apontam para um único episódio de equalização na década de 1940; apenas a proporção salarial entre os do quinquagésimo e os do décimo percentis mostra um declínio secundário na década de 1960, depois de uma queda inicial mais acentuada nos anos 1940: Lindert e Williamson, 2016, p.199, Figura 8-2.

22. Saez e Veall, 2007, p.301, Tabela 6F.1, e p.264, Figuras 6A.2-3, para ter uma visualização. Ver na p.232 o efeito da guerra. Os vencimentos do nonagésimo percentil como múltiplo da mediana nacional caíram de 254% em 1941 para 168% em 1950 e pouco se modificaram desde então: Atkinson e Morelli, 2014, p.15. A parcela estatal do PIB subiu de 18,8% em 1935 para 26,7% em 1945: Smith, 1995, p.1059, Tabela 2.

23. Dumke, 1991, p.125-35; Dell, 2007. Figura 5.10 de WWID. Sobre as alíquotas da mobilização e a parcela estatal do PIB, ver, neste volume, p.161-2 e Figura 5.9.

24. Rendas superiores: Dell, 2007, p.372; Dumke, 1991, p.131; Dell, 2005, p.416. Os dados sobre as rendas mais altas não corroboram a tese revisionista de Baten e Schulz, 2005, de que a desigualdade alemã não aumentou durante a Primeira Guerra Mundial. Financiamento e inflação: Ritschl, 2005, p.64, Tabela 2.16; Schulze, 2005, p.100, Tabela 3.19; Pamuk, 2005, p.129, Tabela 4.4.

25. Dell, 2005, p.416; 2007, p.373; Holtfrerich, 1980, p.190-1, 76-92, 327, 39-40, Tabela 8, 266, 273, 221, Tabela 40, 274, 232-3, 268; Piketty, 2014, p.503, Figura 14.2, p.504-5.

26. Dell, 2005, p.416-7; 2007, p.374-5; Harrison, 1998a, p.22; Abelshauser, 2011, p.45, Figura 4, p.68-9; Piketty, 2014, p.503, Figura 14.2, p.504-5; Klausen, 1998, p.176-7, 189-90.

27. Rendas mais altas: ver, neste volume, p.154. Soltow e Van Zanden, 1998, p.176-7, 184 (entre 1939 e 1950, os salários reais do pessoal administrativo e os dos operários qualificados da indústria caíram 23,5% e 8%, respectivamente, porém subiram 6,4% para os trabalhadores não qualificados); Salverda e Atkinson, 2007, p.454-8; Soltow e Van Zanden, 1998, p.183-5.

28. Finlândia: Jäntti et al., 2010, p.412, Tabela 8A.1. Dinamarca: Ohlsson, Roine e Waldenström, 2006, p.28, Figura 5; Atkinson e Søgaard, 2016, p.283-4, 287, Figura 10. Noruega: Aaberge e Atkinson, 2010, p.458-9; ver também, neste volume, Tabelas 5.1-2.

29. Piketty, 2014, p.146-50, que observa que "os impactos orçamentários e políticos das duas guerras revelaram-se muito mais destrutivos para o capital do que o combate em si" (p.148). Citação: Piketty, 2014, p.275.
30. Terras sangrentas: Snyder, 2010. Sobre a Itália, ver Brandolini e Vecchi, 2011, p.39, Figura 8; mas cf. Rossi, Toniolo e Vecchi, 2001, p.921-2, quanto à possível equalização a curto prazo durante as duas guerras mundiais. Sobre a economia da Itália na guerra, ver Galassi e Harrison, 2005; Zamagni, 2005.
31. Holanda: Salverda e Atkinson, 2007, p.441; Dumke, 1991, p.131; De Jong, 2005. Suécia: WWID; Atkinson e Søgaard, 2016, p.282-3, 287, Figura 10.
32. Nolan, 2007, p.516 (Irlanda); Alvaredo, 2010b, p.567-8 (Portugal). Sobre a Espanha, ver, neste volume, cap.6, p.224-6.
33. Argentina: Alvaredo, 2010a, p.267-9, 272, Figura 6.6. Sobre o rápido nivelamento ocorrido entre 1948 e 1953, ver, neste volume, cap.13, p.412. Ginis latino-americanos do SWIID: Argentina 39,5 (1961), Bolívia 42,3 (1968), Brasil 48,8 (s/d), Chile 44,0 (1968), Colômbia 49,8 (1962), Costa Rica 47,8 (1961), Equador 46,3 (1968), El Salvador 62,1 (1961), Honduras 54,1 (1968), Jamaica 69,1 (1968), México 49,8 (1963), Panamá 76,0 (1960), Peru 53,3 (1961), Uruguai 43,0 (1967), Venezuela 45,1 (1962). Sobre os desdobramentos durante a guerra, ver, neste volume, cap.13, p.411. Rodríguez Weber, 2015, p.8, Figura 2, p.19-24 (Chile); Frankema, 2012, p.48-9 (desigualdade salarial).
34. Colônias: Atkinson, 2014b. Índia: Raghavan, 2016, p.331, 341-4. Entretanto, essa pressão sobre os ricos foi contrabalançada pela inflação de preços impulsionada pela guerra, que beneficiou os industriais e grandes latifundiários e prejudicou os grupos médios e de baixa renda (p.348-50). Sobre as tendências a prazo mais longo, ver Banerjee e Piketty, 2010, p.11-3.
35. Atkinson, n.d., p.22, 28, Figura 5.
36. Zala, 2014, p.495-8, 502; Oechslin, 1967, p.75-97, 112; Dell, Piketty e Saez, 2007, p.486, Tabela 11.3.
37. Zala, 2014, p.524-5; Oechslin, 1967, p.150, Tabela 43, p.152-0; Grütter, 1968, p.16, 22; Dell, Piketty e Saez, 2007, p.486, Tabela 11.3.
38. Oechslin, 1967, p.236, 239; Grütter, 1968, p.23; Zala, 2014, p.534-5; Dell, Piketty e Saez, 2007, p.494.
39. Figura 5.11 do WWID.
40. Gilmour, 2010, p.8-10; Hamilton, 1989, p.158-62; Roine e Waldenström, 2010, p.310; Ohlsson, Roine e Waldenström, 2014, p.28, Figura 1. Os diferenciais salariais também caíram nesses anos, uma vez que as rendas da agricultura foram ampliadas e os salários da administração perderam terreno: Söderberg, 1991, p.86-7. A Figura 5.12 veio de Stenkula, Johansson e Du Rietz, 2014, p.174, Figura 2 (adaptada aqui com os dados gentilmente fornecidos por Mikael Stenkula); cf. p.177, Figura 4, incluindo impostos de renda locais, para um panorama geral semelhante. Cf. também Roine e Waldenström, 2008, p.381. Simplesmente não adianta afirmar, na linha de Ohlsson, Roine e Waldenström, 2006, p.20, ou de Henrekson e Waldenström, 2014, p.12, que a Suécia não sofreu impactos graves porque não participou ativa-

mente das guerras mundiais: a estreita proximidade dos conflitos e a exposição a diversas ameaças externas, ou a outras imposições relacionadas com a guerra, precipitaram um efeito significativo de mobilização – apenas em menor escala do que entre os beligerantes.

41. Gilmour, 2010, p.49 (citação), 47-8, 229-30, 241-2; Hamilton, 1989, p.179, Figura 5.12; Roine e Waldenström, 2010, p.323, Figura 7.9; Stenkula, Johansson e Du Rietz, 2014, p.178; Du Rietz, Johansson e Stenkula, 2014, p.5-6. Consenso: Du Rietz, Johansson e Stenkula, 2013, p.16-7. (Essa informação foi omitida da versão final de Stenkula, Johansson e Du Rietz, 2014.) Um governo de coalizão durante a guerra trouxe estabilidade, após a turbulência das duas décadas anteriores: Gilmour, 2010, p.238-9; cf. também Hamilton, 1989, p.172-7.

42. Roine e Waldenström, 2010, p.320, Figura 7.8; Ohlsson, Roine e Waldenström, 2014, p.28, Figura 1. A parcela da riqueza do 1% mais rico na Suécia, conforme calculada a partir da tributação da riqueza, declinou em índices bastante estáveis durante cerca de quatro décadas, a partir de 1930: Ohlsson, Roine e Waldenström, 2006, Figura 7. Waldenström, 2015, p.11-2, 34-5, Figuras 6-7, identificaram duas rupturas estruturais – nos anos 1930, quanto à percentagem riqueza/renda nacionais (seguindo-se a uma ruptura menor na época da Primeira Guerra Mundial), e no começo da década de 1950, quanto à proporção da riqueza/renda privadas – e concluíram que esses "pontos de ruptura destacam que as mudanças políticas institucionais associadas às guerras mundiais devem ter sido tão importantes quanto as guerras em si na configuração das proporções agregadas entre riqueza e renda, especialmente a longo prazo" (p.12). Gustafsson e Johansson, 2003, p.205, defendem que a desigualdade de renda em Gotemburgo declinou com regularidade da década de 1920 para a de 1940, num processo predominantemente movido pela queda e desconcentração da renda do capital de 1925 a 1936, e sobretudo pelo imposto de renda de 1936 a 1947. Nivelamento: Bentzel, 1952; Spant, 1981. Sobre uma equalização substancial nos diferentes grupos de renda, ver Bergh, 2011, Figura 3, reproduzida de Bentzel, 1952. Salários: Gärtner e Prado, 2012, p.13, 24, Gráfico 4, p.15, 26, Gráfico 7. Os salários na agricultura se elevaram porque ficaram isentos da estabilização salarial: Klausen, 1998, p.100. A parcela da renda do capital nas rendas dos mais ricos despencou entre 1935 e 1951: ver, neste volume, Figura 5.2.

43. Gilmour, 2010, p.234-5, 245-9, 267. Ver também Klausen, 1998, p.95-107. Citações: Gilmour, 2010, p.238, 250, 267. Grimnes, 2013, descreve ocorrências semelhantes na Noruega ocupada.

44. Östling, 2013, p.191.

45. Du Rietz, Henrekson e Waldenström, 2012, p.12. Citação do "Programa Pós-Guerra" de 1944, em Hamilton, 1989, p.180. Cf. também Klausen, 1998, p.132.

46. Lodin, 2011, p.29-30, 32; Du Rietz, Henrekson e Waldenström, 2012, p.33, Figura 6; Du Rietz, Johansson e Stenkula, 2013, p.17. A alíquota de 40% do imposto sobre pessoas jurídicas já se tornara permanente em 1947: Du Rietz, Johansson e Stenkula, 2014, p.6.

47. "Esse fenômeno respalda a ideia de que o ônus aceitável da tributação aumenta nas crises e de que a aceitação do nível tributário mais alto permanece depois das crises, dando origem a uma função gradativa crescente das alíquotas tributárias e dos gastos públicos" (Stenkula, Johansson e Du Rietz, 2014, p.180). Em contraste, Henrekson e Waldenström, 2014, esp. p.14-6, procuram negar o efeito da guerra e explicar as mudanças nas políticas por meio de uma referência à ideologia – mas isso não explica *por que* os social-democratas conseguiram implementar suas políticas ambiciosas. Roine e Waldenström, 2008, p.380-2, postulam um forte impacto da tributação no declínio das participações dos mais ricos na renda no pós-guerra.
48. Piketty, 2014, p.368-75. Os impostos sobre a herança, em particular, surtiram grande efeito na transmissão da riqueza. Na França, os fluxos da herança como parcela da renda nacional sofreram uma queda drástica no período de guerra, de 20-25% para menos de 5% (p.380, Figura 11.1). Dell, 2005, comparou as experiências da França (onde os choques severos da guerra e a progressividade fiscal do pós-guerra reduziram drasticamente a concentração da riqueza e impediram uma recuperação), da Alemanha (que também experimentou choques, mas optou por uma progressividade menor e, desse modo, testemunhou certo retorno da concentração da riqueza) e da Suíça (que fora poupada dos grandes choques e impusera pouca progressividade, e onde a desigualdade da riqueza permaneceu alta); ver também Piketty, 2014, p.419-21. Em termos da participação dos mais ricos na renda, a única exceção ao nivelamento do pós-guerra entre os ex-beligerantes foi a Finlândia: após um nivelamento sustentado e considerável entre 1938 e 1947, o país passou por uma recuperação substancial da participação dos mais ricos na renda nas décadas de 1950 e 1960, paralelamente a uma forte elevação do coeficiente de Gini da renda. Só durante os anos 1970 é que a participação do 1% mais rico na renda desceu a níveis inferiores aos do fim da década de 1940, ao passo que o coeficiente de Gini nunca voltou àquele nível baixo (WWID; Jäntti et al., 2010, p.412-3, Tabela 8A.1). A tributação aumentou muito na Segunda Guerra Mundial, mas foi relaxada para a população geral, à medida que os limites de isenção foram subindo e a parcela tributável da população declinou, a partir daí: Jäntti et al., 2010, p.384, Figura 8.3b; ver também Virén, 2000, p.8, Figura 6, sobre o declínio da alíquota bruta do imposto na década de 1950 e início da de 1960. Não fica claro de que maneira isso teria promovido as altas rendas. Instrumentos fiscais: Piketty, 2014, p.474-9. Ver p.475, Figura 13.1, sobre a participação estatal no PIB: na França, no Reino Unido e nos Estados Unidos, a parcela dos impostos na renda nacional triplicou entre 1910 e 1950, seguida por diferentes tendências, que foram da estagnação (nos Estados Unidos) a um crescimento de 50% (na França). Isso estabeleceu um novo equilíbrio, com grande parte dos orçamentos estatais acabando por se comprometer com a saúde e a educação e com a substituição das rendas e transferências (p.477). Do mesmo modo, Roine e Waldenström, 2015, p.555-6, 567, consideram as altas alíquotas tributárias marginais um determinante crucial da baixa desigualdade do pós-guerra. Não é grande exagero Piketty (2011, p.10) dizer que "os choques políticos e militares de 1914-45 geraram uma onda de políticas an-

ticapital sem precedentes, o que teve um impacto muito maior na riqueza privada do que as guerras em si".

49. Scheve e Stasavage, 2009, p.218, 235; mas cf. p.218-9 e 235 sobre a questão da causação. Ver também Salverda e Checchi, 2015, p.1618-9. Reino Unido: Lindsay, 2003. Figura 5.13 de <www.waelde.com/UnionDensity> (as ligeiras descontinuidades em torno de 1960 são função da mudança entre conjuntos de dados). Para estatísticas detalhadas, ver esp. Visser, 1989.

50. Weber, 1950, p.325-6. Andreski, 1968, p.20-74, esp. p.73, afirma que os níveis de estratificação têm uma correlação inversa com o grau de participação militar numa dada população.

51. Ligação: Ticchi e Vindigni, 2008, p.4, fornecem referências. Sobre um projeto nunca implementado de criar uma nova Constituição com sufrágio universal, que coincidiu com a *Levée en Masse* da França em 1793, ver p.23 e n.46. Respostas: por exemplo, Acemoglu e Robinson, 2000, p.1182-6; Aidt e Jensen, 2011, esp. p.31. Outros casos: o sufrágio universal foi implementado na Nova Zelândia, na Austrália e na Noruega antes da Primeira Guerra Mundial. Paz: Ticchi e Vindigni, 2008, p.23-4. Citações em Ticchi e Vindigni, 2008, p.29, n.27, p.30, n.38. Sobre as guerras mundiais e as ondas de democratização, ver, por exemplo, Markoff, 1996b, p.73-9; Alesina e Glaeser, 2004, p.220. A constatação de Mansfield e Snyder, 2010, de que a guerra não tem mais que efeitos dispersos na democratização provém, em medida nada insignificante, de sua incapacidade de distinguir entre a guerra com mobilização em massa e outros tipos de conflito.

52. Ticchi e Vindigni, 2008, p.30, com referências, especialmente a respeito da América Latina.

53. Essa ligação foi atribuída a uma variedade de fatores, desde a solidariedade social, os ideais de igualdade e a construção de consenso político relacionados com a guerra até a assertividade da classe trabalhadora, em decorrência do pleno emprego e da sindicalização, o enorme aumento das despesas e da capacidade estatais e a função das promessas de reforma no pós-guerra, elevadoras do moral. Titmuss, 1958, é uma afirmação clássica (para uma breve pesquisa do debate sobre a posição dele, ver Laybourn, 1995, p.209-10). Entre os estudos recentes, Klausen, 1998, fornece a argumentação mais convincente sobre a importância crucial da Segunda Guerra para a criação do Estado de bem-estar social no pós-guerra, em diferentes países, enquanto Fraser, 2009, p.246-8, faz uma sólida argumentação sobre o Reino Unido, especificamente, tal como faz Kasza, 2002, p.422-8, a respeito do Japão; este último também teoriza concisamente a relação entre a guerra total e o bem-estar social, enfatizando a demanda de soldados e trabalhadores saudáveis, os efeitos da ausência de responsáveis masculinos pelo ganha-pão, as conclamações à justiça social e à igualdade de sacrifício até para as elites, e a urgência induzida pela guerra e promotora de mudanças rápidas (p.429-31). Ver, ainda, Briggs, 1961; Wilensky, 1975, p.71-4; Janowitz, 1976, p.36-40; Marwick, 1988, p.123; Hamilton, 1989, p.85-7; Lowe, 1990; Porter, 1994, p.179-92, 288-9; Goodin e Dryzek, 1995; Laybourn, 1995, p.209-

26; Sullivan, 1996, p.48-9; Dutton, 2002, p.208-19; Kasza, 2002, p.428-33; Cowen, 2008, p.45-59; Estevez-Abe, 2008, p.103-11; Fraser, 2009, p.209-18, 245-86; Jabbari, 2012, p.108-9; Michelmore, 2012, p.17-9; Wimmer, 2014, p.188-9; cf., em termos mais gerais, Addison, 1994. Esse efeito pôde espirrar até mesmo para as colônias: ver Lewis, 2000, quanto ao Quênia. Sobre o papel da ampliação do Estado, ver também Berkowitz e McQuaid, 1988, p.147-64, esp. p.147; Cronin, 1991; cf. Fussell, 1989; Sparrow, 2011, sobre o impacto da Segunda Guerra Mundial na cultura; similarmente, Kage, 2010, que observa que a mobilização para a Segunda Guerra Mundial produziu maior engajamento cívico na geração que atingiu a maioridade mais ou menos naquela época. Bauer et al., 2016, esp. p.42-3, Tabela 2 e Figura 1, examinam estudos que constataram que a exposição à violência da guerra tende a aumentar o comportamento pró-social e a participação comunitária. Ritter, 2010, p.147-62, oferece uma pesquisa geral das reformas do bem-estar social no pós-guerra em vários países.

54. *The Times*, 1 jul 1940, citado por Fraser, 2009, p.358.

55. Roine e Waldenström, 2015, p.555.

56. Beveridge, 1942, p.6.

57. Lindert e Williamson, 2015, p.218 (citação), e p.206, com outra lista desses seis fatores. Milanovic, 2016, p.56, Tabela 2.1, faz uma argumentação em moldes similares, diferenciando as forças igualadoras "malignas", como guerras, falência estatal e epidemias, de fatores "benignos", identificados como pressões sociais através da política (exemplificadas pelo socialismo e pelos sindicatos de trabalhadores), educação, envelhecimento e mudança tecnológica a favor dos indivíduos com baixa qualificação. Therborn, 2013, p.155-6, consegue separar a "reforma social pacífica de amplo alcance", no período de 1945 a aproximadamente 1980, dos choques violentos anteriores. Sobre o cerceamento da imigração, ver Turchin, 2016a, p.61-4. Como ilustram Lindert e Williamson, 2015, p.201, Figura 8-3, os salários relativos do setor financeiro norte-americano despencaram justamente durante a Segunda Guerra Mundial, depois de haverem crescido um pouco durante a década de 1930. Sobre as mudanças descontínuas na valorização das qualificações nos Estados Unidos, ver, neste volume, cap.13, p.407-8; sobre os índices de sindicalização, ver, neste volume, cap. p.185-7; sobre as consequências potencialmente desigualadoras do envelhecimento da população, ver, neste volume, cap.16, p.457-8.

58. Ver a literatura aqui citada na n.53. A política econômica, em particular, foi sensível aos efeitos da guerra; para citar apenas um exemplo, Soltow e Van Zanden, 1998, p.195, notam que 1918 e 1945 foram pontos focais do debate público sobre como deveria organizar-se a economia holandesa nos Países Baixos. Ainda que Durevall e Henrekson, 2011, tenham razão em afirmar que, a longo prazo, o crescimento da participação do Estado no PIB foi sobretudo uma função do crescimento econômico, e não impulsionado por um efeito catraca de saltos relacionados com a guerra, o crescimento econômico em si não pode explicar a emergência da tributação progressiva impulsionada pela guerra nem da regulação que conduziu a um nivelamento

sustentado. Lindert, 2004, que faz um levantamento da ascensão do Estado de bem-estar social a longo prazo e em relação ao desenvolvimento econômico, chama as décadas de 1930 e 1940 de "divisor crucial de águas" em que a guerra e o medo promoveram a democracia social (p.176), embora só na década de 1970 a expansão dos sistemas ocidentais de bem-estar tenha chegado a sua conclusão.

59. Obinger e Schmitt, 2011 (Estado de bem-estar social); Albuquerque Sant'Anna, 2015 (Guerra Fria). A natureza dos fatores imediatos (afora as alíquotas de imposto marginal) mediante os quais o poder militar soviético pode ter afetado as participações dos mais ricos na renda é um tema que necessita de investigação. Sobre o futuro da guerra, cf., neste volume, cap.16, p.466-71.

6. Guerra pré-industrial e guerra civil (p.193-230)

1. Figura 6.1 de Scheve e Stasavage, 2016, p.177, Figura 7.1.
2. A simples presença de grandes exércitos não atende a esse critério, necessariamente: na China de 1850, por exemplo, quase 9 milhões de pessoas teriam que servir nas forças armadas para ultrapassar um limiar de 2%. Tanto quanto podemos afirmar, isso não aconteceu nem mesmo durante a Rebelião Taiping: ver, neste volume, cap.8, p.238-40.
3. Bank, Stark e Thorndike, 2008, p.23-47 sobre a guerra civil, esp. p.31-4 e 41-2.
4. Turchin, 2016a, p.83, Tabela 4.4, p.139, 161. Sobre as evidências dos dados censitários, ver adiante, n.7, e também Soltow, 1975, p.103. Entre 1860 e 1870, o coeficiente de Gini estimado da renda dos bens imóveis subiu de 0,757 para 0,767, e a participação do 1% mais rico elevou-se de 25% para 26,5% – mudanças bem situadas dentro das margens de erro prováveis: Lindert e Williamson, 2016, p.122, Tabela 5-8. Os Ginis da renda subiram 6,1 pontos na Nova Inglaterra, 3,1 pontos nos estados do Médio Atlântico, 6,7 pontos nos estados do nordeste e 5,9 pontos nos estados do noroeste, enquanto as participações correspondentes do 1% mais rico na renda subiram de 7%, 9,1%, 7% e 6,9%, respectivamente, para 10,4%, 9,2%, 9,1% e 9,7%: p.116, Tabela 5-7A, p.154, Tabela 6-4A.
5. Escravos como riqueza: Wright, 2006, p.60, Tabela 2.4, com p.59, Tabela 2.3 (as terras agrícolas e as construções respondiam por 36,7% da riqueza privada sulista). Cf. também Piketty, 2014, p.160-1, Figuras 4.10-1, a respeito das décadas anteriores. Ginis: Lindert e Williamson, 2016, p.38, Tabela 2-4; p.116, Tabela 5-7; cf. também p.115, Tabela 5-6, sobre 1850. Posse de escravos: Gray, 1933, p.530, com Soltow, 1975, p.134, Tabela 5.3.
6. Sou extremamente grato a Joshua Rosenbloom e Brandon Dupont, que, com muita generosidade, calcularam esses resultados para mim a partir de IPUMS-USA, <usa.ipums.org/usa>. Quanto à natureza desses dados, ver Rosenbloom e Stutes, 2008, p.147-8.
7. Os Ginis da riqueza global de todos os sulistas nos dados da IPUMS-USA foram 0,8 em 1860 e 0,74 em 1870. Estudos anteriores calcularam um nivelamento mais

moderado durante aquela década. Soltow, 1975, p.103, calcula Ginis de riqueza de 0,845 para os sulistas libertos em 1860 e de 0,818 para os sulistas brancos em 1870. Jaworski, 2009, p.3, 30, Tabela 3, p.31, baseando-se em 6.818 indivíduos de todo o território dos Estados Unidos, estudados em 1860 e em 1870, computa um declínio do Gini da riqueza de 0,81 para 0,75 no Atlântico Sul, causado pelos prejuízos na camada superior, e uma elevação de 0,79 para 0,82 na região centro-sul, causada pela rápida acumulação de riqueza pelos trabalhadores de colarinho branco. Rosenbloom e Dupont, 2015, analisaram a mobilidade da riqueza nessa década e constataram uma reviravolta considerável no topo da distribuição da riqueza. Renda de bens imóveis: Lindert e Williamson, 2016, p.122, Tabela 5-8; Tabela 2.4; p.116, Tabela 5-7; p.154, Tabela 6-4A (todos os Ginis foram arredondados para dois dígitos à direita da vírgula). Para uma comparação entre as famílias de libertos em 1860 e as famílias brancas em 1870, ver p.116, Tabela 5-7, e p.155, Tabela 6-4B, sobre reduções de 32%, 23% e 49% em relação aos níveis de 1860 na participação dos mais ricos na renda em 1860, e reduções do coeficiente de Gini de 4, 3 e 8 pontos.

8. As recuperações aceleradas da participação dos mais ricos na renda, nos Estados Unidos e no Japão da década de 1920, parecem ter sido apenas exceções parciais.
9. Citação baseada em Schütte, 2015, p.72.
10. Clausewitz, 1976, p.592.
11. Ver, neste volume, cap.8, p.254-61.
12. Em consonância com o foco geral deste livro, refiro-me aqui a sociedades sedentárias com nível de Estado, deixando de lado outros tipos diferentes, como grupos em pequena escala que travam guerras esporádicas ou sazonais com altos índices de participação, ou populações pastorais das estepes, como as hordas de Gêngis Khan e seus sucessores, que atraíam grande parte da população masculina adulta.
13. Kuhn, 2009, p.50 (dinastia Song); Roy, 2016, cap.3 (Império Mogol); Rankov, 2007, p.37-58 (as cifras mais altas em relação à Antiguidade Tardia não são dignas de crédito: Elton, 2007, p.284-5); Murphey, 1999, p.35-49 (otomanos).
14. Hsu, 1965, p.39, Tabela 4, p.89; Li, 2013, p.167-75, 196. O discurso político do período mostrava maior atenção ao povo, assinalando sua pobreza e sua aflição, que o Estado deveria aliviar: surgiram afirmações como "beneficiar o povo" ou "amar o povo": Pines, 2009, p.199-203.
15. Li, 2013, p.191-4; Lewis, 1990, p.61-4; Lewis, 1999, p.607-8, 612.
16. Li, 2013, p.197; Lewis, 1990, p.15-96, esp. p.64 (citação).
17. Campanhas: Li, 2013, p.187-8; Lewis, 1999, p.628-9; Lewis, 1999, p.625-8 (tamanho dos exércitos); Li, 2013, p.199; Bodde, 1986, p.99-100 (baixas); Li, 2013, p.194 (Henei). A mobilização de 100 mil soldados num reino de 5 milhões de pessoas ultrapassaria o já mencionado limiar de 2%.
18. Lewis, 2007, p.44-5; Hsu, 1965, p.112-6; Sadao, 1986, p.556; Lewis, 2007, p.49-50. Citação de Lewis, 2007, p.50.
19. Falkenhausen, 2006, p.370-99, esp. p.391, e p.412, invocando tanto o igualitarismo quanto a militarização. Isso forma um contraste bastante incômodo com o desa-

parecimento desse tipo de armas em túmulos de Qin, possivelmente por razões utilitárias (p.413).

20. Quanto aos impostos mais elevados de Qin, não há como sabermos ao certo se isso era verdade ou mera propaganda hostil: Scheidel, 2015b, p.178, n.106.
21. Scheidel, 2008, faz um exame do debate sobre o número dos cidadãos romanos. Sobre os índices de mobilização, ver esp. Hopkins, 1978, p.31-5; Scheidel, 2008, p.38-41. Lo Cascio, 2001, defende uma base populacional maior e uma participação menor.
22. Lívio 24.11.7-8, com Rosenstein, 2008, p.5-6. Sobre Atenas, ver adiante.
23. Hansen, 2006b, p.28-29, 32 (população); Ober, 2015a, p.34, Figura 2.3 (territórios); Hansen e Nielsen, 2004; Hansen, 2006a (natureza da pólis).
24. Ober, 2015a, p.128-37, esp. p.128-30 (citação: p.130), p.131 (citações), p.131-2, 135-6.
25. Alguns estudiosos postulam um vínculo (causal) estreito, enquanto outros duvidam dele. Van Wees, 2004, p.79, e Pritchard, 2010, p.56, estão entre as vozes mais críticas. Ver Van Wees, 2004, p.166-97, a propósito do caráter misto das primeiras falanges. Direitos: Ober, 2015a, p.153.
26. Plutarco, *Licurgo* 8.1 (tradução para o inglês de Richard J.A. Talbert).
27. Hodkinson, 2000. Concentração: p.399-45, esp. p.399, 437. Sobre o efeito desigualador dos recursos hereditários, ver, neste volume, cap.1, p.52-3.
28. Ver Scheidel, 2005b, p.4-9, para uma descrição mais completa de toda essa sequência de acontecimentos. Pritchard, 2010, p.56-9, exorta à moderação. Citação: Heródoto, 5.78.
29. Citação: Velho Oligarca 1.2, extraída de Van Wees, 2004, p.82-3. Cf. também Aristóteles, *Política*, 1304a: "Quando a horda naval foi responsável pela vitória em Salamina e, com isso, pela hegemonia de Atenas, que se baseava em seu poder marítimo, ela fortaleceu a democracia." Note-se que o caráter inegavelmente polêmico desta e de outras afirmações similares não as torna necessariamente inverídicas, como ficou implícito em Pritchard, 2010, p.57. Hansen, 1988, p.27 (baixas atenienses); Hansen, 1985, p.43 (Guerra de Lâmia).
30. Ober, 2015b, p.508-12; Van Wees, 2004, p.209-10, 216-7.
31. Ônus fiscal: ver Pyzyk, no prelo, com Ober, 2015b, p.502. Nesse cenário, o 1% (aproximadamente) mais rico de atenienses teria recebido apenas 5% a 8% de toda a renda privada. Um modelo revisto, que duplica as rendas médias desse grupo, reduziria o ônus tributário a um oitavo (e duplicaria a participação do 1% mais rico na renda para cerca de 13%), porém ainda implica um ônus fiscal mais alto para as oitocentas famílias mais ricas seguintes: Ober, 2015b, p.502-3; 2016, p.10 (duplicação da renda da elite). Sobre a natureza da riqueza ateniense, ver Davies, 1971; 1981. Tributação da renda: isso desconsidera o efeito adicional das cobranças emergenciais ocasionais do imposto sobre bens imóveis, indo muito além da média presumida nos meus cálculos: ver Tucídides 3.19.1 a propósito de uma cobrança, em 428 a.C., equivalente ao custo anual de equipar trezentos navios de guerra.
32. Citação: Teofrasto, *Caracteres* 26.6, citado a partir de Van Wees, 2004, p.210. Ginis da posse da terra: Scheidel, 2006, p.45-6, resumindo Osborne, 1992, p.23-4; Foxhall,

1992, p.157-8; Morris, 1994, p.362, n.53; 2000, p.141-2. Ver também, atualmente, Ober, 2015a, p.91.

33. Ginis da renda e da riqueza: Ober, 2016, p.8 (e cf. 2015a, p.91-3); Kron, 2011; 2014, p.131. A desigualdade da riqueza seria muito mais alta ao serem incluídos os estrangeiros residentes e, em especial, os escravos, como foi assinalado por Ober, 2015a, p.343, n.45. Salários reais: Scheidel, 2010, p.441-2, 453, 455-6; Ober, 2015a, p.96, Tabela 4.7. Foxhall, 2002, enfatiza a distância entre o igualitarismo político radical e o igualitarismo mais limitado dos recursos. Gastos públicos: Ober, 2015b, p.499, Tabela 16.1, p.504.
34. Morris, 2004, p.722; Kron, 2014, p.129, Tabela 2.
35. Assim como no período moderno, não há provas convincentes de que a democracia, por si só, restringisse a desigualdade: ver, neste volume, cap.12, p.396-8. A julgar pela breve pesquisa já fornecida da história ateniense, é possível que a mobilização militar em massa e a democratização estivessem ligadas de maneira semelhante à que se deu no período das guerras mundiais (ver, neste volume, p.212-5). Falta de consolidação: Foxhall, 2002, p.215. Note-se também a alusão de Aristóteles, vaga a ponto de ser inútil, a antigas leis de "muitos lugares" que haviam limitado a aquisição de terras (*Política*, 1319a).
36. Tilly, 2003, p.34-41; Toynbee, 1946, p.287. Gat, 2006, e Morris, 2014, fizeram uma pesquisa da natureza mutável da guerra ao longo da história. Lamento citado por Morris, 2014, p.86.
37. Yamada, 2000, p.226-36, esp. p.227 (citação), 234, 260; Oded, 1979, p.78-9; ver também, neste volume, cap.1, p.78 (distribuição).
38. Nobreza: Thomas, 2008, p.67-71, esp. p.68; Morris, 2012, p.320-1. Nova distribuição: Thomas, 2008, p.48-9, com base em Thomas, 2003; Thomas, 2008, p.69. As mudanças na distribuição espacial da posse da terra (substituição de propriedades inglesas dispersas por propriedades normandas mais compactas) não teriam afetado esse processo, e a ascensão posterior da primogenitura meramente ajudou a preservar os patrimônios existentes: Thomas, 2008, p.69-70, 102.
39. Prato: Guasti, 1880; Alfani e Ammannati, 2014, p.19-20. Augsburgo: ver, neste volume, cap.11, p.364-71.
40. Alvarez-Nogal e Prados de la Escosura, 2013, p.6, Figura 3; p.9, Figura 3; p.21, Figura 8; ver também, neste volume, cap.3, p.118, Figura 3.3 (Espanha); Arroyo Abad, 2013, p.48-9 (Venezuela).
41. Desigualdade geral: Fearon e Laitin, 2003; Collier e Hoeffler, 2004. Desigualdade intergrupal: Ostby, 2008; Cederman, Weidmann e Skrede, 2011. Desigualdade de estatura: Baten e Mumme, 2013. Desigualdade das terras: Thomson, 2015.
42. Bircan, Brück e Vothknecht, 2010, esp. p.4-7, 14, 27. O título desta seção cita um assassino hutu, rememorando o genocídio ocorrido quase no fim da guerra civil de Ruanda, em 1990-4: Hatzfeld, 2005, p.82. As narrativas dos criminosos servem de referência para algumas observações feitas no estudo: "Não se pode dizer que tenhamos sentido falta dos campos. ... Muitos enriqueceram de repente. ... Os comissários encarregados não nos cobravam impostos" (p.63, 82-3).

43. Citação: Bircan, Brück e Vothknecht, 2010, p.7. Década de 1830: Powelson, 1988, p.109.
44. Sobre guerra civil e desenvolvimento, ver, por exemplo, Holtermann, 2012. Espanha: Alvaredo e Saez, 2010, esp. p.493-4; WWID. Figura 6.2 reproduzida de Prados de la Escosura, 2008, p.302, Figura 6.
45. Prados de la Escosura, 2008, p.294, Figura 2 (Gini dos salários); p.288, Tabela 1 (PIB 1930-52); p.309, Figura 9 (pobreza em 1935-50); p.301 (citação).
46. Shatzman, 1975, p.37-44.
47. Scheidel, 2007, p.329-33.
48. Citação no texto: devo essa oportuna caracterização da atividade militar a Mike Huckabee, ex-governador do estado do Arkansas, que a ofereceu no primeiro debate presidencial das primárias do Partido Republicano, em 6 ago 2015.

7. Comunismo (p.233-53)

1. Sobre Alemanha, França, Reino Unido e Estados Unidos, ver, neste volume, cap.5, p.154. Quase todos os índices da Itália fornecidos em Brandolini e Vecchi, 2011, p.39, Figura 8, mostram uma desigualdade em moderado declínio entre 1911 e 1921, mas a resolução é insuficiente para deslindar os desdobramentos havidos durante a guerra e no pós-guerra imediato, que pode ter assistido a uma recuperação.
2. Gatrell, 2005, p.132-53.
3. Leonard, 2011, p.63. Citação: Tuma, 1965, p.92-3.
4. Tuma, 1965, p.92-3 (primeiro decreto); Davies, 1998, p.21 (outros decretos); Figes, 1997, p.523 ("povo antigo"). Desurbanização: Davies, 1998, p.22; sobre São Petersburgo, ver Figes, 1997, p.603; ver p.603-12 sobre a fome e o despovoamento dos centros urbanos por falta de alimentos. Figes, 1997, p.522 (*Pravda*); Lênin, "Como organizar a emulação?", dez 1917, citado em Figes, 1997, p.524.
5. Powelson, 1988, p.119 (terra); Tuma, 1965, p.91, 94 (citações).
6. Leonard, 2011, p.64; Davies, 1998, p.18-9 (comunismo na guerra); Tuma, 1965, p.95 (citação); Powelson, 1988, p.120 (comitês); Figes, 1997, p.620 (membros trazidos de fora); Ferguson, 1999, p.394 (primeira citação de Lênin); Figes, 1997, p.618 (segunda citação de Lênin).
7. Tuma, 1965, p.96 (consequências); Powelson, 1988, p.120 (coletividades); Leonard, 2011, p.67 (famílias); Davies, 1998, p.19 (inflação).
8. NPE: Leonard, 2011, p.65; Tuma, 1965, p.96. Recuperação: Leonard, 2011, p.66; Tuma, 1965, p.97. Diferenciação: Tuma, 1965, p.97; Leonard, 2011, p.67. Capital: Davies, 1998, p.25-6.
9. Davies, 1998, p.34 (cereais); Tuma, 1965, p.99 (terra); Powelson, 1988, p.123 (Stálin). Allen, 2003, p.87, assinala o potencial de aumento da desigualdade rural na década de 1920, por falta de organização comunitária.

10. Tuma, 1965, p.99; Powelson, 1988, p.123; Werth, 1999, p.147-8.
11. Leonard, 2011, p.69 (coletivização); Werth, 1999, p.146, 150-1, 155; Davies, 1998, p.51 (violência).
12. Werth, 1999, p.169, 190, 206-7, 191-2, 207; Davies, 1998, p.46, 48-50. O consumo alimentar de vegetais pelos camponeses manteve-se estável, enquanto o consumo de animais caiu: Allen, 2003, p.81, Tabela 4.7.
13. Davies, 1998, p.54.
14. Participação na renda e Gini: Nafziger e Lindert, 2013, p.38, 26, 39; cf. Gregory, 1982. Nafziger e Lindert, 2013, p.34 (proporção). Ginis: Nafziger e Lindert, 2013, p.34; SWIID. Proporções: Nafziger e Lindert, 2013, p.34. Flakierski, 1992, p.173, documenta uma variação de 2,83 para 3,69 entre 1964 e 1981. Sobre um ligeiro aumento dessa proporção na década de 1980, ver Flakierski, 1992, p.183. Estados Unidos: <stats.oecd.org/index.aspx?queryid=46189>.
15. Davies, 1998, p.70; Flakierski, 1992, p.178. É claro que o acesso das elites partidárias a importações de luxo aumentou a desigualdade efetiva do consumo.
16. Milanovic, 1997, p.12-3, 21-2, 40-1, 43-5; Credit Suisse, 2014, p.53.
17. Treisman, 2012.
18. Moise, 1983, p.27 (afirmações); Brandt e Sands, 1992, p.182 (metade); isso não era exagerado pelos padrões da época (p.184). Walder, 2015, p.49-50, cita a estimativa de que 2,5% da população possuíam quase 40% de todas as terras no fim da década de 1930. Moise, 1983, p.28; Hinton, 1966, p.209.
19. Moise, 1983, p.33-4, 37-8.
20. Moise, 1983, p.44-5; Dikötter, 2013, p.65.
21. Moise, 1983, p.48, 51, 55-6.
22. Moise, 1983, p.56, 67-68, 102-12. Sobre reforma agrária em geral, ver Walder, 2015, p.40-60. Consequências: Margolin, 1999b, p.478-9; Dikötter, 2013, p.73-4, 76 (citação).
23. Dikötter, 2013, p.74, 82-3. Para números mais altos, cf. Margolin, 1999b, p.479 (2 milhões a 5 milhões de mortos, mais 4-6 milhões mandados para campos de concentração).
24. Moise, 1983, p.138-9; Hinton, 1966, p.592. Ver também Walder, 2015, p.49-50: a participação dos 2,5% mais ricos na posse da terra caiu de quase 40% na década de 1930 para 2%, vinte anos depois, e de 18% para 6,4% entre os 3,5% mais ricos seguintes da população, enquanto a participação dos pobres e camponeses médios subiu de 24% para 47%.
25. Margolin, 1999b, p.482-4; Dikötter, 2013, p.166-72; Walder, 2015, p.76-7.
26. Dikötter, 2013, p.237-8, 241; Walder, 2015, p.95-7. As unidades de trabalho tornaram-se fornecedoras de bem-estar social, como assistência à saúde, pensões e habitação (ibid., p.91-4).
27. Margolin, 1999b, p.498.
28. Brandt e Sands, 1992, p.205 (anos 1930); ver também Walder, 2015, p.331, Tabela 14.2. Ginis: SWIID; Xie e Zhou, 2014, p.6930, 6932; Walder, 2015, p.331. Nível: Xie e Zhou,

2014, p.6931, Figura 2, para uma visualização; sobre Kuznets, ver, neste volume, cap.13, p.401-6. Para estatísticas semelhantes sobre a riqueza (0,45 em 1995, 0,55 em 1995 e 0,76 em 2010), ver Bourguignon, 2015, p.59-60, com base em Zhong et al., 2010 (com uma atribuição errônea de Bourguignon), e Li, 2014. As grandes defasagens entre as rendas urbanas e rurais remontam aos anos de Mao: Walder, 2015, p.331-2.

29. Desigualdade: Moise, 1983, p.150-1; cf. Nguyen, 1987, p. 113-4, sobre os anos 1930. Reforma e resultados: Moise, 1983, p.159-60, 162-5, 167, 178-9, 191-214, 222; Nguyen, 1987, p.274, 288, 345-7, 385-451, 469-70.

30. Coreia do Norte: Lipton, 2009, p.193. Rigoulot, 1999, resume a natureza do terrorismo comunista nesse país. Cuba: Barraclough, 1999, p.18-9. Nicarágua: Kaimowitz, 1989, p.385-7; Barraclough, 1999, p.31-2.

31. Margolin, 1999a.

32. Courtois, 1999, p.4 (contagem de mortos).

8. Antes de Lênin (p.254-78)

1. Desigualdade: Morrisson e Snyder, 2000, p.69-70, e p.61-70 sobre a desigualdade pré-revolucionária em geral. Ver também Komlos, Hau e Bourguinat, 2003, p.177-8, sobre as diferenças francesas de estatura corporal no século XVIII, conforme a classe social. Sistema tributário: Aftalion, 1990, p.12-5; Tuma, 1965, p.59-60. Acesso à terra: Hoffman, 1996, p.36-7; Sutherland, 2003, p.44-5. Aftalion, 1990, p.32-3 (camponeses, piora); Marzagalli, 2015, p.9 (aluguéis e preços).

2. Tuma, 1965, p.56-7, 60-2; Plack, 2015, p.347-52; Aftalion, 1990, p.32, 108. Citação: Plack, 2015, p.347, de Markoff, 1996a. Ver também Horn, 2015, p.609.

3. Tuma, 1965, p.62-3; Aftalion, 1990, p.99-100, 187; Plack, 2015, p.354-5.

4. Aftalion, 1990, p.100, 185-6; Morrisson e Snyder, 2000, p.71-2; Postel-Vinay, 1989, p.1042; Doyle, 2009, p.297.

5. Aftalion, 1990, p.130-1, 159-60.

6. Doyle, 2009, p.249-310, esp. p.287-9, 291-3.

7. Citado a partir de Doyle, 2009, p.297-8.

8. Nivelamento: ver esp. Morrisson e Snyder, 2000, p.70-2, e Aftalion, 1990, p.185-7. Salários reais: Postel-Vinay, 1989, p.1025-6, 1030; Morrisson e Snyder, 2000, p.71.

9. Morrisson e Snyder, 2000, p.71; Aftalion, 1990, p.193; Doyle, 2009, p.294.

10. Tabela 8.1 de Morrisson e Snyder, 2000, p.74, Tabela 8. Mas cf. ibid., p.71: "Não há indicadores viáveis que possam ser usados para nos aproximarmos de como a distribuição de renda modificou-se entre 1790 e a década de 1830."

11. Morrisson e Snyder, 2000, p.69, Tabela 6, situam a participação na renda do decil superior pré-revolucionário em 47% a 52%. Desdobramentos pós-revolucionários: Tuma, 1965, p.66; Doyle, 2009, p.295. Sobre as participações da riqueza privada, cf. Piketty, 2014, p.341.

12. Kuhn, 1978, p.273-9 (citação: p.278); Platt, 2012, p.18; Bernhardt, 1992, p.101; Spence, 1996, p.173 (citação).

13. Ver Bernhardt, 1992, p.102, sobre a falta de provas de que algum dia ele tenha sido sequer mencionado nos registros de Jiangnan. Relações: Kuhn, 1978, p.279-80; 293-4; Bernhardt, 1992, p.103-5, 116.
14. A citação no título da seção veio da narrativa de Thomas Walsingham sobre a revolta dos camponeses ingleses em 1381, citada a partir de Dobson, 1983, p.132.
15. Tuma, 1965, p.111; Powelson, 1988, p.218-29; Barraclough, 1999, p.10-1.
16. Tuma, 1965, p.121-3; Barraclough, 1999, p.12; Lipton, 2009, p.277.
17. Bolívia: Tuma, 1965, p.118, 120-3, 127-8; Barraclough, 1999, p.12, 14-6; Lipton, 2009, p.277. El Salvador: Anderson, 1971; ver também o final deste capítulo. Sobre a reforma agrária em termos mais gerais, ver, neste volume, cap.12, p.376-90.
18. Deng, 1999, p.363-76, 247, Tabela 4.4, p.251 (citação). Embora a maioria das rebeliões registradas tenha fracassado, nada menos que 48 novos regimes foram instaurados por rebeldes nesse período (p.223-4, Tabela 4.1). Quase todas as rebeliões foram desencadeadas pela agitação rural.
19. Mousnier, 1970, p.290.
20. Circunceliões: Shaw, 2011, p.630-720 (citações de santo Agostinho nas p.695-6), e p.828-39 para uma dissecação dos construtos historiográficos modernos. Bagaudas: por exemplo, Thompson, 1952, rejeitado por Drinkwater, 1992.
21. Ver Fourquin, 1978, sobre rebeliões populares na Idade Média; Cohn, 2006, sobre as revoltas sociais no fim da Idade Média, com a coleção de fontes de Cohn, 2004; Mollat e Wolff, 1973, especificamente sobre o fim do século XIV; Neveux, 1997, sobre os séculos XIV a XVII; e também Blickle, 1988. Sobre o início do período moderno, ver Mousnier, 1970, sobre a França, a Rússia e a China seiscentistas; ver Bercé, 1987, sobre as guerras do campesinato nos séculos XVI a XVIII. Sobre os países nórdicos no período medieval e início do período moderno, ver Katajala, 2004. Números: Blickle, 1988, p.8, 13 (Alemanha). Cohn, 2006, cobre mais de mil eventos, cerca de uma centena dos quais estão documentados em Cohn, 2004. Flandres: TeBrake, 1993; ver também Cohn, 2004, p.36-9, sobre as fontes. *Chronicon comitum Flandrensium*, citação extraída de Cohn, 2004, p.36-7.
22. TeBrake, 1993, p.113-9, 123, 132-3; *Chronicon comitum Flandrensium*, citação extraída de Cohn, 2004, p.37.
23. Cohn, 2004, p.143-200, sobre a rebelião, e p.152 sobre o cavaleiro assado. Citações: *Chronique*, de Jean de Venette, em Cohn, 2004, p.171-2.
24. 1381: Hilton, 1973; Hilton e Aston (orgs.), 1984; Dunn, 2004. Dobson, 1983, coleciona fontes. Citações: *Chronicon Henrici Knighton*, em Dobson, 1983, p.136, e Tyler, tal como parafraseado pela *Anonimalle Chronicle*, em Dobson, 1983, p.165.
25. Florença: Cohn, 2006, p.49-50, com fontes em Cohn, 2004, p.367-70. Espanha: Powelson, 1988, p.87. Alemanha: Blickle, 1988, p.30; 1983, p.24-5. Gaismair: ibid., p.224-5; cf. p.223-36 sobre outros radicais. Fracasso: p.246; 1988, p.31.
26. Sobre a Bulgária, ver Fine, 1987, p.195-8 (citação: p.196). Cossacos: Mousnier, 1970, p.226.
27. Idade Média: Cohn, 2006, p.27-35, 47. Peste Negra: esp. Mollat e Wolff, 1973, com Cohn, 2006, p.228-42. Fases posteriores: Bercé, 1987, p.220.

28. Bercé, 1987, p.157, 179, 218 (citação).
29. Fuks, 1984, p.19, 21, 25-6.
30. Argos: Fuks, 1984, p.30, predominantemente baseado em Diodoro 15.57-8.
31. Tessalonica: Barker, 2004, p.16-21, esp. p.19. Itália: Cohn, 2006, p.53-75. O cabeçalho da seção foi extraído das *Cronache di Viterbo*, de Niccola della Turcia, narrando o lema dos rebeldes de Viterbo em 1282, quando os nobres locais foram expulsos da cidade, citado a partir de Cohn, 2004, p.48. Causas: Cohn, 2006, p.74, 97. Ciompi: Cohn, 2004, p.201-60 sobre fontes.
32. Jacquerie: autor anônimo, *c*.1397-99, citado a partir de Cohn, 2004, p.162. El Salvador: Anderson, 1971, p.135-6, 92 (citações). Citação: ver, neste volume, p.274. Jacobinos: Gross, 1997.
33. Ver Milanovic, 2013, p.14, Figura 6.
34. Ranis e Kosack, 2004, p.5; Farber, 2011, p.86; Henken, Celaya e Castellanos, 2013, p.214; mas cf. também Bertelsmann Stiftung, 2012, p.6, quanto à cautela, e Veltmeyer e Rushton, 2012, p.304, sobre uma estimativa cubana mais baixa em 2000 (0,38). O SWIID registra um declínio de 0,44 em 1962 para 0,35 em 1973 e 0,34 em 1978. Em vista disso, vale a pena considerar se o efeito do comunismo na política social das nações do Ocidente (ver, neste volume, cap.5, p.192) foi sua contribuição mais duradoura para a equiparação econômica.

9. Falência do Estado e colapso dos sistemas (p.281-314)

1. Rotberg, 2003, p.5-10, lista características da falência estatal por uma perspectiva moderna. Sobre a natureza e as limitações dos Estados pré-modernos, ver Scheidel, 2013, p.16-26. Tilly, 1992, p.96-9, identifica as funções essenciais do Estado com clareza exemplar.
2. Tainter, 1988, p.4 (citação), p.19-20. Sobre exemplos históricos, vários dos quais são abordados neste capítulo, ver p.17-32.
3. Renfrew, 1979, p.483.
4. Esquemas fundiários da dinastia Tang: Lewis, 2009b, p.48-50, 56, 67, 123-5; cf. também Lewis, 2009a, p.138-40, quanto a esquemas anteriores de equalização dos campos. Citação: Lewis, 2009b, p.123. Aristocracia: Tackett, 2014, p.236-8 (citação: p.238).
5. Huang Chao: Tackett, 2014, p.189-206. Citações: p.201-3.
6. Tackett, 2014, p.208-15 (citação: p.209-10).
7. Epitáfios: Tackett, 2014, p.236; p.225, Figura 5.3: sua frequência baixou de aproximadamente 150-200 por década, no período de 800 a 880 d.C., para nove por década durante as quatro décadas seguintes. Troca de famílias: p.231-4.
8. Nas sociedades em que a renda da elite, numa medida significativa, era função de ganhos diretamente derivados do exercício do poder político, a falência do Estado devia afetar as elites de modo mais desproporcional do que as guerras, que interferiam apenas na atividade econômica. O efeito da Guerra de Secessão nor-

te-americana nos estados do Sul fornece um exemplo de nivelamento moderado neste último cenário: ver, neste volume, cap.6, p.193-9.

9. Wickham, 2005, p.155-68, é a melhor análise; ver, neste volume, cap.2, p.96-7. Amiano 27.11.1 (citação). Bens: *Life of Melania*, p.11, 19, 20.
10. Colapso: Wickham, 2005, p.203-9. Citações: Gregório, o Grande, *Diálogos* 3.38. Caridade papal: Brown, 1984, p.31-2; cf. Wickham, 2005, p.205.
11. Brown, 1984, p.32 (violência); Wickham, 2005, p.255-7 (citação: p.255), 535-50, 828.
12. Koepke e Baten, 2005, p.76-7; Giannecchini e Moggi-Cecchi, 2008, p.290; Barbiera e Dalla Zuanna, 2009, p.375. Sobre os desafios variados de interpretar a altura humana, ver Steckel, 2009, p.8. Sobre a desigualdade da estatura, ver Boix e Rosenbluth, 2014; cf., neste volume, cap.1, p.75-6.
13. Tamanho das casas: Stephan, 2013. Cf. Abul-Magd, 2002, sobre a distribuição de tamanhos de casas em Amarna (Egito do Novo Reino), e Smith et al., 2014, e Olson e Smith, 2016, sobre a desigualdade no tamanho das casas e do mobiliário na Mesoamérica pré-colombiana. Grã-Bretanha: Esmonde Cleary, 1989; Wickham, 2005, p.306-33, esp. p.306-14.
14. Reproduzido de Stephan, 2013, p.86-7, 90.
15. Ver Stephan, 2013, p.131 (Itália), p.176 (África Setentrional); mas note-se que o coeficiente de Gini das estruturas residenciais da África Setentrional também é mais baixo no período pós-romano do que no período romano: p.182. Vale notar que esse estudo de caso proporciona um contraponto instrutivo para o que ocorreu na Grécia antiga, onde o crescimento econômico e a ampliação do tamanho das casas não coincidiram com uma variação maior, graças, pode-se argumentar, a um conjunto diferente de estruturas e normas sociopolíticas: ver, neste volume, cap.6, p.218. Sobre o nivelamento pós-romano, ver, neste volume, cap.3, p.106-7; sobre a conquista normanda, ver, neste volume, cap.6, p.220-1.
16. Cline, 2014, p.102-38, fornece a pesquisa mais recente das provas desse colapso.
17. Cline, 2014, p.139-70, e Knapp e Manning, 2015, examinam vários fatores. Ver esp. Cline, 2014, p.2-3 (citação), p.1-11, 154-60 (destruição), 140-2 (terremotos), 143-7 (secas), 165, 173; e Morris, 2010, p.215-25 (colapso).
18. Sobre a fase inicial da cultura miceniana, ver Wright, 2008, esp. p.238-9, 243-4, 246.
19. Galaty e Parkinson, 2007, p.7-13; Cherry e Davis, 2007, p.122 (citação); Schepartz, Miller-Antonio e Murphy, 2009, p.161-3. Em determinado centro, Pilos, os esqueletos recuperados de túmulos mais ricos exibem até melhor saúde dental: p.170 (Pilos).
20. Galaty e Parkinson, 2007, p.14-5; Deger-Jalkotzy, 2008, p.387-8, 390-2.
21. Fase final da civilização miceniana: Deger-Jalkotzy, 2008, p.394-7. Sobrevivência temporária da elite: Middleton, 2010, p.97, 101. Sobre as condições no período pós-miceniano, ver Morris, 2000, p.195-256; Galaty e Parkinson, 2007, p.15; Middleton, 2010.
22. Destino da elite: Galaty e Parkinson, 2007, p.15; Middleton, 2010, p.74. Importações: Murray, 2013, p.462-4. Lefkandi: Morris, 2000, p.218-28.

23. Willey e Shimkin, 1973, p.459; cf. 484-7; Culbert, 1988, p.73, 76; Coe, 2005, p.238-9. Coe, 2005, p.111-60, fornece uma pesquisa geral desse período.
24. Colapso dos maias, ver Culbert, 1973, 1988; Tainter, 1988, p.152-78; Blanton et al., 1993, p.187; Demarest, Rice e Rice, 2004b; Coe, 2005, p.161-76; Demarest, 2006, p.145-66. Variação: Demarest, Rice e Rice, 2004a. Causas: Willey e Shimkin, 1973, p.490-1; Culbert, 1988, p.75-6; Coe, 2005, p.162-3; Diamond, 2005, p.157-77; Kennett et al., 2012; cf. também Middleton, 2010, p.28.
25. Coe, 2005, p.162-3 (citação: p.162); ver também Tainter, 1988, p.167: "A classe da elite … deixou de existir."
26. Declínio de Chichén Itzá: Hoggarth et al., 2016. Mayapán: Masson e Peraza Lope, 2014. Plebe: Tainter, 1988, p.167; Blanton et al., 1993, p.189. Benefício: Tainter, 1988, p.175-6. Datas: Sidrys e Berger, 1979, com crítica em Culbert, 1988, p.87-8; Tainter, 1988, p.167-8. Túmulos e dieta: Wright, 2006, p.203-6. Datas do calendário: Kennett et al., 2012.
27. Millon, 1988, p.151-6. Cowgill, 2015, p.233-9, especula sobre o papel de elites intermediárias que teriam enfraquecido o Estado ao se apossarem de recursos anteriormente disponíveis para as autoridades (p.236-7). É possível que emigrados da elite tenham se envolvido na ascensão de centros regionais, após a queda de Teotihuacán.
28. Kolata, 1993, p.104, 117-8, 152-9, 165-9, 172-6, 200-5.
29. Desigualdade: Janusek, 2004, p.225-6. Sobre o colapso, ver Kolata, 1993, p.282-302; Janusek, 2004, p.249-73. Dados específicos: Kolata, 1993, p.269, 299; Janusek, 2004, p.251, 253-7.
30. Wright, 2010, esp. p.308-38, sobre o declínio e a transformação; ver p.117 sobre a variação do tamanho das residências urbanas.
31. Tucídides 1.10; Diamond, 2005, p.175 (Cortéz); Coe, 2003, p.195-224 (colapso da civilização de Angkor).
32. Como assinalou Adams, 1988, p.30, a respeito das antigas cidades mesopotâmicas, entre os mais antigos Estados de que se tem conhecimento na história, "fossem eles inicialmente defensivos ou predatórios em sua orientação, nem as cidades nem Estados maiores, territorialmente organizados, puderam superar em caráter permanente a vulnerabilidade que seus meios físicos e sociais lhes impunham". Egito: Kemp, 1983, p.112.
33. "Império": Scheidel, 2013, p.27, resumindo as definições existentes. Maldição e citação: *The Cursing of Agade*, versão do Babilônico Antigo, p.245-55 ("The Electronic Text Corpus of Sumerian Literature". <etcsl.orinst.ox.ac.uk/section2/tr215.htm>). Kuhrt, 1995, p.44-55, esp. p.52, 55, oferece um resumo da história acadiana e seu final. Ver também, neste volume, cap.1, p.72-3.
34. Kuhrt, 1995, p.115.
35. Sácara: Raven, 1991, p.13, 15-6, 23, e o catálogo das p.23-31 com as lâminas 13-36; ver também, na atualidade, Raven, no prelo. Sobre a data, ver Raven, 1991, p.17-23; Raven et al., 1998.

36. Médio Império do Egito: Raven, 1991, p.23. Tânis: Raven et al., 1998, p.12.
37. Tebas: Cooney, 2011, esp. p.20, 28, 32, 37.
38. Nawar, 2013, p.11-2; *Relatório de Desenvolvimento Humano*, 2014, p.180-1 (e cf. p.163 sobre a falta de uma nota no índice global); <www.theguardian.com/world/2010/may/08/ayaan-hirsi-ali-interview>.
39. Clarke e Gosende, 2003, p.135-9; Leeson, 2007, p.692-4; Adam, 2008, p.62; Powell et al., 2008, p.658-9; Kapteijns, 2013, p.77-9, 93. Hashim, 1997, p.75-122; Adam, 2008, p.7-79; Kapteijns, 2013, p.75-130, oferece descrições gerais do governo de Barre.
40. Nenova e Harford, 2005; Leeson, 2007, p.695-701; Powell et al., 2008, p.661-5. Cf. Mubarak, 1997, sobre a resiliência econômica pós-colapso na Somália.
41. Desigualdade: Nenova e Harford, 2005, p.1; SWIID; Economist Intelligence Unit, 2014. Faço uma paráfrase do discurso de posse do presidente Ronald Reagan em 20 jan 1981: "o governo não é a solução do nosso problema, o governo é o problema".
42. Bens públicos: Blanton e Fargher, 2008, pesquisa transcultural global de caráter pioneiro. Modelo: Moselle e Polak, 2001.

10. A Peste Negra (p.317-40)

1. Citação extraída de Malthus, 1992, p.23 (livro I, cap.II), usando a edição de 1803.
2. Reações: o trabalho de Ester Boserup é um clássico (Boserup, 1965; 1981). Ver esp. Boserup, 1965, p.65-9; Grigg, 1980, p.144; Wood, 1998, p.108, 111. Modelos: Wood, 1998, esp. p.113, Figura 9, com Lee, 1986a, p.101, Figura 1. Controles malthusianos: por exemplo, Grigg, 1980, p.49-144; Clark, 2007a, p.19-111; Crafts e Mills, 2009. Estímulos: ver Lee, 1986b, esp. p.100, quanto ao caráter exógeno da Peste Negra e seu ressurgimento no século XVII na Inglaterra.
3. Sigo principalmente Gottfried, 1983, que ainda é o estudo mais sistemático, e Dols, 1977, no que concerne à narrativa básica, e Horrox, 1994, e Byrne, 2006, quanto às fontes primárias.
4. Gottfried, 1983, p.36-7.
5. Byrne, 2006, p.79.
6. Gottfried, 1983, p.33-76.
7. Gottfried, 1983, p.45.
8. Horrox, 1994, p.33. Sepulturas coletivas: Black Death Network, <bldeathnet.hypotheses.org>. Cf. também, neste volume, cap.11, p.252-3.
9. Horrox, 1994, p.33.
10. Gottfried, 1983, p.77; cf. também p.53 (35-40% no Mediterrâneo); trabalho inédito citado por Pamuk, 2007, p.294; Dols, 1977, p.193-223.
11. Citado por Dols, 1977, p.67. Gottfried, 1983, p.77-128, discute as múltiplas consequências da peste.

12. Por exemplo, Gottfried, 1983, p.16-32; Pamuk, 2007, p.293. Ver, neste volume, p.359-61, sobre as crises do início do século XIV.
13. Horrox, 1994, p.57, 70.
14. Horrox, 1994, p.287-9.
15. Horrox, 1994, p.313, 79.
16. Gottfried, 1983, p.95.
17. Ver esp. Allen, 2001; Pamuk, 2007; Allen et al., 2011. A Figura 10.1 veio de Pamuk, 2007, p.297, Figura 2.
18. A Figura 10.2 veio de Pamuk, 2007, p.297, Figura 3.
19. População e renda: Pamuk, 2007, p.298-9. A Figura 10.3 foi compilada a partir de Clark, 2007b, p.130-4, Tabela A2; ver também p.104, Figura 2.
20. Rápida ascensão: Dols, 1977, p.268-9; cf. p.255-80 sobre as consequências econômicas regionais da peste em geral. Europa: Pamuk, 2007, p.299-300, e ver a Figura 5.9 neste volume. Citação de Dols, 1977, p.270. Doações: p.269-70. Dieta: Gottfried, 1983, p.138, derivado do trabalho de Eliyahu Ashtor.
21. Bizâncio: Morrison e Cheynet, 2002, p.866-7 (salários), p.847-50 (escravos). Istambul: Özmucur e Pamuk, 2002, p.306.
22. Gottfried, 1983, p.129-34, fornece um resumo sucinto.
23. Pamuk, 2007, p.294-5 (artigos de luxo); Dyer, 1998 (mudanças nos padrões de vida); Gottfried, 1983, p.94 (cerveja *ale* e empadões de carne); Turchin e Nefedov, 2009, p.40 (Norfolk); Gottfried, 1983, p.95-6 (leis).
24. Gottfried, 1983, p.94, 97, 103. Contratos de arrendamento: Britnell, 2004, p.437-44. Rendas da terra: Turchin e Nefedov, 2009, p.65. Herdeiros: Gottfried, 1983, p.96. Números e fortunas da elite: Turchin e Nefedov, 2009, p.56, 71-2, 78.
25. Alfani, 2015. A Figura 10.4 foi extraída da p.1084, Figura 7, usando os dados acessíveis em <didattica.unibocconi.it/mypage/dwload.php?nomefile=Database_Alfani_Piedmont20160113114128.xlsx>. Para uma decomposição por cidades e vilarejos, ver p.1071, Figuras 2a-b, e p.1072, Figura 3.
26. Declínio na participação das famílias ricas: Alfani, 2016, p.14, Figura 2 [*recte* Figura 3]. Quanto a esta medida, ver, neste volume, cap.3, p.111-2.
27. Ver esp. Alfani, 2015, p.1078, 1080; ver também Alfani, 2010, para um estudo de caso dos efeitos da peste na cidade de Ivrea, no Piemonte, onde a imigração dos pobres depois da doença elevou de imediato a desigualdade urbana da riqueza. As Figuras 10.1-2 mostram que a peste seiscentista não surtiu um efeito consistente nos salários reais urbanos. Essas diferenças entre as fases da peste do fim da era medieval e do século XVII sublinham a necessidade de um estudo comparativo mais sistemático.
28. Alfani e Ammannati, 2014, p.11-25, esp. p.19, Gráficos 2a-b, e p.25, Figura 2. Esses autores também demonstram por que as afirmações anteriores de David Herlihy sobre o aumento da desigualdade na Toscana, depois da Peste Negra, são incorretas (p.21-3). As Figuras 10.5-6 vieram da p.15, Tabela 2, e da p.29, Tabela 4.
29. A Figura 10.7 veio de Ammannati, 2015, p.19, Tabela 2 (Ginis), e da p.22, Tabela 3 (quintis superiores). Lombardia e Vêneto: Alfani e Di Tullio, 2015.

30. Gottfried, 1983, p.136-9.
31. Gottfried, 1983, p.97-103; Bower, 2001, p.44. Ver também Hilton e Aston (orgs.), 1984, igualmente sobre a França e sobre Florença.
32. Blum, 1957, p.819-35. O revisionismo culminou agora em Cerman, 2012.
33. Dols, 1977, p.275-6. Ver, neste volume, Figura 11.2. Todavia, a tese de Borsch de que alguns salários reais urbanos haviam sofrido uma queda vertiginosa entre 1300-50 e 1440-90 parece difícil de sustentar: ver Borsch, 2005, p.91-112, com Scheidel, 2012, p.285, n.94, e, em linhas mais gerais, Pamuk e Shatzmiller, 2014.
34. Dols, 1977, p.232; ver p.154-69 sobre o despovoamento rural, e p.276-7 sobre as revoltas do fim do século XIV. Combinação: Borsch, 2005, p.25-34, 40-54. Contraste: Dols, 1977, p.271, 283.

11. Pandemias, fome e guerra (p.341-71)

1. Ver Diamond, 1997, p.195-214, sobre as diferenças dos grupos de doenças entre o Velho Mundo e o Novo Mundo pré-colombianos. Dois livros de Crosby, 1972 e 2004, são descrições clássicas da troca colombiana. Para um resumo brevíssimo, ver Nunn e Qian, 2010, p.165-7.
2. A pesquisa que se segue baseou-se em Cook, 1998. O título de minha seção é uma citação do maia Chilam Balam de Chuyamel, em Cook, 1998, p.216. Citações: p.202, 67.
3. Sobre o debate, ver McCaa, 2000; Newson, 2006; e Livi Bacci, 2008 (que enfatiza a multiplicidade de fatores causais). Arroyo Abad, Davies e Van Zanden, 2012, p.158, assinalam que a quadruplicação dos salários reais no México, entre o século XVI e meados do século XVII, é compatível, em termos lógicos, com uma perda populacional de aproximadamente 90%, o que é um respaldo tentador, embora inconclusivo, das estimativas de uma mortalidade elevadíssima; ver este capítulo. Sigo McCaa, 2000, p.258.
4. Williamson, 2009, p.15; Arroyo Abad, Davies e Van Zanden, 2012. A Figura 11.1 veio da p.156, Figura 1, usando os dados de <gpih.ucdavis.edu/Datafilelist.htm#Latam>.
5. Arroyo Abad, Davies e Van Zanden, 2012, p.156-9.
6. Contrariando Williamson, 2009, p.14, não é óbvio, *a priori*, que a conquista espanhola teria elevado enormemente os níveis de desigualdade da era pré-colombiana, pelo menos não no território do Império Asteca e do Império Inca, ambos sumamente exploradores e estratificados.
7. A literatura é bem farta: a pesquisa abrangente mais recente é Stathakopoulos, 2004, p.110-54, a ser usada junto com os estudos de caso publicados em Little, 2007. Especificamente no tocante ao surto inicial, ver também a discussão conveniente de Horden, 2005. A citação no título da seção é de fontes antigas, cujas referências se encontram em Stathakopoulos, 2004, p.141, e a outra citação é de Procópio, *Guerra persa* 2.23.

8. Sintomas: Stathakopoulos, 2004, p.135-7; DNA: Wagner et al., 2014; Michael McCormick, comunicação pessoal. As provas corroboradoras de um segundo sítio encontram-se em processo de publicação.
9. Stathakopoulos, 2004, p.139-41 (números). McCormick, 2015, examina as provas arqueológicas de sepulturas coletivas desse período. João de Éfeso: Patlagean, 1977, p.172. Citação: *Novela* 122 [de Justiniano] (abr 544 d.C.).
10. Economistas: Findlay e Lundahl, 2006, p.173, 177. Evidências egípcias: a Figura 11.2 foi construída a partir de Scheidel, 2010, p.448, e de Pamuk e Shatzmiller, 2014, p.202, Tabela 2.
11. Scheidel, 2010, p.448-9; Sarris, 2007, p.130-1, informando sobre a dissertação oxfordiana de Jairus Banaji de 1992, inédita.
12. Sobre os dados da cidade do Cairo, ver Pamuk e Shatzmiller, 2014, p.198-204, e ver na p.205 o cálculo dos salários pagos em trigo, com base na suposição de 250 dias de trabalho por ano. Bagdá: p.204, Figura 2. Cesta básica de consumo: p.206-8, esp. p.207, Figura 3.
13. Pamuk e Shatzmiller, 2014, p.209, Tabela 3A (surtos), p.216-8 (era dourada).
14. Bowman, 1985; Bagnall, 1992.
15. Sobre esse evento, ver esp. Duncan-Jones, 1996; Lo Cascio, 2012. A citação do título da seção veio de Osório, *História contra os pagãos*, 7.15. Amiano, *História*, 23.6.24. Varíola: Sallares, 1991, p.465, n.367; Zelener, 2012, p.171-6 (modelo).
16. Duncan-Jones, 1996, p.120-1.
17. Scheidel, 2012, p.282-3, atualizando Scheidel, 2002, p.101.
18. A Figura 11.3 foi extraída de Scheidel, 2012, p.284, Figura 1, baseando-se principalmente em Scheidel, 2002, p.101-7.
19. Isso também pode ajudar a explicar a inexistência de uma diferença no poder de compra geral de cestas básicas de consumo antes e depois da peste, calculada em Scheidel, 2010, p.427-36. Os diferentes níveis da demanda externa também podem responder pela falta de elevação dos salários pagos em trigo após a Peste Antonina, comparada à Peste de Justiniano, como se vê na Figura 11.2 deste volume. Além disso, o número de mortos da Peste Antonina pode ter sido mais modesto, simplesmente, por causa da diferença entre os patógenos e, em particular, por causa da duração (décadas, em oposição a séculos).
20. Sharp, 1999, p.185-9, com Scheidel, 2002, p.110-1.
21. Situação: Scheidel, 2002, p.110, com referências. População: Scheidel, 2001, p.212, 237-42, 247-8 (Egito); Frier, 2001 (império). Borsch, 2005, p.18-9, assinala as semelhanças com a Europa Ocidental.
22. Watkins e Menken, 1985, esp. p.650-2, 665. Sobre a Índia, ver, neste volume, cap.5, p.177.
23. Ver, neste volume, cap.7, p.239-40 e 245-8.
24. Jordan, 1996, p.7-39 (fome), p.43-60 (preços e salários), p.61-86 (senhores de terras), p.87-166 (plebe).
25. Sobre participações na riqueza, ver, neste volume, Figuras 5.4-7; sobre proporções de bem-estar, ver, neste volume, Figuras 5.1-2. Clark, 2007b, p.132-3, Tabela A2, calcula os

salários reais da zona rural. Se padronizarmos em 100 o salário médio real de 1300 a 1309, veremos que, em média, ele foi de 88 em 1310-19, 99 em 1320-29 e 114 nos períodos de 1330-39 e 1340-49, mas 167 em 1350-59, 164 em 1360-69 e 187 em 1370-79. Uma clara ruptura ocorreu entre 1349 (129) e 1350 (198). Sobre a escala da mortalidade da fome, ver Jordan, 1996, p.145-8 (talvez 5-10% na Flandres urbanizada em 1316).

26. Sobre a fome, ver Ó Gráda, 1994, p.173-209, esp. p.178-9, 205. "Mal foi suficiente": Nassau William Senior segundo Benjamin Jowett, citado a partir de Gallagher, 1982, p.85. Ó Gráda, 1994, p.224, 227 (emigração), p.207 (estoque de capital).

27. Sobre a elevação dos salários reais e do padrão de vida, ver Ó Gráda, 1994, p.232-3, 236-54; Geary e Stark, 2004, p.377, Figura 3, p.378, Tabela 4. Tendências anteriores: Mokyr e Ó Gráda, 1988, esp. p.211, 215, 230-1 (desigualdade crescente); Ó Gráda, 1994, p.80-3 (nenhum sinal de queda acentuada nos salários reais); Geary e Stark, 2004, p.378, Tabela 4, p.383 (algum aumento, seguido por estagnação). Posse da terra: Turner, 1996, esp. p.69, Tabela 3.2, p.70, 72, 75, 79, Tabela 3.3.

28. Harper, 2015b, é o estudo mais abrangente. Parkin, 1992, p.63-4 (Dionísio); Freu, 2015, p.170-1 (salários).

29. Jursa, 2010, p.811-6; ver também Scheidel, 2010, p.440-1. Sobre esse período, ver também, neste volume, cap.1, p.64.

30. Esta seção baseia-se no estudo monumental de Roeck, 1989. A citação no título da seção (p.790) é de Jacob Wagner, o cronista de Augsburgo.

31. Sobre os registros, ver Roeck, 1989, p.46-62. A Figura 11.4 baseia-se em Hartung, 1898, p.191-2, Tabelas IV-V; ver também Van Zanden, 1995, p.647, Figura 1.

32. Roeck, 1989, p.400-1 (10%), p.432 (1%), p.407, 413-4 (trabalhadores), p.512 (ausência de classe média). A estimativa de Roeck sobre o Gini de 1618 é mais precisa do que a estimativa mais baixa derivada de Hartung sobre 1898. Quanto à queda dos salários reais noutros lugares, ver, neste volume, Figuras 10.1-2.

33. Roeck, 1989, p.553-4 (inflação), p.555-61 (imóveis), p.562-4 (ganhadores).

34. Roeck, 1989, p.630-3, 743-4, 916.

35. Roeck, 1989, p.575, 577 (serviço da dívida), p.680-767 (ocupação sueca), esp. p.720-2, 731-2, 742.

36. Cerco: Roeck, 1989, p.15-21. Canibalismo: p.18 e 438, n.467.

37. Roeck, 1989, p.765 (guarnição e indenização), p.773 (protestantes), p.790 (bens imóveis), p.870, 875 (missões diplomáticas).

38. Roeck, 1989, p.880-949 (perdas populacionais: p.881-2). A Tabela 11.1 baseou-se em Roeck, 1989, p.398, Tabela 28, p.905, Tabela 120.

39. As peculiaridades dos registros sugerem que mudanças intercorrentes na maneira de avaliar as fortunas obscurecem uma perda ainda maior de riqueza real: Roeck, 1989, p.907-8. Participações: p.909, Tabela 121 (decil superior), p.945 (patrícios).

40. Roeck, 1989, p.957-60 (cerco), p.307, 965 (mortes), p.966 (investimentos), p.973-4 (1648).

41. Ver Roeck, 1989, p.975-81, para um resumo final. Persistência: ver, neste volume, Figura 11.4.

12. Reforma, recessão e representação (p.375-98)

1. E quanto ao papel das ideias – ou, mais especificamente, da ideologia igualitária – no igualamento da distribuição de renda e riqueza? É escusado dizer que, como quaisquer outros componentes do que definiríamos, em linhas gerais, como acervo de conhecimentos, as ideologias, que abrangem um grande espectro, desde várias doutrinas religiosas, do abolicionismo e da democracia social até o hipernacionalismo, o fascismo e o socialismo científico, há muito se envolvem profundamente nos processos de equalização. As ideologias precipitaram choques violentos e ajudaram a manter os ganhos resultantes na igualdade (mais recentemente, nos modernos Estados do bem-estar), e, por sua vez, foram moldadas e, vez por outra, grandemente impulsionadas por esses choques (cf., neste volume, cap.5, p.185-92). Além disso, as ideias normativas tendem a guardar uma relação geral com níveis específicos de desenvolvimento: há boas razões para as crenças igualitárias serem mais difundidas nas sociedades forrageiras e nas modernas sociedades de renda elevada do que entre os agricultores (Morris, 2015). No entanto, o que mais importa, para os objetivos deste estudo, é se podemos mostrar que a ideologia tem funcionado como um meio autônomo e pacífico de nivelamento: se acarretou uma equalização econômica substancial fora do contexto de choques violentos. Normalmente, não foi este o caso: discutirei uma exceção possível – os recentes desdobramentos na América Latina – deste ponto em diante. Uma segunda questão, correlacionada com esta – saber se, durante os últimos cem anos, mais ou menos, a ideologia teria tido a possibilidade de fazê-lo, na ausência de choques violentos –, envolve um cenário contrafactual que examinarei no fim do capítulo 14.
2. França e Grã-Bretanha: Piketty, 2014, p.116-7, Figuras 3.1-2.
3. Moyo e Chambati, 2013a, p.2; Moyo, 2013, p.33-4, 42, 43, Tabela 2.2; Sadomba, 2013, p.79-80, 84-5, 88. Sobre o México, cf., neste volume, cap.8, p.264-6.
4. Powelson, 1988, p.176 (reformas); sobre o contexto, ver Batten, 1986; Farris, 1993, p.34-57; Kuehn, 2014, p.10-7.
5. Leonard, 2011, p.2 (citação), p.32-3; Tuma, 1965, p.74-81, 84-91; Leonard, 2011, p.52-8.
6. Powelson, 1988, p.104-5, 109.
7. Powelson, 1988, p.129-31 (Bulgária); Barraclough, 1999, p.16-7 (Guatemala).
8. You, s.d., p.13, 15-6; Barraclough, 1999, p.34-5; You, s.d., p.43, Tabela 3; Lipton, 2009, p.286, Tabela 7.2; You, s.d., p.23; ver esp. You, 2015, p.68-75. As estimativas da década de 1960 variam de 0,2 a 0,55, mas ficam centradas na casa dos 0,30: 0,34, 0,38 ou 0,39. Sobre a importância central das preocupações com a segurança e a influência norte-americana no direcionamento da política, ver You, 2015, p.85-6.
9. Vietnã do Sul: Powelson, 1988, p.303. Taiwan: Barraclough, 1999, p.35; You, s.d., p.13-4, 16-7, 27; You, 2015, p.68-9, 75-8, 86-7; também Albertus, 2015, p.292-7. Chen Cheng, o arquiteto da reforma agrária, definiu-a expressamente como um meio de privar os agitadores comunistas de "armas propagandísticas" (citado em You, 2015, p.86).
10. Romênia: ver Eidelberg, 1974, p.233, n.4, para referências a essa posição, não compartilhada pelo próprio Eidelberg (p.234). Chile: Barraclough, 1999, p.20-8. Ver

também Jarvis, 1989, sobre a desarticulação posterior dos efeitos redistributivos da reforma, principalmente por meio das vendas feitas pelos minifundiários.

11. Peru: Barraclough, 1999, p.29-30; Albertus, 2015, p.190-224, que enfatiza a dissidência entre os governantes militares e a elite fundiária. Mesmo assim, considerando que o Gini da terra peruano era incomumente alto, para começar (em meados da casa dos 0,9), até efeitos robustamente redistributivos o mantiveram elevado, na faixa mediana da casa de 0,8: Lipton, 2009, p.280. Outros países: Lipton, 2009, p.275; Diskin, 1989, p.433; Haney e Haney, 1989; Stringer, 1989, p.358, 380. El Salvador: Strasma, 1989, esp. p.408-9, 414, 426.
12. Citação de Al-Ahram em 4 set 1952, reproduzida por Tuma, 1965, p.152. Albertus, 2015, p.282-7 (Egito); Lipton, 2009, p.294 (Iraque). Sri Lanka: Samaraweera, 1982, p.104-6. Desde então, a expansão das aldeias e a regularização das invasões foram os principais mecanismos para acrescentar terras às pequenas propriedades: Banco Mundial, 2008, p.5-11.
13. Lipton, 2009, p.285-6, Tabela 7.2. Cf. também Thiesenheusen, 1989a, p.486-8. Albertus, 2015, p.137-40, oferece uma avaliação mais otimista a respeito da América Latina, onde mais da metade de todas as terras cultiváveis foi submetida a transferências relacionadas com a reforma agrária entre 1930 e 2008 (p.8-9), porém é revelador que algumas das redistribuições mais bem-sucedidas tenham ocorrido na Bolívia, em Cuba e na Nicarágua, juntamente com o Chile, o México e o Peru (p.140). Venezuela: Barraclough, 1999, p.19-20.
14. Roselaar, 2010, esp. p.221-89.
15. You, 2015, p.78-81 (Filipinas); Lipton, 2009, p.284-94 (Ásia Meridional); Hooglund, 1982, p.72, 89-91 (Irã). A maior desigualdade na posse da terra não é um resultado incomum da reforma agrária: ver, por exemplo, Assunção, 2006, p.23-4, sobre o Brasil.
16. Espanha: Santiago-Caballero, 2011, p.92-3. Em Guadalajara, seu efeito sobre a desigualdade se manteve modesto, p.88-9.
17. Zébitch, 1917, p.19-21, 33; Kršljanin, 2016, esp. p.2-12. Sobre outros casos desde 1900, ver Albertus, 2015, p.271-3, Tabela 8.1.
18. Barraclough, 1999, p.17 (Porto Rico); Tuma, 1965, p.103 (Irlanda).
19. Pesquisa: Albertus, 2015, p.271-3, Tabela 8.1 (27 de 31 "grandes" reformas agrárias, definidas como aquelas em que pelo menos 10% das terras cultiváveis trocaram de mãos durante um período contínuo, com pelo menos um ano em que mais de 1% foi expropriado). Sobre duas das outras quatro – Egito e Sri Lanka –, ver este volume. De todas as 54 reformas agrárias, 34, ou 63%, no conjunto de dados de Albertus, associaram-se aos fatores acima mencionados. O próprio Albertus frisa a importância crucial das cisões de coalizões entre as elites fundiária e política, que possibilitaram a reforma agrária, muitas vezes em condições de autocracia (ver esp. 2015, p.26-59). Os resultados dele são perfeitamente compatíveis com minha perspectiva.
20. Lipton, 2009, p.130. Pelas razões aqui fornecidas, os exemplos dele – Coreia do Sul e Taiwan – não se qualificam como reformas genuinamente não violentas.

Sobre os problemas da implementação da reforma agrária de modo geral, ver p.127, 131-2, 145-6. Tuma, 1965, p.179, deriva essa conclusão de sua pesquisa global sobre a reforma agrária: "quanto mais fundamental e mais difundida a crise, mais imperativa, radical e provável parece ser a reforma". Ele também distingue entre as reformas que se desdobram num contexto de propriedades privadas e têm alcance ilimitado, o que preserva a desigualdade, ou pode até aumentá-la, e as que eliminam a propriedade privada por meio da coletivização e de fato eliminam a concentração de renda (p.222-30).

21. Sobre a China, ver, neste volume, cap.2, p.80-1, 86 e esp. cap.6, p.201-2. Ao que saibamos, as reformas de Sólon em Atenas não envolveram uma redistribuição efetiva da terra, e a natureza do perdão da dívida permanece obscura. Além disso, é possível que elas tenham sido influenciadas por incentivos da política externa: ver, neste volume, cap.6, p.212. Link, 1991, p.56-7, 133, 139; Fuks, 1984, p.71, 19.
22. Hodkinson, 2000, p.399; Cartledge e Spawforth, 1989, p.42-3, 45-7, 54, 57-8, 70, 78. Os dados gregos também se coadunam com a ênfase de Albertus, 2015, sobre a importância da autocracia na implementação da reforma agrária.
23. Hudson, 1993, p.8-9, 15-30, 46-7 (Mesopotâmia); Levítico, 25, com Hudson, 1993, p.32-40, 54-64. Ver também, em linhas mais gerais, Hudson e Van de Mieroop, 2002. É espantoso que Graeber, 2011, em sua pesquisa global da dívida, não tenha abordado adequadamente essa questão.
24. Draper, 2010, esp. p.94-5, 106-7, 164, 201.
25. Schmidt-Nowara, 2010; e 2011, p.90-155, fornece resenhas recentes.
26. Álvarez-Nogal e Prados de la Escosura, 2013, p.9, 18-21. Ver também, neste volume, cap.3, p.118, Figura 3.3.
27. Atkinson e Morelli, 2011, p.9-11, 35-42; Alvaredo e Gasparini, 2015, p.753. Atkinson e Morelli, 2011, p.42-8; Morelli e Atkinson, 2015, constatam que o aumento da desigualdade não teve uma correlação significativa com a eclosão de crises econômicas.
28. Bordo e Meissner, 2011, p.11-4, 18-9 (periodização); Saez e Zucman, 2016: Online Appendix, Tabela B1 (participação na riqueza; cf., previamente, Wolff, 1996, p.436, Tabela 1, com p.440, Figura 1); WWID (participações na renda); Turchin, 2016a, p.78, Figura 4.1, p.190.
29. A participação do 1% mais rico na renda e o coeficiente de Gini geral da renda permaneceram sem alteração entre 1932 e 1939: WWID; Smolensky e Plotnick, 1993, p.6, Figura 2. Wolff, 1996, p.436, Tabela 1, observa uma recuperação parcial na participação dos mais ricos na riqueza entre 1933 e 1939, enquanto Saez e Zucman, 2016, Online Appendix, Tabela B1, documentam uma redução contínua.
30. Sobre a Grande Recessão, ver Piketty e Saez, 2013; Meyer e Sullivan, 2013 (Estados Unidos); Jenkins, Brandolini, Micklewright e Nolan (orgs.), 2013, esp. p.80, Figura 2.19, p.234-8 (países ocidentais até 2009). Ver também Piketty, 2014, p.296.
31. Ver, neste volume, cap.5, p.187-9, e cap.6, p.212-5.
32. Acemoglu, Naidu, Restrepo e Robinson, 2015, p.1902-9 (revisão da literatura), 1913-7 (dados), 1918-27 (efeito sobre os impostos), 1928-35 (efeito na desigualdade),

1954 (razões da heterogeneidade). O efeito observado nos Ginis da renda disponível é pequeno – cerca de 2 a 3 pontos (1928). As descobertas desses autores ampliam as de estudos anteriores mais limitados, que também não conseguiram identificar uma ligação entre a democracia e as políticas redistributivas e de bem-estar social, como o de Mulligan, Gil e Sala-i-Martin, 2004, e representam um desvio de algumas de suas próprias teses anteriores (por exemplo, Acemoglu e Robinson, 2000). Sobre o crescimento econômico e a desigualdade, ver, neste volume, cap.13, p.400-6.

33. Partidarismo e negociações centralizadas: Scheve e Stasavage, 2009, p.218, 229-30, 233-9. Alíquotas tributárias superiores: Scheve e Stasavage, 2016, p.63-72, esp. Figuras 3.5-7.
34. Sindicalização: ver, neste volume, cap.5, p.185-7. Países asiáticos: WWID.

13. Desenvolvimento econômico e educação (p.399-420)

1. Ginis da Itália: Rossi, Toniolo e Vecchi, 2001, p.916, Tabela 6 (declínio desde 1881); Brandolini e Vecchi, 2011, p.39, Figura 8 (estabilidade entre 1871 e 1911). Emigração italiana: Rossi, Toniolo e Vecchi, 2001, p.918-9, 922. Seleção positiva entre emigrantes: Grogger e Hanson, 2011. O México foi uma exceção parcial: Campos-Vázquez e Sobarzo, 2012, p.3-7, e esp. McKenzie e Rapoport, 2007, sobre a complexidade dos resultados. As remessas tendem a reduzir a desigualdade, mas só em pequena escala: ver, por exemplo, Acosta, Calderón, Fajnzylber e López, 2008, sobre a América Latina. A imigração reduziu os salários reais dos Estados Unidos entre 1870 e 1914: Lindert e Williamson, 2016, p.180-1. Card, 2009, estima que a imigração respondeu por 5% do aumento da desigualdade salarial nos Estados Unidos entre 1980 e 2000. Vez por outra, ao longo da história, a migração criou sociedades de colonos bastante igualitárias, desde o começo: os exemplos vão dos antigos colonos gregos até os pioneiros norte-americanos. Entretanto, esse quadro pode mudar substancialmente, ao levarmos em conta os aumentos correspondentes de desigualdade intergrupal entre os nativos e os recém-chegados.
2. Alvaredo e Piketty, 2014, p.2, 6-7, comentam a insuficiência dos dados atuais sobre os petroestados. Observe-se a tese de Piketty de que o forte crescimento econômico das décadas posteriores à Segunda Guerra Mundial associou-se a uma redução da desigualdade, em primeiro lugar, porque os choques violentos de 1914 a 1945 e suas consequências políticas haviam feito com que a taxa de retorno sobre o capital (depois da tributação e dos prejuízos das guerras) caísse abaixo da taxa de crescimento: Piketty, 2014, p.356, Figura 10.10.
3. Kuznets, 1955, p.7-9, 12-8, com citações das p.18, 19, 20 e 26. Piketty, 2014, p.11-5 (citação: p.13).
4. A Figura 13.1 foi reproduzida de Alvaredo e Gasparini, 2015, p.718, Figura 9.4, a compilação mais recente e abrangente de que pude dispor. De acordo com uma caracterização oportuna que dois críticos fizeram dessa abordagem, "observações extraídas

de países diferentes, com níveis diferentes de renda, estão sendo usadas para fazer aproximações da evolução da renda num único país" (Deininger e Squire, 1998, p.276).

5. Qualidade dos dados: Bergh e Nilsson, 2010, p.492 e n.9. Palma, 2011, p.90, Figura 1 (distribuição do Gini), p.92 e Figura 3 (decis superiores), p.93-109, esp. p.95, Figura 5, p.96, 99, Figura 7 (relação desigualdade/PIB per capita). O poderoso efeito de atração da América Latina já tinha sido assinalado por Deininger e Squire, 1998, p.27-8. Sobre o "excesso de desigualdade" latino-americano, ver, por exemplo, Gasparini e Lustig, 2011, p.693-4; Gasparini, Cruces e Tornarolli, 2011, p.179-81. Além disso, Frazer, 2006, p.1467, assinala que a extremidade esquerda de baixa desigualdade da curva em U invertida, nos painéis que combinam vários países, talvez deva muito à relativa escassez de dados sobre os países de alta desigualdade/baixa renda da África Subsaariana, que privilegia os países de baixa desigualdade/baixa renda de outras regiões, grupo este que contribui com mais observações e empurra a desigualdade para baixo na extremidade inferior da escala do PIB per capita. Alvaredo e Gasparini, 2015, p.720, destacam outros problemas: o ponto de inflexão implícito de 1.800 dólares é muito baixo, e a relação entre a desigualdade e o PIB per capita é muito mais fraca, se forem considerados apenas os países em desenvolvimento, levando em conta que os países ricos puxam para baixo a extremidade direita da curva. Em quase metade dos países da amostra desses autores, eles "não encontram nenhuma correlação significativa entre o tipo de padrão de desigualdade e as diferentes medidas de desenvolvimento e crescimento" (p.723).
6. Deininger e Squire, 1998, p.261, 274-82, esp. p.279.
7. Neste ponto, divirjo da tese a respeito da presença do que ele chama de "ondas de Kuznets" ou "ciclos", apresentada em Milanovic, 2016, p.50-9, 70-91. Sobre os países afetados pelos choques de 1914-45 e sobre dados de prazo mais longo a respeito de vários países, inclusive a Grã-Bretanha e os Estados Unidos, ver, neste volume, cap.3, p.122-9, e cap.5, p.150-61. Sobre a Espanha, ver Prados de la Escosura, 2008, p.298, Figura 3, e p.300; ver o projeto Maddison quanto às cifras do PIB. É notável que o Gini rastreie de perto o PIB per capita, que sofreu um declínio depois da guerra civil: p.300, Figura 5. Sobre os efeitos das guerras civis, ver, neste volume, cap.6, p.224-7. Ver Roine e Waldenström, 2015, p.508, sobre trabalhos que rejeitaram as constatações anteriores referentes à curva de Kuznets na Suécia desde 1870. Eles também frisam que, por ter sido sobretudo um fenômeno da renda do capital, o grande nivelamento de 1914 a 1945 não pode ser explicado em termos kuznetsianos (p.551). Milanovic, 2016, p.88, Tabela 2.2, lista os níveis de PIB per capita entre 1.500 e 4.800 dólares, em dólares internacionais de 1990, que estão associados a picos de desigualdade nacionais (expressos em coeficientes de Gini), mas sua pesquisa continua a ser problemática, por várias razões. Os picos de desigualdade sugeridos para a Holanda em 1732, a Itália em 1861 e o Reino Unido em 1867 podem não ser genuínos nem diretamente comparáveis a valores posteriores. Quanto à Holanda, somente se nos dispusermos a pôr os Ginis conjecturais de 1561, 1732 e 1808 no mesmo nível do valor um tanto inferior de 1914 é que poderemos postular um

declínio pré-1914, o qual, de qualquer modo, foi seguido por uma redução superior muito mais forte e mais bem documentada (p.81, Figura 2.15). A ideia de um pico de desigualdade italiano em 1861 decorre de Brandolini e Vecchi, 2011, p.39, Figura 8, autores que mostram Ginis muito parecidos, de aproximadamente 0,5, em 1861 e 1901, e Ginis idênticos menores em 1871 e 1921; suas estimativas costumam oscilar entre 0,45 e 0,5 em todo o período de 1861 a 1931, o que torna impossível identificar um ponto de transição significativo. Sobre a desigualdade britânica, ver, neste volume, cap.3, p.123-4. O nivelamento iniciado depois dos picos do Gini nos Estados Unidos, em 1933, e no Japão, em 1937, tem uma relação causal com a Segunda Guerra Mundial, e não com o desenvolvimento econômico em si. Isso deixa apenas o caso da Espanha, referência do texto principal. Não há sinal de igualação relacionada com o PIB na América Latina: ver, neste volume, p.414-5.

8. Participação agrícola: Angeles, 2010, p.473. Embora isso não contradiga uma relação sistemática entre o crescimento econômico em si e a desigualdade, rejeita a formulação original do modelo e, ao fazê-lo, é compatível com outras constatações que o desmentem. Deininger e Squire, 1998, p.275-6, já constataram que o efeito da movimentação intersetorial nos resultados da desigualdade é banal, ao passo que a desigualdade interocupacional é a que mais importa. Comparações: Frazer, 2006, esp. p.1465, Figura 5, p.1466, Figura 6, p.1477-8. Esforços contínuos: a tentativa recente mais digna de nota é Mollick, 2012, sobre a participação dos mais ricos na renda nos Estados Unidos em 1919-2002 (ver, neste volume, p.444). Abdullah, Doucouliagos e Manning, 2015, defendem uma ligação entre a desigualdade crescente e o PIB per capita no Sudeste Asiático, e afirmam que o ponto de inflexão necessário ainda não foi alcançado – o que significa que não há, no momento, nenhuma prova de um declínio kuznetsiano. Tal como Angeles, 2010, eles também não encontram a relação prevista entre a desigualdade e os níveis de emprego não agrícolas.
9. A ideia de "corrida" foi cunhada por Tinbergen, 1974.
10. Bônus salariais pré-modernos: Van Zanden, 2009, esp. p.126-31, 141-3. Sobre a desigualdade crescente depois de cerca de 1500, ver, neste volume, cap.3, p.111-20.
11. Goldin e Katz, 2008, p.57-88, analisam o longo prazo dos bônus salariais norte-americanos, desde a década de 1890. Sobre o primeiro declínio, ver esp. p.60, Figura 2.7 (trabalhadores braçais), p.63 (imigração), p.65 (Primeira Guerra Mundial), p.67, Figura 2.8 (remuneração de trabalhadores burocráticos e do operariado).
12. Goldin e Margo, 1992, é o estudo fundamentador da "Grande Compressão" dos salários relacionada com a Segunda Guerra Mundial. Retornos da educação: Goldin e Katz, 2008, p.54, Figura 2.6, p.84-5, Tabela 2.7 e Figura 2.9; Kaboski, 2005, Figura 1. G.I. Bill e recuperação: Goldin e Margo, 1992, p.31-2; Goldin e Katz, 2008, p.83. Cf. Stanley, 2003, p.673, sobre o impacto limitado da G.I. Bill.
13. Ver SWIID; WWID. Os desdobramentos na Indonésia foram mais complexos. Sobre os países ocidentais, ver, neste volume, cap.15, p.437-40; sobre a desigualdade pós-comunista, ver, neste volume, cap.7, p.243, 248, e cap.8, p.278. Sobre o Egito, ver

esp. Verme et al., 2014, p.2-3; cf. também Alvaredo e Piketty, 2014. Seker e Jenkins, 2015, concluem que a rápida redução da pobreza na Turquia, entre 2003 e 2008, foi movida por um forte crescimento econômico, e não por fatores distributivos equalizadores.

14. Declínio recente da desigualdade: Tsounta e Osueke, 2014, p.6, 8. Vinte e sete países: SWIID sobre Angola, Burkina Faso, Burundi, Camarões, República Centro-Africana, Comores, Costa do Marfim, Etiópia, Gana, Guiné, Quênia, Madagascar, Mali, Moçambique, Namíbia, Níger, Nigéria, Ruanda, Senegal, Seychelles, Serra Leoa, África do Sul, Suazilândia, Tanzânia, Uganda, Zâmbia, Zimbábue. Alvaredo e Gasparini, 2015, p.735-6, também comentam a qualidade precária dos dados. Dez países com queda da desigualdade: Angola, Burkina Faso, Burundi, Camarões, Costa do Marfim, Mali, Namíbia, Níger, Serra Leoa e Zimbábue. Isso inclui casos duvidosos, em especial o de um suposto declínio em Angola, sociedade notoriamente desigual. A queda marcante observada no Zimbábue pode estar relacionada com a violência política (ver, neste volume, cap.12, p.376-7).

15. As exceções incluem a Guerra do Paraguai, extremamente sangrenta, de 1864 a 1870, e a Revolução Cubana de 1959. As revoluções do México, na década de 1910, e da Nicarágua, em 1978 e 1979, tiveram alcance e ambição muito mais limitados. Até a falência parcial do Estado, como a do Haiti em 2010, também permaneceu rara. A participação efetiva nas duas guerras mundiais foi comparativamente mínima, se tanto. Sobre os limites dos usos da América Latina como um elemento contrafactual, ver, neste volume, p.418-9 e cap.14, p.429-30.

16. Williamson, 2009 (agora também em Williamson, 2015, p.13-23), é a mais ousada tentativa de conjectura a longo prazo; ver também Dobado González e García Montero, 2010 (século XVIII e início do século XIX); Arroyo Abad, 2013 (século XIX); Prados de la Escosura, 2007 (desigualdade desde meados do século XIX); Frankema, 2012 (desigualdade salarial durante todo o século XX); e também Rodríguez Weber, 2015 (Chile desde meados do século XIX). Primeira fase da globalização: Thorp, 1998, p.47-95; Bértola e Ocampo, 2012, p.81-137. Aumento da desigualdade: Bértola, Castelnuovo, Rodríguez e Willebald, 2009; Williamson, 2015, p.19-21.

17. Depois de 1914: Thorp, 1998, p.97-125, esp. p.99-107 sobre choques internacionais; Bértola e Ocampo, 2012, p.138-47, 153-5. Ver Haber, 2006, p.562-9, sobre o desenvolvimento industrial já nesse período. Ginis: Prados de la Escosura, 2007, p.297, Tabela 12.1.

18. Thorp, 1998, p.127-99; Bértola e Ocampo, 2012, p.138-97, esp. p.193-7; Frankema, 2012, p.51, 53 sobre a compressão salarial. Ginis: Prados de la Escosura, 2007, p.297, Tabela 12.1; mas, quanto a dados conflitantes sobre o Chile, compare-se com Rodríguez Weber, 2015, p.8, Figura 2.

19. 1938-70: Argentina, Brasil, Chile, Colômbia, México e Uruguai, com uma queda líquida na Argentina. 1950-70: os mesmos países, mais Costa Rica, República Dominicana, El Salvador, Guatemala, Honduras, Panamá, Peru e Venezuela, com

quedas líquidas limitadas à Guatemala e à Venezuela. Ver Prados de la Escosura, 2007, p.297, Tabela 12.1. Os resultados do Gini são compatíveis com o movimento da participação dos mais ricos na renda na Argentina, de acordo com o WWID. Sobre as políticas de Perón (como controles de preços, salário mínimo, transferências, sindicalização, direitos trabalhistas e sistema de pensões), ver Alvaredo, 2010a, p.272-6, 284. Sobre o Chile, ver a nota anterior.

20. Thorp, 1998, p.201-73; Haber, 2006, p.582-3; Bértola e Ocampo, 2012, p.199-257. Desigualdade crescente: p.253 (aumento das defasagens salariais). Heterogeneidade: Gasparini, Cruces e Tornarolli, 2011, p.155-6; ver também Psacharopoulos et al., 1995, sobre a década de 1980. Ginis: Prados de la Escosura, 2007, p.297, Figura 12.1 (1980-90); Gasparini, Cruces e Tornarolli, 2011, p.152, Tabela 2 (anos 1990-2000); Gasparini e Lustig, 2011, p.696, Figura 27.4 (1980-2008).

21. A Figura 13.2 foi extraída de Prados de la Escosura, 2007, p.296-7, Tabela 12.1.

22. Dados do SWIID. Para uma estatística semelhante, ver Cornia, 2014c, p.5, Figura 1.1 (queda de 0,541 em 2002 para 0,486 em 2010). Palma, 2011, p.91, observa que, entre 1985 e 2005, a classificação do Brasil no Gini da renda global caiu do quarto lugar mais alto (isto é, o quarto pior) em 1985 para o sexto lugar mais alto em 2005, o que constitui uma melhora muito modesta em termos relativos.

23. PIB: Banco Mundial, PIB per capita (em dólares atuais), <data.worldbank.org/indicator/NY.GDP.PCAP.CD>. Testagem: Tsounta e Osueke, 2014, p.18.

24. Educação e bônus salariais: por exemplo, Lustig, López-Calva e Ortiz-Juarez, 2012, p.7-8 (Brasil), p.9-10 (México); Alvaredo e Gasparini, 2015, p.731 (geral). América Central: Gindling e Trejos, 2013, p.12, 16.

25. Bolívia: Aristizábal-Ramírez, Canavire-Bacarezza e Jetter, 2015, p.17. Sobre a importância da queda dos bônus salariais (em vez das transferências) para o nivelamento boliviano, ver Hernani-Limarino e Eid, 2013. A falta de retorno observada lança dúvidas sobre a ideia de que a ampliação da educação tem sido benéfica (Fortun Vargas, 2012). Qualidade do ensino: Cornia, 2014c, p.19; Lustig, Lopez-Calva e Ortiz-Juarez, 2014, p.11-2, com referências.

26. Commodities: ver Comissão Econômica para a América Latina e o Caribe (Cepal), 2015, sobre a redução drástica da demanda externa nos últimos anos. Argentina: Weisbrot, Ray, Montecino e Kozameh, 2011; Lustig, Lopez-Calva e Ortiz-Juarez, 2012, p.3-6; Roxana, 2014. Outras recuperações: Gasparini, Cruces e Tornarolli, 2011, p.167-70; um ponto do Gini: p.170. Atenuação: Alvaredo e Gasparini, 2015, p.749. Efeito do crescimento do PIB: Tsounta e Osueke, 2014, p.4, 17-8 (talvez um oitavo do declínio da desigualdade global). Taxas de crescimento do PIB: ver dados do FMI em < www.imf.org/external/pubs/ft/reo/2013/whd/eng/pdf/wreo1013.pdf>; <www.imf.org/external/pubs/ft/survey/so/2015/CAR042915A.htm>. Cornia, 2014b, p.44, identifica vários obstáculos estruturais a um nivelamento adicional.

27. Brasil: Gasparini e Lustig, 2011, p.705-6; Lustig, López-Calva e Ortiz-Juarez, 2012, p.7-8. Impostos: Goñi, López e Servén, 2008, esp. p.7, Figura 2, p.10-4, 18-21; cf.

também De Ferranti, Perry, Ferreira e Walton, 2004, p.11-2. Baixas transferências e benefícios regressivos: Bértola e Ocampo, 2012, p.254-5; Medeiros e Ferreira de Souza, 2013. Sobre as baixas transferências em países em desenvolvimento, em linhas mais gerais, ver Alvaredo e Gasparini, 2015, p.750, que também as explicam em referência aos níveis baixos de tributação; ver também Besley e Persson, 2014, sobre as razões econômicas e políticas dos baixos níveis de tributação.

28. Medidas do PIB: projeto Maddison.

29. Choques violentos e expansões fiscais na história mundial: Yun-Casalilla e O'Brien, 2012; Monson e Scheidel (orgs.), 2015. Pequeno papel: ver, neste volume, p.410. Características: De Ferranti, Perry, Ferreira e Walton, 2004, p.5-6, resumem sucintamente a visão convencional, ressalvada, por exemplo, por Arroyo Abad, 2013; Williamson, 2015. Palma, 2011, p.109-20, enfatiza a resiliência e o sucesso das oligarquias latino-americanas na manutenção de altas participações na renda. Williamson, 2015, p.23-5, observa que a América Latina perdeu a oportunidade de participar do "Grande Nivelamento Igualitário do Século XX".

30. Causas principais: Cornia, 2014c, p.14-5, 17-8; Lustig, López-Calva e Ortiz-Juarez, 2014, p.6; Tsounta e Osueke, 2014, p.18-20. Thernborn, 2013, p.156, manifesta preocupação com a "sustentabilidade política [desse processo] a longo prazo".

31. Citação extraída de <www.azquotes.com/quote/917097>.

14. E se...? Da história aos dados contrafactuais (p.421-34)

1. Neste e nos próximos quatro parágrafos, recapitulo alguns dos pontos fundamentais inicialmente apresentados na introdução (neste volume, p.17-22) e desenvolvidos nas partes I-VI.

2. Sobre a Europa do início da era moderna, ver, neste volume, cap.3, p.116-9. Milanovic, 2016, p.50, também rejeita a ideia de um elo entre a desigualdade e o crescimento econômico nas sociedades pré-industriais.

3. Ver esp., neste volume, cap.3, p.184-92, e cap.13, p.413-5, 419.

4. Citação: Milanovic, 2016, p.98. Em 1790, Noah Webster considerou que "a vasta desigualdade das fortunas" de Roma foi a principal causa da queda da República ("Miscellaneous remarks on divisions of property...", disponível em <press-pubs.uchicago.edu/founders/print_documents/v1ch15s44.html>).

5. A exposição mais clara da teoria dos ciclos seculares pode ser encontrada em Turchin e Nefedov, 2009, p.6-21. Cf. também as p.23-5 sobre ciclos mais rápidos e centrados na elite, em sociedades poligâmicas, e ver nas p.303-14 os resultados dos estudos de caso existentes. Turchin, 2016a, aplica uma versão adaptada desse modelo aos Estados Unidos. Motesharrei, Rivas e Kalnay, 2014, apresentam um modelo mais abstrato de como o consumo excessivo da elite pode precipitar o colapso das sociedades desiguais.

6. Turchin e Nefedov, 2009, p.28-9, fazem apenas um breve reconhecimento dos fatores exógenos. Isso pode constituir um problema sério, notadamente no caso

da Peste Negra, na Inglaterra da Baixa Idade Média, que desafia a endogenização: p.35-80. Sobre as sociedades mencionadas no texto, ver, neste volume, cap.3, p.113-20. Note-se que, numa pesquisa abrangente, Albertus, 2015, p.173-4, não encontrou qualquer ligação entre níveis específicos de desigualdade de terras e a reforma agrária, ou ações coletivas que tenham levado à reforma agrária.

7. Deixo de lado o debate sobre as causas por trás da eclosão do conflito global de 1914, que recebeu novo impulso no centenário recente. Basta observar que, no sentido mais geral, as guerras mundiais foram endógenas no desenvolvimento moderno, uma vez que não teriam sido viáveis sem a industrialização e que a mobilização em massa foi um corolário da tecnologia armamentista disponível na época: cf. Scheve e Stasavage, 2016, p.21-2. Mas isso não determinou, por si só, as probabilidades da guerra real. Milanovic, 2016, p.94-7, propõe uma ligação mais específica entre a desigualdade e a Primeira Guerra Mundial, a qual permitiria que o nivelamento resultante fosse "'endogenizado' nas condições econômicas que antecederam a guerra" (p.94).
8. Primeira Guerra Mundial: WWID. Segunda Guerra Mundial: sobre os supostos países espectadores, ver, neste volume, cap.5, p.178-84. Suíça: Dell, Piketty e Saez, 2007, p.474; Roine e Waldenström, 2015, p.534-5, 545; e, neste volume, cap.5, p.178-85. Sobre a Argentina, ver, neste volume, cap.5, p.176.
9. Sobre os efeitos desigualadores da globalização, ver, neste volume, cap.15, p.444-6. As colônias britânicas na África tendiam a ser bastante desiguais na época da independência, embora a desigualdade, em alguns casos, já viesse declinando no período pós-guerra: ver Atkinson, 2014b. Quanto à importância dos recursos coloniais para algumas elites ricas europeias, ver Piketty, 2014, p.116-7, Figuras 3.1-2, e p.148.

15. No nosso tempo (p.437-54)

1. Tabela 15.1 e Figura 15.1: WWID, SWIID.
2. Ver Tabela 15.1. Sobre o papel das transferências na prevenção de um aumento muito mais drástico da desigualdade da renda disponível, ver, por exemplo, Adema, Fron e Ladaique, 2014, p.17-8, Tabela 2; Morelli, Smeeding e Thompson, 2015, p.643-5; cf. também Wang, Caminada e Goudswaard, 2012. Dispersão salarial: Kopczuk, Saez e Song, 2010, p.104, Figura I (o Gini dos salários subiu de 0,38 em 1970 para 0,47 em 2004); cf. também Fisher, Johnson e Smeeding, 2013, sobre as tendências paralelas na desigualdade de renda e de consumo nos Estados Unidos até 2006. Ginis equalizados e proporções S80/S20 e P90/P10: Morelli, Smeeding e Thompson, 2015, p.635-40. Esvaziamento da classe média: Milanovic, 2016, p.194-200, esp. p.196, Figura 4.8, sobre as mudanças mínimas no Canadá, na Alemanha e na Suécia, modestas na Espanha e de redução mais pronunciada na Austrália, na Holanda, nos Estados Unidos e sobretudo no Reino Unido. Para outros resumos dessas ten-

dências, ver Brandolini e Smeeding, 2009, p.83, 88, 93-4; OCDE, 2011, p.24, Figura 1, e p.39, Figura 12; Jaumotte e Osorio Buitron, 2015, p.10, Figura 1. Wehler, 2013, dedica um livro inteiro à desigualdade crescente na Alemanha, país que, até o momento, tinha sido relativamente bem-sucedido na contenção desse fenômeno.

3. Na Espanha, a participação do 1% mais rico na renda teve uma média de 8,3% de 1988 a 1992 e de 8,4% de 2008 a 2012; na Nova Zelândia, 7,3% de 1988 a 1992 e 8,1% de 2008 a 2012; e na França, 8% de 1988 a 1992 e 8,5% de 2008 a 2012. Entre 1980 e 2010, a participação do 1% mais rico na renda subiu 51% no Canadá, 54% na África do Sul, 57% na Irlanda e na Coreia do Sul, 68% na Suécia, 74% na Finlândia, 81% na Noruega, 87% em Taiwan, 92% na Austrália, aproximadamente 100% no Reino Unido e 99% a 113% nos Estados Unidos (WWID).
4. Nos Estados Unidos, excluindo os ganhos de capital, esses valores ficaram em 18,4% em 1929 e em 18,9% em 2012, e em 22,4% e 22,8%, respectivamente, quando se incluem os ganhos de capital. Os últimos valores disponíveis, referentes a 2014, de 17,9% sem os ganhos de capital e 21,2% com eles, são ligeiramente inferiores (WWID). Participação dos mais ricos na riqueza: Saez e Zucman, 2016, Online Appendix, Tabela B1. O fato de a participação do 1% mais rico na riqueza (ainda) não ter voltado aos níveis de 1929 mostra que agora existe muito mais estratificação nos círculos da elite do que havia naquela época. Correções do Gini: Morelli, Smeeding e Thompson, 2015, p.679, e esp. p.682, Figura 8.28. Impostos e transferências: Gordon, 2016, p.611, Tabela 18-2.
5. Quanto à Rússia e à China, ver, neste volume, cap.7, p.243, 248. Índia, Paquistão e Indonésia: SWIID, WWID. Sobre a África e a América Latina, ver, neste volume, cap.13, p.409-19. Tendências globais: Jaumotte, Lall e Papageorgiou, 2013, p.277, Figura 1, e p.279, Figura 3.
6. Rússia e China: Milanovic, 2013, p.14, Figura 6. Tendências macrorregionais: Alvaredo e Gasparini, 2015, p.790; ver também Ravaillon, 2014, p.852-3.
7. As pesquisas recentes da literatura incluem Bourguignon, 2015, p.74-116, esp. p.85-109; Keister, 2014, p.359-62; Roine e Waldenström, 2015, p.546-67; e, acima de tudo, Salverda e Checchi, 2015, p.1593-6, 1606-12. Gordon, 2016, p.608-24; Lindert e Williamson, 2016, p.227-41; e Milanovic, 2016, p.103-12, são os resumos mais recentes.
8. Defasagem dos rendimentos: Autor, 2014, p.846; ver também p.844, Figura 1, sobre um aumento da defasagem dos salários medianos entre formandos secundários e universitários, de 30.298 para 58.249 dólares anuais em 2012, em dólares constantes entre 1979 e 2012. Vencimentos reais: ibid., p.849; a divergência é menos extrema entre as mulheres. Contribuição para a desigualdade: p.844, com referências, esp. Lemieux, 2006. Causas: p.845-6, 849; sobre a importância das mudanças tecnológicas, ver também, por exemplo, Autor, Levy e Murnane, 2003; Acemoglu e Autor, 2012. As inovações (representadas pela obtenção de patentes) e a participação do 1% mais rico na renda nos Estados Unidos seguiram rumos paralelos desde a década de 1980, o que sugere que o crescimento impulsionado pela inovação favorece as rendas mais altas: Aghion et al., 2016, esp. p.3, Figuras 1-2. Polarização: Goos e

Manning, 2007; Autor e Dorn, 2013. Países em desenvolvimento: Jaumotte, Lall e Papageorgiou, 2013, p.300, Figura 7.

9. Educação como solução: por exemplo, OCDE 2011, p.31; Autor, 2014, p.850. Bônus salariais nivelados: Autor, 2014, p.847-8. Europa: Crivellaro, 2014, esp. p.37, Figura 3, p.39, Figura 5; ver também Ohtake, 2008, p.93 (Japão); Lindert, 2015, p.17 (Leste Asiático). Bônus nos vários países: Hanushek, Schwerdt, Wiederhold e Woessman, 2013. Mobilidade: Corak, 2013, p.87, Figura 4, p.89, Figura 5.

10. Ver agora, em especial, Mishel, Shierholz e Schmitt, 2013. Inadequação: Slonimczyk, 2013. Sobre as rendas mais altas, ver, neste volume, p.448-51. Cf. Mollick, 2012, p.128, sobre a ideia de que a transição geral para economias de serviço pode estar aumentando a desigualdade.

11. Freeman, 2009, Bourguignon, 2015, p.74-116, e Kanbur, 2015, examinam a relação entre globalização e desigualdade. Mudanças anteriores: Roine e Waldenström, 2015, p.548. Painel de países: Bergh e Nilsson, 2010. Elites: p.495; Medeiros e Ferreira de Souza, 2015, p.884-5. Força de trabalho global: Freeman, 2009, p.577-9; Alvaredo e Gasparini, 2015, p.748. Comércio e globalização financeira: Jaumotte, Lall e Papageorgiou, 2013, p.274. Competição comercial: Machin, 2008, p.15-6; Kanbur, 2015, p.1853. Políticas: Bourguignon, 2015, p.115; Kanbur, 2015, p.1877.

12. Tributação: Hines e Summers, 2009; Furceri e Karras, 2011. Bem-estar social: Bowles, 2012a, p.73-100 (teoria); Hines, 2006 (prática).

13. Imigração para os Estados Unidos: Card, 2009. Europa: Docquier, Ozden e Peri, 2014 (OCDE); Edo e Toubal, 2015 (França); cf. também D'Amuri e Peri, 2014 (Europa Ocidental). Sobre a América Latina, ver, neste volume, cap.13, n.1. Acasalamento preferencial: Schwartz, 2010, com referência a estudos anteriores que atribuem 17% a 51% do aumento geral a esse fator. Década de 1980: Larrimore, 2014.

14. Salverda e Checchi, 2015, fornecem a pesquisa mais abrangente sobre esse assunto. Quanto à importância da sindicalização e do salário mínimo, ver p.1653, 1657, bem como, por exemplo, Koeniger, Leonardi e Nunziata, 2007; ver Autor, Manning e Smith, 2010; Crivellaro, 2013, p.12, sobre o papel do salário mínimo. Visser e Checchi, 2009, p.245-51, consideram que a abrangência e a centralização das negociações sindicais, e não a densidade sindical em si, são variáveis cruciais que afetam a desigualdade. Redistribuição: Mahler, 2010. Sindicatos e bônus salariais: Crivellaro, 2013, p.3-4; Hanushek, Schwerdt, Wiederhold e Woessman, 2013. Variação entre países: Jaumotte e Osorio Buitron, 2015, p.26, Figura 7. Índices de sindicalização e dispersão salarial nos Estados Unidos: Western e Rosenfeld, 2011. Sindicatos norte-americanos e salário mínimo: Jaumotte e Osorio Buitron, 2015, p.26, e, em termos mais gerais, Salverda e Checchi, 2015, p.1595-6.

15. Alíquotas tributárias e desigualdade de renda: Alvaredo, Atkinson, Piketty e Saez, 2013, p.7-9, esp. p.8, Figura 4, sobre a participação das rendas mais altas; Piketty, 2014, p.509. (Mas cf. Mollick, 2012, p.140-1.) Tendências descendentes: p.499, Figura 14.1, p.503, Figura 14.2; Morelli, Smeeding e Thompson, 2015, p.661, Figura 8.21 (OCDE); Scheve e Stasavage, 2016, p.101, Figura 4.1 (impostos sobre a herança); Saez e Zucman,

2016: Online Appendix, Tabela B32 (EUA); ver também, neste volume, cap.5, p.163-5. Renda do capital: Hungerford, 2013, p.19-20. Fontes da dispersão da renda e da riqueza nos Estados Unidos: Kaymak e Poschke, 2016, p.1-25. Redistribuição: OCDE, 2011, p.37. A maior progressividade contrabalançou o imposto de renda mais baixo, os benefícios da seguridade social não se tornaram mais progressivos e os benefícios para os desempregados contribuíram para a desigualdade da renda de mercado (p.38).

16. Neste ponto, confio no excelente resumo de Bonica, McCarty, Poole e Rosenthal, 2013, esp. p.104-5, 106, Figura 1, p.107, p.108, Figura 2, p.109, Figura 3, p.110, Figura 4, p.112, Figura 5, e p.118. Ver também Bartels, 2008; Gilens, 2012; Schlozman, Verba e Brady, 2012; Page, Bartels e Seawright, 2013.

17. Distribuição do crescimento da renda: Bivens e Mishel, 2013, p.58; Salverda e Checchi, 2015, p.1575, Figura 18.11(b). 0,01% mais rico: WWID; incluindo a participação do capital, essas participações subiram de aproximadamente 2,4% em 1992 e 1994 para cerca de 5,1% em 2012 e 2014; as médias de cada seis anos produzem um aumento constante, passando de 2,7% em 1992 e 1997 para 3,9% em 1996 e 2001, 4,6% em 2002 e 2007 e 4,8% em 2008 e 2014; além disso, as duas últimas médias de seis anos subestimam a escala do aumento, por terem sido deprimidas pelos declínios econômicos centrados em 2002 e 2009: as médias trienais de 2005 e 2007 e de 2012 e 2014 foram 5,5% e 5,1%, respectivamente. Variação entre países: p.1581, Figura 18.16, p.1584, Figura 18.17, p.1592. 1% mais rico *versus* 2-10%: Roine e Waldenström, 2015, p.496, Figura 7.3, 497-8; ver p.539, Figura 7.20, sobre apenas um leve declínio da participação dos 2% mais ricos na riqueza para 5%, durante boa parte do século XX. Morelli, Smeeding e Thompson, 2015, p.662-3, enfatizam que a elevação das rendas mais altas é uma tendência robusta e não pode ser explicada por uma melhor observância tributária.

18. Keister, 2014, e Keister e Lee, 2014, oferecem pesquisas recentes sobre o "1%". Diferentes tipos de explicações: Volscho e Kelly, 2012; Keister, 2014, p.359-62; Roine e Waldenström, 2015, p.557-62. Forças de mercado ou não: Blume e Durlauf, 2015, p.762-4. Tamanho da empresa: Gabaix e Landier, 2008; Gabaix, Landier e Sauvagnat, 2014. Cf. também Rubin e Segal, 2015, quanto à sensibilidade das altas rendas ao desempenho do mercado de ações. Modelos do superastro/o vencedor leva tudo: Kaplan e Rauh, 2010, esp. p.1046-8; Kaplan e Rauh, 2013; cf. também Medeiros e Ferreira de Souza, 2015, p.876-7; Roine e Waldenström, 2015, p.559-60. Ver também, neste volume, cap.15, n.8, sobre o efeito do crescimento impulsionado pela inovação nas rendas mais altas.

19. Citação: Medeiros e Ferreira de Souza, 2015, p.886. Setor financeiro: Philippon e Reshef, 2012. Extração de renda e pagamento aos executivos-chefes: Bivens e Mishel, 2013, esp. p.57, p.61, Tabela 2, e p.69, Figura 2. Educação: Roine e Waldenström, 2015, p.547, 550, 557. Traquejo e redes sociais: Medeiros e Ferreira de Souza, 2015, p.881-2. Financeirização e desigualdade: Lin e Tomaskovic-Devey, 2013; cf. Davis e Kim, 2015, sobre o processo em geral. Efeitos da repercussão: Bivens e Mishel, 2013, p.66-7;

cf. Keister, 2014, p.360. Alíquotas tributárias mais altas e participação na renda: Atkinson e Leigh, 2013; Piketty, Saez e Stantcheva, 2013; Roine e Waldenström, 2015, p.565-6. Grandes fortunas: Villette e Vuillermot, 2009, com base em 32 estudos de caso. CEOs chineses: Conyon, He e Zhou, 2015.

20. Piketty, 2014, p.171-222, esp. p.171, Figura 5.3, e p.181, 195; Piketty e Zucman, 2015, p.1311, Figuras 15.1-2, p.1316, Figura 15.6, p.1317, Figura 15.8. Habitação: Bonnet, Bono, Chapelle e Wasmer, 2014; Rognlie, 2015. Participação do capital nas receitas nacionais: Piketty, 2014, p.222, Figura 6.5. Componentes da renda superior: Morelli, Smeeding e Thompson, 2015, p.676-9, esp. p.678, Figura 8.27. A renda do trabalho é crucial para o "1%" de muitos países: Medeiros e Ferreira de Souza, 2015, p.872.

21. Variação internacional: Roine e Waldenström, 2015, p.574-5, Tabela 7.A2; Piketty e Zucman, 2015, p.1320-6. Com seus extensos conjuntos de dados online, Saez e Zucman, 2016, de fato superam todos os estudos anteriores sobre a distribuição da riqueza nos Estados Unidos. Sobre as participações na riqueza, ver ibid., Online Appendix, Tabela B1: a participação do 1% superior na riqueza subiu de 22% em 1978 para 39,5% em 2012; a do 0,1% mais rico foi de 6,9% em 1976 para 20,8% em 2012; e a do 0,01% mais rico passou de 2,2% em 1978 para 11,2% em 2012. As participações correspondentes em 1929, auge anterior da desigualdade de riqueza norte-americana, foram 50,6%, 24,8% e 10,2%. B21-B22: a participação do 1% mais rico na renda do capital tributável subiu de 34% em 1978 para 62,9% em 2012, excluindo os ganhos de capital, e de 36,1% para 69,5%, incluindo esses ganhos. Sobre a participação na renda de dividendos e juros, ver Tabelas B23a-b.

22. Ginis da riqueza: Keister, 2014, p.353, Figura 2, e p.354. Sobre as dificuldades de medir a participação na riqueza, ver, mais recentemente, Kopczuk, 2015, esp. p.50-1, Figuras 1-2. Associação: Alvaredo, Atkinson, Piketty e Saez, 2013, p.16-8. A participação da renda salarial, incluindo pensões, teve média de 62% de 1979 a 1993, de 61% de 1994 a 2003 e de 56% de 2004 a 2013 (WWID). Lin e Tomaskovic-Devey, 2013, afirmam que a financeirização respondeu por grande parte do declínio da participação dos trabalhadores na renda. Renda de investimentos: Nau, 2013, esp. p.452-4. Ganhos de capital e dividendos: Hungerford, 2013, p.19.

23. Crescimento da riqueza global: Piketty, 2014, p.435, Tabela 12.1. Riqueza no exterior: Zucman, 2013 e esp. 2015, p.53, Tabela 1. Cf. também Medeiros e Ferreira de Souza, 2015, p.885-6.

24. Förster e Tóth, 2015, p.1804, Figura 19.3, oferecem um resumo qualitativo sucinto das múltiplas causas da desigualdade e seus efeitos contrastantes. Além das mencionadas no texto, eles também destacam o acasalamento preferencial, as famílias monoparentais, o comparecimento dos eleitores às urnas, o partidarismo e o emprego feminino. Levy e Temin, 2007, oferecem uma descrição histórica sintética das mudanças institucionais ocorridas desde a Segunda Guerra Mundial, que primeiro refrearam e depois precipitaram a desigualdade de renda. Historicamente, o papel da estagflação da década de 1970, que deu um poderoso impulso à liberalização econômica desigualadora, também precisa ser levado em conta. Para uma perspectiva sociológica, ver Massey, 2007.

16. O que reserva o futuro? (p.455-76)

1. Ver, neste volume, cap.15, p.440-2 (ajustes do Gini), p.453 (riqueza no exterior), Introdução, p.26 (desigualdade absoluta); Hardoon, Ayele e Fuentes-Nieva, 2016, p.10, Figura 2 (crescente defasagem absoluta da renda entre os 10% mais ricos e a metade mais pobre no Brasil, de 1988 a 2011). Quanto à desigualdade global, ver Milanovic, 2016, p.11, Figura 1.1, p.25, Figura 1.2: as rendas reais do 1% global subiram cerca de dois terços, comparáveis a índices da ordem de 60% a 75% entre o quadragésimo e o septuagésimo percentis da distribuição global de renda; contudo, 19% do ganho total foram para o 1%; 25%, para os quatro centis superiores; e apenas 14% foram para os situados nos três decis intermediários. Sobre os ganhos absolutos ainda maiores do 1% global, em relação aos 10% mais pobres, ver Hardoon, Ayele e Fuentes-Nieva, 2016, p.10-1. Desigualdade efetiva: ver, neste volume, apêndice, p.485-7.
2. Ginis: SWIID. Em 2011, Portugal teve um Gini da renda de mercado (0,502) ainda mais alto que os Estados Unidos. Os países europeus com Ginis de mercado mais baixos incluem a Áustria, a Bélgica, a Holanda, a Noruega, a Espanha e a Suíça, embora a Bélgica seja o único verdadeiro fora de série; ver, neste volume, cap.15, p.438, Tabela 15.1. Neste último grupo, só na Bélgica e na Espanha é que a defasagem entre os Ginis da renda de mercado e da renda disponível foi menor que nos Estados Unidos. Sobre o esforço redistributivo necessário para conter a crescente desigualdade da renda de mercado na Europa, ver, neste volume, cap.15, p.438-9. Gastos sociais: OCDE, 2014, p.1, Figura 1 (em ordem decrescente, França, Finlândia, Bélgica, Dinamarca, Itália, Áustria, Suécia, Espanha, Alemanha, Portugal e, um tantinho abaixo de 25%, a Holanda). Participação do governo central no PIB: OCDE, gastos gerais do governo (indicador), doi: 10.1787/a31cbd4d-en. Bergh e Henrekson, 2011, fazem uma pesquisa da literatura sobre a relação entre a parcela do PIB do governo e o crescimento econômico em países de alta renda. Tendências dos gastos sociais: OCDE, 2014, p.2, Figura 2. Sobre os componentes principais, ver p.4, Figura 4.
3. Comissão Europeia, 2007, 2013 e 2015, são relatórios fundamentais sobre a escala e as consequências do envelhecimento na Europa. Cf. também, sucintamente, Organização das Nações Unidas, 2015, sobre as tendências globais. Taxas de fertilidade: Comissão Europeia, 2007, p.12 (cerca de 1,5 atualmente, com projeção de aumento para cerca de 1,6 em 2050). Idade mediana e população em idade de trabalho, p.13. Proporções de dependência: p.13 (subida para 53% em 2050); Comissão Europeia, 2013 (subida para 51% em 2050) e 2015, p.1 (subida para 50,1% em 2060). Pessoas de oitenta anos ou mais: Comissão Europeia, 2007, p.13. Cf. p.46, Figura 2.7, p.49, Figura 2.9, e Hossmann et al., 2008, p.8, sobre as faixas das futuras pirâmides etárias. Crescimento como parcela do PIB: p.13, 70, Tabela 3.3 (assistência à saúde), p.72, Tabela 3.4 (cuidados de longo prazo); mas contraste-se com Comissão Europeia, 2015, p.4, para um gasto adicional de 1,8% do PIB necessário em 2060,

embora com grandes diferenças entre os países (p.4-5). Taxas de crescimento econômico: Comissão Europeia, 2007, p.62 (1,3% para UE-15 e 0,9% para UE-10 em 2031-50); 2013, p.10 (1,2% em 2031-50), 2015, p.3 (1,4% a 1,5% em 2020-60).

4. Efeitos sobre a desigualdade: Faik, 2012, esp. p.20-3 no tocante à previsão (Alemanha); Comissão Europeia, 2013, p.10-1, 16. Japão: Ohtake, 2008, p.91-3, sobre as consequências desigualadoras do envelhecimento, junto com a expansão das relações informais de trabalho entre os jovens. Restrições à imigração e igualdade doméstica: Lindert, 2015, p.18.

5. Taxa de dependência: Lutz e Scherbov, 2007, p.11, Figura 5. Coleman, 2006, esp. p.401, 414-6. Nem mesmo uma política de imigração zero reduziria a população de origem estrangeira em mais de um terço a 50% em 2050 (p.417). Crianças e trabalhadores jovens: Comissão Europeia, 2015, p.27.

6. Escala de substituição: Coleman, 2006, p.419-21. Educação, emprego e integração: Comissão Europeia, 2007, p.15, e 2013, p.28. Heterogeneidade: Alesina e Glaeser, 2004, p.133-81 (citação: p.175). Pesquisa: Brady e Finnigan, 2014, p.19-23.

7. Waglé, 2013, é hoje a análise mais detalhada, sempre assinalando as complexidades da relação entre a heterogeneidade e o bem-estar (esp. p.263-75). Ho, 2013, afirma que a diversidade étnica em si não reduz a redistribuição, quando outras identidades são levadas em conta. Ver Huber, Ogorzalek e Gore, 2012, sobre os efeitos diferentes da democracia na desigualdade em países homogêneos e heterogêneos, e Lindqvist e Östling, 2013, sobre um modelo que prevê a maximização do bem-estar quando há homogeneidade étnica. Correlações: Mau e Burkhardt, 2009; Waglé, 2013, p.103-262. Atitudes: Finseraas, 2012; Duch e Rueda, 2014; ver também Comissão Europeia, 2007, p.15, 104. Imigração e heterogeneidade religiosa: Waglé, 2013, p.164, 166. Lindert e Williamson, 2016, p.246, especulam que a imigração do futuro poderá aumentar a desigualdade europeia, ao aumentar a oferta de mão de obra.

8. Greenwood, Guner, Kocharkov e Santos, 2014, constataram que o acasalamento preferencial teve um aumento nos anos 1960 e 1970, mas não de lá para cá, ao passo que Eika, Mogstad e Zafar, 2014, observaram seu declínio entre os indivíduos com formação superior e seu aumento nos níveis inferiores de educação. Sobre a mobilidade intergeracional, ver a Introdução, neste volume, p.34, e esp. Chetty et al., 2014, sobre as taxas estáveis. Segregação residencial: Reardon e Bischoff, 2011a, p.1093, 1140-1; 2011b, p.4-6.

9. Piketty, 2014, p.195-6; Piketty e Saez, 2014, p.840-2; Piketty e Zucman, 2015, p.1342-65, esp. p.1348, Figura 15.24. Para uma amostra aleatória de críticas, ver Blume e Durlauf, 2015, p.755-60, e Acemoglu e Robinson, 2015, estes últimos com a resposta de Piketty, 2015b, p.76-7, que assinala as incertezas envolvidas em sua previsão (p.82, 84). Cf. também Piketty, 2015a, para respostas a outros trabalhos. Sobre os efeitos da globalização, ver, neste volume, cap.15, p.444-6. A concorrência comercial desigualadora dos países de baixa renda tende a continuar: Lindert e Williamson, 2016, p.250; cf. Milanovic, 2016, p.115. Superelite global: Rothkopf, 2008; Freeland, 2012. Sobre a computadorização e os mercados de trabalho, ver agora esp. Autor, 2015, p.22-8, e, em linhas mais gerais, Ford, 2015. Estimativa: Frey e Osborne, 2013.

Entre muitos outros, Brynjolfsson e McAfee, 2014, frisam o enorme potencial transformador da computadorização. Sobre a inteligência artificial, ver, mais recentemente, Bostrom, 2014.

10. O Center for Genetics and Society, 2015, fez uma pesquisa dos avanços recentes nas técnicas genéticas, sobretudo da edição do genoma por meio do CRISPR/Cas9; ver esp. p.20-5, sobre a modificação da linha germinativa, e as p.27-8 sobre ética e desigualdade. Liang et al., 2015, relatam a edição genética de um embrião humano numa universidade chinesa, que foi predominantemente malsucedida. Ver também Church e Regis, 2014, sobre o potencial da biologia sintética. Harari, 2015, faz observações valiosas sobre os limites das restrições políticas. Bostrom, 2003, considera os efeitos das modificações genéticas na igualdade, enquanto Harris, 2010, é otimista sobre a ética e a desejabilidade delas. Especiação: Silver, 1997.
11. Esta é uma coletânea das ideias formuladas *in* OCDE, 2011, p.40-1; Bowles, 2012a, p.72, 98-9, 157, 161; Noah, 2012, p.179-95; Bivens e Mishel, 2013, p.73-4; Corak, 2013, p.95-7; Stiglitz, 2013, p.336-63; Piketty, 2014, p.515-39, 542-4; Blume e Durlauf, 2015, p.766; Bourguignon, 2015, p.160-1, 167-75; Collins e Hoxie, 2015, p.9-15; Kanbur, 2015, p.1873-6; Ales, Kurnaz e Sleet, 2015; Reich, 2015, p.183-217; e Zucman, 2015, p.75-101.
12. Imposto de renda: Bourguignon, 2015, p.163; Piketty, 2014, p.512-3 (citação: p.513), com base em Piketty, Saez e Stantcheva, 2013. Padrões globais de trabalho: Kanbur, 2015, p.1876. Imposto sobre a riqueza: Piketty, 2014, p.515, 530 (citações com grifos meus). Críticas: Piachaud, 2014, p.703, sobre a ideia de uma riqueza global; cf. também Blume e Durlauf, 2015, p.765. Outros criticaram o foco de Piketty na tributação: p.765-6; Auerbach e Hassett, 2015, p.39-40. Bowles, 2012a, p.156-7, assinala a importância de conceber projetos de medidas politicamente viáveis. Sobre a ação política, Levy e Temin, 2007, p.41, observam que "apenas uma reorientação da política de governo pode restabelecer a prosperidade geral do surto de crescimento do pós-guerra"; e Atkinson, 2015, p.305, lembra-nos que "tem de haver uma vontade de ação, e isso exige liderança política". Isso foge da questão da implementação; a referência de Atkinson às melhoras obtidas "no período da Segunda Guerra Mundial e nas décadas subsequentes do pós-guerra" (p.308; cf. p.55-77 para uma pesquisa histórica) é muito pertinente, mas pouca esperança oferece para a atualidade. Stiglitz, 2013, p.359-61, sobre as perspectivas de pôr em prática as suas numerosas propostas, não oferece sugestões substantivas. Milanovic, 2016, p.112-7, expressa um saudável ceticismo a respeito do potencial de várias forças equalizadoras (mudança política, educação e diminuição das pressões da globalização) e deposita esperança na lenta dissipação das rendas, com o correr do tempo, e no surgimento de futuras tecnologias capazes de aumentar a produtividade relativa dos trabalhadores não qualificados. Ele é particularmente pessimista quanto às perspectivas a curto prazo da equalização econômica nos Estados Unidos, onde todos os indicadores apontam para um aumento contínuo da desigualdade no futuro próximo (p.181-90, esp. p.190).

13. Atkinson, 2014a e 2015. Além de Atkinson, 2015, p.237-8, faço citações sobretudo da versão resumida (2014a). Quanto à pergunta "Isso pode ser feito?", ver p.241-99. Redução do Gini: p.294, 19, Figura 1.2, e p.22, Figura 1.3 (cf. também p.299 sobre uma redução provável de aproximadamente quatro pontos). O Gini da renda britânica teve uma queda aproximada de sete pontos durante a Segunda Guerra Mundial: p.19, Figura 1.2.
14. Piketty, 2013, p.921 (tradução para o inglês in Piketty, 2014, p.561).
15. Projeções: Kott et al., 2015, esp. p.1 (citação), 7-11, 16-7, 19-21. Sobre o uso futuro de robôs, ver também Singer, 2009. Sobre os efeitos das crises econômicas recentes, ver, neste volume, cap.12, p.395-6.
16. Ver Zuckerman, 1984, p.2-5, 8-11, 236-7, 283-8, sobre os planos do governo dos Estados Unidos para lidar com as consequências de uma guerra nuclear. Trabalho forçado: o juramento de fidelidade dos Estados Unidos exige que os cidadãos "realizem trabalhos de importância nacional, sob liderança civil, quando assim solicitados por lei". Ver Bracken, 2012, sobre novas formas de conflito nuclear, e Barrett, Baum e Hostetler, 2013, sobre as probabilidades de uma guerra nuclear acidental. O texto da National Military Strategy, 2015, p.4, avalia que a probabilidade de uma guerra entre os Estados Unidos e uma grande potência "é baixa, mas vem crescendo", e prevê que suas "consequências seriam imensas". Sobre os efeitos de desestruturação, ver a contribuição do especialista em estudos internacionais Artyom Lukin em <www.huffingtonpost.com/artyom-lukin/world-war-iii_b_5646641.html>. Allison, 2014, fornece uma pesquisa acessível das diferenças e semelhanças entre 1914 e 2014. Morris, 2014, p.353-93, considera um leque de efeitos futuros.
17. Declínio da violência: Pinker, 2011; Morris, 2014, esp. p.332-40. Ver Thayer, 2009, para uma pesquisa da relação entre demografia e guerra; e Sheen, 2013, sobre os efeitos irenistas do envelhecimento futuro no Nordeste Asiático. Citação: Milanovic, 2016, p.102-3.
18. A "Revolução Bolivariana" da Venezuela, um movimento esquerdista com forte histórico de equalização da renda, que continua a funcionar através de um sistema parlamentarista, tem enfrentado crescente resistência interna e talvez não sobreviva à sua má administração da economia.
19. Índice: <www.systemicpeace.org/inscr/SFImatrix2014c.pdf>. Sobre guerra civil e desigualdade, ver, neste volume, cap.6, p.223-7. Discuto a falência do Estado na Somália no cap.9, p.310-3.
20. Não faltam livros científicos populares para descrever a emergência de novas infecções e considerar futuras ameaças: ver, mais recentemente, Drexler, 2009, e Quammen, 2013. A contribuição mais bem informada foi feita por Nathan Wolfe, um virologista filiado à Universidade Stanford, que frisou nossa maior capacidade de monitorar e reagir: Wolfe, 2011. Escala: pelo valor que possa ter, ver os cálculos de Bill Gates sobre dezenas de milhões de mortes futuras: <www.ted.com/talks/bill_gates_the_next_disaster_we_re_not_ready?language=en>. Extrapolação

da "gripe espanhola": Murray et al., 2006. Bioterrorismo: por exemplo, Stratfor, 2013. Sobre patógenos com potencial para serem transformados em armas, ver Zubay et al., 2005.

Apêndice: Os limites da desigualdade (p.477-88)

1. Milanovic, Lindert e Williamson, 2011, p.256-9. A Figura A.1 baseia-se em sua Figura 1, p.258. Modalsli, 2015, p.241-2, é mais esperançoso quanto à possibilidade de existência humana abaixo dos níveis de subsistência. Sobre a ideia de um Gini máximo de ~1, em vez de 1, ver a Introdução neste volume, n.9.
2. Projeto Maddison. Sobre um possível precursor na Antiguidade, a Atenas clássica, ver, neste volume, cap.2, p.103-4; mas note-se que até a Toscana florentina do século XV chegou apenas a cerca de mil dólares.
3. Milanovic, Lindert e Williamson, 2011, p.259-63, sobre os dados subjacentes e suas limitações. A Figura A.2 baseia-se na p.265, Figura 2. O recurso a tabelas sociais produz uma gama de distribuições de renda possíveis; Milanovic, Lindert e Williamson calculam duas: uma que minimiza e outra que maximiza a desigualdade em cada faixa de renda. Na maioria dos casos, as diferenças entre essas medidas são pequenas.
4. Milanovic, Lindert e Williamson, 2011, p.263, Tabela 2. Modalsli, 2015, p.230-43, afirma que a explicação adequada da dispersão intragrupal nas tabelas sociais leva a Ginis substancialmente mais altos da renda geral, nas sociedades em questão: ver esp. p.237, Figura 2, sobre a ampla dispersão dos resultados. Entretanto, os aumentos contemplados de cerca de 15 pontos percentuais levariam os Ginis para muito perto ou até além da FPD, problema que só poderia ser evitado se presumíssemos, constantemente, um piso inferior de subsistência, ou um PIB per capita maior. O autor observa, o que é mais importante, que esses ajustes só raramente alteram a posição relativa dessas sociedades quanto à desigualdade (p.238). Ver Atkinson, 2014b, sobre os efeitos variados da descolonização sobre a desigualdade de renda, representada pela participação dos mais ricos na renda.
5. A Figura A.3 veio de Milanovic, Lindert e Williamson, 2011, p.268, Figura 4.
6. Adam Smith, *An Inquiry into the Nature and Causes of the Wealth of Nations*, V.ii.k. A Figura A.4 vem de Milanovic, 2013, p.9, Figura 3.
7. Milanovic, 2013, p.12, Tabela 1, p.13, Figura 4 (Reino Unido e Estados Unidos). Sobre a desigualdade elevada até 1914, ver, neste volume, cap.3, p.123-4, 126-8.
8. Excluo os petroestados porque eles poderiam combinar, como de fato combinam, uma grande desigualdade de renda com um PIB per capita elevado. As economias que dependem de outras formas de extração de minérios, como Botsuana e a Namíbia, também são muito desiguais, mas não atingem níveis elevados de renda média per capita. Dados referentes aos Estados Unidos e ao Reino Unido: Milanovic, 2013, p.12, Tabela 1. Não levo em conta o uso que o autor faz das cifras

da desigualdade da renda de mercado nos Estados Unidos, por elas não serem pertinentes neste contexto.

9. Dados: SWIID; projeto Maddison; Milanovic, 2013, p.12, Tabela 1, com Atkinson, 2015, p.18, Figura 1.1. Ver Milanovic, 2015, sobre um limite superior de 0,55 a 0,6. Apenas os números do Gini da renda de mercado parecem estar disponíveis sobre os Estados Unidos em 1929, mas, considerando os baixos níveis de tributação e transferências da época, eles não devem ter sido muito mais altos que os da renda disponível. Sobre o impacto da desigualdade no crescimento, ver a introdução neste volume, p.33-4.
10. Sobre os dados, ver, mais uma vez, Milanovic, 2013, p.12, Tabela 1. Meu modelo simples omite outros fatores também fadados a desempenhar um papel – em especial as instituições políticas.
11. Com referência ao estudo da desigualdade da Roma antiga em Scheidel e Friesen, 2009, alguns veículos de informação da internet afirmaram que a desigualdade de renda nos Estados Unidos de hoje é maior do que a do Império Romano, uma observação baseada em coeficientes de Gini de mercado que não levaram em conta a moderna redistribuição pós-mercado e as respectivas FPDs: <persquaremile.com/2011/12/16/income-inequality-in-the-roman-empire>, parcialmente reproduzido em <www.huffingtonpost.com/2011/12/19/us-income-inequality-ancient-rome-levels_n_1158926.html>. Essa afirmação só estaria correta se a FPD real dos Estados Unidos de hoje fosse de apenas 0,5.

Bibliografia

Aaberge, R. e A.B. Atkinson. "Top incomes in Norway", in Atkinson e Piketty (orgs.), 2010, p.448-81.

Abdullah, Abdul Jabbar, Hristos Doucouliagos e Elizabeth Manning. "Is there a Kuznets process in Southeast Asia?". *Singapore Economic Review* 60, 2015, doi: 10.1142/S0217590815 500174.

Abelshauser, Werner. "Germany: guns, butter, and economic miracles", in Harrison (org.), 1998b, p.122-76.

_____. *Deutsche Wirtschaftsgeschichte: von 1945 bis zur Gegenwart.* 2ª ed. Munique: C.H. Beck, 2011.

Abul-Magd, Adel Y. "Wealth distribution in an ancient Egyptian society". *Physical Review* E 66: 057104, 2002, p.1-3.

Acemoglu, Daron e David Autor. "What does human capital do? A review of Goldin and Katz's *The Race between Education and Technology*". *Journal of Economic Literature* 50, 2012, p.426-63.

Acemoglu, Daron e James A. Robinson. "The political economy of the Kuznets curve". *Review of Development Economics* 6, 2002, p.183-203.

_____. "The rise and decline of general laws of capitalism". *Journal of Economic Perspectives* 29, 2015, p.3-28.

_____. "Why did the West extend the franchise? Democracy, inequality, and growth in historical perspective". *Quarterly Journal of Economics* 115, 2000, p.1167-99.

Acemoglu, Daron, Suresh Naidu, Pascual Restrepo e James A. Robinson. "Democracy, redistribution, and inequality", in Atkinson e Bourguignon (orgs.), 2015, p.1883-1966.

Acosta, Pablo, Cesar Calderón, Pablo Fajnzylber e Humberto López. "What is the impact of international remittances on poverty and inequality in Latin America?". *World Development* 36, 2008, p.89-114.

Adam, Hussein. *From Tyranny to Anarchy: The Somali Experience.* Trenton, Nova Jersey: Red Sea Press, 2008.

Adams, Robert McC. "Contexts of civilizational collapse: a Mesopotamian view", in Yoffee e Cowgill (orgs.), 1988, p.20-43.

Addison, Paul. *The Road to 1945: British Politics and the Second World War.* Ed. rev. Londres: Pimlico, 1994.

Adema, Willem, Pauline Fron e Maxime Ladaique. "How much do OECD countries spend on social protection and how redistributive are their tax/benefit systems?". *International Social Security Review* 76, 2014, p.1-25.

Aftalion, Florin. *The French Revolution: An Economic Interpretation.* Cambridge, Reino Unido: Cambridge University Press, 1990.

Aghion, Philippe et al. "Innovation and top income inequality". NBER Working Paper n.21247, 2016.

Aidt, Toke S. e Peter S. Jensen. "Workers of the world, unite! Franchise extensions and the threat of revolution in Europe, 1820-1938". CESifo Working Paper n.3417, 2011.

Albertus, Michael. *Autocracy and Redistribution: The Politics of Land Reform*. Nova York: Cambridge University Press, 2015.

Albuquerque Sant'Anna, André. "A spectre has haunted the West: did socialism discipline income inequality?". Documento MPRA n.64756, 2015.

Ales, Laurence, Musab Kurnaz e Christopher Sleet. "Technical change, wage inequality, and taxes". *American Economic Review* 105, 2015, p.3061-101.

Alesina, Alberto e Edward L. Glaeser. *Fighting Poverty in the US and Europe: A World of Difference*. Nova York: Oxford University Press, 2004.

Alfani, Guido. "Economic inequality in northwestern Italy: a long-term view (fourteenth to eighteenth centuries)". *Journal of Economic History* 75, 2015, p.1058-96.

_____. "The rich in historical perspective: evidence for preindustrial Europe (ca. 1300-1800)". Innocenzo Gasparini Institute for Economic Research Working Paper n.571, 2016.

_____. "Wealth inequalities and population dynamics in early modern Northern Italy". *Journal of Interdisciplinary History* 40, 2010, p.513-49.

Alfani, Guido e Francesco Ammannati. "Economic inequality and poverty in the very long run: the case of the Florentine state (late thirteenth to nineteenth century)". Dondena Working Paper n.70. Milão: Università Bocconi, 2014.

Alfani, Guido e Matteo di Tullio. "Dinamiche di lungo periodo della disugualianza in Italia settentrionale: una nota di ricerca". Dondena Working Paper n.71. Milão: Università Bocconi, 2015.

Alfani, Guido e Sergio Sardone. "Long-term trends in economic inequality in southern Italy. The kingdoms of Naples and Sicily, 16th-18th centuries: first results". Economic History Association, reunião anual, Nashville, Tennessee, 11-13 set 2015.

Alfani, Guido e Wouter Ryckbosch. "Was there a 'Little Convergence' in inequality? Italy and the Low Countries compared, ca. 1500-1800". Innocenzo Gasparini Institute for Economic Research Working Paper n.557, 2015.

Allen, Robert C. "Engels' pause: technical change, capital accumulation, and inequality in the British industrial revolution". *Explorations in Economic History* 46, 2009, p.418-35.

_____. "The great divergence in European wages and prices from the Middle Ages to the First World War". *Explorations in Economic History* 31, 2001, p.411-47.

_____. *Farm to Factory: A Reinterpretation of the Soviet Industrial Revolution*. Princeton, Nova Jersey: Princeton University Press, 2003.

Allen, Robert C., Jean-Pascal Bassino, Debin Ma, Christine Moll-Murata e Jan Luiten van Zanden. "Wages, prices, and living standards in China, 1738-1925: in comparison with Europe, Japan, and India". *Economic History Review* 64, 2011, p.S8-S38.

Allison, Graham. "Just how likely is another world war? Assessing the similarities and differences between 1914 and 2014". *The Atlantic*, 30 jul 2014. Disponível em: <www.theatlantic.com/international/archive/2014/07/just-how-likely-is-another-world-war/375320>.

Alvaredo, Facundo. "A note on the relationship between top income shares and the Gini coefficient". *Economics Letters* 110, 2011, p.274-7.

_____. "The rich in Argentina over the twentieth century, 1932-2004", in Atkinson e Piketty (orgs.), 2010a, p.253-98.

_____. "Top incomes and earnings in Portugal, 1936-2005", in Atkinson e Piketty (orgs.), 2010b, p.560-624.

Alvaredo, Facundo, Anthony B. Atkinson, Thomas Piketty e Emmanuel Saez. "The top 1 percent in international and historical perspective". *Journal of Economic Perspectives* 27, 2013, p.3-20.

Alvaredo, Facundo e Emmanuel Saez. "Income and wealth concentration in Spain in a historical and fiscal perspective", in Atkinson e Piketty (orgs.), 2010, p.482-559.

Alvaredo, Facundo e Leonardo Gasparini. "Recent trends in inequality and poverty in developing countries", in Atkinson e Bourguignon (orgs.), 2015, p.697-806.

Alvaredo, Facundo e Thomas Piketty. "Measuring top incomes and inequality in the Middle East: data limitations and illustration with the case of Egypt". Paris School of Economics Working Paper, 2014.

Álvarez-Nogal, Carlos e Leandro Prados de la Escosura. "The rise and fall of Spain (1270-1850)". *Economic History Review* 66, p.2013, p.1-37.

Ammannati, Francesco. "La distribuzione della proprietà nella Lucchesia del tardo Medioevo (sec.XIV-XV)". Dondena Working Paper n.73. Milão: Università Bocconi, 2015.

Anand, Sudhir e Paul Segal. "The global distribution of income", in Atkinson e Bourguignon (orgs.), 2015, p.937-80.

Andermahr, Anna Maria. *Totus in praediis: senatorischer Grundbesitz in Italien in der frühen und hohen Kaiserzeit*. Bonn, Alemanha: Habelt, 1998.

Anderson, Thomas P. *Matanza: El Salvador's Communist Revolt of 1932*. Lincoln: University of Nebraska Press, 1971.

Andreski, Stanislav. *Military Organization and Society*. 2ª ed. Berkeley: University of California Press, 1968.

Andress, David (org.). *The Oxford Handbook of the French Revolution*. Oxford: Oxford University Press, 2015.

Andrews, Dan e Andrew Leigh. "More inequality, less social mobility". *Applied Economics Letters* 16, 2009, p.1489-92.

Angeles, Luis. "An alternative test of Kuznets' hypothesis". *Journal of Economic Inequality* 8, 2010, p.463-73.

Anghelinu, Mircea. "On Palaeolithic social inequality: the funerary evidence", in Kogalniceanu, Raluca, Roxana-Gabriela Curca, Mihai Gligor e Susan Stratton (orgs.), *Homines, funera, astra: proceedings of the international symposium on funeral anthropology 5-8 June 2011 '1 Decembrie 1918' University (Alba Iulia, Romania)*. Oxford: Archaeopress, 2012, p.31-43.

Aristizábal-Ramírez, Maria, Gustavo Canavire-Bacarezza e Michael Jetter. "Income inequality in Bolivia, Colombia, and Ecuador: different reasons". Trabalho preparatório, 2015.

Arroyo Abad, Leticia. "Persistent inequality? Trade, factor endowments, and inequality in Republican Latin America". *Journal of Economic History* 73, 2013, p.38-78.

Arroyo Abad, Leticia, Elwyn Davies e Jan Luiten van Zanden. "Between conquest and independence: real wages and demographic change in Spanish America, 1530-1820". *Explorations in Economic History* 49, 2012, p.149-66.

Assunção, Juliano. "Land reform and landholdings in Brazil". UNI-WIDER Research Paper n.2006/137, 2006.

Atkinson, Anthony B. "After Piketty?". *British Journal of Sociology* 65, 2014a, p.619-38.

_____. "Income distribution and taxation in Mauritius: a seventy-five year history of top incomes". Trabalho preparatório, s.d.

_____. *Inequality: What Can Be Done?*. Cambridge, Massachusetts: Harvard University Press, 2015.

_____. "The colonial legacy: income inequality in former British African colonies". WIDER Working Paper, 2014b.

_____. "The distribution of top incomes in the United Kingdom 1908-2000", in Atkinson e Piketty (orgs.), 2007a, p.82-140.

Atkinson, Anthony B. e Andrea Brandolini. "Global world income inequality: absolute, relative or intermediate?". Trabalho preparatório, 2004. Disponível em: <www.iariw.org/papers/2004/brand.pdf>.

Atkinson, Anthony B. e Andrew Leigh. "The distribution of top incomes in five Anglo-Saxon countries over the long run". *Economic Record* 89 (S1), 2013, p.31-47.

Atkinson, Anthony B. e François Bourguignon (orgs.). *Handbook of Income Distribution*, vol.1. Amsterdã: Elsevier, 2000.

_____. *Handbook of Income Distribution*, vols. 2A-B. Amsterdã: North-Holland, 2015.

Atkinson, Anthony B. e Jakob E. Søgaard. "The long-run history of income inequality in Denmark". *Scandinavian Journal of Economics* 118, 2016, p.264-91.

Atkinson, Anthony B. e Salvatore Morelli. "Chartbook of economic inequality". Documento de trabalho n.324. ECINE: Society for the Study of Economic Inequality, 2014. (Também disponível em: <www.chartbookofeconomicinequality.com>.)

_____. "Economic crises and inequality". UNDP Human Development Reports 2011/06, 2011.

Atkinson, Anthony B. e T. Piketty (orgs.). *Top Incomes Over the Twentieth Century: A Contrast Between Continental European and English-speaking Countries*. Oxford: Oxford University Press, 2007a.

_____. *Top Incomes: A Global Perspective*. Oxford: Oxford University Press, 2010.

_____. "Towards a unified data set on top incomes", 2007b, in Atkinson e Piketty (orgs.), 2007a, p.531-65.

Auerbach, Alan J. e Kevin Hassett. "Capital taxation in the twenty-first century". *American Economic Review* 105, 2015, p.38-42.

Autor, David H. "Skills, education, and the rise of earnings inequality among the 'other 99 percent'". *Science* 344, 2014, p.843-50.

_____. "Why are there still so many jobs? The history and future of workplace automation". *Journal of Economic Perspectives* 29, 2015, p.3-30.

Autor, David, Alan Manning e Christopher Smith. "The contribution of the minimum wage to U.S. wage inequality over three decades: a reassessment". NBER Working Paper n.16533, 2010.

Autor, David e David Dorn. "The growth of low-skill service jobs and the polarization of the U.S. labor market". *American Economic Review* 103, 2013, p.1553-97.

Autor, David, Frank Levy e Richard J. Murnane. "The skill content of recent technological change: an empirical exploration". *Quarterly Journal of Economics* 116, 2003, p.1279-1333.

Bagchi, Sutirtha e Jan Svejnar. "Does wealth inequality matter for growth? The effect of billionaire wealth, income distribution, and poverty". *Journal of Comparative Economics* 43, jan 2015, p.505-30.

Bagnall, Roger S. "Landholding in late Roman Egypt: the distribution of wealth". *Journal of Roman Studies* 82, 1992, p.128-49.

Balch, Stephen H. "On the fragility of the Western achievement". *Society* 51, 2014, p.8-21.

Banco Mundial. *Land Reforms in Sri Lanka: A Poverty and Social Impact Analysis (PSIA)*. Washington, DC: World Bank, 2008.

Banerjee, Abhijit e Thomas Piketty. "Top Indian incomes, 1922-2000", in Atkinson e Piketty (orgs.), 2010, p.1-39.

Bang, Peter F., Christopher A. Bayly e Walter Scheidel (orgs.). *The Oxford World History of Empire*, 2 vols. Nova York: Oxford University Press, no prelo.

Bang, Peter F. e Karen Turner. "Kingship and elite formation", 2015, in Scheidel, 2015a, p.11-38.

Bank, Steven A., Kirk J. Stark e Joseph J. Thorndike. *War and Taxes*. Washington, DC: Urban Institute Press, 2008.

Barbiera, Irene e Gianpiero Dalla Zuanna. "Population dynamics in Italy in the Middle Ages: new insights from archaeological findings". *Population and Development Review* 35, 2009, p.367-89.

Barfield, Thomas J. *The Perilous Frontier: Nomadic Empires and China, 221 BC to AD 1757*. Cambridge, Massachusetts: Blackwell, 1989.

Barker, Graeme. *The Agricultural Revolution in Prehistory: Why Did Foragers Become Farmers?*. Oxford: Oxford University Press, 2006.

Barker, John W. "Late Byzantine Thessalonike: a second city's challenges and responses", in Alice-Mary Talbot (org.), *Symposium on Late Byzantine Thessalonike*. Washington, DC: Dumbarton Oaks Research Library and Collection, 2004, p.5-33.

Barraclough, Solon L. "Land reform in developing countries: the role of the state and other actors". UNRISD Discussion Paper n.101, 1999.

Barrett, Anthony M., Seth D. Baum e Kelly R. Hostetler. "Analyzing and reducing the risks of inadvertent nuclear war between the United States and Russia". *Science and Global Security* 21, 2013, p.106-33.

Bartels, Larry M. *Unequal Democracy: The Political Economy of the New Gilded Age*. Princeton, Nova Jersey: Princeton University Press, 2008.

Bassino, Jean-Pascal, Kyoji Fukao e Masanori Takashima. "A first escape from poverty in late medieval Japan: evidence from real wages in Kyoto (1360-1860)". Trabalho preparatório, 2014.

Bassino, Jean-Pascal, Kyoji Fukao, Tokihiko Settsu e Masanori Takashima. "Regional and personal inequality in Japan, 1850-1955". Artigo da conferência "Accounting for the Great Divergence". Universidade de Warwick em Veneza, 22-24 mai 2014.

Baten, Joerg e Christina Mumme. "Does inequality lead to civil wars? A global long-term study using anthropometric indicators (1816-1999)". *European Journal of Political Economy* 32, 2013, p.56-79.

Baten, Joerg e Rainer Schulz. "Making profits in wartime: corporate profits, inequality, and GDP in Germany during the First World War". *Economic History Review* 58, 2005, p.34-56.

Batten, Bruce. "Foreign threat and domestic reform: the emergence of the Ritsuryo state". *Monumenta Nipponica* 41, 1986, p.199-219.

Bauer, Michal et al. "Can war foster cooperation?". NBER Working Paper n.22312, 2016.

Bekar, Cliff T. e Clyde G. Reed. "Land markets and inequality: evidence from medieval England". *European Review of Economic History* 17, 2013, p.294-317.

Bentzel, Ragnar. *Inkomstfördelningen i Sverige*. Estocolmo: Victor Peterssons Bokindustri Aktiebolag, 1952.

Bercé, Yves-Marie. *Revolt and Revolution in Early Modern Europe: An Essay on the History of Political Violence*. Manchester, Reino Unido: Manchester University Press, 1987.

Bergh, Andreas. "The rise, fall and revival of the Swedish welfare state: what are the policy lessons from Sweden?". IFN Working Paper n.871, 2011.

Bergh, Andreas e Magnus Henrekson. "Government size and growth: a survey and interpretation of the evidence". *Journal of Economic Surveys* 25, 2011, p.872-97.

Bergh, Andreas e Therese Nilsson. "Do liberalization and globalization increase income inequality?". *European Journal of Political Economy* 26, 2010, p.488-505.

Berkowitz, Edward e Kim McQuaid. *Creating the Welfare State: The Political Economy of Twentieth-century Reform*. 2ª ed. Nova York: Praeger, 1988.

Bernhardt, Kathryn. *Rents, Taxes, and Peasant Resistance: The Lower Yangzi Region, 1840-1950*. Stanford, Califórnia: Stanford University Press, 1992.

Bertelsmann Stiftung. *BTI 2012 – Cuba Country Report*. Gütersloh, Alemanha: Bertelsmann Stiftung, 2012.

Bértola, Luis, Cecilia Castelnuovo, Javier Rodríguez e Henry Willebald. "Income distribution in the Latin American Southern Cone during the first globalization boom and beyond". *International Journal of Comparative Sociology* 50, 2009, p.452-85.

Bértola, Luis e José Antonio Ocampo. *The Economic Development of Latin America Since Independence*. Oxford: Oxford University Press, 2012.

Besley, Timothy e Torsten Persson. "Why do developing countries tax so little?". *Journal of Economic Perspectives* 28(4), 2014, p.99-120.

Beveridge, Sir William. *Social Insurance and Allied Services*. Londres: His Majesty's Stationery Office, 1942.

Biehl, Peter F. e Arkadiusz Marciniak. "The construction of hierarchy: rethinking the Copper Age in southeastern Europe", in Michael W. Diehl (org.), *Hierarchies in Action: Cui Bono?*. Center for Archaeological Investigations, Occasional Paper n.27, 2000, p.181-209.

Bircan, Cagatay, Tilm

an Brück e Marc Vothknecht. "Violent conflict and inequality". DIW Berlin Discussion Paper n.1013, 2010.

Bivens, Josh e Lawrence Mishel. "The pay of corporate executives and financial professionals as evidence of rents in top 1 percent incomes". *Journal of Economic Perspectives* 27, 2013, p.57-77.

Björklund, Anders e Markus Jäntti. "Intergenerational income mobility and the role of family background", in Salverda, Nolan e Smeeding (orgs.), 2009, p.491-521.

Blanton, Richard. "Beyond centralization: steps toward a theory of egalitarian behavior in archaic states", in Gary M. Feinman e Joyce Marcus (orgs.), *Archaic States*. Santa Fe: School of American Research, 1998, p.135-72.

Blanton, Richard e Lane Fargher. *Collective Action in the Formation of Pre-modern States*. Nova York: Springer, 2008.

Blanton, Richard E., Stephen A. Kowalewski, Gary M. Feinman e Laura M. Finsten. *Ancient Mesoamerica: A Comparison of Change in Three Regions*. 2ª ed. Cambridge, Reino Unido: Cambridge University Press, 1993.

Blickle, Peter. *Die Revolution von 1525*. 2ª ed. Munique: Oldenbourg, 1983.

______. *Unruhen in der ständischen Gesellschaft 1300-1800*. Munique: Oldenbourg, 1988.

Blum, Jerome. "The rise of serfdom in Eastern Europe". *American Historical Review* 62, 1957, p.807-36.

Blume, Lawrence E. e Steven N. Durlauf. "Capital in the twenty-first century: a review essay". *Journal of Political Economy* 123, 2015, p.749-77.

Bodde, Derk. "The state and empire of Ch'in", in Twitchett e Loewe (orgs.), 1986, p.20-102.

Boehm, Christopher. *Hierarchy in the Forest: The Evolution of Egalitarian Behavior*. Cambridge, Massachusetts: Harvard University Press, 1999.

Boix, Carles. *Political Order and Inequality: Their Foundation and their Consequences for Human Welfare*. Cambridge, Reino Unido: Cambridge University Press, 2015.

Boix, Carles e Frances Rosenbluth. "Bones of contention: the political economy of height inequality". *American Political Science Review* 108, 2014, p.1-22.

Bonica, Adam, Nolan McCarty, Keith T. Poole e Howard Rosenthal. "Why hasn't democracy slowed rising inequality?". *Journal of Economic Perspectives* 27, 2013, p.103-23.

Bonnet, Odran, Pierre-Henri Bono, Guillaume Chapelle e Etienne Wasmer. "Does housing capital contribute to inequality? A comment on Thomas Piketty's *Capital in the 21st Century*". SciencesPo, Department of Economics, Discussion Paper n.2014-07, 2014.

Bordo, Michael D. e Christopher M. Meissner. "Do financial crises always raise inequality? Some evidence from history". Trabalho preparatório, 2011.

Borgerhoff Mulder, Monique et al. "Intergenerational wealth transmission and the dynamics of inequality in small-scale societies". *Science* 326, 2009, p.682-8, com material de apoio na internet disponível em: <www.sciencemag.org/cgi/content/full/326/5953/682/DC1>.

Borsch, Stuart J. *The Black Death in Egypt and England: A Comparative Study*. Austin: University of Texas Press, 2005.

Boserup, Ester. *Population and Technological Change: A Study of Long-term Trends*. Chicago: University of Chicago Press, 1981.

_____. *The Conditions of Agricultural Growth: The Economics of Agrarian Change under Population Pressure*. Londres: Allen and Unwin, 1965. [Ed. bras.: *Evolução agrária e pressão demográfica*, trad. Oriowaldo Queda e João Carlos Duarte. São Paulo: Hucitec/Polis, 1987.]

Bostrom, Nick. "Human genetic enhancements: a transhumanist perspective". *Journal of Value Inquiry* 37, 2003, p.493-506.

_____. *Superintelligence: Paths, Dangers, Strategies*. Oxford: Oxford University Press, 2014.

Bosworth, Barry, Gary Burtless e Kan Zhang. "Later retirement, inequality in old age, and the growing gap in longevity between rich and poor". Washington, DC: Brookings Institution, 2016.

Bourguignon, François. *The Globalization of Inequality*. Princeton, Nova Jersey: Princeton University Press, 2015.

Bower, John M. *The Politics of "Pearl": Court Poetry in the Age of Richard II*. Woodbridge, Reino Unido: Boydell and Brewer, 2001.

Bowles, Samuel. "Group competition, reproductive leveling and the evolution of human altruism". *Science* 314, 2006, p.1569-72.

_____. "Political hierarchy, economic inequality & the first Southwest Asian farmers". SFI Working Paper n.2015-06-015, 2015.

_____. *The New Economics of Inequality and Redistribution*. Cambridge, Reino Unido: Cambridge University Press, 2012a.

_____. "Warriors, levelers, and the role of conflict in human social evolution". *Science* 336, 2012b, p.876-9.

Bowles, Samuel e Herbert Gintis. "The inheritance of inequality". *Journal of Economic Perspectives* 16, 2002, p.3-30.

Bowles, Samuel e Jung-Kyoo Choi. "Coevolution of farming and private property during the early Holocene". *Proceedings of the National Academy of Sciences* 110, 2013, p.8830-5.

Bowman, Alan K. "Landholding in the Hermopolite nome in the fourth century AD". *Journal of Roman Studies* 75, 1985, p.137-63.

Bracken, Paul. *The Second Nuclear Age: Strategy, Danger, and the New Power Politics*. Nova York: Times Books, 2012.

Brady, David e Ryan Finnigan. "Does immigration undermine public support for social policy?". *American Sociological Review* 79, 2014, p.17-42.

Brandolini, Andrea e Giovanni Vecchi. "The well-being of Italians: a comparative historical approach". *Quaderni di Storia Economica (Economic History Working Papers)*, n.19, 2011.

Brandolini, Andrea e Timothy M. Smeeding. "Income inequality in richer and OECD countries", in Salverda, Nolan e Smeeding (orgs.), 2009, p.71-100.

Brandt, Loren e Barbara Sands. "Land concentration and income distribution in Republican China", in Thomas G. Rawski e Lillian M. Li (orgs.), *Chinese History in Economic Perspective*. Berkeley: University of California Press, 1992, p.179-207.

Brenner, Y.S., Hartmut Kaelble e Mark Thomas (orgs.). *Income Distribution in Historical Perspective*. Cambridge, Reino Unido: Cambridge University Press, 1991.

Briggs, Asa. "The welfare state in historical perspective". *European Journal of Sociology* 2, 1961, p.221-58.

Britnell, Richard. *Britain and Ireland 1050-1500: Economy and Society*. Oxford: Oxford University Press, 2004.

Broadberry, Stephen e Bishnupriya Gupta. "The early modern great divergence: wages, prices and economic development in Europe and Asia, 1500-1800". *Economic History Review* 59, 2006, p.2-31.

Broadberry, Stephen e Mark Harrison. "The economics of World War I: an overview", 2005b, in Broadberry e Harrison (orgs.), 2005a, p.3-40.

Broadberry, Stephen e Mark Harrison (orgs.). *The Economics of World War I*. Cambridge, Reino Unido: Cambridge University Press, 2005a.

Broadberry, Stephen e Peter Howlett. "The United Kingdom during World War I: business as usual?", in Broadberry e Harrison (orgs.), 2005a, p.206-34.

Brown, Kyle S. et al. "An early and enduring advanced technology originating 71,000 years ago in South Africa". *Nature* 491, 2012, p.590-3.

Brown, Peter. *Through the Eye of a Needle: Wealth, the Fall of Rome, and the Making of Christianity in the West, 350-550 AD*. Princeton, Nova Jersey: Princeton University Press, 2012.

Brown, T.S. *Gentlemen and Officers: Imperial Administration and Aristocratic Power in Byzantine Italy A.D. 554-800*. Roma: British School at Rome, 1984.

Brownlee, W. Elliot. *Federal Taxation in America: A Short History*. 2ª ed. Washington, DC: Woodrow Wilson Center Press, 2004.

Brueckner, Markus e Daniel Lederman. "Effects of income inequality on aggregate output". World Bank Policy Discussion Paper n.7317, 2015.

Brynjolfsson, Erik e Andrew McAfee. *The Second Machine Age: Work, Progress, and Prosperity in a Time of Brilliant Technologies*. Nova York: Norton, 2014.

Buffett, Warren E. "Stop coddling the super-rich". *New York Times*, 15 ago 2011, p.A21.

Burbank, Jane e Frederick Cooper. *Empires in World History: Geographies of Power, Politics of Difference*. Princeton, Nova Jersey: Princeton University Press, 2010.

Burgers, Peter. "Taxing the rich: confiscation and the financing of the Claudian Principate (AD 41-54)". *Laverna* 4, 1993, p.55-68.

Byrne, Joseph P. *Daily Life During the Black Death*. Westport, Connecticut: Greenwood Press, 2006.

Campbell, Bruce M.S. "Benchmarking medieval economic development: England, Wales, Scotland, and Ireland, c.1290". *Economic History Review* 61, 2008, p.896-945.

Campos-Vázquez, Raymundo e Horacio Sobarzo. *The Development and Fiscal Effects of Emigration on Mexico*. Washington, DC: Migration Policy Institute, 2012.

Canbakal, Hülya. "Wealth and inequality in Ottoman Bursa, 1500-1840". Texto para a conferência "New Perspectives in Ottoman Economic History". Universidade Yale, 9-10 nov 2012.

Canbakal, Hülya e Alpay Filiztekin. "Wealth and inequality in Ottoman lands in the early modern period". Texto para a conferência "AALIMS-Rice University conference on the political economy of the Muslim world", 4-5 abr 2013.

Card, David. "Immigration and inequality". *American Economic Review* 99, 2009, p.1-21.

Carneiro, Robert L. "A theory of the origin of the state". *Science* 169, 1970, p.733-8.

_____. "The circumscription theory: challenge and response". *American Behavioral Scientist* 31, 1988, p.497-511.

Cartledge, Paul e Antony Spawforth. *Hellenistic and Roman Sparta: A Tale of Two Cities*. Londres: Routledge, 1989.

Cederman, Lars-Erik, Nils B. Weidmann e Kristian Skrede. "Horizontal inequalities and ethno-nationalist civil war: a global comparison". *American Political Science Review* 105, 2011, p.478-95.

Center for Genetics and Society. "Extreme genetic engineering and the human future: reclaiming emerging biotechnologies for the common good". Center for Genetics and Society, 2015.

Cerman, Markus. *Villagers and Lords in Eastern Europe, 1300-1800*. Basingstoke, Reino Unido: Palgrave Macmillan, 2012.

Ch'ü, T'ung-tsu. *Han Social Structure*. Seattle: University of Washington Press, 1972.

Champlin, Edward. "The Volcei land register (*CIL* X 407)". *American Journal of Ancient History* 5, 1980, p.13-8.

Cherry, John F. e Jack L. Davis. "An archaeological homily", 2007b, in Galaty e Parkinson (orgs.), 2007, p.118-27.

Chetty, Raj et al. "Is the United States still a land of opportunity? Recent trends in intergenerational mobility". *American Economic Review* 104, 2014, p.141-7.

Christian, David. *Maps of Time: An Introduction to Big History*. Berkeley: University of California Press, 2004.

Church, George e Ed Regis. *Regenesis: How Synthetic Biology will Reinvent Nature and Ourselves*. Nova York: Basic Books, 2014.

Cingano, Federico. "Trends in income inequality and its impact on economic growth". OECD Social, Employment and Migration Working Papers n.163, 2014.

Cioffi-Revilla, Claudio, J. Daniel Rogers, Steven P. Wilcox e Jai Alterman. "Computing the steppes: data analysis for agent-based models of polities in Inner Asia", in Ursula Brosseder e Bryan K. Miller (orgs.), *Xiongnu Archaeology: Multidisciplinary Perspectives of the First Steppe Empire in Inner Asia*. Bonn, Alemanha: Rheinische Friedrich-Wilhelms-Universität Bonn, 2011, p.97-110.

Claessen, Henry J.M. e Peter Skalník. "The early state: models and reality", 1978a, in Claessen e Skalník (orgs.), 1978b, p.637-50.

Claessen, Henry J.M. e Peter Skalník (orgs.). *The Early State*. Haia: De Gruyter, 1978b.

Clark, Andrew E. e Conchita D'Ambrosio. "Attitudes to income inequality: experimental and survey evidence", in Atkinson e Bourguignon (orgs.), 2015, p.1147-208.

Clark, Gregory. "The long march of history: farm wages, population, and economic growth, England 1209-1869". *Economic History Review* 60, 2007b, p.97-135.

______. *A Farewell to Alms: A Brief Economic History of the World*. Princeton, Nova Jersey: Princeton University Press, 2007a.

______. *The Son also Rises: Surnames and the History of Social Mobility*. Princeton, Nova Jersey: Princeton University Press, 2014.

Clarke, Walter S. e Robert Gosende. "Somalia: can a collapsed state reconstitute itself?", in Robert I. Rotberg (org.), *State Failure and State Weakness in a Time of Terror*. Washington, DC: Brookings Institution Press, 2003, p.129-58.

Clausewitz, Carl von. *On War*, trad. [para o inglês] Peter Paret e Michael Howard. Princeton, Nova Jersey: Princeton University Press, 1976. [Ed. bras.: *Da guerra*, trad. Maria Teresa Ramos. São Paulo: WMF Martins Fontes, 2010.]

Cline, Eric C. *1177 B.C.: The Year Civilization Collapsed*. Princeton, Nova Jersey: Princeton University Press, 2014.

Cobham, Alex e Andy Sumner. "Is inequality all about the tails? The Palma measure of income inequality". *Significance* 11(1), 2014, p.10-3.

Coe, Michael D. *Angkor and the Khmer Civilization*. Nova York: Thames and Hudson, 2003.

______. *The Maya*. 7ª ed. Nova York: Thames and Hudson, 2005.

Cohen, Joel. *How Many People Can the Earth Support?*. Nova York: W.W. Norton, 1995.

Cohen, Ronald. "State origins: a reappraisal", in Claessen e Skalník (orgs.), 1978b, p.31-75.

Cohn, Samuel K., Jr. *Lust for Liberty. The Politics of Social Revolt in Medieval Europe, 1200-1425: Italy, France, and Flanders*. Cambridge, Massachusetts: Harvard University Press, 2006.

______. *Popular Protest in Late Medieval Europe: Italy, France, and Flanders*. Manchester, Reino Unido: Manchester University Press, 2004.

Coleman, David. "Immigration and ethnic change in low-fertility countries: a third demographic transition". *Population and Development Review* 32, 2006, p.401-46.

Collier, Paul e Anke Hoeffler. "Greed and grievance in civil war". *Oxford Economic Papers* 56, 2004, p.563-95.

Collins, Chuck e Josh Hoxie. "Billionaire bonanza: the *Forbes 400*... and the rest of us". Washington, DC: Institute for Policy Studies, 2015.

Comissão Econômica para a América Latina e o Caribe (Cepal). *Latin America and the Caribbean in the World Economy, 2015*. Santiago, Chile: Nações Unidas, 2015.

Comissão Europeia. "Demography and inequality: how Europe's changing population will impact on income inequality", 2013. Disponível em: <europa.eu/epic/studies-reports/docs/eaf_policy_brief_-_demography_and_inequality_final_version.pdf>.

_____. *Europe's Demographic Future: Facts and Figures on Challenges and Opportunities*. Luxemburgo: Office for Official Publications of the European Communities, 2007.

_____. *The 2015 Aging Report: Economic and Budgetary Projections for the 28 EU Member States (2013-2060)*. Luxemburgo: Publications Office of the European Union, 2015.

Conyon, Martin J., Lerong He e Xin Zhou. "Star CEOs or political connections? Evidence from China's publicly traded firms". *Journal of Business Finance and Accounting* 42, 2015, p.412-43.

Cook, Noble David. *Born to Die: Disease and the New World Conquest, 1492-1650*. Cambridge, Reino Unido: Cambridge University Press, 1998.

Cooney, Kathlyn M. "Changing burial practices at the end of the New Kingdom: defensive adaptations in tomb commissions, coffin commissions, coffin decoration, and mummification". *Journal of the American Research Center in Egypt* 47, 2011, p.3-44.

Corak, Miles. "Income inequality, equality of opportunity, and intergenerational mobility". *Journal of Economic Perspectives* 27, 2013, p.79-102.

Cornia, Giovanni Andrea. "Inequality trends and their determinants: Latin America over the period 1990-2010", 2014b, in Cornia (org.), 2014a, p.23-48.

_____. "Recent distributive changes in Latin America: an overview", 2014c, in Cornia (org.), 2014a, p.3-22.

_____ (org.). *Falling Inequality in Latin America: Policy Changes and Lessons*. Oxford: Oxford University Press, 2014a.

Courtois, Stéphane. "Introduction: the crimes of communism", in Courtois et al., 1999, p.1-31.

Courtois, Stéphane, Nicolas Werth, Jean-Louis Panné, Andrzej Paczkowski, Karel Bartosek e Jean-Louis Margolin. *The Black Book of Communism: Crimes, Terror, Repression*. Cambridge, Massachusetts: Harvard University Press, 1999. [Ed. bras.: *O livro negro do comunismo: crimes, terror e repressão*, trad. Caio Meira. Rio de Janeiro: Bertrand Brasil, 2001.]

Cowell, Frank A. e Emmanuel Flachaire. "Statistical methods for distributional analysis", in Atkinson e Bourguignon (orgs.), 2015, p.359-465.

Cowen, Deborah. *Military Workfare: The Soldier and Social Citizenship in Canada*. Toronto: University of Toronto Press, 2008.

Cowgill, George. *Ancient Teotihuacan: Early Urbanism in Central Mexico*. Nova York: Cambridge University Press, 2015.

Crafts, Nicholas e Terence C. Mills. "From Malthus to Solow: how did the Malthusian economy really end?". *Journal of Macroeconomics* 31, 2009, p.68-93.

Credit Suisse. *Global Wealth Report*. Zurique: Credit Suisse AG, 2014.

_____. *Global Wealth Report*. Zurique: Credit Suisse AG, 2015.

Crivellaro, Elena. "College wage premium over time: trends in Europe in the last 15 years". Universidade Ca' Foscari de Veneza, Departamento de Economia, texto preparatório n.03/WP/2014, 2014.

Crone, Patricia. *Pre-industrial Societies: Anatomy of the Pre-modern World*. 2ª ed. Oxford: Oneworld Publications, 2003.

Cronin, James E. *The Politics of State Expansion: War, State and Society in Twentieth-century Britain*. Londres: Routledge, 1991.

Crosby, Alfred. *Ecological Imperialism: The Biological Expansion of Europe, 900-1900*. 2ª ed. Cambridge, Reino Unido: Cambridge University Press, 2004. [Ed. bras.: *Imperialismo ecológico: a expansão biológica da Europa: 900-1900*, trad. José Augusto Ribeiro e Carlos Afonso Malferrari. São Paulo: Companhia de Bolso, 2011.]

_____. *The Columbian Exchange: Biological and Cultural Consequences of 1492*. Westport, Connecticut: Westview Press, 1972.

Culbert, T. Patrick. "The collapse of classic Maya civilization", in Yoffee e Cowgill (orgs.), 1988, p.69-101.

_____ (org.). *The Classic Maya Collapse*. Albuquerque: University of New Mexico Press, 1973.

D'Amuri, Francesco e Giovanni Peri. "Immigration, jobs, and employment protection: evidence from Europe before and after the Great Recession". *Journal of the European Economic Association* 12, 2014, p.432-64.

D'Errico, Francesco e Marian Vanhaeren. "Upper Palaeolithic mortuary practices: reflection of ethnic affiliation, social complexity, and cultural turnover", in Colin Renfrew, Michael J. Boyd e Iain Morley (orgs.), *Death Rituals, Social Order and the Archaeology of Immortality in the Ancient World: "Death Shall Have no Dominion"*. Cambridge, Reino Unido: Cambridge University Press, 2016, p.45-64.

Dabla-Norris, Era et al. "Causes and consequences of income inequality: a global perspective". IMF Staff Discussion Note, 2015.

Davies, John K. *Athenian Propertied Families, 600-300 B.C.* Oxford: Oxford University Press, 1971.

_____. *Wealth and the Power of Wealth in Classical Athens*. Nova York: Ayer, 1981.

Davies, R.W. *Soviet Economic Development from Lenin to Khrushchev*. Cambridge, Reino Unido: Cambridge University Press, 1998.

Davis, Gerald F. e Suntae Kim. "Financialization of the economy". *Annual Review of Sociology* 41, 2015, p.203-21.

De Ferranti, David, Guillermo E. Perry, Francisco H.G. Ferreira e Michael Walton. *Inequality in Latin America: Breaking with History?*. Washington, DC: World Bank, 2004.

De Jong, Herman. "Between the devil and the deep blue sea: the Dutch economy during World War I", in Broadberry e Harrison (orgs.), 2005a, p.137-68.

De Ligt, Luuk e Peter Garnsey. "The album of Herculaneum and a model of the town's demography". *Journal of Roman Archaeology* 24, 2012, p.69-94.

De Vries, Jan. *European Urbanization, 1500-1800*. Londres: Methuen, 1984.

De Vries, Jan e Ad van der Woude. *The First Modern Economy: Success, Failure, and Perseverance of the Dutch Economy, 1500-1815*. Cambridge, Reino Unido: Cambridge University Press, 1997.

Deger-Jalkotzy, Sigrid. "Decline, destruction, aftermath", in Shelmerdine (org.), 2008, p.387-416.

Deininger, Klaus e Lyn Squire. "New ways of looking at old issues: inequality and growth". *Journal of Development Economics* 57, 1998, p.259-87.

Dell, Fabien. "Top incomes in Germany and Switzerland over the twentieth century". *Journal of the European Economic Association* 3, 2005, p.412-21.

_____. "Top incomes in Germany throughout the twentieth century: 1891-1998", in Atkinson e Piketty (orgs.), 2007a, p.365-425.

Dell, Fabien, Thomas Piketty e Emmanuel Saez. "Income and wealth concentration in Switzerland over the twentieth century", in Atkinson e Piketty (orgs.), 2007a, p.472-500.

Demarest, Arthur A. *The Petexbatun Regional Archaeological Project: A Multidisciplinary Study of the Maya Collapse*. Nashville, Tennessee: Vanderbilt University Press, 2006.

Demarest, Arthur A., Prudence M. Rice e Don S. Rice (orgs.). *The Terminal Classic in the Maya Lowlands: Collapse, Transition, and Transformation*. Boulder, Colorado: University Press of Colorado, 2004b.

_____. "The Terminal Classic in the Maya lowlands: assessing collapse, terminations, and transformations", 2004a, in Demarest, Rice e Rice (orgs.), 2004b, p.545-72.

Deng, Gang. *The Premodern Chinese Economy: Structural Equilibrium and Capitalist Sterility*. Londres: Routledge, 1999.

Departamento de Estado dos Estados Unidos. *Occupation of Japan: Policy and Progress*. Washington, DC: U.S. Government Printing Office, 1946.

Diamond, Jared. *Collapse: How Societies Choose to Fail or Succeed*. Nova York: Viking, 2005. [Ed. bras.: *Colapso: como as sociedades escolhem o fracasso ou o sucesso*, trad. Alexandre Raposo. Rio de Janeiro: Record, 2009.]

_____. *Guns, Germs, and Steel: The Fates of Human Societies*. Nova York: W.W. Norton, 1997. [Ed. bras.: *Armas, germes e aço: os destinos das sociedades humanas*, trad. Silvia de Souza Costa, Cynthia Cortes, Paulo Soares. Rio de Janeiro: Record, 2002.]

Dikötter, Frank. *The Tragedy of Liberation: A History of the Chinese Revolution, 1945-1957*. Nova York: Bloomsbury, 2013.

Diskin, Martin. "El Salvador: reform prevents change", 1989, in Thiesenheusen (org.), 1989b, p.429-50.

Dobado González, Rafael, Héctor García Montero. "Colonial origins of inequality in Hispanic America? Some reflections based on new empirical evidence". *Revista de Historia Económica* 28, 2010, p.253-77.

Dobson, R.B. *The Peasants' Revolt of 1381*. 2ª ed. Londres: Macmillan, 1983.

Docquier, Frederic, Caglar Ozden e Giovanni Peri. "The labour market effects of immigration and emigration in OECD countries". *Economic Journal* 124, 2014, p.1106-45.

Dols, Michael W. *The Black Death in the Middle East*. Princeton, Nova Jersey: Princeton University Press, 1977.

Dore, R.P. *Land Reform in Japan*. Londres: Athlone Press, 1984.

Doyle, Michael. *Empires*. Ithaca, Nova York: Cornell University Press, 1986.

Doyle, William. *Aristocracy and its Enemies in the Age of Revolution*. Oxford: Oxford University Press, 2009.

Draper, Nicholas. *The Price of Emancipation: Slave-ownership, Compensation and British Society at the End of Slavery*. Cambridge, Reino Unido: Cambridge University Press, 2010.

Drexler, Madeline. *Emerging Epidemics: The Menace of New Infections*. Nova York: Penguin, 2009.

Drinkwater, John F. "The bacaudae of fifth-century Gaul", in John Drinkwater e Hugh Elton (orgs.), *Fifth-century Gaul: A Crisis of Identity?*. Cambridge, Reino Unido: Cambridge University Press, 1992, p.208-17.
Du Rietz, Gunnar, Dan Johansson e Mikael Stenkula. "A 150-year perspective on Swedish capital income taxation". IFN Working Paper n.1004, 2014.
_____. "The evolution of Swedish labor income taxation in a 150-year perspective: an in-depth characterization". IFN Working Paper n.977, 2013.
Du Rietz, Gunnar, Magnus Henrekson e Daniel Waldenström. "The Swedish inheritance and gift taxation, 1885-2004". IFN Working Paper n.936, 2012.
Dubreuil, Benoît. *Human Evolution and the Origins of Hierarchies: The State of Nature*. Cambridge, Reino Unido: Cambridge University Press, 2010.
Duch, Raymond M. e David Rueda. "Generosity among friends: population homogeneity, altruism and insurance as determinants of redistribution?". Texto preparatório, 2014.
Dumke, Rolf. "Income inequality and industrialization in Germany, 1850-1913: the Kuznets hypothesis re-examined", in Brenner, Kaelble e Thomas (orgs.), 1991, p.117-48.
Duncan-Jones, Richard P. *Money and Government in the Roman Empire*. Cambridge, Reino Unido: Cambridge University Press, 1994.
_____. *The Economy of the Roman Empire: Quantitative Studies*. 2ª ed. Cambridge, Reino Unido: Cambridge University Press, 1982.
_____. "The impact of the Antonine plague". *Journal of Roman Archaeology* 9, 1996, p.108-36.
Dunn, Alastair. *The Peasants' Revolt: England's Failed Revolution of 1381*. Stroud: Tempus, 2004.
Durevall, Dick e Magnus Henrekson. "The futile quest for a grand explanation of long-run government expenditure". *Journal of Public Economics* 95, 2011, p.708-22.
Dutton, Paul V. *Origins of the French Welfare State*. Cambridge, Reino Unido: Cambridge University Press, 2002.
Dyer, Christopher. *Standards of Living in the Later Middle Ages: Social Change in England c.1200-1520*. Ed. rev. Cambridge, Reino Unido: Cambridge University Press, 1998.
Easterly, William. "Inequality does cause underdevelopment: insights from a new instrument". *Journal of Development Economics* 84, 2007, p.755-76.
Ebrey, Patricia. "The economic and social history of Later Han", in Twitchett e Loewe (orgs.), 1986, p.608-48.
Economist Intelligence Unit. "Economic challenges in Somaliland", 2014. Disponível em: <country.eiu.com/Somalia/ArticleList/Updates/Economy>.
Edo, Anthony e Farid Toubal. "Selective immigration policies and wages inequality". *Review of International Economics* 23, 2015, p.160-87.
Ehrenreich, Robert M., Carole L. Crumley e Janet E. Levy (orgs.). *Heterarchy and the Analysis of Complex Societies*. Washington, DC: American Anthropological Association, 1995.
Eidelberg, Philip Gabriel. *The Great Rumanian Peasant Revolt of 1907: Origins of a Modern Jacquerie*. Leiden, Holanda: Brill, 1974.

Eika, Lasse, Magne Mogstad e Basit Zafar. "Educational assortative mating and household income inequality". Federal Reserve Bank of New York Staff Report n.682, 2014.

Eisenstadt, Shmuel N. *The Political Systems of Empires*. New Brunswick: Transaction Publishers, 1993.

Elhaik, Eran et al. "The 'extremely ancient' chromosome that isn't: a forensic investigation of Albert Perry's X-degenerate portion of the Y chromosome". *European Journal of Human Genetics* 22, 2014, p.1111-6.

Elton, Hugh. "Military forces", in Sabin, van Wees e Whitby (orgs.), 2007, p.270-309.

Elvin, Mark. *The Pattern of the Chinese Past*. Stanford, Califórnia: Stanford University Press, 1973.

Esmonde Cleary, Simon. *The Ending of Roman Britain*. Londres: Routledge, 1989.

Estevez-Abe, Margarita. *Welfare and Capitalism in Postwar Japan: Party, Bureaucracy, and Business*. Cambridge, Reino Unido: Cambridge University Press, 2008.

Faik, Jürgen. "Impacts of an ageing society on macroeconomics and income inequality – the case of Germany since the 1980s". ECINEQ Working Paper n.2012-272, 2012.

Falkenhausen, Lothar von. *Chinese Society in the Age of Confucius (1000-250 BC): the Archaeological Evidence*. Los Angeles: Cotsen Institute of Archaeology, 2006.

Farber, Samuel. *Cuba Since the Revolution of 1959: A Critical Assessment*. Chicago: Haymarket Books, 2011.

Farris, William Wayne. *Heavenly Warriors: The Evolution of Japan's Military, 500-1300*. Cambridge, Massachusetts: Harvard University Press, 1993.

Fearon, James D. e David Laitin. "Ethnicity, insurgency, and civil war". *American Political Science Review* 97, 2003, p.75-90.

Feinstein, Charles. "The rise and fall of the Williamson curve". *Journal of Economic History* 48, 1988, p.699-729.

Ferguson, Niall. *The Pity of War: Explaining World War I*. Nova York: Basic Books, 1999. [Ed. bras.: *O horror da guerra: uma provocativa análise da Primeira Guerra Mundial*, trad. Janaína Marcoantonio. São Paulo: Crítica, 2018.]

Fernandez, Eva e Carlos Santiago-Caballero. "Economic inequality in Madrid, 1500-1840". Texto preparatório, 2013. Disponível em: <estructuraehistoria.unizar.es/personal/vpinilla/documents/Fernandez_Santiago.pdf>.

Figes, Orlando. *A People's Tragedy: The Russian Revolution 1891-1924*. Londres: Pimlico, 1997. [Ed. bras.: *A tragédia de um povo: a Revolução Russa, 1891-1924*, trad. Valéria Rodrigues. Rio de Janeiro: Record, 1999.]

Findlay, Ronald e Mats Lundahl. "Demographic shocks and the factor proportion model: from the plague of Justinian to the Black Death", in Ronald Findlay, Rolf G. H. Henriksson, Hakan Lindgren e Mats Lundahl (orgs.), *Eli Heckscher, International Trade, and Economic History*. Cambridge, Massachusetts: MIT Press, 2006, p.157-98.

Fine, John V.A. *The Late Medieval Balkans: A Critical Survey from the Late Twelfth Century to the Ottoman Conquest*. Ann Arbor: University of Michigan Press, 1987.

Finlayson, Bill e Graeme M. Warren. *Changing Natures: Hunter-gatherers, First Farmers and the Modern World*. Londres: Duckworth, 2010.

Finseraas, Henning. "Poverty, ethnic minorities among the poor, and preferences for redistribution in European regions". *Journal of European Social Policy* 22, 2012, p.164-80.

Fisher, Jonathan D., David S. Johnson e Timothy M. Smeeding. "Measuring the trends in inequality of individuals and families: income and consumption". *American Economic Review* 103, 2013, p.184-8.

Fitzgerald, F. Scott. "The rich boy". *Red Magazine*, jan/fev 1926. Disponível em: <gutenberg.net.au/fsf/THE-RICH-BOY.html>.

Flakierski, Henryk. "Changes in income inequality in the USSR", in Anders Aslund (org.), *Market Socialism or the Restoration of Capitalism?*. Cambridge, Reino Unido: Cambridge University Press, 1992, p.172-93.

Flannery, Kent e Joyce Marcus. *The Creation of Inequality: How Our Prehistoric Ancestors Set the Stage for Monarchy, Slavery, and Empire*. Cambridge, Massachusetts: Harvard University Press, 2012.

Fochesato, Mattia e Samuel Bowles. "Nordic exceptionalism? Social democratic egalitarianism in world-historic perspective". *Journal of Public Economics* 127, 2015, p.30-44.

Ford, Martin. *Rise of the Robots: Technology and the Threat of a Jobless Future*. Nova York: Basic Books, 2015.

Formicola, Vincenzo. "From the Sungir children to the Romito dwarf: aspects of the Upper Paleolithic funerary landscape". *Current Anthropology* 48, 2007, p.446-53.

Förster, Michael F. e István György Tóth. "Cross-country evidence of the multiple causes of inequality changes in the OECD area", in Atkinson e Bourguignon (orgs.), 2015, p.1729-1843.

Fortun Vargas, Jonathan M. "Declining inequality in Bolivia: how and why". MPRA Paper n.41208, 2012.

Foster, Benjamin R. *The Age of Agade: Inventing Empire in Ancient Mesopotamia*. Londres: Routledge, 2016.

Fourquin, Guy. *The Anatomy of Popular Rebellion in the Middle Ages*. Amsterdã: North-Holland, 1978.

Foxhall, Lin. "Access to resources in classical Greece: the egalitarianism of the polis in practice", in Paul Cartledge, Edward E. Cohen e Lin Foxhall (orgs.), *Money, Labour and Land Approaches to the Economies of Ancient Greece*. Londres: Routledge, 2002, p.209-20.

_____. "The control of the Attic landscape", in Wells (org.), 1992, p.155-9.

Frankema, Ewout. "Industrial wage inequality in Latin America in global perspective, 1900-2000". *Studies in Comparative International Development* 47, 2012, p.47-74.

Frankfurt, Harry G. *On Inequality*. Princeton, Nova Jersey: Princeton University Press, 2015.

Fraser, Derek. *The Evolution of the British Welfare State: A History of Social Policy since the Industrial Revolution*. Basingstoke, Reino Unido: Palgrave Macmillan, 2009.

Frazer, Garth. "Inequality and development across and within countries". *World Development* 34, 2006, p.1459-81.

Freeland, Chrystia. *Plutocrats: The Rise of the New Global Super-rich and the Fall of Everyone Else*. Nova York: Penguin, 2012.

Freeman, Richard B. "Globalization and inequality", in Salverda, Nolan e Smeeding (orgs.), 2009, p.575-98.

Freu, Christel. "Labour status and economic stratification in the Roman world: the hierarchy of wages in Egypt". *Journal of Roman Archaeology* 28, 2015, p.161-77.

Frey, Carl Benedikt e Michael A. Osborne. "The future of employment: how susceptible are jobs to computerization?". Oxford Martin School Working Paper, 2013.

Frier, Bruce W. "More is worse: some observations on the population of the Roman empire", in Walter Scheidel (org.), *Debating Roman Demography*. Leiden, Holanda: Brill, 2001, p.139-59.

Frydman, Carola e Raven Molloy. "Pay cuts for the boss: executive compensation in the 1940s". *Journal of Economic History* 72, 2012, p.225-51.

Fuentes-Nieva, Ricardo e Nick Galasso. "Working for the few: political capture and economic inequality". Oxford: Oxfam, 2014.

Fuks, Alexander. *Social Conflict in Ancient Greece*. Jerusalém: Magnes Press, 1984.

Fukuyama, Francis. *The Origins of Political Order: From Prehuman Times to the French Revolution*. Nova York: Farrar, Straus and Giroux, 2011. [Ed. bras.: *As origens da ordem política: dos tempos pré-humanos até a Revolução Francesa*, trad. Nivaldo Montingelli Jr. Rio de Janeiro: Rocco, 2013.]

Furceri, Davide e Georgios Karras. "Tax design in the OECD: a test of the Hines-Summers hypothesis". *Eastern Economic Journal* 37, 2011, p.239-47.

Fussell, Paul. *Wartime: Understanding and Behavior in the Second World War*. Nova York: Oxford University Press, 1989.

Gabaix, Xavier e Augustin Landier. "Why has CEO pay increased so much?". *Quarterly Journal of Economics* 121, 2008, p.49-100.

Gabaix, Xavier, Augustin Landier e Julien Sauvagnat. "CEO pay and firm size: an update after the crisis". *Economic Journal* 124, 2014, p.F40-F59.

Galassi, Francesco e Mark Harrison. "Italy at war, 1915-1918", in Broadberry e Harrison (orgs.), 2005a, p.276-309.

Galaty, Michael L. e William A. Parkinson. "2007 introduction: Mycenaean palaces rethought", 2007a, in Galaty e Parkinson (orgs.), 2007b, p.1-17.

_____ (orgs.). *Rethinking Mycenaean Palaces II*. 2ª ed. rev. e ampl. Los Angeles: Cotsen Institute of Archaeology, 2007b.

Gallagher, Thomas. *Paddy's Lament: Ireland 1846-1847. Prelude to Hatred*. San Diego, Califórnia: Harcourt Brace, 1982.

García-Montero, Héctor. "Long-term trends in wealth inequality in Catalonia, 1400-1800: initial results". Dondena Working Paper n.79, 2015.

Gärtner, Svenja e Svante Prado. "Inequality, trust and the welfare state: the Scandinavian model in the Swedish mirror". Texto preparatório, 2012.

Gasparini, Leonardo e Nora Lustig. "The rise and fall of income inequality in Latin America", in José Antonio Ocampo e Jaime Ros (orgs.), *The Oxford Handbook of Latin American Economics*. Nova York: Oxford University Press, 2011, p.691-714.

Gasparini, Leonardo, Guillermo Cruces e Leopoldo Tornarolli. "Recent trends in income inequality in Latin America". *Economía* 11(2), 2011, p.147-90.

Gat, Azar. *War in Human Civilization*. Oxford: Oxford University Press, 2006.

Gatrell, Peter. *Russia's First World War: A Social and Economic History*. Harlow, Reino Unido: Pearson, 2005.

Geary, Frank e Tom Stark. "Trends in real wages during the Industrial Revolution: a view from across the Irish Sea". *Economic History Review* 57, 2004, p.362-95.

Gellner, Ernest. *Nations and Nationalism*. Ithaca, Nova York: Cornell University Press, 1983.

Giannecchini, Monica e Jacopo Moggi-Cecchi. "Stature in archaeological samples from Central Italy: methodological issues and diachronic changes". *American Journal of Physical Anthropology* 135, 2008, p.284-92.

Giddens, Anthony. *The Nation-State and Violence: Volume Two of a Contemporary Critique of Historical Materialism*. Berkeley: University of California Press, 1987. [Ed. bras.: *O Estado-nação e a violência*, trad. Beatriz Guimarães. São Paulo: Edusp, 2001.]

Gilens, Martin. *Affluence and Influence: Economic Inequality and Political Power in America*. Princeton, Nova Jersey: Princeton University Press, 2012.

Gilmour, John. *Sweden, the Swastika and Stalin: The Swedish Experience in the Second World War*. Edimburgo: Edinburgh University Press, 2010.

Gilmour, John e Jill Stephenson (orgs.). *Hitler's Scandinavian Legacy: The Consequences of the German Invasion for the Scandinavian Countries, Then and Now*. Londres: Bloomsbury, 2013.

Gindling, T.H. e Juan Diego Trejos. "The distribution of income in Central America". IZA Discussion Paper n.7236, 2013.

Goetzmann, William N. *Money Changes Everything: How Finance Made Civilization Possible*. Princeton, Nova Jersey: Princeton University Press, 2016.

Goldin, Claudia e Lawrence F. Katz. *The Race between Education and Technology*. Cambridge, Massachusetts: Harvard University Press, 2008.

Goldin, Claudia e Robert A. Margo. "The Great Compression: the wage structure in the United States at mid-century". *Quarterly Journal of Economics* 107, 1992, p.1-34.

Goñi, Edwin, J. Humberto López e Luis Servén. "Fiscal redistribution and income inequality in Latin America". World Bank Policy Research Paper n.4487, 2008.

Goodin, Robert E. e Jon Dryzek. "Justice deferred: wartime rationing and post-war welfare policy". *Politics and Society* 23, 1995, p.49-73.

Goos, Maarten e Alan Manning. "Lousy and lovely jobs: the rising polarization of work in Britain". *Review of Economics and Statistics* 89, 2007, p.118-33.

Gordon, Robert J. *The Rise and Fall of American Growth: The U.S. Standard of Living since the Civil War*. Princeton, Nova Jersey: Princeton University Press, 2016.

Gottfried, Robert S. *The Black Death: Natural and Human Disaster in Medieval Europe*. Nova York: Free Press, 1983.

Graeber, David. *Debt: The First 5,000 Years*. Brooklyn, Nova Jersey: Melville House, 2011. [Ed. bras.: *Dívida: os primeiros 5.000 anos*, trad. Rogério Bettoni. São Paulo: Três Estrelas, 2016.]

Grant, Oliver Wavell. "Does industrialisation push up inequality? New evidence on the Kuznets curve from nineteenth-century Prussian tax statistics". University of Oxford Discussion Papers in Economic and Social History, n.48, 2002.

Gray, Lewis C. *History of Agriculture in the Southern United States to 1860*, vol.1. Washington, DC: Carnegie Institution of Washington, 1933.

Greenwood, Jeremy, Nezih Guner, Georgi Kocharkov e Cezar Santos. "Marry your like: assortative mating and income inequality". *American Economic Review* 104, 2014, p.348-53.

Gregory, Paul R. *Russian National Income, 1885-1913*. Nova York: Cambridge University Press, 1982.

Grigg, David. *Population Growth and Agrarian Change: An Historical Perspective*. Cambridge, Reino Unido: Cambridge University Press, 1980.

Grimnes, Ole Kristian. "Hitler's Norwegian legacy", in Gilmour e Stephenson (orgs.), 2013, p.159-77.

Grogger, Jeffrey e Gordon H. Hanson. "Income maximization and the selection and sorting of international migrants". *Journal of Development Economics* 95, 2011, p.42-57.

Gross, Jean-Pierre. *Fair Shares for All: Jacobin Egalitarianism in Practice*. Cambridge, Reino Unido: Cambridge University Press, 1997.

Grütter, Alfred. "Die eidgenössische Wehrsteuer, ihre Entwicklung und Bedeutung". Tese de doutorado. Zurique, 1968.

Guasti, Cesare (org.). *Il sacco di Prato e il ritorno de' Medici in Firenze nel MDXII*. Bolonha, Itália: Gaetano Romagnoli, 1880.

Gurven, Michael et al. "Domestication alone does not lead to inequality: intergenerational wealth transmission among agriculturalists". *Current Anthropology* 51, 2010, p.49-64.

Gustafsson, Björn e Mats Johansson. "Steps toward equality: how and why income inequality in urban Sweden changed during the period 1925-1958". *European Review of Economic History* 7, 2003, p.191-211.

Haas, Ain. "Social inequality in aboriginal North America: a test of Lenski's theory". *Social Forces* 72, 1993, p.295-313.

Haber, Stephen. "Climate, technology, and the evolution of political and economic institutions". PERC Working Paper, 2012.

______. "The political economy of Latin American industrialization", in Victor Bulmer-Thomas, John Coatsworth e Roberto Cortes Conde (orgs.), *The Cambridge Economic History of Latin America*, vol.2. *The Long Twentieth Century*. Cambridge, Reino Unido: Cambridge University Press, 2006, p.537-84.

Haldon, John F. *Byzantium in the Seventh Century: The Transformation of a Culture*. Ed. rev. Cambridge, Reino Unido: Cambridge University Press, 1997.

______. *The State and the Tributary Mode of Production*. Londres: Verso, 1993.

Hamilton, Malcolm B. *Democratic Socialism in Britain and Sweden*. Basingstoke, Reino Unido: Macmillan Press, 1989.

Haney, Emil B. Jr. e Wava G. Haney. "The agrarian transition in Highland Ecuador: from precapitalism to agrarian capitalism in Chimborazo", in Thiesenheusen (org.), 1989b, p.70-91.

Hansen, Mogens H. *Demography and Democracy: The Number of Athenian Citizens in the Fourth Century B.C.* Herning, Dinamarca: Systime, 1985.

_____. *Three Studies in Athenian Demography*. Copenhague: Royal Danish Academy of Sciences and Letters, 1988.

_____ (org.). *A Comparative Study of Thirty City-state Cultures: An Investigation Conducted by the Copenhagen Polis Centre*. Copenhague: Royal Danish Academy of Sciences and Letters, 2000.

_____. *Polis: An Introduction to the Ancient Greek City-state*. Oxford: Oxford University Press, 2006a.

_____. *The Shotgun Method: The Demography of the Ancient Greek City-state Culture*. Columbia: University of Missouri Press, 2006b.

Hansen, Mogens H. e Thomas H. Nielsen (orgs.). *An Inventory of Archaic and Classical Poleis*. Oxford: Oxford University Press, 2004.

Hanus, Jord. "Real inequality in the early modern Low Countries: the city of 's-Hertogenbosch, 1500-1660". *Economic History Review* 66, 2013, p.733-56.

Hanushek, Eric A., Guido Schwerdt, Simon Wiederhold e Ludger Woessmann. "Returns to skills around the world: evidence from PIAAC". NBER Working Paper n.19762, 2013.

Hara, Akira. "Japan: guns before rice", in Harrison (org.), 1998b, p.224-67.

_____. "Wartime controls", 2003, in Nakamura e Odaka (orgs.), 2003a, p.247-86.

Harari, Yuval Noah. "Upgrading inequality: will rich people become a superior biological caste?". *The World Post*, 4 fev 2015. Disponível em: <www.huffingtonpost.com/dr-yuval-noah-harari/inequality-rich-superior-biological_b_5846794.html>.

Hardoon, Deborah, Sophia Ayele e Ricardo Fuentes-Nieva. "An economy for the 1%: how privilege and power in the economy drive extreme inequality and how this can be stopped". Oxford: Oxfam GB, 2016.

Harper, Kyle. "Landed wealth in the long term: patterns, possibilities, evidence", 2015a, in Paul Erdkamp, Koenraad Verboven e Arjan Zuiderhoek (orgs.), *Ownership and Exploitation of Land and Natural Resources in the Roman World*. Oxford: Oxford University Press, 2015, p.43-61.

_____. "Pandemics and passages to late antiquity: rethinking the plague of *c.*249-270 described by Cyprian". *Journal of Roman Archaeology* 28, 2015b, p.223-60.

Harris, John. *Enhancing Evolution: The Ethical Case for Making Better People*. Princeton, Nova Jersey: Princeton University Press, 2010.

Harrison, Mark. "The economics of World War II: an overview", 1998a, in Harrison (org.), 1998b, p.1-42.

_____ (org.). *The Economics of World War II: Six Great Powers in International Comparison*. Cambridge, Reino Unido: Cambridge University Press, 1998b.

Hartung, J. "Die direkten Steuern und die Vermögensentwicklung in Augsburg von der Mitte des 16. bis zum 18. Jahrhundert". *Jahrbuch für Gesetzgebung, Verwaltung und Volkswirtschaft im Deutschen Reich* 22(4), 1898, p.166-209.

Hashim, Alice B. *The Fallen State: Dissonance, Dictatorship and Death in Somalia*. Lanham, Maryland: University Press of America, 1997.

Hashimoto, Juro. "The rise of big business", in Nakamura e Odaka (orgs.), 2003a, p.190-222.

Hatzfeld, Jean. *Machete Season: The Killers in Rwanda Speak*. Nova York: Farrar, Straus and Giroux, 2005. [Ed. bras.: *Uma temporada de facões: relatos do genocídio em Ruanda*, trad. Rosa Freire d'Aguiar. São Paulo: Companhia das Letras, 2005.]

Hautcoeur, Pierre-Cyrille. "Was the Great War a watershed? The economics of World War I in France", in Broadberry e Harrison (orgs.), 2005a, p.169-205.

Hayami, Akira. "Introduction: the emergence of 'economic society'", in Hayami, Saito e Toby (orgs.), 2004, p.1-35.

Hayami, Akira, Osamu Saito e Ronald P. Toby. *The Economic History of Japan: 1600-1990*, vol.1. *Emergence of Economic Society in Japan, 1600-1859*. Oxford: Oxford University Press, 2004.

Hegyi, Géza, Zoltán Néda e Maria Augusta Santos. "Wealth distribution of Pareto's law in the Hungarian medieval society". *arXiv*, 2005. Disponível em: <arxiv.org/abs/physics/0509045>.

Henken, Ted A., Miriam Celeya e Dimas Castellanos (orgs.). *Cuba*. Santa Barbara, Califórnia: ABC-CLIO, 2013.

Henrekson, Magnus e Daniel Waldenström. "Inheritance taxation in Sweden, 1885-2004: the role of ideology, family firms and tax avoidance". IFN Working Paper n.1032, 2014.

Henshilwood, Christopher S. et al. "An early bone tool industry from the Middle Stone Age at Blombos Cave, South Africa: implications for the origins of modern human behavior, symbolism and language". *Journal of Human Evolution* 41, 2001, p.631-78.

Hernani-Limarino, Werner L. e Ahmed Eid. "Unravelling declining income inequality in Bolivia: do government transfers matter?". Texto preparatório, 2013.

Higham, Tom et al. "New perspectives on the Varna cemetery (Bulgaria) – AMS dates and social implications". *Antiquity* 81, 2007, p.640-54.

Hilton, R.H. e T.H. Aston (orgs.). *The English Rising of 1381*. Cambridge, Reino Unido: Cambridge University Press, 1984.

Hilton, Rodney. *Bond Men Made Free: Medieval Peasant Movements and the English Rising of 1381*. Londres: Temple Smith, 1973.

Hines, James R., Jr. "Will social welfare expenditures survive tax competition?". *Oxford Review of Economic Policy* 22, 2006, p.330-48.

Hines, James R., Jr. e Lawrence H. Summers. "How globalization affects tax design". *Tax Policy and the Economy* 23, 2009, p.123-58.

Hinton, William. *Fanshen: A Documentary of Revolution in a Chinese Village*. Nova York: Monthly Review Press, 1966.

Ho, Hoang-Anh. "Not a destiny: ethnic diversity and redistribution examined". Dissertação de mestrado. Universidade de Gotemburgo, 2013.

Hodkinson, Stephen. *Property and Wealth in Classical Sparta*. Londres: Duckworth, 2000.

Hoffman, Philip T. *Growth in a Traditional Society: The French Countryside, 1450-1850*. Princeton, Nova Jersey: Princeton University Press, 1996.

Hoffman, Philip T., David S. Jacks, Patricia A. Levin e Peter H. Lindert. "Sketching the rise of real inequality in early modern Europe", in Robert C. Allen, Tommy Bengtsson e Martin Dribe (orgs.), *Living Standards in the Past: New Perspectives on Well-being in Asia and Europe*. Oxford: Oxford University Press, 2005, p.131-72.

Hoffner, Harry A., Jr. *Hittite Myths*. 2ª ed. Atlanta: Scholars Press, 1998.

Hoggarth, Julie A. et al. "The political collapse of Chichén Itza in climatic and cultural context". *Global and Planetary Change* 138, 2016, p.25-42.

Holtermann, Helge. "Explaining the development-civil war relationship". *Conflict Management and Peace Science* 29, 2012, p.56-78.

Holtfrerich, Carl-Ludwig. *Die deutsche Inflation 1914-1923: Ursachen und Folgen in internationaler Perspektive*. Berlim: Walter de Gruyter, 1980.

Hooglund, Eric J. *Land and Revolution in Iran, 1960-1980*. Austin: University of Texas Press, 1982.

Hopkins, Keith. "Rome, taxes, rents, and trade", 1995-96, in Walter Scheidel e Sitta von Reden (orgs.), *The Ancient Economy*. Edimburgo: Edinburgh University Press, 2002, p.190-230.

_____. *Conquerors and Slaves: Sociological Studies in Roman History 1*. Cambridge, Reino Unido: Cambridge University Press, 1978.

Horden, Peregrine. "Mediterranean plague in the age of Justinian", in Michael Mass (org.), *The Cambridge Companion to the Age of Justinian*. Cambridge, Reino Unido: Cambridge University Press, 2005, p.134-60.

Horn, Jeff. "Lasting economic structures: successes, failures, legacies", in Andress (org.), 2015, p.607-24.

Horrox, Rosemary (org.). *The Black Death*. Manchester, Reino Unido: Manchester University Press, 1994.

Hossmann, Iris et al. "Europe's demographic future: growing imbalances". Berlim: Berlin Institute for Population and Development, 2008.

Hsu, Cho-yun. *Ancient China in Transition: An Analysis of Social Mobility, 722-222 B.C.* Stanford, Califórnia: Stanford University Press, 1965.

_____. *Han Agriculture: The Formation of Early Chinese Agrarian Economy (206 B.C.-A.D. 220)*. Seattle: University of Washington Press, 1980.

Huber, John D., Thomas K. Ogorzalek e Radhika Gore. "Democracy, targeted redistribution and ethnic inequality". Texto preparatório, 2012.

Hudson, Michael. "Early privatization and its consequences", 1996c, in Hudson e Levine (orgs.), 1996c, p.293-308.

_____. "Privatization: a survey of the unresolved controversies", in Hudson e Levine (orgs.), 1996a, p.1-32.

_____. "The dynamics of privatization, from the Bronze Age to the present", in Hudson e Levine (orgs.), 1996b, p.33-72.

_____. "The lost tradition of biblical debt cancellations", 1993. Disponível em: <michael-hudson.com/wp-content/uploads/2010/03/HudsonLostTradition.pdf>.

Hudson, Michael e Baruch Levine (orgs.). *Privatization in the Ancient Near East and Classical World*. Cambridge, Massachusetts: Peabody Museum of Archaeology and Ethnology, Harvard University, 1996.

Hudson, Michael e Marc van de Mieroop (orgs.). *Debt and Economic Renewal in the Ancient Near East*. Bethesda, Maryland: CDL, 2002.

Hungerford, Thomas L. "Changes in income inequality among U.S. tax filers between 1991 and 2006: the role of wages, capital income, and taxes". SSRN Working Paper n.2207372, 2013.

Jabbari, Eric. *Pierre Laroque and the Welfare State in Post-war France*. Oxford: Oxford University Press, 2012.

Jackson, R.V. "Inequality of incomes and lifespans in England since 1688". *Economic History Review* 47, 1994, p.508-24.

_____. "The structure of pay in nineteenth-century Britain". *Economic History Review* 40, 1987, p.561-70.

Jacobs, Harrison. "Here's the ridiculous loot that's been found with corrupt Chinese officials". *Business Insider*, 22 jan 2015.

Janowitz, Morris. *Social Control of the Welfare State*. Chicago: University of Chicago Press, 1976.

Jäntti, M., M. Riihelä, R. Sullström e M. Tuomala. "Trends in top income shares in Finland", in Atkinson e Piketty (orgs.), 2010, p.371-447.

Jäntti, Markus e Stephen P. Jenkins. "Income mobility", in Atkinson e Bourguignon (orgs.), 2015, p.807-935.

Janusek, John Wayne. *Identity and Power in the Ancient Andes: Tiwanaku Cities Through Time*. Nova York: Routledge, 2004.

Jarvis, Lovell S. "The unraveling of Chile's agrarian reform, 1973-1986", in Thiesenheusen (org.), 1989b, p.240-75.

Jaumotte, Florence e Carolina Osorio Buitron. "Inequality and labor market institutions". IMF Staff Discussion Note n.15/14, 2015.

Jaumotte, Florence, Subir Lall e Chris Papageorgiou. "Rising income inequality: technology, or trade and financial globalization?". *IMF Economic Review* 61, 2013, p.271-309.

Jaworski, Taylor. "War and wealth: economic opportunity before and after the Civil War, 1850-1870". LSE Working Paper n.114/09, 2009.

Jenkins, Stephen P., Andrea Brandolini, John Micklewright e Brian Nolan (orgs.). *The Great Recession and the Distribution of Household Income*. Oxford: Oxford University Press, 2013.

Jenkins, Stephen P. e Philippe van Kerm. "The measurement of economic inequality", in Salverda, Nolan e Smeeding (orgs.), 2009, p.40-67.

Johnson, Allen W. e Timothy Earle. *The Evolution of Human Societies: From Foraging Group to Agrarian State*. 2ª ed. Stanford, Califórnia: Stanford University Press, 2000.

Johnson, Harold B. Jr. "Malthus confirmed? Being some reflections on the changing distribution of wealth and income in Portugal [1309-1789]". Texto preparatório, 2001.

Jongman, Willem. "The rise and fall of the Roman economy: population, rents and entitlement", in Peter F. Bang, Mamoru Ikeguchi e Hartmut G. Ziche (orgs.). *Ancient Economies, Modern Methodologies: Archaeology, Comparative History, Models and Institutions*. Bari, Itália: Edipuglia, 2006, p.237-54.

_____. *The Economy and Society of Pompeii*. Amsterdã: Gieben, 1988.

Jordan, William C. *The Great Famine: Northern Europe in the Early Fourteenth Century*. Princeton, Nova Jersey: Princeton University Press, 1996.

Jursa, Michael. *Aspects of the Economic History of Babylonia in the First Millennium BC*. Münster, Alemanha: Ugarit-Verlag, 2010.

_____. "Economic growth and growing economic inequality? The case of Babylonia". Artigo para a conferência "The haves and the have-nots: exploring the global history of wealth and income inequality". Universidade de Viena, 11 set 2015.

Justman, Moshe e Mark Gradstein. "The Industrial Revolution, political transition, and the subsequent decline in inequality in 19th-century Britain". *Explorations in Economic History* 36, 1999, p.109-27.

Kaboski, Joseph P. "Supply factors and the mid-century fall in the skill premium". Texto preparatório, 2005.

Kage, Rieko. "The effects of war on civil society: cross-national evidence from World War II", 2010, in Kier e Krebs (orgs.), 2010, p.97-120.

Kaimowitz, David. "The role of decentralization in the recent Nicaraguan agrarian reform", 1989, in Thiesenheusen (org.), 1989b, p.384-407.

Kanbur, Ravi. "Globalization and inequality", in Atkinson e Bourguignon (orgs.), 2015, p.1845-81.

Kaplan, Steven N. e Joshua Rauh. "It's the market: the broad-based rise in return to top talent". *Journal of Economic Perspectives* 27(3), 2013, p.35-55.

_____. "Watt Street and Main Street: what contributes to the rise in the highest incomes?" *Review of Financial Studies* 23, 2010, p.1004-50.

Kapteijns, Lidwien. *Clan Cleansing in Somalia: The Ruinous Legacy of 1991*. Filadélfia: University of Pennsylvania Press, 2013.

Kasza, Gregory J. "War and welfare policy in Japan". *Journal of Asian Studies* 61, 2002, p.417-35.

Katajala, Kimmo (org.). *Northern Revolts: Medieval and Early Modern Peasant Unrest in the Nordic Countries*. Helsinque: Finnish Literature Society, 2004.

Kautsky, John H. *The Politics of Aristocratic Empires*. New Brunswick, Nova Jersey: Transaction Publishers, 1982.

Kawagoe, Toshihiko. "Agricultural land reform in postwar Japan: experiences and issues". World Bank Policy Research Working Paper n.2111, 1999.

_____. "Land reform in postwar Japan", in Teranishi e Kosai (orgs.), 1993, p.178-204.

Kay, Philip. *Rome's Economic Revolution*. Oxford: Oxford University Press, 2014.

Kaymak, Baris e Markus Poschke. "The evolution of wealth inequality over half a century: the role of taxes, transfers and technology". *Journal of Monetary Economics* 77, 2016, p.1-25.

Keister, Lisa A. "The one percent". *Annual Review of Sociology* 40, 2014, p.347-67.

Keister, Lisa A. e Hang Y. Lee. "The one percent: top incomes and wealth in sociological research". *Social Currents* 1, 2014, p.13-24.

Kelly, Robert L. *The Lifeways of Hunter-Gatherers: The Foraging Spectrum*. Nova York: Cambridge University Press, 2013.

Kemp, Barry J. "Old Kingdom, Middle Kingdom and Second Intermediate Period, *c.*2686-1552 BC", in Bruce G. Trigger, Barry J. Kemp, David O'Connor e Alan B. Lloyd, *Ancient Egypt: A Social History*. Cambridge, Reino Unido: Cambridge University Press, 1983, p.71-182.

Kennett, Douglas J. et al. "Development and disintegration of Maya political systems in response to climate change". *Science* 338, 2012, p.788-91.

Kier, Elizabeth e Ronald R. Krebs (orgs.). *In War's Wake: International Conflict and the Fate of Liberal Democracy*. Cambridge, Reino Unido: Cambridge University Press, 2010.

Klausen, Jytte. *War and Welfare: Europe and the United States, 1945 to the Present*. Nova York: St. Martin's Press, 1998.

Klein, Richard. *The Human Career: Human Biological and Cultural Origins*. 3ª ed. Chicago: University of Chicago Press, 2009.

Knapp, A. Bernhard e Sturt W. Manning. "Crisis in context: the end of the Late Bronze Age in the Eastern Mediterranean". *American Journal of Archaeology* 120, 2015, p.99-149.

Koeniger, Winfried, Marco Leonardi e Luca Nunziata. "Labor market institutions and wage inequality". *Industrial and Labor Relations Review* 60, 2007, p.340-56.

Koepke, Nicola e Jörg Baten. "The biological standard of living in Europe during the last two millennia". *European Review of Economic History* 9, 2005, p.61-95.

Kolata, Alan. *The Tiwanaku: Portrait of an Andean Civilization*. Cambridge, Massachusetts: Blackwell, 1993.

Komlos, John, Michel Hau e Nicolas Bourguinat. "An anthropometric history of early-modern France". *European Review of Economic History* 7, 2003, p.159-89.

Kopczuk, Wojciech. "What do we know about the evolution of top wealth shares in the United States?". *Journal of Economic Perspectives* 29, 2015, p.47-66.

Kopczuk, Wojciech, Emmanuel Saez e Jae Song. "Earnings inequality and mobility in the United States: evidence from Social Security data since 1937". *Quarterly Journal of Economics* 125, 2010, p.91-128.

Kott, Alexander et al. "Visualizing the tactical ground battlefield in the year 2050: workshop report". US Army Research Laboratory ARL-SR-0327, 2015.

Kozol, Jonathan. *The Shame of the Nation: The Restoration of Apartheid Schooling in America*. Nova York: Random House, 2005.

Kron, Geoffrey. "Comparative evidence and the reconstruction of the ancient economy: Greco-Roman housing and the level and distribution of wealth and income", in François de Callataÿ (org.), *Quantifying the Greco-Roman Economy and Beyond*. Bari, Itália: Edipuglia, 2014, p.123-46.

_____. "The distribution of wealth in Athens in comparative perspective". *Zeitschrift für Papyrologie und Epigraphik* 179, 2011, p.129-38.

Kršljanin, Nina. "The land reform of the 1830s in Serbia: the impact of the shattering of the Ottoman feudal system". Artigo para a conferência "Old and new words: the global challenges of rural history". Lisboa, 27-30 jan 2016.

Kuehn, John T. *A Military History of Japan: From the Age of the Samurai to the 21st Century.* Santa Barbara, Califórnia: ABC-CLIO, 2014.

Kuhn, Dieter. *The Age of Confucian Rule: The Song Transformation of China.* Cambridge, Massachusetts: Harvard University Press, 2009.

Kuhn, Philip A. "The Taiping Rebellion", in John F. Fairbank (org.), *The Cambridge History of China*, vol.10. *Late Ch'ing, 1800-1911, Part I.* Cambridge, Reino Unido: Cambridge University Press, 1978, p.264-317.

Kuhrt, Amélie. *The Ancient Near East c.3000-330 BC*, 2 vols. Londres: Routledge, 1995.

Kuroda, Masahiro. "Price and goods control in the Japanese postwar inflationary period", in Teranishi e Kosai (orgs.), 1993, p.31-60.

Kuznets, Simon. "Economic growth and income inequality". *American Economic Review* 45, 1955, p.1-28.

Labuda, Damian, Jean-François Lefebvre, Philippe Nadeau e Marie-Hélène Roy-Gagnon. "Female-to-male breeding ratio in modern humans – an analysis based on historical recombinations". *American Journal of Human Genetics* 86, 2010, p.353-63.

Lakner, Christoph e Branko Milanovic. "Global income distribution: from the fall of the Berlin Wall to the Great Recession". World Bank Policy Research Working Paper n.6719, 2013.

Larrimore, Jeff. "Accounting for United States household income inequality trends: the changing importance of household structure and male and female labor earnings inequality". *Review of Income and Wealth* 60, 2014, p.683-701.

Laybourn, Keith. *The Evolution of British Social Policy and the Welfare State.* Keele, Reino Unido: Keele University Press, 1995.

Le Roy Ladurie, Emmanuel. *Les paysans de Languedoc*, 2 vols. Paris: Mouton, 1966.

Lee, Richard B. *The !Kung San: Men, Women, and Work in a Foraging Society.* Cambridge, Reino Unido: Cambridge University Press, 1979.

______. *The Dobe !Kung.* Nova York: Holt, Rinehart and Winston, 1984.

Lee, Ronald D. "Malthus and Boserup: a dynamic synthesis", in David Coleman e Roger Schofield (orgs.), *The State of Population Theory: Forward from Malthus.* Oxford: Blackwell, 1986a, p.96-130.

______. "Population homeostasis and English demographic history", in Robert I. Rotberg e Theodore K. Rabb (orgs.), *Population and Economy: Population and History from the Traditional to the Modern World.* Cambridge, Reino Unido: Cambridge University Press, 1986b, p.75-100.

Leeson, Peter T. "Better off stateless: Somalia before and after government collapse". *Journal of Comparative Economics* 35, 2007, p.689-710.

Leigh, Andrew. "How closely do top income shares track other measures of inequality?". *Economic Journal* 117, 2007, p.F619-F633.

Leigh, Andrew, Christopher Jencks e Timothy M. Smeeding. "Health and economic inequality", in Salverda, Nolan e Smeeding (orgs.), 2009, p.384-405.

Leitner, Ulrich. *Imperium: Geschichte und Theories eines politischen Systems*. Frankfurt, Alemanha: Campus Verlag, 2011.

Lemieux, Thomas. "Post-secondary education and increasing wage inequality". *American Economic Review* 96, 2006, p.195-9.

Leonard, Carol S. *Agrarian Reform in Russia: The Road to Serfdom*. Nova York: Cambridge University Press, 2011.

Levy, Frank e Peter Temin. "Inequality and institutions in 20th century America". NBER Working Paper n.13106, 2007.

Lewis, Joanna. *Empire State-building: War and Welfare in Kenya 1925-52*. Oxford: James Currey, 2000.

Lewis, Mark Edward. *China between Empires: The Northern and Southern Dynasties*. Cambridge, Massachusetts: Harvard University Press, 2009a.

_____. *China's Cosmopolitan Empire: The Tang Dynasty*. Cambridge, Massachusetts: Harvard University Press, 2009b.

_____. *Sanctioned Violence in Early China*. Albany: State University of New York Press, 1990.

_____. *The Early Chinese Empires: Qin and Han*. Cambridge, Massachusetts: Harvard University Press, 2007.

_____. "Warring States: political history", in Michael Loewe e Edward L. Shaughnessy (orgs.), *The Cambridge History of Ancient China: From the Origins to 211 B.C.* Cambridge, Reino Unido: Cambridge University Press, 1999, p.587-650.

Li, Feng. *Early China: A Social and Cultural History*. Cambridge, Reino Unido: Cambridge University Press, 2013.

Li, Shi. "Rising income and wealth inequality in China", 2014. Disponível em: <unsdsn.org/wp-content/uploads/2014/05/TG03-SI-Event-LI-Shi-income-inequality.pdf>.

Liang, Puping et al. "CRISPR/Cas9-mediated gene editing in human tripronuclear zygotes". *Protein and Cell* 6, 2015, p.363-72.

Lin, Ken-Hou e Donald Tomaskovic-Devey. "Financialization and US income inequality, 1970-2008". *American Journal of Sociology* 118, 2013, p.1284-1329.

Lindert, Peter H. *Growing Public: Social Spending and Economic Growth since the Eighteenth Century*, 2 vols. Cambridge, Reino Unido: Cambridge University Press, 2004.

_____. "Three centuries of inequality in Britain and America", in Atkinson e Bourguignon (orgs.), 2000a, p.167-216.

_____. "Toward a comparative history of income and wealth inequality", in Brenner, Kaelble e Thomas (orgs.), 1991, p.212-31.

_____. "When did inequality rise in Britain and America?". *Journal of Income Distribution* 9, 2000b, p.11-25.

_____. "Where has modern equality come from? Lucky and smart paths in economic history". Artigo para a conferência "Unequal chances and unequal outcomes in economic history", All-UC Economic History Group/Caltech Conference, 6-7 fev 2015.

Lindert, Peter H. e Jeffrey G. Williamson. "American colonial incomes, 1650-1774". NBER Working Paper n.19861, 2014.

_____. *Unequal Gains: American Growth and Inequality since 1700*. Princeton, Nova Jersey: Princeton University Press, 2016.

Lindqvist, Erik e Robert Östling. "Identity and redistribution". *Public Choice* 155, 2013, p.469-91.

Lindsay, Craig. "A century of labour market change: 1900 to 2000". *Labour Market Trends* 111(3), 2003, <www.statistics.gov.uk/downloads/theme_labour/LMT_March03_revised.pdf>.

Link, Stefan. *Landverteilung und sozialer Frieden im archaischen Griechenland*. Stuttgart, Alemanha: Steiner, 1991.

Lipton, Michael. *Land Reform in Developing Countries: Property Rights and Property Wrongs*. Abingdon, Reino Unido: Routledge, 2009.

Little, Lester K. (org.). *Plague and the End of Antiquity: The Pandemic of 541-750*. Cambridge, Reino Unido: Cambridge University Press, 2007.

Livi Bacci, Massimo. *Conquest: The Destruction of the American Indios*. Cambridge, Reino Unido: Polity Press, 2008.

Lo Cascio, Elio. "Recruitment and the size of the Roman population from the third to the first century BCE", in Walter Scheidel (org.), *Debating Roman Demography*. Leiden, Holanda: Brill, 2001, p.111-37.

_____ (org.). *L'Impatto della "Peste Antonina"*. Bari, Itália: Edipuglia, 2012.

Lodin, Sven-Olof. *The Making of Swedish Tax Law: The Development of the Swedish Tax System*, trad. [para o inglês] Ken Schubert. Uppsala, Suécia: Iustus, 2011.

Loewe, Michael. "The Former Han dynasty", in Twitchett e Loewe (orgs.), 1986a, p.103-222.

_____. "Wang Mang, the restoration of the Han dynasty, and Later Han", in Twitchett e Loewe (orgs.), 1986b, p.223-90.

Lovejoy, Paul E. *Transformations in Slavery: A History of Slavery in Africa*. 3ª ed. Nova York: Cambridge University Press, 2011. [Ed. bras.: *A escravidão na África: uma história de suas transformações*, trad. Regina A.R.F. Bhering e Luiz Guilherme B. Chaves. Rio de Janeiro: Civilização Brasileira, 2002.]

Lowe, Rodney. "The Second World War, consensus, and the foundation of the welfare state". *Twentieth Century British History* 1, 1990, p.152-82.

Lustig, Nora, Luis F. López-Calva e Eduardo Ortiz-Juarez. "Declining inequality in Latin America in the 2000s: the cases of Argentina, Brazil, and Mexico". World Bank Policy Research Working Paper n.6248, 2012.

_____. "Deconstructing the decline in inequality in Latin America". Texto preparatório, 2014.

Lutz, Wolfgang e Sergei Scherbov. "The contribution of migration to Europe's demographic future: projections for the EU-25 to 2050". Laxenburg, Áustria: International Institute for Applied Systems Analysis, IR-07-024, 2007.

Machin, Stephen. "An appraisal of economic research on changes in wage inequality". *Labour* 22, 2008, p.7-26.

Magness, Phillip W. e Robert P. Murphy. "Challenging the empirical contribution of Thomas Piketty's *Capital in the twenty-first century*". *Journal of Private Enterprise* 30, 2015, p.1-34.

Mahler, Vincent A. "Government inequality reduction in comparative perspective: a cross-national study of the developed world". *Polity* 42, 2010, p.511-41.

Maisels, Charles K. *The Emergence of Civilization: From Hunting and Gathering to Agriculture, Cities, and the State in the Near East*. Londres: Routledge, 1990.

Malinen, Tuomas. "Estimating the long-run relationship between income inequality and economic development". *Empirical Economics* 42, 2012, p.209-33.

Malthus, T.R. *An Essay on the Principle of Population; or a View of its Past and Present Effects on Human Happiness; with an Inquiry into our Prospects Respecting the Future Removal or Mitigation of the Evils which it Occasions*, seleção e introdução de Donald Winch, usando o texto da edição de 1803, tal qual preparado por Patricia James para a Royal Economic Society, em 1990, mostrando os acréscimos e correções feitos nas edições de 1806, 1807, 1817 e 1826. Cambridge, Reino Unido: Cambridge University Press, 1992.

Mango, Cyril. *Le développement urbain de Constantinople (IVe-VIIe siècles)*. Paris: De Boccard, 1985.

Mansfield, Edward D. e Jack Snyder. "Does war influence democratization?", in Kier e Krebs (orgs.), 2010, p.23-49.

Mansvelt Beck, B.J. "The fall of Han", in Twitchett e Loewe (orgs.), 1986, p.317-76.

Marean, Curtis W. "An evolutionary anthropological perspective on modern human origins". *Annual Review of Anthropology* 44, 2015, p.533-56.

_____. "The origins and significance of coastal resource use in Africa and Western Eurasia". *Journal of Human Evolution* 77, 2014, p.17-40.

Margolin, Jean-Louis. "Cambodia: a country of disconcerting crimes", in Courtois et al., 1999a, p.577-644.

_____. "China: a long march into night", in Courtois et al., 1999b, p.463-546.

Markoff, John. *The Abolition of Feudalism: Peasants, Lords and Legislators in the French Revolution*. University Park: Pennsylvania State University Press, 1996a.

_____. *Waves of Democracy: Social Movements and Political Change*. Thousand Oaks, Califórnia: Pine Forge Press, 1996b.

Marlowe, Frank W. *The Hadza: Hunter-gatherers of Tanzania*. Berkeley: University of California Press, 2010.

Marwick, Arthur. "Conclusion", in Arthur Marwick (org.), *Total War and Social Change*. Houndmills, Reino Unido: Macmillan Press, 1988, p.119-25.

Marzagalli, Silvia. "Economic and demographic developments", in Andress (org.), 2015, p.3-20.

Massey, Douglas S. *Categorically Unequal: The American Stratification System*. Nova York: Russell Sage Foundation, 2007.

Masson, Marilyn A. e Carlos Peraza Lope. *Kukulcan's Realm: Urban Life at Ancient Mayapan*. Boulder: University Press of Colorado, 2014.

Mau, Steffen e Christoph Burkhardt. "Ethnic diversity and welfare state solidarity in Western Europe". *Journal of European Social Policy* 19, 2009, p.213-29.

Mayer, Emanuel. *The Ancient Middle Classes: Urban Life and Aesthetics in the Roman Empire, 100 BCE-250 CE*. Cambridge, Massachusetts: Harvard University Press, 2012.

Mayshar, Joram, Omer Moav, Zvika Neeman e Luigi Pascali. "Cereals, appropriability and hierarchy". Barcelona GSE Working Paper n.842, 2015.

McCaa, Robert. "The peopling of Mexico from origins to revolution", in Michael R. Haines e Richard H. Steckel (orgs.), *A Population History of North America*. Cambridge, Reino Unido: Cambridge University Press, 2000, p.241-304.

McCormick, Michael. "Tracking mass death during the fall of Rome's empire (I)". *Journal of Roman Archaeology* 28, 2015, p.325-57.

McDougall, Ian, Francis H. Brown e John G. Fleagle. "Stratigraphic placement and age of modern humans from Kibish, Ethiopia". *Nature* 433, 2005, p.733-6.

McEvedy, Colin e Richard Jones. *Atlas of World Population History*. Nova York: Penguin, 1978.

McKenzie, David e Hillel Rapoport. "Network effects and the dynamics of migration and inequality: theory and evidence from Mexico". *Journal of Development Economics* 84, 2007, p.1-24.

Medeiros, Marcelo e Pedro H.G. Ferreira de Souza. "The rich, the affluent and the top incomes". *Current Sociology Review* 63, 2015, p.869-95.

_____. "The state and income inequality in Brazil". IRLE Working Paper n.153-13, 2013.

Mehrotra, Ajay K. *Making the Modern America Fiscal State: Law, Politics, and the Rise of Progressive Taxation, 1877-1929*. Nova York: Cambridge University Press, 2013.

Meloy, John L. "The privatization of protection: extortion and the state in the Circassian Mamluk period". *Journal of the Economic and Social History of the Orient* 47, 2004, p.195-212.

Meyer, Bruce D. e James X. Sullivan. "Consumption and income inequality and the Great Recession". *American Economic Review* 103, 2013, p.178-83.

Michelmore, Molly C. *Tax and Spend: The Welfare State, Tax Politics, and the Limits of American Liberalism*. Filadélfia: University of Pennsylvania Press, 2012.

Middleton, Guy D. *The Collapse of Palatial Society in LBA Greece and the Postpalatial Period*. Oxford: Archaeopress, 2010.

Milanovic, Branko. "A note on 'maximum' US inequality". *globalinequality*, 19 dez 2015. Disponível em: <glineq.blogspot.com/2015/12/a-note-on-maximum-us-inequality.html?m=1>.

_____. "An estimate of average income and inequality in Byzantium around year 1000". *Review of Income and Wealth* 52, 2006, p.449-70.

_____. *Global Inequality: A New Approach for the Age of Globalization*. Cambridge, Massachusetts: Harvard University Press, 2016.

_____. "Global inequality recalculated and updated: the effect of new PPP estimates on global inequality and 2005 estimates". *Journal of Economic Inequality* 10, 2012, p.1-18.

_____. *Income, Inequality, and Poverty During the Transition from Planned to Market Economy*. Washington, DC: Banco Mundial, 1997.

______. "Income level and income inequality in the Euro-Mediterranean region: from the Principate to the Islamic conquest". MPRA Paper n.46640, 2010.

______. "The inequality possibility frontier: extensions and new applications". World Bank Policy Research Paper n.6449, 2013.

______. *Worlds Apart: Measuring International and Global Inequality.* Princeton, Nova Jersey: Princeton University Press, 2005.

Milanovic, Branko, Peter H. Lindert e Jeffrey G. Williamson. "Pre-industrial inequality". *Economic Journal* 121, 2011, p.255-72.

Millar, Fergus. *The Emperor in the Roman World (31 BC-AD 337).* Londres: Duckworth, 1977.

Miller, Joseph C. *The Problem of Slavery as History: A Global Approach.* New Haven, Connecticut: Yale University Press, 2012.

Millon, René. "The last years of Teotihuacan dominance", in Yoffee e Cowgill (orgs.), 1988, p.102-64.

Minami, Ryoshin. "Economic development and income distribution in Japan: an assessment of the Kuznets hypothesis". *Cambridge Journal of Economics* 22, 1998, p.39-58.

Mishel, Lawrence, Heidi Shierholz e John Schmitt. "Don't blame the robots: assessing the job polarization explanation of growing wage inequality". Economic Policy Institute – Center for Economic and Policy Research, texto preparatório, 2013.

Mithen, Steven. *After the Ice: A Global Human History, 20,000-5000 BC.* Cambridge, Massachusetts: Harvard University Press, 2003. [Ed. bras.: *Depois do gelo: uma história humana global 20000-5000 a.C.*, trad. Marcos Santarrita. Rio de Janeiro: Imago, 2007.]

Miwa, Ryochi. "Postwar democratization and economic reconstruction", in Nakamura e Odaka (orgs.), 2003a, p.333-70.

Miyamoto, Matayo. "Quantitative aspects of Tokugawa economy", in Hayami, Saito e Toby (orgs.), 2004, p.36-84.

Miyazaki, Masayasu e Osamu Ito. "Transformation of industries in the war years", in Nakamura e Odaka (orgs.), 2003a, p.287-332.

Modalsli, Jorgen. "Inequality in the very long run: inferring inequality from data on social groups". *Journal of Economic Inequality* 13, 2015, p.225-47.

Moise, Edwin E. *Land Reform in China and North Vietnam: Consolidating the Revolution at the Village Level.* Chapel Hill: University of North Carolina Press, 1983.

Mokyr, Joel e Cormac Ó Gráda. "Poor and getting poorer? Living standards in Ireland before the famine". *Economic History Review* 41, 1988, p.209-35.

Mollat, Michel e Philippe Wolff. *The Popular Revolutions of the Late Middle Ages.* Londres: Allen and Unwin, 1973.

Mollick, André Varella. "Income inequality in the U.S.: the Kuznets hypothesis revisited". *Economic Systems* 36, 2012, p.127-44.

Monson, Andrew e Walter Scheidel (orgs.). *Fiscal Regimes and the Political Economy of Premodern States.* Cambridge, Reino Unido: Cambridge University Press, 2015.

Morelli, Salvatore e Anthony B. Atkinson. "Inequality and crises revisited". *Economia Política* 32, 2015, p.31-51.

Morelli, Salvatore, Timothy Smeeding e Jeffrey Thompson. "Post-1970 trends in within-country inequality and poverty: rich and middle-income countries", in Atkinson e Bourguignon (orgs.), 2015, p.593-696.

Moriguchi, Chiaki e Emmanuel Saez. "The evolution of income concentration in Japan, 1886-2005: evidence from income tax statistics", in Atkinson e Piketty (orgs.), 2010, p.76-170.

Morris, Ian. *Archaeology as Cultural History: Words and Things in Iron Age Greece*. Malden, MA: Polity, 2000.

____. "Economic growth in ancient Greece". *Journal of Institutional and Theoretical Economics* 160, 2004, p.709-42.

____. *Foragers, Farmers, and Fossil Fuels: How Human Values Evolve*. Princeton, Nova Jersey: Princeton University Press, 2015.

____. "The Athenian economy twenty years after *The Ancient Economy*". *Classical Philology* 89, 1994, p.351-66.

____. *The Measure of Civilization: How Social Development Decides the Fate of Nations*. Princeton, Nova Jersey: Princeton University Press, 2013.

____. *War! What is it Good For? Conflict and the Progress of Civilization from Primates to Robots*. Nova York: Farrar, Straus and Giroux, 2014. [Ed. bras.: *Guerra: o horror da guerra e seu legado para a humanidade*, trad. Luis Reyes Gil. São Paulo: Leya, 2016.]

____. *Why the West Rules – for Now: The Patterns of History, and what They Reveal about the Future*. Nova York: Farrar, Straus and Giroux, 2010.

Morris, Ian e Walter Scheidel (orgs.). *The Dynamics of Ancient Empires: State Power from Assyria to Byzantium*. Nova York: Oxford University Press, 2009.

Morris, Marc. *The Norman Conquest*. Londres: Hutchinson, 2012.

Morrison, Cécile e Jean-Claude Cheynet. "Prices and wages in the Byzantine world", in Angeliki E. Laiou (org.), *The Economic History of Byzantium: from the Seventh through the Fifteenth Century*. Washington, DC: Dumbarton Oaks Research Library and Collection, 2002, p.815-78.

Morrison, Christian. "Historical perspectives on income distribution: the case of Europe", in Atkinson e Bourguignon (orgs.), 2000, p.217-60.

Morrisson, Christian e Wayne Snyder. "The income inequality of France in historical perspective". *European Review of Economic History* 4, 2000, p.59-83.

Moselle, Boaz e Benjamin Polak. "A model of a predatory state". *Journal of Law, Economics and Organization* 17, 2001, p.1-33.

Motesharrei, Safa, Jorge Rivas e Eugenia Kalnay. "Human and nature dynamics (HANDY): modeling inequality and the use of resources in the collapse or sustainability of societies". *Ecological Economics* 101, 2014, p.90-102.

Motyl, Alexander J. *Imperial Ends: The Decay, Collapse, and Revival of Empires*. Nova York: Columbia University Press, 2001.

Mouritsen, Henrik. "Status and social hierarchies: the case of Pompeii", in Annika B. Kuhn (org.), *Social Status and Prestige in the Graeco-Roman World*. Stuttgart, Alemanha: Steiner, 2015, p.87-114.

Mousnier, Roland. *Peasant Uprisings in Seventeenth-century France, Russia, and China*. Nova York: Harper & Row, 1970.

Moyo, Sam. "Land reform and distribution in Zimbabwe since 1980", in Moyo e Chambati (orgs.), 2013, p.29-77.

Moyo, Sam e Walter Chambati. "Introduction: roots of the Fast Track Land Reform", in Moyo e Chambati (orgs.), 2013a, p.1-27.

____ (orgs.). *Land and Agrarian Reform in Zimbabwe: Beyond White-settler Capitalism*. Dacar, Senegal: Codesria, 2013b.

Mratschek-Halfmann, Sigrid. *Divites et praepotentes: Reichtum und soziale Stellung in der Literatur der Prinzipatszeit*. Stuttgart, Alemanha: Steiner, 1993.

Mubarak, Jamil. "The 'hidden hand' behind the resilience of the stateless economy in Somalia". *World Development* 25, 1997, p.2027-41.

Mulligan, Casey B., Ricard Gil e Xavier Sala-i-Martin. "Do democracies have different public policies than nondemocracies?". *Journal of Economic Perspectives* 18, 2004, p.51-74.

Murphey, Rhoads. *Ottoman Warfare, 1500-1700*. New Brunswick, Nova Jersey: Rutgers University Press, 1999.

Murray, Charles. *Coming Apart: The State of White America*. Nova York: Crown Forum, 2012.

Murray, Christopher J.L. et al. "Estimation of potential global pandemic influenza mortality on the basis of vital registry data from the 1918-20 pandemic: a quantitative analysis". *Lancet* 368, 2006, p.2211-8.

Murray, Sarah C. "Trade, imports, and society in early Greece: 1300-900 B.C.E.". Tese de doutorado. Universidade Stanford, 2013.

Nafziger, Steven e Peter Lindert. "Russian inequality on the eve of revolution". Trabalho preparatório, 2013.

Nakamura, Takafusa. "The age of turbulence: 1937-1954", in Nakamura e Odaka (orgs.), 2003a, p.55-110.

Nakamura, Takafusa e Konosuke Odaka. "The inter-war period: 1914-37, an overview", in Nakamura e Odaka (orgs.), 2003b, p.1-54.

____ (orgs.). *The Economic History of Japan: 1600-1990*, vol.3. *Economic History of Japan 1914-1955. A Dual Structure*, trad. [para o inglês] Noah S. Brannen. Oxford: Oxford University Press, 2003a.

National Military Strategy. "The national military strategy of the United States of America 2015: the United States' military contribution to national security". Disponível em: <www.jcs.mil/Portals/36/Documents/Publications/2015_National_Military_Strategy.pdf>.

Nau, Michael. "Economic elites, investments, and income inequality". *Social Forces* 92, 2013, p.437-61.

Nawar, Abdel-Hameed. "Poverty and inequality in the non-income multidimensional space: a critical review in the Arab states". Working Paper n.103. Brasília, Brasil: International Policy Centre for Inclusive Growth, 2013.

Neal, Larry e Jeffrey G. Williamson (orgs.). *The Cambridge History of Capitalism*, 2 vols. Cambridge, Reino Unido: Cambridge University Press, 2014.

Nenova, Tatiana e Tim Harford. "Anarchy and invention: how does Somalia's private sector cope without government?". Banco Mundial, Findings n.254, 2005.

Neveux, Hugues. *Les révoltes paysannes en Europe (XIVe-XVIIe siècle)*. Paris: Albin Michel, 1997.

Newson, Linda A. "The demographic impact of colonization", in V. Bulmer-Thomas, John H. Coatsworth e Roberto Cortes Conde (orgs.), *The Cambridge Economic History of Latin America*. Cambridge, Reino Unido: Cambridge University Press, 2006, p.143-84.

Nguyen, Ngoc-Luu. "Peasants, party and revolution: the politics of agrarian transformation in Northern Vietnam, 1930-1975". Tese de doutorado. Amsterdã, 1987.

Nishikawa, Shunsaku e Masatoshi Amano. "Domains and their economic policies", in Hayami, Saito e Toby (orgs.), 2004, p.247-67.

Noah, Timothy. *The Great Divergence: America's Growing Inequality Crisis and What We Can Do about It*. Nova York: Bloomsbury Press, 2012.

Nolan, B. "Long-term trends in top income shares in Ireland", in Atkinson e Piketty (orgs.), 2007a, p.501-30.

North, Douglass C., John J. Wallis e Barry R. Weingast. *Violence and Social Orders: A Conceptual Framework for Interpreting Recorded Human History*. Nova York: Cambridge University Press, 2009.

Nunn, Nathan e Nancy Qian. "The Columbian exchange: a history of disease, food, and ideas". *Journal of Economic Perspectives* 24, 2010, p.163-88.

Ó Gráda, Cormac. *Ireland: A New Economic History, 1780-1939*. Oxford: Oxford University Press, 1994.

O'Donnell, Owen, Eddy van Doorslaer e Tom van Ourti. "Health and inequality", in Atkinson e Bourguignon (orgs.), 2015, p.1419-533.

Ober, Josiah. "Classical Athens", in Monson e Scheidel (orgs.), 2015, p.492-522.

____. "Inequality in late-classical democratic Athens: evidence and models". Trabalho preparatório, 2016.

____. *The Rise and Fall of Classical Greece*. Princeton, Nova Jersey: Princeton University Press, 2015a.

Obinger, Herbert e Carina Schmitt. "Guns and butter? Regime competition and the welfare state during the Cold War". *World Politics* 63, 2011, p.246-70.

OCDE. *Divided We Stand: Why Inequality Keeps Rising*. Paris: OECD Publishing, 2011.

____. *Economic Policy Reforms: Going for Growth*. Paris: OECD Publishing, 2010.

____. *In It Together: Why Less Inequality Benefits All*. Paris: OECD Publishing, 2015.

____. "Social expenditure update – social spending is falling in some countries, but in many others it remains at historically high levels", 2014. Disponível em: <www.oecd.org/els/soc/OECD2014-Social-Expenditure-Update-Nov2014-8pages.pdf>.

Oded, Bustenay. *Mass Deportations and Deportees in the Neo-Assyrian Empire*. Wiesbaden, Alemanha: Reichert, 1979.

Oechslin, Hanspeter. *Die Entwicklung des Bundessteuersystems der Schweiz von 1848 bis 1966*. Einsiedeln, Suíça: Etzel, 1967.

Ohlsson, Henry, Jesper Roine e Daniel Waldenström. "Inherited wealth over the path of development: Sweden, 1810-2010". IFN Working Paper n.1033, 2014.

____. "Long run changes in the concentration of wealth: an overview of recent findings". WIDER Working Paper, 2006.

Ohtake, Fumio. "Inequality in Japan". *Asian Economic Policy Review* 3, 2008, p.87-109.

Okazaki, Tetsuji. "The Japanese firm under the wartime planned economy". *Journal of the Japanese and International Economies* 7, 1993, p.175-203.

Olson, Jan Marie e Michael E. Smith. "Material expressions of wealth and social class at Aztec- period sites in Morelos, Mexico". *Ancient Mesoamerica* 27, 2016, p.133-47.

Organização das Nações Unidas. "World population prospects: the 2015 revision, key findings and advance tables". United Nations, Department of Economic and Social Affairs, Population Division Working Paper n.ESA/P/WP.241, 2015.

Osborne, Robin. "'Is it a farm?' The definition of agricultural sites and settlements in ancient Greece", in Wells (org.), 1992, p.21-7.

Oshima, Takayoshi. *Babylonian Poems of Pious Sufferers: Ludlul Bel Nemeqi and the Babylonian Theodicy*. Tübingen, Alemanha: Mohr Siebeck, 2014.

Ostby, Gudrun. "Polarization, horizontal inequalities and violent civil conflict". *Journal of Peace Research* 45, 2008, p.143-62.

Östling, Johan. "Realism and idealism. Swedish narratives of the Second World War: historiography and interpretation in the post-war era", in Gilmour e Stephenson (orgs.), 2013, p.179-96.

Ostry, Jonathan D., Andrew Berg e Charalambos G. Tsangarides. "Redistribution, inequality, and growth". IMF Staff Discussion Note, 2014.

Özmucur, Süleyman e Şevket Pamuk. "Real wages and standards of living in the Ottoman empire, 1489-1914". *Journal of Economic History* 62, 2002, p.292-321.

Page, Benjamin I., Larry M. Bartels e Jason Seawright. "Democracy and the policy preferences of wealthy Americans". *Perspectives on Politics* 11, 2013, p.51-73.

Palma, José Gabriel. "Homogeneous middles vs. heterogeneous tails, and the end of the 'inverted-U': it's all about the share of the rich". *Development and Change* 42, 2011, p.87-153.

Palme, Bernhard. "Shifting income inequality in Roman and late antique Egypt". Artigo para a conferência "The haves and the have-nots: exploring the global history of wealth and income inequality". Universidade de Viena, 11 set 2015.

Pamuk, Şevket. "The Black Death and the origins of the 'Great Divergence' across Europe, 1300-1600". *European Review of Economic History* 11, 2007, p.289-317.

____. "The Ottoman economy in World War I", in Broadberry e Harrison (orgs.), 2005a, p.112-36.

____. *Uneven Progress: Economic History of Turkey since 1820*. Princeton, Nova Jersey: Princeton University Press, 2018.

Pamuk, Şevket e Maya Shatzmiller. "Plagues, wages, and economic change in the Islamic Middle East, 700-1500". *Journal of Economic History* 74, 2014, p.196-229.

Parkin, Tim G. *Demography and Roman Society*. Baltimore, Maryland: Johns Hopkins University Press, 1992.

Patlagean, Evelyne. *Pauvreté économique et pauvreté sociale à Byzance, 4e-7e siècles*. Paris: Mouton, 1977.

Patterson, Orlando. *Slavery and Social Death: A Comparative Study*. Cambridge, Massachusetts: Harvard University Press, 1982. [Ed. bras.: *Escravidão e morte social: um estudo comparativo*, trad. Fábio Duarte Joly. São Paulo: Edusp, 2008.]

Payne, Richard. "Sex, death, and aristocratic empire: Iranian jurisprudence in late antiquity". *Comparative Studies in Society and History* 58, 2016, p.519-49.

Petersen, Michael B. e Svend-Erik Skaaning. "Ultimate causes of state formation: the significance of biogeography, diffusion, and Neolithic Revolutions". *Historical Social Research* 35, 2010, p.200-26.

Pettitt, Paul B., Michael Richards, Roberto Maggi e Vincenzo Formicola. "The Gravettian burial known as the Prince ('Il Principe'): new evidence for his age and diet". *Antiquity* 77, 2003, p.15-9.

Philippon, Thomas e Ariell Reshef. "Wages and human capital in the U.S. finance industry: 1909-2006". *Quarterly Journal of Economics* 127, 2012, p.1551-1609.

Piachaud, David. "Piketty's capital and social policy". *British Journal of Sociology* 65, 2014, p.696-707.

Pigou, A.C. "A special levy to discharge war debt". *Economic Journal* 28, 1918, p.135-56.

Piketty, Thomas. *Capital in the Twenty-first Century*, trad. [para o inglês] Arthur Goldhammer. Cambridge, Massachusetts: Harvard University Press, 2014. [Ed. bras.: *O capital no século XXI*, trad. Monica Baumgarten de Bolle. Rio de Janeiro: Intrínseca, 2014.]

____. "Income, wage, and wealth inequality in France, 1901-98", in Atkinson e Piketty (orgs.), 2007a, p.43-81.

____. *Le capital au XXIe siècle*. Paris: Éditions du Seuil, 2013.

____. "On the long-run evolution of inheritance: France 1820-1998". *Quarterly Journal of Economics* 126, 2011, p.1071-131.

____. "Putting distribution back at the center of economics: reflections on *Capital in the twenty-first century*". *Journal of Economic Perspectives* 29, 2015b, p.67-88.

____. "Vers une économie politique et historique: réflexions sur le capital au XXIe siècle". *Annales: Histoire, Sciences Sociales*, 2015a, p.125-38.

Piketty, Thomas e Emmanuel Saez. "Income and wage inequality in the United States, 1913-2002", in Atkinson e Piketty (orgs.), 2007a, p.141-225.

____. "Inequality in the long run". *Science* 344, 2014, p.838-42.

____. "Top incomes and the Great Recession: recent evolutions and policy implications". *IMF Economic Review* 61, 2013, p.456-78.

Piketty, Thomas e Gabriel Zucman. "Wealth and inheritance in the long run", in Atkinson e Bourguignon (orgs.), 2015, p.1303-68.

Piketty, Thomas, Emmanuel Saez e Stefanie Stantcheva. "Optimal taxation of top incomes: a tale of three elasticities". *American Economic Journal: Economic Policy* 6, 2013, p.230-71.

Piketty, Thomas, Gilles Postel-Vinay e Jean-Laurent Rosenthal. "Wealth concentration in a developing economy: Paris and France, 1807-1994". *American Economic Review* 96, 2006, p.236-56.

Pines, Yuri. *Envisioning Eternal Empire: Chinese Political Thought of the Warring States Era*. Honolulu: University of Hawai'i Press, 2009.

Pinker, Steven. *The Better Angels of Our Nature: Why Violence Has Declined*. Nova York: Viking, 2011. [Ed. bras.: *Os anjos bons da nossa natureza: por que a violência diminuiu*, trad. Bernardo Joffily e Laura Teixeira Motta. São Paulo: Companhia das Letras, 2013.]

Plack, Noelle. "Challenges in the countryside, 1790-2", in Andress (org.), 2015, p.346-61.

Platt, Stephen R. *Autumn in the Heavenly Kingdom: China, the West, and the Epic Story of the Taiping Civil War*. Nova York: Knopf, 2012.

Plavcan, J. Michael. "Sexual size dimorphism, canine dimorphism, and male-male competition in primates". *Human Nature* 23, 2012, p.45-67.

Pnud. *Human Development Report 2014. Sustaining human progress: reducing vulnerabilities and building resilience*. Nova York: United Nations Development Programme, 2014.

Ponthieux, Sophie e Dominique Meurs. "Gender inequality", in Atkinson e Bourguignon (orgs.), 2015, p.981-1146.

Porter, Bruce D. *War and the Rise of the State: The Military Foundations of Modern Politics*. Nova York: Free Press, 1994.

Postel-Vinay, Gilles. "À la recherche de la révolution économique dans les campagnes (1789-1815)". *Revue Économique* 40, 1989, p.1015-45.

Postles, Dave. "Inequality of wealth in the early sixteenth centuries". Artigo para a Conferência Anual da Sociedade de História Econômica, 2011.

____. *Microcynicon: Aspects of Early-Modern England*. Loughborough, Reino Unido: publicação pessoal, 2014.

Powell, Benjamin, Ryan Ford e Alex Nowrasteh. "Somalia after state collapse: chaos or improvement?". *Journal of Economic Behavior and Organization* 67, 2008, p.657-70.

Powelson, John P. *The Story of Land: A World History of Land Tenure and Agrarian Reform*. Cambridge, Massachusetts: Lincoln Institute of Land Policy, 1988.

Poznik, G. David et al. "Sequencing Y chromosomes resolves discrepancy in time to common ancestor of males versus females". *Science* 341, 2013, p.562-5.

Pozzi, Luca et al. "Primate phylogenetic relationships and divergence dates inferred from complete mitochondrial genomes". *Molecular Phylogenetics and Evolution* 75, 2014, p.165-83.

Prados de la Escosura, Leandro. "Inequality and poverty in Latin America: a long-run exploration", in Timothy Hatton, Kevin H. O'Rourke e Alan M. Taylor (orgs.), *The New Comparative Economic History: Essays in Honor of Jeffrey G. Williamson*. Cambridge, Massachusetts: MIT Press, 2007, p.291-315.

____. "Inequality, poverty and the Kuznets curve in Spain, 1850-2000". *European Review of Economic History* 12, 2008, p.287-324.

Preiser-Kapeller, Johannes. "Piketty in Byzanz? Ungleichverteilungen von Vermögen und Einkommen im Mittelalter". Texto preparatório, 2016. Disponível em: <www.

dasanderemittelalter.net/news/piketty-in-byzanz-ungleichverteilungen-von-vermogen-und-einkommen-im-mittelalter>.

Prentiss, Anne Marie et al. "The cultural evolution of material wealth-based inequality at Bridge River, British Columbia". *American Antiquity* 77, 2012, p.542-64.

____. "The emergence of status inequality in intermediate scale societies: a demographic and socio-economic history of the Keatley Creek site, British Columbia". *Journal of Anthropological Archaeology* 26, 2007, p.299-327.

Price, T. Douglas e Ofer Bar-Yosef. "The origins of agriculture: new data, new ideas. An introduction to Supplement 4". *Current Anthropology* 52, 2011, p.S163-S174.

____. "Traces of inequality at the origins of agriculture in the Ancient Near East", in T. Douglas Price e Gary M. Feinman (orgs.). *Pathways to Power: New Perspectives on the Emergence of Social Inequality.* Nova York: Springer, 2010, p.147-68.

Pringle, Heather. "The ancient roots of the 1%". *Science* 344, 2014, p.822-5.

Pritchard, David M. "The symbiosis between democracy and war: the case of ancient Athens", in David M. Pritchard (org.), *War, Democracy and Culture in Classical Athens.* Cambridge, Reino Unido: Cambridge University Press, 2010, p.1-62.

Pritchett, Lant e Michael Woolcock. "Solutions when the solution is the problem: arraying the disarray in development". Center for Global Development Working Paper n.10, 2002.

Projeto Maddison. "Maddison project". Disponível em: <www.ggdc.net/maddison/maddison-project/home.htm>.

Psacharopoulos, George et al. "Poverty and income inequality in Latin America during the 1980s". *Review of Income and Wealth* 41, 1995, p.245-64.

Pyzyk, Mark. "Onerous burdens: liturgies and the Athenian elite". No prelo.

Quammen, David. *Spillover: Animal Infections and the Next Human Pandemic.* Nova York: W.W. Norton, 2013.

Raghavan, Srinath. *India's War: The Making of Modern South Asia, 1939-1945.* Nova York: Basic Books, 2016.

Ranis, Gustav e Stephen Kosack. "Growth and human development in Cuba's transition". Miami, Flórida: University of Miami, 2004.

Rankov, Boris. "Military forces", in Sabin, van Wees e Whitby (orgs.), 2007, p.30-75.

Ravaillon, Martin. "Income inequality in the developing world". *Science* 344, 2014, p.851-5.

Raven, Maarten J. "Third Intermediate Period burials in Saqqara". No prelo.

____. *The Tomb of Iurudef: A Memphite Official in the Reign of Ramesses II.* Londres: Egypt Exploration Society, 1991.

Raven, Maarten J. et al. "The date of the secondary burials in the tomb of Iurudef at Saqqara". *Oudheidkundige Mededelingen uit het Rijksmuseum van Oudheden* 78, 1998, p.7-30.

Reardon, Sean F. e Kendra Bischoff. "Growth in the residential segregation of families by income, 1970-2009". US 2010 Project Report, 2011b.

____. "Income inequality and income segregation". *American Journal of Sociology* 116 (2011a), p.1092-1153.

Reich, Robert B. *Saving Capitalism: For the Many, not the Few.* Nova York: Alfred A. Knopf, 2015.

Reis, Jaime, Álvaro Santos Pereira e Conceição Andrade Martins. "How unequal were the Latins? The 'strange' case of Portugal, 1550-1770". Trabalho preparatório, s.d.

Renfrew, Colin. "Systems collapse as social transformation: catastrophe and anastrophe in early state societies", in Colin Renfrew e Kenneth L. Cooke (orgs.), *Transformations: Mathematical Approaches to Cultural Change*. Nova York: Academic Press, 1979, p.481-506.

Reno, Philip L. e C. Owen Lovejoy. "From Lucy to Kadanuumuu: balanced analyses of *Australopithecus afarensis* assemblages confirm only moderate skeletal dimorphism". *PeerJ*, 3:e925; DOI 10.7717/peerj.925, 2015.

Reno, Philip L., Melanie A. McCollum, Richard S. Meindl e C. Owen Lovejoy. "An enlarged postcranial sample confirms *Australopithecus afarensis* dimorphism was similar to modern humans". *Philosophical Transactions of the Royal Society B* 365, 2010, p.3355-63.

Rigoulot, Pierre. "Crimes, terror, and secrecy in North Korea", in Courtois et al., 1999, p.547-76.

Ritschl, Albrecht. "The pity of peace: Germany's economy at war, 1914-1918 and beyond", in Broadberry e Harrison (orgs.), 2005a, p.41-76.

Ritter, Gerhard A. *Der Sozialstaat: Entstehung und Entwicklung im internationalen Vergleich*. 3ª ed. Munique: Oldenbourg, 2010.

Rivaya-Martínez, Joaquín. "Becoming Comanches: patterns of captive incorporation into Comanche kinship networks, 1820-1875", in David Wallace Adams e Crista DeLuzio (orgs.), *On the Borders of Love and Power: Families and Kinship in the Intercultural American Southwest*. Berkeley: University of California Press, 2012, p.47-70.

Roach, Neil T., Madhusudhan Venkadesan, Michael J. Rainbow e Daniel E. Lieberman. "Elastic energy storage in the shoulder and the evolution of high-speed throwing in *Homo*". *Nature* 498, 2013, p.483-6.

Rockoff, Hugh. "Until it's over, over there: the US economy in World War I", in Broadberry e Harrison (orgs.), 2005a, p.310-43.

Rodríguez Weber, Javier E. "Income inequality in Chile since 1850". Programa de Historia Económica y Social, Unidad Multidisciplinaria, Facultad de Ciencias Sociales, Universidad de la República, documento online n.36, 2015.

Roeck, Bernd. *Eine Stadt in Krieg und Frieden: Studien zur Geschichte der Reichsstadt Augsburg zwischen Kalenderstreit und Parität*, 2 vols. Göttingen, Alemanha: Vandenhoeck & Ruprecht, 1989.

Rognlie, Matthew. "Deciphering the fall and rise in the net capital share: accumulation, or scarcity?". Texto preparatório, 2015.

Roine, Jesper e Daniel Waldenström. "Long-run trends in the distribution of income and wealth", in Atkinson e Bourguignon (orgs.), 2015, p.469-592.

____. "The evolution of top incomes in an egalitarian society: Sweden, 1903-2004". *Journal of Public Economics* 92, 2008, p.366-87.

____. "Top incomes in Sweden over the twentieth century", in Atkinson e Piketty (orgs.), 2010, p.299-370.

Roselaar, Saskia T. *Public Land in the Roman Republic: A Social and Economic History of* ager publicus *in Italy, 396-89 BC*. Oxford: Oxford University Press, 2010.
Rosenbloom, Joshua L. e Gregory W. Stutes. "Reexamining the distribution of wealth in 1870", in Joshua L. Rosenbloom (org.), *Quantitative Economic History: The Good of Counting*. Londres: Routledge, 2008, p.146-69.
Rosenbloom, Joshua e Brandon Dupont. "The impact of the Civil War on Southern wealth mobility". Artigo apresentado na reunião anual da Economic History Association, Nashville, 2015.
Rosenstein, Nathan. "Aristocrats and agriculture in the Middle and Late Republic". *Journal of Roman Studies* 98, 2008, p.1-26.
Rossi, Nicola, Gianni Toniolo e Giovanni Vecchi. "Is the Kuznets curve still alive? Evidence from Italian household budgets, 1881-1961". *Journal of Economic History* 61, 2001, p.904-25.
Rotberg, Robert I. "The failure and collapse of nation-states: breakdown, prevention, and repair", in Robert I. Rotberg (org.), *When States Fail*. Princeton, Nova Jersey: Princeton University Press, 2003, p.1-25.
Rothkopf, David. *Superclass: The Global Power Elite and the World They Are Making*. Nova York: Farrar, Straus and Giroux, 2008. [Ed. bras.: *Superclasse: a elite que influencia a vida de milhões de pessoas ao redor do mundo*, trad. Alexandre Martins. Rio de Janeiro: Agir, 2008.]
Roxana, Maurizio. "Labour formalization and declining inequality in Argentina and Brazil in 2000s [*sic*]". ILO Research Paper n.9, 2014.
Roy, Kaushik. *Military Manpower, Armies and Warfare in South Asia*. Milton Park, Reino Unido: Routledge, 2016.
Rubin, Amir e Dan Segal. "The effects of economic growth on income inequality in the US". *Journal of Macroeconomics* 45, 2015, p.258-73.
Ryckbosch, Wouter. "Economic inequality and growth before the industrial revolution: a case study of the Low Countries (14th-19th centuries)". Dondena Working Paper n.67. Milão: Università Bocconi, 2014.
____. "Vroegmoderne economische ontwikkeling en sociale repercussies in de zuidelijke Nederlanden". *Tijdschrift voor Sociale en Economische Geschiedenis* 7, 2010, p.26-55.
Sabin, Philip, Hans van Wees e Michael Whitby (orgs.). *The Cambridge History of Greek and Roman Warfare*, vol.2. *Rome from the Late Republic to the Late Empire*. Cambridge, Reino Unido: Cambridge University Press, 2007.
Sadao, Nishijima. "The economic and social history of Former Han", in Twitchett e Loewe (orgs.), 1986, p.545-607.
Sadomba, Zvakanyorwa W. "A decade of Zimbabwe's land revolution: the politics of the war veteran vanguard", in Moyo e Chambati (orgs.), 2013b, p.79-121.
Saez, Emmanuel e Gabriel Zucman. "Wealth inequality in the United States since 1913: evidence from capitalized income tax data". *Quarterly Journal of Economics* 131, 2016, p.519-78.
Saez, Emmanuel e Michael R. Veall. "The evolution of high incomes in Canada, 1920-2000", in Atkinson e Piketty (orgs.), 2007a, p.226-308.

Saito, Osamu. "Growth and inequality in the great and little divergence debate: a Japanese perspective". *Economic History Review* 68, 2015, p.399-419.

Sallares, Robert. *The Ecology of the Ancient Greek World*. Londres: Duckworth, 1991.

Salverda, Wiemer, Brian Nolan e Timothy M. Smeeding (orgs.). *The Oxford Handbook of Economic Inequality*. Oxford: Oxford University Press, 2009.

Salverda, Wiemer e Anthony B. Atkinson. "Top incomes in the Netherlands over the twentieth century", in Atkinson e Piketty (orgs.), 2007a, p.426-71.

Salverda, Wiemer e Daniele Checchi. "Labor market institutions and the dispersion of wage earnings", in Atkinson e Bourguignon (orgs.), 2015, p.1535-1727.

Samaraweera, Vijaya. "Land reform in Sri Lanka". *Third World Legal Studies* 1(7), 1982, Valparaiso University Law School.

Sanderson, Stephen K. *Social Transformations: A General Theory of Historical Development*. Ed. ampl. Lanham, Maryland: Rowman and Littlefield, 1999.

Sandmo, Angar. "The principal problem in political economy: income distribution in the history of economic thought", in Atkinson e Bourguignon (orgs.), 2015, p.3-65.

Santiago-Caballero, Carlos. "Income inequality in central Spain, 1690-1800". *Explorations in Economic History* 48, 2011, p.83-96.

Sapolsky, Robert M. e Lisa J. Share. "A pacific culture among wild baboons: its emergence and transmission". *PLoS Biology* 2(4), 2004, p.e106, doi:10.1371/journal.pbio.0020106.

Sarris, Peter. "Bubonic plague in Byzantium: the evidence of non-literary sources", in Little (org.), 2007, p.119-32.

Sassaman, Kenneth E. "Complex hunter-gatherers in evolution and history: a North American perspective". *Journal of Archaeological Research* 12, 2004, p.227-80.

Scheidel, Walter. "A model of demographic and economic change in Roman Egypt after the Antonine plague". *Journal of Roman Archaeology* 15, 2002, p.97-114.

____. "A model of real income growth in Roman Italy". *Historia* 56, 2007, p.322-46.

____. *Death on the Nile: Disease and the Demography of Roman Egypt*. Leiden, Holanda: Brill, 2001.

____. "Empires of inequality: ancient China and Rome". Texto preparatório, 2016. Disponível em: <papers.ssrn.com/abstract=2817173>.

____. "From the 'Great Convergence' to the 'First Great Divergence'", in Walter Scheidel (org.), *Rome and China: Comparative Perspectives on Ancient World Empires*. Nova York: Oxford University Press, 2009a, p.11-23.

____. "Human mobility in Roman Italy, II: the slave population". *Journal of Roman Studies* 95, 2005a, p.64-79.

____. "Military commitments and political bargaining in classical Greece". Princeton/Stanford Working Papers in Classics, 2005b.

____. "Real wages in early economies: evidence for living standards from 1800 BCE to 1300 CE". *Journal of the Economic and Social History of the Orient* 53, 2010, p.425-62.

____. "Roman population size: the logic of the debate", in Luuk de Ligt e Simon J. Northwood (orgs.), *People, Land, and Politics: Demographic Developments and the Transformation of Roman Italy, 300 BC-AD 14*. Leiden, Holanda: Brill, 2008, p.17-70.

____. "Roman wellbeing and the economic consequences of the Antonine Plague", in Lo Cascio (org.), 2012, p.265-95.

____. "Sex and empire: a Darwinian perspective", in Morris e Scheidel, 2009, p.255-324.

____. "State revenue and expenditure in the Han and Roman empires", in Scheidel, 2015b, p.150-80.

____. "Stratification, deprivation and quality of life", in Margaret Atkins e Robin Osborne (orgs.), *Poverty in the Roman World*. Cambridge, Reino Unido: Cambridge University Press, 2006, p.40-59.

____. "Studying the state", in Peter Fibiger Bang e Walter Scheidel (orgs.), *The Oxford Handbook of the State in the Ancient Near East and Mediterranean*. Nova York: Oxford University Press, 2013, p.5-57.

____. "The early Roman monarchy", in Monson e Scheidel (orgs.), 2015, p.229-57.

____ (org.). *State Power in Ancient China and Rome*. Nova York: Oxford University Press, 2015b.

Scheidel, Walter e Stephen J. Friesen. "The size of the economy and the distribution of income in the Roman empire". *Journal of Roman Studies* 99, 2009, p.61-91.

Schepartz, Lynne A., Sari Miller-Antonio e Joanne M. A. Murphy. "Differential health among the Mycenaeans of Messenia: status, sex, and dental health at Pylos", in Lynne A. Schepartz, Sherry C. Fox e Chryssi Bourbou (orgs.), *New Directions in the Skeletal Biology of Greece*. Princeton, Nova Jersey: American School of Classical Studies at Athens, 2009, p.155-74.

Scheve, Kenneth e Daniel Stasavage. "Democracy, war, and wealth: lessons from two centuries of inheritance taxation". *American Political Science Review* 106, 2012, p.81-102.

____. "Institutions, partisanship, and inequality in the long run". *World Politics* 61, 2009, p.215-53.

____. *Taxing the Rich: Fairness and Fiscal Sacrifice in the United States and Europe*. Princeton, Nova Jersey: Princeton University Press, 2016.

____. "The conscription of wealth: mass warfare and the demand for progressive taxation". *International Organization* 64, 2010, p.529-61.

Schlozman, Kay L., Sidney Verba e Henry E. Brady. *The Unheavenly Chorus: Unequal Political Voice and the Broken Promise of American Democracy*. Princeton, Nova Jersey: Princeton University Press, 2012.

Schmidt-Nowara, Christopher. "Emancipation", in Robert L. Paquette e Mark M. Smith (orgs.), *The Oxford Handbook of Slavery in the Americas*. Oxford: Oxford University Press, 2010, p.578-97.

____. *Slavery, Freedom, and Abolition in Latin America and the Atlantic World*. Albuquerque: University of New Mexico Press, 2011.

Schulze, Max-Stephan. "Austria-Hungary's economy in World War I", in Broadberry e Harrison (orgs.), 2005a, p.77-111.

Schütte, Robert. *Civilian Protection in Armed Conflicts: Evolution, Challenges and Implementation*. Wiesbaden, Alemanha: Springer, 2015.

Schwartz, Christine. "Earnings inequality and the changing association between spouses' earnings". *American Journal of Sociology* 115, 2010, p.1524-57.

Seidel, Frederick. *Widening Income Inequality: Poems*. Nova York: Farrar, Straus and Giroux, 2016.

Seker, Sirma Demir e Stephen P. Jenkins. "Poverty trends in Turkey". *Journal of Economic Inequality* 13, 2015, p.401-24.

Sharp, Michael. "The village of Theadelphia in the Fayyum: land and population in the second century", in Alan K. Bowman e E. Rogan (orgs.), *Agriculture in Egypt: from Pharaonic to Modern Times*. Oxford: British Academy, 1999, p.159-92.

Shatzman, Israel. *Senatorial Wealth and Roman Politics*. Bruxelas: Latomus, 1975.

Shaw, Brent D. *Sacred Violence: African Christians and Sectarian Hatred in the Age of Augustine*. Cambridge, Reino Unido: Cambridge University Press, 2011.

Sheen, Seongho. "Northeast Asia's aging population and regional security: 'demographic peace?'". *Asia Survey* 53, 2013, p.292-318.

Shelmerdine, Cynthia W. (org.). *The Cambridge Companion to the Aegean Bronze Age*. Cambridge, Reino Unido: Cambridge University Press, 2008.

Shennan, Stephen. "Property and wealth inequality as cultural niche construction". *Philosophical Transactions: Biological Sciences* 366, 2011, p.918-26.

Shultziner, Doron et al. "The causes and scope of political egalitarianism during the Last Glacial: a multi-disciplinary perspective". *Biology and Philosophy* 25, 2010, p.319-46.

Sidrys, Raymond e Rainer Berger. "Lowland Maya radiocarbon dates and the Classic Maya collapse". *Nature* 277, 1979, p.269-74.

Silver, Lee M. *Remaking Eden: Cloning and Beyond in a Brave New World*. Nova York: Avon Books, 1997. [Ed. bras.: *De volta ao Éden: engenharia genética, clonagem e o futuro das famílias*, trad. Dinah de Abreu Azevedo. São Paulo: Mercuryo, 2001.]

Singer, Peter W. *Wired for War: The Robotics Revolution and Conflict in the 21st Century*. Nova York: Penguin, 2009.

Slonimczyk, Fabián. "Earnings inequality and skill mismatch in the U.S.: 1973-2002". *Journal of Economic Inequality* 11, 2013, p.163-94.

Smith, Eric A. et al. "Production systems, inheritance, and inequality in premodern societies". *Current Anthropology* 51, 2010a, p.85-94.

____. "Wealth transmission and inequality among hunter-gatherers". *Current Anthropology* 51, 2010b, p.19-34.

Smith, Michael E. et al. "Quantitative measures of wealth inequality in ancient central Mexican communities". *Advances in Archaeological Practice* 2, 2014, p.311-23.

Smith, Roger S. "The personal income tax: average and marginal rates in the post-war period". *Canadian Tax Journal* 43, 1995, p.1055-76.

Smolensky, Eugene e Robert Plotnick. "Inequality and poverty in the United States: 1900 to 1990". Institute for Research on Poverty, University of Wisconsin-Madison Discussion Paper n.998-93, 1993.

Snyder, Timothy. *Bloodlands: Europe Between Hitler and Stalin*. Nova York: Basic Books, 2010. [Ed. bras.: *Terras de sangue: a Europa entre Hitler e Stalin*, trad. Mauro Pinheiro. Rio de Janeiro: Record, 2012.]

Söderberg, Johan. "Wage differentials in Sweden, 1725-1950", in Brenner, Kaelble e Thomas (orgs.), 1991, p.76-95.

Soltow, Lee. "Long-run changes in British income inequality". *Economic History Review* 21, 1968, p.17-29.

____. *Men and Wealth in the United States, 1850-1870*. New Haven, Connecticut: Yale University Press, 1975.

____. "The Swedish census of wealth at the beginning of the 19th century". *Scandinavian Economic Review* 33, 1985, p.60-70.

____. "Wealth distribution in Denmark in 1789". *Scandinavian Economic Review* 27, 1979, p.121-38.

Soltow, Lee e Jan Luiten van Zanden. *Income and Wealth Inequality in the Netherlands 16th-20th Century*. Amsterdã: Het Spinhuis, 1998.

Spant, Roland. "The distribution of income in Sweden, 1920-76", in N.A. Klevmarken e J.A. Lybeck (orgs.), *The Statics and Dynamics of Income*. Clevedon, Reino Unido: Tieto, 1981, p.37-54.

Sparrow, James T. *Warfare State: World War II Americans and the Age of Big Government*. Nova York: Oxford University Press, 2011.

Speller, Camilla F., Dongya Y. Yang e Brian Hayden. "Ancient DNA investigation of prehistoric salmon resource utilization at Keatley Creek, British Columbia, Canada". *Journal of Archaeological Science* 32, 2005, p.1378-89.

Spence, Jonathan D. *God's Chinese Son: The Taiping Heavenly Kingdom of Hong Xiuquan*. Nova York: W.W. Norton, 1996. [Ed. bras.: *O filho chinês de Deus: o reino celestial de Taiping de Hong de Xiuquan*, trad. S. Duarte. São Paulo: Companhia das Letras, 1998.]

Stanley, Marcus. "College education and the midcentury GI bills". *Quarterly Journal of Economics* 118, 2003, p.671-708.

State Council. "Some opinions on deepening the reform of the system of income distribution", 2013. Disponível em: <www.gov.cn/zwgk/2013-02/05/content_2327531.htm>.

Stathakopoulos, Dionysios C. *Famine and Pestilence in Late Roman and Early Byzantine Empire: A Systematic Survey of Subsistence Crises and Epidemics*. Aldershot, Reino Unido: Ashgate, 2004.

Steckel, Richard H. "Heights and human welfare: recent developments and new directions". *Explorations in Economic History* 46, 2009, p.1-23.

Stenkula, Mikael, Dan Johansson e Gunnar du Rietz. "Marginal taxation on labour income in Sweden from 1862 to 2010". *Scandinavian Economic History Review* 62, 2014, p.163-87.

Stephan, Robert Perry. "House size and economic growth: Regional trajectories in the Roman world". Tese de doutorado. Universidade Stanford, 2013.

Stiglitz, Joseph E. *The Price of Inequality: How Today's Divided Society Endangers our Future*. Nova York: W.W. Norton, 2013.

Strasma, John. "Unfinished business: consolidating land reform in El Salvador", in Thiesenheusen (org.), 1989b, p.408-28.

Stratfor. "Bioterrorism and the pandemic potential". *Security Weekly*, 7 mar 2013. Disponível em: <www.stratfor.com/weekly/bioterrorism-and-pandemic-potential>.

Stringer, Randy. "Honduras: toward conflict and agrarian reform", in Thiesenheusen (org.), 1989b, p.358-83.

Sullivan, Michael. *The Development of the British Welfare State*. Londres: Prentice Hall, 1996.

Sussman, Nathan. "Income inequality in Paris in the heyday of the commercial revolution". Texto preparatório, 2006. Disponível em: <degit.sam.sdu.dk/papers/degit_11/C011_043.pdf>.

Sutherland, Donald M.G. *The French Revolution and Empire: The Quest for a Civic Order*. Malden, Massachusetts: Blackwell, 2003.

Swann, Nancy Lee. *Food and Money in Ancient China: The Earliest Economic History of China to A.D. 25. Han shu 24 with Related Texts, Han shu 91 and Shih-chi 129*. Princeton, Nova Jersey: Princeton University Press, 1950.

SWIID. "The Standardized World Income Inequality Database". Disponível em: <fsolt.org/swiid>.

Taagepera, Rein. "Size and duration of empires: systematics of size". *Social Science Research* 7, 1978, p.108-27.

Tackett, Nicolas. *The Destruction of the Medieval Chinese Aristocracy*. Cambridge, Massachusetts: Harvard University Press, 2014.

Tainter, Joseph A. *The Collapse of Complex Societies*. Cambridge, Reino Unido: Cambridge University, 1988.

Takigawa, Tsutomo. "Historical background of agricultural land reform in Japan". *The Developing Economies* 10, 1972, p.290-310.

Tan, James. *Power and Public Finance at Rome (264-49 BCE)*. Nova York: Oxford University Press, 2017.

TeBrake, William H. *A Plague of Insurrection: Popular Politics and Peasant Revolt in Flanders, 1323-1328*. Filadélfia: University of Pennsylvania Press, 1993.

Teranishi, Juro. "Financial sector reform after the war", in Teranishi e Kosai (orgs.), 1993b, p.153-77.

____. "Inflation stabilization with growth: the Japanese experience, 1945-50", in Teranishi e Kosai (orgs.), 1993, p.61-85.

Teranishi, Juro e Yutaka Kosai (orgs.). *The Japanese Experience of Economic Reforms*. Basingstoke, Reino Unido: Macmillan, 1993.

Thayer, Bradley A. "Considering population and war: a critical and neglected aspect of conflict studies". *Philosophical Transactions of the Royal Society of London B* 263, 2009, p.3081-92.

Therborn, Göran. *The Killing Fields of Inequality*. Cambridge, Reino Unido: Polity, 2013.

Thiesenheusen, William C. "Conclusions: searching for agrarian reform in Latin America", in Thiesenheusen (org.), 1989b, p.483-503.

____ (org.). *Searching for Agrarian Reform in Latin America*. Londres: Unwin Hyman, 1989b.

Thomas, Hugh M. *The Norman Conquest: England after William the Conqueror*. Lanham, Maryland: Rowman and Littlefield, 2008.

____. "The significance and fate of the native English landholders of 1086". *English Historical Review* 118, 2003, p.303-33.

Thompson, Edward A. "Peasant revolts in late Roman Gaul and Spain". *Past and Present* 2, 1952, p.11-23.

Thomson, Henry. "Rural grievances, landholding inequality and civil conflict". SSRN Working Paper, 2015. Disponível em: <dx.doi.org/10.2139/ssrn.2551186>.

Thorp, Rosemary. *Progress, Poverty and Exclusion: An Economic History of Latin America in the 20th Century*. Washington, DC: Inter-American Development Bank, 1998.

Ticchi, Davide e Andrea Vindigni. "War and endogenous democracy". IZA Discussion Paper n.3397, 2008.

Tilly, Charles. *Coercion, Capital, and European States, AD 990-1992*. Cambridge, Massachusetts: Blackwell, 1992. [Ed. bras.: *Coerção, capital e Estados europeus: 900-1992*, trad. Geraldo Gerson de Souza. São Paulo: Edusp, 1996.]

____. *The Politics of Collective Violence*. Cambridge, Reino Unido: Cambridge University Press, 2003.

____. "War making and state making as organized crime", in Peter B. Evans, Dietrich Rueschemeyer e Theda Skocpol (orgs.), *Bringing the State Back In*. Cambridge, Reino Unido: Cambridge University Press, 1985, p.169-91.

Tinbergen, Jan. "Substitution of graduate by other labour". *Kyklos* 27, 1974, p.217-26.

Tinh, V.N. et al. "Mitochondrial evidence for multiple radiations in the evolutionary history of small apes". *BMC Evolutionary Biology* 10, 2011, p.74, doi:10.1186/1471-2148-10-74.

Titmuss, Richard M. "War and social policy", in Titmuss, Richard M. (org.), *Essays on the Welfare State*. Londres: George Allen and Unwin, 1958, p.75-87.

Toynbee, Arnold J. *A Study of History: Abridgment of Volumes I-VI by David C. Somervell*. Oxford: Oxford University Press, 1946. [Ed. bras.: *Um estudo da história*, trad. Isa Silveira Leal e Miroel Silveira, ed. revista e condensada por Arnold Toynbee e Jane Caplan. Brasília/São Paulo: Ed. UnB/Livraria Martins Fontes, 1986.]

Treisman, David. "Inequality: the Russian experience". *Current History* 111, 2012, p.264-8.

Trigger, Bruce G. *Understanding Early Civilizations: A Comparative Study*. Cambridge, Reino Unido: Cambridge University Press, 2003.

Trinkaus, Erik, Alexandra P. Buzhilova, Maria B. Mednikova e Maria V. Dobrovolskaya. *The People of Sunghir: Burials, Bodies, and Behavior in the Earlier Upper Paleolithic*. Oxford: Oxford University Press, 2014.

Tsounta, Evridiki e Anayochukwu I. Osueke. "What is behind Latin America's declining income inequality?". IMF Working Paper n.14/124, 2014.

Tuma, Elias H. *Twenty-six Centuries of Agrarian Reform: A Comparative Analysis*. Berkeley: University of California Press, 1965.

Turchin, Peter. "A theory for formation of large empires". *Journal of Global History* 4, 2009, p.191-217.

____. *Ages of Discord: A Structural-Demographic Analysis of American History*. Chaplin, Connecticut: Beresta Books, 2016a.

____. *Ultrasociety: How 10,000 Years of War Made Humans the Greatest Cooperators on Earth*. Chaplin, Connecticut: Beresta Books, 2016b.

Turchin, Peter e Sergey A. Nefedov. *Secular Cycles*. Princeton, Nova Jersey: Princeton University Press, 2009.

Turchin, Peter e Sergey Gavrilets. "Evolution of complex hierarchical societies". *Social Evolution and History* 8, 2009, p.167-98.

Turchin, Peter, Thomas E. Currie, Edward A.L. Turner e Sergey Gavrilets. "War, space, and the evolution of Old World complex societies". *Proceedings of the National Academy of Science* 110, 2013, p.16384-9.

Turner, Michael. *After the Famine: Irish Agriculture, 1850-1914*. Cambridge, Reino Unido: Cambridge University Press, 1996.

Twitchett, Denis e Michael Loewe (orgs.). *The Cambridge History of China*, vol.1. *The Ch'in and Han Empires, 221 B.C.-A.D. 220*. Cambridge, Reino Unido: Cambridge University Press, 1986.

United States Strategic Bombing Survey 1946. *Summary report (Pacific War)*. Washington, DC: United States Government Printing Office.

van Praag, Bernard e Ada Ferrer-i-Carbonell. "Inequality and happiness", in Salverda, Nolan e Smeeding (orgs.), 2009, p.364-83.

van Treeck, Till. "Did inequality cause the U.S. financial crisis?". *Journal of Economic Surveys* 28, 2014, p.421-48.

van Wees, Hans. *Greek Warfare: Myths and Realities*. Londres: Duckworth, 2004.

van Zanden, Jan Luiten. "The skill premium and the 'Great Divergence'". *European Review of Economic History* 13, 2009, p.121-53.

____. "Tracing the beginning of the Kuznets curve: Western Europe during the early modern period". *Economic History Review* 48, 1995, p.643-64.

Vanhaeren, Marian e Francesco d'Errico. "Grave goods from the Saint-Germain-la-Rivière burial: evidence for social inequality in the Upper Palaeolithic". *Journal of Anthropological Archaeology* 24, 2005, p.117-34.

Veltmeyer, Henry e Mark Rushton. *The Cuban Revolution as Socialist Human Development*. Leiden, Holanda: Brill, 2012.

Verme, Paolo et al. *Inside Inequality in the Arab Republic of Egypt: Facts and Perceptions across People, Time, and Space*. Washington, DC: World Bank, 2014.

Villette, Michel e Catherine Vuillermot. *From Predators to Icons: Exposing the Myth of the Business Hero*. Ithaca, Nova York: Cornell University Press, 2009.

Virén, Matti. "Financing the welfare state in the global economy". Texto preparatório n.732. Elinkeinoelämän Tutkimuslaitos, Helsinque, 2000.

Visser, Jelle. *European Trade Unions in Figures*. Deventer, Holanda: Kluwer, 1989.

Visser, Jelle e Danielle Checchi. "Inequality and the labor market: unions", in Salverda, Nolan e Smeeding (orgs.), 2009, p.230-56.

Voitchovsky, Sarah. "Inequality and economic growth", in Salverda, Nolan e Smeeding (orgs.), 2009, p.549-74.

Volscho, Thomas W. e Nathan J. Kelly. "The rise of the super-rich: power resources, taxes, financial markets, and the dynamics of the top 1 percent, 1949 to 2008". *American Sociological Review* 77, 2012, p.679-99.

Waglé, Udaya R. *The Heterogeneity Link of the Welfare State and Redistribution: Ethnic Heterogeneity, Welfare State Policies, Poverty, and Inequality in High Income Countries.* Cham, Suíça: Springer, 2013.

Wagner, David M. et al. "*Yersinia pestis* and the Plague of Justinian 541-543 AD: a genomic analysis". *The Lancet Infectious Diseases* 14(4), 2014, p.319-26.

Waldenström, Daniel. "Wealth-income ratios in a small, late-industrializing, welfare-state economy: Sweden, 1810-2014". Uppsala Center for Fiscal Studies Working Paper n.2015:6, 2015.

Walder, Andrew G. *China under Mao: A Revolution Derailed.* Cambridge, Massachusetts: Harvard University Press, 2015.

Wang, Chen, Koen Caminada e Kees Goudswaard. "The redistributive effect of social transfer programmes and taxes: a decomposition across countries". *International Social Security Review* 65(3), 2012, p.27-48.

Ward, Eric E. *Land Reform in Japan 1946-1950, the Allied Role.* Tóquio: Nobunkyo, 1990.

Watkins, Susan Cotts e Jane Menken. "Famines in historical perspective". *Population and Development Review* 11, 1985, p.647-75.

Weber, Max. *General Economic History.* Nova York: Free Press, 1950. [Ed. bras.: *História geral da economia*, trad. Klaus von Puschen. São Paulo: Centauro, 2006.]

Wehler, Hans-Ulrich. *Die neue Umverteilung: soziale Ungleichheit in Deutschland.* 2ª ed. Munique: Beck, 2013.

Weisbrot, Mark, Rebecca Ray, Juan A. Montecino e Sara Kozameh. "The Argentine success story and its implications". Washington, DC: Center for Economic and Policy Research, 2011.

Wells, Berit (org.). *Agriculture in Ancient Greece.* Estocolmo: Instituto Sueco de Atenas, 1992.

Wengrow, David e David Graeber. "Farewell to the 'childhood of man': ritual, seasonality, and the origins of inequality". *Journal of the Royal Anthropological Institute* 21, 2015, p.597-619.

Werth, Nicolas. "A state against its people: violence, repression, and terror in the Soviet Union", in Courtois et al., 1999, p.33-268.

Western, Bruce e Jake Rosenfeld. "Unions, norms, and the rise of U.S. wage inequality". *American Sociological Review* 76, 2011, p.513-37.

Wickham, Chris. *Framing the Early Middle Ages: Europe and the Mediterranean, 400-800.* Oxford: Oxford University Press, 2005.

Wilensky, Harold L. *The Welfare State and Equality: Structural and Ideological Roots of Public Expenditures.* Berkeley: University of California Press, 1975.

Willey, Gordon R. e Demitri B. Shimkin. "The Maya collapse: a summary view", in Culbert (org.), 1973, p.457-501.

Williamson, Jeffrey G. "British inequality during the Industrial Revolution: accounting for the Kuznets curve", in Brenner, Kaelble e Thomas (orgs.), 1991, p.56-75.

____. *Did British Capitalism Breed Inequality?*, Winchester, Massachusetts: Allen and Unwin, 1985.

____. "History without evidence: Latin American inequality since 1491". National Bureau of Economic Research Working Paper n.14766, 2009.

____. "Latin American inequality: colonial origins, commodity booms, or a missed 20th century leveling?". NBER Working Paper n.20915, 2015.

Wimmer, Andreas. "War". *Annual Review of Sociology* 40, 2014, p.173-97.

Windler, Anne, Rainer Thiele e Johannes Müller. "Increasing inequality in Chalcolithic Southeast Europe: the case of Durankulak". *Journal of Archaeological Science* 40, 2013, p.204-10.

Winters, Jeffrey A. *Oligarchy*. Nova York: Cambridge University Press, 2011.

Wolfe, Nathan. *The Viral Storm: The Dawn of a New Pandemic Age*. Nova York: Times Books, 2011.

Wolff, Edward N. "International comparisons of wealth inequality". *Review of Income and Wealth* 42, 1996, p.433-51.

Wood, Ellen Meiksins. *Empire of Capital*. Londres: Verso, 2003. [Ed. bras.: *Império do capital*, trad. Paulo Cezar Castanheira. São Paulo: Boitempo, 2014.]

Wood, James W. "A theory of preindustrial population dynamics". *Current Anthropology* 39, 1988, p.99-135.

Wright, Gavin. *Slavery and American Economic Development*. Baton Rouge: Louisiana State University Press, 2006.

Wright, James C. "Early Mycenaean Greece", in Shelmerdine (org.), 2008, p.230-57.

Wright, Katherine I. "Domestication and inequality? Households, corporate groups and food processing tools at Neolithic Catalhöyük". *Journal of Anthropological Archaeology* 33, 2014, p.1-33.

Wright, Lisa. *Diet, Health, and Status among the Pasión Maya: A Reappraisal of the Collapse*. Nashville, Tennessee: Vanderbilt University Press, 2006.

Wright, Rita. *The Ancient Indus: Urbanism, Economy, and Society*. Nova York: Cambridge University Press, 2010.

WWID. "The world wealth and income database". Disponível em: <www.wid.world>.

Xie, Y. e X. Zhou. "Income inequality in today's China". *Proceedings of the National Academy of Sciences* 111, 2014, p.6928-33.

Yamada, Shigeo. *The Construction of the Assyrian Empire: A Historical Study of the Inscriptions of Shalmaneser III (859-824 BC) Relating to his Campaigns to the West*. Leiden, Holanda: Brill, 2000.

Yamamoto, Yuzo. "Japanese empire and colonial management", in Nakamura e Odaka (orgs.), 2003a, p.223-46.

Yaycioglu, Ali. "Wealth, power and death: capital accumulation and imperial seizures in the Ottoman empire (1453-1839)". Texto preparatório, Yale Program in Economic History, Universidade Yale, 2012.

Yoffee, Norman. "The collapse of ancient Mesopotamian states and civilization", in Yoffee e Cowgill (orgs.), 1988, p.44-68.

Yoffee, Norman e George L. Cowgill (orgs.). *The Collapse of Ancient States and Civilizations*. Tucson: University of Arizona Press, 1988.

Yonekura, Seiichiro. "Postwar reform in management and labour: the case of the steel industry", in Teranishi e Kosai (orgs.), 1993, p.205-38.

Yoshikawa, Hiroshi e Tetsuji Okazaki. "Postwar hyper-inflation and the Dodge Plan, 1945-50: an overview", in Teranishi e Kosai (orgs.), 1993, p.86-104.

You, Jong-sung. *Democracy, Inequality and Corruption: Korea, Taiwan and the Philippines Compared*. Cambridge, Reino Unido: Cambridge University Press, 2015.

____. "Inequality and corruption: the role of land reform in Korea, Taiwan, and the Philippines". Texto preparatório, s.d.

Yuen, Choy Leng. "The struggle for land reform in Japan: a study of the major land legislation, 1920-1943". Tese de doutorado. Universidade Harvard, 1982.

Yun-Casalilla, Bartolomé e Patrick K. O'Brien, com colab. Francisco Comín Comín (orgs.). *The Rise of Fiscal States: A Global History, 1500-1914*. Cambridge, Reino Unido: Cambridge University Press, 2012.

Zala, Sacha. "Krisen, Konfrontation, Konsens (1914-1949)", in Georg Kreis (org.), *Geschichte der Schweiz*. Basileia, Suíça: Schwabe, 2014, p.490-539.

Zamagni, Vera. "Italy: how to lose the war and win the peace", in Harrison (org.), 1998b, p.177-223.

Zébitch, Milorade. *La Serbie agricole et sa démocratie*. Paris: Librairie Berger-Levrault, 1917.

Ze'evi, Dror e Ilkim Buke. "Banishment, confiscation, and the instability of the Ottoman elite household", in Dror Ze'evi e Ehud Toledano (orgs.), *Society, Law, and Culture in the Middle East: "Modernities" in the Making*. Berlim: De Gruyter, 2015, p.16-30.

Zelener, Yan. "Genetic evidence, density dependence and epidemiological models of the 'Antonine Plague'", in Lo Cascio (org.), 2012, p.167-91.

Zelin, Madeleine. *The Magistrate's Tael: Rationalizing Fiscal Reform in Eighteenth-Century Ch'ing China*. Berkeley: University of California Press, 1984.

Zeuske, Michael. *Handbuch der Geschichte der Sklaverei: eine Globalgeschichte von den Anfängen bis zur Gegenwart*. Berlim: De Gruyter, 2013.

Zhong, Wei et al. "Wealth inequality: China and India". India China Institute collaborative *Project Prosperity and Inequality in India and China, 2008-2010*. Texto preparatório, 2010.

Zubay, Geoffrey et al. *Agents of Bioterrorism: Pathogens and Their Weaponization*. Nova York: Columbia University Press, 2005.

Zuckerman, Edward. *The Day After World War III*. Nova York: Avon, 1984.

Zucman, Gabriel. *The Hidden Wealth of Nations: The Scourge of Tax Havens*. Chicago: University of Chicago Press, 2015.

____. "The missing wealth of nations: are Europe and the US net debtors or net creditors?". *Quarterly Journal of Economics* 128, 2013, p.1321-64.

Agradecimentos

O abismo entre abastados e despossuídos aprofundou-se e encolheu, alternadamente, ao longo de todo o curso da civilização humana. A desigualdade econômica pode ter só recentemente voltado a ter grande destaque no discurso popular, mas sua história é antiga. Meu livro procura rastrear e explicar essa história no longuíssimo prazo.

Um dos primeiros a chamar minha atenção para esse longuíssimo prazo foi Branko Milanovic, um especialista mundial em desigualdade que, em suas próprias pesquisas, recuou no tempo até chegar à Antiguidade. Se houvesse mais economistas como ele, mais historiadores escutariam. Há mais ou menos uma década, Steve Friesen me fez pensar com mais atenção nas formas de distribuição de renda da Antiguidade, e Emmanuel Saez despertou ainda mais o meu interesse pela desigualdade, num ano que passamos juntos no Centro de Estudos Avançados em Ciências Comportamentais, na Universidade Stanford.

Minha perspectiva e argumentação inspiraram-se, em medida nada insignificante, no trabalho de Thomas Piketty. Durante vários anos, antes que seu instigante livro sobre o capital no século XXI apresentasse suas ideias a um público maior, li o trabalho dele e ponderei sobre sua pertinência para além dos dois últimos séculos (também conhecidos como o "prazo curto" por historiadores da Antiguidade, como eu). A publicação dessa *magnum opus* proporcionou o tão necessário impulso para que eu passasse da mera contemplação à redação do meu próprio estudo. A obra pioneira de Piketty foi muito apreciada.

O convite de Paul Seabright para que eu fizesse uma conferência magistral no Instituto de Estudos Avançados de Toulouse, em dezembro de 2013, instigou-me a estruturar minhas ideias desorganizadas sobre esse tema numa argumentação mais coerente, e me incentivou a levar adiante o projeto deste livro. Durante uma segunda rodada de discussões preliminares no Instituto Santa Fe, Sam Bowles revelou-se um crítico ferrenho, porém amável, e Suresh Naidu forneceu proveitosas contribuições.

Quando meu colega Ken Scheve pediu-me que organizasse uma conferência em nome do Centro Europa, da Universidade Stanford, aproveitei a oportunidade para reunir um grupo de especialistas de disciplinas diferentes a fim de discutir a evolução da desigualdade material no longo prazo da história. Nosso encontro em Viena, em setembro de 2015, foi agradável e educativo: sou grato a meus coorganizadores locais, Bernhard Palme e Peer Vries, bem como a Ken Scheve e August Reinisch, pelo apoio financeiro.

Beneficiei-me também do feedback recebido em apresentações na Evergreen State College, nas universidades de Copenhague e Lund e na Academia Chinesa de Ciências Sociais, em Pequim. Agradeço aos organizadores desses eventos: Ulrike Krotscheck, Peter Bang, Carl Hampus Lyttkens, Liu Jinyu e Hu Yujuan.

David Christian, Joy Connolly, Peter Garnsey, Robert Gordon, Philip Hoffman, Branko Milanovic, Joel Mokyr, Reviel Netz, Şevket Pamuk, David Stasavage e Peter Turchin fizeram a grande gentileza de ler e comentar o manuscrito inteiro. Kyle Harper, William Harris, Geoffrey Kron, Peter Lindert, Josh Ober e Thomas Piketty também leram partes do livro. Um grupo de historiadores do Instituto Saxo, em Copenhague, reuniu-se para discutir meu manuscrito, e sou particularmente grato a Gunner Lind e Jan Pedersen por sua farta contribuição. Recebi de Anne Austin, Kara Cooney, Steve Haber, Marilyn Masson, Mike Smith e Gavin Wright uma valiosa orientação especializada sobre seções e questões específicas. A culpa é inteiramente minha se não fui tão receptivo a seus comentários quanto decerto deveria ter sido.

Sou extremamente grato a vários colegas que compartilharam comigo, generosamente, seus trabalhos inéditos: Guido Alfani, Kyle Harper, Michael Jursa, Geoffrey Kron, Branko Milanovic, Ian Morris, Henrik Mouritsen, Josh Ober, Peter Lindert, Bernhard Palme, Şevket Pamuk, Mark Pyzyk, Ken Scheve, David Stasavage, Peter Turchin e Jeffrey Williamson. Brandon Dupont e Joshua Rosenbloom deram uma grande contribuição ao gerar e compartilhar estatísticas sobre a distribuição da riqueza nos Estados Unidos durante o período da Guerra de Secessão. Leonardo Gasparini, Branko Milanovic, Şevket Pamuk, Leandro Prados de la Escosura, Ken Scheve, Mikael Stenkula, Rob Stephan e Klaus Wälde fizeram a bondade de me enviar arquivos de dados. Andrew Granato, bacharel em economia da Universidade Stanford, proporcionou-me uma valiosa ajuda nas pesquisas.

Concluí este projeto durante uma Licença Sabática Ampliada de Humanidades e Artes, da Universidade Stanford, concedida para o ano acadêmico de 2015-16: sou grato a meus decanos, Debra Satz e Richard Saller, por seu apoio no tocante a essa questão (e a muitas outras). Esse período sabático me permitiu passar a primavera de 2016 como visitante no Instituto Saxo da Universidade de Copenhague, enquanto dava os retoques finais em meu manuscrito. Agradeço a meus colegas dinamarqueses pela calorosa hospitalidade – sobretudo a meu grande amigo e colaborador em série, Peter Bang. Também devo uma palavra meio constrangida de agradecimento à Fundação Memorial John Simon Guggenheim, por ter me concedido uma bolsa para levar adiante este projeto. Havendo conseguido terminar o livro, de algum modo, antes de ter a oportunidade de receber essa bolsa, vou me certificar de aproveitá-la ao máximo em meus esforços futuros.

Quando meu projeto se aproximava da conclusão, Joel Mokyr teve a gentileza de se oferecer para incluir este título em sua série e ajudou a conduzi-lo pelo processo de revisão. Sou imensamente grato por seu apoio e seus comentários criteriosos. Rob Tempio foi um esplêndido instigador e editor, um verdadeiro amante dos livros e defensor dos autores. É também a ele que devo a sugestão do título principal deste livro. Seu colega Eric Crahan concedeu-me acesso em tempo hábil às provas de prelo de dois livros correlatos de Princeton. Devo ainda agradecimentos a Jenny Wolkowicki, Carol McGillivray e Jonathan Harrison, por terem assegurado um processo de produção excepcionalmente tranquilo e ágil, e a Chris Ferrante por sua notável concepção da capa.

Índice remissivo

1ª EDIÇÃO [2020] 2 reimpressões

ESTA OBRA FOI COMPOSTA POR MARI TABOADA
EM DANTE PRO E IMPRESSA EM OFSETE PELA GRÁFICA
SANTA MARTA SOBRE PAPEL PÓLEN SOFT DA SUZANO S.A.
PARA A EDITORA SCHWARCZ EM FEVEREIRO DE 2022

FSC
www.fsc.org
MISTO
Papel produzido a partir de fontes responsáveis
FSC® C011188

A marca FSC® é a garantia de que a madeira utilizada na fabricação do papel deste livro provém de florestas que foram gerenciadas de maneira ambientalmente correta, socialmente justa e economicamente viável, além de outras fontes de origem controlada.